書經

CHOU KING

TEXTE CHINOIS

AVEC

UNE DOUBLE TRADUCTION

EN FRANÇAIS ET EN LATIN

DES ANNOTATIONS ET UN VOCABULAIRE

PAR

S. COUVREUR S. J.

LIBRAIRIE ORIENTALE & AMÉRICAINE

E. GUILMOTO, Editeur

Successeur de J. MAISONNEUVE

6, Rue de Mézières et 26, Rue Madame. PARIS

書經

CHOU KING

書經

CHOU KING

TEXTE CHINOIS

AVEC

UNE DOUBLE TRADUCTION

EN FRANÇAIS ET EN LATIN

DES ANNOTATIONS ET UN VOCABULAIRE

PAR

S. COUVREUR S. J.

LIBRAIRIE ORIENTALE & AMÉRICAINE

E. GUILMOTO, Editeur

6, Rue de Mézières. PARIS

PRÉFACE.

Le Chou king n'est pas une histoire proprement dite; mais un recueil d'anciens documents relatifs à l'histoire de la Chine.

Ces documents ont-ils été composés au fur et à mesure, peu après les événements, par des historiographes attachés à la cour impériale? Les premiers ont-ils été écrits au temps de Iao et de Chouenn, ou seulement sous la dynastie des Tcheou? Si leur origine se confond avec celle de la nation elle-même, ont-ils subi des retouches, des altérations dans le cours des siècles? Si elle n'est pas antérieure au douzième ou au onzième siècle avant notre ère, quels monuments antiques leur ont servi de base? Ces questions ont été l'objet de nombreuses et patientes recherches, de longues et savantes dissertations, et demeurent encore enveloppées de ténèbres. Quoi qu'il en soit, le Chou king nous fait connaître les idées qui avaient cours, sinon deux mille ans, au moins mille ans avant J. C., et nous donne des renseignements dignes de foi sur les temps postérieurs à l'avènement des Tcheou.

Il fut revu, dit on, par Confucius. En quoi consista le travail du grand philosophe? Il est impossible de le dire d'une manière précise; le fait n'est pas même absolument certain.

En 213 avant notre ère, les livres classiques furent condamnés au feu par 始皇 *Chéu houâng*, de la dynastie des 秦 *Ts'in*. Un lettré nommé 伏勝 ou 伏生 *Fŏu chēng*, de Ts'i nan, capitale du Chan toung, conserva vingt-huit ou vingt-neuf chapitres du Chou king, soit dans sa mémoire, comme le dit 孔安國 *K'òung Ngān kouŏ*, descendant de Confucius, soit sur des tablettes tenues cachées, comme le raconte 司馬遷 *Sēu mà Ts'iēn*. Il les rendit au public, quand vint la restauration des lettres sous les 漢 *Hàn*.

Vers l'année 150 avant J. C., K'oung Ngan kouo déchiffra et annota cinquante-huit chapitres du Chou king retrouvés sur des tablettes dans un mur de la maison de Confucius.

Sa collection, qui était écrite en vieux caractères imitant la forme du têtard 蝌蚪字 *kouŏ teŏu tzéu*, fut appelée 古文 *kòu wênn* ancienne transcription; celle de Fou cheng, en caractères plus récents, fut nommée 今文 *kīn wênn* transcription moderne.

Tchou Hi a laissé des remarques sur différents passages du Chou king. Nous avons cité son témoignage touchant la croyance des anciens à l'existence de l'âme après la mort, et à l'existence d'un Chang ti, roi du ciel, maître et gouverneur du monde. (Part. III, Chap. VII. 14, page 145, et Chap. VIII. 2, page 154). Il n'a pas entrepris l'explication complète de tout l'ouvrage. Son disciple 蔡沈 *Ts'ài Tch'ênn* a rempli cette tâche. Il est le commentateur officiel. Si son interprétation n'est pas toujours la meilleure, elle est du moins la plus autorisée, et la seule suivie dans les écoles. En conséquence, elle s'imposait au traducteur, qui se propose de reproduire l'enseignement classique. Le texte de Ts'ai Tch'enn et les éclaircissements nécessaires ont été fournis par le 欽定書經傳說彙纂 préparé sur l'ordre de K'ang hi et publié sous le règne de Ioung tcheng.

TABLE DES CHAPITRES.

PREMIÈRE PARTIE.

虞書 Annales des premiers souverains.

CH. I	堯典	Règle de Iao, ...	page	1
CH. II.	舜典	Règle de Chouenn, ...		12
CH. III.	大禹謨	Conseils du Grand Iu, ...		32
CH. IV.	皋陶謨	Conseils de Kao iao, ...		44
CH. V.	益稷	I Tsi, ...		49

DEUXIÈME PARTIE.

夏書 Annales de la dynastie des Hia.

CH. I.	禹貢	Tribut de Iu, ...	61
CH. II.	甘誓	Harangue prononcée à Kan, . . .	89
CH. III.	五子之歌	Chants des cinq fils, ...	91
CH. IV.	胤征	Expédition du prince de In, . . .	95

TROISIÈME PARTIE.

商書 Annales de la dynastie des Chang.

CH. I.	湯誓	Harangue de T'ang, ...	101
CH. II.	仲虺之誥	Avis de Tchoung houei, ...	103
CH. III.	湯誥	Proclamation de T'ang, ...	108
CH. IV.	伊訓	Enseignements de I In, ...	113
CH. V.	太甲	T'ai kia, ...	118
CH. VI.	咸有一德	Une vertu sans mélange, ...	127
CH. VII.	盤庚	P'an keng, ...	132
CH. VIII.	說命	Promotion de Iue, ...	150
CH. IX.	高宗肜日	Le lendemain d'un sacrifice de Kao tsoung, ...	162
CH. X.	西伯戡黎	Wenn wang vainqueur du prince de Li,	163
CH. XI.	微子	Le prince de Wei, ...	165

QUATRIÈME PARTIE.

周書 *Annales de la dynastie des Tcheou.*

CH. I.	泰誓	Les grandes harangues,	171
CH. II.	牧誓	Harangue prononcée à Mou,	184
CH. III.	武成	Heureuse issue de la guerre,	187
CH. IV.	洪範	La Grande Règle,	194
CH. V.	旅獒	Le chien de Liu,	209
CH. VI.	金縢	Le cordon d'or,	213
CH. VII.	大誥	Le grand avis,	220
CH. VIII.	微子之命	Investiture conférée au prince de Wei,	229
CH. IX.	康誥	Avis donnés à K'ang chou,	232
CH. X.	酒誥	Avis sur les liqueurs enivrantes,	245
CH. XI.	梓材	Le bois de catalpa,	254
CH. XII.	召誥	Avis du prince de Chao,	258
CH. XIII.	洛誥	Avis concernant la ville de Lo,	269
CH. XIV.	多士	Les nombreux officiers,	281
CH. XV.	無逸	Contre l'oisiveté et les plaisirs,	290
CH. XVI.	君奭	Le sage Cheu,	297
CH. XVII.	蔡仲之命	Instructions données à Tchoung de Ts'ai,	307
CH. XVIII.	多方	Nombreuses contrées,	311
CH. XIX.	立政	Constitution du gouvernement,	321
CH. XX.	周官	Officiers des Tcheou,	331
CH. XXI.	君陳	Kiun Tch'enn,	339
CH. XXII.	顧命	Dernières volontés,	344
CH. XXIII.	康王之誥	Avis de K'ang wang,	358
CH. XXIV.	畢命	Mandat donné au prince de Pi,	363
CH. XXV.	君牙	Kiun ia,	369
CH. XXVI.	冏命	Mandat donné à Kioung,	372
CH. XXVII.	呂刑	Lois pénales du prince de Liu,	375
CH. XXVIII.	文侯之命	Mandat donné au prince Wenn,	390
CH. XXIX.	費誓	Harangue prononcée à Pi,	393
CH. XXX.	秦誓	Déclaration du prince de Ts'in,	396

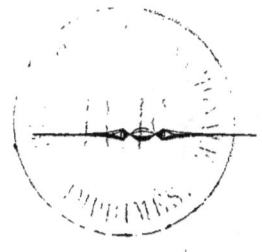

CHOU KING

PREMIÈRE PARTIE

ANNALES DES PREMIERS SOUVERAINS

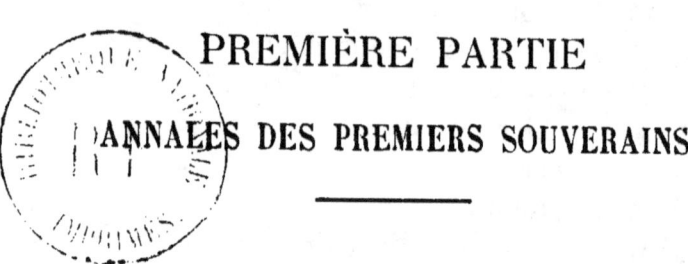

IAO TIEN. 1. Iuĕ jŏ kī kóu tí Iaô, iuĕ Fàng hiūn. K'īn, mìng, wênn, séu (*ou* sêu), ngān ngān. Iùn kōung k'ŏ jang. Kɔuāng pĭ séu piaò, kŏ iū cháng hiá.

CHAPITRE I. RÈGLE DE IAO.

1. Si nous examinons la conduite de l'ancien empereur Iao, nous trouverons que le titre de Bien-méritant lui appartient à bon droit. Il était constamment attentif à bien remplir son devoir, très perspicace, d'une vertu accomplie, d'une rare prudence; cela naturellement et sans effort. Grave et respectueux, il savait céder et

TITRE DU LIVRE. 書 Chōu, livre, annales. 經 Kīng, règle, livre destiné à régler la conduite. Le Chou king, à cause de son antiquité, est appelé 尚 書 Cháng chōu Anciennes annales.

Il se divise en quatre parties, intitulées 虞書 Iú chōu Annales de Iu ou des premiers souverains, 夏書 Hiá chōu Annales des Hia, 商書 Chāng chōu Annales des Chang, 周書 Tcheōu chōu Annales des Tcheou.

PREMIÈRE PARTIE. 虞 Iú est le nom de famille de l'empereur 舜 Chouénn. La première partie du Chou king est intitulée Livre de Iu ou de Chouenn, parce que les deux premiers chapitres

furent écrits, dit-on, par les historiographes de ce prince. Les trois autres chapitres sont attribués aux annalistes de la dynastie des 夏 Hiá.

CHAPITRE I. 典 Tiĕn signifie règle. Le premier chapitre est intitulé Règle de Iao, parce que Iao fut le modèle des souverains, et sa conduite est comme la règle de tout bon gouvernement.

Iao, quatrième des 五帝 où tí, régna de 2356 à 2255 avant notre ère. Avant d'être empereur, il avait gouverné la principauté de 唐 T'ǎng, établie d'abord dans le 唐縣 T'ǎng hiĕn actuel (préfecture de 保定府 Paó ting fòu, province de Tcheu li), puis

1

四表，格于上下。克明俊德，以親九族。九族既睦，平章百姓。百姓昭明，協和萬邦。黎民於變時雍。

2. K'ŏ míng tsiún tě, i ts'īn kióu tsŏu. Kióu tsŏu ki mǔu, p'íng tchāng pě sing. Pě sing tchaō míng, hiě houŏ wán pāng. Li mîn ōu¹ pién, chêu iōung.

condescendre. Son influence et sa renommée atteignirent jusqu'aux extrémités de l'empire, jusqu'aux dernières limites du ciel et de la terre.

2. Il cultiva parfaitement ses grandes vertus naturelles, et par ce moyen fit régner la concorde dans les neuf classes de ses parents. Quand la concorde fut bien établie dans les neuf classes de ses parents, il régla admirablement toutes les familles de sa principauté particulière. Quand la vertu brilla dans toutes les familles de sa principauté particulière, il établit l'union et la concorde entre les habitants de toutes les autres principautés. Oh! alors toute la race à cheveux noirs (la population de tout l'empire) fut transformée et vécut en parfaite harmonie.

dans le 平陽府 P'ing iâng fòu (prov. de Chan si). On l'appelle pour cette raison 唐堯 Iao, prince de T'ang.

1. Dico, si inquiramus antiqui imperatoris Iao (gesta, reperiemus eum jure) dici Late-meritum (vel reperiemus dicendum eum late diffudisse merita). Observantissimus (officiorum omnium), perspicax (intellectu), ornatus (animi dotibus pulchre ordinatis), prudens, facile absque conatu. Vere reverens, poterat cedere. Splendor diffusus ad quatuor oras, pervenit ad supera et infera.

放至也。勳功也。言堯之功大，而無所不至也。 Fàng, parvenir au point le plus extrême; hiūn, mérite. Fàng hiūn signifie que les mérites de Iao ont été grands et que ses bienfaits se sont étendus à toutes les contrées.

自心之嚴敬不慢而主宰常惺者，欽也。 K'īn, remplir ses devoirs avec un soin assidu, et régler sa conduite avec une vigilance continuelle. 明，通明也， Míng, doué d'une intelligence pénétrante. 文，文章也， Wénn, beauté qui résulte de la variété et de l'ordre des parties. 文焉而各有經緯，思焉而謀慮淵深，且此四者皆本於天性自然不由勉強，殆安而又安也。 Wénn, ses pensées, ses sentiments, tout était admirablement ordonné et formait comme un tissu magnifique; séu, il combinait ses plans avec une profonde sagesse. Ces quatre vertus, innées en lui, avaient leurs racines dans sa nature même. Elles n'étaient pas le fruit de grands efforts, et s'exerçaient avec une facilité toujours croissante.

2. Potuit illustrare (splendide excolere) eximias virtutes (suas); inde concordes fecit novem consanguineorum (suorum gradus). Novem consanguineorum (gradibus) jam concordantibus, componens splendide excoluit

PART. I. — CH. 1. RÈGLE DE IAO.

仲宅 命羲 (4) 分 時、授人 辰、敬 月、星 象日 天、歷 若昊 和欽 命羲 (3) 乃

3. Nài mìng Hī Houŏ, k'īn jŏ haò t'iēn, lì siáng jĕu iuĕ sīng tch'ênn, kīng cheóu jênn chêu.

4. Fēnn mìng Hī tchóung tchĕ Iŭ ì, iuĕ Iâng kŏu, ín pīn tch'ōu jĕu, p'íng

3. Il ordonna aux astronomes Hi et Houo de calculer, (de décrire dans des mémoires) et de représenter (par des instruments) la marche du soleil, de la lune, des étoiles, des douze parties du zodiaque, de déterminer avec soin et de publier (dans un calendrier) les époques des divers travaux, en se conformant avec respect aux lois du vaste ciel.

4. Iao chargea particulièrement le second des Hi d'aller s'établir à Iu i, dans l'endroit qui fut appelé la Vallée éclairée, d'y

centum familias (regni sui). Centum familiis clare splendideque excultis, concordes ac unanimes fecit universorum regnorum incolas. Nigra coma populus oh! mutatus ideo concordavit.

克 K'ŏ, avoir assez de force, d'énergie, de vertu, de talent, de science ou de... pour faire une chose; vaincre, surpasser. 九族 Kiŏu tsŏu, tous les parents qui portent le même nom de famille, depuis le trisaïeul jusqu'au fils de l'arrière-petit-fils inclusivement.

3. Porro jussit Hi et Houo, reverenter obsequentes immensi coeli (legibus), computare et effingere solis, lunæ, stellarum (tum immobilium tum mobilium), signorum (motus), diligenter tradere hominum tempora.

羲和 Hī Houŏ, noms de deux familles d'astronomes. 曆, 所以紀數之書 象, 所以觀天之器. Lì, traité d'astronomie servant à la rédaction du calendrier; siáng, instruments où l'on voit le ciel représenté. Voyez plus loin, Chap. II. 5.

星、二十八宿衆星爲經. 金木水火土五星爲緯是也、 Sīng, les vingt-huit constellations zodiacales, toutes les étoiles fixes qui forment comme la chaîne du tissu céleste, et les cinq planètes Vénus, Jupiter, Mercure, Mars et Saturne, qui en forment comme la trame. (Les planètes, surtout Mercure et Vénus, vont comme la navette du tisserand).

辰 以日月所會分周天之度爲十二次也. Tch'ênn, les douze demeures qui se partagent le zodiaque, où le soleil et la lune se rencontrent.

人時謂耕穫之候 凡民事早晚之所關也. Jênn chêu, c'est-à-dire, le temps du labourage et de la moisson, et en général, de tous les travaux que le peuple doit faire aux différentes époques de l'année.

4. Distribuens (munia), jussit Hi natu secundum manere in Iu i regionis dicenda Illustrata valle, reverenter excipere orientem solem, apte ordinare verna opera. Quum dies est modica longitudine et sidus Gniao (occidente sole austrum attingit), inde statuitur medium ver. Tunc homines disperguntur; aves ac quadrupedes generaturi coeunt.

嵎夷曰｜賜谷｜賓出日｜平秩東作｜日中星鳥｜以殷仲春｜厥民析｜鳥獸孳尾｜(5)申命羲叔｜宅南交平

tchéu tōung tsŏ. Jĕu tchōung, sīng Gniaŏ, i īn tchóung tch'ouēnn. Kiuĕ mîn sī; gniaŏ cheóu tzĕu wéi.

5. Chĕnn ming Hī chŏu tchĕ Nân kiaō, p'îng tchéu nên wŏ, king tchéu.

recevoir avec respect le soleil levant, et de fixer convenablement l'ordre des travaux du printemps. Lorsque le jour atteint sa durée moyenne, et que la constellation Gniao (passe au méridien au coucher du soleil), c'est juste le milieu (l'équinoxe) du printemps. Alors les hommes (sortent de leurs maisons et) se dispersent (pour vaquer aux travaux des champs); les animaux s'accouplent pour se reproduire.

5. En second lieu, Iao ordonna au troisième des Hi d'aller s'établir à Nan kiao (sur la limite de la Cochinchine, dans

Quand les calculs astronomiques furent terminés, Iao envoya les astronomes les vérifier par l'observation aux quatre extrémités de l'empire.

嵎夷 Iû i est dans le 登州府 Tēng tcheōu fôu, non loin de la pointe orientale du Chan toung. Le lieu de la station astronomique fut appelé la Vallée éclairée, parce que le soleil levant semblait partir de là pour éclairer la terre.

賓 Pīn, recevoir un hôte, traiter avec les honneurs dus à un hôte.

東南西北 désignent les quatre saisons, parce que, dans les idées des Chinois, l'orient correspond au printemps, le midi à l'été, l'occident à l'automne et le septentrion à l'hiver.

Pour déterminer les équinoxes et les solstices, les astronomes observaient la longueur des ombres au moyen d'un gnomon.

A l'équinoxe du printemps, 日中 la durée du jour tient le milieu entre sa plus courte et sa plus longue durée,

qui ont lieu, l'une au solstice d'hiver, l'autre au solstice d'été. Les Chinois font commencer les saisons six semaines plus tôt que nous. L'équinoxe marque le milieu du printemps.

鳥 Gniaŏ, 朱鳥 Tchōu gniaŏ ou 朱雀 Tchōu tsiŏ comprend les sept constellations zodiacales du sud 井鬼柳星張翼軫 Tsing Kouéi Liŏu Sīng Tchāng Ĭ Tchênn, et occupe ainsi le quart du zodiaque. Son centre est 鶉火 Chouênn houŏ le Cœur de l'Hydre. Au rapport de 蔡沈 Ts'ái Tch'ênn, le bonze 一行 Ĭ háng, célèbre astronome mort en 717 de notre ère, a calculé que, sous le règne de Iao, à l'équinoxe du printemps, le Cœur de l'Hydre atteignait le méridien, quand le soleil se couchait. Les astronomes européens démontrent que ce devait être 2250 ans avant J. C.

殷 Īn signifie 中 ou 正 exact.

5. Secundo jussit Hi tertium manere in Nan kiao, componere et ordinare æstivas mutationes, i. e. æstiva opera

PART. I. — CH. I. RÈGLE DE IAO.

仲星西納昧仲(6)鳥夏火致秋
秋虛成日谷宅分歐厥以日南
厥以宵平寅西命希民正永訛
民殷中秋餞日和革因仲星敬

Jĕu ioung, sīng Houŏ, i tchéng tchóung hiá. Kiuĕ min īn ; gniaŏ cheóu hī kŏ.

6. Fēnn ming Houŏ tchóung tchĕ sī, iuĕ Méi kŏu, în tsién nă jĕu, p'ing tchĕu sī tch'êng. Siaŏ tchōung, sīng Hiū, i īn tchóung ts'iōu. Kiuĕ min î ; gniaŏ cheóu maŏ sièn.

l'endroit qui fut appelé la Station brillante), d'y régler convenablement l'ordre des travaux de l'été, où l'accroissement des plantes est continuel, d'y traiter avec respect le soleil au solstice. Lorsque le jour atteint sa plus longue durée et que le Cœur du Scorpion (passe au méridien vers le coucher du soleil), c'est juste le milieu de l'été (le solstice d'été). Alors les hommes se dispersent de plus en plus (à cause de la chaleur); les animaux perdent peu à peu leurs plumes ou leurs poils pour en prendre d'autres.

6. Iao chargea particulièrement le second des Houo d'aller s'établir à l'occident, dans le lieu qui fut appelé la Vallée obscure, d'y traiter avec honneur le soleil couchant, et de régler convenablement l'ordre des travaux d'automne. Lorsque la nuit atteint sa durée moyenne, et que la constellation Hiu (passe au méridien au coucher du soleil), c'est juste le milieu de l'automne (l'équinoxe d'automne). Alors les hommes respirent à l'aise

circa plantas quæ quotidie crescentes mutantur, et honorare solstitium. Quum dies maxime longus est, et sidus Houo (occidente sole austrum attingit), inde statuitur media æstas. Tunc homines prosequuntur, i. e. pergunt dispergi ob calores; aves et quadrupedes raram mutant (plumam pilumve).

南交 est sur la limite de la Cochinchine 交趾 Kiaŏ tchéu.

On pense qu'il faut ajouter : 日明都 iuĕ Ming tōu dans l'endroit qui fut appelé la Brillante station.

永 Ioung signifie 長 long.

火 Houŏ ou 太火 T'ái houŏ, Antarès ou le Cœur du Scorpion, est le centre du 蒼龍 Ts'āng lōung Dragon azuré, qui comprend les sept constellations orientales du zodiaque 角亢氐房心尾箕 Kiŏ K'áng Tī Fâng Sīn Wĕi Kī.

6. Distribuens (munia), jussit Houo natu secundum manere in occidentalis regionis dicenda Obscura valle, reverenter honorare se recipientem solem, componere et ordinare autumno agenda (opera). Quum nox est modica longitudine et sidus Hiu (occidente sole austrum attingit), inde statuitur medius autumnus. Tunc homines commode habent; avium quadrupedumque plumæ pilive renovati nitent.

夷、鳥獸毛毨 ⁽⁷⁾ 申命和叔、宅朔方、曰幽都、平在朔易、日短星昴、以正仲冬、厥民隩、鳥獸氄毛、⁽⁸⁾帝曰咨、汝羲暨和、朞三百有六旬有

7. Chěnn ming Houô chŏu tchĕ chouŏ fāng, iuĕ Iōu tōu, p'ing tsái chouŏ i. Jĕu touàn, sīng Maò, i tchéng tchóung tōung. Kiuĕ min ngaó ; gniaŏ cheóu jôung maò.

8. Ti iuē : « Tzēu ! jôu, Hī ki Houô. Kī sān pĕ iôu liŭ siùn iôu liŭ jĕu. I juénn (ils n'ont plus à souffrir de la chaleur); le plumage des oiseaux et le poil des quadrupèdes sont renouvelés et brillants.

7. Iao ordonna aussi au troisième des Houo d'aller s'établir au nord, dans l'endroit qui fut appelé la Station ténébreuse, d'y régler après mûr examen les changements qu'amène l'hiver. Lorsque le jour atteint sa plus courte durée, et que les Pléiades (passent au méridien au coucher du soleil), c'est juste le milieu de l'hiver (le solstice d'hiver). Les hommes se retirent dans les appartements les plus chauds des maisons; le plumage des oiseaux et le poil des quadrupèdes sont très moelleux.

8. L'empereur dit: « Eh bien! vous, Hi et Houo, (écoutez). Le cercle de l'année est de trois cent soixante-six jours. Par

Le lieu de la station occidentale fut appelé la Vallée obscure, parce que le soleil couchant semblait y cacher ses rayons. On ignore en quelle contrée il était situé.

餞 Tsién, traiter avec honneur quelqu'un qui s'en va, et lui offrir des vivres pour son voyage.

虛 Hiū, l'Épaule du Verseau, est le centre du 玄武 Hiuên ou Guerrier noir, qui comprend les sept constellations boréales du zodiaque 斗牛女虛危室壁 Teóu Gniôu Gniù Hiū Wéi Chēu Pī.

7. Rursus jussit Houo tertium manere in septentrionalis regionis dicenda Tenebrosa statione, componere et perpendere hiemis mutationes. Quum dies est brevissimus et sidus Mao (occidente

sole austrum attingit), inde statuitur media hiems. Tunc homines in angulis (domorum calidissimis manent); avibus et quadrupedibus molles sunt plumæ pilive.

在 signifie 察 examiner.

朔易 Changements amenés par l'hiver. L'hiver amène la fin des travaux de l'année, et le commencement des travaux de l'année suivante.

昴 Maò les Pléiades occupent le centre du 白虎 Tigre blanc, qui comprend les sept constellations occidentales du zodiaque 奎婁胃昴畢觜參 K'ouēi Leôu Wéi Maò Pī Tsouēi Chēnn.

8. Imperator dixit: « Heus vos, Hi et Houo, (audite). Annus trecenti et sexaginta et sex dies. Ope intercalaris

歲 成 時 四 定 月 閏 以 日 六 有 旬 六
iuĕ ting séu chêu, tch'êng souéi. Iùn li pĕ kōung; chóu tsǐ hiên hī. »

l'intercalation d'un mois fixez les quatre saisons et complétez l'année. Dirigez avec soin tous les officiers (au moyen du

mensis statuite quatuor tempora et complete annum. Diligenter dirigite varios præfectos; omnia opera simul proferentur. »

熙 signifie 廣 large, vaste, s'étendre.

Les compilateurs du Chou king de loung tcheng 欽定書經傳說彙纂 disent:

« Trois cent soixante-six est un nombre rond appliqué à la période de jours que nous appelons année. Ce nombre a été évalué diversement par les astronomes des dynasties successives.

« Dans les Annales des Han, on voit que (sous cette dynastie, qui finit en l'année 263 de notre ère) on divisait la sphère céleste en 365 degrés 1/4. On croyait qu'un degré de la sphère céleste correspondait exactement à un jour du calendrier, et le cercle entier de la sphère céleste au cercle de l'année, (et que par conséquent l'année était de 365 jours 1/4).

« Sous les Tsin orientaux, 虞喜 Iû Hi (qui mourut vers le milieu du quatrième siècle, tint compte de la précession des équinoxes, qu'il estimait être d'un degré en cinquante ans, dit Ts'ai Tch'eun), divisa la sphère céleste en 365 degrés, 26 centièmes, ce qui fait plus de 365 1/4, et donna à l'année 365 jours, 24 centièmes (ou 365 jours, 5 heures 45' 36"), moins de 365 jours 1/4.

« Sous les Soung, 何承天 Hô Tch'êng t'iēn (vers le milieu du cinquième siècle) modifia les nombres. Il divisa la sphère céleste en 365°, 255, et donna à l'année 365 jours, 245 millièmes (ou 365 jours, 5 heures 52' 48").

« Sous les Soung, 郭守敬 Kouŏ Cheóu king (au treizième siècle), après avoir examiné et comparé les observations des anciens et des modernes, divisa la sphère céleste en 365°, 2575, et donna à l'année 365 jours, 2425 dix-millièmes (ou 365 jours 5 heures 49 minutes 12 secondes). Ces deux nombres contenant beaucoup de décimales, il était difficile de calculer la correspondance des jours aux degrés de la sphère.

« Précédemment, le philosophe Chao (邵堯夫 Chaó Iaô fôu, 1011-1077 après J. C.), dans son livre intitulé 元會運世 Iuên houéi iùn chéu, avait adopté le nombre 360 (pour la division de la sphère). Le nombre des degrés de la sphère céleste est la base de tous les calculs; si c'est un nombre rond, il est plus facile de déterminer les quantités fractionnaires (dans les différents calculs). Aussi le calendrier publié récemment par ordre de l'empereur divise la sphère céleste en 360 度 tóu degrés, le degré en 60 分 fēnn minutes, la minute en 60 秒 miaó secondes, et ainsi de suite, d'après le système sexagénaire. Il fixe l'année à 365 jours, 2421/873 (ou 365 jours, 5 heures, 48 minutes, 45 secondes). »

蔡沈 Ts'ái Tch'ènn dit: « Iu Hi, qui vécut sous la dynastie des Tsin orientaux, fut le premier qui reconnut que le cercle de la sphère céleste ne correspond pas exactement au cercle

明　朱　胤　齊　庸　時　咨　曰、⑨　咸　庶　百　允
帝　啓　子　曰、放　登　若　疇　帝　熙、績　工、釐

9. Ti iuĕ: «Tch'eôu tzēu jŏ chêu, têng iôung?» Fâng ts'i iuĕ: «Ìn tzéu Tchōu k'i mîng.» Ti iuĕ: «Hiŭ! în, sóung; k'ŏ hôu?»

calendrier), et tous les travaux de l'année seront prospères.»

9. L'empereur dit: «Qui me cherchera un homme qui sache se conformer aux saisons et qu'il convienne de promouvoir et d'employer?» Fang ts'i répondit: «Tchou, votre propre fils, a

de l'année. Il calcula que la rétrogradation était à peu près d'un degré en cinquante ans.»

D'après les calculs modernes, les points équinoxiaux rétrogradent chaque année de 50" 1. D'un équinoxe à l'autre, le soleil n'a donc à parcourir que 359° 59' 9" 9 de la sphère céleste; il emploie 365 jours 5 heures 48' 49" 6/10. Ce temps s'appelle année solaire vraie, année tropique ou année équinoxiale. L'année sidérale solaire, ou le temps employé par le soleil pour décrire 360 degrés entiers, est de 365 jours, 6 heures 9' 9" 6/10.

En Chine, l'année civile ordinaire est de douze mois lunaires. Comme douze mois lunaires ne font que 354 jours environ, on ajoute tous les deux ou trois ans un treizième mois 閏月 juénn iuĕ, pour faire concorder l'année civile avec l'année solaire.

Ts'ai Tch'enn dit: «La sphère céleste se divise en 365 degrés 1/4 (parce que le soleil emploie ce nombre de jours à la parcourir). Elle tourne de gauche à droite autour de la terre, et accomplit en un jour une révolution entière augmentée d'un degré. Le soleil tourne comme le ciel, mais un peu plus lentement. En un jour il décrit une circonférence complète autour de la terre; mais sa marche est en retard d'un degré sur celle du ciel. Au bout de 365 jours 235/940, il se trouve de nouveau au même point du ciel; une année solaire s'est écoulée. La lune tourne aussi dans le même sens que le ciel, mais encore plus lentement que le soleil. En un jour elle est en retard sur la sphère céleste de 13 degrés 7/19. Tous les 29 jours 499/940 elle est en conjonction avec le soleil... Douze conjonctions exigent 354 jours 248/940; c'est une année lunaire. Si l'on donnait à l'année civile douze mois de trente jours chacun, elle aurait 360 jours. Comparée à l'année civile, l'année solaire aurait un surplus 氣盈 k'i îng de 5 jours, 235 millièmes, et l'année lunaire un déficit 朔虛 chouŏ hiū de 5 jours, 592 millièmes. La somme de ce surplus et de ce déficit représente l'excédant 閏 juénn de l'année solaire sur l'année lunaire. Chaque année cet excédant est de 10 jours 827/940; en trois ans, il est de 32 jours 601/940; en cinq ans il est de 54 jours 375/940. Tous les dix-neuf ans on intercale 七閏 sept mois lunaires supplémentaires, et alors 氣朔分齊 l'année lunaire coïncide de nouveau exactement avec l'année solaire. C'est le cycle lunaire 一章 ĭ tchāng.»

9. Imperator dixit: «Quis perquiret obsequentem temporibus (virum, quem) promovens adhibeam?» Fang ts'i dixit:

PART. I. — CH. I. RÈGLE DE IAO.

滔　山　方　岳　⑪　象　吁　鳩　曰　若　⑩　乎　曰
天　襄　割　湯　帝　恭　靜　都　予　帝　吁
下　陵　蕩　湯　曰　滔　言　僝　采　曰　嚚
民　浩　蕩　洪　咨　天　庸　功　共　驩　訟
其　浩　懷　水　四　　　違　帝　工　兜　咨　可

10. Tí iuĕ : « Tch'eôu tzeù jŏ iù ts'âi ? » Houān teōu iuĕ : « Tōu ! kōung kōung fāng kiōu tchèn kōung. » Tí iuĕ : « Hiū ! tsing iên iôung wêi. Siáng kōung, t'aō t'iēn. »

11. Tí iuĕ : « Tzēu ! séu iŏ, chāng chāng hôung chouèi fāng kŏ, táng táng houâi chān, siāng lìng, haò haò t'aō t'iēn. Hiá mín k'î tzèu. Iòu nêng, pèi í. »

l'esprit ouvert et perspicace. » L'empereur répliqua: « Eh! il est menteur et querelleur. Peut-il remplir un emploi? »

10. L'empereur dit: « Qui me cherchera un homme qui soigne les choses d'une manière conforme à leur nature? » Houan teou répondit: « A merveille! le ministre des travaux publics vient de rendre de nombreux et signalés services. » L'empereur répliqua: « Eh! au repos dans le conseil, il parle bien; puis, quand on le charge de mettre ses avis à exécution, rien ne réussit. En apparence il est modeste; en son cœur il s'élève jusqu'au ciel. »

11. L'empereur dit: « Ah! chef des princes des quatre contrées, les eaux ont crû prodigieusement, et se répandant partout, ont causé de grands dégâts. Dans leur vaste étendue, elles embrassent les montagnes et couvrent les collines; dans leur immensité, elles s'élèvent jusqu'au ciel. Le peuple gémit. S'il se trouvait quelqu'un

« Progenies filius Tchou (丹 **Tān** regni rector) est aperto (acuto) et perspicaci ingenio. » Imperator dixit: « Hui! mendax, jurgiosus; num idoneus est? »

10. Imperator dixit: « Quis perquiret obsequentem meis rebus (virum)? » Houan teou dixit: « Belle! præfectus operum modo cumulans exhibuit merita. » Imperator dixit: « Hui! otio dictis (verbis), adhibitus contrait. Simulat modestiam; (quasi ingentes aquæ, animo) se attollit ad cœlum.

Houan teou, ministre de Iao, est l'un des quatre grands criminels qui furent châtiés par Chouenn. Voyez Ch. II. 12.

11. Imperator dixit: « Heus quatuor montium (i. e. regionum) præses, alte assurgentes et diffluentes aquæ modo nocuerunt. Late diffusæ complectuntur montes, superstant collibus; vehementer turgidæ attingunt cœlum. Subjecti (cœlo) homines illi gemunt. Si sit qui possit, jubebo componere. » Omnes dixerunt: « Oh! Kouenn certe! » Imperator dixit: « Hui! minime. Negligit jussa, dejicit collegas. » Regionum præses dixit: « Desinas (eum respuere), tentes;

咨　义　鯀　吁　命　曰　可　曰　九　弗　⑫　四　位
有　僉　哉　咈　圯　乃　往　載　成　帝　岳　七
能　曰　帝　哉　族　异　已　欽　　　續　曰　十
俾　於　曰　方　哉　試　帝　欽　　　用　哉　朕　咨　載
　　　　　　　　　　　　　　　　　　　　　　　　　在

Ts'iēn iuě: «Ōū! Kouènn tsāi!» Tí iuě: «Hiū! foŭ tsāi. Fāng míng, pĭ tsŏu.» Iŏ iuě: «Î tsāi; chéu; k'ŏ nài i.» Tí iuě: «Wǎng, k'īn tsāi.» Kiòu tsài tsĭ ióung foŭ tch'êng.

12. Tí iuě: «Tzēu, séu iŏ, tchénn tsái wèi ts'ĭ chĕu tsài. Jŏu nêng ióung míng, capable de remédier à ce mal, je lui en confierais le soin.» Ceux qui étaient présents dirent tout d'une voix: «Oh! Kouenn en est capable!» L'empereur répliqua: «Eh! nullement. Il transgresse les ordres et renverse ses collègues.» Le chef des princes des quatre contrées reprit: «Ne le rejetez pas, essayez-le; pourvu qu'il soit capable (de faire écouler les eaux), cela suffit.» L'empereur dit (à Kouenn): «Allez, acquittez-vous de ce soin avec respect et diligence.» Au bout de neuf ans, Kouenn n'avait pas encore terminé son travail.

12. L'empereur dit: «Ah! chef des princes des quatre régions, j'exerce l'autorité souveraine depuis soixante-dix ans. Si vous êtes capable d'exécuter mes volontés, je vous céderai ma dignité.» Le chef des princes des quatre régions répondit: «Je n'ai pas les

si possit (aquas componere), jam satis erit.» Imperator dixit: «Ito, reverenter attendas.» Novem annis opus adhibitus non perfecit.

四岳 ou 四嶽 quatre montagnes célèbres au pied desquelles les empereurs réunissaient les princes et offraient des sacrifices. C'étaient le 岱山 Tái chān, 泰山 T'ái chān ou 東嶽 situé au nord de 泰安縣 dans le T'ai ngan fou (province de Chan toung); le 衡山 Hêng chān, 霍山 Houŏ chān, 天柱山 T'iēn tchóu chān ou 南嶽 situé près de 衡山縣 dans le Heng tcheou fou (province de Hou nan); le 華山 Houá chān ou 西嶽 situé au sud de 華陰縣 dans le Si ngan fou (Chen si); le 恒山 Hêng chān ou 北

嶽 situé au sud de 渾源州 Houênn iuén tcheōu dans le 大同府 Tái t'ôung foŭ (Chan si). A ces quatre montagnes les 周 Tcheōu ajoutèrent le 嵩山 Sōung chān ou 中嶽 situé dans le sud du Ho nan, et ils eurent 五嶽.

Dans ce passage, 四岳官名, 一人而總四岳諸侯之事也, seu io est le titre d'un officier dont l'autorité s'étendait sur tous les princes des quatre grandes montagnes, c'est-à-dire, de toutes les parties de l'empire.

Kouenn était le père du grand 禹 Iŭ.

12. Imperator dixit: «Heus quatuor regionum præses, ego fui in dignitate septuaginta annis. Si tu possis exsequi mandata (mea), cedam meam dignitatem.» Regionum præses dixit: «Non

PART I. — CH. I. RÈGLE DE IAO.

汝能庸命巽朕位否德忝帝位明明揚側陋明師錫帝有鰥在下曰虞舜僉曰俞咨岳如何瞽子父頑母嚚象傲克諧以孝

suénn tchénn wéi.» Iŏ iuĕ: «Pi tĕ, t'iĕn ti wéi.» Iuĕ: «Ming ming, iâng tchĕ leóu.» Chéu sĭ ti iuĕ: «Iŏu kouān tsái hiá, iuĕ Iŭ Chouénn.» Ti iuĕ: «Iŭ, iŭ wênn. Jôu hô?» Iŏ iuĕ: «Kóu tzĕu; fóu wân, mòu în, Siáng ngaó. K'ŏ hiâi i

qualités requises, je déshonorerais le trône impérial.» L'empereur reprit: «Désignez-moi un homme déjà élevé en dignité, ou proposez-moi un simple particulier d'une humble condition.» Tous ceux qui étaient présents dirent à l'empereur: «Il y a un homme nommé Iu Chouenn, qui est d'une humble condition et n'est pas marié.» «Oui, dit l'empereur, j'ai entendu parler de lui. Comment se conduit-il?» Le chef des princes des quatre régions répondit: «Il est fils d'un homme aveugle (d'esprit). Son père était obstinément mauvais, sa marâtre nullement sincère dans ses paroles et son frère Siang plein d'arrogance. Par sa piété filiale, il est parvenu à vivre avec eux en bonne intelligence, et les a amenés peu à peu à se corriger et à s'abstenir de grandes fautes.» «Eh bien, je le mettrai à l'épreuve, dit l'empereur. Je lui donnerai mes deux filles en mariage, et je verrai quels exemples il leur

bonæ sunt virtutes (mihi; timeo ne) dedecorem imperatoris dignitatem.» Dixit: «Declara conspicuum (dignitate virum, aut) propone humilem et abjectum.» Omnes offerentes (proponentes) imperatori dixerunt: «Est uxore carens in humili loco, dictus Iu Chouenn.» Imperator dixit: «Ita, ego audivi. Cujus modi est?» Regionum præses dixit: «Cæci filius. (Ejus) pater tenaciter malus, noverca verbis fallax, Siang (e noverca natus frater minor) arrogans. (Chouenn cum eis) potuit concordare ope filialis pietatis; pedetentim progrediens correxit, (ita ut) non pervenirent ad pravissima.» Imperator dixit: «Ego vero tentabo. Filias meas dabo uxores illi, et videbo illius exempla erga duas filias.» Compositis (filiarum vestibus et cæteris rebus quæ asportandæ erant), demisit duas filias in Kouei fluvii sinum (aut ad septentrionem aut ad affluentem rivum), uxores datas Chouenn. Imperator dixit (filiabus): «Reverenter attendite.»

Le mot 朕 tchénn a été réservé à l'empereur par ordre de 秦始皇 Ts'in Chéu houâng (221-209). Auparavant l'usage permettait à chacun de l'employer en parlant de soi.

否 Pi, mauvais. 否德 mauvaises qualités, défauts, vices. 錫 Sĭ signifie 與 donner, en faveur de, à. 虞氏舜名也. Iu est le nom de famille et Chouenn le nom propre du successeur de Iao. 舜父號瞽瞍,心不測.

烝烝乂，不格姦。帝曰：我其試哉，女于時，觀厥刑于二女。釐降二女于嬀汭，嬪于虞。帝曰：欽哉。

(1) 曰若稽古帝舜曰重華協于帝濬哲文明溫恭允塞

hiaó; tchēng tchēng i, pŏu kŏ kiēn.» Tí iuĕ: «Ngò k'î chéu tsāi. Gniú iū chéu, kouān kiuĕ hîng iū éul gniù.» Lì kiâng éul gniù iū Kouēi jouéi, p'în iū Iù. Tí iuĕ: «K'īn tsāi.»

CHOUENN TIEN. 1. Iuĕ jŏ kī kòu tí Chouénn, iuĕ Tch'óung houâ hiĕ iū tí.

donnera (ou quelle sera sa conduite à leur égard).» Après avoir fait préparer (les vêtements et les différents objets que ses filles devaient emmener), il les envoya toutes deux (à la maison de Chouenn) au tournant (au nord ou à l'affluent) de la Kouei, pour qu'elles fussent les femmes de Chouenn. Il leur dit: «Remplissez vos devoirs avec respect et diligence (dans la maison de votre mari).»

CHAPITRE II. RÈGLE DE CHOUENN.

1. Si nous examinons la conduite de l'ancien empereur Chouenn, nous trouverons qu'il mérite d'être appelé *Tch'oung Houa* Splendeur renouvelée (ou bien, nous trouverons qu'on doit dire de lui qu'il a reproduit les vertus et les actions éclatantes de Iao), et qu'il a été entièrement semblable à l'empereur (Iao). Il était perspicace, prudent, parfait, intelligent, doux, grave et

Le père de Chouenn était appelé communément Kou seou, c'est-à-dire Aveugle; il avait peu d'intelligence.

其 K'i, particule qui donne plus de force à la phrase, exprime le désir ou l'espoir, sert à exhorter, à attirer l'attention; eh bien, donc. 女 Gniú, donner une fille en mariage. 時 Chêu signifie 是 chéu, il, lui, ce. 于時 à lui. 刑 Hing équivaut à 法 fă, exemple.

Les deux filles de Iao se nommaient l'une 娥皇 Ngô houâng et l'autre 女英 Gniú īng.

媯 Kouêi, rivière qui traverse le 虞鄉縣 Iù hiāng hién dans le 山西 Chān sī, et se jette dans le Fleuve-Jaune. 汭 Jouéi, coude ou angle interne d'une rivière, côté septentrional d'une rivière, nom d'un cours d'eau qui se déversait dans la Kouei. *Kouei jouei* marque le lieu où Chouenn demeurait. 嬪 P'în, épouse, être épouse.

CHAPITRE II. Ce chapitre est intitulé 舜典 Règle de Chouenn, parce que la conduite de ce prince est le modèle et comme la règle des souverains. Cf. Chapitre I, Iao tien, page 1.

1. Dico, si inquiramus antiqui

塞德乃位徽以聞命
升聞乃命以位徽五典五典克從納于百揆百揆時敘于四門四門穆穆納于大麓烈風雷雨弗迷

Siún tchĕ wênn míng, wênn kōung iùn sĕ. Hiuên tĕ chēng wènn, nái míng i wéi.

2. Chēnn houēi òu tiên ; òu tiên k'ŏ ts'òung. Nă iŭ pĕ kouéi ; pĕ kouéi chêu siŭ. Pīn iŭ séu mênn ; séu mênn mŏu mŏu. Nă iŭ tá lŏu ; liĕ fōung lêi iŭ fŏu mí.

respectueux, vraiment sincère. Les vertus qu'il pratiquait dans le secret de la vie privée, parvinrent à la connaissance de l'empereur Iao ; Iao l'associa à l'empire.

2. (Créé d'abord préfet des multitudes ou ministre de l'instruction publique), il prit soin de mettre en vigueur les grandes lois des cinq relations sociales ; et ces grandes lois furent observées. Il fut (ensuite nommé premier ministre et) chargé de diriger tous les officiers ; et la direction des officiers fut conforme aux exigences des temps. (Peu après, constitué chef des princes de toutes les contrées), il reçut aux quatre portes du palais (les princes qui venaient de toutes les parties de l'empire rendre hommage à l'empereur) ; et les princes qui entraient par les quatre portes étaient fort soumis. (Plus tard) il fut chargé d'inspecter les grandes plaines voisines des montagnes ; affrontant la fureur des

imperatoris Chouenn (gesta, reperiemus eum jure) dici Iteratum splendorem (vel, reperiemus eum dicendum iterasse imperatoris Iao splendorem), consimilem fuisse imperatori (Iao). Alte perspicax, prudens, ornatus (animi dotibus pulchre ordinatis), clare intelligens, lenis, reverens, vere sincerus. Reconditæ (in vita privata) virtutis fama ascendens audita est (ab imperatore Iao, qui eum) inde constituit in imperiali sede.

2. (Primum creatus 司徒 sēu t'òu), diligenter excoluit (i. e. curavit ut cives omnes optime colerent) quinque summas leges ; quinque summæ leges potuerunt observari. (Deinde factus 冢宰 tchŏung tsài), admissus est in omnium (præpositorum) rectorem ; omnium præpositorum regimen congruenter temporibus ordinatum est. (Tum renuntiatus 四嶽 séu iŏ), hospites excepit (regulos) ad quatuor portas (palatii) ; quatuor portis (advenientes reguli) valde obsequebantur. Immissus est in patentia loca montibus vicina ; furentibus vento, tonitru, pluvia, non turbatus erravit.

徽 Houēi, beau, rendre beau, faire fleurir, mettre en honneur.

五典 Où tiên, 五常 òu tch'áng, 五教 òu kiaó, les règles des cinq principales relations sociales, ou lois qui règlent les devoirs mutuels du père et du fils, du prince et du sujet, du mari et de la femme, des vieux et des jeunes, des amis ou compagnons.

納 Nă, introduire, faire entrer,

⑸ 文 日、⑷ 德 位、載 底 考 汝 ⑶ 迷、風
在 祖、受 正 弗 舜 汝 言 舜、帝 雷
璿 終 月 嗣 讓 陟 可 乃 詢 曰 雨
璣 于 上 于 帝 績 言 事 格 弗

3. Tí iuĕ: « Kŏ, jòu Chouénn. Siūn chéu k'aŏ ién, nǎi ién tchéu k'ŏ tsï, sān tsǎi. Jòu tchĕu tí wéi. » Chouénn jǎng iū tĕ, fŏu séu.

4. Tchēng iuĕ cháng jĕu, cheóu tchōung iū Wēnn tsòu.

5. Tsǎi siuēn kī iŭ hêng, i ts'ì ts'ī Tchéng.

vents, le tonnerre et la pluie, il ne se troubla ni ne s'égara jamais.

3. L'empereur dit: « Chouenn, approchez. J'ai comparé avec vos œuvres les projets que vous m'avez d'abord exposés, et j'ai trouvé que vous avez pu conduire à bonne fin l'exécution de vos projets, cela depuis trois ans. Montez sur le trône impérial. » Chouenn voulut laisser cet honneur à un plus digne et déclina la succession.

4. Le premier jour de l'année, Iao lui céda entièrement l'administration de l'empire devant la tablette ou dans le temple du Souverain Parfait (le premier empereur de sa famille).

5. Chouenn examina la sphère ornée de perles et le tube de

admettre. 揆 Kouéi, examiner, juger, décider. 百揆 Pĕ kouéi ou 冢宰 Tchŏung tsǎi, premier ministre chargé de diriger tous les officiers et de régler toutes les affaires du gouvernement.

麓 Lòu, pied d'une montagne, terrain élevé qui est auprès d'une montagne. L'inondation avait étendu partout ses ravages. Iao envoya Chouenn inspecter les terrains élevés et diriger les travaux. D'après plusieurs commentateurs, 大麓 signifie 大錄 tá lòu universalité, et désigne un ministre dont l'autorité s'étend sur tout l'ensemble de l'administration.

3. Imperator dixit: « Venias, tu, Chouenn. Perpendens facta (tua), examinavi dicta (tua). Tua dicta assecutus es ut posses facere tribus annis. Tu ascendas imperatoris sedem. » Chouenn cessit in præditum virtute, nec successit.

乃 Nài, vous, votre.

4. Primi mensis primo die, accepit (Iao imperatoris a negotiis gerendis) cessationem coram Ornatissimo progenitore.

文祖 celui des ancêtres de Iao qui le premier fut empereur, peut-être 黃帝 Houâng ti.

5. Inspexit margaritis ornatam machinam, iaspideum tubum transversum, ut componeret septem Rectores.

在察也、美珠謂之璿璣機
也、以璿飾璣、所以象天體之
轉運也、衡横也謂衡簫也、以
玉為管、横而設之、所以窺璣
而齊七政之運行、猶今之渾

玉衡、以齊七政。⑥類于上帝、禮于六宗、望于山川、徧于羣神.

6. Séu léi iŭ Cháng tí, ïn iŭ liŭ Tsōung, wáng iŭ chân tch'ouĕn, piĕn iŭ k'iŭn chênn.

jade, pour régler les mouvements des sept Gouverneurs.

6. Ensuite il offrit un sacrifice extraordinaire au Chang ti, fit des offrandes aux six Vénérables avec une intention parfaite; puis, se tournant vers les montagnes et les cours d'eau célèbres, il leur rendit des honneurs semblables, ainsi qu'à toute la multitude des esprits.

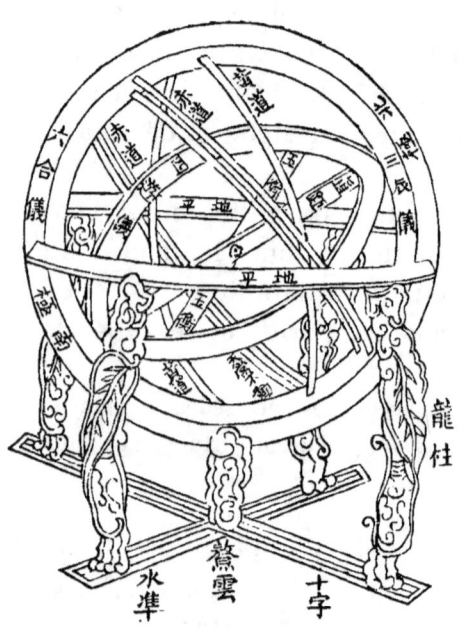

天儀也.(蔡沈). Tsái, examiner. On appelle siuén une belle perle. Kí, machine. Avec une machine ornée de perles (sorte de sphère armillaire) on représentait la marche des astres. Hêng, transversal, tube transversal, tube de jade placé transversalement pour observer la machine et régler le mouvement des sept Gouverneurs, c'est-à-dire, pour faire en sorte que les mouvements du soleil, de la lune et des cinq planètes Mercure, Vénus, Mars, Jupiter et Saturne fussent reproduits exactement par la machine comme ils sont dans le ciel. Cette machine était semblable à celle que nous nommons à présent *Houénn t'iēn î* Représentation de toute la sphère céleste.

七政日月五星也七者運行於天.有遲有速.有順有逆.猶人君之有政事也此言舜初攝位整理庶務.首察璣衡.以齊七政.蓋曆象授時.所當先也.(蔡沈). Les sept Gouverneurs sont le soleil, la lune et les cinq planètes. Ils marchent dans le ciel tantôt vite tantôt lentement, tantôt dans le même sens, tantôt en sens contraires; on dirait des princes administrant les affaires publiques. Ce paragraphe nous apprend que Chouenn, dès qu'il fut associé à la dignité impériale et prit en main les rènes du gouvernement, examina d'abord la sphère céleste et le tube transversal, pour régler les mouvements des sept Gouverneurs. C'est qu'il importe avant tout de calculer la marche des astres et de publier le calendrier.

6. Deinde sacrum fecit cœli regi; puro animo sacra obtulit sex Venerandis. Sacra procul obtulit montibus et fluviis, universim honoravit omnes spiritus.

牧 羣 岳 四 觀 日 乃 月 既 瑞 五 輯

7. Tsi óu chouéi. Ki iuĕ, nái jĕu kín séu iŏ, k'iūn mŏu. Pān chouéi iū k'iūn heóu.

7. Il réunit les cinq espèces de tablettes de jade. Le premier mois (de l'année après son avènement) étant écoulé, il donna audience chaque jour aux princes (ou aux quatre inspecteurs des princes) des quatre régions de l'empire et aux préfets des provin-

類 Léi, espèce, semblable, offrande semblable au 郊 kiaō sacrifice solennel qu'on offrait au Chang ti en printemps dans la campagne.

彼皇天上帝, 至尊無對, (書經體註) Ce roi suprême de l'auguste ciel est le plus noble des esprits, il n'a pas d'égal.

禋 In, sacrifice offert avec une intention parfaite. 六宗 Liŭ tsōung, les six Vénérables, à savoir, les saisons, le froid et la chaleur, le soleil, la lune, les étoiles, l'inondation et la sécheresse.

望 Wáng, offrande ou sacrifice qu'on faisait aux esprits d'une montagne ou d'un cours d'eau célèbre, sans aller à cette montagne ou à ce cours d'eau, mais en tournant les regards dans sa direction.

7. Congregavit quinque genera tesserarum. Elapso mense, tunc quotidie excepit quatuor regionum regulos (vel quatuor regionum regulorum præpositos), omnes provinciarum præpositos. Distribuit tesseras omnibus regulis.

L'empereur en donnant l'investiture à un prince, lui remettait une tablette de jade 瑞 chouéi, insigne de la dignité princière. Il avait soin d'en conserver la forme 珆 maó. Voy. Part. V, Ch. XXII. 23.

On distinguait cinq classes de princes (公侯伯子男), et aussi cinq espèces de tablettes de jade. Un prince du premier rang 公 recevait une tablette oblongue sur laquelle étaient représentées deux colonnes 桓圭 houán kouēi; un prince du deuxième rang 侯, une tablette oblongue sur laquelle était représenté un homme tenant le corps droit 信圭 chēnn kouēi; un prince du troisième rang 伯, une tablette oblongue sur laquelle était représenté un homme courbé 躬圭 kōung kouēi; un prince du quatrième rang 子, une tablette de forme annulaire sur la-

quelle était représenté du millet 穀璧 kŏu pĭ; un prince du cinquième et dernier rang 男, une tablette de forme annulaire sur laquelle étaient représentés des joncs.

Lorsqu'un prince se présentait devant l'empereur, il tenait dans les mains sa tablette de jade.

A la fin du mois, c'est-à-dire, selon l'opinion la plus reçue, à la fin du premier mois de l'année après que Chouenn eut été associé au gouverne-

PART. I. — CH. II. RÈGLE DE CHOUENN.

班瑞于羣后(8)月正東巡守岱宗望秩于山川肆覲東后協時月正日同律度量衡修五

8. Souéi éul iuě tōung siûn cheóu; tchéu iû Tái tsōung. Tch'âi, wáng tchéu iû chān tch'ouēn. Séu kin tōung heóu, hiě chêu iuě, tchéng jěu, t'ōung liŭ tóu ces. Il distribua (ou rendit) à tous les princes leurs tablettes de jade.

8. Au deuxième mois de l'année, il visita les principautés qui étaient à l'est; il alla jusqu'au Tai chan, la plus vénérable des montagnes. Il offrit et brûla sur un bûcher une victime en l'honneur du roi du ciel. Se tournant successivement vers les montagnes et les rivières qui sont dans cette région, il leur fit des sacrifices suivant la dignité de chacune d'elles. Il reçut ensuite les princes de l'est, prit soin que dans toute cette région les saisons de l'année et les mois lunaires (de vingt-neuf ou de trente jours) fussent

ment de l'empire, tous les princes, sur un ordre de sa part, arrivèrent à la cour impériale, les uns plus tôt, les autres plus tard, selon la distance plus ou moins grande qu'ils avaient à parcourir pour aller à la capitale de l'empire, qui était dans le 平陽府 (province de Chan si). Chouenn donnait audience chaque jour, prenait toutes les tablettes de jade, les confrontait avec les formes 瑁 maó conservées dans le palais, pour s'assurer de leur authenticité, puis il les rendait aux princes, comme pour leur confirmer l'investiture de leurs dignités.

四岳 Séu iǒ, les quatre montagnes principales, les quatre régions de l'empire, chef ou inspecteur général de tous les princes de l'empire. Voy. page 10. Ici, cette expression signifie les princes de toutes les contrées de l'empire 四方之諸侯 (蔡沉), ou bien les quatre inspecteurs préposés chacun à l'une des quatre régions de l'empire 四方諸侯之長, 卽方伯也. (書經體註).

Les 牧 Pasteurs des peuples sont les neuf préfets préposés chacun à l'une des neuf provinces de l'empire 九州之牧伯.

8. Anni secundo mense, in orientali regione perlustravit custodita (gubernata a regulis loca); adivit ad Tai montem venerandum. *Tch'âi* (cœli regi victimam obtulit et super ligni struem combussit); *wáng* (obversa facie, sacra procul obtulit) ex ordine montibus et fluviis. Deinde excepit orientales regulos. Curavit ut convenirent anni tempora, menses, correxit dierum nomina. Æquavit musicos tubos, longitudinis mensuras, capacitatis mensuras, stateras. Composuit quinque genera rituum. Quinque genera iaspidearum tesserarum, tria genera sericorum, duo genera vivorum animalium, unm genus occisorum fuerunt munera. Æquavit quinque genera instrumentorum; denique vero retrogressus est (vel, quod attinet ad quinque genera tesserarum, postremo quidem reddidit). Quinto mense, in australi regione perlustravit custodita;

岳．至 西 禮 岳．至 南 復 器．贄．生 三 禮
如 于 巡 八 如 于 巡 五 卒 如 一 帛．五
初．西 守．月 岱 南 守．月 乃 死 二 玉

leáng hęng, siōu óu li. Où iŭ, sān pĕ, éul chēng, ï séu, tchéu. Jôu óu k'í; tsŏu
nài fŏu. Où iuĕ nân siûn cheóu; tchéu iŭ nân iŏ. Jôu Tái li. Pă iuĕ sī siûn cheóu;

de parfait accord, corrigea les dénominations des jours. Il établit l'uniformité des tubes musicaux, des mesures de longueur, des mesures de capacité, des balances (et des poids), et régla les cinq sortes de cérémonies. Il reçut les cinq sortes de tablettes de jade, trois sortes de pièces de soie, deux sortes d'animaux vivants, une seule espèce d'animaux tués. Il établit l'uniformité des cinq sortes d'instruments; enfin il revint sur ses pas (ou bien, quant aux cinq sortes de tablettes de jade, il les rendit aux princes qui les lui avaient offertes). Au cinquième mois, il visita les principautés du midi. Il alla à la grande montagne du midi, et accomplit les

adivit ad australem montem. (Ritus fuerunt) similes Tai montis ritibus. Octavo mense in occidentali regione perlustravit custodita; adivit ad occidentalem montem. (Fecit) sicut prius. Undecimo mense, in septentrionali regione perlustravit custodita; adivit ad septentrionalem montem. (Ritus fuerunt) similes occidentalis montis ritibus. Reversus intravit in Ornatissimi avi delubrum; usus est uno bove.

Chouenn, après avoir reçu la visite des princes, parcourut lui-même les principautés, alla jusqu'aux quatre montagnes sacrées (voy. 四岳 page 10), réunit les princes de chaque région, fit adopter partout le même calendrier, les mêmes mesures, les mêmes poids, les mêmes cérémonies.

Chouenn, avant son voyage, offrit sans doute un sacrifice au 藝祖 I tsŏu, et lui annonça son départ. Après son retour, il lui rendit le même honneur, et lui exposa ce qu'il avait fait. On ignore quel était cet Aïeul parfait.

On conjecture que c'était le même que le 文祖 Wênn tsóu mentionné ci-dessus, page 14.

秩 Tchĕu, ordre, rang, grade. Les montagnes et les cours d'eau étaient divisés en cinq classes, comme les princes feudataires. Les montagnes sacrées 岳 étaient assimilées aux 三公, les quatre grands cours d'eau 瀆 tŏu (江 河 淮 濟) aux 諸侯, les autres montagnes et les autres rivières aux 伯 子 男. Les victimes, les offrandes variaient selon la dignité de ces vénérables.

日謂日之甲乙 Les jours étaient et sont encore désignés pas les lettres et les soixante dénominations du cycle. Chouenn établit partout l'uniformité sur ce point.

On donnait le nom de 律 liŭ à douze tubes, qui furent faits primitivement de bambou, puis de jade. Leur diamètre avait un peu plus de 三分 trois centièmes de 尺 tch'ĕu pied, et leur circonférence 九分 neuf centièmes de pied. Leurs longueurs étaient toutes

PART. I. — CH. II. RÈGLE DE CHOUENN.

十 一 月、 朔 守、 于 岳、 西 歸 于 祖、 特
有 巡 至 北 如 禮、 格 藝 用

tchéu iŭ sī iŏ. Jóu tch'ôu. Chéu ioú ĭ iuĕ, chouŏ siùn cheóu; tchéu iŭ pĕ iŏ. Jóu sī lì. Kouéi kŏ iŭ Í tsòu, ióung t'ĕ.

mêmes cérémonies qu'au Tai chan. Au huitième mois, il visita les principautés de l'ouest. Il alla à la grande montagne de l'ouest, et fit les mêmes cérémonies que précédemment. Au onzième mois, il visita les principautés du nord. Il alla à la grande montagne du nord, et accomplit les mêmes cérémonies qu'à l'ouest. De retour (à la capitale), il entra dans le temple de l'Aïeul Parfait et immola un bœuf.

différentes. Le plus long, appelé 黃 鐘, avait 九 寸 neuf dixièmes de pied. Six d'entre eux donnaient les sons mâles; ils portaient plus spécialement le nom de 律 Les six autres, nommés 呂 liù, donnaient les sons femelles.

Le 黃 鐘 houâng tchôung n'était pas employé en musique seulement. Il était la base de tout le système des mesures et des poids. La quatre-vingt-dixième partie de sa longueur faisait un 分 fēnn. Dix fenn faisaient un 寸 ts'uénn; dix ts'uenn, un 尺 tch'ĕu; dix tch'eu, un 丈 tcháng; dix tchang, un 引 in.

Le houang tchoung contenait mille deux cents grains de millet ou un 龠 iŏ. Dix io faisaient un 合 kŏ; dix ko, un 升 chēng; dix cheng, un 斗 teŏu boisseau; dix teou, un 斛 hŏu.

Les mille deux cents grains de millet contenus dans le houang tchoung pesaient douze 銖 tchōu. Vingt-quatre tchou faisaient un 兩 leâng; seize leang, un 斤 kīn (une livre); trente kin, un 鈞 kiūn; quatre kiun, un 石 chĕu. 此 黃 鐘 所 以 爲 萬 事 根 本 Ainsi le plus long des douze tubes musicaux était la base de tout.

五 禮、吉 凶 軍 賓 嘉 也、Les cinq sortes de cérémonies sont celles qui concernent les cinq sortes d'affaires; à savoir, les honneurs dus aux esprits, les funérailles, la réception des hôtes, les affaires militaires, les mariages.

Ceux qui avaient audience de l'empereur, lui apportaient des présents. Les cinq classes de princes feudataires lui remettaient les cinq sortes de tablettes de jade 五 玉 ou iŭ, 五 瑞 ou chouéi, insignes de leurs dignités; l'empereur les leur rendait à leur départ. Les fils aînés des 諸 侯 offraient de la soie rouge; les assesseurs des trois grands ministres 三 公 之 孤, de la soie noire; les chefs des petites principautés subalternes 附 庸, de la soie jaune; en tout, trois sortes de tissus de soie. Les 卿 k'īng ministres d'État offraient chacun un agneau vivant; les 大 夫 tái fōu grands préfets, une oie sauvage vivante; les 士 simples officiers, un faisan tué.

五 器 les instruments, les ustensiles employés dans les cinq sortes de cérémonies. Chouenn, après avoir établi l'uniformité dans les principautés orientales, revint sur ses pas, c'est-à-dire, n'alla pas au-delà du T'ai chan; mais se retira, et, sans retourner à la capitale, dirigea sa marche vers le midi.

川山濬 二十有 封有二州 ⑩肇十 庸服以 車服以庸 試以言 以功 朝敷奏 羣后四 ⑨一五載 巡守

9. Oû tsài ï siûn cheóu ; k'iûn heóu séu tch'aô. Fōu tseóu i iên ; ming chéu i kōung. Kiŭ fôu i iôung.

10. Tchaó chĕu ióu éul tcheōu, fōung chĕu ióu éul chăn, siùn tch'ouēn.

9. Tous les cinq ans, l'empereur employait une année à visiter les principautés. Dans le cours des quatre autres années, tous les princes allaient à la cour impériale. Ils présentaient un compte-rendu détaillé de leur administration ; l'exactitude de ce rapport était vérifiée par l'examen de leurs œuvres. Ceux qui avaient bien mérité, recevaient en récompense des voitures et des vêtements.

10. Chouenn établit douze provinces, leur donna pour gardiens les génies tutélaires de douze montagnes, et fit creuser profondément les lits des rivières.

Plusieurs commentateurs traduisent ainsi la dernière phrase : Quant aux cinq instruments, c.-à-d. aux cinq sortes de tablettes de jade, à la fin Chouenn les rendit aux princes qui les avaient offerts; (mais il garda les autres présents).

9. Quinto (quoque) anno, semel perlustrabat custodita ; omnes reguli quadripartito regiam aulam adibant. Explicate exponebant per verba (res gestas) ; clare tentabat per res gestas. Curruum vestiumque ope munerabatur.

Tous les cinq ans, l'empereur employait une année à parcourir lui-même les principautés. La première année après cette visite, il recevait à sa cour les princes de l'est, la deuxième année ceux du midi, la troisième ceux de l'ouest, et la quatrième ceux du nord. Lorsqu'un prince avait bien mérité, l'empereur lui donnait en récompense une voiture attelée de quatre chevaux 輅車 et des vêtements de couleur noire 玄袞 ornés d'emblèmes. Voy. Cheu king, Part. II, Livre VII, Chant VIII.

功 désigne plus spécialement les services rendus à l'État, et 庸 les services rendus au peuple en favorisant l'agriculture,...

10. Instituit decem et duas provincias ; insignivit decem et duos montes, excavavit fluvios.

Cette division de l'empire dut avoir lieu plusieurs années après l'avènement de Chouem et la fin des travaux de 禹 Iù. Iu, après avoir fait écouler les eaux, avait formé neuf provinces : 冀兗青徐荊揚豫梁雍 Ki Iĕn Ts'īng Siù Kīng Iàng Iù Leâng Iōung. Voyez plus loin, Part. II, Ch. I. Chouenn détacha du 冀州 la partie orientale pour en faire la province de 幷州 Pīng tcheōu, et la partie nord-est pour en faire la province de 幽州 Iōu tcheōu. Le 遼東 Leaô tōung, séparé de la province de 青, devint la province de 營州 îng tcheōu. Il y eut ainsi douze provinces au lieu de neuf. Dans chacune d'elles, l'empereur choisit une montagne, y éleva des autels aux

PART. I. — CH. II. RÈGLE DE CHOUENN.

驩　于　⑿　恤　哉　宥　刑．刑．刑．刑．⑾
兜　幽　流　哉　惟　欽　怙　眚　金　扑　鞭　流　象
于　洲　共　　　刑　哉　終　災　　　作　作　宥　以
崇　放　工　　　之　欽　賊　肆　　　教　官　五　典

11. Siáng i tién hing; liôu ióu òu hing. Piēn tsŏ kouān hing, p'ŏu tsŏ kiaó hing, kīn tsŏ chôu hing. Chéng, tsâi séu ché; hóu, tchòung tsĕ hing. K'īn tsâi! k'īn tsâi! Wéi hing tchèu siŭ tsâi.

12. Liôu kōung kōung iū Iōu tcheōu, fáng Houān teōu iū Tch'óung chân,

11. Il effraya le peuple en lui présentant l'image (et la menace) des grands châtiments établis par les lois. Comme adoucissement, il permit de remplacer les cinq grands châtiments par le bannissement. Le fouet fut employé dans les résidences des officiers et les verges dans les écoles. On se racheta des peines corporelles par argent. Les fautes commises par mégarde ou par suite de fâcheux accident furent pardonnées. Celles commises avec audace ou plusieurs fois furent punies de mort ou d'un autre châtiment selon leur gravité. Que ces décisions sont respectables! La sévérité de la justice y est tempérée par la compassion.

12. Chouenn relégua le ministre des travaux publics dans l'île ou la province de Iou, confina Houan teou sur le mont Tch'oung,

esprits tutélaires et leur confia la garde du territoire. 每州．封表一山．以爲一州之鎭．

11. Pinxit, i. e. oculis quasi depicta proposuit ac minatus est, (quinque) statuta supplicia. Cum exsilio remissa commutata quinque supplicia. Flagellum factum est praetoriorum pœna; virgæ factæ sunt scholarum pœna; pecunia facta est redimens pœnas. Inconsulta, infortunata remisse condonata sunt. Fidentes, iterantes fuerunt occisi, puniti. Reverenda sane, reverenda sane (illa decreta)! Unice fuit punientis miseratio.

五刑．墨劓剕宮大辟 Où hing: mē, i, fèi, kōung, tá p'í. Les cinq grands châtiments étaient la marque noire, l'amputation du nez, l'amputation des pieds, la castration pour les hommes ou la réclusion pour les femmes, et la peine capitale.

La marque noire était imprimée sur le front au moyen d'incisions dans lesquelles on versait une liqueur noire.

La peine appelée 宮 était imposée pour des crimes contraires à la pudeur. Les hommes étaient soumis à la castration, les femmes condamnées seulement à une sévère réclusion.

12. Expulit præpositum publicorum operum in Iou insulam seu provinciam, relegavit Houan teou in Tch'oung montem, amandatum inclusit San miao (regni regulum) in San wei, expulsum vinculis constrinxit Kouenn in Iu monte. Quatuor pœnæ, et imperii incolæ omnes acquieverunt.

山．竄于三苗于三危，殛鯀于羽山，四罪而天下咸服，⑬二十有八載，帝乃殂落，百姓如喪考妣，三載．

ts'ouán Sān miaó iū Sān wêi, kǐ Kouénn iū Iú chān. Séu tsouéi, êul t'iēn hiá hiên fóu.

13. Éul chéu ióu pă tsái, ti nái ts'óu lŏ. Pĕ sing jôu sāng k'aó pi, sān tsái. Séu hái ngŏ mǐ pă īn.

reléga et tint en prison le prince de San miao dans le pays de San wei, reléga Kouenn et le tint dans les fers sur le mont Iu. Il infligea ces quatre châtiments, et tout l'empire eut confiance en sa justice.

13. Au bout de vingt-huit ans, l'empereur Iao décéda. Les habitants du domaine impérial pleurèrent sa mort durant trois ans, comme ils auraient pleuré la perte d'un père ou d'une mère.

Chouenn punit de l'exil quatre grands coupables 四凶 séu hiōung, dont trois ont été mentionnés dans le premier chapitre. 流 bannir; 放 reléguer dans un endroit déterminé; 竄 tenir en prison dans un lieu d'exil; 殛 enchaîner et garder dans un lieu d'exil.

幽洲 était probablement la province de Iou 幽州 alors entourée d'eau. Voyez page 20. 崇山 était dans le 澧州 Li tcheōu actuel (dans le nord du Hou nan); 三苗 dans le Kiang nan sur les confins des provinces de 荆 Kīng et de 揚 Iâng; 三危 à l'ouest du Kan siu; 羽山 dans le sud du 沂州府 Î tcheōu fóu (province de Chan toung).

13. Viginti et octo annis (elapsis, Iao) imperator tum decessit (vel ascendit) et decidit (vel descendit), i. e. cessit e vita. Omnes familiæ (imperialis territorii luxerunt) quasi luxissent mortuum patrem mortuamve matrem, tribus annis. Intra quatuor maria suppressi siluerunt octo (musicorum instrumentorum generum) soni.

Iao avait seize ans, quand il fut nommé empereur. Après avoir régné soixante-dix ans, il assaya Chouenn dans l'administration pendant trois ans; puis il lui abandonna entièrement le soin des affaires. Vingt-huit ans après il mourut. Il avait vécu cent dix-sept ans et régné cent-un ans.

殂落死也死者魂氣歸於天，故曰殂體魄歸於地，故曰落．（蔡沉）、Ts'óu lŏ, mourir. Lorsqu'un homme est mort, son âme raisonnable va au ciel, et l'on dit qu'elle s'en va; son âme sensitive va en terre, et l'on dit qu'elle tombe ou descend.

Meng tzeu, Livre V, Ch. I. 4, citant ce passage du Chou king, écrit 徂落, et Tchou Hi donne l'explication suivante: 徂升也落降也、人死則魂升而魄降、故古者謂死爲徂落, Lorsqu'un homme meurt, son âme raisonnable monte et son âme sensitive descend. Aussi les anciens, pour dire mourir, disaient monter et descendre.

八音謂金鐘也、石磬也絲琴瑟也竹篪笛也、匏笙也、土

有⑯四四四四⑮祖格元⑭密四
二咨聰目門岳詢　于曰月八海
牧十　達明闢于　文舜正音遏

14. Iuĕ tchēng iuên jĕu, Chouénn kŏ iŭ Wênn tsòu.
15. Siŭn iŭ séu iŏ, p'ì séu mênn, ming séu mŏu, tă séu ts'ōung.
16. Tzĕu chĕu ióu éul mŏu, iuĕ : « Chĕu tsāi wêi chĕu. Jeóu iuên, nêng éul,

Partout entre les quatre mers, les huit sortes d'instruments de musique furent réduits au silence.

14. Le premier jour du premier mois de l'année, Chouenn se présenta devant la tablette de l'Aïeul Parfait.

15. Avec le chef ou directeur général de tous les princes, il chercha et prit des mesures pour ouvrir les quatre portes (aux hommes capables), éclairer tous les yeux et faire entendre toutes les oreilles, c.-à-d. pour connaître et attirer tous les hommes capables de l'empire, et pour donner à tous ses sujets pleine liberté de voir et d'entendre, de lui dire ce qu'ils auraient vu et entendu, et de lui découvrir tous leurs sentiments.

16. Il délibéra avec les douze gouverneurs de provinces, et leur dit: « Oh! la subsistance du peuple dépend surtout de

塤也. 革鼓也、木柷敔也、
(陸德明) Les huit sons, c'est-à-dire, les sons des huit sortes d'instruments de musique; à savoir, des instruments de métal comme les cloches, des instruments de pierre comme les k'ing, des instruments à cordes comme les luths, des instruments de bambou comme les flûtes, des instruments dont la base est une courge comme l'orgue à bouche, des instruments d'argile comme l'œuf musical, des instruments de peau comme les tambours, des instruments de bois comme la caisse sonore et le tigre musical. Voy. plus loin, Ch. V. 9.

14. Mensis primi primo die, Chouenn accessit ad Ornatissimum avum.

Lorsque Chouenn fut associé à l'empire, il se présenta devant la tablette de l'Aïeul Parfait, qui était le plus ancien des ancêtres de Iao, et lui annonça son avènement. Après la mort de Iao, il garda le deuil et laissa le soin de l'administration à ses officiers pendant trois ans. Le premier jour de l'année suivante, il annonça à l'Aïeul Parfait qu'il allait reprendre les rênes du gouvernement.

15. Deliberavit (et statuit) cum quatuor regionum regulorum præposito de aperiendis quatuor portis, de illustrandis quatuor (regionum incolarum) oculis, de acuendis quatuor (regionum incolarum) auribus.

16. Deliberans cum decem et duobus pastoribus, dixit : « Victus oh! maxime ex tempestivitate. Benigne excipite longinquos, aptos facite propinquos, honorifice tractate præditos virtute, credite probis, et repellite adulatores

曰、時、邇、元、人、⑰服。四奮百惠伯
食、柔、惇、而、舜、　　岳、庸、揆、噕、禹、
哉、遠、德、難、曰、　　有、使、亮、僉、作、
惟、能、允、任、咨、　　能、熙、采、曰、司

touēnn tĕ, iûn iuēn, ēul nán jênn jênn ; Màn Î chouĕ fŏu. »

17. Chouénn iuĕ : « Tzéu, séu iŏ ; iôu néng fénn iôung hi ti tchéu tsái, chéu tchĕ pĕ kouéi, leáng ts'ái houéi tch'eôu. » Ts'iēn iuĕ : « Pĕ Iú, tsŏ sēu kōung. »

l'exactitude à faire les travaux des champs aux époques voulues. Traitez avec bonté ceux qui viennent de loin, cultivez les vertus et les talents de ceux qui sont près de vous, honorez la vertu, donnez votre confiance à la probité, et repoussez la flatterie. Les étrangers du midi, de l'orient et de toutes les contrées, s'attirant les uns les autres, viendront se ranger sous vos lois. »

17. Chouenn dit: « Ah! chef de tous les princes ; si quelqu'un était capable d'exécuter de grandes entreprises, et d'étendre avec éclat les œuvres de l'empereur Iao ; je le nommerais directeur général de tous les officiers; je le chargerais de régler toutes les affaires, et de faire prospérer chaque chose comme le demandent son espèce et sa nature. » Tous les officiers présents s'écrièrent : « Le prince Iu, qui exerce la charge de ministre des travaux

homines. Australes orientalesque, i. e. omnes exteri, invicem ducentes se subdent. »

Les gouverneurs des provinces sont appelés 牧 mŏu pasteurs, parce qu'ils doivent avant tout 養民 aider le peuple à trouver sa subsistance. Pour que l'agriculture prospère, la première condition est que les travaux des champs soient faits aux temps voulus.

17. Chouenn dixit : « Heus, quatuor regionum regulorum præses, si esset qui posset exserere merita, clare proferre imperatoris (Iao) opera ; juberem sedere rerum omnium arbitrum, illustrare negotia, benefacere generibus. » Omnes dixerunt: « Regulus Iu, qui munere fungitur præpositi operum. » Imperator dixit: « Ita. Heus Iu, tu

composuisti aquas et terras. Nunc hoc enitere. » Iu (prosternens se) caput demisit ad junctas manus, demisit ad terram caput ; cessit in Tsi, Sie et Kao iao. Imperator dixit : « Certe (apti sunt) ; tu eas. »

Selon quelques commentateurs, 亮 signifie aider ; 亮采 aider l'empereur dans l'administration des affaires.

禹 Iú, dont le nom de famille était 姒 Séu, avait succédé à son père 鯀 Kouénn comme chef de la principauté de Tch'oung 崇伯. Nommé ministre des travaux publics, il avait fait écouler les eaux débordées et rendu les services les plus signalés. Chouenn lui ordonna de continuer ses fonctions de ministre des travaux publics, et d'y ajouter celles de directeur général de tous les officiers.

Ti iuĕ: « Iŭ. Tzéu, Iŭ; jòu p'ing chouèi t'òu. Wêi chêu meóu tsãi. » Iŭ pái k'i cheòu, jáng iŭ Tsĭ, Siĕ ki Kaō iaó. Tí iuĕ: « Iŭ, jću wàng tsãi. »

18. Tí iuĕ: « K'i, li mǐn tchòu kī. Jóu heóu tsī, pouó chêu pĕ kŏu. »

publics. » « Oui, reprit l'empereur. Eh bien! Iu, vous avez dirigé les eaux et débarrassé les terres. Appliquez-vous à remplir encore ce nouvel emploi. » Iu se prosternant inclina la tête jusqu'à ses mains, puis jusqu'à terre, et proposa de confier cette charge à Tsi, à Sie ou à Kao iao. L'empereur lui dit: « Oui (ils en sont capables; mais c'est vous que je choisis); allez (et mettez-vous à l'œuvre). »

18. L'empereur dit: « K'i, la race à cheveux noirs est tourmentée par la faim. Vous, prince-ministre de l'agriculture, faites semer les différents grains. »

19. L'empereur dit: « Sie, le peuple ne vit pas en bonne

稷 Tsĭ, titre donné au ministre de l'agriculture, devint comme le nom propre de 棄 K'i, célèbre ministre de l'agriculture sous les règnes de Iao et de Chouenn. Tsi ou 后稷 Heóu Tsĭ et 契 Siĕ étaient tous deux fils de l'empereur 帝嚳 Tí k'òu ou 高辛 Kaō sīn. Les prodiges qui marquèrent la naissance et l'enfance de Heóu tsi, les travaux qu'il exécuta, sont racontés dans le Cheu king, III. II. 1 et IV. IV. 5. Il reçut en fief la principauté de 邰 T'ái, dans le 武功縣 Où kōung hién actuel (province de Chen si). Les empereurs de la dynastie des 周 Tcheōu se disaient ses descendants.

Sie fut ministre de l'instruction publique sous les règnes de Iao et de Chouenn, et reçut en fief la terre de 商 Chāng, dans le 商州 actuel (province de Chen si). Il fut le père de la dynastie impériale des Chang. Sa naissance et ses travaux sont mentionnés dans le dernier livre du Cheu king.

皋陶. Voy. plus loin, Chapitre IV.

拜稽首 équivaut à 拜手稽首. On se mettait à genoux, on joignait les mains et on les posait à terre, on inclinait la tête jusqu'à ce que le front touchât les mains jointes et posées à terre; cela s'appelait 拜手. On relevait la tête, on posait les mains sur la terre à une certaine distance l'une de l'autre, on s'inclinait jusqu'à ce que le front touchât la terre; cela s'appelait 稽首.

18. Imperator dixit: « K'i, nigra coma populus angitur fame. Tu regulus et agriculturæ præpositus, sere illas omnigenas fruges. »

19. Imperator dixit: « Sie, centum familiæ non concordant, quinque gradus non obsequuntur. Tu munere

百姓 不 親、五 品 不
遜、五 敎 敷 不
作 司 徒、汝
敬 敷 五 敎、
在 寬。
㉒ 帝 曰、
皋 陶 蠻 夷 猾 夏、
寇 賊 姦 宄、
汝 作
士、五 刑
有 服、五

19. Tí iuĕ : « Siĕ, pĕ sing pŏu ts'īn, ou p'in pŏu suénn. Jòu tsŏ sēu t'ôu, king fōu ou kiaó ; tsái k'ouān. »

20. Tí iuĕ : « Kaō iaŏ, Màn Î houă Hià ; k'eóu, tsĕ, kiēn, kouéi. Jòu tsŏ chéu.

harmonie ; les cinq classes de la société négligent leurs devoirs mutuels. Vous, en qualité de ministre de l'instruction publique, appliquez-vous à répandre l'enseignement des cinq vertus sociales. Surtout faites-le avec douceur (le succès de vos efforts dépend de cette condition). »

20. L'empereur dit : « Kao iao, les tribus étrangères qui nous entourent, troublent notre grande et belle contrée. (A la faveur de ces troubles), les brigandages et les homicides se multiplient ; les malfaiteurs surgissent au dedans et au dehors (du domaine impérial ou des neuf provinces). Vous êtes ministre de la justice. Infligez aux criminels les cinq grands châtiments ; faites-les subir

fungens præpositi multitudinis, diligenter diffundas quinque documenta. (Illud) stat in lenitate. »

五品 les cinq rangs, les cinq classes de personnes qui composent la société ; à savoir, 父子君臣夫婦長幼朋友 le père et le fils, le prince et le sujet, le mari et la femme, le plus âgé et le moins âgé, les amis ou les compagnons.

五教 les cinq vertus sociales ; à savoir, l'affection 親 entre le père et le fils, la justice 義 entre le prince et le sujet, l'inégalité 別 piĕ entre le mari et la femme, l'ordre 序 entre le plus âgé et le moins âgé, la fidélité 信 entre les amis.

20. Imperator dixit : « Kao iao, australes cæterique exteri perturbant Sinas ; (inde surgunt) grassatores, homicidæ, perturbatores exteri, perturbatores interni. Tu munere fungeris summi judicis. Quinque majorum suppliciorum

habeatur passio ; quinque (suppliciorum) passioni tria adeunda loca. Quinque exsiliorum habeatur mansio ; quinque (exsiliorum) mansioni tres sedes. Solummodo si perspicax, poteris fidem facere. »

猾亂. 夏 明 而 大 也. 曾 氏
曰. 中 國 文 明 之 地. 故 曰 華
夏. *Houă*, troubler. *Hià*, brillant et grand. Le philosophe Tseng dit : « La Chine est un pays beau et brillant par ses mœurs et sa civilisation. C'est pour cela qu'on l'appelle Houa Hia. »

寇 brigands réunis en bande. 姦 perturbateur ou malfaiteur du dehors. 宄 perturbateur ou malfaiteur du dedans. 服 subir une peine. 宅 demeurer, placer dans une demeure, fixer dans un lieu d'exil.

五 服 三 就. La peine capitale était infligée dans la place publique. La castration était subie dans la magnanerie,

汝 帝 殳 拜 垂 哉 子 (21) 居 有 服
諧 曰 斯 稽 汝 帝 工 帝 惟 宅 三
俞 暨 首 共 曰 僉 曰 明 五 就
往 伯 讓 工 俞 曰 疇 克 宅 五
哉 與 于 垂 咨 垂 若 允 三 流

Où hîng iôu fôu, òu fôu sān tsióu. Où lióu iôu tchĕ, òu tchĕ sān kiū. Wĕi ming k'ŏ iǔn. »

21. Ti iuĕ : « Tch'eôu jŏ iû kōung ? » Ts'iēn iuĕ : « Chouéi tsāi ! » Ti iuĕ : « Iǔ. Tzĕu Chouéi, jòu kōung kōung. » Chouéi pái k'i cheóu, jáng iū Chôu, Ts'iāng ki Pē iù. Ti iuĕ : « Iǔ, wảng tsāi. Jòu hiâi. »

en trois endroits différents. Mettez en vigueur les cinq sortes d'exil ; assignez aux cinq sortes d'exilés trois régions différentes. Une grande perspicacité vous sera nécessaire pour obtenir qu'on ait confiance en votre justice. »

21. L'empereur dit : « Qui dirigera convenablement mes travaux ? » Tous ceux qui étaient présents s'écrièrent : « Oh ! Chouei. » « Oui, reprit l'empereur. Eh bien ! Chouei, soyez intendant des travaux publics. » Chouei se prosterna, inclina le front jusqu'à ses mains, puis jusqu'à terre, et proposa de confier cette charge à Chou, à Ts'iang ou à Pe iu. L'empereur dit : « Oui (ils en sont capables ; mais c'est vous que je choisis) ; allez, et traitez chaque chose comme sa nature le requiert (ou bien : « Oui, allez, entendez-vous avec eux). »

l'amputation du nez ou des pieds et la marque au front également dans un endroit fermé, de peur que les plaies ne s'envenimassent au grand air.

Ces cinq grands châtiments pouvaient être commués et remplacés par la peine du bannissement dans cartains cas. Voy. Part. V, Ch. XXVII. 17 et suiv. En conséquence on distinguait 五流 cinq sortes d'exil. Les plus grands criminels étaient envoyés aux extrémités les plus reculées des pays barbares, d'autres aux frontières des neuf provinces, les moins coupables à mille stades de leur pays. Il y avait ainsi 三居.

21. Imperator dixit: « Quis apte curabit mea opera ? » Omnes responderunt : « Chouei oh ! » Imperator dixit : « Ita. Heus Chouei, tu præsis operibus. » Chouei prosternens se, demisit caput ad manus, demisit ad terram caput, cessit in Chou, Ts'iang et Pe iu. Imperator dixit : « Certe (apti sunt), eas ; tu obsequaris (rerum naturæ) (vel, Imperator dixit : « Certe, eas ; tu concordes). »

Seu ma Ts'ien dit que Chou, Ts'iang et Pe iu furent adjoints à Chouei ; Tchou, Hou, Hioung et Pi à I. Si cette assertion est vraie, dans ce paragraphe et dans le suivant, la dernière phrase doit se traduire ainsi : « Oui, allez, entendez-vous avec eux. »

㊄ 帝曰、疇若予上下草木鳥獸、

僉曰、益哉、帝曰、俞咨益、汝作朕虞、益拜稽首讓于朱虎熊羆、帝曰、俞往哉汝諧、

㊃ 帝曰、咨四岳、有能典朕三禮、僉曰、伯夷、帝曰、俞咨、伯汝作秩宗、夜惟寅直、伯拜稽

22. Tí iuĕ: « Tch'eóu jŏ iû cháng hiá ts'aǐ mŏu gniaǒ cheóu? » Ts'iēn iuĕ: « Ǐ tsāi! » Tí iuĕ: « Iû. Tzēu Ǐ, jòu tsŏ tchénn iû. » Ǐ pái k'i cheòu, jáng iū Tchōu, Hòu, Hiôung, Pī. Tí iuĕ: « Iû; wàng tsāi; jòu hiâi. »

23. Tí iuĕ: « Tzēu séu iŏ, iòu nêng tiĕn tchénn sān li? » Ts'iēn iuĕ: « Pĕ i. » Tí iuĕ: « Iû. Tzēu Pĕ, jòu tsŏ tchĕu tsōung. Sĕu ié wêi in; tchĕu tsāi, wêi ts'īng. »

22. L'empereur dit: « Qui soignera convenablement les plantes et les animaux sur les montagnes et dans les vallées? » Tous ceux qui étaient présents s'écrièrent: « Oh! ce sera I. » « Oui, reprit l'empereur. Eh bien! I, soyez mon intendant des eaux et forêts. » I se prosterna, inclina le front jusqu'à ses mains, puis jusqu'à terre, et proposa de confier cette charge à Tchou, à Hou, à Hioung ou à Pi. L'empereur dit: « Oui (ils en sont capables; mais c'est vous que je choisis); allez et traitez chaque chose comme sa nature le demande (ou bien: « Oui, allez; entendez-vous avec eux). »

23. L'empereur dit: « Ah! chef de tous les princes, connaissez-vous un homme qui soit capable de présider aux trois sortes de cérémonies? » Tous ceux qui étaient présents répondirent: « Pe i. » « Oui, reprit l'empereur. Eh bien! Pe, remplissez l'office de directeur des cérémonies. Soyez sans cesse vigilant; que votre cœur soit droit, et il sera pur. » Pe se prosterna, inclina la tête

22. Imperator dixit: « Quis apte curabit meas excelsorum humiliumque (locorum) herbas, arbores, aves, quadrupedes? » Omnes dixerunt: « I oh! » Imperator dixit: « Ita. Heus I, tu munere fungaris mearum silvarum paludumque præpositi. » I prosternens se, demisso capite ad manus, demisso ad terram capite, cessit in Tchou, Hou, Hioung, Pi. Imperator dixit: « Certe (apti sunt); eas, tu obsequaris (vel: « Certe, eas, tu concordes). »

23. Imperator dixit: « Heus quatuor regionum regulorum rector, estne qui possit præesse meis tribus generibus rituum? » Omnes responderunt: « Pe i. » Imperator dixit: « Ita. Heus Pe, tu agas ordinator avitarum tabellarum, i. e. rituum præpositus. A mane ad vesperum esto diligens; (animus sit) rectus, et erit purus. » Pe prosternens se, demisso capite ad manus, demisso ad terram capite, cessit in K'ouei, Loung. Imperator dixit: « Certe. Eas; attendas vero. »

神人以和、夔、諧、無相奪倫。和聲八音、言聲依永、詩言志、虐而無傲。而栗、剛而無、于、直而温、汝典樂、教胄、(24) 帝曰、夔、命、哉、帝曰、俞、往欽、首讓于夔、龍、

Pĕ păi k'i cheóu, jáng iŭ K'ouêi, Lōung. Tí iuĕ: « Iŭ. Wăng, k'īn tsāi. »

24. Tí iuĕ: « K'ouêi, míng jću tiĕn iŏ, kiaó tcheóu tzĕu, tchĕu êul wĕnn, k'ouĕn êul lĭ, kāng êul ôu iŏ, kièn êul ôu ngaó. Chēu iên tchéu; kō ióung iên. Chēng ī ióung; liŭ houô chēng. Pă īn k'ŏ hiăi; ôu siāng touŏ liûn. Chēnn jênn i

jusqu'à ses mains, puis jusqu'à terre, et proposa de confier cette charge à K'ouei ou à Loung. L'empereur dit : « Oui (ils en sont capables; mais c'est vous que je choisis); allez, et soyez attentif.»

24. L'empereur dit : « K'ouei, je vous charge de diriger la musique, et l'instruction des fils aînés (de l'empereur, des princes, des ministres d'État et des grands préfets. Au moyen de la musique), apprenez-leur à unir la modération avec la rectitude, la sévérité avec l'indulgence, la douceur avec la force, le respect avec l'aisance des manières. La poésie exprime les sentiments de l'âme; le chant prolonge cette expression. Cette expression prolongée donne lieu aux différents sons (de la gamme); les tubes musicaux règlent les sons. Ainsi les sons des huit sortes d'instruments s'accordent et n'empiètent pas les uns sur les autres. Les esprits et les hommes (charmés par la douceur des concerts) se

三禮、祀天神、享人鬼、祭地祇之禮也 Les trois sortes de cérémonies sont celles des sacrifices aux esprits du ciel, des offrandes aux âmes des morts, des sacrifices aux esprits de la terre.

24. Imperator dixit: « K'ouei, jubeo te præesse musicæ; docere primogenitos filios (imperatoris, regulorum, regni ministrorum et majorum præfectorum), ut sint recti et lenes, remissi et severi, rigidi at non sævi, expediti at non irreverentes. Poesis eloquitur animi sensus; cantus producit elocutionem. Soni innituntur productioni, i.e. oriuntur ex pro-

ducta elocutione; tubis temperantur soni. Octo (generum instrumentorum) soni possunt concordare, nec mutuo præripiunt ordinem. Spiritus et homines inde temperantur. » K'ouei dixit: « Oh! ego pulso lapidem, pulso lapidem. Omnigenæ quadrupedes simul saltant. »

聲 Chēng. Les cinq sons principaux de la gamme, appelés 宮 商 角 徵 羽 kōung chāng kiŏ tchéu iŭ. Entre chacun d'eux et le suivant l'intervalle est d'un ton au moins. Le son 宮 était donné par le plus long des douze 律 tubes musicaux. Voy. plus haut, page 18.

八音. Voy. page 23.

擊石拊石百獸率舞（25）帝曰龍朕
讒說殄行震驚朕師汝作朕虞夙夜
出納朕命惟允

houŏ.» K'ouêi iuĕ: «Oū! iŭ kĭ chĕu, foú chĕu. Pĕ cheóu chouĕ óu.»

25. Tí iuĕ: «Lôung, tchénn tsĭ tch'ân iên, tiĕn hing, tchénn kīng tchénn chēu. Ming jòu tsŏ nă iên, sŏu iĕ tch'ŏu nă tchénn ming. Wéi iùn.»

mettent en harmonie.» «Oh! je frappe la pierre musicale, dit K'ouei, je frappe la pierre musicale. Les différents animaux viennent danser ensemble.»

25. L'empereur dit: «Loung, j'ai en horreur les discours des calomniateurs; ils empêchent les hommes vertueux de faire le bien, sèment le trouble et la terreur parmi mon peuple. Je vous donne l'office de moniteur. Chaque jour, du matin au soir, transmettez mes ordres, rendez-moi compte de leur exécution (et rapportez-moi ce que vous entendrez dire). Surtout (transmettez les ordres et rapportez les paroles) avec fidélité.»

On croit que la dernière phrase, la réponse de K'ouei, n'appartient pas à ce paragraphe.

«La musique, dit Ts'ai Tch'enn, dissipe les humeurs peccantes, donne au corps une plénitude et un embonpoint modérés, ébranle les artères et les veines, aide la circulation des esprits, développe dans le cœur la vertu de tempérance (qui incline à la modération et à la concorde), et étouffe les mauvaises inclinations naturelles.»

25. Imperator dixit: «Loung, ego horreo obloquentium dicta, quæ pessumdant (proborum hominum) facta, commovent terrentque meum populum. Jubeo te munere fungi relatoris verborum. A mane ad vesperum, efferas et referas mea jussa, i. e. mea jussa perferas, et qui sint populi sermones ac quomodo jussa mea facta sint, ad me referas. Maxime esto fidelis.»

孔安國 dit: «L'officier appelé 納 言 est comme le gosier et la langue 喉舌 (qui parlent à l'empereur). Il est chargé de prêter l'oreille aux discours du peuple et de les rapporter à l'empereur; c'est pour cela qu'on l'appelle 納言. Il est aussi chargé de recevoir les ordres de l'empereur et de les transmettre aux inférieurs; c'est pour cela que l'empereur lui dit: 出朕命. Il doit éviter de rapporter les paroles des inférieurs sans examen ni discernement, et de transmettre les ordres du souverain sans avoir compris sa pensée et son intention. 出納皆以信也 Il doit transmettre les ordres et rapporter les paroles avec fidélité.»

Le 納言 a été appelé 內史 sous les 周 Tcheōu, 尚書 sous les 漢 Hán, 中書 sous les 魏 Wéi, sous les 晉 Tsin et sous les dynasties suivantes. Sous la dynastie actuelle, les 給事中 sont chargés de surveiller les actes des 六部 six ministères.

PART. I. — CH. II. RÈGLE DE CHOUENN.

(26) 帝曰咨。汝二十有二人、欽哉、惟時亮天功。

(27) 三載考績、三考黜陟幽明。庶績咸熙。分北三苗。

(28) 舜生三十徵庸。三十在位五

26. Tí iuě : « Tzēu jòu, éul chěu ióu éul jênn, k'īn tsāi ! Wéi chéu leáng t'iēn kōung. »

27. Sān tsái k'aò tsī ; sān k'aò, tch'ōu tchěu iōu mīng. Chóu tsī hiēn hī. Fēnn péi Sān miaò.

28. Chouēnn chēng sān chěu tchēng ióung ; sān chěu tsái wéi. Où chěu tsái, tchěu fāng, nái séu.

26. L'empereur dit : « Eh bien ! vous êtes ici vingt-deux officiers ; remplissez vos devoirs avec grand soin, afin de m'aider à faire fleurir les œuvres du ciel. »

27. Tous les trois ans, l'empereur contrôlait l'administration des officiers ; après trois contrôles (tous les neuf ans), il abaissait ou destituait ceux qui ne s'étaient pas fait honneur, et il élevait les autres en dignité. Toutes les parties de l'administration furent parfaitement soignées. Chez les San miao, les réfractaires furent séparés du reste du peuple (et relégués en pays lointains).

28. Chouenn avait trente ans, quand il fut appelé à la cour et mis en charge. Il gouverna trente ans (du vivant de Iao).

26. Imperator dixit : « Heus vos, viginti et duo viri, attendite ; maxime nunc adjuvate (vel illustrate) cœli opera.

Ces vingt-deux dignitaires sont le chef des princes, les douze gouverneurs de provinces, et les neuf ministres que Chouenn a constitués ou confirmés en charge, comme il est dit dans ce chapitre.

亮 brillant, faire briller, aider. 凡此臣職、皆天功也 (書經備旨) Toutes ces fonctions des officiers ont pour objet les œuvres du ciel.

27. Tertio quoque anno inspiciebat gesta ; tertia inspectione, dejiciebat (aut deprimebat) promovebatve inglorios insignesve. Omnigena opera cuncta floruerunt. Discernens separavit San miao.

28. Chouenn natus triginta (annis) arcessitus et adhibitus est (ab imperatore Iao). Triginta (annis) in dignitate (fuit, vivente Iao. Quinquaginta (post) annis, ascendit locum suum, scilicet mortuus est.

陟方、猶言升遐、陟升也謂升天也、(蔡沉). Tchěu fāng, comme on dirait s'élever dans les hautes régions. Tchěu, monter, c'est-à-dire, monter au ciel.

Chouenn, âgé de trente ans, fut appelé à la cour et mis à l'essai pendant trois ans. Il gouverna ensuite vingt-huit ans jusqu'à la mort de Iao, puis encore cinquante ans. D'après ce calcul, il vécut cent-dix ans. (2312-2202).

Seu ma Ts'ien rapporte qu'il mourut dans la plaine de 蒼梧 Ts'āng ôu,

十　乃　（1）　古　文　四　（2）　艱　克　政　民
載　死　大　曰　命　海　曰　厥　艱　乃　敏
陟　方　禹　若　敷　祇　后　后　厥　乂　德
　　　　謨　稽　于　承　克　臣　臣　黎

TA IU MOU. 1. Iuĕ jŏ kī kòu tá Iù, iuĕ wênn ming fōu iū séu hài. Tchĕu tch'êng iū ti.

2. Iuĕ : « Heóu k'ŏ kiēn kiuĕ heóu, tch'ênn k'ŏ kiēn kiuĕ tch'ênn, tchéng nǎi i, li min min tĕ. »

Cinquante ans (après la mort de Iao), il monta en son lieu, il mourut.

CHAPITRE III. CONSEILS DU GRAND IU.

1. Si nous consultons les souvenirs laissés par le Grand Iu, nous trouverons que ses institutions civiles se sont étendues partout entre les quatre mers (ou bien, nous trouverons qu'il a bien mérité le titre de Wenn ming, parce que ses institutions civiles se sont étendues par tout l'empire). Il donna respectueusement à l'empereur (Chouenn les réponses suivantes).

2. «Si le souverain, dit-il, s'applique avec courage à surmonter les difficultés dans le gouvernement, si les officiers font de même dans l'exercice de leurs charges, l'administration sera bien réglée; le race à cheveux noirs cultivera la vertu avec ardeur.»

au milieu d'une tournée d'inspection. Meng tzeu, Livre IV, Ch. II. 1, dit qu'il mourut à 鳴條 Ming t'iaô. Maintenant encore, dit Ts'ai Tch'enn, on montre un endroit appelé 舜塚 la tombe de Chouenn à 九嶷 Kiòu i dans le département de 零陵 Ling ling (à présent 永州府 Iòung tcheŭu fòu dans le Hoù nau).

CHAPITRE III. Iu était fils de 鯀 Kouénn, prince de 崇 Tch'ôung, à présent 鄠縣 Hóu hien dans le 西安府 Sī ngān fòu (陝西 Chèn sī). D'après Seu ma Ts'ien, Kouenn était arrière-petit-fils de 黃帝 Houàng ti. Iu est appelé Grand à cause de ses immenses travaux de canalisation.

謨 Mòu, délibérer, combiner un plan, projet, plan, conseil.

1. Dico, si inspiciamus antiqui Magni Iu (memoriam, reperiemus merito) dicendum esse civilia instituta diffusa intra quatuor maria (vel, juxta Seu ma Ts'ien, reperiemus eum merito dicendum Wenn ming, quia *civilia instituta* diffudit intra quatuor maria). Reverenter proposuit imperatori (Chouenn interroganti subjecta responsa).

2. Dixit : « Si regni rector possit operose adlaborare suo regimini, si præfecti possint laboriosam impendere operam suis præfecturis ; res publica jam recte componetur, nigra coma gens diligenter colet virtutem. »

艱 Kiēn, difficile, prendre de la peine, lutter contre les difficultés.

PART. I. — CH. III. CONSEILS DU GRAND IU.

從(5)為卷乃廣(4)帝告已咸野茲(3)
逆禹天命運益時不從寧無嘉帝
凶曰下奄乃曰克從稽遺言曰
惟惠君文都聖廢人于賢罔俞
影迪有乃帝德窮不賢萬攸允
響吉四皇神　惟虐衆邦伏若
　　海天　　　無舍　　若

3. Tī iuĕ : « Iŭ, iŭn jŏ tzōu, kiā iēn wàng iòu fóu, iė òu ī hiėn, wán pāng hiėn gning. Kī iŭ tchóung, chė ki ts'òung jėnn, pŏu iŏ òu kaó, pŏu fėi k'ouėnn k'iòung, wèi tí chėu k'ŏ. »

4. Ĭ iuĕ : « Tōu, tí tĕ kouàng iŭn, nài chéng nài chėnn, nài òu nài wėnn. Houâng t'iēn kiuėn míng, iėn iòu sėu hài, wèi t'iēn hiá kiūn. »

5. Iŭ iuĕ : « Houėi tí kĭ, ts'òung ī hiŏung, wèi ìng hiáng. »

3. L'empereur (Chouenn) dit: « Oui, s'il en était vraiment ainsi, les avis utiles seraient toujours entendus, les hommes vertueux et capables ne seraient pas laissés à la campagne (dans la vie privée), tous les États jouiraient de la paix. Mais pour ce qui est d'interroger tout le monde, de renoncer à son propre sentiment et de suivre celui des autres, de ne pas traiter injustement les faibles qui n'ont personne à qui ils puissent avoir recours, de ne pas délaisser les malheureux sans ressource, seul l'empereur Iao est parvenu à cette haute perfection. »

4. I dit: « Oh! la vertu de l'empereur (Iao ou Chouenn) a été sans limite, toujours agissante, innée, merveilleuse, forte et douce. Par la faveur et la volonté de l'auguste ciel, son domaine s'est étendu jusqu'aux rivages des quatre mers, et sa souveraineté partout sous le ciel. »

5. Iu dit: « Le bonheur accompagne la vertu et le malheur s'attache au vice, comme l'ombre suit le corps et comme l'écho répond à la voix. »

3. Imperator dixit : « Ita ; si vere obsequerentur istis (tuis verbis), boni sermones non esset ubi supprimerentur, ruri non essent derelicti sapientes, universa regna cuncta essent tranquilla. Inquirere ab omnibus, relinquere suam (sententiam), sequi alienam, non vexare eos qui non habent quem moneant, non deserere angustos ac inopes, solus imperator (Iao) id potuit. »

4. I dixit : « Bene ; imperatoris (Iao vel, juxta quosdam, Chouenn ipsius) virtus ampla, actuosa, et ingenita et mira, et fortis et mitis. Augusto cœlo amante et mandante, universim habuit quatuor maria, factus est totius imperii rector. »

5. Iu dixit : « Foventibus convenientia (legi naturali) adest felicitas, sec-

哉（7）四之咈于惟疑勿罔法儆（6）
德禹夷欲百百熙謀淫度戒曰
惟曰來無姓姓罔貳于無哈
善於王怠以之違勿遊虞戒
政帝來無從譽成去樂任罔哉
政念荒己罔道百邪逸賢失

6. Ĭ iuĕ : « Hiŭ! kiăi tsāi, kĭng kiái ŏu iŭ. Wăng chĕu fă tóu. Wăng iôu iŭ ĭ; wăng în iŭ lŏ. Jénn hiên ŏu éul. K'iŭ siê ŏu î. Î meôu ŏu tch'èng. Pĕ tchĕu wêi hī. Wăng wêi taó, i kān pĕ sing tchĕu iŭ. Wăng fôu pĕ sing, i ts'ŏung ki tchĕu iŭ. Oŭ tái, ŏu houăng. Séu ì lài wăng. »

7. Iù iuĕ : « Oŭ! tĭ gnién tsāi! Tĕ wêi chén tchéng ; tchéng tsái iăng mîn.

6. I dit : « Oh! prenez garde, prenez bien garde, spécialement lorsque vous ne voyez aucune raison d'être inquiet. Ne négligez pas l'observation des lois et des prescriptions. Ne recherchez pas le bien-être ; ne vous adonnez pas au plaisir. Confiez les charges aux hommes vertueux et capables, et jamais à d'autres. Bannissez le vice sans hésitation. Quand vous doutez s'il convient ou non de faire une chose, ne l'entreprenez pas. Que toutes les tendances de votre âme soient nobles et manifestement conformes à la raison. Ne vous écartez pas de la voie du devoir pour courir après les louanges de la multitude. Ne luttez pas contre le sentiment du peuple pour suivre vos propres désirs. Fuyez l'indolence et l'oisiveté. (A ces conditions), tous les peuples étrangers viendront vous saluer comme leur souverain. »

7. Iu dit : « Oh! que l'empereur réfléchisse (sur ce que I vient de dire)! La vertu doit servir à bien gouverner ; le gouvernement

tantibus contraria (legi naturali) infelicitas, omnino (sicut) umbra et echo. »

6. I dixit : « Oh! caveas, sollicite caveas, carente anxietatis causa. Ne negligas leges, præcepta. Ne delecteris in corporis commodis ; ne excedas in voluptatibus. Munia committas sapientibus, non admiscens (ineptos improbosve). Amoveas prava non cunctans. Dubia consilia ne perficias. Omnia proposita plane splendeant, i. e. magna sint et rationi manifesto consentanea.

Ne abscedas a recto, ut secteris populi laudes. Ne adverseris populo, ut sequaris tuam ipsius voluntatem. Ne sis socors nec otiosus. Omnes exteræ gentes venient teque regem salutabunt. »

7. Iu dixit : « Oh! imperator cogitet (ea quæ ab I dicta sunt)! Virtus speciatim est bonum regimen ; regimen (speciatim) consistit in alendo populo. Aqua, ignis, metalla, lignum, terra, fruges sunt curanda. Correctio morum, facultas utensilium (comparandorum),

在養民、水火金木土穀惟修、正德利用厚生惟和、九功惟敘、九敘惟歌、戒之用休、董之用威、勸之以九歌俾勿壞。

(8) 帝曰、俞地平、天成、六府三事、允治萬世永賴、時乃功、

Chouéi houò kīn mǒu t'òu kǒu wéi siōu. Tchéng tě, li ióung, heóu chēng wéi houô. Kiòu kōung wéi siù ; kiòu siù wéi kō. Kiài tchéu ióung hiōu, tòung tchéu ióung wéi, k'iuén tchéu i kiòu kō, péi óu houái.»

8. Tí iuě : « Iû. Tí p'ìng, t'iēn tch'êng. Lòu fòu sân chéu iùn tch'êu. Wán chéu ióung lái. Chéu nǎi kōung.»

doit pourvoir à la subsistance du peuple. L'eau, le feu, les métaux, le bois, la terre et les grains réclament les soins du prince. La réforme des mœurs, l'acquisition des objets nécessaires, les moyens de se procurer les commodités de la vie doivent être harmonieusement réglés. Les travaux exigés par ces neuf choses doivent être accomplis avec ordre. Ces travaux exécutés avec ordre doivent être célébrés par des chants (afin que la joie et l'animation soient entretenues). Prévenez la négligence par des récompenses décernées au mérite, corrigez-la par des châtiments, excitez l'ardeur par les chants sur les neuf sortes d'occupations, afin que votre œuvre n'éprouve pas de déclin. »

8. L'empereur répondit : « C'est vrai. Le sol a été débarrassé, et le ciel accomplit son œuvre (dans la production des plantes et des autres êtres). Les six sources de richesses et les trois occupations sont bien réglées. Toutes les générations en recueilleront le fruit à jamais. C'est à vous qu'en revient le mérite. »

commoda vitæ convenienter (habeantur). Novem opera (i. e. ad illas novem res necessaria opera) ordine prosequenda sunt. Novem ordinata opera cantanda sunt. Avertas eum (populum a segnitie) utens bonis, nempe laudibus et præmiis, corrigas eum utens pœnis, excites eum utens novem canticis, ut non decrescat (opus). »

8. Imperator respondit: « Ita est. Solum compositum est, et cœlum perficit (rerum procreandarum opus). Sex thesauri et tria opera vere curata sunt. Omnes generationes perenniter innitentur. Hoc tuum opus. »

Les six trésors sont l'eau, le feu, les métaux, le bois, la terre et les grains. Les trois occupations sont la réforme des mœurs, l'acquisition des objets nécessaires, la recherche des commodités de la vie. Iu avait fait écouler les eaux et débarrassé le sol.

(9) 帝曰、格汝禹、朕
宅帝位三十有三
載、耄期倦于勤、汝
惟不怠、總朕師、

(10) 禹曰、朕德罔克、
民不依、皋陶邁種
德、德乃降、黎民懷
之、帝念哉、念茲在
茲、釋茲在茲、名言
茲在茲、允出茲在
茲、惟帝念功、

(11) 帝曰、皋陶惟茲

9. Tì iuĕ: « Kŏ, jóu Iŭ. Tchénn tchĕ ti wéi sān chēu ióu sān tsài. Maó k'ī kiuén iū k'ín. Jŏu wēi pŏu tái, tsóung tchénn chēu. »

10. Iŭ iuĕ: « Tchénn tĕ wàng k'ŏ; mín pŏu ī. Kaō iaō mái tchóung tĕ; tĕ nài kiáng, lí mín houái tchēu. Tì gnién tsāi. Gnién tzēu, tsái tzēu; chēu tzēu, tsái tzēu. Míng iēn tzēu, tsái tzēu; iùn tch'ŏu tzēu, tsái tzēu. Wéi tì gnién kōung. »

11. Tì iuĕ: « Kaō iaō, wéi tzēu tch'énn chóu wàng houé kān iŭ tchéng, jŏu

9. L'empereur dit: « Iu, approchez. J'occupe le trône impérial depuis trente-trois ans. J'ai de quatre-vingt-dix à cent ans, et ne puis plus donner au gouvernement l'application nécessaire. Vous, gouvernez tout mon peuple; mais évitez l'indolence. »

10. Iu répondit: « Je ne suis pas assez vertueux; le peuple n'aura pas confiance en moi. Kao iao, au prix de grands efforts, a signalé partout ses vertus. Ses bienfaits sont descendus sur le peuple; la race à cheveux noirs le chérit. Que l'empereur y réfléchisse. Quand je pense à Kao iao, (mon choix) s'arrête sur lui (ou bien, je vois qu'il a de grandes vertus et l'affection du peuple, ou bien, je vois que cette dignité lui convient). Quand je veux l'écarter de ma pensée, mon choix s'arrête encore sur lui. Quand je le nomme et parle de lui, mon choix s'arrête sur lui. C'est sincèrement que je le recommande; mon choix s'arrête sur lui. Que l'empereur considère attentivement ses mérites. »

11. L'empereur dit: « Kao iao, si les officiers et les hommes du

9. Imperator dixit: « Accedas, tu Iu. Ego tenui imperatoris sedem triginta et tribus annis. Nonagenarius centenariusve, remissus sum in curandis (rebus). Tu vero ne piger sis, universum regas meum populum. »

10. Iu respondit: «Mea virtus non valet, populus non confidet. Kao iao enixe seminavit virtutes. Virtutes inde descenderunt; nigra coma gens diligit eum. Imperator perpendat. Quando cogito de eo (Kao iao), sto in eo (vel merita et civium amor stant in eo, vel illa dignitas convenit ei); quando (tento) seponere eum, sto in eo. Quando nominans loquor de eo, sto in eo; vere (ex animo) propono eum, sto in eo. Omnino imperator perpendat merita. »

PART. I. — CH. III. CONSEILS DU GRAND IU.

臣　正　五　期　于　中　罔　御　及　宥　無　功
庶　汝　刑　于　無　時　麌　衆　嗣　過　小　疑
罔　作　以　予　刑　乃　陶　以　賞　無　罪　惟
或　士　弼　治　民　功　臨　寬　延　大　惟　重
干　明　五　協　協　懋　下　罰　于　刑　疑　與
予　于　教　刑　于　哉　以　弗　世　故　惟　其
　　　　　　　期　　　簡　　　　　　輕

tsŏ chéu, mìng iū òu hìng, ì pĭ òu kiaó, k'ī iū iŭ tchéu. Hìng k'ī iū óu hìng ; mín hiĕ iū tchōung. Chéu năi kōung. Meóu tsăi. »

12. Kaō iaó iuĕ : « Tī tĕ wàng k'iên. Lìn hiá i kiên, iú tchóung i k'ouăn. Fă fŏu kĭ séu, chàng iên iū chéu. Ióu kouó òu tá, hìng kóu òu siaó. Tsouéi ī wéi k'īng, kōung ī wéi tchóung. Iù k'ī chă pŏu kōu, gnìng chĕu pŏu kīng. Haó chēng tchĕu

peuple ne violent pas mes règlements, c'est que, dans la charge de ministre de la justice, vous avez appliqué avec intelligence les cinq grands châtiments, afin de rendre efficace l'enseignement des cinq vertus sociales, et de m'aider à bien gouverner. En infligeant des châtiments, vous avez eu en vue d'arriver à n'avoir plus besoin de punir ; et le peuple ne s'écarte plus du juste milieu (de la voie droite). Tout cela est le fruit de vos efforts. Déployez toujours le même zèle. »

12. Kao iao répondit : « Prince, votre vertu est exempte de tout excès. Vous n'êtes ni trop minutieux à l'égard de vos officiers, ni trop exigeant à l'égard de votre peuple. Vous ne punissez pas le crime dans les enfants des coupables, et vous récompensez le mérite jusque dans les descendants. Vous pardonnez les fautes involontaires, quelle que soit leur gravité, et vous punissez les fautes volontaires, quelque légères qu'elles soient. Vous traitez comme légères les fautes dont la gravité est douteuse, et comme

11. Imperator dixit : « Kao iao, equidem hi præpositi popularesque nunquam forte violant mea statuta, (quia) tu munere fungens summi judicis, perspicax fuisti in quinque suppliciis (adbibendis), ut adjuvares quinque documenta, tendens ad meam rectam gubernationem. Puniens tendisti ad non puniendum ; populus concordat cum medio. Hoc tuum opus. Macte diligentia. » 正 équivaut à 政.

五敎. Voyez pag. 13 et 26.
五刑. Voyez page 21.

12. Kao iao respondit : « Imperatoris virtus nunquam excedit. Dirigens subjectos (ministros) uteris moderatione ; regens populum uteris remissione. Puniens non attingis hæredes ; munerans progrederis ad posteros. Condonas errata, non habita ratione gravitatis ; punis deliberata, non habita ratione levitatis. Delictum dubium quidem allevas, i. e.

賢汝惟不矜、天
不自滿假、惟汝
于邦、克儉于家、
功惟汝賢、克勤
水儆予、成允成
(14)帝曰、來禹、
勤惟乃之休、
欲以治四方風
(13)帝曰、俾予從
犯于有司
于民心兹用不
經、好生之德洽
殺不辜、寧失不

tĕ hiă iū mîn sīn. Tzēu ióung pŏu fân iū iôu sēu.»

13. Tí iuĕ : « Pĕi iû ts'ôung iŭ i tchéu, séu făng fōung tóung, wêi năi tchēu hiôu.»

14. Tí iuĕ : « Lâi, Iú. Kiáng chouéi king iŭ ; tch'êng iùn, tch'êng kōung. Wêi jòu hièn. K'ŏ k'în iū pāng, k'ŏ kién iū kiă ; pŏu tzóu màn kiă. Wêi jòu hièn. Jòu grands les services dont l'importance n'est pas évidente. Vous aimez mieux négliger l'application d'une loi que de vous exposer à mettre à mort un innocent. Ce respect de la vie des hommes vous a gagné les cœurs de vos sujets. Aussi ne se mettent-ils jamais dans le cas d'être punis par vos officiers. »

13. L'empereur dit: « C'est grâce à vous qu'en gouvernant selon mes désirs (par la douceur), j'ai obtenu que partout le peuple répondît à mes soins, comme l'herbe se courbe au souffle du vent. Tout le mérite en revient à vous seul. »

14. L'empereur dit: « Iu, venez. Les eaux débordées excitaient ma sollicitude. Vous avez exécuté vos plans et terminé le travail, grâce à votre sagesse. Vous administrez les affaires publiques avec diligence et vos affaires domestiques avec économie, et cependant votre cœur ne s'enfle pas d'orgueil. Cela montre encore votre sagesse. En votre cœur vous ne vous élevez pas au-dessus des

habes pro levi plectisque leviter; meritum dubium autem magnum ducis. Quam occidere non sontem, mavis labi In negligentiam legis. Amans vitas i. e. parcens et opitulans hominum vitæ) virtus convenit cum civium animis. Hi ideo non offendunt ad gerentes munia. »

13. Imperator dixit: « Fecisti ut ego obsequens votis (meis), inde recte gubernarem, et quatuor regiones, (quasi herba) vento, moverentur. Unice tua laus est. »

14. Imperator dixit: « Venias, Iu. Diffusæ aquæ terrebant me. Perfecisti promissa, absolvisti opus; unice tua sapientia. Potes esse diligens in regno, potes esse parcus in domo, nec te inflans magnificacis; unice tua sapientia. Tu quidem non superbis, (quanquam sub cœlo nemo tecum contendit dotibus. Tu quidem non te jactas, (quanquam) in imperio nemo tecum contendit operibus. Ego magnifacio tuam virtutem; miror tua grandia opera. Cœlestium

PART. I. — CH. III. CONSEILS DU GRAND IU. 39

下莫與汝爭能、汝
惟不伐天下莫與
汝爭功、予懋乃德
嘉乃丕績天之曆
數在汝躬汝終陟
元后、
(15) 人心惟危、道心
惟微、惟精惟一、允
執厥中、
(16) 無稽之言勿聽、
弗詢之謀勿庸、
(17) 可愛非君、可畏
非民、衆非元后、何

wêi pŏu kīng, t'iēn hiá mouŏ iù jòu tchēng nêng. Jòu wêi pŏu fă, t'iēn hiá mouŏ iù jòu tchēng kōung. Iù meóu nài tĕ, kiā nài p'ēi tsĭ. T'iēn tchēu lĭ chóu tsái jòu kōung ; jòu tchōung tchēu iuên heóu.

15. « Jênn sīn wêi wêi; taó sīn wêi wêi. Wêi tsīng, wêi ĭ, iùn tchĕu kiuĕ tchōung.

16. « Où kī tchēu iên ŏu t'ing ; fóu siūn tchēu meóu ŏu jôung.

17. « K'ŏ ngái fēi kiūn? k'ŏ wéi fēi min? Tchóung fēi iuên heóu, hô tái? Heóu,

autres, bien que personne ne puisse vous disputer le prix de la vertu et du talent. Vous ne vous vantez pas, bien que personne ne puisse vous disputer le prix des services rendus. Votre vertu me paraît grande et vos immenses travaux admirables. Dans la révolution des temps votre heure est arrivée. Montez enfin au faîte du pouvoir.

15. « Le cœur de l'homme (soumis aux impressions des sens) est sujet à s'égarer; dans la voie de la vertu, sa raison et sa volonté sont faibles. Pour tenir constamment le juste milieu, il a besoin de s'appliquer à discerner (le vrai du faux, le bien du mal), et de tendre toujours à un but unique (à la pratique du bien).

16. « N'admettez pas une proposition avant d'avoir examiné (si elle est conforme aux principes des anciens); ne suivez pas un avis avant d'avoir délibéré avec d'autres.

17. « Si quelqu'un doit être aimé (par le peuple), n'est-ce pas le souverain? Si quelqu'un doit être craint (par le souverain),

motuum numerus (i. e. cœlo statutum tempus) attingit tuam personam. Tu tandem ascende ad supremum imperium.

假 grand. 懋 signifie 楙 florissant.

15. « Hominis animus (rebus externis sollicitatus) solummodo periclitatur; recti (cognitione et amore motus) animus solummodo tenuis est.

Tantummodo accurate (inspiciens et discernens), tantummodo uni intentus, vere tenet illorum (extremorum) medium.

16. « Non inspecta dicta ne audias; non deliberata consilia ne adhibeas.

17. « Qui debet diligi, nonne regni rector? qui debet timeri, nonne

戴后非衆，罔與守邦。欽哉慎乃有位，敬修其可願。四海困窮，天祿永終。惟口出好興戎，朕言不再。

（18）禹曰枚卜功臣，惟吉之從。帝曰：禹官占，惟先蔽志，昆命于元龜。朕志先定，詢謀僉同，鬼神其

fēi tchóung, wàng iù cheòu pāng. K'īn tsāi! Chénn nǎi iòu wéi, kíng siōu k'í k'ó iuén. Séu hài k'ouénn k'iōung, t'iēn lòu iòung tchōung. Wéi k'eòu tch'ōu haò, hīng jòung. Tchénn iēn pŏu tsái. »

18. Iù iuĕ: « Mĕi pŏu kōung tch'énn; wéi kí tchēu ts'òung. » Tí iuĕ: « Iù, kouān tchēn, wéi siēn pi tchéu, kouēnn míng iū iuén kouēi. Tchénn tchéu siēn

n'est-ce pas le peuple? A qui la multitude serait-elle soumise, si elle n'avait pas de souverain? Le souverain sans la multitude n'aurait pas de bras pour garder avec lui le royaume. Oh! qu'il faut y faire attention! Soyez vigilant pour conserver la dignité impériale qui vous est conférée; poursuivez avec ardeur ce qui doit être l'objet de tous vos désirs (la pratique de la vertu). Si le peuple était malheureux et sans ressources, le ciel vous retirerait pour toujours les revenus concédés à l'empereur. (Je n'en dirai pas davantage). La langue émet les bonnes paroles; mais aussi elle allume des guerres. Je ne répéterai pas ce que j'ai dit (acceptez sans autre explication la dignité impériale que je vous offre).»

18. Iu dit: « Consultons les augures sur chacun des ministres qui ont le mieux mérité, et tenons-nous-en à la réponse favorable (revêtez de la dignité impériale celui à qui les présages seront favorables).» L'empereur répondit: «Iu, le chef des devins commence toujours par fixer sa détermination, puis il la soumet à la décision de la grande tortue. Après avoir fixé ma détermination, j'ai interrogé et tenu conseil; tous les avis se sont accordés avec

populus? Multitudo, deficiente supremo rectore, cuinam suberit? Rex, deficiente multitudine, non habebit quicum custodiat regnum. Attendendum sane! Caute serves tuam habitam dignitatem; diligenter excolas quod ipse debes optare, nempe virtutem. Si intra quatuor maria angustiæ et inopia, cœlestis census in perpetuum desinet. Pariter ore proferuntur bona, excitantur bella. Mea verba non iterabuntur. »

18. Iu dixit: « Singillatim auspicemur de bene meritis præpositis; solum fausto omini obsequamur. » Imperator respondit: « Iu, qui præest divinationi, prius statuit propositum, deinde defert ad majorem testudinem. Meo proposito prius statuto, interrogati

依龜筮協從卜
不習吉禹拜稽
首固辭帝曰母
惟汝諧
⑲正月朔旦受
命于神宗率百
官若帝之初
⑳帝曰禹惟
時有苗弗率汝
徂征禹乃會羣
后誓于師曰濟
濟有衆咸聽朕
命蠢茲有苗昏

ting, siūn meóu ts'iĕn t'òung ; kouéi chênn k'î ĭ ; kouéi chéou hiĕ ts'òung. Pǒu pǒu sĭ kĭ. » Iù pái k'i chéou, kóu séou. Tí iuĕ : « Oú ; wéi jòu hiâi. »

19. Tchēng iuĕ chouŏ tán, cheóu ming iŭ Chênn tsōung. Chouĕ pĕ kouān, jŏ ti tchēou tch'ōu.

20. Tí iuĕ : « Tzĕu Iù, wéi chĕu iòu Miaô fŏu chouĕ. Jòu ts'ôu tchēng. » Iù nái houéi k'iùn heóu, chéu iŭ chēu iuĕ : « Tsi tsi iòu tchóung, hiĕn t'īng tchĕnn ming.

le mien. Les esprits ont donné leur assentiment. La tortue et l'achillée ont approuvé. Dans la divination, lorsqu'un présage a été favorable, il ne se réitère pas. » Iu se prosternant, inclina le front jusqu'à ses mains, puis jusqu'à terre, et refusa avec obstination. « Ne refusez pas, dit l'empereur ; c'est vous qui convenez le mieux (pour le dignité impériale). »

19. Le premier jour de l'année au matin, Iu reçut l'institution impériale dans le temple de l'Aïeul spirituel (le premier des ancêtres de Iao). Il prit la direction de tous les officiers, comme l'empereur Chouenn l'avait fait à son avènement.

20. L'empereur dit : « Eh bien ! Iu, le prince de Miao est le seul qui refuse d'obéir. Allez le châtier par les armes. » Iu rassembla tous les princes, et harangua les troupes en ces termes : « Vous tous qui êtes ici réunis, écoutez mes ordres. Le prince de Miao est insensé. Dans son aveuglement, il oublie tout respect,

et deliberantes omnes consenserunt. Spiritus ipsi adhæserunt. Testudo et achillea concordes accesserunt. Divinatione non (quærendum est) iteratum faustum omen. » Iu prosternens se, demisso capite (ad manus), ad terram demisso capite, tenaciter recusavit. Imperator dixit : « Noli (recusare) ; maxime tu aptus es. »

枚 tige d'arbre, bâtonnet ; unité, un à un. 徹 déterminer, décider.

昆 postérieur, ensuite. 習 réitérer.

19. Primi mensis primo die mane, accepit imperium in Spiritualis avi (delubro). Rexit omnes præfectos, sicut (Chouenn) imperator initio.

20. Imperator dixit : « Heus Iu, solum ille qui tenet Miao regionem non obsequitur. Tu eas impugnatum. » Iu inde congregavit omnes regulos ; concionans ad legiones, dixit : « Confertim habita multitudo, omnes audite mea

受益時乃天道。弗届滿招損謙。惟德勤天無遠。命益贊于禹曰。(21) 三旬苗民逆。力其克有勳。罪爾尚一乃心。爾眾士奉辭伐。降之咎肆子以。位民棄不保天。于在野小人在。賢反道敗德君。迷不恭侮慢自。

Tch'ouènn tzĕu iŏu Miaô, houènn mî pŏu kôung, òu mán tzèu hiēn. Fàn taó pái tĕ. Kiūn tzĕu tsái iĕ, siaŏ jènn tsái wéi. Mín k'í pŏu paó; t'iēn kiàng tchēu kiòu. Sèu iŭ ì èul tchóung chéu, fòung sēu fă tsouèi. Èul cháng ĭ nài sīn lĭ; k'î k'ŏ iŏu hiūn. »

21. Sān siùn Miaô mîn ĭ ming. Ĭ tsán iū Iù iuĕ : « Wêi tĕ tóung t'iēn; ôu iuèn fŏu kiài. Mán tchaō suènn, k'iēn chèou ĭ; chēu nài t'iēn taó. Tí tch'ōu iū

montre un mépris outrageant, et se met au-dessus de tous les autres. Il renverse les vrais principes et ruine la vertu. Les hommes d'un mérite supérieur sont laissés à la campagne, et des hommes méprisables occupent les dignités. Le peuple l'abandonne et ne le défend plus; le ciel veut le châtier. Avec vous tous, valeureux guerriers, pour obéir à l'empereur, je punirai le coupable. Vous unirez, j'espère, vos cœurs et vos bras, et vous mériterez bien de votre pays. »

21. Après trente jours (de combats), le peuple de Miao résistait encore. (Alors I, qui faisait partie de l'expédition, conseilla à Iu d'employer la douceur et non la force pour le soumettre). I venant au secours de Iu, lui dit : « Seule la vertu fait impression sur le ciel; il n'est rien de si éloigné qu'elle ne puisse atteindre. L'orgueilleux est abaissé et l'humble est élevé; c'est la conduite ordinaire du ciel. Autrefois l'empereur Chouenn, sur le mont Li, chaque jour en se rendant aux champs, versait des larmes et poussait

jussa. Stolidus ille qui tenet Miao, obcæcatus, hallucinatus, non revereretur. Contumeliose despicit, seipsum ducit præstantem. Contrait rectæ viæ, pessumdat virtutem. Sapientes viri manent ruri; vulgares homines occupant dignitates. Populus deserit nec tuetur; cœlum immittit ei infortunia. Inde ego utens vobis plurimis militibus, accepto mandato (imperatoris), puniam scelus. Vos, spero, conjungetis vestros animos et vires; ipsi poteritis habere meritum. »

21. Tribus dierum decadibus Miao populus restitit jussis. I adjuvans Iu dixit : « Sola virtus movet cœlum; nihil remotum ad quod non perveniat. Tumens (animo) accersit decrementum; modestus accipit incrementum. Illa quidem est cœli via. Imperator (Chouenn) initio in Li monte, adiens ad agros,

PART. I. — CH. III. CONSEILS DU GRAND IU. 43

帝初于歷山往于田日號泣于旻天于父母負罪引慝祇載見瞽瞍夔夔齊慄瞽亦允若至誠感神矧茲有苗禹拜昌言曰俞班師振旅帝乃誕敷文德舞干羽于兩階七旬有苗格

Lì chān, wàng iū t'iēn, jĕu haó k'ī iū min t'iēn, iū fóu mòu, fóu tsouéi, in t'ĕ. Tchēu tsái, hién Kòu seòu, k'ouéi k'ouéi tchāi lí. Kòu ǐ iùn jŏ. Tchéu hién kản chènn; chènn tzēu iòu Miaó. » Iù pái tch'āng iên, iuĕ: « Iù. » Pān chēu, tchénn liù. Tí nài tản fōu wênn tĕ. Où kān iù iū leáng kiāi. Ts'ǐ siûn iòu Miaó kŏ.

des cris vers le ciel miséricordieux et vers ses parents. Il prenait sur lui les crimes et s'attribuait à lui-même les fautes de son père et de sa mère. Il leur rendait service avec respect, et paraissait devant (son père) Kou seou avec gravité, modestie, et comme en tremblant. Kou seou eut confiance en lui et répondit à sa tendresse filiale (ou bien, touché par ses exemples, changea de conduite). La vertu parfaite touche les esprits; à plus forte raison touchera-t-elle le peuple de Miao. » Iu témoigna par un salut son admiration pour ces remarquables paroles, et dit: « Oui. » Il fit revenir les troupes, rangea les cohortes (et les reconduisit à la capitale). Alors l'empereur répandit partout des ordres et des instructions pour réformer les mœurs et faire fleurir la vertu. Des pantomimes exécutèrent des chants avec des boucliers et des éventails de plumes (dans la cour du palais) entre les deux escaliers (qui conduisaient à la salle principale). Au bout de soixante-dix jours, les Miao vinrent (d'eux-mêmes faire leur soumission).

quotidie clamabat lacrymans ad misericors cœlum, ad patrem et matrem, suscipiens scelera, assumens culpas. Reverenter officiosus, invisebat Kou seou, habitu gravis, compositus, trepidus. Kou et fidens obsecutus est. Summa virtus movet spiritus; multo magis illum habitum Miao populum. » Iu adoravit eximia dicta, et ait: «Ita.» Reduxit legiones, ordinavit (vel reduxit) cohortes. Imperator tunc late diffudit perfectionis (statuta), virtutis (præcepta). Cantica saltata sunt cum scutis et pennis inter duas scalas. Septem dierum decadibus (elapsis), habiti Miao advenerunt.

載 signifie 事 travailler pour quelqu'un, rendre service.

苗 peuplade établie dans le nord du Hou nan et du Kiang si actuels, entre le lac 洞庭 Tóung t'ing et le lac 鄱陽 P'ouó iâng. Le mont 歷 Lì est au sud de 蒲州 P'óu tcheōu dans le 平陽府 P'ing iâng fòu (province de Chan si). Les pantomimes paraissaient avec des boucliers et des haches,

皋陶謨

(1) 曰若稽古
皋陶曰允迪
厥德謨明弼
諧禹曰俞如
何皋陶曰都
慎厥身修思
永惇敍九
庶明勵翼邇
可遠在茲
拜昌言曰俞
(2) 皋陶曰都

KAO IAO MOU. 1. Iuĕ jŏ kī kòu Kaō iaŏ, iuĕ : « Iùn tĭ kiuĕ tĕ, môu mîng pĭ hiâi. » Iù iuĕ : « Iù. Jôu hô ? » Kaō iaŏ iuĕ : « Tōu ! Chénn kiuĕ chēnn, siōu sêu iòung. Touēnn siú kióu tsŏu ; chóu mîng lì ĭ. Eùl k'ò iuèn tsái tzèu. » Iù pái tch'âng iên iuĕ : « Iù. »

2. Kaō iaŏ iuĕ : « Tōu. Tsái tchēu jênn, tsái ngān mîn. » Iù iuĕ : « Hiū ! Hiên

CHAPITRE IV. CONSEILS DE KAO IAO.

1. En consultant les souvenirs laissés par l'ancien ministre Kao iao, nous trouvons qu'il dit (à l'empereur Iu) : « Si le souverain pratique vraiment les vertus qu'il doit avoir, (ses ministres lui donneront) des conseils sages et des secours intelligents. » Iu répondit : « Oui ; mais comment (doit-il s'y prendre) ? » « Oh ! l'excellente question ! dit Kao iao. Qu'il veille attentivement sur lui-même, et que ses vues s'étendent loin dans l'avenir. Bientôt tous ses parents des neuf générations seront généreux les uns envers les autres, et garderont l'ordre établi par la nature ; tous les hommes éclairés l'aideront de tout leur pouvoir. C'est par ce moyen qu'il pourra, en commençant par ce qui est près de lui (par ses parents), atteindre ce qui est éloigné (les habitants de son domaine et de tout l'empire). » Iu témoigna par un salut son admiration pour ces paroles remarquables, et dit : « Oui. »

2. Kao iao dit : « Bien. Pour cela il faut connaître les hommes

lorsqu'ils représentaient un fait d'armes ; avec des flûtes et des éventails de plumes, lorsqu'ils représentaient une action civile ou domestique. L'éventail servait à cacher le visage.

CHAPITRE IV. 1. Dico, si inquiramus antiqui Kao iao (dicta et gesta, reperiemus eum imperatori Iu) dixisse : « Si regni rector) vere insistat suis virtutibus, (a ministris data) consilia erunt prudentia, auxilia apta. » Iu dixit : « Ita.

Quomodo ? » Kao iao dixit : « Pulchre ! Attendat suæ personæ, curet cogitare perennia. Generosas et ordinatas faciet novem generationes consanguineorum ; omnes perspicaces enixe adjuvabunt. E proximis posse attingere remota stat in hoc. » Iu adorans pulchra dicta, ait : « Ita. »

九族 Neuf générations de parents, depuis le trisaïeul jusqu'au fils de l'arrière-petit-fils inclusivement.

2. Kao iao dixit : « Belle. Stat in

PART I. — CH. IV. CONSEILS DE KAO IAO.   45

在知人.在安民.禹
曰吁.咸若時惟帝
其難之.知人則哲
能官人.安民則惠.
黎民懷之.能哲而
惠何憂乎驩兜.何
遷乎有苗.何畏乎
巧言令色孔壬.
(3) 皋陶曰.都亦行
有九德.亦言其人
有德.乃言曰.載采
柔.禹曰何.皋陶曰.
寬而栗.柔而立.愿

jŏ chêu, wêi ti k'i nân tchêu. Tchêu jênn, tsĕ tchĕ, nèng kouān jênn. Ngān mín, tsĕ houéi, li min houâi tchêu. Nêng tchĕ éul houéi, hô iōu hôu Houān teōu? Hô ts'iēn hôu iōu Miaô? Hô wéi hôu k'iaŏ iēn, ling chĕ k'òung jênn? »

3. Kaŏ iaŏ iuĕ: «Tōu. Ĭ hing iôu kiôu tĕ. Ĭ iên k'i jênn iôu tĕ, nái iên iuĕ: «Tsái ts'ái ts'ái.» Iú iuĕ: «Hô?» Kaŏ iaŏ iuĕ: «K'ouān éul lí, jeŏu éul lí, iuén

et procurer la tranquillité au peuple.» Iu répondit: «Ah! l'empereur Iao lui-même parvenait difficilement à réunir ces deux choses. Celui qui connaît les hommes est perspicace, et sait confier à chacun l'emploi qui lui convient. Celui qui procure la tranquillité au peuple est bienfaisant; la race à la noire chevelure lui donne son affection. Un prince perspicace et bienfaisant a-t-il sujet de redouter un ministre infidèle comme Houan teou? A-t-il besoin de reléguer dans un pays plus éloigné des rebelles comme les Miao? Qu'a-t-il à craindre des hommes au langage artificieux, au visage hypocrite, au cœur profondément rusé?»

3. Kao iao dit: «Bien. On compte en tout neuf vertus qui contribuent à rendre la conduite parfaite. Généralement, quand on dit qu'un homme a telle ou telle vertu, on veut dire qu'il fait telle et telle chose.» Iu dit: «Quelles sont ces vertus?» Kao iao répondit: «L'aisance et la gravité, la condescendance et la fermeté, la

cognoscendis hominibus, in tranquillando populo.» Iu dixit: «Oh! utrumque sicut hoc. i. e. utrumque ita facere, vel imperator (Iao) ipse laborabat in hoc. Qui cognoscit homines, jam est perspicax; potest præficere homines. Qui tranquillat populum, jam est beneficus; nigra coma gens diligit eum. Qui potest esse perspicax et beneficus, numquid angetur de Houan teou? (Cf. pag. 21). Numquid amovebit habitos Miao? (Cf. pag. 31). Numquid timebit ab (hominibus) callido sermone, fucato vultu, summe astutis?»

3. Kao iao dixit: «Bene. Universim in actionibus sunt novem virtutes. Universim, dicere illum hominem habere virtutes, est dicere et significare: Facit hoc et illud.» Iu dixit: «Quænam (virtutes)?» Kao iao dixit: «Facilitas et

而恭、亂而敬、擾而毅、直而溫、簡而廉、剛而塞、彊而義、彰厥有常，吉哉。

(4)日宣三德。夙夜浚明有家。六德亮采有邦。九德咸事、俊乂在官、百僚

êul kōung, louán êul kíng, jaô êul i, tchêu êul wênn, kién êul liên, kâng êul sě, k'iâng êul i. Tchāng kiuě iòu tch'âng, kǐ tsāi.

4. « Jěu siuên sān tě, sǒu ié siùn míng iòu kiā. Jěu iên tchêu kīng lǒu tě, leǎng ts'ái iòu pāng. Hí cheóu fôu chêu, kiòu tě hiên chéu. Tsiùn i tsái kouân, pě

simplicité et la décence, le talent de gouverner et la circonspection, la docilité et la force, la rectitude et la douceur, l'indulgence et le discernement, l'inflexibilité et la sincérité, le courage et la justice. Celui qui déploie constamment ces neuf qualités est parfait.

4. « Celui qui chaque jour déploie trois de ces neuf vertus, est capable d'être grand préfet et de régir son domaine avec sagesse. Celui qui chaque jour observe et pratique inviolablement six de ces vertus, est capable de gouverner sagement une principauté. Si l'empereur attire à lui et distribue sur la face de l'empire tous les hommes de mérite, les neuf vertus seront toutes en exercice. Les hommes éminents par leurs vertus et leurs talents occuperont les charges. Tous les officiers rivaliseront de zèle. Tous les fonctionnaires rempliront leurs devoirs aux temps voulus, et se confor-

gravitas, obsequentia et firmitas, simplicitas et decentia, regendi facultas et cautio, docilitas et fortitudo, rectitudo et lenitas, remissio et discretio, rigiditas et sinceritas, audacia et aequitas. Qui splendide colens illas (virtutes) habet constantiam, optimus sane.

亦, d'après Ts'ai Tch'enn, signifie 總 parlant en général, en tout. 載 signifie 行 faire; 采 signifie 事 chose. 亂 établir l'ordre, bien gouverner, talent de gouverner.

4. « Qui quotidie exhibet tres virtutes, a mane ad vesperum regens sapienter tenebit *tai fou* territorium. Qui quotidie rigide observans colit sex virtutes, sa-pienter agens tenebit reguli regnum. (Si imperator) conjunctim accipiat et ubique distribuat (viros tribus pluribusve virtutibus praeditos), novem virtutes omnes agent. Dotibus praestantes viri tenebunt magistratus. Omnes collegae (i. e. praepositi) invicem aemulabuntur. Varii praefecti solum temporibus utentes opportunis, obsequentur quinque elementis. Omnia opera ipsa perficientur.

家 Domaine d'un 大夫 tài fōu grand préfet; 有家 être grand préfet. 俊 L'homme le plus distingué par les vertus et les talents entre mille ou entre dix mille. 乂 L'homme le plus

PART. I. — CH. IV. CONSEILS DE KAO IAO. 47

師師百工惟時、

撫于五辰、庶績

其凝、

（5）無教逸欲有

邦、兢兢業業一

日二日萬幾、無

曠庶官、天工人

其代之有

（6）天叙有典、勅

我五典、五惇哉、

天秩有禮、自我

五禮、有庸哉、

同寅協恭和衷哉、

leaô chêu chêu. Pĕ kōung wéi chêu, fôu iŭ óu tch'ênn ; chóu tsï k'i gning.

5. « Oŭ kiaó ï iŭ iôu pāng. Kīng kīng iĕ iĕ ; ï jĕu éul jĕu wán kī. Oŭ k'ouáng chóu kouān ; t'iēn kōung jènn k'i tái tchêu.

6. « T'iēn siŭ iôu tién ; tch'eŭ ngǒ oŭ tiĕn, oŭ touēnn tsāi ! T'iēn tchĕu iôu li ; tzéu ngǒ óu li, iôu iôung tsāi ! T'òung in hiĕ kōung ; houô tchōung tsāi ! T'iēn

meront aux cinq éléments ou aux quatre saisons de l'année. Tous les travaux seront parfaitement accomplis.

5. « Ne donnez pas aux princes l'exemple de la paresse ou de la dissolution. Soyez diligent et circonspect ; en un ou deux jours peuvent surgir dix mille affaires. Ne rendez pas toutes les charges inutiles (en les confiant à des hommes incapables). Les officiers tiennent la place et font l'œuvre du ciel.

6. « C'est le ciel qui a établi les lois des cinq relations sociales ; c'est à nous de travailler à l'observation de ces cinq lois, et elles seront en vigueur. C'est le ciel qui a réglé les usages propres aux cinq rangs de la société ; c'est à nous de travailler à l'observation de ces cinq sortes d'usages, et ils seront bien observés. Respectons et observons de concert (ces lois et ces usages), et l'harmonie des passions et des sentiments régnera dans tous les cœurs. C'est le

distingué par les vertus et les talents entre cent. 百僚 ou 百工 équivaut à 百官 tous les officiers.

D'après les idées chinoises, le bois prédomine en printemps, le feu en été, le métal en automne, l'eau en hiver. La terre a la prépondérance dans toutes les saisons. Pour ce motif, l'expression 五辰 (les cinq métaux) désigne les quatre saisons de l'année.

5. « Ne doceas segnitiem ac libidinem qui tenent regna (regulos). Valde diligens, valde cautus sis ; uno die

alterove die decem millia exorientia negotia. Noli vacua facere omnia munia. Cœli opus homines (præfecti) ipsi vicarii faciunt illud.

6. « Cœlum ordinavit habitas leges (Vide superius Cap. II. 19) ; componamus nostras quinque leges, quinque vigebunt sane. Cœlum ordinavit habitas ritus, sequamur nostros quinque ritus, habebunt usum sane ! Simul observemus (leges et ritus), concorditer attendamus ; temperabuntur animi sane. Cœlum præficit præditos virtute ;

皋陶曰予未有
俞乃言厎可績
惠可厎行禹曰朕言
(8) 皋陶曰朕言
土于上下敬哉有
自我民聰明天明
民聰明自我民明威達
(7) 天聰明自我
政事懋哉懋哉
罪五刑五用哉
五章哉天討有
天命有德五服

ming iòu tě ; òu fǒu òu tchāng tsāi ! T'iēn t'aò iòu tsouéi ; òu hìng òu ióung tsāi !
Tchéng chéu meóu tsāi ! meóu tsāi !

7. « T'iēn ts'ōung míng tzéu ngò mìn ts'ōung míng. T'iēn míng wéi tzéu ngò
mìn míng wēi. Tǎ iū chǎng hiá. Kìng tsāi iòu t'òu ! »

8. Kaō iaó iuě: «Tchénn iēn houéi, k'ò tchéu hǐng.» Iù iuě: «Iù; nǎi iēn tchéu k'ò

ciel qui met en charge les hommes vertueux ; oh ! les cinq sortes
de vêtements, les cinq sortes de décorations doivent les distinguer !
C'est le ciel qui punit les coupables ; oh ! les cinq grands châtiments et leurs cinq applications doivent être en usage ! Oh ! les
affaires publiques ne doivent-elles pas être l'objet de tous nos
efforts !

7. « Le ciel entend par les oreilles et voit par les yeux de notre
peuple. Le ciel honore la vertu et effraie le vice par le moyen de
notre peuple. Il y a correspondance entre le ciel et la terre. Combien les maîtres de la terre doivent faire attention ! »

8. Kao iao dit : « Mes principes sont conformes à la raison, et
peuvent être mis en pratique. » Iu répondit : « Oui. Vos principes
mis en pratique produiraient le plus heureux résultat. » « Je n'en
suis pas certain, dit Kao iao. Mon désir est de seconder l'empe-

quinque vestes, quinque insignia sane.
(Vide inferius Cap. V. 4). Cœlum punit
obstrictos sceleribus ; quinque supplicia, quinque usus sane ! (Vide superius
Cap. II. 11). Regiminis res quam enixe
gerendæ ! quam enixe gerendæ !

五禮 Les devoirs propres aux cinq
classes de la société. D'après 王肅
Wàng Siŭ, les cinq rangs de la société
sont 王公卿大夫士 l'empereur,
les princes, les ministres d'État, les
grands préfets, les simples officiers ;
d'après 鄭玄 Tchéng Hiuén, ce sont

l'empereur, les princes, les ministres
d'État et les grands préfets, les simples
officiers, le peuple.

7. « Cœlum audit et videt ex nostro
populo audiente et vidente; cœlum cla-
rificat et terret ex nostro populo clari-
ficante et terrente. Communicatur inter
cœlum et terram. Quantum cavere
debent qui habent terras ! »

8. Kao iao dixit: «Mea verba sunt
rationi consentanea, possunt perduci
ad effectum. » Iu respondit: « Ita. Tuis
verbis perductis (ad effectum), possunt

PART. I. — CH. V. I TSI.

知思曰贊贊襄

哉、

（¹）帝曰來禹、汝

益稷

亦昌言、

都、帝子言禹拜曰

思日子予何言

曰吁孜孜皋陶曰、

洪水滔天浩浩

懷山襄陵下民

昏墊予乘四載

隨山刊木曁益

奏庶鮮食予決

tsī.» Kaō iaó iuĕ: «Iù wéi ióu tchēu. Sēu iuĕ tsán tsán, siāng tsāi.»

I TSI. 1. Tí iuĕ: «Lâi, Iù. Jóu ĭ tch'āng iên.» Iù pái iuĕ: «Tōu. Tí, iû hô iên? Iû sēu jēu tzēu tzēu.» Kaō iaó iuĕ: «Hiū, jóu hô?» Iù iuĕ: «Hôung chouéi t'aō t'iēn; haò haò houâi chān, siāng lîng. Hiá mîn houēnn tién. Iù chêng sèu

reur; je m'efforce de contribuer à rendre son gouvernement parfait.»

CHAPITRE V. I TSI.

1. L'empereur (Chouenn) dit: «Iu, venez. Vous aussi, vous devez avoir d'excellents avis (à me donner).» Iu salua et dit: «(Kao iao a parlé) admirablement. Prince, que puis-je ajouter? Pour moi, je m'applique à travailler chaque jour activement.» «Eh bien, de quelle manière?» demanda Kao iao. Iu répondit: «Les eaux débordées s'élevaient jusqu'au ciel; dans leur vaste étendue elles enveloppaient les montagnes et couvraient les collines. Les hommes étaient consternés et périssaient dans cet océan. Je voyageai de quatre manières différentes. Je suivis les montagnes

esse merita.» Kao iao dixit: «Ego nondum potui scire; quæro quidem (vel, quæro quotidie) adjuvare, adjuvare, ad perficiendam (gubernationem).»

D'après Ts'ai Tch'enn, au lieu de 思曰 sēu iuĕ on doit lire 思曰 sēu jĕu. 襄 signifie 成 perfectionner.

CHAPITRE V. Ce chapitre est intitulé I Tsi uniquement parce que 伯益 et 后稷 sont nommés dans le premier alinéa. Il fait suite au chapitre précédent. Chouenn qui était présent à l'entretien de Iu et de Kao iao, dit à Iu: «Vous aussi, vous avez sans doute d'excellents avis à donner.»

1. Imperator (Chouenn) dixit: «Venias, Iu; tibi etiam sunt eximia verba.» Iu adorans dixit: «Pulchre (locutus est Kao iao). Rex, mihi quæ verba (addenda)? Ego quæro quotidie diligentiam adhibere.» Kao iao dixit: «Heus, quo pacto (diligentiam adhibes)?» Iu respondit: «Diffusæ aquæ surrexerant ad cœlum; altæ latæque complectebantur montes, transcenderant colles. Subjecti (cœlo) homines turbati immersi erant. Ego conscendi quatuor sustentaculorum (genera). Sequens montes succidi arbores; cum I obtuli multitudini carnem comeden-

九川||距||海||濬||畎||澮||距||川||播||奏||庶||艱||食||鮮||食||懋||遷||有||無||化||居||烝||民||乃||粒||萬||邦||作||乂||皋||陶||曰||俞||師||汝||昌||言

tsái ; souéi chān ts'iěn mŏu ; ki ĭ tseŏu chóu siēn chĕu. Iú kiuĕ kiŏu tch'ouĕn, kiú séu hái. Siún kiuĕn kouéi, kiú tch'ouĕn. Ki Tsĭ pouŏ, tseŏu chóu kiēn chĕu, siēn chĕu. Meóu ts'iēn iòu òu, houá kiū. Tchēng mīn nái lí ; wán pāng tsŏ ì. »

Kaō iaô iuĕ : « Iú ; chēu jóu tch'āng iēn. »

et coupai des arbres (pour frayer des chemins). Avec I, je procurai à la multitude le moyen d'avoir de la viande et du poisson à manger. Je débarrassai le lit des rivières dans les neuf provinces, et elles se déversèrent dans les quatre mers. Dans les champs, je fis creuser des canaux, grands et petits, communiquant tous avec les rivières. Avec Tsi j'ensemençai les terres, et procurai à la multitude, outre la chair des animaux, les grains encore difficiles à cultiver. J'engageai le peuple à transporter d'un endroit dans un autre le superflu des produits, et à faire des échanges. Bientôt personne ne manqua de grain. Tous les États commencèrent à se constituer régulièrement. » Kao iao dit : « Oui ; nous devons prendre pour modèle le magnifique dévouement dont vous venez de nous rappeler les œuvres. »

dam. Ego vias aperui novem (provinciarum) fluviis ad quatuor maria. Excavavi canaliculos canalesque (in agris) ad fluvios ; cum Tsi seminans obtuli multitudini laboriosam annonam, carnem comedendam. Impuli ut transferrent habita ad non habentes, commutarent reposita. Universus populus inde fruges habuit. Omnia regna cœperunt recte componi. » Kao iao dixit : « Ita ; imitanda sunt tua eximia (opera) quæ narravisti. »

四載 Séu tsái. Iu voyageait en barque sur les cours d'eau et les lacs, en voiture dans les terrains secs, sur un traineau en forme de van dans les terrains boueux. Il franchissait les montagnes avec des souliers dont la semelle était munie de clous pointus et longs d'un demi-pouce 半寸.

鮮食 ou 血食 La chair des oiseaux, des quadrupèdes, des poissons et des autres animaux. 艱食 Les grains, appelés vivres difficiles à obtenir, parce que la culture des terres était difficile, lorsque Iu commença à faire écouler les eaux. 粒 Grain de riz, grain de céréale. Après l'inondation, on cultiva d'abord le riz, qui croît dans l'eau, puis les autres espèces de grains.

Les terres cultivées étaient arrosées par des canaux artificiels. Les 畝 meóu arpents étaient séparés les uns des autres par des canaux 畎 larges d'un 尺 tch'ĕu pied et profonds d'un pied. Un 同 t'ôung terrain carré ayant cent 里 li stades de chaque côté était bordé par des 澮 kouéi canaux larges de seize pieds et profonds de seize pieds. Il était traversé par d'autres canaux de différentes dimensions appelés 遂溝洫 souéi, keōu, hiŭ.

（２）禹曰、都、帝、慎乃在位、汝帝曰、俞、幾惟康其弼直惟動不應徒以志昭命上帝天其申受用休帝（３）帝曰、吁、臣哉鄰哉、鄰哉臣哉禹曰、俞（４）帝曰、臣作朕股肱耳目、予欲左右有民汝翼

2. Iù iuĕ : « Tōu, ti. Chỉnn nǎi tsài wéi. » Ti iuĕ : « Iú. » Iù iuĕ : « Ngān jòu tchéu. Wêi kī, wêi k'âng, k'ĭ pĭ tchéu ; wêi tôung, p'êi ing hì chéu. Ì tchaô cheóu chàng ti ; t'iēn k'ĭ chênn ming, ióung hiôu. »

3. Ti iuĕ : « Hiū ! tch'ênn tsāi ! lìn tsāi ! lìn tsāi ! tch'ênn tsāi ! » Iù iuĕ : « Iú. »

4. Ti iuĕ : « Tch'ênn tsô tchênn kòu kōung ëul mòu. Iù iŭ tsô iòu iôu min ;

2. Iu dit : « Bien, prince. Appliquez-vous (à remplir les devoirs attachés) à la dignité dont vous êtes revêtu. » « Oui, » répondit l'empereur. Iu reprit : « Tendez invariablement à votre but (qui est la pratique de la vertu et le bon gouvernement des peuples). Faites attention aux premiers indices, pensez aux moyens d'affermir vos œuvres, ayez des ministres pleins de droiture ; chacun répondra au moindre signe de votre volonté, et se tiendra prêt à exécuter vos ordres. On verra clairement que vous êtes le mandataire du roi du ciel ; le ciel vous continuera son mandat et vous comblera de biens. »

3. L'empereur dit : « Oh ! les ministres ! les familiers ! les familiers ! les ministres ! (il importe de les bien choisir). » Iu dit : « Sans doute. »

4. L'empereur dit : « Les ministres sont comme les bras, les jambes, les yeux, les oreilles du souverain. Je désire être utile à mon peuple de toute manière ; vous, aidez-moi. Je désire étendre

2. Iu dixit : « Bene, rex. Attende tuæ oblentæ dignitati. » Imperator dixit : « Certe. » Iu dixit : « Consiste in tuo fine (proposito). Attende exordiis, consule firmitati, isti adjutores recti sint ; modo movebis, magnopere respondebitur, exspectata voluntate. Inde patebit (te) accepisse a superno rege (mandatum). Cœlum ipsum renovabit mandatum et adhibebit bona. »

3. Imperator dixit : « Oh ! ministri ! proximi ! proximi ! ministri ! » Iu dixit : « Certe. »

4. Imperator dixit : « Ministri sunt mea crura, brachia, aures, oculi. Ego volo omnimodo auxiliari habito populo ; vos adjuvate. Ego volo proferre vires in quatuor regiones ; vos facite. Ego volo videre antiquorum virorum emblemata : solem, lunam, stellas, montes, dracones, phasianos, (illa omnia) facta picta, delubrorum vasa, algas, flammas, oryzæ

予欲宣力四方；予欲觀古人之象，日月星辰山龍華蟲作會宗彝藻火粉米黼黻絺繡以五采彰施于五色，作服。汝明予欲聞六律

jòu ì. Iù iù siuēn lì séu fāng ; jòu wèi. Iù iù kouān kòu jênn tcheū siáng : jĕu, iuĕ, sīng tch'ènn, chān, lōung, houà tch'ōung, tsò houéi ; tsōung î, tsaò, houò, fénn mì, fòu, fŏu, tcheu sióu ; i òu ts'ài tchāng cheū iū óu chĕ tsò fòu. Jòu mîng.

mon influence sur toutes les parties de l'empire ; vous, agissez de concert avec moi. Je désire revoir les emblêmes d'autrefois : le soleil, la lune, les étoiles, les montagnes, les dragons et les faisans figurés par la broderie (sur la tunique) ; les vases sacrés, les algues, les flammes, les grains de riz, les haches et les autres ornements brodés (sur le vêtement inférieur). Je désire voir les cinq couleurs briller sur les vêtements officiels. Vous, réglez ces marques distinctives des dignités. Je désire entendre les six tubes mâles, les cinq tons principaux de la musique, les sons des huit sortes d'instruments, et examiner si l'administration est bonne ou mauvaise, au moyen des chants dont les uns partent de la cour

grana, secures, litteras, (illa omnia) acu picta ; (cupio videre) cum quinque colorum materiis splendide adhibitis in quinque colorum tincturam factas vestes. Vos discernite. Ego volo audire sex tubos, quinque tonos, octo (generum instrumentorum) sonos, inspicere administrationem accuratam neglectamve, ope emissorum acceptorumque quinque (tonis) canticorum. Vos audite.

Chouenn adresse ces recommandations à Iu, parce que Iu était 百揆 pŏ kouéi chef des ministres et de tous les officiers.

L'empereur est 元首 la tête ; les ministres sont 股肱 les membres. L'empereur désire 左右 aider à droite et à gauche, c.-à-d. entourer son peuple de soins. Les ministres doivent 翼 être pour l'empereur ce que les ailes sont pour l'oiseau.

星辰 planètes et constellations zodiacales, étoiles. 蟲 Reptile, insecte, animal quelconque. 華蟲 Animal aux couleurs variées comme une fleur, faisan. Les six premiers emblèmes étaient 會 ou 繪 brodés avec des fils de différentes couleurs sur le 衣 vêtement qui couvrait la partie supérieure du corps. Les six autres étaient 繡 brodés sur le 裳 vêtement qui couvrait la partie inférieure du corps.

宗彝 Vases sur lesquels étaient représentés différents animaux, et dans lesquels on offrait aux ancêtres des mets, des grains ou des liqueurs. 藻 Algues ou autres plantes semblables qui croissent dans l'eau. 粉 Riz écorcé. 黼 Hache 斧 fòu dont le fer était brodé en blanc et le manche en noir. 黻 Figure brodée en noir et en bleu ou en vert, et représentant la lettre 亞 ou deux

五聲八音在治忽以出納五言汝聽 ⑤ 予違汝弼汝無面從退有後言欽四鄰 ⑥ 庶頑讒說若不在時侯以明之撻以記之書用識之

Iŭ iŭ wènn lŏu liŭ, óu chēng, pă īn, tsái tchéu hŏu, i tch'ŏu nă óu iēn. Jòu t'īng.

5. Iù wēi, jòu pĭ. Jòu óu mién ts'ōung, t'ouéi iòu heóu iēn. K'īn séu lín.

6. « Chóu wàn tch'àn chouŏ ; jŏ pŏu tsái chéu. Heóu i mìng tchēu, t'ă i kí

impériale et les autres viennent du dehors à la cour impériale, et qui sont tous composés des cinq tons. Vous, entendez-les pour moi.

5. « Si je m'égare, aidez-moi (à rentrer dans la voie). Gardez-vous de m'approuver en face, et de tenir ensuite par derrière un langage différent. Soyez attentifs à remplir vos devoirs, vous qui (êtes mes bras, mes jambes, mes yeux, mes oreilles, et) me touchez de près à quatre titres, (ou bien, vous qui êtes à ma droite, à ma gauche, devant moi, derrière moi, et m'entourez des quatre côtés). »

6. « Les nombreux insensés qui répandent des calomnies, ne sont pas de ceux (qui disent franchement la vérité). Employez la cible pour les discerner, les verges pour leur imprimer vos avertissements dans la mémoire, et les registres pour noter leurs fautes. Désirez qu'ils (se corrigent, n'encourent pas la peine capitale

巳 tournés dos à dos. 綉 employé pour 黹 a la même signification que 繡 broder.

采 Matière colorante employée pour la peinture ou la teinture. 色 Couleur donnée à un objet par la peinture ou la teinture. Les cinq couleurs sont 青 黃 赤 白 黑 le vert ou le bleu, le jaune, le rouge, le blanc et le noir.

L'empereur avait douze emblèmes sur ses vêtements. Les princes en avaient moins; le nombre allait en décroissant avec la dignité. Le soleil, la lune, les étoiles étaient des insignes réservés à la dignité impériale.

六律 五聲 八音 Voyez plus haut, Ch. II. 8 et 13. Par l'examen des chants 出 sortis de la cour impériale et des chants 納 venus du dehors à la cour impériale, on connaissait les enseignements donnés au peuple par l'empereur et les princes, les sentiments et les mœurs du peuple, et l'on pouvait juger si le gouvernement était 治 bien réglé ou 忽 mal réglé.

5. « Me aberrantem (a recta via) vos adjuvate. Vos nolite coram assentari, et cum recesseritis, habere posteriora verba. Attendite (officiis vestrœ) quadruplicis proximitatis.

6. « Multi stulti calumniantes loquuntur; ita non sunt inter illos (qui libere et sincere loquuntur). Scopi ope discernite eos, verberum ope memores facite eos, libris utentes notate. Cupiatis conjunctim vivere. Musicus utens accep-

哉、欲並生哉工颺
以納言、時而颺
之格則承之厙
之否則威之
(7) 禹之曰兪哉帝
光天之下至於
海隅蒼生萬邦黎獻共惟帝臣、
以帝時舉敷納
惟言明庶以功
車服以庸誰敢
不讓敢不敬應、
帝不時不
奏罔功敷同日

tchēu, chōu ióung tchéu tsāi. Iŭ pīng chéng tsāi. Kōung i nǐ iên, chéu êul iâng tchēu. Kŏ, tsĕ tch'êng tchēu, ióung tchēu. Feóu, tsĕ wēi tchēu. »

7. Iŭ iuĕ : « Iŭ tsāi. Tí kouāng t'iēn tchéu hiá tchéu iū hái iŭ ts'āng chēng; wán pāng lî hiēn kóung wēi tí tch'ênn, wēi ti chēu kiú. Fōu nǎ i iēn, mìng chóu i kōung, kiū fōu i ióung. Chouêi kǎn pŏu jáng, kǎn pŏu kìng ing? Tí pŏu chēu, fōu t'ôung jēu tseóu wảng kōung.

et) vivent longtemps avec vous. Que le chef de musique (pour les couvrir de honte) fasse chanter les paroles (qu'ils auront dites et) qui lui auront été rapportées; qu'il divulgue sans cesse leurs sentiments. S'ils se corrigent, ils pourront être présentés et promus aux charges; sinon, ils devront être punis sévèrement. »

7. Iu répondit : « C'est très louable, (mais insuffisant). Prince, signalez votre vertu partout jusqu'aux rivages verdoyants des mers; les hommes vertueux et capables des divers pays habités par la race à cheveux noirs voudront tous vous servir, et vous les élèverez aux charges. Exigez des rapports de tous (ceux qui aspirent aux emplois, afin de les connaître par leur langage et leurs écrits); jugez tous les officiers en charge par leurs œuvres; comme récompenses, donnez des voitures et des vêtements en rapport avec les services. Alors qui osera ne pas se montrer modeste? qui osera ne pas répondre avec respect à vos désirs? Si vous agissez autrement, vos officiers deviendront de plus en plus négligents.

tis verbis, continuo patefaciat eos. Si corrigantur, tunc (decebit) proponere eos, adhibere eos; sin minus, tunc severe punire eos. »

Le tir à l'arc servait à discerner les hommes vertueux de ceux qui ne l'étaient pas. On croyait que 其心不正、其中必不能多也, celui dont le cœur n'était pas droit, ne pouvait certainement pas atteindre souvent le milieu de la cible.

7. Iu dixit: « Recte quidem. Imperator splendeat (virtute) cœlum subter ad marium angulorum viridia crescentia; universorum regnorum nigra coma (gentis) sapientes omnes cupient imperatoris esse ministri, et imperator eos adhibebit. Late accipiat verba, discernat omnes per opera, (donet) currus vestesque juxta merita. Quis audebit non

PART. I. — CH. V. I TSI.

傲　好　罔　罔　淫　厥　辛　呱　弗　土　服
惟　傲　晝　水　於　世　壬　呱　子　功　至
慢　虐　夜　行　家　娶　癸　而　惟　弼　於
遊　是　額　用　用　塗　甲　泣　荒　成　五
是　作　額　朋　殄　山　啓　予　度　五　千
 (8)
無
若
丹
朱

8. « Oŭ jŏ Tān Tchīu ngaó. Wêi mán iôu chéu haó, ngaó iŏ chéu tsŏ, wảng tcheóu ié ngŏ ngŏ. Wảng chouéi hîng tcheōu. P'êng în iū kiă. Ióung tiên kiuĕ chéu. Iû tch'ouáng jŏ chéu. Ts'iú iū T'óu chān, sīn jênn kouéi kiă. K'i kōu kōu êul k'ĭ, iû fŏu tzéu. Wêi houâng touŏ t'ŏu kōung. Pí tch'êng ŏu fŏu tchéu iū ŏu

8. « N'imitez pas l'arrogance de Tchou, prince de Tan, (fils de l'empereur Iao). Il n'aimait que le repos et les plaisirs. L'orgueil et la cruauté inspiraient tous ses actes, et cela sans cesse, jour et nuit. Il voyageait en barque sur la terre ferme (c'est-à-dire, il faisait des extravagances). Avec ses compagnons il se livrait à la débauche dans sa maison. A cause de ses déréglements, sa famille perdit la dignité impériale. Je me gardai bien de l'imiter. Quand j'épousai une princesse de T'ou chan, je ne demeurai avec elle que les jours *sin, jenn, kouei, kia*, (au bout de ces quatre jours, je me hâtai d'aller reprendre mes travaux). Quand mon fils K'i vagissait et pleurait, il fut privé des soins paternels. Tout entier à la direction des travaux que réclamaient les terres, j'aidai l'empereur à étendre les cinq circonscriptions sur un espace de cinq

obsequi, audebitve non reverenter respondere? Imperator nisi ita, universim simul quotidie progredientur in carentiam operum.

8. « Noli esse sicut Tan Tchou superbus. Unice otium et oblectamenta erant quæ amabat; superba sævaque erant quæ agebat, indiscriminatim diu noctuque non cessans. Deficiente aqua impellebat cymbam. Cum sociis voluptabat in domo. Ita abrupit suam hæreditatem. Ego abstinui quin imitarer illa. Uxore ducta ex T'ou chan, *sin, jenn, kouei, kia* (quatuor diebus quievi). K'i vagientem et plorantem ego non filium duxi. Solum late curans terrarum (componendarum) opus, adjuvi ad conficiendos quinque territorii circulos usque ad quinque millia (stadiorum). (Constituti sunt in quaque) provincia decem et duo institutores. Ultra (novem provincias), secundum quatuor maria, in singulis (regionibus) constituti quinque præsides. Quisque procedens habuit merita. Miao stultus non aggreditur opus; imperatori ipsi cogitandum certe. » Imperator dixit: «Quod obsequantur meis optimis (documentis), hoc tuum opus bene ordinatum. Kaoiao nunc reverenter (prosequitur) istud ordinatum, nunc adhibet præscripta supplicia, et quidem perspicaciter. »

56 CHOU KING

⑼ 夔曰戞
象刑惟明、
厥敘方施、
皋陶方祗、
乃功惟敘、
迪朕德、時
念哉、帝曰、
卽工、帝
功苗頑弗
長各迪有
海咸建五
師外薄四
州十有二

ts'iēn. Tcheōu chéu ióu éul chēu; wái pŏ séu hái, hiên kiēn oŭ tchāng. Kŏ tĭ ióu koūng. Miaô wân fôu tsĭ koūng; ti k'i gniên tsāi. » Ti iuĕ: « Tĭ tchénn tě, chéu nài koūng, wéi siú. Kao iaô fāng tchéu kiuě siú, fāng chéu siáng hîng, wéi mîng. »

9. K'ouêi iuĕ: « Kiă kĭ mîng k'iôu, pouŏ fóu k'in chě, i ióung, tsôu k'aô lái

mille stades. Douze instituteurs furent établis dans chacune des neuf provinces, et cinq chefs dans chacune des quatre régions qui s'étendent depuis les neuf provinces jusqu'aux quatre mers. Ces instituteurs et ces chefs ont tous bien mérité. Seul le prince de Miao dans sa folie refuse encore d'obéir. Que l'empereur y pense sérieusement. » L'empereur dit: « Si mes enseignements sont suivis partout, c'est grâce à vous, qui avez si bien ordonné votre œuvre. A présent, Kao iao continue avec respect l'exécution de vos plans, et applique avec perspicacité les châtiments prescrits, (il obtiendra la soumission des habitants de Miao). »

9. K'ouei (qui était préfet de la musique) dit: « Lorsqu'on

丹淵 Tān iuēn était le nom d'une principauté que Iao avait conférée à son fils Tchou. 塗山 ancienne principauté située au nord-est de 壽州 Cheóutcheōu dans le 鳳陽府 Fóung iâng fóu (province de Ngan houei).

辛壬癸甲 lettres du cycle qui servent à désigner les années, les mois et les jours.

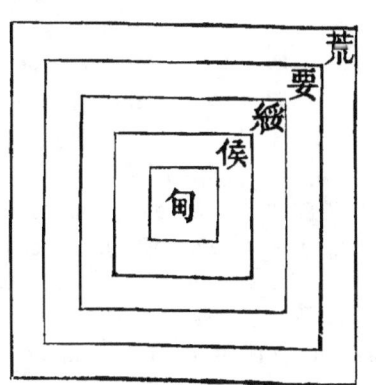

五服 Les cinq domaines ou circonscriptions étaient le domaine propre de l'empereur 甸 tién, et quatre zones concentriques, appelées 侯綏要荒, qui avaient chacune cinq cents stades de largeur, et comprenaient ensemble les neuf provinces de l'empire.

9. K'ouei dixit: « Leviter pulsatis graviterve percussis sonoris lapidibus, graviter pulsatis leviterve pulsatis k'in, che, (alternatim) cum canentibus hominum vocibus; progenitores mortui venientes adsunt; Iu hospes est in sede, omnes reguli virtute obsequuntur. Infra fistulæ, manubriata tympaniola conjungunt (sonos) cessantve (signo dato per) capsam tigridemve. Organa et campanæ adhibentur ad implenda intervalla. Aves et quadrupedes tripudiantes movent se. Siao chao novem

PART. I. — CH. V. I TSI.

鼓管讓后位賓格考詠瑟拊球擊
合戛下德聲在虞來祖以琴搏鳴

kǒ, Iǔ pīn tsái wéi, k'iûn heóu tě jàng. Hiá kouàn, t'aô kóu, hŏ tchéu tchŏu iǔ.

frappe légèrement ou fortement les pierres musicales, qu'on agite légèrement ou fortement les cordes des deux espèces de luths, et que les sons de ces instruments alternent avec les voix des chanteurs ; les mânes des ancêtres arrivent, l'hôte de Iu (de l'empereur Chouenn) prend place (et assiste à la cérémonie), tous les princes montrent leur vertu par leur mutuelle courtoisie. Au bas (de la salle ou des degrés), les flûtes et les tambourins unissent leurs cantica (dum cantantur), phœnices veniunt et decore gestiunt. »

球 ou 磬 Instrument de musique à percussion, consistant en une ou plusieurs tablettes de pierre suspendues à une traverse.

琴 Luth à cinq cordes.

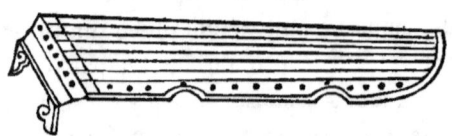

瑟 Luth à vingt-cinq cordes.
丹朱 Tchou de Tan, fils de l'empereur Iao, se fit 虞賓 l'hôte de Iu (l'empereur Chouenn) ; 在位 il occupa une place et prit part aux cérémonies faites en l'honneur des ancêtres.

管 Flûte à bec composée de deux tuyaux.

簫 ou 箾 Flûte que les pantomimes tenaient à la main. 簫韶 Nom de neuf chants ou morceaux de musique attribués à l'empereur Chouenn.

鼗鼓 Tambourin muni d'un manche et portant de chaque côté une balle suspendue. On l'agite en le tenant par le manche; les deux balles frappent sur les peaux et les font résonner.

柷 Caisse de bois qu'on faisait résonner en agitant le bâton 椎 ou 止 placé en son milieu. Elle servait à donner le signal, quand on devait commencer l'exécution d'un morceau de musique.

止 笙 鬧 蹌 韶 鳳. 於 ⑽ 石 百 舞. 允
柷 鏞 鳥 蹌 九 凰 戛 子 拊 獸 庶 諧.
敔 以 獸 簫 成. 來 曰. 擊 石. 率 尹

Chêng iôung i kiên. Gniaó cheóu ts'iāng ts'iāng. Siaŏ chaŏ kióu tch'èng, fóung houâng lâi i. »

10. K'ouêi iuě: « Oū ! iŭ kĭ chĕu fóu chĕu, pĕ cheóu chouĕ òu, chóu in iùn hiâi. »

accords, dès que le signal est donné par la caisse de bois ; ils s'arrêtent au signal donné par le tigre couché. Les orgues à bouche et les cloches se font entendre dans les intervalles. Les oiseaux et les quadrupèdes tressaillent de joie. Quand on exécute les neuf chants appelés *Siao chao*, les deux phénix viennent et s'agitent avec élégance. »

10. K'ouei dit : « Oh ! quand je frappe les pierres musicales légèrement ou fortement, les animaux de toute espèce tressaillent ensemble, tous les chefs des officiers sont vraiment en harmonie. »

敔 Instrument de bois qui avait la forme d'un tigre couché, surmonté de vingt-sept dents. On le frappait avec un bâton 籈 tchēnn pour annoncer la fin de chaque morceau de musique.

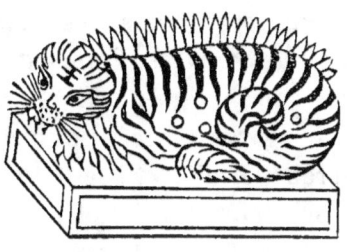

笙 Petit orgue à bouche composé de treize ou de dix-neuf tuyaux fixés sur une calebasse ou sur une coupelle de bois. Le musicien applique la bouche à un tube latéral.

Les pierres musicales et les luths étaient placés à la partie supérieure de la salle

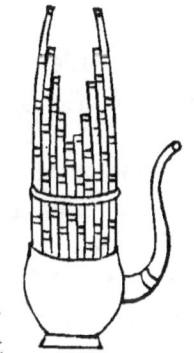

du temple des ancêtres ou au-dessus des degrés qui y conduisaient ; les autres instruments étaient à la partie inférieure ou en deçà des degrés.

鳳. Phénix mâle ; 凰 phénix femelle. Le phénix est un oiseau au plumage varié, 五采色 de toutes les couleurs. Il a la tête du coq ou de la poule, le cou du serpent, la gorge de l'hirondelle, le dos de la tortue, la queue du poisson. Sa taille est de six 尺 (un mètre, 20 cent.).

10. K'ouei dixit : « Oh ! me graviter percutiente lapides, leviterve pulsante lapides, omnigena animalia invicem sequentia gestiunt, omnes præpositorum rectores vere concordant. »

獸 Quadrupède. Le 周禮 emploie cette expression pour désigner toute sorte d'animaux.

11. Imperator utens fecit canticum, dicens : « Attendendum cœli mandato, et omni tempore et in minimis. » Inde cantavit dicens : « Crura et brachia alacriter agant ; supremum caput attolle-

帝庸作歌曰：勅
天之命惟時惟幾
乃歌曰：股肱喜哉
元首起哉百工熙哉
皋陶拜手稽首
颺言曰：念哉率作
興事慎乃憲欽
屢省乃成欽哉
虞載歌曰：元首明
哉股肱良哉庶事
康哉又歌曰：元首
叢脞哉股肱惰哉
萬事墮哉
俞往欽哉帝拜曰

11. Ti iôung tsŏ kō iuĕ: « Tch'ĕu t'iēn tchĕu ming, wêi chĕu, wêi kī. » Nài kō iuĕ: « Kóu kōung hi tsāi, iuĕn cheòu k'i tsāi, pĕ kōung hī tsāi. » Kaò iaò pái cheòu, k'i cheòu, iân,g iēn iuĕ: « Gniĕn tsāi. Chouĕ tsŏ hīng chĕu, chĕnn nài hiĕn; k'īn tsāi. Liŭ sing nài tch'ĕng; k'īn tsāi. » Nài kēng tsái kō, iuĕ: « Iuĕn cheòu mîng (mảng) tsāi, kòu kōung leâng tsāi, chóu chĕu k'âng tsāi. » Iòu kō iuĕ: « Iuĕn cheòu ts'òung tsouò tsāi, kòu kōung touò tsāi, wán chĕu touò tsāi. » Ti pái iuĕ: « Iŭ. Wảng, k'īn tsāi. »

11. L'empereur, profitant (de cette bonne harmonie), voulut composer un chant, et dit: « Il faut faire attention au mandat du ciel, en tout temps et jusque dans les moindres choses. » Puis il chanta ainsi: « Si les bras et les jambes (les ministres) s'acquittent de leurs fonctions avec joie, la téte (le souverain) se dressera avec gloire, et tous les offices seront bien remplis. » Kao iao se prosternant, inclina la tête jusqu'à ses mains, puis jusqu'à terre, et d'une voix élevée dit rapidement (à l'empereur): « Pensez-y. Vous êtes chargé de diriger les entreprises, de promouvoir les œuvres. Faites attention aux règles que vous devez observer; prenez garde. Examinez souvent ce que vous avez accompli; prenez garde. » Alors pour continuer et compléter le chant de l'empereur, il dit: « Si la tête est intelligente, les bras et les jambes feront leur devoir, et tout ira bien. » Ensuite il chanta ainsi: « Si la tête veut tout régler par elle-même jusque dans les moindres détails, les bras et les jambes resteront dans l'oisiveté, tout languira. » L'empereur salua et dit: « Oui. (Ministres), allez (remplir vos fonctions); faites attention. »

tur, omnigena opera splendebunt. » Kao iao, capite demisso ad manus, ad terram demisso capite, alte celeriterque loquens dixit: « Cogita. Dirigis incepta, excitas opera. Attende tuis legibus; cave! Sæpe inspice tua facta; cave! » Tunc prosequens et perficiens canticum (imperatoris), dixit: « Supremum caput sit perspicax; crura et brachia erunt bona, omnia negotia recte componentur. » Iterum cantavit dicens: « Supremum caput si complectatur minuta, crura et brachia erunt pigra, omnes res decident. » Imperator salutavit et dixit: « Ita. Ite, attendite. »

DEUXIÈME PARTIE

ANNALES DE LA DYNASTIE DES HIA.

高 奠 木 刊 山 隨 土 敷 禹 ⌒1⌒   貢 禹

IU KOUNG. 1. Iù fōu t'òu. Souèi chān ts'ién mŏu. Tién kaō chān tá tch'ouēn.

CHAPITRE I. TRIBUT DE IU.

1. Iu divisa le territoire (en neuf provinces). Suivant les montagnes, il coupa des arbres (pour frayer des chemins). Il prit une connaissance exacte des hautes montagnes et des grands cours

DEUXIÈME PARTIE. 夏 Hià était le nom du premier fief qui fut conféré à Iu. Il devint le titre dynastique de ce prince et de ses descendants, qui gouvernèrent l'empire de l'an 2204 à l'an 1766 avant notre ère. La terre de Hia conserve encore le nom de Iu. C'est le 禹州, qui dépend de la préfecture de 開封府 dans le Ho nan.

CHAPITRE I. 貢 **Kóung**, offrir un objet à un supérieur, offrande, contribution, tribut. 賦 **Fóu**, exiger une contribution, impôt, taxe. Dans ce chapitre, le mot *fou* désigne plus spécialement les grains exigés à titre de tribut, et le mot *koung*, les autres choses que le peuple devait fournir au souverain. Dans les principautés particulières, le prince gardait pour lui les produits de l'impôt *fou*, et envoyait à l'empereur ceux du tribut *koung*.

Meng tzeu, Livre III, Ch. I. 3, rapporte que, sous la dynastie des Hia, chaque père de famille avait cinquante 畝 *meòu* de terre et donnait en tribut annuel une quantité fixe de produits. 孟子曰夏后氏五十而貢. On déterminait cette quantité en prenant la moyenne de plusieurs années consécutives. C'était la dixième partie de ce que l'on récoltait ordinairment, quand l'année n'était ni très bonne ni très mauvaise. Il est a remarquer que dans cette phrase de Meng tzeu le mot 貢 désigne généralement toute sorte de contribution.

Ce chapitre nous fait connaître, outre la répartition des impôts, les travaux exécutés par Iu sous les règnes de Iao et de Chouenn. D'abord rangé dans la première partie qui est intitulée 虞書 et contient les annales de Iao et de Chouenn, il en fut ensuite séparé et placé en tête des annales de la dynastie des Hia, parce que, dit Ts'ai Tch'enn, les travaux de Iu lui valurent l'empire, à lui et à ses descendants.

山 大 川 ② 冀 州 旣 載 壺 口 治 梁 及

2. Ki tcheôu, ki tsái Hôu k'eòu. Tch'éu Leâng kí K'ì. Ki siôu T'ái iuên, tchéu d'eau (afin de déterminer les limites respectives des neuf provinces).

2. Dans le Ki tcheou, il commença ses travaux à Hou k'eou, donna ses soins aux monts Leang et K'i, répara les travaux (que

1. lu divisit terras. Sequens montes, succidit arbores. Statuit excelsos montes magnosque fluvios.

2. In Ki provincia, incepit a Hou k'eou. Composuit Leang et K'i. Curavit T'ai iuen usque ad lo montis austrum. In T'an houai assecutus est ut opus perficeret usque ad Heng et Tchang.

旣 marque du passé. 載 commencer.

La province de Ki était bornée à l'ouest, au sud et à l'est par le Fleuve-Jaune. Ses limites au nord ne peuvent être déterminées.

A l'ouest le Fleuve-Jaune a toujours suivi le même cours que maintenant. Arrivé à la pointe sud-ouest du Chan si actuel, il tournait vers l'est, puis vers le nord-est. Il passait au nord de 陝州 Kiä tcheôu, traversait le 懷慶府 Houâi k'ing fòu et le 衛輝府 Wéi houêi fòu dans le Ho nan. Puis entrant dans le Tcheu li, il traversait le 大名府 Tái ming fòu, le 清河縣 Ts'îng hô hién, et allait se jeter dans le golfe du Pe tcheu li, probablement près de 大沽 Tá kôu.

冀州，今山西之太原、平陽、汾州、潞安、大同、五府澤、遼、沁、三州直隸之順天、永平、保定、廣平、順德、宣化、六府、及眞定、河間、二府西北境大名府澶縣西境、盛京之錦州府、河南之懷慶、衛輝、彰德三府、其北直抵塞外陰山下西起東受降城、今蒙古名薩爾几村之北、

東訖于大遼水也、(地理今釋).

La province de Ki comprenait les préfectures et les sous-préfectures actuelles suivantes: 1° dans le Chan si, les cinq préfectures de T'ai iuen, de P'ing iang, de Fenn tcheou, de Lou ngan, de Ta t'oung; le Tche tcheou, le Leao tcheou et le Ts'in tcheou; 2° dans le Tcheu li, les six préfectures de Chouenn t'ien, de Ioung p'ing, de Pao ting, de Kouang p'ing, de Chouenn te, de Siuen houa; de plus, la partie nord-ouest des deux préfectures de Tchenn ting et de Ho kien; la partie occidentale du Siun hien dans le Tai ming fou (à présent le Siun hien dépend de Wei houei fou, Ho nan); 3° dans le Cheng king ou Moukden, la préfecture de Kin tcheou; 4° dans le Ho nan, les trois préfectures de Houai k'ing, de Wei houei et de Tchang te. Au nord, le Ki tcheou s'étendait au delà des barrières jusqu'au In chan. A l'ouest, il s'étendait jusqu'au nord de Kiang tch'eng ou Sa eul ki ts'uenn en Mongolie; à l'est, jusqu'au grand fleuve Leao.

La capitale de l'empire était dans le Ki tcheou. Sous Iao, c'était 平陽 P'ing iàng dans le P'ing iang fou actuel; sous Chouenn, 蒲坂 P'òu fàn dans le P'ou tcheou fou; sous Iu, 安邑 Ngān ĭ, ville qui porte encore le même nom et dépend de 解州 Hiái tcheôu. Ces trois préfectures sont dans la partie sud-ouest du Chan si.

岐, 修 原, 于 陽, 懷 績, 于 漳, ③ 土 白 厥
既 太 至 岳 覃 底 至 衡, 厥 惟 白 壤. 賦

iǔ Iǒ iâng. T'ǎn Houâi tchóu tsï, tchéu iǔ Hêng Tchāng.

3. Kiuě t'òu wêi pě jàng. Kiuě fóu wêi cháng ts'ouǒ. Kiuě t'iěn wêi tchōung

son père Kouenn avait exécutés) à T'ai iuen, et alla jusqu'au sud du mont Io. Dans le T'an houai, il mena son œuvre à bonne fin, et atteignit la Heng et la Tchang.

3. Dans cette province la terre est blanche et meuble. Les produits de l'impôt varient entre la première et la deuxième classe. Les terres sont de cinquième classe. La Heng et la Wei rentrèrent

壺口 montagne située au sud-ouest de 吉州 Kí tcheōu, à 70 stades de la ville, dans le P'ing iang fou (Chan si).

梁 ou 呂梁 montagne située au nord-est de 永寧 Ióung gning dans le 汾州府 Fênn tcheōu fòu (Chan si).

岐 ou 狐岐 montagne située au nord de 介休 Kiái hiōu dans le Fenn tcheou fou.

太原 à présent T'ai iuen bien dans le T'ai iuen fou. 岳 Iǒ ou 太岳 T'ái iǒ, à présent 霍太山 Houǒ t'ái chān, montagne située à l'est de la ville de Houo tcheou.

覃懷 est dans le 懷慶府 Houâi k'ing fòu (Ho nan). 漳 ou 清漳 rivière qui prenait sa source dans le 樂平縣 Lǒ p'ing hién (préfecture de T'ai iuen fou). 衡 ou 濁漳 rivière qui prenait sa source dans le 長子縣 (préfecture de 潞安府 Lóu ngān fòu, province de Chan si), recevait la Ts'ing Tchang dans le 涉縣 Chě hién (préfecture de 彰德府 Tchāng tě fòu, province de Ho nan), et se jetait dans le Fleuve-Jaune près de 阜城 Feóu tch'êng (préfecture de 河間府 Hô kiēn fòu, province de Tcheu li).

3. Illius (provinciæ) terra est alba et soluta. Illius vectigal est ordinis superioris superius, mixtum (cum ordinis superioris mediocri). Illius agri sunt ordinis mediocris mediocres. Heng, Wei seculi sunt (suos alveos). Ta lou jam excoli cœpit. Insularum barbari cum pellitis vestibus, radentes a dextris Kie cheu (Prærupta saxa), intrant in Fluvium.

Iu divisa les terres, d'aprés leurs qualités et leurs produits, en trois catégories 上 中 下 subdivisées chacune en trois classes 上 中 下. Il eut ainsi neuf classes: 上上, 上中, 上下, 中上, 中中, 中下, 下上, 下中, 下下. Il distingua de même neuf classes de tributs.

Les terres du Ki tcheou n'étaient que de cinquième qualité ou de cinquième classe. Cependant la moyenne de l'impôt dépassait le tribut de deuxième classe, et atteignait parfois celui de première classe. C'est que, outre les terres labourées, il y avait des jardins et des forêts qui produisaient beaucoup, et payaient des contributions proportionnées à leurs produits. De plus, comme le Ki tcheou était le domaine impérial, l'empereur y possédait peut-être des propriétés particulières qui augmentaient ses revenus. D'ail-

惟上上　惟錯、厥田上中、恒衛既從、大陸既作、夷皮服、夾右碣石、入于河。

tchōung. Hêng Wéi ki ts'ôung ; Tá lóu ki tsŏ. Taò i p'i fŏu, kiă ioú Kiĕ chĕu, jŏu iŭ Hô.

dans leurs anciens lits. La plaine de Ta lou put être cultivée. Les barbares habitants des îles viennent offrir des vêtements garnis de fourrures (à titre de tribut). (Pour se rendre à la capitale de l'empire), ils longent à droite la colline appelée Kie cheu et entrent dans le Fleuve-Jaune.

leurs, dans telle province dont le sol était pauvre, les revenus de l'impôt étaient plus considérables que dans telle autre dont le sol était riche, parce que les habitants étaient beaucoup plus nombreux et les terres cultivées beaucoup plus étendues dans la première que dans la seconde.

Les autres provinces étaient divisées en principautés et gouvernées par des princes. Elles offraient à l'empereur un tribut 貢 kóung et différents produits dans des corbeilles 篚 féi. Dans le Ki tcheou, où tout était sous la dépendance de l'empereur, l'hommage de ce tribut et de ces corbeilles n'avait pas lieu. L'impôt ordinaire 賦 était seul exigé.

Les contribuables donnaient à l'État la dixième partie des produits. C'était la règle générale. Mais on y dérogeait quand les récoltes étaient peu abondantes. La quantité était donc variable 故有錯法（欽定書經傳說）.

La 恒 prenait sa source dans le 曲陽縣 K'iŭ iâng hién (préfecture de 定州 Ting tcheōu, province de Tcheu li), se jetait dans la 唐 T'âng ou 滱 K'eóu, qui allait se déverser dans le Fleuve-Jaune.

La 衛 Wéi ou 雷溝河 Léi keōu hô prenait sa source dans le 靈壽 Ling cheóu hien (préfecture de Tchenn ting), se jetait dans le 滹沱河 Hōu t'ô hô, qui traversait le 霸州 Pá tcheōu et se rendait au Fleuve-Jaune.

La grande plaine de 大陸 Tá lóu comprenait le 順德府 Chouénn tĕ fóu, le 趙州 Tchaó tcheōu, le 深州 Chênn tcheōu dans le Tcheu li.

Les habitants du 遼東 Leaó tōung et des îles adjacentes portaient leur tribut par mer. Ils longeaient la colline ou les rochers appelés Kie cheu Rochers escarpés, qui étaient peut-être à la limite du 撫寧縣 Foŭ gning hién (préfecture de 永平 Ioŭng p'ing), suivaient la côte jusqu'à Ta kou, et remontant le Fleuve-Jaune jusqu'à l'angle sud-ouest du Chan si, se rendaient à la capitale de l'empire.

4. Inter Tsi et Ho est Ien provincia. Novem Ho habuerunt vias. In Lei hia fuit lacus. Ioung et Tsiu convenientes conjuncti sunt. Mororum terræ jam potuerunt alere bombyces. Tum (homines) descendentes e collibus, habitarunt in planitie.

La Tsi prenait sa source dans le 濟源縣 Tsi iuén hién (préfecture de

PART. II. — CH. I. TRIBUT DE IU.

河　濟㈣　惟　兗州　九河　既道　雷夏　既澤　灉沮　會同　桑土　既蠶　是降　丘宅　土.

4. Tsi Hô wéi Iến tcheōu. Kiòu Hô kí taó. Lêi hià ki tchĕ. Iōung Tsiū houéi t'ôung. Sāng t'òu ki ts'ân. Chéu kiảng k'iôu tchĕ t'òu.

4. Entre la Tsi et le Fleuve-Jaune est la province de Ien. Les neuf bras du Fleuve-Jaune suivirent chacun leurs lits. Il y eut un lac à Lei hia. La Ioung et la Tsiu unirent leurs eaux. Les terrains propres à la culture du mûrier purent nourrir des vers à soie. Les habitants descendirent des hauteurs et s'établirent dans la plaine.

懷慶 province de Ho nan), traversait les préfectures de 曹州 Ts'aô tcheôu, de 兗州 Iến tcheôu, de 濟南 Tsi nân, et se jetait dans la mer, à l'embouchure actuelle de la 小清 Siaò ts'īng, vers le 37° 15′ de latitude.

D'après le 地理今釋, la partie sud-est du 眞定府 Tchênn ting fóu était comprise dans le Ien tcheou. 胡渭 Hòu wéi (1633-1714) prétend que le le Fleuve-Jaune traversait le Kouang p'ing fou, le Chouenn te fou et le Tchenn ting fou. Les fleuves ont souvent changé de cours.

兗州,今山東之東昌府,及兗州府曹州,陽穀,壽張,鄆城,三縣濟南青州,二府西北境,直隸之大名府 及眞定河間,二府東南境,河南之衞輝府胙城縣也 (地理今釋). La province de Ien comprenait: 1° dans le Chan toung, le Toung tch'ang fou, le Ts'ao tcheou, et les trois sous-préfectures de lang kou, de Cheou tchang et de lun tch'eng, qui dépendent de Ien tcheou fou (le Ts'ao tcheou forme à présent une préfecture); la partie nord-ouest des deux préfectures de Tsi nan et de Ts'ing tcheou; 2° dans le Tcheu li, le Tai ming fou et la partie sud-est du Tchenn ting fou et du Ho kien fou; 3° dans le Ho nan, le Tsou tch'eng hien qui dépend de Wei houei fou.

Les neuf bras du Fleuve-Jaune étaient, dit-on, le 徒駭 T'òu hiải dans le 滄州 Ts'āng tcheôu (préfecture de Ho kien fou); le 馬頰 Mà kiá dans le 德州 Tĕ tcheôu, le 平原 P'îng iuên et le 陵縣 Lîng hiến (préfecture de Tsi nan fou); le 覆鬴 Fòu fòu dans le Te tcheou et le Ling hien; le 胡蘇 Hôu sōu dans le 南皮縣 Nân p'í hiến, le Ts'ang tcheou et le 慶雲縣 K'ing iùn hiến; le 簡潔 Kiến kiě dans le Nan p'i hien; le 鉤盤 Keōu p'àn dans le 武定府 Où ting fôu et le 樂陵縣 Lŏ ling hiến (préfecture de Tsi nan fou); le 鬲津 Kŏ tsīn dans le Lo ling hien et le Ts'ang tcheou; le 太史 T'ài chéu dont le cours est inconnu. Pour compléter le nombre de neuf, plusieurs auteurs font du 簡潔 deux rivières différentes. D'autres disent que le neuvième était le courant principal du Fleuve-Jaune.

雷夏 lac situé dans la partie sud-est du 濮州 Pòu tcheôu (préfecture de T'oung tch'ang fou, province de Chan toung). Les deux rivières Ioung et Tsiu prenaient leur source dans le Pou tcheou. La Ioung coulait de l'ouest à l'est, et se jetait dans la Tsiu.

| (5) 厥土惟 | 墳厥草惟 | 繇厥木惟 | 條厥田惟 | 中下 | 貞作十有 | 三載乃 | 同厥貢漆絲 | 厥篚織文 | 浮于濟 | 達于河 | (6) 海岱惟 | 青州嵎夷 |

5. K'iuĕ t'ŏu hĕ fènn. Kiuĕ ts'aŏ wêi iaŏ; kiuĕ mŏu wêi t'iaô. Kiuĕ t'iên wêi tchōung hiá; kiuĕ fóu tchĕng. Tsŏ chĕu ióu sān tsái, năi t'ōung. Kiuĕ kóung ts'ï sēu; kiuĕ fèi tchĕu wênn. Feôu iū Tsi T'ă, tă iū Hô.

6. Hái Tái wêi Ts'īng tcheōu. Iû i ki leŏ. Wêi Tchêu ki taó. Kiuĕ t'ŏu pĕ fènn.

5. Dans cette province la terre est noirâtre et compacte. Les plantes herbacées sont luxuriantes, les arbres très élevés. Les terres sont de sixième classe, et les produits de l'impôt sont de neuvième classe. Ce fut seulement après treize années de culture que ce faible impôt fut exigé comme dans les autres provinces. Les habitants offrent en tribut à l'empereur du vernis et de la soie, avec des corbeilles pleines de tissus à fleurs. (Pour aller à la capitale de l'empire), leurs barques suivent la Tsi, la T'a, et entrent dans le Fleuve-Jaune.

6. Entre le Tai chan et la mer s'étend la province de Ts'ing. Le pays des Iu i fut entouré d'une levée de terre. La Wei et la

5. Illius (provinciæ) terra est nigra et glebosa. Illius herbæ sunt luxuriantes, illius arbores proceræ. Illius agri sunt mediocris ordinis inferiores; illius vectigal rectum, i. e. tenuissimum. Excultis (agris) decem et tres annos, inde similiter, i. e. sicut in aliis provinciis vectigal exactum est. Illius tributa vernix et sericum; in illius corbibus texta variegata. Navigantes super Tsi et T'a, intrant in Ho.

La 濋 était un bras du Fleuve-Jaune. Elle traversait la préfecture de Pou tcheou et les sous-préfectures de 朝城 Tchaŏ tch'êng et de 樂安 Lŏ ngān.

貞 signifie 正 droit, régulier, légitime. L'impôt le moins élevé, l'impôt de neuvième classe est ainsi appelé, parce qu'un bon prince doit se faire une loi d'exiger peu de son peuple.

Le Ien tcheou payait peu d'impôts; il en fut même exempté durant les treize premières années, parce qu'il avait souffert de l'inondation plus que les autres provinces, et parce que les terres étaient de mauvaise qualité.

6. Inter mare et Tai est Ts'ing provincia. Iu i regio fuit aggere cincta. Wei, Tcheu ipsi alveos suos secuti sunt. Illius (provinciæ) terra est alba et glebosa. Maris ripa est vasta (et arida), salsa. Illius agri sunt superioris ordinis inferiores; illius vectigal secundi ordinis superius.

岱 Tái ou 泰山 T'ái chān, montagne célèbre située dans le 泰安府. Voyez Part. I, Ch. I. 11. 四岳、

青州、今山東之登州、萊州二府、青州府益都臨淄、

PART. II. — CH. I. TRIBUT DE IU.

旣 淄 厥 壝 廣 田 下, 中 ⑦ 鹽 物 岱 枲,
略, 其 土 海 惟 上, 厥 絲 惟 畎 鉛
濰 道, 白 濱 斥 上 賦 貢 海 錯, 絲 松

Hǎi pīn kouǎng tchʻéu. Kiuĕ tʻien wéi chǎng hiá ; kiuĕ fóu tchōung cháng.

7. Kiuĕ kóung iên tchʻéu, hǎi óu wéi tsʻouǒ, Tái kiuén séu sī, iuén sōung, kouái

Tcheu suivirent leurs lits. Dans cette province la terre est blanche et compacte. Près de la mer sont de vastes terrains arides et salés. Les terres sont de troisième classe, et les produits de l'impôt sont de quatrième classe.

7. On offre en tribut à l'empereur du sel, de la fine toile de dolic, différents produits tirés de la mer, avec de la soie, du chanvre, du plomb, des sapins et des pierres extraordinaires qui viennent des vallées du Tai chan. Les barbares de Lai mènent la

昌樂、安邱 壽光、臨朐、六縣 及諸城、高苑 博興 樂安 四縣南境 濟南府 肥城、長清、歷城 章邱 鄒平、長山、新城 淄川 八縣 及泰安州、萊蕪縣 北境 兗州府 東阿、平陰、二縣 北境、其東北跨海、爲盛京之奉天府、訖於朝鮮國也、(地理今釋)、Le Tsʻing tcheou comprenait les préfectures et les sous-préfectures suivantes du Chan toung actuel: 1° le Teng tcheou fou et le Lai tcheou fou ; 2° dans le Tsʻing tcheou fou, les six sous-préfectures de I tou, de Liu tcheou, de Tchʻang lo, de Ngan kʻiou, de Cheou kouang, de Lin kʻiu, et la partie méridionale des quatre sous-préfectures de Tchou tchʻeng, de Kao iuen, de Po hing et de Lo ngan ; 3° dans le Tsi nan fou, les huit sous-préfectures de Fei tchʻeng, de Tchʻang tsʻing, de Li tchʻeng, de Tchang kʻiou, de Tcheou pʻing, de Tchʻang chan, de Sin tchʻeng, de Tcheu tchʻouen; de plus, la partie septentrionale du Tʻai ngan tcheou et du Lai ou hien (à présent Tʻai ngan est préfecture

fou, et le Lai ou hien en dépend); 4° dans le Ien tcheou fou, la partie septentrionale du Toung ngo hien et du Pʻing in hien. Au nord-est, au delà de la mer, le Tsʻing tcheou comprenait la préfecture de Foung Tien (Moukden) dans la province de Cheng king, et s'étendait jusqu'au royaume de Corée.

嵎夷 était dans le 登州府 Tēng tcheōu fóu. 畧 signifie 封 entourer une contrée d'une levée de terre pour en fixer les limites.

La 濰 prenait sa source dans le 莒州, traversait le 昌邑縣, et se rendait à la mer. La 淄 prenait sa source dans le 淄川縣, traversait le 壽光縣, et se jetait dans le 濟.

斥 Tchʻéu ou 鹵 Lóu, terre qui contient du sel, du salpêtre ou d'autres substances semblables.

7. Illius tributa sunt sal, tela tenuis, marinæ res quidem variæ, Tai vallium serica, cannabis, plumbum, abietes, insoliti lapides. Lai gens cœpit greges pascere. In ejus corbibus silvestris mori sericum. Navigans super Wenn intrat in Tsi.

怪石, 夷萊, 厥篚檿絲, 厥篚玄纖, 浮于汶, 達于濟.

⑧ 海岱及淮惟徐州. 淮沂其乂. 蒙羽其藝. 大野既豬. 東原底平. 厥土赤埴墳. 草木漸包. 厥田惟上中. 厥賦中中.

chěu. Lâi î tsŏ mŏu. Kiuĕ fếi iến sēu. Feôu iū Wếnn, tă iū Tsi.

8. Hải Tái kĭ Houâi wêi Siŭ tcheōu. Houâi Î k'î í. Môung Iŭ k'î í. Tá iế kí

vie pastorale. Dans leurs corbeilles ils offrent à l'empereur de la soie produite sur les mûriers sauvages. (Pour aller à la capitale de l'empire), leurs barques suivent la Wenn, entrent dans la Tsi, (puis dans le Fleuve-Jaune).

8. La mer, le Tai chan et la Houai forment les limites de la province de Siu. La Houai et la I furent dirigées. Les collines Moung et Iu furent mises en culture. A Ta ie il y eut un lac. Le pays de Toung iuen fut aplani. Dans cette province la terre est

絺 fine toile faite avec les fibres du 葛 kŏ dolic. On ignore quelles étaient les pierres extraordinaires de cette province.

萊夷 habitants des montagnes du Lai tcheou fou. La 汶 prenait sa source dans le 萊蕪縣, coulait vers le sud-ouest, et s'unissait à la Tsi dans le 汶上縣.

8. Inter mare, Tai montem et Houai est Siu provincia. Houai, I ipsi compositi sunt. Moung et Iu colles ipsi exculti. In Ta ie factus est lacus. Toung iuen regio assecuta est ut complanaretur. Illius (provinciæ) terra est rubra, glutinosa, glebosa. Herbæ et arbores progrediuntur, densæ sunt. Illius agri sunt primi ordinis mediocres; illius vectigal mediocris ordinis mediocre.

Le Siu tcheou était borné au nord par le T'ai chan, à l'est par la mer, au sud par la Houai.

徐州, 今江南之徐州, 及鳳陽府懷遠, 五河, 虹, 靈璧, 四縣, 泗宿, 二州, 淮安府桃源, 清河, 安東, 宿遷, 睢寧, 贛榆, 六縣, 丕, 海, 二州, 山東之兗州府滋陽

曲阜, 寧陽, 泗水, 金鄉, 魚臺, 嘉祥, 鉅野, 汶上, 鄒城, 鄒, 滕, 嶧, 費, 十四縣, 及平陰縣南境, 濟寧, 東平, 沂, 三州, 濟南府新泰縣, 及萊蕪縣, 泰安州南境, 青州府莒州蒙陰, 沂水, 日照, 三縣, 及諸城縣南境也, (地理今釋), Le Siu tcheou comprenait dans le Kiang nan: 1° le Siu tcheou fou; 2° dans le Foung iang fou, les quatre sous-préfectures de Houai iuen, de Ou ho, de Kiang hien, de Ling pi; le Seu tcheou et le Siu tcheou; 3° dans le Houai ngan fou, les six sous-préfectures de T'ao iuen, de Ts'ing ho, de Ngan toung, de Siu ts'ien, de Souei gning, de Kan iu; le P'ei tcheou et le Hai tcheou. Il comprenait dans le Chan toung: 1° dans le Ien tcheou fou, les quatorze sous-préfectures de Tzeu iang, de K'iu feou, de Gning iang, de Seu chouei, de Kin hiang, de Iu t'ai, de Kia siang, de Kiu ie, de Wenn chang, de T'an tch'eng, de Tcheou hien, de T'eng hien, de I hien, de Pi hien, et la partie méridionale du P'ing in hien; le Tsi gning tcheou, le Toung p'ing tcheou et le I

PART. II. — CH. I. TRIBUT DE IU.   69

魚	夷	濱	陽	畎	土	(9)	中,	中,	厥	草	土
厥	蠙	浮	鳥	夏	五	厥		厥	木	赤	底
篚	珠	磬,	桐,	翟,	色,	貢		田	惟	埴	平,
玄	暨	淮	泗	嶧	羽	惟		賦	上	包,	墳,	厥
								中			

tchōu. Tōung iuên tchéu p'ing. Kiuĕ t'òu tch'éu chéu fènn. Ts'aò mĕu tsiēn paò. Kiuĕ t'iēn wêi cháng tchōung ; kiuĕ fóu tchōung tchōung.

9. Kiuĕ kóung wêi t'oú où chĕ, Iù kiuén hiá tí, Ĭ iàng kōu t'oúng, Séu pīn feòu k'íng, Houâi î p'iên tchōu ki iù. Kiuĕ fêi hiuên, siēn, kaò. Feòu iū Kouâi Séu, tă iū Hò.

rouge, argileuse, compacte. Les plantes y prospèrent de plus en plus, formant des touffes et des massifs. Les terres sont de deuxième classe, et l'impôt de cinquième classe.

9. On offre en tribut à l'empereur de la terre de toute couleur, des plumes de faisan aux couleurs variées qui viennent des vallées voisines du mont Iu, des éléococca qui croissent seul à seul au sud du mont I, des pierres musicales qui semblent flotter à la surface de l'eau sur les bords de la Seu, des perles et des poissons venus des bords de la Houai. Les habitants offrent à l'empereur dans leurs corbeilles des étoffes de soie, les unes bleues, les autres

tcheou; 2º dans le Tsi nan fou, le Sin t'ai hien, et la partie méridionale du Lai ou hien et du T'ai ngan tcheou (à présent T'ai ngan fou); 3º dans le Ts'ing tcheou fou, le Liu tcheou, et les trois sous-préfectures de Moung in, de I chouei et de Jeu tchao ; de plus, la partie méridionale du Tchou tch'eng hien.

La rivière 沂 prend sa source dans le 沂水縣 et se jette dans la 泗 Séu au sud-ouest de 邳州 (Houai ngan fou). La Seu se jette dans la Houai.

Le mont 蒙 est au sud de 蒙陰縣 dans le Ts'ing tcheou fou, et le mont 羽 dans le 海州 (Houai ngan fou). Le lac 大野 dans le 鉅野縣 (Ien tcheou fou), était formé par la 濟 Tsi.

豬 ou 瀦 lac que forme une rivière au milieu de son cours.

東原 pays qui comprenait le 東

平州 et une partie du 泰安府.

9. Illius tributa sunt terra quinque colorum, Iu vallium multicolores phasiani plumæ, I australis regionis solitariæ elæococcæ, Seu ripæ fluitantes lapides musici, Houai barbararum regionum concheæ margaritæ et pisces. In corbibus cæruleum sericum, nigro stamine alboque licio sericum, album sericum. Navigantes super Houai et Seu, intrant in Fluvium.

Le mont 嶧 est au S. O. de 邳州.

Lorsque l'empereur conférait l'investiture à un prince, il lui donnait des morceaux de terre de différentes couleurs pour l'autel de la Terre. Il obtenait ces terres de couleur par le tribut. Le bois de l'éléococca sert à faire des lyres.

淮夷, 淮南北近海之夷民, 今江南淮安, 揚州二府,

惟	惟	惟	既	厎	攸	既	揚	(10)	河	纖
塗	喬	夭	敷	定	入	居	州		淮	縞
泥	厥	厥	厥	篠	震	三	陽	淮	泗	浮
厥	土	木	草	簜	澤	江	鳥	海	達	于
							𢡆	惟		于

10. Houâi hái wéi Iâng tcheōu. P'êng li ki tchōu. Iâng gniaó iôu kiū. Sān Kiāng ki jŏu. Tchénn tchĕ tchéu ting. Siaó tàng ki fōu. Kiuĕ ts'aó wéi iaó ; kiuĕ mŏu wéi k'iaô. Kiuĕ t'óu wéi t'ôu gnî. Kiuĕ t'iên wéi hiá hiá ; kiuĕ fóu hiá cháng, cháng ts'ouŏ.

blanches, les autres tissues d'une trame blanche sur une chaîne noire. (Pour aller à la capitale de l'empire), leurs barques suivent la Houai, la Seu, et entrent dans le Fleuve-Jaune.

10. Entre la Houai et la mer s'étend la province de Iang. Il y eut un lac à P'eng li. Les oies sauvages s'y arrêtent. Les trois Kiang déversèrent leurs eaux dans la mer. Le lac Tchenn fut circonscrit. Les bambous, gros ou minces, furent propagés. Dans cette province, les plantes herbacées sont grandes et délicates ; les arbres sont très élevés. Le sol est humide et boueux. Les terres

近海之地, 皆是. (地理今釋).
Houai i, tribus étrangères établies au nord et au sud de la Houai, dans les pays voisins de la mer qui font partie des préfectures de Houai ngan et de Iang tcheou dans le Kiang nan.

10. Inter Houai et mare est Iang provincia. In P'eng li factus est lacus. Solis aves illic considunt. Tres Kiang ingressi sunt (in mare). Tchenn lacus assecutus est ut constitueretur. Bambusæ tenues, bambusæ crassæ fuerunt propagatæ. Hujus (provinciæ) herbæ sunt altæ et teneræ; hujus arbores sunt proceræ. Hujus terra est limosa. Hujus agri sunt inferioris ordinis inferiores; hujus vectigal inferioris ordinis superius, i. e. septimi ordinis, cum superiore (i. e. cum sexto ordine) mixtum.

揚州, 今江南之江寧, 揚州, 廬州, 安慶池州太平, 寧國, 徽州, 鎮江, 常州蘇州, 松江, 十二府, 滁 和, 廣 德 三 州, 鳳陽府鳳陽, 臨淮, 定遠霍邱, 盱眙, 天長六縣壽州, 淮安府山陽, 鹽城二縣河南之汝寧光山, 固始二縣, 光州湖廣之黃州府羅田, 蘄水廣濟, 黃梅, 四縣, 蘄州廣東之潮州府, 及浙江, 江西, 福建, 皆是也, (地理今釋), Le Iang tcheou comprenait dans le Kiang nan : 1º les douze préfectures de Kiang gning, de Iang tcheou, de Lou tcheou, de Ngan k'ing, de Tch'eu tcheou, de T'ai p'ing, de Gning kouo, de Houei tcheou, de Tchenn kiang, de Tch'ang tcheou, de Sou tcheou, de Soung kiang ; 2º le Tch'ou tcheou, le Houo tcheou, le Kouang te tcheou ; 3º dans le Foung iang fou, les six sous-préfectures de Foung iang, de Lin houai, de Ting iuen, de Houo k'iou, de Hiu i, de T'ien tch'ang, et le Cheou tcheou ; 4º dans

田　厥　上　⑾　金　琨　革　木　服、貝、柚　于　于
惟　賦　錯　厥　三　篠　羽　島　厥　厥　錫　江　淮
下　下　貢　品、簜　毛　夷　篚　包　貢、海　泗
下　上　　　惟　瑤　齒　惟　卉　織　橘　沿　達

11. Kiuĕ kóung wêi kīn sān p'in, iaô kouènn, siaó tàng, tch'êu kŏ iŭ maò, wêi mŏu, taô î houèi fŏu. Kiuĕ fèi tchêu péi. Kiuĕ paô kiŭ iôu sī kóung. Iên iŭ Kiāng hái, tă iŭ Houâi Séu.

sont de neuvième classe; l'impôt varie entre la sixième et la septième classe.

11. On offre en tribut à l'empereur trois espèces de métaux (de l'or, de l'argent et du cuivre), de beau jade (ou deux espèces de jade), des bambous les uns gros les autres minces, des dents d'éléphants, du cuir, des plumes, du poil, des arbres, et des vêtements de toile venus des îles. On présente dans les corbeilles des tissus de soie à fleurs imitant les veines des coquillages précieux. Des oranges et des pamplemousses sont portées à l'empereur dans des enveloppes, lorsqu'il requiert ce don. Les barques descendent le Kiang, longent la côte de la mer, entrent dans la Houai et la Seu, (remontent le Fleuve-Jaune et vont à la capitale).

le Houai ngan fou, les deux sous-préfectures de Chan iang et de Ien tch'eng. De plus, il comprenait dans le Ho nan les deux sous-préfectures de Kouang chan et de Kou cheu et le Kouang tcheou, qui dépendent de Jou gning fou ; dans le Hou kouang, les quatre sous-préfectures de Louo t'ien, de K'i chouei, de Kouang tsi, de Houang mei, et le K'i tcheou, qui dépendent de Houang tcheou fou ; dans le Kouang toung, le Tch'ao tcheou fou. Enfin les provinces actuelles de Tche kiang, de Kiang si et de Fou kien en faisaient partie.

Le lac P'eng li est le lac 鄱陽 P'ouô iâng situé dans la partie septentrionale du Kiang si. Les oies sauvages sont appelées oiseaux du soleil, parce qu'elles vont du nord au sud et du sud au nord, comme le soleil dans sa révolution annuelle.

Le lac 震 est le 太湖 situé près de 吳江 dans le Sou tcheou fou.

Au sujet des trois bras du Kiang les opinions sont très partagées. D'après Ts'ai Tch'enn, le Kiang arrivé à soixante-dix stades de Soung kiang, se divisait en trois branches. C'étaient le 婁江 Leôu kiāng qui coulait vers le sud-est, le 東江 qui coulait vers l'est, et le 松江 qui coulait vers le nord-est.

11. Hujus tributa sunt metallorum tria genera, pulchra iaspis, bambusæ tenues, bambusæ crassæ, ebur, corium, plumæ, pili et arbores, insularum barbarorum ex herbarum fibris textæ vestes. In hujus (provinciæ) corbibus texta concharum instar serica. In hujus involucris mala aurea minora et mala aurea majora, donandum tributum.

夢雲旣沱孔九于朝江荆陽及 (12)
作土道、潛殷、江海、宗漢州、惟衡荆

12. Kīng kĭ Hêng iâng wêi Kīng tcheōu. Kiāng Hán tch'aô tsōung iŭ hăi. Kióu Kiāng k'ŏung īn. T'ouô Tsién ki taó. Iûn t'òu, Móung tsŏ ĭ. Kiuĕ t'òu wêi t'òu

12. La province de King s'étend depuis le mont King jusqu'au delà du mont Heng. Le Kiang et la Han coururent à la mer comme les princes vont à la cour impériale. Les trois Kiang furent parfaitement dirigés. La T'ouo et la Tsien suivirent chacune leurs lits. Dans le marais de Iun la terre parut à découvert, et dans

Descendentes secus Kiang et mare, intrant in Houai et Seu.

瑤 nom d'une pierre de prix, beau. 琨 nom d'une pierre de prix, jade. 卉 nom générique des plantes herbacées. Les oranges étaient offertes sur un ordre spécial de l'empereur, et non à titre de tribut régulier. Les enveloppes les préservaient du froid.

12. A King monte ad Heng montis austrum est King provincia. Kiang et Han reverenter decurrerunt ad mare. Novem Kiang omnino directi sunt. T'ouo, Tsien secuti sunt·vias suas. In Iun palude terra apparuit; Moung palus cœpit coli. Hujus (provinciæ) terra est limosa. Hujus agri sunt inferioris ordinis mediocres; hujus vectigal superioris ordinis inferius.

Le mont King est au nord-est de 南漳 Nân tchāng dans le 襄陽府 Siāng iâng fôu (Hou pe). On l'appelle 南條之荆山 pour le distinguer d'une autre montagne de même nom, qui se trouve dans le Si ngan fou (province de Chen si). Le mont Heng est à l'ouest de la ville de 衡山 Hêng chān dans le Heng tcheou fou (province de Hou nan).

荆州，今湖廣之武昌、漢陽、
安陸、荆州岳州、長沙、衡州、常
德、辰州、寶慶、永州、十一府、郴
靖、二州、施州衞、及襄陽府南
漳縣、德安府安陸雲夢、孝感、
應城、應山、五縣、隨州南境、黃
州府黃岡、麻城、黃陂、黃安、四
縣、四川之夔州府建始縣、廣
西之桂林府全州、及興安縣
越城嶺北境也，（地理今釋）.

Le King tcheou comprenait les préfectures et les sous-préfectures suivantes du Hou kouang (Hou pe et Hou nan): 1º les onze préfectures de Ou tch'ang, de Han iang, de Ngan lou, de King tcheou, de Io tcheou, de Tch'ang cha, de Heng tcheou, de Tch'ang te, de Tch'enn tcheou, de Pao k'ing, de Ioung tcheou; 2º le Tch'eun tcheou et le Tsing tcheou; 3º Cheu tcheou wei (dans le Cheu nan fou); 4º dans le Siang iang fou, le Nan tchang hien; 5º dans le Te ngan fou, les cinq sous-préfectures de Ngan lou, de Iun moung, de Hiao kan, de Ing tch'eng, de Ing chan, et la partie méridionale du Souei Tcheou; 6º dans le Houang tcheou fou, les quatre sous-préfectures de Houang kang, de Ma tch'eng, de Houang p'ouo, de Houang nan. De plus, il comprenait 1º dans le Seu tch'ouen, la sous-préfecture de Kien cheu qui dépend de K'ouei tcheou fou; 2º dans le Kouang si, le Ts'iuen tcheou qui dépend de Kouei lin fou, et la partie

茅	名	邦	箘	砥	礪	金	毛	⑬	賦	惟	塗	乂
厥	包	底	簵	砮	栝	三	齒	厥	上	下	泥.	厥
篚	匭	貢	楛	丹.	柏.	品.	革.	貢	下	中	厥	土
玄	菁	厥	三	惟	礪	杶	惟	羽		厥	田	惟

gnî. Kiuĕ t'iên wêi hiá tchōung ; kiuĕ fóu cháng hiá.

13. Kiuĕ kóung iù maó, tch'êu, kŏ, wêi kīn sān p'ǐn, tch'ouênn, kán, kouŏ, pĕ, li, tchĕu, nŏu, tān ; wêi kiùn, lóu, hóu, sān pāng tchêu kóang kiuĕ ming. Paŏ celui de Moung les travaux de culture commencèrent. Dans cette province la terre est humide et boueuse. Les terres cultivées sont de huitième classe ; les revenus des impôts sont de troisième classe.

13. On offre en tribut à l'empereur des plumes, du poil, des dents d'éléphants, du cuir, trois sortes de métaux (de l'or, de l'argent et du cuivre), du bois de sumac pour faire des arcs, des cèdres, des cyprès, des pierres meulières, des pierres à aiguiser, des pierres pour faire des pointes de flèches, du cinabre. Les plus beaux bambous des genres *k'iun* et *lou* (pour faire des flèches) et le plus beau bois de *hou* (pour faire des arcs) sont offerts par les trois principautés (les plus rapprochées des lacs Iun et Moung). On offre une espèce de chiendent triangulaire enveloppé et enfermé dans des boîtes, (pour filtrer la liqueur destinée aux sacrifices). Dans les corbeilles on offre des pièces de

septentrionale du Hing ngan bien jusqu'aux montagnes.

朝 se dit de la visite que les princes faisaient à l'empereur en printemps, et 宗 de celle qu'ils lui faisaient en été. Le Kiang et la Han 其勢已奔趨於海猶諸侯之朝宗於王也 (蔡沉) vont à la mer avec le même empressement que les princes allaient à la cour impériale en printemps et en été.

Les 九江 étaient, d'après Ts'ai Tch'enn, neuf rivières qui se jetaient dans le lac 洞庭 Tóung t'ing.

殷 signifie 正 droit, régulier.

On appelait 沱 tous les bras du Kiang, 潛 tous les bras de la Han. Quel bras du Kiang et quel bras de la Han ont été les objets des soins du grand

Iu dans le King tcheou? On ne peut le déterminer avec certitude. Les conjectures ne manquent pas.

雲夢 étaient deux grands lacs ou marais situés à l'ouest de 武昌府 Oû tch'ang fóu, le premier au nord du Kiang, le second au sud.

13. Hujus tributa sunt plumae, pili, dentes, corium et metallorum tria genera, rhoici arcus, cedri, cupressi, molares lapides, cotes, sagittarii lapides, cinnabaris. Quod attinet ad *k'iun, lou, hou*, tria regna asseculta sunt ut offerrent ex his (arundinibus) laudatissimas. Involutum thecatumque triangulare gramen. In hujus corbibus caeruleum sericum, rubrum sericum, unionum non rotundarum lineas. Ex novem Kiang

繡九錫浮逾至 河 (14) 惟伊于
璣江大于于 荊豫洛溰
組龜江潛洛南 河州既入
納䊀漢 河榮

kouĕi tsīng maô. Kiuĕ fêi hiuên, hiūn, kī tsôu. Kiôu Kiāng nă sĭ tá kouēi. Feôu iū Kiāng, T'ouô, Tsiên, Hán, iù iū Lŏ, tchéu iū nân Hô.

14. Kīng Hô wêi Iù tcheôu. Ĭ, Lŏ, Tch'ên, Kiên ki jŏu iū Hô. Hiôung Pouō ki

soie, les unes bleues les autres rouges, et des perles angulaires enfilées ensemble. La contrée arrosée par les neuf Kiang offre de grandes tortues (quand l'empereur requiert ce don). (Pour aller à la capitale de l'empire), les habitants du King tcheou suivent en barque le cours du Kiang, de la T'ouo, de la Tsien et de la Han, vont par voie de terre jusqu'à la Lo, et arrivent à la partie méridionale du Fleuve-Jaune.

14. Entre le mont King et le Fleuve-Jaune s'étend la province de Iu. La I, la Lo, la Tch'en, la Kien se déversèrent dans le Fleuve-Jaune. La Hioung et la Pouo formèrent un lac. Le lac Ko

allatæ dantur magnæ testudines. Navigant super Kiang, T'ouo, Tsien, Han; transeunt ad Lo, perveniunt ad australem Fluvium.

納錫 signifie un don extraordinaire offert volontairement ou sur un ordre spécial. Seu ma Ts'ien dit dans ses Mémoires: 龜千歲滿尺二寸 (史記) La tortue vit mille ans; sa longueur atteint un pied deux dixièmes (24 centimètres). La carapace servait à la divination.

14. Inter King montem et Fluvium est Iu provincia. I, Lŏ, Tch'en, Kien influxerunt in Fluvium. Hioung et Pouo lacum confecerunt. Ductus est Ko lacus usque ad Meng tchou. Hujus (provinciæ) terra est soluta; in depressioribus locis terra est glebosa, nigra et exilis. Hujus agri sunt mediocris ordinis superiores; hujus vectigal est mixtum (cum superioris ordinis superiore) superioris ordinis mediocre.

豫州,今河南之河南,開封, 歸德,南陽,汝寧,五府,汝州,直 隸之大名府東明,長垣,二縣, 山東之兗州府定陶,城武,曹, 單,四縣,江南之鳳陽府穎,亳, 二州,穎上,太和,蒙城,三縣,湖 廣之襄陽府襄陽,光化,宜城, 棗陽,穀城,五縣,均州鄖陽府 鄖,保康,二縣,及鄖西縣東境, 德安府隨州北境也,(地理今 釋). Le Iu tcheou comprenait: 1º dans le Ho nan, les cinq préfectures de Ho nan, de K'ai foung, de Kouei te, de Nan iang et de Jou gning, et le Jou tcheou; 2º dans le Tcheu li, les deux sous-préfectures de Toung ming et de Tch'ang iuen, qui dépendent de Tai ming fou; 3º dans le Chan toung, les quatre sous-préfectures de Ting t'ao, de Tch'eng ou, de Ts'ao hien et de Chen hien; 4º dans le Kiang nan, le Ing tcheou, le Po tcheou, le Ing chang hien, le T'ai houo hien et le Moung tch'eng hien, qui

纖 紵 漆 ⑮ 錯 上 田 壤 厥 陂 導 波
纊 厥 枲 厥 上 厥 惟 墟 下 土 菏 既
錫 篚 絺 貢 中 賦 中 厥 土 惟 澤 豬
豬

tchŏu. Taó Kō tchĕ, péi Méng tchōu. Kiuĕ t'òu wêi jàng; hiá t'òu fènn lôu. Kiuĕ t'iên wêi tchōung cháng; kiuĕ fóu ts'ouŏ cháng tchōung.

15. Kiuĕ kóung ts'ĭ sī tch'êu tchòu. Kiuĕ fêi siēn k'ouáng. Sĭ kóung k'íng ts'ouŏ. Feôu iŭ Lŏ, tă iŭ Hŏ.

déversa le surplus de ses eaux dans le lac Meng tchou. Dans cette province la terre est généralement meuble; dans les endroits bas elle est compacte, noire et maigre. Les champs cultivés sont de quatrième classe; les revenus de l'impôt varient entre la première et la deuxième classe.

15. On offre en tribut à l'empereur du vernis, du chanvre, de la fine toile de dolic, de la grosse toile de chanvre. Dans les corbeilles on lui présente des pièces de soie dont la chaine est noire et la trame blanche, et de la fine ouate de soie. Comme tribut extraordinaire, on lui offre des pierres pour polir les pierres

dépendent de Foung iang fou; 5º dans le Hou kouang, le Siang iang hien, le Kouang houa hien, le I tch'eng hien, le Tsao iang hien, le Kou tch'eng hien et le Kiun tcheou, qui dépendent de Siang iang fou; le Iun hien, le Pao k'ang hien et la partie orientale du Iun si hien, qui dépendent de Iun iang fou; la partie septentrionale du Souei tcheou, qui dépend de Te ngan fou.

La 伊 prend sa source au pied du mont 熊耳 Hiòung éul dans le 商州 Chāng tcheōu (Ho nan), et se jette dans la 洛 au sud de 偃師縣 Iĕn chēu hién. La 洛 prend sa source dans le Chang tcheou, et se jette dans le Fleuve-Jaune au nord-est de 鞏縣 Kŏung hién, qui dépend de Ho nan fou. La 瀍 prend sa source au pied du mont 穀城 Kŏu tch'êng, au nord-ouest de la ville de Ho nan fou, et se jette dans la 洛 à l'est de la même ville. La 澗

prend sa source au pied du mont 白石 Pĕ chĕu, au nord-est de 澠池縣 Min tch'êu hién dans le Ho nan fou, et se jette dans la Lo au sud-ouest de la ville de Ho nan fou.

La 滎 donne son nom au Hioung iang hien et au Hioung tche hien dans le 開封府 (province de Ho nan). La 波 d'après le 爾雅, était un bras de la Lo. La Hioung et la Pouo formaient le lac Hioung dans le Hioung iang hien.

Le lac 菏 était au sud de 曹縣 Ts'aó hién dans le Ts'ao tcheou fou (Chan toung). Le lac 孟豬 était au nord-est de 商邱縣 dans le 歸德府 (Ho nan).

15. Hujus tributa sunt vernicium, cannabis, tela tenuis, tela crassa. In hujus corbibus, nigro stamine alboque licio pannus, serica lanugo tenuis. Dono offeruntur ad musicos lapides (poliendos) cotes. Navigant super Lo, intrant in Ho.

貢　浮　達　⑯　黑　梁　嶓　沱　道　旅　夷　厥　黎
磬　于　于　華　水　州　旣　潛　蔡　平　厎　土　厥
錯、洛、河、陽　惟　旣　藝　旣　蒙　和、績、青　田

16. Houá iâng Hĕ chouéi wêi Leâng tcheōu. Min Pouŏ ki í. T'ouŏ Tsién ki taó. Ts'ái Móung liù p'ing. Houô i tchéu tsí. Kiuĕ t'òu ts'īng lí. Kiuĕ t'iên wêi hiá cháng; kiuĕ fóu hiá tchōung, sān ts'ouŏ.

musicales. Les barques descendent la Lo et entrent dans le Fleuve-Jaune.

16. La province de Leang, située au sud du mont Houa, s'étend jusqu'à la Rivière-Noire. Les collines de Min et de Pouo furent mises en culture. La T'ouo et la Tsien suivirent chacune leurs lits. Les monts Ts'ai et Moung furent arrangés, et des sacrifices y furent offerts. On réussit à disposer la contrée habitée par les tribus étrangères sur les bords de la Houo. Dans cette province la

16. Inter Houa montis austrum et Nigrum fluvium est Leang provincia. Min et Pouo colles exculti sunt. T'ouo et Tsien jam secuti sunt vias suas. Ts'ai et Moung ad sacrificandum compositi sunt. Houo i regio assecuta est ut perficeretur. Hujus (provinciæ) terra cærulea nigra. Hujus agri sunt inferioris ordinis superiores; hujus vectigalia sunt inferioris ordinis mediocria, tripliciter mixta.

Le mont 華 Houá est au sud de 華陰縣 dans le Chen si. Voy. Part. I. Ch. I. 11. 黑水 est le 金沙江 qui traverse le Iun nan et le Seu tch'ouen.

梁州、今陝西之漢中府、與安州、及西安府商州、雒南、山陽、鎮安、商南、四縣鞏昌府兩當、文、成、三縣、徽、階、二州、湖廣之鄖陽府房、竹山、竹溪、三縣、及鄖西縣西境、四川之成都、保寧、順慶、龍安、馬湖、五府、潼川、嘉定、邛、眉、雅、五州、及敘州、重慶、夔州、三府、瀘州江北諸州縣、松潘、建昌、二衞、疊溪營、黎大所、天全、六畨招討司是也、(地理今釋)、Le Leang tcheou comprenait: 1° dans le Chen si, le Han tchoung fou, le Hing ngan tcheou; de plus, le Chang tcheou, le Lao nan hien, le Chan iang hien, le Tchenn ngan hien et le Chang nan hien, qui dépendent de Si ngan fou; le Leang tang hien, le Wenn hien, le Tch'eng hien, le Houei tcheou et le Kiai tcheou, qui dépendent de Koung tch'ang fou (province de Kan siu); 2° dans le Hou kouang, le Fang hien, le Tchou chan hien, le Tchou k'i hien, et la partie occidentale du Iun si hien, qui dépendent de Iun iang fou; 3° dans le Seu tch'ouen, les cinq préfectures de Tch'eng tou, de Pao gning, de Chouenn k'ing, de Loung ngan et de Ma hou; le T'oung tch'ouen tcheou, le Kia ting tcheou, le K'ioung tcheou, le Mei tcheou, le Ia tcheou; de plus, le Siu tcheou fou, le Tchoung k'ing fou et le K'ouei tcheou fou; toute la partie du Lou tcheou qui est au nord du Kiang; Soung p'an wei, Kien tch'ang wei, Tie k'i ing, Li ta chou, T'ien ts'iuen, six cantons voisins de la frontière.

河、于逾來、傾貍磬、鐵、⟨17⟩錯、賦惟
渭于浮因織熊銀厥下下
亂沔于桓皮羆鏤貢中上、
于入潛、是西狐砮璆三厥

17. Kiuĕ kóung k'iôu, t'iĕ, in, leóu, noù, k'ing, hiôung, p'i, hôu, li, tchĕu p'i. Sī k'īng īn Houàn chéu lâi. Feóu iū Tsién, iû iū Mièn, jòu iū Wéi, louán iū Hô.

terre est noirâtre. Les champs cultivés sont de septième classe; les revenus de l'impôt varient entre la septième et la neuvième classe.

17. Les habitants offrent en tribut à l'empereur du jade pour faire des pierres musicales, du fer, de l'argent, de l'acier, des pierres pour faire des pointes de flèches, des pierres musicales ordinaires, avec des peaux d'ours ordinaires, d'ours de grande taille, de renards et de chats sauvages, et des tissus faits avec le poil de ces animaux. Ils viennent du mont Si k'ing en suivant le cours de la Houan; ils descendent la Tsien, vont par voie de terre jusqu'à la Mien, entrent dans la Wei et traversent le Fleuve-Jaune.

Le mont 岷 est dans le 茂州 Meóu tcheōu (Seu tch'ouen). Le mont 嶓冢 Pouō tchóung est dans le 鞏昌府 Kóung tch'āng fóu (province de Kan siu).

La 沱 traverse le 灌縣 Kouán hién, qui dépend de 成都府 (Seu tch'ouen). La 潛 traverse le 渠縣 K'iû hién, qui dépend de 順慶府 Chouénn k'ing fóu (Seu tch'ouen). Ces deux rivières se jettent dans le Kiang.

Le mont 蔡 est à l'est de 雅州 Iá tcheōu (Seu tch'ouen). Le mont 蒙 est à l'ouest de 名山縣 Ming chān hién dans le Ia tcheou fou. 旅 offrir un sacrifice aux esprits d'une montagne.

和 est le nom d'une rivière qui traverse le 榮經縣 Ioûng kīng hién dans le Ia tcheou fou.

17. Hujus tributa sunt iaspidei lapides musici, ferrum, argentum, chalybs, sagittarii lapides, musici lapides, ursorum, majorum ursorum, vulpium, silvestrium felium texti pili, pelles. Ex Si k'ing obsequentes Houan flumini quidem veniunt. Navigant super Tsien, transeunt ad Mien, intrant in Wei, trajiciunt Ho.

Le mont 西傾 est à l'ouest de 洮州 T'aō tcheōu dans le Kan siu. La 桓 prend sa source au sud-est de 岷州 Min tcheōu dans le Kan siu, et se jette dans le 嘉陵江 Kiā ling kiāng, à l'est de 昭化縣 Tchaō houá hién qui dépend de 保寧府 Paó gning fóu (Seu tcheouen).

La 潛 ou 西漢 prend sa source au pied du 嶓冢 dans le 秦州, forme le 犀牛江, puis le 嘉陵江. La 沔 Mién ou 沮 Tsiû prend sa source dans le 略陽縣 Leŏ iâng hién, qui dépend de 漢中府 (Chen si). Elle se jette dans la Han orientale au sud-ouest de 沔縣. La Wei prend sa source près de 渭源縣 Wéi iuén hién dans le Kan siu et se jette dans le Fleuve-Jaune.

荊 攸 灃 既 漆 渭 涇 既 弱 雍 河 水 (18)
岐 同、水 從、沮 汭、屬 西、水 州 惟 西 黑

18. Hĕ chouéi sī Hô wéi Ioung tcheōu. Jŏ chouéi kí sī. Kīng chŏu Wéi Jouéi. Ts'ī Tsiŭ ki ts'ŏung. Fōung chouéi iôu t'ôung. Kīng K'í kí liŭ. Tchōung nân,

18. Entre la Rivière-Noire et la partie occidentale du Fleuve-Jaune est la province de Ioung. La rivière Jo coula vers l'occident. La King communiqua avec la Wei et la Jouei, ainsi que la Ts'i et la Tsiu. Il en fut de même de la Foung. Des sacrifices furent offerts aux esprits du mont King et du mont K'i, ainsi

18. Inter Nigrum fluvium et occidentalem Ho est Ioung provincia. Jo fluvius fluxit ad occidentem. King conjunctus est cum Wei et Jouei. Ts'i et Tsiu secuti sunt, i. e. similiter conjuncti sunt cum Wei. Foung fluvius cum eis similiter. King et K'i montibus sacra facta sunt. A Tchoung nan et Touenn ou perventum est ad Gniao chou. In planis et in depressis locis advenit ut opus feliciter succederet, usque ad Tchou ie. San wei regio habitata est; San miao incolæ omnino prosecuti sunt (merita)

La Rivière-Noire 黑水 est le 大通河 Tá t'ōung hô, qui se jette dans le Fleuve-Jaune non loin de 河州, vers l'extrémité occidentale du Kan siu. Le 西河 est la partie du Fleuve-Jaune qui sépare le Chen si du Chan si.

雍州,今陝西之臨洮、平涼、慶陽、延安、鳳翔、五府、西安府長安、咸寧、咸陽、興平、臨潼、高陵、鄠、藍田、涇陽、三原、盩厔、渭南、富平、醴泉、朝邑、郃陽、澄城、白水、韓城、華陰、蒲城、同官、武功、永壽、三水、淳化、長武、二十七縣同、華、耀、乾、邠、五州、鞏昌府、隴西、安定、會寧、通渭、寧遠、伏羌、西和、秦安、清水、潭、禮、十一縣、秦州、及榆林、寧夏、寧夏中、靖遠、岷州、洮州、甘州、莊浪

諸衛所、(地理今釋)、Le Ioung tcheou comprenait les préfectures et les sous-préfectures suivantes du Chen si (et du Kan siu): 1° les cinq préfectures de Lin t'ao, de P'ing leang, de K'ing iang, de Ien ngan et de Foung siang; 2° dans le Si ngan fou, les vingt-sept sous-préfectures de Tch'ang ngan, de Hien gning, de Hien iang, de Hing p'ing, de Lin t'oung, de Kao ling, de Hou hien, de Lan t'ien, de King iang, de San iuen, de Tcheou tcheu, de Wei nan, de Fou p'ing, de Li ts'iuen, de Tchao i, de Ho iang, de Tch'eng tch'eng, de Pe chouei, de Han tch'eng, de Houa in, de P'ou tch'eng, de T'oung kouan, de Ou koung, de Ioung cheou, de San chouei, de Chouenn houa, de Tch'ang ou; 3° le T'oung tcheou, le Houa tcheou, le Iao tcheou, le K'ien tcheou, le Pin tcheou; 4° dans le Koung tch'ang fou, les onze sous-préfectures de Loung si, de Ngan ting, de Houei gning, de T'oung wei, de Gning iuen, de Fou k'iang, de Si houo, de Ts'in ngan, de Ts'ing chouei, de Tchang hien et de Li hien; 5° Ts'in tcheou, Iu lin, Gning hia, Gning hia tchoung, Tsing iuen, Min tcheou, T'ao tcheou, Kan tcheou, Tchouang lang, toutes les places fortes qui défendent la frontière.

既旅南　惇物至于隠　鳥鼠原隠　厎野　豬野三危　既敘厥土惟　⑲　黄壤　惟上上厥田惟　賦中下厥　貢惟球琳　琅玕浮于

Touênn ŏu, tchéu iū Gniaŏ chòu. Iuên sĭ tchéu tsĭ, tchéu iū Tchôu iĕ. Sān wêi ki tchĕ ; Sān miaŏ p'êi siŭ.

19. Kiuĕ t'òu wêi houâng jâng. Kiuĕ t'iên wêi châng châng ; kiuĕ fóu tchōung hiâ. Kiuĕ kóung wêi k'iòu, lin, lâng, kân. Feŏu iū Tsĭ chĕu, tchéu iū Lōung

qu'aux esprits des autres montagnes, depuis le Tchoung nan et le Touenn ou jusqu'au Gniao chou. Les travaux furent menés à bonne fin dans les plaines et dans les vallées jusqu'au lac Tchou ie. Le pays de San wei devint habitable ; les San miao (corrigés) méritèrent bien de l'empereur.

19. La terre du Ioung tcheou est jaune et meuble. Les champs cultivés sont de première classe ; les revenus de l'impôt sont de sixième classe. Les habitants offrent en tribut à l'empereur deux sortes de jade et deux sortes de pierres de prix. (Pour aller à la capitale de l'empire), leurs barques vont du mont Tsi cheu au

A l'extrémité occidentale du Kan siu, dans le 山丹縣 Chān tān hién, coulait la rivière appelée 弱水, dont l'eau avait si peu de densité que les objets les plus légers tombaient au fond.

La 涇 prend sa source près de 平涼府 dans le Kan siu, et se jette dans la 渭 au nord-ouest de 西安府 dans le Chen si. La 汭 prend sa source au nord-ouest de 汧陽縣 K'iēn iâng hién dans le Foung siang fou (Chen si), et se jette dans la Wei.

La 漆 prend sa source au nord-est de 同官縣 et se jette dans la 沮 près de 耀州 Iaó tcheōu. La 沮 prend sa source près de 中部縣 Tchōung póu hién, et se jette dans la Wei au nord de 臨潼縣 Lin t'òung hién. La 澧 prend sa source au pied du mont 終南 dans le 鄠縣 Hòu hién, et se jette dans la Wei au sud-est de 咸陽縣 Hiên iâng

hién dans le Si ngan fou.

Le mont 荊 est au sud-ouest de 富平縣, le mont 岐 au nord-est de 岐山縣, le mont 終南 au sud de 長安縣, le mont 惇物 dans le 武功縣, le mont 鳥鼠 au sud de 渭源縣 (Kan siu), le lac 豬野 au nord-est de 鎮蕃衛 dans le 涼州府 (Kan siu).

Le pays de 三危 où Chouenn relégua les habitants rebelles de San miao, s'appelait ainsi parce qu'il avait trois pics de montagne. Il est au sud-est de 燉煌縣 T'ouênn houâng hién dans le 沙州, huit cents li à l'ouest de 肅州 Siŭ tcheōu (Kan siu).

19. Hujus provinciæ terra est flava et soluta. Hujus agri sunt primi ordinis superiores ; hujus vectigalia sunt mediocris ordinis inferiora. Hujus tributa sunt *k'iou* et *lin* (iaspidis duo genera),

壺逾于及⑳戎渠崐織于西于積
口于荊岐導卽㮂析皮渭河龍石
雷河山至岍敘西支崑汭會門至

mênn sĩ Hô; houéi iū Wéi Jouéi. Tchěu, p'î, Kouēnn liûn, Sĩ tchēu, K'iû seōu. Sĩ jôung tsĭ siú.

20. Taó K'iēn kí K'î, tchéu iū Kīng chān; iû iū Hô, Hòu k'eòu, Léi cheōu,

mont Loung menn et à la partie occidentale du Fleuve-Jaune, ou bien, elles vont suivre la Wei et la Jouei. Du mont Kouenn liun, du mont Si tcheu, du mont K'iu seou viennent des étoffes et des fourrures (offertes en tribut). Les peuplades de l'ouest ont fait leur soumission.

20. Iu débarrassa la mont K'ien, le mont K'i, et alla jusqu'au mont King, (coupant des arbres, frayant des chemins et faisant écouler les eaux par des canaux). Ayant traversé le Fleuve-Jaune, il débarrassa le mont Hou k'eou, le mont Lei cheou, d'où il alla

lung et *kan* (lapillorum duo genera). Navigatur a Tsi cheu usque ad Loung menn et occidentalem Ho, vel convenitur in Wei et Jouei. Texta et pelles ex Kouenn liun, Si tcheu, K'iu seou. Occidentales barbari aggressi sunt prosequi merita.

Le mont 積石 est au nord de 河州 (Kan siu); le mont 龍門 au nord-est de 韓城縣 Hân tch'êng hién, à l'ouest du Fleuve-Jaune.

崑崙析支渠搜 sont trois montagnes situées à l'ouest du Kan siu.

20. Expedivit montes K'ien et K'i, adivit ad King montem. Trajecto Ho, (expedivit) Hou k'eou, Lei cheou, usque ad T'ai io; Tcheu tchou, Si tch'eng, usque ad Wang ou; T'ai hang, Heng chan, adivit ad Kie cheu; deduxit in mare (aquas). (Expedivit) Si k'ing, Tchou iu, Gniao chou, usque ad T'ai houa; Hioung eul, Wai fang, T'oung pe, usque ad P'ei wei.

導 conduire, diriger. Le principal travail de Iu au pied des montagnes fut de faire écouler les eaux et de les diriger vers la mer.

Le mont 岍 est au sud de 隴州 Lòung tcheōu (préfecture de Foung siang fou, prov. de Chen si); le mont 岐 au nord-est de 岐山縣 dans le Foung siang fou; le mont 荊 au sud-ouest de 富平縣 dans le Si ngan fou; le mont 壺口 au sud-ouest de 吉縣 Kí hién dans le P'ing iang fou (Chan si); le mont 雷首 ou 首陽 près de 蒲州 P'òu tcheōu (Chan si); le mont 太岳 à l'est de 霍州 Houŏ tcheōu (Chan si); le mont 厎柱 à l'est de 陝州 Hiă tcheōu dans la préfecture de 河南府 (il était au milieu du Fleuve-Jaune qui l'entourait de ses eaux); le mont 析城 au sud-ouest de 陽城縣 dans le 澤州 (Chan si); le mont 王屋 au nord-ouest de 濟源縣 dans le Houai k'ing fou (Ho nan).

Le mont 太行 s'étend sur les confins du Chan si, du Ho nan et du Tcheu li, à partir de 濟源縣. Le mont 衡 est au nord-ouest de 曲陽縣 dans

PART. II. — CH. I. TRIBUT DE IU. 81

首、至于太岳、
厎柱、析城、至
于王屋、至太
恒山、至于碣石入于海、西
傾、朱圉、鳥鼠
至于太華、
耳外方、桐柏、熊
至于陪尾、
(21) 導嶓冢至
于荆山、內方
至于大別、岷
山之陽、至于

tchéu iŭ T'ái iŏ; Tchéu tchóu, Sī tch'éng, tchéu iŭ Wàng ŏu; T'ái háng, Héng chān, tchéu iŭ Kiĕ chéu; jóu iŭ hài. Sī k'īng, Tchōu iŭ, Gniaò chóu, tchéu iŭ T'ái houà; Hiòung èul, Wài fāng, T'òung pĕ, tchéu iŭ P'èi wéi.

21. Taŏ Póuŏ tchòung, tchéu iŭ Kīng chān; Néi fāng, tchéu iŭ Tá piĕ; Min chān tchéu iâng, tchéu iŭ Héng chān. Kouŏ kiòu Kiāng, tchéu iŭ Fōu ts'iĕn iuén.

au mont T'ai io; puis le mont Tcheu tchou, le mont Si tch'eng, d'où il alla au mont Wang ou; ensuite le mont T'ai hang, le mont Heng, d'où il alla au mont Kie cheu. Il fit couler les eaux vers la mer. (Il débarrassa) le mont Si k'ing, le mont Tchou iu, le mont Gniao chou, d'où il alla au mont T'ai houa; puis le mont Hioung eul, le mont Wai fang, le mont T'oung pe, d'où il alla au mont P'ei wei.

21. Il débarrassa le mont Pouo tchoung, d'où il alla au mont King; puis le mont Nei fang, d'où il alla au mont Ta pie; ensuite la partie méridionale du mont Min, d'où il alla au mont Heng. Il

le 定州 (province de Tcheu li). 碣 石 est probablement un rocher ou une colline sur le bord de la mer, entre Ta kou et Chan hai kouan.

Le mont 西傾 est à l'ouest de 洮州 T'aō tcheōu dans le Kan siu; le mont 朱圉 au sud-ouest de 伏羌縣 Fŏu k'iāng hién dans le 鞏昌府 Kŏung tch'āng fŏu (Kan siu); le mont 鳥鼠 au sud de 渭源縣 (Kan siu); le mont 太華 au sud de 華陰縣 dans le 西安府 (Chen si); le mont 熊耳 au sud-ouest de 盧氏縣 Lòu chéu hién dans le Ho nan fou; le mont 外方 ou 嵩山 Sōung chān, appelé aussi 中嶽 Montagne sacrée du centre, au nord de 登封縣 dans le Ho nan fou; le mont 桐柏 à l'est du 桐柏縣 dans le Nan iang fou (Ho nan);

le mont 陪尾 à l'est de 泗水縣 dans le Ien tcheou fou (Chan toung).

21. Expedivit Pouo tchoung montem usque ad King montem; Nei fang montem usque ad Ta pie; Min montis austrum usque ad Heng montem. Pertransiit novem Kiang et pervenit ad Fou ts'ien iuen.

Le mont 嶓冢 est dans le 鞏昌府 Kŏung tch'āng fŏu (Kan siu); le mont 荆 à l'ouest de 南漳縣 Nân tchāng hién dans le 襄陽府 Siāng iâng fŏu (Hou pe); le mont 內方 à l'ouest de 安陸府 Ngān lŏu fŏu (Hou pe); le mont 大別 au nord-est de 漢陽府 Hán iâng fŏu (Hou pe); le mont 岷 dans le 茂州 Meóu tcheōu (Seu tch'ouen); le mont 衡 Héng ou 南嶽 Nân iŏ Montagne sacrée du midi, dans

衡山、過九江、

⑫ 至于敷淺原、

于導弱水、至于合黎、餘波入于流沙、

黑水、入于南海、

㉓ 導河積石、至于龍門、南至于華陰、東

至于厎柱、又東至于孟津、東過洛汭、至

東過洛汭、至

22. Taó Jŏ chouèi, tchéu iū Hŏ li ; iū pouŏ jŏu iū lióu chā. Taó Hĕ chouèi, tchéu iū Sān wéi ; jŏu iū nân hài.

23. Taó Hô Tsĭ chĕu, tchéu iū Lôung mênn ; nân tchéu iū Houá īn ; tōung tchéu iū Tchéu tchóu ; ióu tōung tchéu iū Méng tsīn. Tōung kouó Lŏ jouéi, tchéu traversa la contrée arrosée par les neuf Kiang, et arriva au mont Fou ts'ien iuen.

22. Il dirigea la rivière Jo, alla jusqu'à Ho li, et fit écouler le surplus des eaux dans le sable mouvant. Il dirigea la Rivière-Noire, allant jusqu'à San wei, et la fit couler vers la mer du sud.

23. Il dirigea le Fleuve-Jaune du mont Tsi cheu au mont Loung menn ; de là, vers le midi, jusqu'au nord du mont Houa ; puis, vers l'est, jusqu'au mont Tcheu tchou ; vers l'est encore, jusqu'au gué de Meng tsin. Continuant sa route vers l'est, il passa au confluent du Fleuve-Jaune et de la Lo, et alla jusqu'à Ta p'ei. Remontant

le 衡山縣 (Hou nan) ; le mont 敷淺原 au sud de 九江府 dans le Kiang si. Les 九江 étaient neuf rivières qui se jetaient dans le lac 鄱陽 P'ouŏ iâng.

22. Deduxit Jo fluvium, adiens ad Ho li ; reliqui fluctus ingressi sunt in mobilem arenam. Deduxit Nigrum fluvium, adiens ad San wei ; induxit in australe mare.

La rivière 弱水 est dans le 山丹縣 à l'extrémité occidentale du Kan siu ; le mont 合黎 au nord-ouest de 甘州衞 (Kan siu). Le sable mouvant 流沙 s'étend à l'ouest jusqu'à 沙州 Chā tcheōu, et au nord-est jusqu'au mont 賀蘭 Houó lân.

La Rivière-Noire 黑水 est peut-être le 瀾滄江 Lân ts'āng kiāng ou un autre fleuve qui, comme lui, prend sa source dans le Thibet et coule vers le midi. 三危 était au nord du Thibet.

23. Deduxit Ho ex Tsi cheu monte usque ad Loung menn, (inde) ad austrum usque ad Houa montis septentrionem, (inde) ad orientem usque ad Tcheu Tcheu montem, rursus ad orientem usque ad Meng vadum. Ad orientem transivit Lo fluvii flexum, adivit ad Ta p'ei. Ad septentrionem transivit Kiang fluvium, adivit ad Ta lou. Rursus ad septentrionem dividens fecit novem Ho, conjungens fecit confluentem Ho, qui ingressus est in mare.

Le mont 積石 est au nord de 河州 (Kan siu) ; le mont 龍門 au nord-est de 韓城縣 (Chen si) ; le mont 華 dans le 華陰縣 (Chen si) ; le mont 厎柱 au nord de 陝州 Hiă tcheōu (Ho nan) ; le gué de 孟津 au sud de

于大伾北过
泽水至于大㟃
陆又北播为
九河同为逆
河入于海
(24) 东㶖为逮导
东流为汉又
水过三澨至
于大别南入
于江东汇泽
为彭蠡东
北江入于海

iú Tá p'ēi ; pĕ kouó Kiáng chouèi, tchéu iŭ Tá lŏu. Ióu pĕ pouó wéi kióu Hó, t'ōung wéi Ĭ Hó, jóu iŭ hài.

24. Pouŏ tchòung taó Iáng, tōung lióu wéi Hán, ióu tōung wéi Ts'āng láng tchéu chouèi, kouó Sān chéu, tchéu iŭ Tá piĕ, nán jóu iŭ Kiāng, tōung houéi tchĕ wéi P'êng lĭ, tōung wéi pĕ Kiāng, jóu iŭ hài.

vers le nord, il passa la Kiang et alla jusqu'à Ta lou. Allant toujours vers le nord, il divisa le courant du Fleuve-Jaune, forma les neuf Fleuves, puis les réunit au courant principal et les conduisit à la mer.

24. Par les soins de Iu, la rivière Iang, amenée du mont Pouo tchoung, coula vers l'est, devint la Han ; puis encore plus à l'est, devint la Ts'ang lang. Elle reçut la San cheu, passa au pied du Ta pie, et allant vers le sud, se jeta dans le grand Kiang. De là, tournant vers l'est, elle forma le lac P'eng li. Plus loin à l'est, elle devint le Kiang septentrional et alla jusqu'à la mer.

孟縣 dans le Houai k'ing fou (Ho nan); le coude de la Lo 洛汭 à la jonction de la Lo avec le Fleuve-Jaune, à l'est de 登縣 Kŏung hién dans le Ho nan fou; le mont 大伾 ou 黎山 Li chān au sud-est de 濬縣 Siún hién (Ho nan). La rivière 澤水 prend sa source au sud-ouest de 屯留縣 dans le 潞安府 (Chan si) et se jette dans le 濁漳河 Tchouŏ tchāng hô, qui traversait le 廣平府

24. Ex Pouo tchoung deduxit Iang fluvium ; qui ad orientem fluens factus est Hau, rursus ad orientem factus est Ts'ang lang fluvii aqua, transiens San cheu fluvium, pervenit ad Ta pie montem, ad austrum influxit in Kiang, ad orientem deflectens (vel coiens), lacum fecit P'eng li, ad orientem factus septentrionalis Kiang, influxit in mare.

La 漾 prend sa source au pied du mont Pouo tchoung, au nord de 寧羌州 Gníng k'iāng tcheōu (Chen si), passe au sud de 漢中府, où il prend le nom de 東漢, puis au nord de 均州 (Hou pe), où il prend le nom de 滄浪, ensuite au nord de 襄陽府, où il reçoit la rivière 三澨. De là il se dirige vers le mont 大別 qui est au nord-est de 漢陽府, puis il se jette dans le grand Kiang au sud-ouest de la ville. Le Kiang forme le lac 彭蠡 ou 鄱陽 P'ouŏ iâng au nord du Kiang si. Le 北江 ici mentionné et le 中江 mentionné dans le paragraphe suivant embarrassent les commentateurs et les géographes.

㉕	東	東	九	陵、	于	江、	㉖	㶅	河、	出	又	又
岷	別	至	江、	東	匯	入	導	爲	溢	于	東	東
山	爲	于	迤	會	于	沱	沇	濟、	爲	陶	至	北
導	沱、	澧、	北	于	東	水、	水、	入	滎、	丘	于	會
江、	又	過	東	匯	陵、	海、	東	于	東	北、	泲、	于
							中	會	東		滙	

25. Mǐn chān taó Kiāng, tōung piě wêi T'ouó, ióu tōung tchéu iū Li, kouó kióu Kiāng, tchéu iū Tōung lîng, tōung i, pě houéi iū houéi, tōung wêi tchōung Kiāng, jóu iū hǎi.

26. Taó Ièn chouéi, tōung liôu wêi Tsi, jǒu iū Hô, ĭ wêi Hióung, tōung tch'ǒu

25. Le Kiang coula du mont Min, et se divisant à l'est, forma la T'ouo. Plus loin à l'est, il atteignit la Li, traversa le pays arrosé par les neuf Kiang, et passa au pied du mont Toung ling. Après avoir continué son cours vers l'est, il se dirigea vers le nord, communiqua avec le lac (P'eng li ou P'ouo iang), reprit son cours vers l'est, devint le Tchoung Kiang et se rendit à la mer.

26. La Ien fut dirigée vers l'est, devint la Tsi, se jeta dans le Fleuve-Jaune, puis reparaissant devint la Hioung. Coulant (sous terre) vers l'est, elle sortit de nouveau au nord de T'ao k'iou. Reprenant son cours vers l'est, elle atteignit le lac Ko. De là elle

25. A Min monte deduxit Kiang; qui ad orientem divisus fecit T'ouo, rursus ad orientem pervenit ad Li, transivit novem Kiang, pervenit ad Toung ling, ad orientem deflexit, ad septentrionem coivit cum lacu, ad orientem factus est medius Kiang, influxit in mare.

L'une des branches du Kiang prend sa source au pied du Min chan, traverse le 茂州 (Seu tch'ouen), forme la 沱 dans le 灌縣 Kouán hién (Seu tch'ouen), traverse la région voisine du lac 洞庭 Tóung t'ing où coulent les neuf Kiang, passe au pied du Toung ling près de la ville de 岳州府 (Hou nan), communique avec le lac P'eng li ou P'ouo iang au nord du Kiang si.

La 澧 prend sa source dans le 永定縣 (Hou nan), et se jette dans le lac Toung t'ing.

26. Deduxit Ien fluvium; qui ad orientem fluens factus est Tsi, ingressus est in Ho, turgens factus est Hioung, ad orientem egressus est ad T'ao k'iou septentrionem; rursus ad orientem pervenit ad Ko; rursus ad cæciam confluxit cum Wenn; rursus ad septentrionem (fluens, deinde deflectens) ad orientem, ingressus est in mare.

La 濟 prenait sa source près de 濟源縣 Tsi iuén hién dans le Houai k'ing fou (Ho nan). A sa source elle s'appelait 沇 Ièn. Arrivée au sud-est de 溫縣 Wēnn hién dans le Houai k'ing fou, elle passait, dit-on, dans ou sous le Fleuve-Jaune, sans que leurs eaux fussent mêlées, coulait sous terre, reparaissait au sud du fleuve, formait la 滎 Hióung près de Hioung tche hien dans le K'ai

PART II. — CH. I. TRIBUT DE IU. 85

濰 耳 ㊉ 漆 于 于 鼠 ㊈ 沂 柏 ㊇ 于 汶
淄 東 導 沮 涇 灃 同 導 東 東 導 海 又
又 北 洛 入 又 又 穴 渭 入 會 淮 北
東 會 自 于 東 東 東 自 于 于 自 東
會 于 熊 河 過 會 會 鳥 海 泗 桐 入

iū T'aó k'iōu pĕ, ióu tōung tchéou iū Kō, ióu tōung pĕ houéi iū Wènn, ióu pĕ tōung jŏu iū hài.

27. Taó Houâi tzéu T'ôung pĕ, tōung houéi iū Séu Ï, tōung jŏu iū hài.

28. Taó Wéi tzéu Gniáo chòu t'ôung hiuĕ, tōung houéi iū Fōung, ióu tōung houéi iū Kīng, ióu tōung kouó Ts'ï Tsiŭ, jŏu iū Hô.

29. Taó Lŏ tzéu Hiôung èul, tōung pĕ houéi iū Kién Tch'èn, ióu tōung houéi iū Ï, ióu tōung pĕ jŏu iū Hô.

tourna au nord, puis à l'est, et se jeta dans la mer.

27. La Houai coula du mont T'oung pe vers l'est, reçut la Seu et la I, et continuant son cours vers l'est, se jeta dans la mer.

28. La Wei coula du mont Gniao chou t'oung hiue vers l'est, reçut la Foung, plus loin à l'est, s'unit à la King, plus loin encore à l'est, passa (reçut) la Ts'i et la Tsiu, et se jeta dans le Fleuve-Jaune.

29. La Lo coula du mont Hioung eul vers le nord-est, reçut la Kien et la Tch'en; plus loin vers l'est, elle s'unit à la I.

foung fou. Elle rentrait une seconde fois sous terre, allait sortir au nord de T'ao k'iou, pays qui est au sud-est de 定陶縣 Tíng t'aó hién dans le Ts'ao tcheou fou (Chan toung). Elle traversait le lac Ko dans le Ting t'ao hien, recevait la 汶 dans le 壽張縣 Chéou tchāng hién, passait près de 博興縣 Pouŏ hīng hién dans le 青州府. Elle avait son embouchure à l'endroit où le 小清河 se jette dans la mer.

27. Deduxit Houai ex T'oung pe, qui ad orientem confluxit cum Seu et I, ad orientem intravit in mare.

La Houai prend sa source au pied du mont T'oung pe, au sud de 桐柏縣 dans le 南陽府 (Ho nan). La 沂 se jetait dans la 泗 au sud-ouest de 邳州 P'êi tcheōu (Houai ngan fou);

et la Seu se jetait dans la Houai.

28. Deduxit Wei ex Gniao chou t'oung hiue, (id est, ex monte dicto Avis et muris communi antro); qui ad orientem confluxit cum Foung, rursus ad orientem confluxit cum King, rursus ad orientem transivit Ts'i et Tsiu, ingressus est in Ho.

La Wei prend sa source au nord-ouest du mont Gniao chou ou Gniao chou t'oung hiué, près de 渭源縣 dans le Kan siu, reçoit la 灃 au sud-est de 咸陽縣 dans le Si ngan fou (Chensi), la 涇, la 漆 et la 沮, un peu plus loin à l'est. Voyez page 79.

29. Deduxit Lo ex Hioung eul, qui ad orientem et septentrionem confluxit cum Kien et Tch'en, rursus ad orientem confluxit cum I, rursus ad orien-

于伊、又東北入
于河。
(30) 九州攸同、四
隩既宅九山刊
旅九川滌源、九
澤既陂四海會
同。
(31) 六府孔修、庶
土交正、厎愼財
賦中邦。
賦咸則三壤成
(32) 錫土姓、祇台
德先、不距朕行。

30. Kiòu tcheōu iòu t'òung. Séu iŭ ki tchĕ. Kiòu chān ts'ién liù ; kiòu tch'ouēn tī iuén ; kiòu tchĕ ki p'ouŏ ; séu hài houéi t'òung.

31. Lŏu fóu k'óung siōu. Chóu t'òu kiaō tchéng, tchéu chénn ts'âi fóu. Hién tsĕ sān jàng, tch'ēng fóu tchōung pāng.

32. Sĭ t'òu sing. « Tchēu î tĕ sién, pŏu kiú tchénn hîng. »

Continuant son cours vers l'est, elle se jeta dans le Fleuve-Jaune.

30. Ces travaux furent exécutés également dans les neuf provinces. Tout le pays devint habitable jusqu'au rivage des quatre mers. Dans les neuf provinces, des arbres furent coupés (des chemins tracés) et des sacrifices offerts sur les montagnes ; les sources des cours d'eau furent nettoyées, les lacs endigués, et toutes les eaux se déversèrent dans les quatre mers.

31. Les six sources de richesses furent bien améliorées. Les terrains furent comparés et classés, afin que les impôts fussent proportionnés aux produits. Les terres furent divisées en trois classes, et l'impôt fixé dans les principautés.

32. Iu conféra des domaines et donna des noms de famille (à ceux qui en étaient dignes). « Je m'efforce, dit-il, de donner le bon exemple, afin que chacun imite ma conduite. »

tem et septentrionem ingressus est in Ho. Vid. pag. 78 et seq..

30. Novem provinciæ ita similiter (compositæ). Quatuor (marium) littora fuerunt habitabilia. In novem (provinciarum) montibus cæsæ arbores, facta sacra. Novem (provinciarum) fluviis purgati fontes ; novem (provinciarum) lacubus exstructi margines ; (omnes aquæ) ad quatuor maria confluxerunt similiter.

31. Sex thesauri multum perfecti. Varia sola comparata et statuta, ut accurate statuerentur fructuum vectigalia. Universim tunc fuerunt tres (classes) solorum, et constituta vectigalia in mediis regnis.

Les six sources de richesses sont le bois, le feu, les métaux, l'eau, la terre et les grains. Iu divisa les terres en trois catégories subdivisées chacune en trois classes, comme il a été dit précédemment, page 63.

32. Donavit terras, cognomina. « Attente ego virtute præeo, ut nihil fiat contrarium meis gestis. »

里 男 柔、 侯 ㉞ 里 里 秸、 三 百 賦 甸 ㉝
諸 邦、 二 服、 五 米 粟 服、 百 里 納 服、 五
侯、 三 百 百 百 　 五 四 里 納 總、 百
百 里 里 里 里 　 百 百 納 銍、 二 里 里
　 　 　 　 　 　 　 　 　 　 　 里

33. Où pĕ li tién fôu. Pĕ li fóu nă tsòung ; éul pĕ li nă tchĕu ; sān pĕ li nă kiă, fóu ; séu pĕ li siŭ ; óu pĕ li mi.

34. Où pĕ li heôu fôu. Pĕ li ts'ài ; éul pĕ li nân pāng ; sān pĕ li tchôu heôu.

33. Le domaine propre de l'empereur s'étend à cinq cents stades (de rayon autour de la capitale). Jusqu'à la distance de cent stades, les habitants donnent en tribut à l'empereur l'épi avec la tige tout entière. Entre cent et deux cents stades, on donne l'épi avec la moitié de la tige. Entre deux cents et trois cents stades, on donne l'épi avec la moitié de la tige dépouillée de ses feuilles, et l'on est tenu à un service. Entre trois cents et quatre cents stades, on donne seulement le grain dans sa balle. Entre quatre cents et cinq cents stades, on donne le grain dépouillé de sa balle.

34. (Au delà du domaine impérial), une zone large de cinq cents stades forme les domaines féodaux. Les cent stades les plus rapprochés sont donnés aux ministres d'État et aux grands préfets, les cent stades voisins aux feudataires de cinquième classe, et les trois cents stades restants aux autres feudataires.

33. Quingentorum stadiorum est imperatoris territorium subjecta regio. Ad centum stadia in vectigal datur caulis totus; ad ducenta stadia datur medius caulis; ad tercenta stadia datur medius caulis foliis nudatus, et officia præstantur ; ad quadringenta stadia granum gluma indutum; ad quingenta stadia granum gluma nudatum.

服 soumettre, pays soumis, servir, service, pays obligé à payer une redevance ou à remplir un service.

D'une distance de plus de trois cents stades il eût été difficile de transporter la paille jusqu'à la capitale. On n'offrait à l'empereur que le grain. D'après Ts'ai Tch'enn, le service 服 était requis partout, depuis la capitale jusqu'à la distance de trois cents stades.

34. Quingentorum stadiorum est nobilium subjecta regio. Ad centum stadia ts'ai; ad ducenta stadia nan; (reliquis) trecentis stadiis cæterorum omnium nobilium regna.

采者卿大夫邑地 On appelle ts'ai les domaines donnés aux ministres d'État et aux grands préfets. Les 侯 feudataires de l'empire se divisaient en cinq classes: 公侯伯子男. Les fiefs les plus étendus et les plus puissants étaient les plus éloignés ; ils servaient de barrières contre les attaques du dehors. Il est à remarquer que la lettre 侯 désigne tantôt tous les feudataires en général, tantôt les feudataires de deuxième classe en particulier.

		(38)	二	服、	(37)	二	服.	(36)	奮	文	服、	(35)
朔	西	東	百	三	五	百	三	五	武	教、	三	五
南	祇	漸	里	百	百	里	百	百	衛、	二	百	百
曁	于	于	流、	里	里	蔡、	里	里		百	里	里
聲	流	海、		流	荒		夷	要		里	揆	綏
教	沙、			蠻								

35. Où pĕ li souēi fŏu. Sān pĕ li kouéi wênn kiaó ; éul pĕ li fénn ou wéi.
36. Où pĕ li iaō fŏu. Sān pĕ li Î, éul pĕ li ts'ái.
37. Où pĕ li houāng fŏu. Sān pĕ li Mân, éul pĕ li liôu.
38. Tōung tsiēn iū hái, sī péi iū liôu chā, chouŏ nân ki. Chēng kiaó hi iū séu

35. (Au delà des domaines féodaux), une zone large de cinq cents stades constitue le domaine de la paix. Dans l'étendue des trois cents stades les moins éloignés, les princes s'appliquent à policer, à instruire le peuple Les princes des deux cents autres stades s'emploient à défendre le pays par les armes.

36. (Au delà du domaine de la paix), une zone large de cinq cents stades constitue le domaine de répression. Les trois cents stades les moins éloignés sont habités par les barbares I; les deux cents stades restants sont pour les exilés.

37. (Au delà du domaine de répression), une zone de cinq cents stades forme le domaine désert. Les trois cents stades les moins éloignés sont occupés par les barbares Man, les deux cents autres par les coupables bannis (à une grande distance).

38. (Le pays qui reçut les soins de Iu et fut divisé par lui en neuf provinces), est baigné à l'est par la mer et limité à l'ouest par le sable mouvant. Au nord et au sud, il s'étend jusqu'aux

35. Quingentorum stadiorum est pacis territorium. Ad trecenta stadia consulitur urbanitati et institutioni. (Reliquis) ducentis stadiis opera datur militari defensioni.

Cette zone était appelée le domaine de la paix, parce que les princes à qui elle était confiée devaient assurer la paix de l'empire.

36. Quingentorum stadiorum est coercitionis territorium. Ad trecenta stadia sunt barbari ; (reliquis) ducentis stadiis exsules.

37. Quingentorum stadiorum est desertum territorium. Ad trecenta stadia Man barbari ; ducentis stadiis exsules.

Voyez 五 服. Part. I, Ch. V. 8, p. 56.

38. (Regio novem provinciis constans) ad orientem alluitur per mare, ad occidentem tegitur (finitur) per mobilem arenam, ad septentrionem et meridiem attingit (remotissima). Fama et institutio prolatæ sunt ad quatuor maria. Iu, oblata nigra tabella, certiorem fecit (Chouenn imperatorem) de suo absoluto opere.

① 厥 玄 海 訖
大 圭 禹 于
戰 誓 錫 四

② 召 于
王 六 甘
曰 卿 乃

③ 誓 之 嗟
有 告 人 六
扈 汝 子 事

hài. Iŭ sǐ hiuĕn kouēi, kaó kiuĕ tch'êng kōung.

KAN CHEU. 1. Tá tchén iŭ Kān, nài tchaó lŏu k'īng.

2. Wàng iuĕ : « Tsiē ! lŏu chéu tchēu jênn, iŭ chéu kaó jòu.

3. « Iŏu Hòu chéu wēi òu òu hing, tái k'i sān tchēng. T'iēn ióung tsiaŏ tsiuĕ

régions les plus reculées. La renommée des travaux de Iu et l'influence de ses exemples parvinrent jusqu'aux quatre mers. Iu présenta une tablette noire (à l'empereur Chouenn), et lui annonça que son œuvre était terminée.

CHAPITRE II. HARANGUE PRONONCÉE A KAN.

1. Avant la grande bataille de Kan, l'empereur fit venir les six ministres d'État.

2. Il dit (à ses officiers et à ses soldats): « Guerriers qui servez dans mes six légions, ah! j'ai un avis important à vous donner.

3. « Le prince de Hou ruine et outrage les cinq éléments; il

Un inférieur faisant visite à un supérieur offre un présent. Iu avait fait écouler les eaux ; il offrit une tablette noire, parce que, dans les idées des Chinois, cette couleur correspond à l'eau. La lettre 玄 désigne aussi la couleur du ciel. 傅 寅 Fóu În pense que Iu offrit à Chouenn une tablette de couleur azurée, comme pour lui dire : 吾君之德與天爲一 La vertu de notre prince agit en union avec celle du ciel.

CHAPITRE II. 甘 lieu situé au sud de la principauté de 扈 Hóu, qui est le 鄠 縣 Hóu hién actuel dans la préfecture de 西安府 Sī ngān fóu (Chen si). 誓 Chéu, serment, promesse ou pacte confirmé par un serment, harangue militaire avec promesse de récompenses et menace de châtiments,

déclaration, proclamation.

Le grand 禹 Iŭ étant mort en l'an 2197, son fils 啓 K'i lui succéda. Il déclara la guerre au prince de Hou, qui refusait de le reconnaître. Avant d'engager la bataille, il harangua ses troupes.

1. Ante magnum prælium in Kan, tunc accersivit sex regni ministros.

En temps de paix, les six ministres remplissaient chacun leurs fonctions à la cour. Le 大司徒 tá sēu t'óu ministre de l'instruction publique était le chef du conseil. En temps de guerre, ils commandaient chacun l'une des 六軍 lŏu kiūn six légions. Le 大司馬 tá sēu mà ministre de la guerre était général en chef.

2. Imperator dixit: « Ah! sex operum viri, i. e. sex legionum milites, ego edicens moneo vos.

氏威侮五行怠棄三正天用勦絶其命今予惟恭行天之罰左不恭命右不恭汝不攻于左攻于右命

k'í ming; kīn iú wêi kōung hîng t'iēn tcheû fă.

4. « Tsouŏ pŏu kōung iū tsouŏ, jòu pŏu kōung mìng. Ióu pŏu kōung iū ióu,

rejette avec dédain les trois mois adoptés (à différentes époques) pour le commencement de l'année. En conséquence le ciel abroge son mandat (lui retire le pouvoir de gouverner la principauté). A présent je ne fais qu'exécuter avec respect la sentence prononcée par le ciel contre lui.

4. « Si ceux d'entre vous qui sont à gauche (sur les chars de guerre), ne remplissent pas bien leur office, ils désobéiront à mes ordres. Si ceux qui sont à droite ne remplissent pas bien leur

3. « Qui tenet Hou regnum dominus, sæviens contemnit quinque elementa, negligens rejicit tria anni initia. Cœlum ideo delens abrumpit ejus mandatum. Nunc ego solummodo reverenter exsequor cœli animadversionem.

Les cinq éléments, à savoir, l'eau, le feu, le bois, les métaux et la terre, sont les principes constitutifs des êtres, et leur fournissent les choses nécessaires à leur entretien. Le prince de Hou opprimait ses sujets, et les mettait dans l'impossibilité de se procurer ce dont ils avaient besoin pour vivre. Il maltraitait ainsi les cinq éléments et excitait la colère du ciel.

五行 peut signifier aussi les quatre saisons, comme l'expression 五辰 Voy. Part. I, Ch. IV. 4. Le prince de Hou maltraitait les quatre saisons, parce qu'il n'en tenait aucun compte pour l'exécution des différents travaux.

正 Tchēng, premier mois de l'année. Sous les règnes de Iu et de ses descendants, le premier mois de l'année était, comme sous la dynastie actuelle, le mois 寅 în, c.-à-d. le deuxième mois

après celui dans lequel tombait le solstice d'hiver. Précédemment, comme il paraît d'après ce passage, le premier mois de l'année a dû être, tantôt le mois 子 tzĕu, c.-à-d. le mois dans lequel tombait le solstice d'hiver, tantôt le mois suivant appelé 丑 tch'eŏu. Le prince de Hou avait choisi pour le commencement de l'année un mois lunaire autre que ces trois, peut-être le mois 亥 hài, qui précède celui du solstice, et fut adopté plus tard par les 秦 Ts'in.

4. « Si sinistri non incumbetis in sinistrorum opus, vos non observabitis jussa. Si dextri non incumbetis in dextrorum opus, vos non observabitis jussa. Si aurigæ negligetis vestrorum equorum rectionem, non observabitis jussa.

Le char de guerre était traîné par quatre chevaux munis de cuirasses et attelés de front. Il portait trois hommes revêtus de cuirasses; à savoir, un archer placé à gauche, un lancier à droite et un conducteur au milieu. Il était accompagné de soixante-douze fantassins, dont vingt-quatre en avant protégeaient le conducteur, vingt-quatre

汝不恭命、御非其馬之正、汝不恭命. 于〔5〕 祖不用命、賞于社、不用命、戮于〔5〕予則孥戮汝. 于之歌〔1〕太康尸位、以逸豫、滅厥德、黎

jŏu pŏu kōung ming. Iú fēi k'i mǎ tchĕu tchéng, jŏu pŏu kōung ming.

5. «Ióung ming, chàng iŭ tsŏu. Pŏu ióung ming, lŏu iŭ chě; iŭ tsĕ nŏu lŏu jŏu.»

OU TZEU TCHEU KO. 1. T'ái k'āng chĕu wéi; i ĭ iŭ miě kiuĕ tĕ. Lî min hiĕn

office, ils désobéiront à mes ordres. Si les conducteurs ne dirigent pas leurs chevaux selon les règles, ils désobéiront à mes ordres.

5. «Ceux qui obéiront à mes ordres, seront récompensés en présence de mes ancêtres. Ceux qui n'obéiront pas à mes ordres, seront mis à mort en présence des esprits tutélaires du pays; je les punirai de mort avec leurs femmes et leurs enfants.»

CHAPITRE III. CHANTS DES CINQ FILS.

1. L'empereur T'ai k'ang (petit-fils du Grand Iu), inerte sur le trône comme le représentant d'un mort, avait étouffé ses bonnes qualités dans le repos et les plaisirs. Il avait perdu l'affection de

à droite protégeaient le lancier et vingt-quatre à gauche protégeaient l'archer. Il avait en outre vingt-cinq hommes de service.

5. «Qui obsequentur jussis, munerabor coram avis. Qui non obsequentur jussis, occidam coram terræ geniis; ego tunc cum uxoribus et liberis occidam (vel dedecore afficiam) vos.»

Lorsque l'empereur partait pour la chasse, pour un voyage ou pour une expédition militaire, il emportait avec lui les tablettes des esprits tutélaires du pays, et les tablettes de ses ancêtres reculés. Les récompenses distribuées en présence des tablettes des ancêtres étaient considérées comme décernées par les ancêtres eux-mêmes. Les condamnations prononcées devant les tablettes des esprits tutélaires étaient attribuées à ces esprits.

Plusieurs commentateurs, dans le dernier membre de la phrase, donnent à 戮 le sens de 辱 jŏu couvrir de honte. Ils traduisent ainsi : « Je vous humilierai en vos femmes et en vos enfants (les réduisant en servitude). »

CHAPITRE III. 1. T'ai k'ang, quasi mortui vicarius in sede regia, per otium et oblectamenta exstinxerat suas virtutes. Nigra coma gens tota alienato (erat animo); attamen indulgebat sibi absque modo. Venans in illius Lo fluvii exterioribus, post decem dierum decades non redierat.

T'ai k'ang (2188-2159) était fils et successeur de 啓 K'i.

尸 celui qui dans les cérémonies

民咸貳乃盤遊
無度畋于有洛
之表十旬弗反

(2) 有窮后羿因
民弗忍距于河

(3) 厥弟五人御
其母以從徯于
洛之汭五子咸
怨述大禹之戒

(4) 其一曰皇祖
有訓民可近不
可下民惟邦本
本固邦寧

éul; nài p'ân iôu ôu tóu. T'iên iū iòu Lǒ tchēu piào, chēu siùn fǒu fǎn.

2. Iòu K'iôung heóu Í, īn mín fǒu jěnn, kiú iū Hô.

3. Kiuě tí òu jěnn, iú k'î mòu i ts'ôung, hī iū Lǒ tchēu jouéi. Où tzéu hiên iuén, chǒu tá Iù tchēu kiái, i tsǒ kō.

4. K'î ǐ iuē: « Houâng tsóu iòu hiùn, mîn k'ò kin, pǒu k'ò hiá; mîn wêi pâng pènn; pènn kóu, pāng gnîng.

toute la race à cheveux noirs, et n'en continuait pas moins à suivre ses caprices sans aucune retenue. Étant allé chasser au delà (au midi) de la Lo, cent jours après son départ il n'était pas encore de retour.

2. I, prince de K'ioung, profitant du mécontentement du peuple qui ne pouvait plus supporter T'ai k'ang, lui barra le passage au bord du Fleuve-Jaune.

3. Les cinq frères de T'ai k'ang l'avaient suivi avec leur mère, et l'attendaient au tournant (au nord) de la Lo. Dans leur indignation, ces cinq fils (frères de T'ai k'ang) rappelant les avis du Grand Iu (leur aïeul), composèrent des chants.

4. Le premier dit: « Notre aïeul nous a enseigné qu'il faut aimer le peuple, et non le fouler aux pieds; que le peuple est le fondement de l'État; que si fondement est solide, l'État sera tranquille.

représentait la personne d'un défunt. Il recevait les honneurs, et ne faisait que boire et manger.

2. Qui tenebat K'ioung regnum regulus I, quia populus non poterat ferre, arcuit a Ho.

窮 principauté située au nord de 德州 Tě tcheōu dans le Chan toung. Le prince I descendait, dit-on, du fameux archer qui se signala sous le règne de 帝嚳 Ti k'ŏu.

3. Ejus natu minores fratres quinque viri adstiterant suæ matri ad prosequendum (eum), exspectabant ad Lo fluvii sinum. Quinque filii omnes indignati, referentes Magni Iu monita, utentes fecerunt cantica.

4. Eorum primus dixit: « Augusti avi est documentum populum esse diligendum, non deprimendum; populum esse regni fundamentum; fundamento firmo, regnum tranquillum esse.

PART. II. — CH. III. CHANTS DES CINQ FILS.

㈤ 夫愚婦一能勝愚
子視天下

豈子在明人不見是
圖朽索兆民懍
乎子臨
六馬不敬
奈何其二曰訓有

㈥ 之內作
音峻宇彫牆有
作禽荒甘酒嗜
色荒外

七於此未或不

5. « Iŭ chéu t'iēn hiá, iŭ fŏu iŭ fóu, ĭ nêng chéng iŭ. Ĭ jênn sān chĕu, iuén k'i tsái ming? pŏu hiĕn chéu t'ôu. Iŭ lîn tchaó mîn, lîn hôu jŏ hioŭ souŏ tchĕu iŭ loŭ mà. Wêi jênn cháng tchĕ, nái hô pŏu kíng? »

6. K'i éul iuĕ : « Hiŭn iòu tchĕu, néi tsŏ chĕ houāng, wái tsŏ k'în houāng, kān tsiŏu chéu īn, tsiún iŭ tiaó ts'iâng, iòu ĭ iŭ ts'èu, wéi houĕ pŏu wâng. »

5. « Quand je considère l'empire, (il me semble évident que, si je perds l'affection du peuple, je serai seul sans soutien, et que dès lors) le moindre particulier, une simple femme pourra l'emporter sur moi. Si moi qui suis souverain, je commets souvent des fautes, dois-je (avant de me corriger) attendre que les plaintes éclatent au grand jour? Je dois y penser, avant qu'elles se produisent. Chargé de diriger un peuple nombreux, je tremble comme si je conduisais avec des rênes pourries un attelage de six chevaux. Comment celui qui est au-dessus des autres peut-il n'être pas attentif? »

6. Le deuxième dit : « Notre aïeul nous a enseigné que, quand un prince s'adonne à la volupté dans son palais, qu'il se livre passionnément à la chasse, ou qu'il aime le vin, la musique, les édifices très élevés ou les murs ornés de peintures, un seul de ces six défauts suffit pour le conduire infailliblement à sa perte. »

5. « Mihi consideranti imperium, (videtur) ex rudibus viris rudibusve mulieribus unus posse superare me. Si summus vir sæpius labar, querelæ num postquam in lucem prodierint (consulendum est)? Nondum apparentibus illis præcavendum. Ego agens cum ingenti populo, trepidus sum, ac si putridis habenis moderarer sex equos. Qui est homines supra, quomodo non attendat? »

Les voitures des princes étaient ordinairement traînées par quatre chevaux attelés de front. Parfois elles en avaient cinq ou six. Voyez Cheu king, Part. I, Livre IV, Ch. IX. 3.

6. Eorum secundus dixit : « In documentis habetur hoc : (Rex) intus indulgens voluptati immodice, aut foris indulgens venationi immodice, aut delectatus vino, aut amans musicam, aut sublimia tecta, aut pictos parietes, habens unum ex illis (sex vitiis), nondum accidit ut non periret. »

(7) 彼陶唐有此冀方今失厥道亂其紀綱乃厎滅亡

(8) 明明我祖萬邦之君有典有則貽厥子孫關石和鈞王府則有荒墜厥緒覆宗絕祀

7. K'î sān iuě : « Wéi péi T'aô T'âng iòu ts'eù Ki fāng. Kīn chěu kiuě taô, louán k'i ki kāng ; nài tchéu miě wâng. »

8. K'î séu iuě : « Mìng mîng ngò tsòu, wản pāng tchěu kiūn ! Iòu tiển iòu tsě, î kiuě tzéu suěnn. Kouān chěu houô kiūn, wâng fòu tsě iòu. Houāng tchouéi kiuě siù, fòu tsōung tsiuě séu. »

7. Le troisième dit: « Le prince de T'ao et de T'ang (Iao) a pris possession de cette terre de Ki, (et depuis lors les empereurs y ont fait leur résidence). A présent les principes de Iao sont abandonnés, ses lois et ses règlements sont bouleversés, et par suite la ruine est prochaine. »

8. Le quatrième dit: « Avec quelle sagesse notre aïeul a présidé au gouvernement de tous les États ! Il avait des lois, des règles, qu'il a laissées à ses descendants. Le poids de cent vingt livres et celui de trente livres, qui lui ont servi à établir partout l'uniformité des poids, sont conservés dans le trésor impérial. Mais le fil des traditions qu'il nous a léguées nous a échappé des mains ; le temple de nos ancêtres est renversé et les offrandes ont cessé (la dynastie touche à sa fin). »

7. Eorum tertius dixit : « Equidem ille T'ao et T'ang regulus tenuit hanc Ki regionem. Nunc relicta est illius via, turbata sunt illius statuta ac leges; inde advenerunt extinctio et interitus. »

Iao était d'abord prince de T'ao, terre actuellement comprise dans le 定陶縣 Ting t'aô hién (préfecture de Ts'ao tcheou, province de Chan toung). Devenu empereur, il établit sa capitale dans la terre de T'ang, près de 平陽府 P'ing iâng fòu. Chouenn fit sa résidence à 蒲坂 P'òu fàn, à l'est de 蒲州府, et lu à 安邑 Ngān í dans le 解州 Kiài tcheōu. Ces trois villes étaient peu éloignées l'une de l'autre, et situées dans l'ancienne province de 冀州, dans le 山西 Chān sī actuel.

8. Eorum quartus dixit : « Valde perspicax fuit noster avus, omnium regnorum rector ! Habuit leges, habuit statuta, et reliquit suis posteris. Commune centum et viginti librarum pondus et conforme triginta librarum pondus in imperatoris thesauro quidem habentur; perditum decidit illius filum, eversa avorum delubra, desierunt sacra. »

關 signifie 通 t'ōung avoir cours partout. 和 signifie 平 p'ing égal, uniforme. 石 poids de 120 livres.

和 命 位 ⑴ 悔 弗 顏 鬱 予 之 呼 ⑼
厥 掌 四 惟 可 慎 厚 陶 子 悲 曷 其
厥 六 海 仲 胤 厥 有 乎 將 萬 歸 五
職 師 胤 康 征 德 忸 予 疇 姓 予 曰
酒 羲 侯 肇   雖 怩 心 依 仇 懷 嗚

9. K'î ȯu iuĕ: « Oū hōu ! hŏ kouêi ? Iǔ houâi tchéu pêi. Wán sing k'iȯu iǔ. Iǔ tsiāng tch'eȯu ī ? Iǔ t'ȧȯ hôu iǔ sīn. Ièn heȯu iȯu nŏu gnî. Fŏu chénn kiuĕ tĕ, souêi houêi, k'ȯ tchouêi ? »

IN TCHENG. 1. Wèi Tchóung k'āng tchaȯ wéi séu hȧi, In heȯu míng tchȧng

9. Le cinquième dit : « Hélas ! où irons-nous ? La tristesse accable mon cœur. Tout le peuple nous traite en ennemis. En qui chercherons-nous un appui ? Mon cœur est dans l'angoisse ; mon visage est tout rouge de honte. Celui qui ne veille pas sur sa conduite, pourra-t-il réparer ses fautes, quand même il s'en repentirait ? »

CHAPITRE IV. EXPÉDITION DU PRINCE DE IN.

1. Tchoung k'ang, à peine revêtu de la dignité impériale, ordonna au prince de In de prendre le commandement des six légions. Hi et Houo négligeaient entièrement les devoirs de leur

9. Eorum quintus dixit : « Heu ! quo confugiemus ? Ego cogitans mœreo. Omnis populus infensus est nobis. Nos in futurum cuinam innitemur ? Vehementer angitur meus animus. Vultus rubor densus, habito verecundo pudore. Qui non attendit suis virtutibus, etsi pœniteat, poteritne recipere ? »

鬱 陶 douleur qui est concentrée dans le cœur et ne peut ni s'épancher ni se dissiper.

CHAPITRE IV. 1. Vix Tchoung k'ang incipiente imperatoris sedem tenere intra quatuor maria, In regni regulus jussus est ducere sex legiones. Hi et Houo negligebant sua officia ; vino perdite indulgebant in suis urbibus. In regulus accepit imperatoris jussum ut iret debellatum.

Tchoung k'ang, frère cadet et successeur de 太康 T'ái k'āng, régna de 2159 à 2146. On ignore où se trouvait la principauté de In. Le prince de In est appelé 后 heȯu, titre qui était donné aux princes devenus ministres d'État à la cour impériale. L'armée impériale se composait de six légions 六師 ou 六軍 dont chacune avait douze mille cinq cents hommes.

Hi et Houo présidaient à la rédaction du calendrier. L'empereur leur avait donné des villes, des domaines, dont les revenus leur servaient d'émoluments. Outre l'ivrognerie et la paresse, on leur impute le crime de rébellion. Tchoung k'ang n'était pas assez puis-

荒于厥邑胤
后承王命徂
征
(2)告于衆曰
嗟予有衆聖
有謨訓明徵
定保先王克
謹天戒臣人
克有常憲
官修輔厥后
惟明明
(3)每歲孟春
遒人以木鐸

lŏu chēu. Hī Houô féi kiuĕ tchēu, tsiòu houāng iū kiuĕ ĭ. Ín heóu tch'êng wâng ming ts'òu tchéng.

2. Kaó iū tchóung iuĕ : « Tsiĕ, iû iòu tchóung, chéng iòu môu hiún, míng tchéng ting paó. Siēn wâng k'ŏ kin t'iēn kiài, tch'ènn jènn k'ŏ iòu chàng hién, pĕ kouān siōu fóu ; kiuĕ heóu wêi míng míng. »

3. « Méi souéi méng tch'ouēnn, ts'iôu jènn i mŏu tŏ, siún iū lóu. « Kouān chēu

charge ; retirés dans leurs domaines, ils se plongeaient dans le vin. Le prince de In fut chargé par l'empereur d'aller les châtier.

2. (Le prince de In) haranguant ses troupes, leur dit : « Écoutez, vous tous qui êtes sous mes ordres. Le très sage (empereur Iu) nous a laissé des enseignements qu'il avait longtemps médités, et dont nous avons éprouvé manifestement l'efficacité pour affermir et conserver l'empire. « Les anciens souverains, dit-il, étaient attentifs aux avertissements du ciel, leurs ministres observaient des règles constantes, tous leurs officiers les aidaient ; aussi ces princes ont-ils régné avec gloire. »

3. « Chaque année au premier mois du printemps, le héraut impérial prenant une clochette à battant de bois, allait par les

sant pour soumettre le chef des révoltés, le prince 羿 í mentionné au commencement du chapitre précédent. Il fit châtier ses deux fauteurs principaux, 以翦羿羽翼 (蔡沉) comme pour lui couper les ailes. Cette question historique est très obscure, et donne lieu à beaucoup d'opinions différentes.

征 châtier à main armée un rebelle.

2. (In regulus) concionans ad multitudinem, i. e. exercitum, dixit: « Heus, a me habita multitudo ; sapientissimi (Iu imperatoris) sunt deliberata documenta, quæ manifeste probatum est firmare ac protegere. « Priores

reges potuerunt attendere cœli monitis, regni ministri potuerunt habere (servare) constantes leges, varii præpositi potuerunt curare ut adjuvarent ; illi reges ideo splendide inclaruerunt. »

Les avertissements du ciel sont les éclipses, les calamités,...

3. « Quoque anno, primo mense veris, concionans præpositus, adhibens ligneo malleolo tintinnabulum, perlustrabat per vias. « Rectores magistrique simul corrigant; opifices curantes artium opera inde moneant. Eorum si quis non revereatur, regnum habet constantes pœnas. »

徇　師　執　諫　恭　刑　(4)　和　德　酒　次　紀　司
于　相　藝　其　邦　　　惟　頠　沈　僾　退　乃
路　規　事　或　有　　　時　覆　亂　官　棄　季
官　工　以　不　常　　　羲　厥　離　于　厥　秋

siāng kouēi; kōung tchĕu i chĕu i kién. K'i houĕ pŏu kōung, pāng iŏu châng hîng. »

4. « Wèi chêu Hī Houŏ tiēn fŏu kiuĕ tĕ, tch'ĕnn louán iŭ tsiŏu, pán kouān lí ts'éu, tch'ŏu jaŏ t'iēn ki, hiá k'i kiuĕ sēu. Nǎi ki ts'ĭch'u iuĕ chouŏ, tch'ĕnn fŏu tsĭ iŭ chemins, (réunissait le peuple et disait): « Que les officiers chargés de diriger et d'instruire le peuple, éclairent tous par leurs avis l'administration impériale; que les artisans eux-mêmes présentent des avis ou des remontrances sur les choses qui concernent leurs métiers. Si quelqu'un ose ne pas respecter cet ordre, l'État pour le punir a des châtiments toujours en vigueur. »

4. « Hi et Houo sont déréglés dans leur conduite, se plongent dans le vin et se dégradent. Ils ont abandonné leur emploi et quitté leur poste. Par un désordre jusque-là sans exemple, ils ont bouleversé les lois de l'astronomie et négligé entièrement les devoirs de leur charge. Le premier jour du troisième mois de

遒 réunir, assembler. 遒人 homme chargé de rassembler le peuple et de lui communiquer les ordres ou les avis de l'empereur. 木鐸 clochette de métal à battant de bois. Dans les armées, le héraut avait 金鐸 une clochette à battant de métal. 相 ensemble, tous. Meng tzeu, Livre IV, Ch. I. 1, dit: 責難於君謂之恭 Rappeler au prince un devoir difficile à remplir, c'est lui témoigner du respect. Le héraut impérial disait que négliger d'adresser des avis ou des remontrances à l'empereur c'était 不恭 lui manquer de respect ou ne pas respecter ses ordres, et mériter un châtiment.

4. « At illi Hi et Houo sus deque verterunt suas virtutes, immersi et depravati in vino. Negligunt munia, deserunt stationem. Cœperunt perturbare cœli leges, longe abjecerunt sua officia. Etenim tertio autumni mense, primo die, sidera (sol et luna) non concordarunt in Scorpio. Cæci protulerunt (pulsarunt) tympana; minores præpositi cucurrerunt, populares præpositi properarunt. Hi et Houo mortuorum vicarii in suis muniis fuerunt, quasi nihil audientes cognoscentesve. Stolide errarunt circa cœli phænomena; quapropter meruerunt a prioribus regibus statutam capitis pœnam. In regni legibus dicitur: « Qui anticipabit tempus, occidetur absque remissione; qui non assequetur tempus, i. e. qui serius adveniet, occidetur sine venia. »

D'après les calculs du P. Gaubil, cette éclipse de soleil eut lieu le 12 octobre de l'année 2155 avant J. C. Voy. Gaubil, Chou king.

Une éclipse est considérée comme le résultat d'une lutte qui s'est engagée

月集于房，辰弗集于房，奏鼓齊夫，馳庶人走，羲和厂厥尸聞知，官罔于天知，象以誅先天，王日先政，典殺無時，者殺無時赦，不及時赦，殺無赦者。

Fâng. Kòu tseóu kòu; chĕ fōu tch'êu, chóu jênn tseóu. Hī Houŏ chêu kiuĕ kouān, wàng wênn tchêu. Houênn mî iū t'iēn siáng, i kān siēn wàng tchêu tchōu. Tchéng tiēn iuĕ : « Siēn chêu tchĕ, chă ôu ché ; pŏu ki chêu tchĕ, chă ôu ché. »

l'automne, les deux grands astres (le soleil et la lune se rencontrant) dans la constellation du Scorpion, n'ont pas été d'accord (le soleil a été éclipsé). Les musiciens ont battu le tambour; les officiers inférieurs et les employés tirés du sein du peuple ont couru avec empressement (au secours du soleil). Hi et Houo, inertes dans leur office comme le représentant d'un mort à une cérémonie, ont paru ne rien entendre, ne rien savoir. Ils se sont trompés grossièrement sur les phénomènes célestes, et ont mérité la peine de mort décrétée par les anciens souverains. Dans les lois du gouvernement il est dit : « Celui qui devancera le temps, sera mis à mort sans rémission ; celui qui n'arrivera pas à temps, sera mis à mort sans rémission. »

entre le soleil et la lune, et dans laquelle l'un des deux astres a succombé. Pour effrayer le vainqueur et sauver le vaincu, on bat le tambour ; les statuts des Tcheou 周禮 prescrivent de tirer des flèches.

La même idée avait cours et des pratiques semblables étaient usitées à Rome, même dans les siècles les plus éclairés. L'airain retentissait pour secourir la lune.

Æra auxiliaria lunæ. (Ovid.).

Tot pariter pelves, tot tintinnabula dicas
Pulsari. Jam nemo tubas, nemo æra fatiget;
Una laboranti poterit succurrere lunæ. (Juvenal.).

Tantum cum æris crepitu, qualis in defectu lunæ nocte cieri solet, edidit clamorem, ut... (Livius).

Le mot 瞽 aveugle s'emploie pour désigner les musiciens. Les directeurs de musique étaient aveugles. On croyait que, privés du sens de la vue, ils avaient le sens de l'ouïe plus parfait.

D'après Tchou Hi, lorsque le gouvernement est bien réglé, le principe lumineux 陽 iâng, représenté par le soleil, acquiert une grande force, et le principe obscur 陰 în, représenté par la lune, devient très faible. La lune évite toujours de se placer exactement sur le soleil ou en face de lui. Plus soucieuse de lui rester soumise que d'obéir aux lois astronomiques, elle s'écarte, s'il le faut, de sa route ordinaire. L'éclipse n'a pas lieu, même lorsqu'elle devrait se produire. Voyez Cheu king, Part. II. Livre IV, Ch. IX. 1 et 2.

PART II. — CH. IV. EXPÉDITION DU PRINCE DE IN. 99

(7)					(6)				(5)
愛	嗚	與	治	厥	德	石	子	尙	衆	今
允	呼	維	舊	烈	俱	火	威	弼	奉	予
濟	威	新	染	魁	于	焚	命	予	將	以
愛	克	汙	脅	猛	崑	炎		欽	天	爾
克	厥	俗	從	火	岡	崑		承	罰	有
厥		咸	罔	殲	逸	玉		天	室	爾

5. Kīn iŭ i eul iòu tchóung, fòung tsiāng t'iēn fă. Eùl tchóung chéu, t'òung lì wàng chĕu. Cháng pĭ iù k'īn tch'êng t'iēn tzèu wēi ming.

6. « Houŏ iên Kouēnn kāng, iŭ chéu kiù fênn. T'iēn li ĭ tĕ, liĕ iū mêng houŏ. Tsiēn kiuĕ k'iŭ k'ouêi, hiĕ ts'òung wàng tch'êu. Kiôu jén ōu siŭ, hiēn iŭ wéi sīn.

7. « Oū hōu ! wēi k'ŏ kiuĕ njái, iùn tsi ; ngái k'ŏ kiuĕ wēi, iùn wàng kōung.

5. « A présent je suis chargé d'exécuter avec vous tous la sentence de condamnation portée par le ciel. Vous tous, valeureux soldats, unissez vos efforts pour servir la famille impériale. Vous m'aiderez, j'espère, à accomplir les volontés sévères du Fils du ciel.

6. « La flamme sur le sommet du mont Kouenn dévore également les pierres précieuses et les pierres communes. Si le délégué du ciel (l'empereur ou son ministre) excédait dans l'accomplissement du devoir (et châtiait également l'innocent et le coupable), il serait pire que la flamme la plus furieuse. Je mettrai à mort les principaux chefs de la rébellion; mais je ne punirai pas ceux qui ont été forcés de les suivre. A tous ceux qui ont subi depuis longtemps l'influence de leurs mauvais exemples, je laisserai la faculté de se corriger.

7. « Oh! un chef militaire plus sévère qu'indulgent, réussit dans ses entreprises ; au contraire, celui qui est plus indulgent que

5. « Nunc ego, utens vobis qui estis plurimi, accepi (mandatum) ut facerem cœlestem punitionem. Vos omnes milites, conjungite vires pro regia domo. Spero, adjuvabitis me ut reverenter suscipiam cœli filii severum jussum.

呂氏祖謙曰,將帥但知承王命,王者但知奉天討,不敢認爲己權 Liu Tsou k'ien dit: « Le général en chef ne fait qu'exécuter les ordres de l'empereur; l'empereur ne fait qu'exécuter la sentence portée par le ciel. Ils n'osent pas prétendre agir de leur propre autorité. »

6. « Ignis flamma in Kouenn jugo gemmas lapidesque pariter comburit. Si cœli legatus nimia vi uteretur, crudelior esset quam vehemens ignis. Occidam illorum (rebellium) summos duces; qui coacti secuti sunt, non puniam. Qui jampridem infecti sunt sordidis moribus, omnibus dabo ut se renovent.

On ignore quel est ce mont Kouenn. Il ne semble pas que ce soit le Kouenn

威 允 罔 功 其 爾 眾 士 懋 戒 哉

K'í èul tchóung chéu, meóu kiái tsāi.»

sévère, n'obtient aucun succès. Ainsi donc, vous tous, soldats, soyez courageux et prenez garde (ne comptez pas trop sur mon indulgence).»

liun, qui est au nord du Tibet.

7. «Oh! (militum dux cujus) severitas superat ejus indulgentiam, vere proficit; (ille cujus) indulgentia superat ejus severitatem, vere nihil perficit. Ipsi vos omnes milites, enitimini, cavete.»

TROISIÈME PARTIE.

ANNALES DE LA DYNASTIE DES CHANG.

商書　湯誓　(1)王格爾眾庶悉聽朕言非台小子敢行稱亂有夏多罪天

T'ANG CHEU. 1. Wáng iuĕ : « Kŏ ĕul tchóung chóu, sĭ t'īng tchénn iên. Fēi í

CHAPITRE I. HARANGUE DE T'ANG.

1. L'empereur dit : « Approchez, peuple nombreux ; écoutez et comprenez bien ce que je vais vous dire. Je suis comme un faible enfant ; ce n'est pas moi qui oserais exciter une sédition. Mais le

TROISIÈME PARTIE. La troisième dynastie impériale, qui régna de 1766 à 1122, prit le nom de Chang, parce que T'ang, son fondateur, descendait de 契 Siĕ, prince de Chang et ministre de l'instruction publique sous Iao et Chouenn. La principauté de Chang fait partie du 商州 actuel dans la province de Chen si.

CHAPITRE I. T'ang s'appelait 履 Li ; son nom de famille était 子 Tzéu. Sa résidence était à 亳 Pouŏ (Pouo du sud), près de 歸德府 Kouēi tĕ foú dans le Ho nan. Voyez plus loin, Chapitre III. Il chassa le tyran 桀 Kiĕ, dernier empereur de la race des 夏 Hiá, et fut maître de l'empire.

1. Imperator dixit : « Accedite, vos omnes populares, clare audite mea verba. Non ego parvus filius ausim facere ut excitarem turbationem. Qui tenet Hia, multa admisit scelera ; cœlum jubet perimere eum.

T'ang n'était pas encore empereur, quand il prononça ce discours ; mais il l'était, quand l'historien transcrivit ses paroles et lui donna ce titre.

L'empereur par modestie s'appelle lui-même 小子 petit enfant ou indigne fils du ciel, selon l'explication de 蔡卞 Ts'ái Pién. Pour marquer sa suprême autorité, il s'appelle 一人 l'homme unique, l'homme sans égal.

T'ang était vassal de Kie ; de quel droit pouvait-il attaquer son souverain ? 以人事言之則臣伐君可謂亂矣以天命言之則所謂天吏非稱亂也 (蔡沈) « Si l'on considère la soumission due à l'autorité, T'ang est un sujet qui attaque son souverain, et doit être appelé rebelle. Mais si l'on considère l'ordre du ciel, on doit dire qu'il est le délégué du ciel, et n'est pas coupable de sédition. »

De quelle manière T'ang connut-il la volonté du ciel ? 張九成

命殛之。(2)今爾有眾、汝曰、我后不恤我眾、舍我穡事、而割正夏。予惟聞汝眾言、夏氏有罪、予畏上帝、不敢不正。(3)今汝其曰、夏罪其如台。夏王率遏眾力、率割夏邑、有眾率怠弗協、曰、時日曷

siaò tzéu, kàn hìng tch'èng louán. Ióu Hià touō tsouéi ; t'iēn ming kǐ tchēu.

2. « Kīn éul ióu tchóung, jòu iuè : « Ngò heóu pòu siǔ ngò tchóung ; ché ngò ché chéu, êul kǒ tchéng Hià. » Iǔ wéi wènn jòu tchóung iên. Hià chéu ióu tsouéi ; iǔ wéi cháng tí, pǒu kàn pǒu tchéng.

3. Kīn jòu k'î iuè : « Hià tsouéi k'i jòu î ? » Hià wáng chouè ngò tchóung lí, chouè kǒ Hià î. Ióu tchóung chouè tái fǒu hiè, iuè : « Chēu jēu hǒ sáng ? Iǔ kí

prince de Hia (le tyran Kie) a commis beaucoup de crimes, et le ciel a ordonné sa perte.

2. « A présent, vous peuple nombreux, vous dites : « Notre prince n'a pas compassion de nous. Il nous ordonne d'abandonner le travail de la moisson, et d'aller châtier et retrancher la race des Hia. » J'ai entendu vos discours. Mais le chef de la famille des Hia est coupable ; et par respect pour la volonté du roi du ciel, je n'ose m'abstenir de le châtier.

3. « Vous me répliquerez : « Que nous font à nous les crimes du prince de Hia ? » (Je vous répondrai) : L'empereur Hia épuise les forces de ses sujets (par les travaux et les services qu'il impose) ; il dépeuple la Chine (par les supplices qu'il inflige). Tous les habitants fatigués et mécontents disent : « Quand donc ce soleil

Tchāng Kiǒu tch'êng répond : 天以天下之心爲心、古之論天者、多以民心卜之。 « Le ciel fait sien le sentiment commun des hommes. Les anciens, pour connaître la volonté du ciel, interrogeaient ordinairement les désirs du peuple. » 得罪於民是爲得罪於天 (欽定書經) « Se rendre coupable envers le peuple, c'est se rendre coupable envers le ciel. »

2. « Nunc vos qui adestis plurimi, vos dicitis : « Noster regulus non miseretur nostri omnium. Abjicit nostræ messionis opus, et succidens corrigit Hia. » Ego quidem audivi vestra omnium dicta. Hia dominus habet scelera; ego reverens supernum regem, non audeo non corrigere.

3. « Nunc vos ipsi dicitis : « Hia scelera ad nos (quid attinent) ? » Hia imperator omnino absumit populi vires, omnino recidit (i. e. per supplicia civibus exhaurit) Hia regni urbes. Habita multitudo tota deses non concordat (cum Kie) ; dicit : «Iste sol quandonam peribit ? Nos et tu simul

PART. III. -- CH. II. AVIS DE TCHOUNG HOUEI.   103

喪予及汝皆
亡夏德若茲
今朕必往
（４）爾尚輔予
一人致天之罰
罰予其無不信
汝不食言
朕不從誓言
不孚戮汝囧
則攸赦
有仲虺之誥
（１）成湯放桀

jòu kiāi wàng. » Hià tĕ jŏ tzēu. Kīn tchénn pí wàng.

4. « Eùl cháng fóu iù ĭ jênn, tchéu t'iēn tchēu fă. Iù k'ì tá lái jòu; èul ôu pŏu sin, tchénn pŏu chèu iên. Eùl pŏu ts'ôung chèu iên, iù tsĕ nôu lŏu jòu, wàng iôu iôu ché. »

TCHOUNG HOUEI TCHEU KAO. 1. Tch'êng T'āng fáng Kiĕ iū Nàn tch'aô, wêi

périra-t-il? (Pourvu que tu périsses), nous consentons à périr avec toi. » Tel est le résultat de la conduite du prince de Hia. Moi, je dois marcher contre lui.

4. « Vous aiderez, j'espère, votre souverain à exécuter la sentence de condamnation portée par le ciel. Je vous récompenserai magnifiquement; n'en doutez pas, je ne manquerai pas à ma parole. Mais si vous ne répondez pas à mon appel, je vous mettrai à mort, vous, vos femmes et vos enfants; je ne ferai grâce à personne. »

CHAPITRE II. AVIS DE TCHOUNG HOUEI.

1. T'ang le Victorieux, après avoir relégué Kie à Nan tch'ao,

pereamus. » Hia facinora ejusmodi sunt. Nunc ego certe ibo.

· Kie répétait souvent qu'il était dans l'empire comme le soleil dans le monde, qu'il ne périrait que quand le soleil disparaîtrait de l'univers. Le peuple faisait allusion à ces paroles.

4. « Vos, spero, adjuvabitis me unicum (i. e. supremum) virum, ut perficiam cœli punitionem. Ego ipse magnopere remunerabor vos; vestrum nemo non credat, ego non fallam fidem. Si vos non obsequemini monitionis dictis, ego inde cum uxoribus ac liberis occidam vos; nullus erit cui pœnam condonem. »

食言，言已出而反吞之也、哀二十五年左傳、孟武伯惡郭重曰、何肥也、公曰、是食言多矣、(欽定書經) Cheu ien, manger sa parole, comme si l'on disait, retirer et avaler une parole, après l'avoir émise. On lit dans les commentaires de Tsouo K'iou ming, vingt-cinquième année du prince Ngai : « Meng Ou pe, qui haïssait Kouo Tchoung, dit: Comment a-t-il cet embonpoint? — Le prince répondit: C'est qu'il mange beaucoup de paroles (il manque souvent à sa parole). »

CHAPITRE II. Tchoung houei, ministre de T'ang, était fils de 奚仲 Hi tchóung, qui avait exercé la charge

于南巢、惟有
慙德曰、子恐
來世以台爲

口實、
(2)仲虺乃作
誥曰、鳴呼、惟
天生民有欲、
無主乃亂、惟
天生聰明時乂、
有夏昏德、
民墜塗炭、天
乃錫王勇智、
表正萬邦、纘

iòu ts'ân tĕ, iuĕ: «Iù k'òung lài chéu i i wêi k'eòu chéu.»

2. Tchóung houéi nài tsŏ kaó, iuĕ : «Oū hōu! wêi t'iēn chēng mîn iòu iŭ ; ôu tchòu nài louân. Wêi t'iēn chēng ts'ōung mîng chéu i. Iòu Hià houênn tĕ, mîn tchouéi t'òu t'àn. T'iēn nài sī wâng ioung tchéu, piaó tchéng wán pāng, tsouàn

avait honte de sa propre conduite (il craignait que sa vertu ne fût inférieure à celle de Iao et de Chouenn, et que la postérité ne l'accusât de révolte et d'usurpation). Il disait: «Je crains que dans les âges futurs mon exemple ne serve de prétexte pour confirmer des prétentions injustes.»

2. Alors Tchoueng houei exposa son avis en ces termes: «Oh! les hommes en naissant ont des passions que le ciel lui-même a mises dans leurs cœurs; quand ils ne sont pas gouvernés par un maître, ils vivent dans le désordre. Aussi le ciel fait naître des hommes d'une intelligence supérieure et les charge de diriger les autres. Le prince de Hia agissait d'une manière insensée,(et par sa tyrannie) précipitait le peuple au milieu de la fange et des charbons ardents. Le ciel vous a doué de force et de sagesse; puis il vous a créé empereur, et chargé de rétablir l'ordre dans tous les États par vos exemples et votre administration, et de continuer les œuvres

d'intendant des équipages impériaux 車正 kiū tchéng, et possédé la principauté de 薛 Sië, près de 滕縣 T'êng hién dans le Ien tcheou fou (Chan toung). On pense qu'il adressa son avis, non seulement à l'empereur, mais aussi à tout le peuple.

1. Victor T'ang, relegato Kie in Nan tch'ao, unice habebat pudorem de sua virtute. Dicebat: «Ego timeo ne futuræ generationes utantur me in sermonis confirmationem.»

武功成、故曰成湯 (蔡沉)
T'ang avait terminé heureusement son

expédition militaire. C'est pour cela qu'il est appelé T'ang le Victorieux.

Nan tch'ao était au nord-est de 巢縣 Tch'aô hién dans le 廬州府 Lôu tcheōu fóu (Ngan houei).

2. Tchoung houei tunc exposuit monitum, dixit: «Oh! equidem a cœlo procreati homines habent cupiditates; deficiente domino, statim perturbate agunt. At cœlum procreat acuto auditu acutoque visu (viros) qui regant. Qui tenebat Hia, cæca ratione agebat; populus inciderat in cœnum ardentesque carbones. Cœlum tunc donavit impera-

PART. III. — CH. II. AVIS DE TCHOUNG HOUEI.

禹舊服、茲率厥
典奉若天命、
(3) 夏王有罪矯
誣上天、以布命
于下、帝用不臧、
式商受命用爽
師。
(4) 簡賢附勢、
繁有徒、肇我邦
于有夏、若苗之
有莠、若粟之有
秕、小大戰戰罔
不懼于非辜、矧

Iù kióu fóu. Tzêu chouĕ kiuĕ tièn, fòung jŏ t'iēn ming.

3. « Hià wâng iòu tsouéi, kiaò ôu cháng t'iēn, ì póu míng iū hiá. Tí ióung pŏu tsāng ; chĕu Chāng cheòu míng, ióung chouàng kiuĕ chēu.

4. « Kièn hièn, fóu chéu, chĕu fân iòu t'òu. Tchaò ngò pāng iū iòu Hià, jŏ miaô tchēu iòu ióu, jŏ siū tchēu iòu pi. Siaò tá tchén tchén. Wàng pŏu kiú iū fēi

entreprises autrefois par le grand Iu. En suivant les règles tracées par Iu, vous serez fidèle au mandat que le ciel vous a confié.

3. « L'empereur Hia dans sa scélératesse prétextait faussement la volonté du ciel pour imposer à ses sujets sa propre volonté. Aussi le roi du ciel n'a pas approuvé sa conduite, et s'est servi du prince de Chang pour gouverner l'empire et éclairer la multitude du peuple.

4. « Un très grand nombre de personnes méprisaient la vertu et le talent, et flattaient le pouvoir. Notre principauté qui commençait à devenir puissante dans l'empire, parut (aux yeux de Kie) comme le faux millet qui croît au milieu de la moisson (et qu'il faut extirper), comme le grain vide qui est mêlé au bon grain (et doit en être séparé). Tous, grands et petits, nous tremblions. Chacun craignait pour les innocents (l'innocence était un crime). Nous craignions surtout pour notre prince

tori (tibi) fortitudinem ac prudentiam, ut exemplo doceres ac regimine componeres omnia regna, et prosequereris Iu antiqua facta. Ita sequens ejus leges, accepto obsequeris cœli mandato.

3. « Hia imperator habebat scelera, falso tribuebat cœlo (pravam voluntatem) ut diffunderet jussa in subditos. Rex (cœli) ideo non probavit; adhibuit Chang qui acciperet imperium, adhibuit (Chang) qui illustraret suam multitudinem.

4. « Quæ despiciebant probos prudentesque viros et adhærebant potentibus, vere plurimæ erant turbæ. Inchoatum nostrum regnum in habito Sinarum imperio videbatur in crescente segete habitum falsum milium, videbatur in frugibus habitum granum vacuum. Parvi et magni tremebamus. Nullus erat qui non timeret iis qui carebant culpa. Multo magis (timebamus tibi, imperator), quia nostri (imperatoris) virtus prædicata jam digna erat quæ audiretur.

聞予之德，言足聽

子之德，言足聽

（5）惟王不邇聲色，不殖貨利，惟德惟懋，賞用功，懋用人，惟已克寬克

（6）乃葛伯仇餉，初征自葛，東征西夷怨，南征北狄怨曰：奚獨後予，攸徂之民，室

kōu; chènn iŏu tchéu tě iên tsiŭ t'īng wênn.

5. « Wêi wâng pŏu éul chēng chě, pŏu chêu houó li. Tě meóu meóu kouān, kōung meóu meóu chǎng. Ióung jênn wêi ki, kǎi kouó pŏu lín. K'ŏ k'ouān, k'ŏ jênn. Tchāng sin tchaó mín.

6. « Nài Kǒ pě k'iǒu chǎng, tch'ôu tchēng tzéu Kǒ. Tōung tchēng, sī î iuén; nân tchēng, pě tí iuén. Iuě: « Hī tŏu heóu iŭ? » Iôu ts'ôu tchēu mín, chěu kiā

(pour vous) dont la vertu et la renommée attireraient l'attention des peuples.

5. « Prince, vous n'aimez ni les chants lascifs ni la volupté; vous n'amassez pas de richesses, ne cherchez pas votre intérêt. Aux grandes vertus vous donnez les grandes charges, et aux grands mérites les grandes récompenses. Vous accordez les emplois (aux hommes de talent, sans aucun sentiment d'envie), comme si leurs talents étaient les vôtres, et vous réparez volontiers vos erreurs. Vous savez être indulgent et bienfaisant. Vos brillantes vertus vous ont gagné la confiance de tout le peuple.

6. « Le prince de Ko avait maltraité (et dépouillé un enfant) qui portait des vivres (aux laboureurs dans les champs); vous avez commencé par Ko vos expéditions contre les mauvais princes. Quand vous portiez vos armes en orient, les tribus occidentales se plaignaient; quand vous alliez au midi, celles du nord murmuraient. Elles disaient: « Pourquoi nous laisse-t-il en dernier lieu? (pourquoi ne vient-il pas ici en premier lieu, afin de nous délivrer des tyrans)? » Dans les contrées où vous alliez, les maris

夏 la Chine. Voy. Part. I, Ch. II. 20.

5. « Equidem imperator non accedis (non sectaris) musicam, voluptatem; non congeris opes, lucrum. Virtuti magnæ magna munia; meritis ingentibus ingentia præmia. Adhibes homines quasi teipsum; corrigis errata non invitus. Potes esse indulgens, potes esse beneficus. Insignis (virtutibus) fidem facis universo populo.

6. « Revera Ko regulus postquam inimice egisset cum eo qui ferebat cibaria, cœpisti plectere a Ko. Dum in oriente plectebas, occidentales exteri querebantur; dum in austro plectebas, boreales exteri querebantur. Dicebant:

PART. III. — CH. II. AVIS DE TCHOUNG HOUEI.

以義制事，以禮 | 大德建中于民，昭 | 族乃離，王懷志自滿，九邦 | 惟懷德日新，萬邦 | (8) | 昌，固存邪乃其推 | 亡取亂侮亡 | 味遂賢兼弱攻 | 忠佑賢輔德顯 | (7) | 哉，之戴商厥惟舊 | 后后來其蘇民 | 家相慶日徯子

siăng k'ing, iuĕ: « Hî iû heóu; heóu lâi, k'i sôu. » Mîn tchêu tái Chāng, kiué wêi kióu tsāi.

7. « Ióu hiên, fóu tĕ, hiên tchōung, souéi leâng, kiĕn jŏ, kōung méi, ts'iŭ louán, òu wâng. T'ouêi wâng, kóu ts'uênn; pāng nài k'i tch'āng.

8. « Tĕ jĕu sīn, wán pāng wêi houâi; tchéu tzéu màn, kióu tsŏu nài li. Wàng meóu tchaō tá tĕ, kiĕn tchōung iŭ mîn, i i tchéu chéu, i li tchéu sīn; tch'ouêi

et leurs femmes se félicitaient mutuellement, et disaient: « Nous avons espéré la venue de notre prince; notre prince est venu, nous retrouvons la vie. » Le peuple a les yeux tournés vers le prince de Chang depuis longtemps.

7. « Aidez les princes capables, prêtez votre appui à ceux qui sont vertueux; mettez en honneur ceux qui sont loyaux, aplanissez les voies à ceux qui sont amis du devoir. Associez des collègues aux faibles, destituez les aveugles opiniâtres, retranchez les perturbateurs, punissez de mort ceux qui courent à leur perte. Si vous écartez ce qui est en voie de se perdre et affermissez ce qui tend à se conserver, tous les États seront florissants.

8. « Celui qui chaque jour se renouvelle dans la vertu, sera aimé de tous les peuples; celui qui est enflé d'orgueil, sera abandonné de toute sa parenté. Prince, efforcez-vous de vous signaler par de grandes vertus, faites que le peuple garde en toutes choses le juste milieu, réglez les affaires d'après les lois de la justice,

« Quare solos posthabet nos? » (Apud illos) quos adibas populos, uxores et viri mutuo gratulantes dicebant: « Exspectavimus nostrum regem; rex venit, ipsi reviviscimus. » Populus suspicit Chang, idque jamdiu. Cf. Meng tzeu, L. III, C. II, 5.

7. « Adesto bonis, adjuva virtute præditos, honoribus auge fideles, liberam præbe viam probis. Socios adde debilibus, expugna obcæcatos, aufer perturbatores, contemne (et occide) perditos. Si amovebis id quod perit et confirmabis id quod servatur, regna inde ipsa florebunt.

8. « Qui virtutem quotidie renovat, omnia regna quidem amabunt; qui animo seipsum inflat, novem gradus consanguineorum inde deserent. Rex, conare illustrare magnas virtutes,

制心垂裕後
昆子聞曰能
自得師者王
謂人莫己若
者亡好問則
自用則小
⑨鳴呼愼厥
終惟其始殖
有禮覆昏暴
欽崇天道永
保天命
①王歸自克
湯誥

iǔ heóu kouēnn. Iǔ wénn iuĕ : « Nêng tzéu tĕ chēu tchĕ wáng ; wéi jênn mouŏ
ki jŏ tchĕ wâng. Haó wénn, tsĕ iǔ ; tzéu ióung, tsĕ siaŏ. »

9. « Oū hōu ! chénn kiuĕ tchōung, wêi k'i chĕu. Chĕu iǒu li, fǒu houēnn paó ;
k'īn tch'ôung t'iēn taó, ióung paó t'iēn mìng. »

T'ANG KAO. 1. Wâng kouēi tzéu k'ŏ Hià, tchéu iū Pouŏ, tán kaó wán fāng.

réglez votre cœur d'après les convenances ; et les générations futures recueilleront abondamment (les fruits de vos vertus et de vos
travaux). J'ai entendu dire: «Celui qui sait (chercher et) trouver un
maître qui l'enseigne, possédera l'empire ; celui qui se vante de
n'avoir pas son semblable, périra. Celui qui aime à demander
conseil, grandira ; celui qui ne suit que son propre conseil, dé-
croîtra. »

9. « Oh ! celui qui veut bien finir, doit avoir soin de bien commencer. Aidez ceux qui remplissent fidèlement leur devoir, ren-
versez les insensés qui se dégradent eux-mêmes ; vous marcherez
ainsi avec respect dans la voie tracée et suivie par le ciel lui-
même, et vous conserverez à jamais son mandat. »

CHAPITRE III. PROCLAMATION DE T'ANG.

1. L'empereur, après sa victoire sur le prince de Hia, retourna

statue medium (i. e. quæ in medio stat
virtutem) in populo, ex æquitate compone negotia, ex decentia compone animum ; (virtutis tuæ effectus) defluent
abundanter futuris posteris. Ego audivi
dictum : « Qui potest ipse sibi invenire
magistrum, imperio potietur ; qui dicit
hominum nullum esse sibi similem,
peribit. Qui amat interrogare, inde
augebitur ; qui sui ipsius (consilio)
utitur, inde minuetur. »

九族 les parents qui portent le
même nom de famille, depuis le trisaïeul jusqu'au fils de l'arrière-petit-
fils inclusivement.

9. « Oh ! qui consulit suo fini, speciatim (attendat) suo initio. Excole qui
obsequuntur legibus, dejice stolidos
qui pessumdant (suam virtutem) ; reverenter observabis cœli viam, et in
perpetuum servabis cœli mandatum. »

CHAPITRE III. T'ang, après avoir
défait et chassé Kie, retourna à Pouo,
sa capitale, réunit tous les princes de

德(3)惟克若夷皇一眾爾(2)誕夏
作夏后綏有于上人明萬王告至
威王厥恒下帝詰聽方曰萬于
以滅獸性民降惟子有嗟方亳

2. Wâng iuĕ : « Tsiē ! éul wán fāng ioù tchóung, ming t'īng iù ĭ jênn kaó. Wêi houâng chảng ti kiáng tchōung iū hiá mîn. Jŏ, iòu hêng sing. K'ŏ soueī kiuĕ ioù wêi heóu.

3. « Hiá wâng miĕ tĕ, tsŏ wēi, i fôu iŏ iū éul wán fāng pĕ síng. Eùl wán fāng

à Pouo, et adressa une grande proclamation à tous les peuples de l'empire.

2. Il leur dit : « Oh ! vous, peuples de toutes les contrées, écoutez et comprenez bien les avis de votre souverain. L'auguste roi du ciel imprime la loi morale dans le cœur de tous les hommes. Ceux qui la suivent, conservent leur bon naturel. Leur constante persévérance dans l'observation de ses préceptes dépend du souverain.

3. « L'empereur Hia a étouffé ses bonnes qualités naturelles,

l'empire, leur renouvela l'investiture, et adressa au peuple une proclamation.

On distingue trois villes de Pouo ; à savoir, Pouo méridionale, qui était à quarante li de 歸德府 Kouēi tĕ fóu (Ho nan) dans la direction du sud-est, Pouo occidentale, qui était située dans le 偃師縣 Iĕn chēu hién (Ho nan fou), et Pouo septentrionale ou 景亳 King Pouŏ, qui était située dans le 考城縣 K'aŏ tch'êng hién (Kouei te fou).

Pouo du midi était la capitale de la principauté particulière de T'ang. C'est là qu'il retourna et réunit les princes après son expédition contre Kie. Plus tard il établit sa résidence à Pouo occidentale.

1. Imperator rediens ex victo Hia, advenit ad Pouo, magnopere monuit omnes regiones.

2. Imperator dixit : «Oh! vos omnium regionum habitæ gentes, clare audite

meum summi viri monitum. Equidem augustus cœli rex immittit medium in inferos homines ; qui obsequuntur, habent constantem naturam. Ut possint consistere in ejus præceptis, est regis.

天之降命、而具仁義禮智信之理、無所偏倚、所謂衷也、

Le ciel, en donnant l'existence à l'homme, met en son cœur des principes d'humanité, de justice, d'urbanité, de prudence et de bonne foi. Ces principes ne dévient ni dans un sens ni dans l'autre ; c'est pour cela qu'on les appelle 衷 le juste milieu.

3. « Hia imperator exstinxit virtutem, egit sæva, ita ut proferret vexationes in vos omnium regionum gentes. Vos omnium regionum gentes incurristis in ejus feras injurias, nec ferentes amarum venenum, conjunctim significastis innocentiam ad superos inferosque spiritus ac genios. Cœli lex est

敷虐于爾萬方百姓爾萬方百姓罹其凶害弗忍荼毒並告無辜于上下神祇天道福善禍淫降災于夏以彰厥罪（4）肆台小子將天命明威不敢赦敢用玄牡敢昭告

pĕ sing, li k'î hiôung hái, fŏu jĕnn t'ôu tŏu, ping kaó ôu kôu iū cháng hiá chĕnn k'î. T'iēn taó fŏu chén, houó in; kiáng tsāi iū Hiá, i tchāng kiuĕ tsouéi.

4. « Séu i siaó tzéu, tsiāng t'iēn míng, míng wēi, pŏu kàn ché. Kàn ióung

commis des cruautés, et étendu ses vexations sur vous, peuples de toutes les contrées. Sa barbare tyrannie exerçait parmi vous ses ravages comme un mortel poison. Ne pouvant la supporter, vous avez d'une commune voix représenté votre innocence et demandé secours aux esprits du ciel et de la terre. Le ciel se fait une loi de récompenser les bons et de punir les méchants; il a envoyé des calamités au prince de Hia, et montré par là que ce prince était coupable.

4. « Alors moi, petit enfant, étant chargé d'exécuter les ordres du ciel et la sentence de condamnation qui était manifeste, je n'ai pas osé faire grâce. Je me suis permis d'immoler un taureau noir,

fortunare bonos, infortunio punire malos; immisit calamitates in Hia, ita patefecit ejus scelera.

不可堪忍, 稱冤於天地鬼神, 以冀其拯己、屈原曰, 人窮則反本, 故勞苦倦極, 未嘗不呼天也, （蔡沉） Les peuples ne pouvant supporter (la tyrannie de Kie), adressaient leurs plaintes aux esprits du ciel et de la terre, dans l'espoir d'en obtenir du secours. K'iu iuen dit (ou plutôt, Dans l'histoire de K'iu iuen il est dit): « L'homme dans la détresse recourt aux auteurs de ses jours (au ciel, à ses parents). Quand il succombe sous le poids du travail, de la souffrance ou de la fatigue, il implore toujours le ciel. »

Ce passage que le commentateur cite seulement en partie, mérite d'être rapporté en entier. Le voici tel qu'on le trouve au livre 84 des Mémoires historiques de Seu ma Ts'ien (史記屈原傳): 夫天者、人之始也、父母者、人之本也、人窮、則反本、故勞苦倦極、未嘗不呼天也、疾痛慘怛、未嘗不呼父母也、L'homme tire son origine du ciel, et naît de ses parents comme l'arbre de sa racine. Dans la détresse, il retourne à sa racine (il recourt à ceux qui lui ont donné l'être). Ainsi, sous le poids du travail, de la souffrance ou de la fatigue, il invoque toujours le ciel. Dans la maladie, la douleur, le chagrin, l'affliction, il appelle toujours son père et sa mère.

4. « Inde ego, parvus filius, accipiens cœlestia jussa, manifestam severitatem, non ausus sum condonare. Ausus adhibere nigrum taurum, ausus clare

PART. III. — CH. III. PROCLAMATION DE T'ANG.

下慄慄危懼若　未知獲戾于上　寧爾邦家茲朕　(6) 俾予一人　木兆民允殖　命弗僭貢若草　民罪人黜伏　(5) 上天孚佑下　與爾有眾請命　聖與之戮力以　罪有夏聿求元　于上天神后請

hiuên meóu, kản tchaō kaó iū cháng t'iēn, chênn heóu, ts'ing tsouéi ioú Hià. Iŭ k'iôu iuên chéng ; iù tchêu lŏu lǐ,i iú éul ioú tchóung ts'ing ming.

5. « Cháng t'iēn fōu ioú hiá mín ; tsouéi jênn tch'ŏu fŏu. T'iēn ming fŏu tsiēn ; pi jŏ ts'aŏ mŏu. Tchaó mín iún chêu.

6. « Pěi iú ǐ jênn tsī gnîng éul pâng kiâ. Tzēu tchénn wéi tchêu houĕ li iū cháng hiá. Lǐ lǐ wéi kiú, jŏ tsiāng iún iū chênn iuên.

et d'annoncer mon dessein au roi du ciel et à l'esprit de la terre, les priant de m'aider à châtier le prince de Hia. Ensuite je leur ai demandé un grand sage; et j'ai uni mes efforts aux siens, pour que le ciel vous conservât la vie, à vous peuples de tous pays.

5. « Le ciel se montre vraiment secourable aux peuples de la terre; le coupable a été dégradé et terrassé. Le ciel ne se trompe jamais dans ses dispositions; cette vérité brille comme les fleurs au printemps. Aussi tous les peuples reprennent vie.

6. « Le ciel m'a constitué souverain, et m'a donné de rétablir l'union et la tranquillité dans vos principautés et vos familles. En accomplissant cette œuvre, peut-être ai-je commis quelque faute envers les esprits du ciel et de la terre. (Dans la charge qui m'est confiée),

monere supernum cœlum et spiritualem reginam, i. e. telluris spiritum, rogavi pœnam ei qui tenebat Hia. Deinde rogavi magnum sapientem; cum eo conjunxi vires, ut vobis habitis gentibus rogarem (et impetrarem) vitam.

蔡氏卞曰，以天子告萬方，故稱予一人，對上帝而言，故稱台小子, Ts'ái Pién dit: « L'empereur s'adressant au peuple en qualité de Fils du ciel, s'appelle l'homme unique et sans égal. Quand il parle comme en présence du roi du ciel, il s'appelle petit enfant.

Les Hia avaient adopté la couleur noire et immolaient des victimes de cette couleur. T'ang suivit cet usage.

Le grand sage que le ciel donna pour aide à T'ang fut 伊尹 Ǐ in. Voy. le chapitre suivant.

5. « Superum cœlum vere opitulatur inferis hominibus; scelestus homo destitutus prostratus est. Cœleste numen non aberrat; splendet velut herbæ et arbores. Universus populus vere vivit.

6. « (Cœlum) fecit ut ego summus vir conjungens tranquillarem vestra regna ac domos. In hoc non scio an

將隊于深淵.

〔7〕凡我造邦無從匪彝無卽慆淫各守爾典以承天休

爾有善朕弗敢蔽罪當朕躬弗敢赦惟簡在上帝之心其爾

萬方有罪在予一人予一人

7. « Fàn ngǒ tsaó pāng, òu ts'ôung féi î, ôu tsǐ t'aō în. Kǒ cheŏu éul tién, i tch'êng t'iēn hiôu.

8. « Eùl iǒu chén, tchénn fǒu kàn pi ; tsouéi tāng tchénn kōung, fǒu kàn tzéu ché. Wéi kién tsái cháng tí tchēu sīn. K'î éul wán fāng iǒu tsouéi, tsái iû ǐ jênn ;

je crains et tremble à la vue du danger, comme si j'étais sur le point de tomber dans un abîme profond.

7. « Vous tous, princes dont j'ai confirmé l'investiture, évitez tout acte contraire aux lois, ne cherchez ni le repos ni les plaisirs. Observez chacun vos règlements, pour mériter les faveurs du ciel.

8. « Je ne me permettrai pas de laisser dans l'ombre vos mérites (je les récompenserai par des distinctions) ; je ne me permettrai pas non plus de me pardonner mes fautes. Je m'appliquerai à voir le bien et le mal tels qu'ils apparaissent dans le cœur du roi du ciel (mes jugements seront conformes à ceux du ciel). Les fautes que vous commettrez, peuples de toutes les contrées,

admiserim culpam in superos inferosque (spiritus). Tremebundus periclitans formido, quasi modo delapsurus in altum gurgitem.

7. « Quotquot ego condidi (i. e. denuo concessi) regna, (in illis vos, reguli), ne sectemini contraria legibus, ne accedatis ad otium et oblectamenta. Singuli servate vestra statuta, ut accipiatis cœli beneficia.

8. « Quæ vos habebitis bona, ego non audebo celare ; culpas quæ erunt in me ipso, non audebo ipse mihi condonare. Unice inspiciam exstantia in superi regis animo. Quas vos universæ gentes habebitis culpæ erunt in me summo viro. Quas ego summus vir habebo culpæ non attingent vos universas gentes.

朱子曰、善與罪、天皆知之、如天檢點數過相似、爾之有善也、在帝心、我之有惡也、在帝心、(欽定書經傳說) Tchou Hi dit : « Tous les actes, bons ou mauvais, sont connus du ciel, comme si le ciel les avait examinés, notés et comptés. Vos bonnes actions seront représentées dans le cœur du ciel ; mes mauvaises actions seront aussi représentées dans le cœur du ciel. »

天以天下付之我、則民之有罪、實君所爲、君之有罪、非民所致、(蔡沈), Le ciel m'a confié le gouvernement de la terre. En conséquence, les fautes commises par le peuple seront réellement commises par moi qui suis le souverain. Mais celles

PART. III. — CH. IV. ENSEIGNEMENTS DE I IN.

人有罪、無以
爾萬方、
(9) 嗚呼、尚克
時忱乃亦有
終、

(1) 惟
元
祀
十
有二月乙丑、
伊尹
祠于
先王、
奉嗣王祇
見厥祖、侯甸
羣后咸在、百
官總己以聽

iû ĭ jênn iòu tsouéi, ôu i éul wǎn fāng.

9. « Oū hōu ! cháng k'ŏ chêu chênn, nài ĭ iòu tchōung. »

I HIUN. 1. Wéi iuên séu, chěu ióu éul iuě ĭ tch'eòu, Ĭ In sêu iū siēn wâng, fòung séu wâng tchêu hién kiuě tsòu. Heóu tién k'iûn heòu hién tsái. Pě kouān

retomberont sur moi votre souverain. Mais les fautes de votre souverain ne vous seront nullement imputables.

9. « Oh! nous pourrons, j'espère, remplir fidèlement nos devoirs, et nos efforts seront toujours couronnés de succès. »

CHAPITRE IV. ENSEIGNEMENTS DE I IN.

1. La première année (du règne de T'ai kia), au douzième mois (selon le calendrier des Hia), le deuxième jour du cycle, I In fit des offrandes à (T'ang) l'empereur défunt, et présenta respectueusement le nouvel empereur à son aïeul. Les princes du territoire féodal et du domaine impérial étaient tous présents. Les officiers de tout rang, qui remplissaient les devoirs de leurs charges sous la direction du premier ministre (I In, se trouvaient aussi commises par le souverain ne seront pas l'œuvre du peuple.

林氏之奇曰、民之有罪、是爲君者、敎之不至、 Lin Tcheu k'i dit: « Si le peuple commet des fautes, c'est que le prince ne l'a pas bien instruit. »

9. « Oh! spero, poterimus illa vere (efficere); inde et habebimus exitum, i. e. felicem cursum habebimus usque ad finem seu in perpetuum. »

CHAPITRE IV. Enseignements donnés par le sage 伊尹 Ĭ In, ministre de T'ang, au jeune empereur 太甲 T'ái kiǎ, petit-fils et successeur de T'ang.

(1753-1720).

1. Primo anno, decimo et secundo mense, secundo diurni cycli die, I In sacra fecit decessori imperatori, offerens successorem imperatorem reverenter produxit coram ejus avo. Regulorum territorii et imperialis territorii omnes reguli simul aderant. Varii præpositi præerant suis (muniis) ex audito summo imperii ministro. I In tunc clare elocutus est benemeriti avi perfectam virtutem, ut doceret imperatorem.

Sous les Hia, comme sous la dynastie actuelle, l'année civile commençait avec le deuxième mois lunaire après

冢宰，伊尹乃
明言烈祖之
成德以訓于
王、
(2)曰，嗚呼古后，方
有夏先后，方
天災厥德罔有
神、亦莫山川不寧、
曁鳥獸魚鼈、
咸若。于其子
孫弗率皇天
降災、假手于

tsòung ki, i t'īng tchòung tsái. Ĭ Ĭn nài ming iên liĕ tsòu tchêu tch'êng tĕ, i hiún iû wâng.

2. Iuĕ : « Oū hōu ! Kòu iòu Hiá siēn heóu, fāng meóu kiuĕ tĕ ; wàng iòu t'iēn tsāi. Chān tch'ouēn kouéi chênn ĭ mouŏ pŏu gnìng. Ki gniaŏ cheòu iû piē hiēn jŏ. Iû k'î tzèu suēnn fŏu chouĕ, houâng t'iēn kiáng tsāi. Kiă cheòu iû ngŏ iòu

réunis). I In, pour l'instruction du jeune empereur, rappela en termes clairs les vertus de (T'ang) son illustre aïeul.

2. Il dit : « Oh ! les anciens princes de Hia cultivaient constamment leurs vertus naturelles, et le ciel n'envoyait aucune calamité. Les esprits des montagnes et des fleuves étaient tous contents. Les oiseaux, les quadrupèdes, les poissons, les tortues, tous les animaux jouissaient du bien-être. Dès que le descendant de ces princes abandonna leurs traces, l'auguste ciel envoya des calamités. (Pour punir Kie), il emprunta le bras de (T'ang) notre prince et lui donna l'empire. (De la part de Kie), l'attaque commença à Ming t'iao ; de notre part, elle commença à Pouo ; (c.-à-d., ce fut à Ming t'iao que Kie, par ses débauches et ses crimes, s'attira

celui où tombait le solstice d'hiver. Les Chang firent commencer l'année civile un mois plus tôt. Le douzième mois de l'année des Hia était donc le premier de celle des Chang.

乙丑 est la deuxième des soixante dénominations du cycle. Il est impossible de savoir quel jour du mois lunaire correspondait à ce deuxième du cycle des jours. Ts'ai Tch'enn pense que ce n'était pas le premier du mois, parce qu'il n'est pas appelé 朔 chouŏ.

I In conduisit T'ai kia devant la tablette de T'ang, son aïeul, le présenta à T'ang, et lui annonça que son petit-fils allait inaugurer son règne.

侯甸 Voy. Part. I, Ch. V. 8, p. 56.

2. Dixit : «Oh ! qui antiquitus tenebant Hia priores reges constanter excolebant suas virtutes ; nulla erat e cœlo calamitas. Ex montium fluviorumque spiritibus etiam nullus non erat contentus. Et aves, quadrupedes, pisces, testudines omnes obsequebantur (suæ naturæ, i. e. commode vivebant). Ex quo illorum progenies non secuta est (illorum vestigia), augustum cœlum demisit calamitates. Mutuatum est manum a nostro (regulo T'ang) qui habuit mandatum. Incepit impugnationis (causa) a Ming t'iao ; nos incepimus a Pouo.

方 règle constante, constamment.

PART. III. — CH. IV. ENSEIGNEMENTS DE I IN.

我有命造攻自
嗚條朕哉自毫
⑶惟我商王布
昭假爾代虐以
⑷今王嗣厥德愛
罔不在初立長
惟親立敬惟
始于家邦終于
⑸嗚呼先王肇
修人紀從諫弗
咈先民時若居

miug. Tsaŏ kōung tzéu Mìng t'iaŏ ; tchénn tsāi tzéu Pouŏ.

3. « Wěi ngŏ Chāng wâng pŏu tchaŏ chéng òu. Tái iŏ i k'ouân, tchaŏ min iŭn houái.

4. « Kīn wâng séu kiuĕ tĕ. Wàng pŏu tsāi tch'ōu. Lĭ ngái wèi ts'īn ; lĭ king wèi tchâng. Chéu iŭ kiā pāng ; tchōung iŭ séu hāi.

5. « Oū hōu ! siēn wâng tchaŏ siōu jēnn ki. Ts'ōung kién fŏu fŏu ; siēn min

les châtiments du ciel, et ce fut à Pouo que T'ang, notre prince, mérita par ses vertus, d'être l'instrument de la justice du ciel).

3. « Notre prince de Chang, futur empereur, signala partout avec éclat sa valeur militaire tempérée par la plus grande sagesse. Il substitua sa bonté indulgente à la tyrannie de Kie; tout le peuple lui voua une sincère affection.

4. « Maintenant, prince, vous devez soutenir l'héritage de ses vertus. Tout dépend de votre commencement. Pour faire régner l'affection mutuelle, aimez vos proches; pour faire régner le respect mutuel, respectez ceux qui sont plus âgés que vous. Commencez par votre famille et votre domaine particulier; l'influence de vos exemples finira par s'étendre jusqu'aux rivages des quatre mers.

5. « Oh ! l'empereur votre prédécesseur, (lorsqu'il n'était encore que chef d'une principauté particulière), s'appliqua d'abord à observer lui-même et à faire observer les grandes lois des relations sociales. Il déférait sans résistance aux représentations qui lui

嗚條 où Kie avait sa résidence, était au nord de 安邑縣 Ngān ī hién dans le 解州 Kiái tcheōu (Chan si). 亳 était au sud de 歸德府 Kouēi tĕ fŏu dans le Ho nan. 哉 commencer.

3. « Equidem noster Chang imperator diffundens insignivit sapientissimam fortitudinem militarem. Loco tyrannidis adhibuit clementiam; universus populus vere amavit.

4. « Nunc imperator succedit ejus virtutibus. Nihil non pendet ab initio. Ut statuas amorem, unice ames propinquos; ut statuas reverentiam, unice reverearis natu majores. Incipiens a domo et regno, tandem attinges ad quatuor maria.

5. « Oh! decessor imperator incepit curare hominum leges. Obsequebatur monitis non renitens; priores homines

上克明，爲下克
忠與人不求備，
檢身若不及，以
至于有萬邦，兹
惟艱哉！
(6) 敷求哲人，俾
輔于爾後嗣。
(7) 制官刑，儆有
位，曰：敢有恆
舞于宮，酣歌
室，時謂巫風，敢
有殉于貨色，恆
于遊畋，時謂淫

chéu jŏ. Kiū cháng k'ŏ ming, wêi hiá k'ŏ tchōung. Iŭ jênn, pŏu k'iôu péi ; kièn chēnn jŏ pŏu ki. Ĭ tchéu iū iòu wân pāng. Tzēu wêi kiēn tsāi !

6. « Fôu k'iôu tchĕ jênn, péi fóu iū éul heóu séu.

7. « Tchéu kouān hîng, king iū iôu wéi, iuĕ : « Kàn iòu hêng ôu iū kōung, hân kō iū chĕu, chéu wéi ôu fōung. Kàn iòu siùn iū houó chĕ, hêng iū iòu t'iēn, chéu

étaient adressées, et prenait pour modèles les anciens sages. Dans le gouvernement de ses sujets, il se signala par sa perspicacité; dans ses rapports avec son souverain, il se signala par sa fidélité. Il aimait à reconnaître le bien qui était dans les autres, et n'exigeait pas qu'ils fussent absolument parfaits. Il se commandait à lui-même, et paraissait toujours craindre de ne pas le faire avec assez de sévérité. Il parvint ainsi à ranger tous les peuples sous ses lois. Mais que d'efforts il dut faire !

6. « Il chercha partout des sages qui vous aidassent à bien gouverner, vous ses descendants et ses successeurs.

7. « Il statua des châtiments pour punir les officiers, et donna les avis suivants aux hommes constitués en dignité : « Se permettre d'avoir toujours des chœurs de pantomimes dans le palais ou des chanteurs ivres dans la maison, cela s'appelle imiter les sorcières (qui dansent et chantent en l'honneur des esprits). Se permettre de courir après les richesses ou les plaisirs lascifs, donner tout son temps aux voyages d'agrément ou à la chasse, cela

illos imitabatur. Occupans summum locum, præstitit perspicacitate; dum esset subditus, præstitit fidelitate. Agnoscebat hominum (dotes), non requirens eos omni ex parte perfectos. Coercebat seipsum, quasi (timens ne) non posset assequi. Ita assecutus est ut potiretur omnibus regnis. Illud quidem quam fuit difficile!

6. « Late quæsivit sapientes viros,

ut adjuvarent vos posteros successores.

7. « Statuit præpositorum pœnas, et deterrens qui habebant dignitates, dixit: « Audere habere perpetuos mimos in palatio, ebrios cantores in domo, illi dicuntur sagarum mores. Audere committere ut quæratis divitias, voluptatem, ut sitis constanter in excursionibus, venationibus, illi dicuntur dissoluti mores. Audere committere ut con-

風敢有侮聖言逆
忠直遠者德比頑
童時謂亂風士惟茲
三風十愆卿士有
一于身家必喪邦
君有一于身國必
亡臣下不匡其刑
墨具訓于蒙士
(8) 嗚呼嗣王祇厥
身念孔彰聖謨洋洋
嘉言孔彰惟上帝
不常作善降之百
祥作不善降之百

wéi în fōung. Kàn iòu òu chéng iēn, ǐ tchōung tchéu, iuén k'i tě, pi wân t'òung, chéu wéi louán fōung. Wéi tzéu sān fōung chéu k'iēn, k'īng chéu iòu ǐ iū chēnn, kiā pǐ sàng ; pāng kiūn iòu ǐ iū chēnn, kouŏ pǐ wàng. Tch'ênn hiá pŏu k'ouāng, k'i hìng mě. Kiú hiùn iū mông chéu. »

8. « Oū hōu ! séu wàng tchéu kiuě chēnn, gniên tsai. Chéng mòu iâng iâng, kiā iên k'òung tchāng. Wéi cháng ti pŏu tch'àng. Tsŏ chén, kiáng tchéu pě

s'appelle mener une vie licencieuse. Se permettre de mépriser les maximes des sages, faire de l'opposition aux hommes loyaux et sincères, écarter les vieillards vertueux, vivre familièrement avec des jeunes gens effrontés, cela s'appelle tenir une conduite déréglée. Des dix défauts compris sous ces trois catégories, un seul dans un ministre d'État suffit pour ruiner sa maison; un seul dans un prince suffit pour lui faire perdre ses États. Si un ministre (voyant l'un de ces défauts dans son prince) néglige de lui adresser des représentations, qu'il soit marqué au front. Que cet enseignement soit inculqué aux jeunes gens dès le commencement de leurs études. »

8. « Oh! vous qui lui succédez, prince, observez pour vous-même (cet enseignement de votre aïeul); réfléchissez-y bien. Les conseils des sages ont une grande portée ; leurs excellents préceptes sont très clairs. La conduite du roi du ciel n'est pas invariable. Il envoie toutes sortes de faveurs à celui qui fait le bien, et toutes sortes de

temnatis sapientium dicta, ut adversemini fidelibus ac rectis, ut amoveatis grandævos virtute præditos, ut consuetudinem habeatis cum procacibus juvenibus, illi dicuntur perturbati mores. Atqui ex illius triplicis generis morum decem vitiis (modo dictis) si regni minister habeat unum in se, domus certo peribit. Si regni rector habeat unum in se, regnum certo amittetur. Si minister subditus (regi) non corrigat (illa vitia in rege), ejus pœna sit stigma. Omnino tradatur rudibus scholaribus. » 家 domaine concédé à un grand préfet ou à un ministre d'État pour l'entretien de sa maison.

8. « Oh! successor imperator observet in se ipso (illa documenta) et

殃爾惟德罔
爾萬邦惟慶
小邦惟德罔

大墜厥宗
太甲上

(1) 惟嗣王不
惠于阿衡
曰伊尹作書
(2) 天之明命以
承上下神祇
社稷宗廟罔
不祇肅天監

siàng ; tsŏ pŏu chén, kiáng tchēu pĕ iāng. Eŭl wêi tĕ, wáng siaò ; wán pāng wêi k'ing. Eùl wêi pŏu tĕ, wáng tá ; tchouéi kiuĕ tsōung. »

T'AI KIA CHANG. 1. Wêi séu wáng pŏu houéi iū ngō héng.

2. Ī Ĭn tsŏ chōu iuĕ : « Siēn wàng kóu chéu t'iēn tchēu míng míng, i tch'éng cháng hiá chênn k'ì, ché tsĭ tsōung miaó ; wáng pŏu tchéu siŭ. T'iēn kién kiuĕ malheurs à celui qui fait le mal. Ne négligez aucune bonne action, quelque petite qu'elle soit, et vous rendrez tous les peuples heureux. Évitez toute mauvaise action, grande ou petite ; sinon, vous renverserez les temples de vos ancêtres (vous perdrez votre dynastie). »

CHAPITRE V. T'AI KIA.

ARTICLE I.

1. Le nouvel empereur (T'ai kia) ne suivit pas les conseils donnés par le premier ministre (I In, et rapportés dans le chapitre précédent).

2. I In composa (et présenta à T'ai kia) un mémoire ainsi conçu : «(T'ang), votre prédécesseur, consultant toujours la lumière de la raison que le ciel lui avait donnée, servait les esprits du ciel et de la terre, les génies protecteurs du territoire et des

recogitet. Sapientium consilia late patent, eximia dicta valde clara sunt. At cœli rex non semper idem. Qui facit bona, demittit ei omnis generis felicia ; qui facit mala, demittit ei omnis generis infortunia. Tu in bonis actionibus ne discernas parva ; omnes gentes felices erunt. Tu in malis actionibus ne discernas magna ; deciderent ista gentilicia delubra. »

CHAPITRE V. — ARTICLE I. 1. At successor imperator non obsecutus est summo regni ministro.

阿衡 étai et balance : titre donné au premier ministre, parce qu'il est la colonne et la balance de l'État.

2. I In composuit libellum in quo dixit : « Decessor imperator respiciebat ab illo cœlo intelligentem facultatem inditam, ut coleret superos inferosque spiritus ac genios, terræ spiritus, frugum spiritus, avorum tabellas ; nullum non honorabat reverenter. Cœlum videns ejus virtutem, ideo contulit

厥祖、辟不辟忝
厥辟戒哉祇爾
嗣王相亦罔終
有終嗣相亦罔克終
其後嗣相亦惟
有終相夏自周
于惟尹躬先見
(3) 承基緒
宅師、肆嗣王丕
躬克左右厥辟
撫綏萬方惟尹
厥德用集大命、

tě, ióung tsï tá ming, fòu souêi wàn fāng. Wêi Ïn kōung k'ŏ tsouó ióu kiuĕ pĭ tchě chēu. Séu séu wàng p'êi tch'êng kī siú.

3. « Wêi Ïn kōung siên kién iŭ sī ĭ Hià, tzéu tcheōu ióu tchōung ; siáng ĭ wêi tchōung. K'i heóu séu wàng wàng k'ŏ ióu tchōung ; siáng ĭ wàng tchōung. Séu wàng kiái tsāi. Tchēu êul kiuĕ pĭ. Pĭ pŏu pí, t'iên kiuĕ tsòu. »

grains et les mânes de ses ancêtres ; il les honorait tous avec respect. Le ciel voyant sa vertu, réunit le souverain pouvoir en sa personne, afin qu'il donnât ses soins et procurât la tranquillité à toutes les nations. Moi In, j'ai aidé mon souverain à assurer la paix du peuple. Ensuite il vous a été donné de lui succéder et de continuer la grande œuvre qu'il a commencée.

3. « En remontant au passé, je vois que les anciens souverains de la dynastie des Hia, dans leur capitale située à l'ouest de la nôtre, furent fidèles à remplir leurs devoirs et heureux jusqu'à la fin ; et leurs ministres le furent aussi. Ensuite leurs successeurs ne furent ni vertueux ni heureux jusqu'à la fin ; leurs ministres ne le furent pas non plus. Prince, en succédant à l'empire, prenez garde. Ayez grand soin de bien exercer la souveraineté. Constitué souverain, si vous ne remplissez pas les devoirs d'un souverain, vous déshonorerez votre aïeul. »

summum imperium, ut fovens tranquillaret omnes regiones. Et In ipse potuit adstans adjuvare suum regem ad stabiliendum populum. Inde successor imperator late suscepit conditi (imperii) continuationem.

諟 ancienne forme de la lettre 是 chéu.

3. « At In ipse (recordans) priora tempora, aspicio ad occidentalis metropolis Hia imperatores: per fidelitatem assecuti sunt ut finirent (bene ac feliciter); regni ministri etiam pariter finiverunt (bene ac feliciter). Illorum posteri successores imperatores non potuerunt assequi ut finirent (bene ac feliciter); regni ministri etiam non finiverunt (bene nec feliciter). Successor imperator, caveas. Reverenter cura tuum istud regimen. Rex nisi regat, dedecorabit suum avum. »

安邑 Ngān ĭ, capitale des Hia, est dans le 解州 Kiái tcheōu (Chan si), et par conséquent à l'ouest de 亳 Pouŏ,

欽厥止牽乃祖
省括于度則釋
(7)若虞機張往
懷永圖
(6)慎乃儉德惟
覆。
無越厥命以自
俊彥啟迪後人、
坐以待旦旁求
先王昧爽丕顯。
(5)伊尹乃言曰、
聞。
(4)王惟庸罔念

4. Wàng wéi ioung, wàng gnién wênn.

5. Ĭ Ĭn nài ién iuĕ : « Siēn wàng méi chouàng p'ēi hiền, tsouó i tái tản. P'àng k'iôu tsiún ién, k'i tǐ heóu jênn. Où iuĕ kiue míng, i tzéu fóu.

6. « Chénn nài kién tĕ. Wéi houài ioung t'ôu.

7. « Jŏ iû kī tchāng, wàng sing kouŏ iū tóu, tsĕ chĕu ; k'ĭn kiuĕ tcheŭ, chouĕ nài tsòu iòu hĭng. Wéi tchénn i Ĭ ; wán chéu iòu sêu. »

4. L'empereur (T'ai kia) n'attacha aucune importance (aux avis contenus dans le mémoire de I In), et ne voulut ni les méditer ni les examiner.

5. I In lui dit de vive voix : « (T'ang) votre prédécesseur, dès le crépuscule du matin, avait l'esprit éclairé de grandes pensées ; et s'asseyant, il attendait le jour (pour les mettre à exécution). Il cherchait autour de lui des hommes remarquables par leurs talents et leurs vertus, pour instruire et guider ses descendants. Craignez de rendre inutiles les ordres qu'il a donnés à cet égard, et de vous perdre ainsi vous-même.

6. « Appliquez-vous à vous maîtriser vous-même. Prenez des résolutions qui durent longtemps.

7. « Imitez l'inspecteur des forêts, qui, après avoir tendu le ressort de son arbalète, examine toujours si la flèche est encochée selon les règles, avant de lâcher la détente. De même déterminez

capitale des Chang située dans le 歸德府 Kouēi tĕ fou (Ho nan).

4. Imperator unice parvifecit (I In libellum), nec recogitans cognovit.

5. I In tunc verbis dixit : « Decessor imperator, obscuro cœptæ lucis, magnopere illustrabatur (intellectu) ; sedebat ut exspectaret matutinam lucem. A lateribus quærebat dotibus præstantes ornatosque, qui docerent ac ducerent posteros viros. Ne evertas ejus mandatum (de quærendis sapientibus viris), ita ut teipsum dejicias.

6. « Cura tuam moderationis virtutem. Unice cogita diuturna consilia.

7. « Sicut silvæ curator, machina intenta, semper inspicit an crena juxta regulam (aptata sit), et tunc laxat (machinam) ; reverenter statue tuum scopum, sequere tuus avus quæ egit. Et me ita gaudio afficies, omnibus ætatibus habebis laudes. »

攸行惟朕以
懌萬世有辭
(8)王未克變
(9)伊尹曰茲
乃不義習彼
性成子弗狎與
于桐宮密邇先
王其訓無俾
世迷
(10)王徂桐宮
居憂克終允
德

8. Wâng wéi k'ŏ piĕn.
9. Ĭ Ĭn iuĕ : « Tzĕu nái pŏu i ; sī iŭ sing tch'êng. Iŭ fŏu hiă iŭ fŏu chouénn. Ĭng iŭ T'ôung kôung, mĭ êul siēn wâng k'i hiŭn, ôu péi chéu mi. »
10. Wâng ts'ôu T'ôung kôung, kiū iôu, k'ŏ tchōung iŭn tĕ.

avec soin votre but, et suivez les traces de votre aïeul. Je serai dans la joie, et tous les âges vous loueront. »

8. L'empereur ne put encore se résoudre à changer de conduite.

9. I In se dit en lui-même : « Sa conduite est inique ; en lui la mauvaise habitude corrompra la nature. Je ne le laisserai plus vivre dans la familiarité d'hommes vicieux (ou, d'après Tchou Hi, je ne puis vivre familièrement avec un prince vicieux). Je construirai un palais à T'oung (et l'y enfermerai), afin qu'il s'instruise auprès de (la tombe de T'ang) son prédécesseur, et ne reste pas toute sa vie dans l'aveuglement. »

10. L'empereur se rendit au palais de T'oung, y passa le temps du deuil, et devint sincèrement vertueux.

括 Kouŏ, extrémité ou coche d'une flèche. 機 Kī, ressort ou noix d'une arbalète. 掌山澤者謂之虞 (周禮疏) On appelle *iu* l'inspecteur des montagnes et des lacs.

8. Imperator nondum valuit mutare.

9. I In dixit (in animo) : « Illud quidem non est rectum ; consuetudo et natura fiunt, i. e. consuetudine invalescente, natura fit prava. Ego non sinam familiariter vivere cum non obsequentibus (rectæ rationi). (Ita Ts'aï Tch'enn. At Tchou Hi hoc modo interpretatur : Ego non consuetudinem habebo cum imperatore non obsequente rectæ ra-tioni). Exstruam in T'oung loco palatium, ut valde prope decessorem imperatorem ille doceatur, nec sinam tota vita hallucinari. »

桐 T'ôung, lieu de sépulture de T'ang situé dans le 榮河縣 Hiôung hô hién (département de P'ou tcheou fou, province de Chan sī).

10. Imperator ivit in T'oung palatium, mansit lugens, potuit perficere veras virtutes.

T'aï kia, après la mort de T'ang, son aïeul et son prédécesseur immédiat, porta le deuil durant trois ans suivant l'usage.

太甲中

(1) 惟三祀、十有
二月朔、伊尹以
冕服奉嗣王歸
于亳。

(2) 作書曰、民非
后、罔克胥匡以
生、后罔非民
罔以辟四方、皇天眷
佑有商、俾嗣王
克終厥德、實萬
世無疆之休。

(3) 王拜手稽首

T'AI KIA TCHOUNG. 1. Wêi sān séu, chĕu ióu éul iuĕ chouŏ, Ĭ In i miĕn fŏu, fóung séu wàng kouêi iū Pouŏ.

2. Tsŏ chōu iuĕ : « Mîn fêi heóu wàng k'ŏ siū k'ouāng i chēng ; heóu fêi mîn wàng i pĭ séu fāng. Houáng t'iēn kiuén ióu iòu Chāng, péi séu wàng k'ŏ tchōung kiuĕ tĕ, chĕu wán chéu òu kiāng tchéu hiōu. »

3. Wáng pái cheóu k'i cheóu, iuĕ : « Iù siaó tzéu pŏu mîng iū tĕ, tzéu tchéu pŏu

ARTICLE II.

1. La troisième année (du règne de T'ai kia), le premier jour du douzième mois lunaire, I In, prenant avec lui le bonnet de cérémonie et les vêtements impériaux, alla inviter le jeune empereur à revenir, et le ramena à Pouo (sa capitale).

2. Il composa un mémoire conçu en ces termes : « Un peuple sans souverain ne peut se gouverner lui-même, ni se procurer les choses nécessaires. Un souverain sans peuple ne peut exercer son autorité sur rien dans toute l'étendue de ses États. L'auguste ciel, favorable à la maison de Chang, vous a donné de succéder à l'empire et de devenir vertueux ; c'est un bienfait auquel participeront sans cesse toutes les générations futures. »

3. L'empereur se prosternant, inclina la tête d'abord jusqu'à

ARTICLE II. 1. Et Tertio anno, decimi et secundi mensis primo die, I In adhibens regium pileum et vestes, ivit invitatum successorem imperatorem, ut rediret Pouo.

奉 Fóung signifie 迎 ing aller au-devant, aller inviter. Le temps du deuil étant écoulé, T'ai kia reprit les vêtements de cérémonie qui lui furent présentés par I In.

2. Composuit libellum dicens : « Homines, deficiente rege, non possunt invicem dirigere ut vivant. Rex, deficientibus hominibus, non habet quod regat in quatuor regionibus. Augustum cœlum, quod propitium adest tenenti Chang domui, fecit ut successor imperator posset perficere suas virtutes ; vere est omnium ætatum sine fine felicitas. »

3. Imperator, capite demisso ad manus, demisso ad terram capite, dixit: « Ego parvus filius, non perspicax in

曰子小子不明于德自底不類欲敗度縱敗禮以速戾于厥躬天作孽不可違自作孽不可逭既往背師保之訓弗克于厥初尚賴匡救之德圖惟厥終④伊尹拜手稽首曰修厥身允德協于下惟明后⑤先王子惠困窮

léi ; iŭ pái tóu, tsóung pái li, i sŏu li iŭ kiuĕ kōung. T'iēn tsŏ iĕ, iôu k'ŏ wéi ; tzéu tsŏ iĕ, pŏu k'ŏ houán. Ki wàng péi chēu paŏ tchēu hiún, fŏu k'ŏ iū kiuĕ tch'ōu ; chàng lái k'ouàng kióu tchēu tĕ, t'òu wéi kiuĕ tchōung. »

4. Ī În pái cheóu k'i cheóu, iuĕ : « Siôu kiuĕ chēnn, iún tĕ hiĕ iū hiá, wéi míng heóu.

5. Siēn wâng tzéu houéi k'ouénn k'iôung ; mín fŏu kiuĕ míng, wàng iôu pŏu

ses mains, puis jusqu'à terre, et dit: «Moi petit enfant, je ne comprenais pas en quoi consiste la vertu, et j'ai dégénéré de mon aïeul. J'ai satisfait mes passions au mépris des lois, suivi mon caprice au mépris des bienséances, et j'aurais attiré bientôt de grands maux sur ma personne. On peut se soustraire aux maux envoyés par le ciel; mais il est impossible d'échapper aux malheurs qu'on provoque soi-même. Refusant de mettre en pratique les enseignements que je recevais de vous, mon maître et mon gardien, j'ai mal commencé. Mais vous continuerez, j'espère, à me reprendre, à m'aider par vos conseils, et je ferai en sorte de bien finir.»

4. I In se prosternant, inclina la téte d'abord jusqu'à ses mains, puis jusqu'à terre, et dit: «Un prince intelligent se perfectionne lui-même, et pratique la vertu sincèrement avec ses sujets.

5. «(T'ang), votre prédécesseur, faisait du bien aux malheureux

virtute, ipse deveni in degenerationem. Libidinosus violavi leges, mihi indulgens violavi honestatem; ita celeriter adscivissem malum in me ipsum. Quæ cœlum excitat infortunia, etiam possunt declinari ; quæ quis ipse sibi excitat infortunia, non potest effugere. Quia antea tergum verti magistri tutorisque documentis, non potui (bene agere) in illo initio. Spero, confidens corrigentis servantisque virtuti, meditabor et cogitabo hunc finem. »

4. I In, capite demisso ad manus, demisso ad terram capite, dixit: «Qui excolit se ipsum et vera virtute concordat cum subditis, est perspicax rex.

5. « Decessor imperator ut filiis benefaciebat miseris et egenis. Populus obsequebatur ejus jussis, nemo non gaudebat. Simul (eodem tempore) qui

iuě. Píng k'ì iòu pāng kiuě lîn nài iuě : « Hī ngò heóu ; heóu lâi, ôu fă. »

6. « Wáng meóu nài tĕ, chéu nài liĕ tsòu, ôu chéu iù tái.

7. « Fòung siēn sēu hiaó, tsiĕ hiá sēu kōung, chéu iuēn wêi mîng, t'īng tĕ wêi ts'ōung. Tchénn tch'êng wâng tchéu hiōu ôu ï. »

T'AI KIA HIA. 1. Ĭ In chēnn kaó iū wâng, iuĕ : « Oū hōu ! wêi t'iēn ôu ts'īn ;

et aux indigents avec une affection toute paternelle. Le peuple lui obéissait volontiers, chacun était content. Parmi les sujets des princes qui régnaient en même temps que lui, les plus rapprochés disaient : « Nous avons espéré l'arrivée de notre souverain ; notre souverain est venu, nous ne serons plus maltraités (par nos princes). »

6. « Prince, cultivez avec soin votre vertu ; tenez les regards fixés sur votre illustre aïeul ; ne vous abandonnez jamais à la volupté ni à la paresse.

7. « Honorez vos ancêtres avec piété, et traitez vos sujets avec respect. Tâchez de bien voir les choses éloignées, et de bien entendre les sages conseils. Je vous aiderai à faire le bien sans jamais me lasser. »

ARTICLE III.

1. I In donna de nouveaux avis à l'empereur en ces termes :

tenebant regna (regulorum subditi), ejus vicini tunc dicebant: « Exspectavimus nostrum regem ; rex advenit, non plectemur. »

6. « Imperator, diligenter excole tuam virtutem, aspice tuum benemeritum avum, nullo tempore te oblectes aut otieris.

7. « Honorans majores, cura ut sis pius ; agens cum subditis, cura ut sis reverens. Considerans remota, cura ut clare perspicias ; auscultans bona verba, cura ut clare audias. Ego sustinebo (adjuvabo) imperatoris bonas actiones nunquam fastidiens. »

ARTICLE III. 1. I In rursus monens

PART. III. — CH. V. T'AI KIA.

曰嗚呼惟天無親、克敬惟親、民罔常懷、懷于有仁、鬼神無常享、享于克誠、天位艱哉、

(2) 德惟治否德亂與治同道罔與亂同事不與亡終始慎

(3) 先王惟時懋厥惟明明后敬厥德克配上

k'ŏ kíng wéi ts'ĭn. Mín wàng tch'àng houái; houái iū iòu jênn. Kouéi chénn òu tch'àng hiàng; hiàng iū k'ŏ tch'ếng. T'iên wéi kiên tsāi !

2. « Tě wéi tchéu, feòu tě louán. Iù tchéu t'òung taó, wàng pŏu hīng; iù louán t'òung chéu, wàng pŏu wàng. Tchōung chéu chénn kiuě iù, wéi míng míng heóu.

3. « Siēn wàng wéi chéu meóu kíng kiuě tě, k'ŏ p'éi cháng tí. Kīn wàng séu iòu líng siù; cháng kién tzèu tsāi !

«Oh ! le ciel peut toujours retirer sa faveur; il n'aime que les hommes attentifs à remplir leurs devoirs. Le peuple peut toujours retirer son affection; il ne s'attache qu'aux hommes bienfaisants. Les esprits n'agréent pas toujours les offrandes; ils n'agréent que celles des hommes vraiment sincères. Que la dignité de Fils du ciel offre de difficulté !

2. « Avec ces trois vertus (la diligence, la bienfaisance et la sincérité) on gouverne bien; sans elles on gouverne mal. En suivant la même voie que les bons souverains, on est assuré du succès. En imitant ceux qui ont mal gouverné, on se perd infailliblement. Celui-là seul est un prince vraiment perspicace, qui, du commencement à la fin, prend soin de bien choisir ses modèles.

3. « (T'ang) votre prédécesseur s'est appliqué sans cesse à cultiver la vertu; il s'est rendu digne d'être associé au roi du ciel

imperatorem, dixit: «Oh cœlum non diligit (immutabiliter); qui possunt diligentia uti, unice diligit. Populus nunquam immutabiliter amat; amat qui habent humanitatem. Spiritus non immutabiliter accepta habent (dona); accepta habent ab iis qui possunt esse sinceri. Cœli (mandato collata regia) dignitas quam difficile (tenetur)!

2. «Virtutibus (illis tribus, nempe diligentia, beneficentia et sinceritate) solummodo bene regitur; deficientibus virtutibus, turbatur. Cum bene regentibus eamdem sequendo viam, nunquam non prospere ceditur. Cum male regentibus easdem agendo res, nunquam non peritur. Qui ad finem et ab initio attendit suis sociis, i. e. exemplaribus, solus clare perspicax rex.

3. « Antecessor imperator unice omni tempore enitens diligenter excolere suam virtutem, potuit sociari

帝今王嗣有令
緒尚監茲哉

(4)若升高必自
下若陟遐必自
邇

(5)無輕民事惟
難無安厥位惟
危

(6)慎終于始

(7)有言逆于汝
心必求諸道有
言遜于汝志必
求諸非道

4. « Jŏ chêng kaō, pĭ tzéu hiá ; jŏ tchĕu hiá, pĭ tzéu ĕul.
5. « Où k'īng min chéu, wéi nân. Où ngān kiuĕ wéi, wéi wéi.
6. « Chénn tchōung iŭ chèu.
7. « Iŏu iên ĭ iŭ jòu sīn, pĭ k'iôu tchōu taó. Iŏu iên suénn iŭ jòu tchéu, pĭ k'iôu tchōu fêi taó.

(et de travailler avec lui au gouvernement des hommes). Prince, vous lui succédez et devez continuer sa grande œuvre ; puissiez-vous tenir toujours les yeux fixés sur ce modèle!

4. « Faites comme celui qui veut parvenir au sommet d'une haute montagne ; il commence par en gravir le pied. Imitez celui qui veut arriver à l'extrémité d'une longue route ; il en parcourt d'abord les points les plus rapprochés de lui. (Avancez ainsi dans la vertu constamment et graduellement).

5. «Ne comptez pas pour peu de chose les travaux du peuple ; considérez-en la difficulté. Ne soyez pas en repos dans votre dignité ; considérez les dangers qui l'environnent.

6. «Prévoyez et prenez dès le commencement les moyens d'atteindre la fin.

7. «Lorsqu'on vous donne des avis qui sont contraires à vos propres sentiments, vous devez examiner s'ils sont conformes aux vrais principes. Lorsqu'on vous donne des avis qui sont conformes à vos désirs, vous devez examiner s'ils ne sont pas contraires aux vrais principes.

superno regi. Nunc imperator hæres habet præclaram successionem. Utinam inspiciat illud!

4. «Imitare qui ascendit altum ; necessario incipit ab imo. Imitare qui petit longinqua ; necessario incipit a propinquo.

5. «Ne flocci facias plebis opera ; cogita de difficultate. Ne sis incurius in tua dignitate ; perpende pericula.

6. «Attende fini ab initio.

7. «Quum sunt monita repugnantia tuo animo, oportet quærere (an quadrent) rectæ viæ. Quum sint monita obsequentia tuæ voluntati, oportet quærere an non adversentur rectæ viæ.

德 歸 政 （1） 咸 于 成 罔 言 （9） 萬 成 胡 （8）
   乃 厥 伊 有 休 功 以 亂 君 邦 一 獲 嗚
   陳 辟 尹 一   其 寵 舊 罔 以 人 弗 呼
   戒 將 既 德   永 利 政 以 貞 元 爲 弗
   于 告 復   居 臣 辯   良 胡 慮

8. « Oū hōu ! fŏu liŭ hôu houĕ? fŏu wêi hôu tch'êng? Ĭ jênn iuên leâng, wản pâng i tchêng.

9. « Kiūn wảng i pién iên louán kióu tchêng, tch'ênn wảng i tch'oung lí kiū tch'êng kōung ; pâng k'i ioúng fōu iū hiōu. »

HIEN IOU I TE. 1. Ĭ In ki fŏu tchêng kiuĕ pĭ, tsiāng kaó kouēi, nái tch'ênn kiái iū tĕ.

8. « Hélas ! comment celui qui agit sans réflexion, obtiendra-t-il un résultat? Comment celui qui n'agit pas, conduira-t-il une œuvre à bonne fin? Lorsque l'unique souverain de tout l'empire est très vertueux, tous les peuples imitent son exemple.

9. « Que le souverain sous des prétextes spécieux ne bouleverse pas les anciens règlements administratifs; que le ministre, après avoir terminé sa tache, ne garde pas sa charge à cause de la faveur du prince ou en vue d'un intérêt particulier. Tout le royaume persévérera fidèlement dans la pratique de la vertu. »

CHAPITRE VI. UNE VERTU SANS MÉLANGE.

1. I In ayant remis les rênes du gouvernement entre les mains de son souverain (T'ai kia), et se préparant à lui demander l'autorisation de se retirer dans ses terres, lui donna des avis sur la pratique de la vertu.

8. « Eheu! qui non cogitat, quomodo assequetur? Qui nihil agit, quomodo perficiet? Quum summus vir est maxime bonus, omnia regna inde recta sunt.

9. Rex nunquam, utens disputationis verbis, perturbet antiqua statuta; regni minister nunquam ob gratiam lucrumve maneat, perfecto opere; regnum ipsum perpetuo fidele erit in bono (agendo). »

I In veut faire entendre qu'il a terminé son œuvre, et laisse entrevoir son intention de quitter la cour.

CHAPITRE VI. Le titre est un membre de phrase tiré du chapitre lui-même. Ces deux hommes dont la vertu était pure et sans mélange, c'étaient T'ang et I In.

1. I In postquam reddidit gubernium suo imperatori, parans rogare ut domum rediret, tunc exposuit monita de virtute.

（2）曰嗚呼天難諶
命靡常厥德
厥位厥德靡常保
有以亡
（3）夏王弗克庸德
慢神虐民皇天弗保
保監于萬方啓迪
作神主惟尹躬曁
湯咸有一德克享
天心受天明命以
有九有之師爰革
夏正

2. Iuĕ: « Oū hōu! t'iēn nân chênn; míng mi tch'ảng. Tch'ảng kiuĕ tĕ, paŏ kiuĕ wéi; kiuĕ tĕ mi tch'ảng, kiŏu iŏu i wâng.

3. « Hià wâng fŏu k'ŏ iŏung tĕ; mản chênn iŏ mîn. Houảng t'iēn fŏu paŏ. Kién iū wản fāng, k'i tĭ iŏu míng. Kiuén k'iŏu ĭ tĕ, péi tsŏ chênn tchòu. Wéi În kōung ki T'āng, hiên iŏu ĭ tĕ, k'ŏ hiảng t'iēn sīn, cheóu t'iēn míng míng, i iŏu kiŏu iŏu tchēu chēu. Iuèn kŏ Hià tchēng.

2. Il lui dit: « Hélas! il ne faut pas trop compter sur la faveur du ciel; son mandat n'est pas irrévocable. Un prince constamment vertueux conserve sa dignité. Celui dont la vertu n'est pas constante, perd le gouvernement des neuf provinces (le pouvoir impérial).

3. «L'empereur (Kie), de la maison de Hia, n'a pas été constamment vertueux; il a négligé le culte des esprits et opprimé le peuple. L'auguste ciel ne l'a pas protégé. Parcourant du regard toutes les contrées de l'univers, il a cherché un prince apte à recevoir ses instructions, sa direction et son mandat. Dans sa bonté, il a cherché un homme d'une vertu sans mélange, pour en faire le grand-prêtre des esprits. T'ang et moi In, nous avions tous deux cette vertu pure, et répondions aux désirs du ciel. Nous avons reçu son glorieux mandat pour gouverner tous les peuples de l'empire. Ensuite nous avons fait commencer l'année civile à une autre époque que lesHia.

2. Dixit: « Eheu! cœlo difficile fidendum est; mandatum non est irrevocabile. Si rex constantem faciat suam virtutem, servabit suam dignitatem; si ejus virtus non sit constans, novem provinciæ inde amittentur.

3. «Hia imperator non valuit constantem habere virtutem; neglexit spiritus, oppressit populum. Augustum cœlum non protexit. Inspexit in omnes regiones, ut doceret et duceret (alterum regem) qui haberet mandatum. Amanter quæsivit puram virtutem, ut fieret spirituum sacerdos. Tantum In ipse et T'ang, ambo habentes puram virtutem, potuimus convenire cœli animo, et accipere cœli præclarum mandatum, ad habendos novem provinciarum populos. Inde mutavimus Hia anni primum mensem. Cf. II. II. 3, pag. 90.

PART. III. — CH. VI. UNE VERTU SANS MÉLANGE. 129

(7) 任官惟賢材，左

惟一時乃日新、

(6) 今嗣王新服厥

命惟新厥德終始

德

人惟天降災祥在

凶惟吉凶不僭

吉德惟一

(5) 德惟二三、動罔

歸于一德

商求于下民惟民

惟天佑于一德、

(4) 非天私我有商、

4. « Fēi t'iēn sēu ngò iŏu Chāng ; wêi t'iēn iòu iū ǐ tĕ. Fēi Chāng k'iôu iū hiá mín ; wêi mín kouēi iū ǐ tĕ.

5. « Tĕ wêi ĭ, tóung wàng pŏu kǐ. Tĕ éul sān, tóung wàng pŏu hiōung. Wêi kĭ hiōung pŏu tsién tsái jénn ; wêi t'iēn kiáng tsái siāng tsái tĕ.

6. « Kīn sèu wâng sīn fóu kiuĕ ming, wêi sīn kiuĕ tĕ. Tchōung chéu wêi ǐ, chéu nài jéu sīn.

7. « Jénn kouān wêi hiĕn ts'âi ; tsouó iôu wêi k'î jénn. Tch'énn wéi cháng wéi

4. « Ce n'est pas que le ciel ait eu une affection particulière pour notre maison de Chang ; le ciel a donné sa faveur à la vertu pure. Ce n'est pas que le prince de Chang ait sollicité la soumission des peuples ; mais les peuples se sont soumis à la vertu pure.

5. « Quand la vertu est pure, tout réussit ; quand elle ne l'est pas, rien ne réussit. Les biens et les maux ne descendent pas sur les hommes suivant le caprice du hasard ; mais le ciel les distribue suivant les mérites.

6. « Prince, vous qui avec l'héritage de votre aïeul avez reçu dernièrement le mandat du ciel, appliquez-vous à faire sans cesse de nouveaux progrès dans la vertu. Que votre vertu soit constamment la même, et vous ferez chaque jour de nouveaux progrès.

7. « Ne choisissez pour officiers que des hommes de vertu et

享 signifie 當 táng être conforme.

4. « Non cœlum cupide favit nobis tenentibus Chang ; tantum cœlum adfuit puræ virtuti. Non Chang quæsivit a subjectis populis (obsequium) ; tantum populi convenerunt ad puram virtutem.

5. « Virtus modo sit pura, inceptum nullum non feliciter cedit. Agendi ratio si duplex triplexve sit, inceptum nullum non infeliciter cedit. Etenim bona et mala non perperam descendunt in homines ; tantum cœlum demittit mala aut bona in agendi rationem (malam aut bonam).

6. « Nunc successor imperator, qui nuper suscepit ejus mandatum, unice renovet suam virtutem. Ad finem et ab initio modo sis unus et idem ; hoc est quotidie se renovare.

7. « Fungantur muneribus soli

9

右惟其人，臣爲
上爲德爲下爲
民，其難其愼惟
和惟一，
(8) 德無常師，善無常主
善爲師，
主，協于克一．
(9) 俾萬姓咸曰．
大哉王言，又曰．
一哉王心，
先王之祿，永厎
烝民之生．

tĕ, wéi hiá wéi min. K'i nân, k'i chénn. Wéi houŏ wêi ĭ.
8. « Tĕ ŏu tch'âng chēu; tchòu chén wêi chēu. Chén ŏu tch'âng tchòu; hiĕ iŭ k'ŏ ĭ.
9. « Péi wán sing hiên iuĕ : «Tá tsāi wàng iên ! » Ióu iuĕ : « Ĭ tsāi wàng sīn ! »
K'ŏ souêi siēn wàng tchēu lŏu ; ioung tchéu tchēng mín tchēu chēng.

de talent, et pour ministres que des hommes capables. Le devoir des ministres envers le prince est de l'aider à faire le bien ; leur devoir envers le peuple est de travailler à sa prospérité. (La nomination des ministres) ne doit pas se faire à la légère ; un examen attentif (est nécessaire). (Après les avoir nommés), établissez entre eux l'harmonie, et l'administration sera constamment uniforme.

8. « La vertu (devant s'exercer en beaucoup de choses différentes) ne peut pas toujours suivre invariablement un seul et même modèle ; elle doit chercher et prendre pour modèle ce qui est bien. Ce qui est bien ne peut pas toujours se reconnaître à une seule et même marque ; mais toujours une action bonne est celle qui est faite avec une intention pure (ou qui est inspirée par une vertu pure et sans mélange).

9. « (Si votre vertu est pure), elle fera dire à tout le peuple : « Que notre empereur exprime de grandes pensées ! » Elle lui fera dire aussi : « Que les intentions de notre empereur sont pures ! » Vous conserverez (le pouvoir et) les revenus de votre prédécesseur, et pourvoirez sans cesse à l'entretien d'un peuple nombreux.

sapientes ac dotibus præditi; læva dextraque (adjutores) soli idonei homines. Minister in gratiam principis faveat virtuti (principis); in gratiam subditorum faveat populi (utilitatibus). Illa (promotio) difficile, i. e. non inconsiderate fiat; illi (selectioni) attendatur. (Constitutos ministros) cura concordes facias; (et gubernandi ratio constanter) erit eadem.

8. « Virtus non habet constans exemplar; innititur bono pro exemplari. Bonum non habet constans quid (cui virtus) innitatur; continetur in (eo quod homo) valeat simplici (seu puro animo agere).

9. « Facies ut universus populus totus dicat: « Quanta sunt imperatoris dicta ! » Rursus dicat: « Quam simplex est imperatoris animus ! » Valebis tutari

厥功
民主罔與成、
婦不獲自盡、
狹人匹夫匹婦以
事無自廣以
使民非后罔
(11) 后非民罔
可以觀政
德萬夫之長
之廟可以觀
(10) 嗚呼七世

10. « Oŭ hōu ! ts'ĭ chéu tcheū miaó, k'ŏ i kouān tĕ. Wán fōu tcheū tchàng, k'ŏ i kouān tchéng.

11. « Heóu fēi mín wàng chéu ; mín fēi heóu wàng chéu. Où tzéu kouàng i hiă jênn. P'ĭ fōu p'ĭ fóu pŏu houĕ tzéu tsìn, mín tchòu wàng iŭ tch'êng kiuĕ kōung. »

10. « Oh ! évidemment un souverain dont la tablette reste à perpétuité dans le temple des sept générations, s'est signalé par une vertu extraordinaire, et celui qui a su commander à tout l'empire, a gouverné parfaitement.

11. « Un prince sans sujets n'aurait pas à qui commander ; un peuple sans prince n'aurait pas à qui obéir. Ne cherchez pas à vous grandir en rabaissant les autres. Si un homme ou une femme du peuple n'a pas la liberté de s'appliquer de toutes ses forces (à faire le bien), le maître du peuple aura un secours de moins, et le bien qu'il doit faire ne sera pas complet. »

decessoris regis opes, perpetuo sustentare numerosi populi vitam.

10. « Oh ! ex septem generationum delubris potest inde cognosci virtus ; ex universorum hominum gubernatione potest cognosci administratio.

Le temple des ancêtres de l'empereur se composait de sept salles. Dans l'une était la tablette du plus ancien des ancêtres célèbres de la famille (la tablette de 后稷 Heóu tsĭ sous les Tcheóu) ; elle y restait toujours. Dans les six autres étaient les tablettes des six empereurs qui étaient morts les derniers. Quand il mourait un empereur, on devait, pour faire place à sa tablette, enlever celle du plus ancien des six. Mais lorsqu'un empereur s'était signalé par des services d'une importance exceptionnelle, sa tablette n'était jamais enlevée. C'était donc la marque d'une vertu extraordinaire.

Pour ce motif, quand vint le moment où l'on aurait dû reléguer dans le bâtiment commun les tablettes de Wenn wang et de Ou wang, on leur prépara deux salles qu'on leur réserva à perpétuité. Au lieu de sept salles, il y en eut neuf.

11. « Rex, deficiente populo, neminem habebit quem regat ; populus deficiente rege, neminem habebit cui serviat. Noli teipsum dilatare, inde coarctare alios. Si privatus vir privatave mulier non assequatur ut se omnino impendat (in bene agendo), populi rector non habebit quicum perficiat suum opus. »

盤庚上

（1）盤庚遷于殷民不適有居率籲眾感出矢言曰我王來既爰宅茲重我民無盡劉不能胥匡以生曰其如台

（2）

P'AN KENG CHANG. 1. P'ân kēng ts'iên iū In, mîn pŏu chéu iòu kiū, chouĕ iú tchóung ts'ĭ, tch'ŏu chéu iên.

2. Iuĕ : « Ngò wâng lâi, ki iuên tchĕ iū tzĕu, tchóung ngò mîn, ôu tsín liôu. Pŏu nêng siū k'ouâng i chēng. Pŏu kī iuĕ : « K'i jôu i ? »

CHAPITRE VII. P'AN KENG.

ARTICLE I.

1. P'an keng désirait transférer sa résidence à In ; mais le peuple ne voulait pas aller s'y établir. L'empereur réunit tous ceux qui n'agréaient pas ce changement, et leur adressant la parole, il prononça une harangue.

2. Il dit : « Mon prédécesseur (Tsou i) est venu et s'est établi ici (à Keng) dans l'intérêt de notre peuple, et non en vue de l'y faire périr (de misère). (A présent les familles dans l'indigence sont forcées de se séparer, et) ne peuvent plus s'entr'aider pour vivre. La tortue a été consultée ; elle a répondu : « Quelles ressources trouverons-nous ici ? »

CHAPITRE VII. ARTICLE I. 1. P'an keng migraturus in In, quum populus nollet ire ut haberet sedem, adducens compellavit omnes mœrentes, et protulit concionans verba.

湯 T'āng (1766-1753) avait sa résidence à 亳 Pouŏ (Pouŏ méridionale située au sud de 歸德府 Kouēi tĕ fòu dans le Ho nan). Cf. page 109. 仲丁 Tchóung tīng (1562-1549) établit la sienne à 囂 Ngaô au nord-ouest de 榮澤縣 Hiôung tchĕ hién dans le K'ai foung fou. 河亶甲 Hô tàn kiă (1534-1525) se fixa à 相 Siàng près de 內黃縣 Néi houâng hién dans le 彰德府 Tchāng tĕ fòu (Ho nan). 祖乙 Tsòu ĭ (1525-1506) transféra sa cour à 耿 Kĕng dans le 河津縣 Hô tsīn hién (préfecture de 絳州 Kiàng tcheôu, province de Chan si). 盤庚 P'ân kēng (1401-1373), probablement afin de mettre son peuple à l'abri des inondations du Fleuve-Jaune, passa à 殷 In ou 西亳 Sī Pouŏ dans le 偃師縣 Iĕn cheôu hién (préfecture de Ho nan fou, province de Ho nan), et la dynastie des 商 Chāng prit le nom de In.

2. Dixit : « Meus (decessor) imperator veniens, quum inde sedem fixit in hoc loco, magni faciebat nostrum populum, nolebat integre necare. Non possumus mutuo adjuvare ad vivendum. Testudo consulta respondit : « Hic locus quomodo nos (juvabit) ? »

底 復 命 由 （4） 克 之 承 于 常 謹 （3）
綏 先 于 蘖 若 從 斷 于 今 寧 天 先
四 王 茲 天 顚 先 命 古 五 不 命 王
方, 之 新 其 木 王 矧 罔 邦, 常 茲 有
　 大 邑, 永 之 之 曰 知 今 厥 猶 服,
　 業, 紹 我 有 烈, 其 天 邑, 不 恪

3. « Siēn wàng iŏu fŏu, kŏ kin t'iēn mîng. Tzĕu iŏu pŏu tch'âng gning, pŏu tch'âng kiuĕ ĭ; iū kīn òu pâng. Kīn pŏu tch'êng iū kòu, wàng tchĕu t'iēn tchĕu touán mîng; chènn iuĕ k'ì k'ŏ ts'òung siēn wàng tchĕu liĕ.

4. « Jŏ tiēn mŏu tchĕu iòu iuĕ ĭ, t'iēn k'i iòung ngò ming iū tzĕu sīn ĭ. Chaó fŏu siēn wàng tchĕu tá iĕ, tchĕu souēi séu fâng. »

3. « Mes prédécesseurs dans toutes leurs affaires se conformaient avec respect aux ordres du ciel. Néanmoins ils n'étaient pas toujours en repos, et ne demeuraient pas constamment dans la même ville. Ils ont changé cinq fois de contrée. A présent si nous ne suivons pas les traces des anciens (si nous n'émigrons pas comme eux), c'est que nous sommes assez aveugles pour ne pas voir que le ciel va retirer son mandat à ma famille; surtout on ne pourra pas dire que nous imitons les glorieux exemples de mes prédécesseurs.

4. « De même qu'au pied d'un arbre renversé il pousse des surgeons, ainsi (quand nous aurons quitté la ville de Keng), le ciel me continuera son mandat, à moi et à mes descendants, dans cette nouvelle ville (de In ou Pouo occidentale). Je reprendrai à nouveau la grande œuvre de mes prédécesseurs, et assurerai la paix de toutes les contrées de l'empire. »

3. « Priores imperatores quum haberent negotia, reverenter observabant cœli mandata. Ita nihilominus non semper erant tranquilli, non constanter eadem erat eorum urbs præcipua. Usque nunc quinque fuerunt regiones (in quibus habitaverunt). Nunc nisi prosequamur cum antiquis, non perspicimus cœlum abrupturum esse mandatum; multo minus dicetur ipsos posse imitari priorum imperatorum præclare facta.

On nomme quatre villes qui furent succesivement capitales de l'empire sous la dynastie des Chang avant le règne de P'an keng. La cinquième n'est pas connue d'une manière certaine. D'après une opinion, l'empereur Tsou i à lui seul aurait changé deux fois.

4. « Sicut eversæ arboris sunt exorientes surculi, cœlum ipsum perpetuum faciet meum mandatum in ea nova urbe. Continuans renovabo priorum imperatorum magnum opus, assequar ut tranquillas faciam quatuor regiones. »

政王惟(7)從獻眾(6)悉之無舊由(5)
王播圖古康黜子王至攸服乃盤
告任我乃子告若至筬正在庚
之舊先心無汝日于王法位敩
修人王無訓格庭命度以于
共亦傲汝汝眾日常民

5. P'ǎn kěng hiaó iǔ mín, iôu nài tsái wéi. Ǐ tch'áng kióu fŏu, tchéng fǎ tóu, iuě : « Oû houě kàn fŏu siaò jènn tchéu iôu tchěnn. » Wâng míng tchóung sǐ tchéu iǔ t'íng.

6. Wâng jŏ iuě : « Kŏ jòu tchóung, iǔ kaò jòu hiún. Jóu iôu tch'ôu nài sīn ; ôu ngaó ts'ôung k'āng. »

7. « Kòu ngò siēn wâng ǐ wèi t'ôu jénn kióu jènn kȳung tchéng. Pouǒ kaò tchéu

5. P'an keng, pour éclairer le peuple, s'adressa d'abord aux hommes constitués en dignité. S'appuyant sur ce qui s'était toujours observé autrefois, il posa la règle suivante : « Que personne ne se permette de fermer les voies aux représentations du peuple. » Puis il fit entrer tout le monde dans la cour du palais.

6. L'empereur parla à peu près en ces termes : « Approchez tous, je vous donnerai mes instructions. (Dignitaires), pensez à changer de sentiments. Ne me résistez pas avec arrogance et ne demeurez pas (à Keng).

7. « Les empereurs mes prédécesseurs ont toujours eu soin de confier les charges aux descendants des anciennes familles, pour leur donner une part à l'administration. Ceux-ci, lorsque l'empereur voulait publier ses ordres pour l'exécution d'un dessein, ne

5. P'an keng docens populum, incepit quidem a tenentibus dignitates. Utens solitis antiquisque factis, statuit rationem agendi, dicens : « Nemo forte audeat supprimere plebeii homines quæ admonent. » Imperator jussit omnes simul adire ad aulam.

Aux environs de la ville de Keng, le terrain était salé, bas et souvent inondé. Les pauvres n'y pouvaient vivre et se dispersaient. Mais les riches y trouvaient leurs avantages. Trompant le peuple par des raisonnements spé-

cieux, ils l'engageaient à ne pas changer de contrée, l'empêchaient de représenter sa pauvreté à l'empereur et de s'entendre avec lui.

6. Imperator hoc modo locutus est : « Accedite vos omnes ; ego nota faciam vobis documenta. Vos cogitate ut abjiciatis vestram cupiditatem. Nolite arroganter sectari quietem. »

7. « Antiquitus mei decessores imperatores etiam unice quærebant munia credere antiquarum domorum viris qui participarent administrationem. Quum

不匿厥指，王用丕欽。罔有逸言，民用丕變。今汝聒聒，起信險膚，予弗知乃所訟。⑧非予自荒茲德，惟汝含德，不惕予一人。予若觀火，予亦拙謀，作乃逸。⑨若網在綱，有條而不紊，若農服田力穡，乃亦有秋。

siôu, pŏu gnĭ kiuĕ tchèu ; wàng ióung p'êi k'īn. Wàng iòu ĭ iên ; mín ióung p'êi pién. Kīn jòu kouŏ kouŏ, k'i sín hièn fôu. Iù fôu tchèu nài chòu sóung.

8. « Fēi iû tzéu houānj tzēu tĕ ; wèi jòu hân tĕ, pŏu t'ĭ iù ĭ jênn. Iù jŏ kouân houŏ. Iù ĭ tchouŏ meôu tsŏ nài Ĭ.

9. « Jŏ wàng tsái kāng, iòu t'iaŏ ëul pŏu wénn. Jŏ nòung fòu t'iên lĭ chĕ, nài ĭ iòu ts'iôu.

laissaient pas ignorer ses intentions. Aussi étaient-ils traités par lui avec grand respect. Ils ne disaient aucune parole qui s'écartât de la vérité. Par suite, le peuple devenait beaucoup meilleur. Vous au contraire, vous criez sans cesse, et accréditez des idées dangereuses et dénuées de fondement. Je ne sais ce que vous pouvez alléguer contre moi.

8. « Ce n'est pas moi qui manque de bienfaisance ; mais c'est vous qui cachez au peuple les intentions de ma bienfaisance, et ne craignez pas la colère de votre souverain. Je vois vos cœurs aussi clairement que je verrais une flamme. C'est moi qui par une indulgence imprudente ai donné lieu à vos excès.

9. « De même que, quand la corde du filet est tendue, les mailles ne sont pas mêlées, mais disposées en ordre ; (ainsi, quand le souverain est obéi de ses ministres, l'ordre règne dans l'État). De même que, quand le laboureur cultive la terre, (sème et) moissonne avec courage, il a une abondante récolte ; (de même, si vous sortez de votre inaction et allez fonder un nouvel établissement, vous recueillerez ensuite les fruits de vos travaux).

imperator (cuperet) ubique monere agenda, (illi viri) non celabant ejus voluntatem. Imperator ideo magnopere reverebatur. Nunquam habebant errantia verba. Populus ideo multum mutabatur. Nunc vos multum clamitantes, excitatis fidem periculosis ac inanibus. Ego non scio vos quid causemini.

膚 Fôu, peau, superficie, superficiel.

8. « Non ego ipse exinanio hanc (meam) beneficentiam ; sed vos absconditis beneficentiam, non timentes me summum virum. Ego (perspicio vos) quasi viderem ignem. Ego etiam rudibus consiliis feci ut vos licenter egeritis.

9. « Sicut quum rete est ad funem,

(10)汝克黜乃心施實德于民至于婚友丕乃敢大言汝有積德

(11)乃不畏戎毒遠邇惰農自安不昏作勞不服田畝

越其罔有黍稷

(12)汝不和吉言于百姓惟汝自生毒乃敗禍姦宄以自災于厥身乃既先惡于民乃奉其恫

10. « Jòu k'ŏ tch'ŏu nài sīn, chău chĕu tĕ iū mîn, tchéu iū houēnn iòu, p'ēi nài kàn tá iēn, jòu ióu tsĭ tĕ.

11. « Nài pŏu wéi jôung tŏu iū iuēn éul. Touó nôung tzéu ngān, pŏu houēnn tsŏ laŏ, pŏu fŏu t'iēn meóu, iuĕ k'î wàng ióu chòu tsĭ.

12. « Jòu pŏu houô kî iēn iū pĕ síng ; wéi jòu tzéu chēng tŏu. Nài pái houó kiēn kouéi, i tzéu tsâi iū kiuĕ chēnn. Nài ki siēn ngŏ iū mîn, nài fòung k'î tóung.

10. « Si vous, (dignitaires), renonçant à suivre des vues intéressées, (et vous soumettant aux fatigues d'un changement de demeure), vous consentiez à rendre de vrais services au peuple, à vos parents, à vos collègues, vous pourriez hardiment vous glorifier d'avoir bien mérité de la nation.

11. « Vous ne redoutez pas les grands maux qui menacent vos parents et les étrangers. Le laboureur paresseux qui se livrant au repos, ne travaille pas avec ardeur et ne cultive pas ses terres, ne récoltera pas de millet.

12. « Vos discours au peuple ne sont pas propres à amener la concorde et le bonheur ; ils vous préparent des malheurs à vous-mêmes. Destructeurs de l'ordre public, fléaux du peuple, rebelles, perfides, vous appelez sur vos personnes les châtiments du ciel. Après avoir marché à la tête du peuple dans la mauvaise voie, vous porterez la peine de votre crime. Et que vous servira alors

(maculæ sunt) ordinatæ et non permixtæ. Sicut quum agricola colit agrum et strenue colligit, tunc et habet messem.

10. « Si vos poteritis abjicere vestram cupiditatem et conferre vera beneficia in populum, attingentes ad affines et collegas, magnopere tunc audebitis gloriose dicere vos habere cumulata merita.

11. « Vos non formidatis magna mala in extraneos et propinquos. Piger agricola sibi otium indulgens, non enitens impendere laborem, non colens agri jugera, inde ipse non habet milium.

12. « Vos non utimini concordiæ et felicitatis verbis ad populum ; unice vos ipsi vobis generatis mala. Revera evertitis, graviter nocetis, rebellatis, perfidi estis ; inde ipsi calamitates adscitis in vos ipsos. Postquam præiveritis ad-

汝悔身何及相

時儉民猶胥顧

于箴言其發胥

逸口矧予制乃有

短長之命汝曷

弗告朕而胥動

以浮言恐沈于

原不可嚮邇其

猶可撲滅則惟

爾衆自作弗靖

非予有咎

(13) 遲任有言曰

Jóu houéi, chēnn hŏ kĭ? Siáng chêu siēn mîn iôu siū kóu iŭ tchēnn iên. K'í fă
iòu ĭ k'eòu. Chènn iŭ tchêu nài touàn tch'âng tchêu ming. Jóu hŏ fŏu kaó tchénn,
êul siū tóung i feòu iên, k'òung tch'ènn iŭ tchóung? Jŏ houŏ tchêu leaò iŭ iuên,
pŏu k'ò hiáng êul, k'í iôu k'ò p'ŏu miĕ ; tsĕ wêi êul tchóung tzéu tsŏ fŏu tsing,
fêi iŭ iòu kiôu.

13. «Tch'êu Jênn iôu iên iuĕ: «Jênn wêi k'iôu kióu; k'í fēi k'iôu kióu, wêi sīn.»

le repentir? Je vois que les hommes du peuple se regardent (et
délibèrent) encore entre eux, pour m'adresser leurs représentations. (Mais vous les en empêchez), vous leur tenez des discours
contraires à la vérité. (Vous devriez) plutôt (me craindre), moi de
qui dépend la longueur ou la briéveté de votre vie (moi qui ai sur
vous droit de vie et de mort). Pourquoi ne me transmettez-vous
pas (les plaintes du peuple), au lieu de vous exciter les uns les
autres par des assertions sans fondement, d'épouvanter la multitude et de la pousser dans l'abîme du mal? Lorsque l'incendie se
répand dans la plaine, quand même il serait (d'abord) impossible
d'en approcher, (à la fin) on peut l'étouffer; (de même, malgré
vos intrigues, je pourrai vous punir de mort). Ce châtiment ne
sera imputable qu'à votre turbulence ; je ne serai pas coupable
(d'une sévérité excessive).

13. « (L'ancien historien) Tch'eu Jenn dit : « En fait d'hommes,

lum populo, inde recipietis ex hoc
(malo) dolorem. Vos pœnitentes ipsi
quid assequemini? Video illam minutam
plebem adhuc simul respicientem ad
monitionis verba. Ipsi proferentes habetis errantes sermones. Multo magis ego
(timendus sum eo quod) statuo vestram brevem longamve vitam. Vos cur
non monetis me; sed invicem commove-
tis per fluitantia verba, terretis et mer-
gitis plebem? Sicut ignis ardens

in planitie, (etsi initio) non possibile
sit adire prope, (postremo) ipse adhuc potest percuti et exstingui, (ita vos
morte afficere potero); tunc unice quia
vos omnes ipsi excitatis non quieta, non
ego habebo culpam.

13. « Tch'eu Jenn (antiquus vir sapiens) habuit verbum dicens : « Viros
unice quæras ex antiquis (generibus
oriundos); utensilia ne quæras antiqua, solum nova. »

人惟求舊，器非
求舊惟新。

(14) 古我先王，暨
乃祖乃父、胥
逸勤，予敢動
非罰，世選爾
予不掩爾善。
子大享于先王、
爾祖其從與享
之，作福作災，
亦不敢動用非
德。

(15) 子告汝于難、

14. « Kòu ngò siēn wàng, kí nài tsòu nài fòu, siū kí ǐ k'ín; iû kàn tóung ióung fēi fā. Chéu siuén éul laò; iû pŏu iĕn éul chén. Tzēu iû tá hiàng iû siēn wàng, éul tsòu k'î ts'ōung iú hiàng tchēu. Tsŏ fŏu, tsŏ tsāi. Iû ǐ pŏu kàn tóung ióung fēi tĕ.

15. « Iû kaŏ jòu iû nân, jŏ ché tchēu iòu tchéu. Jòu ōu ŏu laŏ tch'ēng jênn;
choisissez les anciens (les descendants des anciennes familles); en fait d'instruments, choisissez non les vieux, mais les neufs. »

14. « Anciennement mes prédécesseurs avec vos ancêtres étaient compagnons de fatigues et de loisirs; me permettrais-je de changer, et de vous infliger des châtiments injustes? Mes prédécesseurs ont enregistré d'âge en âge les travaux de vos ancêtres; je n'ai pas laissé dans l'oubli leurs bonnes actions (ou bien, je ne laisserai pas dans l'oubli vos bonnes actions). Quand je fais des offrandes solennelles à mes prédécesseurs, vos ancêtres viennent avec eux, sont présents et jouissent des mets. Ils font descendre des biens ou des maux (sur leur postérité selon ses mérites). Je ne me permettrai pas de m'opposer à leurs désirs, en vous décernant des récompenses que vous n'aurez pas méritées.

15. « Je vous propose cette entreprise difficile avec une déter-

14. « Antiquitus mei decessores imperatores, et vestri avi, vestri patres simul attingebant otia et labores; ego ausimne movens adhibere iniquas pœnas? Omnibus ætatibus (decessores mei) recensuerunt vestrorum (majorum) labores; ego non obtexi vestrorum bona (vel non obtegam vestra bona). Nunc me solemniter sacra offerente decessoribus imperatoribus, vestri majores ipsi comitanter adsunt et fruuntur illis (sacris), excitant prospera, excitant adversa. Ego etiam non ausim movens adhibere immerita præmia.

Pour les cérémonies en l'honneur des ancêtres, les tablettes des ministres et des officiers qui avaient rendu des services signalés étaient rangées à droite et à gauche de celles des empereurs. On croyait que leurs mânes venaient goûter les mets avec les mânes des souverains qu'ils avaient servis.

15. « Ego moneo vos de re difficili, (firmiter statuto consilio) sicut sagittarii habita intentio. Vos ne contumelia afficiatis provectos perfectosque homi-

若射之有志。汝無
侮老成人、無弱孤
有幼、各長于厥居、
勉出乃力、聽予一
人之作猷、
(16) 無有遠邇、用罪
伐厥死、用德彰
善、邦之不臧、惟
予一人有佚罰、
(17) 凡爾衆、其惟致
告、自今至于後日、
各恭爾事、齊乃位、

ôu jŏ kôu ióu ióu. Kŏ tch'âng iŭ kiuĕ kiū. Miĕn tch'ŏu nái lí; t'īng iú ĭ jênn tchēu tsŏ iôu.

16. « Oû iòu iuén éul : ióung tsouéi fă kiuĕ séu ; ióung tĕ tchāng kiuĕ chén. Pāng tchéu tsāng, wéi jòu tchóung ; pāng tchéu pŏu tsāng, wéi iú ĭ jênn iòu ĭ fă.

17. « Fàn éul tchóung, k'î wéi tchéu kaó. Tzéu kīn tchéu iŭ heóu jĕu, kŏ

mination aussi arrêtée que celle de l'archer visant le but. Ne faites pas injure aux hommes âgés et expérimentés ; ne méprisez pas les orphelins et les jeunes gens (n'interdisez pas les remontrances aux vieillards, sous prétexte qu'ils déraisonnent, ni aux jeunes gens, sous prétexte qu'ils sont ignorants). Que chacun de vous pense à se préparer une demeure pour longtemps (dans la terre de In). Travaillez de toutes vos forces, d'après les plans de votre souverain.

16. « Je traiterai indistinctement parents et étrangers : je punirai de mort tous ceux qui feront le mal, et comblerai d'honneur la vertu de ceux qui feront le bien. La prospérité de l'État sera votre œuvre ; ses maux n'auront d'autre cause que ma négligence à punir les coupables.

17. « Vous tous, ayez soin de faire connaître cette proclamation. Désormais soyez attentifs à remplir vos devoirs ; que l'ordre règne dans votre administration, et réglez vos langues. (Sinon), vous

nes ; ne parvi faciatis pupillos ac juvenes. Unusquisque diuturnam faciat suam sedem. Conemini exserere vestras vires ; obsequamini, quod ego summus vir feci, consilio.

16. « Non erit (distinctio) remoti et propinqui : qui admittent culpas, occidam eorum morte, (i. e. ab eis merita morte) ; qui facient bona, insigniam eorum merita. Regni felicia unice ex vobis omnibus erunt ; regni infelicia unice erunt ex eo quod ego summus vir commisero ut omittam punire.

17. « Universi vos omnes ipsi cogitate ut tradatis monita. Ex hoc die ad posteros dies, singuli attendite vestris negotiis, ordinate vestra munia, moderamini vestras linguas. (Sin minus), pœna attinget vos ipsos, nec proderit pœnitere. »

度乃口、罰及爾身
弗可悔
盤庚中
(1) 盤庚作、惟涉河、
以民遷、乃話民之
弗率、誕告用亶其
有衆咸造勿褻在
王庭、盤庚乃登進
厥民
(2) 曰、明聽朕言、無
荒失朕命
(3) 嗚呼古我前后
罔不惟民之承保

kōung éul chéu, ts'ì nài wéi, tóu nài k'eòu. Fă kĭ éul chēnn, fŏu k'ŏ houéi. »

P'AN KENG TCHOUNG. 1. P'àn kēng tsŏ, wéi chĕ Hô, i mîn ts'iēn, nài houá mîn tchēu fŏu chouĕ, tán kaó ioúng tàn. K'i iòu tchoúng hiēn ts'aó, ŏu siĕ tsái wàng t'îng. P'àn kēng nài tēng tsin kiuĕ mîn.

2. Iuĕ : « Mîng t'īng tchénn iên, ôu houāng chĕu tchénn mîng. »

3. « Oū hōu ! kòu ngŏ ts'iên heóu wàng pŏu wéi mîn tchēu tch'êng.. Paŏ heóu siū ts'ĭ. Siĕn i pŏu feŏu iū t'iên chéu.

serez châtiés, et le repentir ne vous servira de rien. »

ARTICLE II.

1. P'an keng partit (de Keng). Avant de traverser le Fleuve-Jaune pour transporter son peuple (dans la terre de In), il adressa la parole à ses sujets qui ne le suivaient pas volontiers, et leur déclara ses sentiments avec la plus grande sincérité. Quand toute la multitude fut arrivée (auprès d'un palais situé sur la route, il lui recommanda de ne pas faire de bruit), d'éviter toute irrévérence dans le palais impérial ; puis il la fit monter et entrer.

2. Il dit : « Écoutez et comprenez bien mes paroles, et ne négligez pas d'exécuter mes ordres.

3. « Oh ! dès l'antiquité, les souverains mes prédécesseurs ont tous donné au peuple des soins assidus et diligents. De son côté, le peuple a défendu ses souverains et partagé leurs soucis. Aussi

ARTICLE II. 1. P'an keng profectus, parans trajicere Fluvium, ut populus mutaret sedem, tunc allocutus est populum non (libenter) sequentem, et magnopere monuit cum sinceritate. Habita multitudo postquam tota pervenit (ad palatium in via situm, imperator mandavit) ne irreverenter agerent in regio palatio. P'an keng inde ascendere et intrare jussit suum populum.

2. Dixit : « Clare audite mea verba ; ne frustrantes negligatis mea jussa.

3. « Oh ! antiquitus mei decessores imperatores nunquam non unice populo diligentem operam præstiterunt ; qui tuitus est imperatores participans

PART. III. — CH. VII. P'AN KENG. 141

后胥慼鮮以不浮
(4) 于天時、
殷降大虐先王
不懷厥攸作視民
利用遷汝曷弗念
我古后之聞共承非
俾汝惟喜康共非
汝有咎比于罰
(5) 予若籲懷茲新
邑亦惟汝故以
從厥志
(6) 今予將試以汝
遷安定厥邦汝不

4. « Īn kiáng tá iŏ, siēn wâng pŏu houâi. Kiŭĕ iôu tsŏ, chéu mîn li ióung ts'iēn. Jòu hŏ fŏu gniên ngò kóu heóu tchēu wênn? Tch'êng jòu pêi jòu, wêi hi k'āng kōung; fēi jòu iôu kiòu, pi iū fă.

5. « Iù jŏ iú houâi tzēu sīn ĭ, ĭ wêi jòu kóu, i p'ĕi ts'òung kiŭĕ tchéu.

6. « Kīn iŭ tsiāng chéu i jòu ts'iēn, ngān ting kiŭĕ pāng. Jòu pŏu iôu tchénn

dans les temps malheureux que le ciel lui a envoyés, il a presque toujours surnagé (triomphé des difficultés).

4. « Lorsqu'une grande calamité fondait sur la dynastie des In (ou Chang), mes prédécesseurs ne restaient pas oisifs. Le moyen qu'ils employaient, c'était de changer de contrée dans l'intérêt du peuple. Pourquoi ne jugez-vous pas de ma conduite d'après ce que vous avez entendu dire des anciens empereurs ? Je prends soin de vous et vous donne des ordres, uniquement pour jouir avec vous de la tranquillité, et non pour vous punir de quelque faute.

5. « Si je vous invite à venir dans cette nouvelle ville, c'est uniquement à cause de vous ; c'est pour me conformer pleinement à votre désir (de vivre commodément).

6. « A présent je veux changer de contrée avec vous, afin de procurer à l'État la tranquillité et la stabilité. Vous, vous ne

angores. Raro propterea non supernatarunt in cœli temporibus (adversis).

4. « (Quum in domum nostram) In decideret magna calamitas, decessores imperatores non desides manebant. Illi quod faciebant, erat consulere populi utilitati adeoque transmigrare. Vos cur non cogitatis de me ex antiquorum imperatorum auditis (exemplis)? Curam do vobis, impero vobis, unice quod delector tranquillitate communi, non quod vos habentes culpam, obnoxii sitis pœnæ.

5. « Ego si inclamo ut veniatis in hanc novam urbem, etiam unice vestra causa, ut magnopere obsequar vestræ voluntati.

6. « Nunc ego paro adhibens vos migrare, ut tranquillum et stabiliam nostrum regnum. Vos non doletis

憂朕心之攸仔
困乃咸大不
宣乃心欽念以
以忧動予一
人爾惟自鞠
自苦若乘厥舟
汝弗濟臭厥
載胥以忧沈不
惟胥以自怒
其或稽自長
曷瘵
(7) 汝不謀
以思乃災汝
誕勸憂今其

sīn tchēu iòu k'ouénn. Nài hièn tá pŏu siuēn nài sīn, k'īn gnién i chênn, tòung
iŭ ĭ jênn ; eùl wēi tzéu kiŭ, tzéu k'òu. Jŏ tch'èng tcheōu, jòu fŏu tsí, tch'eóu
kiuĕ tsái. Eùl chênn pŏu chŏu, wēi siū i tch'ènn. Pŏu k'i houĕ kī, tzéu nòu hŏ
tch'eōu ?

7. « Jòu pŏu meòu tch'âng, i sēu nài tsāi, jòu tán k'iuén iōu. Kīn k'i iòu kīn,
wàng heòu. Jòu hŏ chēng tsái châng ?

prenez aucune part à mes soucis (qui n'ont d'autre objet que votre bien-être). Bien loin de me découvrir vos sentiments, d'avoir pour moi un respectueux et sincère attachement, et d'encourager votre souverain (à prendre les moyens d'assurer votre bonheur); vous ne voulez que vous condamner vous-mêmes à l'indigence et à la misère (en demeurant à Keng). Semblables à des passagers qui sont en barque, si vous ne traversez pas le fleuve, vos provisions de voyage pourriront; c.-à-d., si vous ne changez pas de pays, vous serez toujours exposés au fléau de l'inondation. Si vous ne vous attachez pas sincèrement à moi, nous irons tous ensemble à l'abîme. Si vous n'y réfléchissez pas sérieusement, (plus tard, quand vous serez dans la détresse), vous aurez beau vous indigner contre vous-mêmes, votre indignation remédiera-t-elle au mal?

7. « Si vous ne cherchez pas à vous assurer la tranquillité pour longtemps, si vous ne pensez pas aux calamités qui vous menacent, c'est comme si vous vous excitiez fortement les uns les autres à perpétuer une cause de malheur. Le présent est à vous, mais l'avenir n'est pas à vous (si vous ne changez pas de contrée, vous

animus meus quod dolet. Et vos omnes omnino non vultis patefacere vestros animos, reverenter cogitantes cum sincero studio, movere me supremum virum ; vos solum ipsi vos inopes facitis, ipsi vos miseros facitis. Similes hominibus) conscensis cymbam, vos nisi trajiciatis fluvium, putrescet vester commeatus. Vestrum studium nisi adhæreat mihi, unice simul ideo mergemur. Nisi ipsi forte perpendatis, licet vobis ipsis irascamini, quomodo medebimini ?

試 Chéu signifie 用 ióung employer, avec.

7. « Vos nisi consulatis in diuturnum tempus adeoque cogitetis vestras calamitates, vos magnopere hortamini ad angores (adsciscendos). Nunc ipsi

PART. III. — CH. VII. P'AN KENG.

有今罔後、汝何生
在上、
(8) 今予命汝一、無
起穢以自臭恐人
倚乃身迂乃心、
(9) 予迓續乃命于
天、予豈汝威用
畜汝衆、
(10) 予念我先神后
之勞爾先予不克
羞爾用懷爾然、

8. « Kīn iŭ mìng jŏu ĭ ; ôu k'i wèi i tzéu tch'eóu. K'oùng jênn i nài chēnn, iū nài sīn.

9. « Iŭ iá siŭ nài mìng iŭ t'iēn. Iŭ k'i jŏu wēi ? Ióung foùng hiŭ jŏu tchóung.

10. « Iŭ gniên ngò siēn chēnn heóu tchēu laŏ ėul siēn ; iŭ p'êi k'ŏ siōu ėul, ióung houâi ėul jēn.

mourrez peut-être bientôt, faute de ressources). Quelle raison avez-vous d'espérer que le ciel vous conserve la vie (dans un pays exposé sans cesse aux inondations)?

8. « Je vous recommande d'être unis de cœur (entre vous et avec moi). Ne soulevez pas des immondices qui vous souilleraient et vous feraient contracter une odeur fétide, c.-à-d. gardez-vous d'entretenir des pensées et des sentiments qui causeraient votre perte. Je crains qu'on ne vous engage dans une mauvaise voie et qu'on ne vous induise en erreur.

9. « Je prends cette mesure afin que le ciel prolonge vos jours. Est-ce que j'use de contrainte envers vous? J'emploie ce moyen afin de pourvoir avec soin à votre subsistance.

10. « Je pense aux fatigues que vos ancêtres ont supportées (en changeant cinq fois de pays), sous la conduite des très sages empereurs mes prédécesseurs. Je puis très bien pourvoir à votre subsistance (par le même moyen), et je vous donne mes soins avec grande sollicitude.

habetis præsens tempus; non habetis futurum. Vos quamnam vivendi rationem habetis ab alto (cœlo)?

8. « Nunc ego præcipio ut vos unanimes sitis; ne excitetis sordida quibus ipsi vobis fœtorem adsciscatis. Timeo ne homines inclinent vos ipsos (in viam malam), detorqueant vestras mentes.

9. « Ego occurro ut producatur vestra vita a cœlo. Ego numquid vobis vim infero? Utor (hoc consilio) ut reverenter alam vos omnes.

10. « Ego recogito meos decessores, sapientissimos imperatores, defatigasse vestros majores; ego magnopere possum alere vos, ideo amanter curo de vobis.

（十一）失于政，陳于
茲高后丕乃崇
降罪疾，曰曷虐
朕民。

（十二）汝萬民乃不
生生暨予一人
猷同心先后丕
降與汝罪疾，曰
曷不暨朕幼孫
有比故有爽
德。自上其罰汝。

（十三）罔能迪、汝
古我先后既

11. « Chĕu iŭ tchéng, tch'ênn iŭ tzĕu, kaō heóu p'ēi nài tch'ôung kiáng tsouéi tsĭ, iuĕ : « Hŏ iŏ tchénn mîn ? »

12. « Jòu wán mîn nài pŏu chēng chēng, kí iŭ ĭ jênn iôu t'ôung sīn, siēn heóu p'ēi kiáng iŭ jòu tsouéi tsĭ, iuĕ : « Hŏ pŏu kí tchénn iòu suēnn iòu pí ? » Kóu iòu chouàng tĕ, tzéu cháng k'í fă jòu, jòu wàng nêng tĭ. »

13. « Kòu ngŏ siēn heóu kí laŏ nài tsòu nài fóu ; jòu kóung tsŏ ngŏ hiŭ mîn.

11. « Si, manquant à mon devoir de souverain, je demeurais longtemps ici (à Keng), l'illustre empereur (T'ang) me condamnerait hautement et ferait descendre sur moi les plus graves châtiments. « Pourquoi es-tu si cruel envers mon peuple ? » dirait-il.

12. « Vous tous, peuples nombreux, si vous ne cherchez pas le moyen de vivre commodément, si vous ne prenez pas une détermination, en parfaite harmonie avec moi qui suis votre souverain ; les empereurs mes prédécesseurs vous condamneront hautement et feront descendre sur vous de graves châtiments. Ils diront : « Pourquoi n'agissez-vous pas de concert avec notre jeune descendant ? » Si vous vous écartez du devoir, du haut du ciel ils vous enverront des châtiments, et le retour dans la voie du devoir ne vous servira de rien.

13. « Autrefois vos ancêtres, vos pères ont (vécu et) supporté

11. « Si negligens in regimine, diu manerem in hoc loco, sublimis imperator, id est, 我高祖成湯在天之靈（書經講義）mei illustris avi Tch'eng T'ang quæ est in cœlo anima, magnopere tunc graves injiceret culpas ac pœnas, dicens : « Quare crudeliter lædis meum populum ? »

12. « Vos omnes gentes vero nisi (quæratis) commode vivere, et mecum summo viro consilium capiatis uno animo ; decessores imperatores magnopere injicient in vos crimina ac pœnas, dicentes : « Quare non cum nostro juvene nepote habetis societatem ? » Ideo si committatis ut erretis a virtute, ex alto illi punient vos, vos non poteritis redire in rectam viam (ut infortunia effugiatis).

迪 Tí signifie 道 suivre la voie de la vertu.

13. « Antiquitus mei decessores imperatores defatigarunt vestros majores, vestros patres ; vos omnes estis a me

PART. III. — CH. VII. P'AN KENG.

勞乃祖乃父．汝共作我畜汝．民有戕我先則畜乃父．在乃心乃祖我先．后綏乃祖乃父．乃斷棄汝乃祖乃父．救乃死汝．政同位具有．(14) 茲予有亂．貝玉乃祖乃父．丕乃告我．高后曰作丕．

Jòu iòu ts'iáng tsĕ tsái nài sīn, ngŏ siēn heóu souēi nài tsòu nài fóu. Nài tsòu nài fóu nài tou ǎn k'í jòu, pŏu kióu nài sèu.

14. « Tzēu iŭ iòu louán tchéng t'ôung wéi, kiŭ nài péi iŭ, nài tsòu nài fóu p'ēi nài kaó ngŏ kaō heóu, iuē: « Tsŏ p'ēi hīng iŭ tchénn suēnn. » Tí kaō heóu p'ēi nài tch'òung kiáng fóu siáng.

de grandes fatigues sous la direction des empereurs mes prédécesseurs. A présent vous êtes les sujets que je suis chargé de nourrir. Si vous gardez dans vos cœurs la détermination fatale (de rester à Keng), les empereurs mes prédécesseurs consoleront vos ancêtres, vos pères, (et vous puniront). Vos ancêtres et vos pères rompant avec vous, vous rejetteront et ne vous sauveront pas de la mort.

14. « Vous, mes ministres, qui gérez les affaires publiques et partagez avec moi l'exercice du pouvoir souverain, si vous amassez des trésors et des pierres précieuses ; vos ancêtres, vos pères se plaindront hautement auprès de mon illustre aïeul, et lui diront : « Appelez de graves châtiments sur nos descendants. » Ils

alendi populi. Si quod vos habetis lethale (consilium), quidem maneat in vestris animis, mei decessores imperatores solabuntur vestros majores, vestros patres. Vestri majores, vestri patres tunc scindentes abjicient vos, nec liberabunt vos a morte.

14. « Nunc a me habiti, gerentes res publicas, participes dignitatis (ministri), si congeratis vestros nummos ac gemmas; vestri majores, vestri patres magnopere quidem monebunt meum sublimem (avum) imperatorem, dicentes: « Excita ingentes pœnas in nostros nepotes. » Adducent sublimem imperatorem ut magnopere tunc gravia demittat infortunia.

Tchou Hi exprime un doute sur l'existence de l'âme après la mort; mais il reconnaît qu'elle était admise généralement. Dans ses Œuvres complètes, Livre XXXIV, on lit: « P'an keng parle des empereurs ses prédécesseurs et des ancêtres de tous ses ministres comme s'ils avaient réellement existé dans le ciel, envoyé des calamités et des châtiments, et comme si leurs descendants avaient entretenu des relations et traité les affaires de chaque jour avec eux. Mon opinion est qu'il en appelait aux âmes des morts pour triompher de l'hésitation de ses sujets. Sous la dynastie des In, les âmes des morts étaient en grand honneur. L'empereur, pour se faire obéir, profite d'une croyance profondément enracinée chez le peuple.

刑于朕孫，迪高后
丕乃崇降弗祥，
⑮嗚呼，今予告汝
不易永敬大恤無
胥絕遠，汝分猷念
以相從，各設中于
乃心，
⑯乃有不吉不迪，
顛越不恭，暫遇姦
宄我乃劓殄滅之，
無遺育，無俾易種
于茲新邑。

15. « Oū hôu! kīn iủ kaó jòu pôu i. Iòung kīng tả siŭ, ôu siŭ tsiuĕ iuèn. Jòu fēnn iòu gniên i siāng ts'òung; kŏ chĕ tchòung iŭ nài sīn.

16. « Nài iòu pŏu kĭ, pŏu tĭ, tiēn iuĕ, pŏu kōung, tsàn iŭ kièn kouéi; ngò nài i tiēn miĕ tchĕu, ôu i iŭ, ôu pèi i tchòung iŭ tzĕu sīn ĭ.

détermineront cet illustre empereur à vous envoyer de grands malheurs.

15. « Ah! sans doute c'est une entreprise pénible que je vous propose. Ayez sans cesse à cœur ce qui fait l'objet de ma sollicitude, et ne vous séparez pas de moi. Adoptez mes plans, mes pensées, et suivez-moi; conformez vos sentiments aux lois de la raison et de l'équité.

16. « S'il en est parmi vous qui soient mauvais, s'écartent du devoir, causent du trouble, ne respectent pas mes ordres, ou profitent d'une occasion pour se rendre coupables de révolte ou de perfidie; je leur ferai couper le nez, ou (si leur crime est très grave), je les mettrai à mort, eux et tous leurs descendants, sans en épargner un seul, afin qu'ils ne propagent pas leur race dans la nouvelle ville.

Est-ce une raison de croire à l'existence des âmes des morts? Le Philosophe n'aimait pas à traiter cette question. On ne peut pas affirmer avec certitude qu'elles existent réellement; on ne peut pas non plus soutenir qu'elles n'existent pas. S'il est impossible de savoir clairement ce qu'il en est, on peut ne pas s'en occuper.» (朱子全書卷三十四). Ce passage est cité dans le 欽定書經傳說彙纂 composé par ordre de K'ang hi et publié sous Joung tcheng.

15. « Ah! nunc ego propono vobis non facilia. Jugiter attendite magno angori; ne invicem scindentes discedamus. Vos participate consilium ac cogitatum ut me sequamini; singuli statuite æquum in vestris animis.

16. « Et si sint non boni, non insistentes rectæ viæ, dejicientes, transgredientes, non reverentes, si interim occurrant rebelles aut perfidi; ego tunc nasum amputabo, succidens exstinguam (posteros) eis, nullum relinquam viventem, non sinam transferre semen in hanc novam urbem.

PART. III. — CH. VII. P'AN KENG. 147

爾無共怒協比讒　于朕志周罪爾眾　腎腸歷告爾百姓　（3）今子其敷心腹　大命　（2）曰無戲怠懋建　爰有眾　攸居乃正厥位綏　（1）盤庚既遷奠厥　盤庚下　乃家　將試以汝遷永建　（17）往哉生生今子　言子一人

17. « Wảng tsāi, chēng chēng. Kīn iû tsiāng chéu i jôu ts'iēn, iôung kiến nài kiā. »

P'AN KENG HIA. 1. P'àn kêng ki ts'iēn, tién kiuĕ iôu kiū, nài tchéng kiuĕ wéi, souēi iuên iôu tchóung.

2. Iuĕ : « Oû hí tái ; meóu kiến tá ming.

3. « Kīn iû k'ỉ fōu sīn fôu chénn tch'âng, lỉ kaó èul pĕ sing iû tchénn tchéu. Wảng tsouéi èul tchóung ; èul òu kóung nôu, hiĕ pi tch'ân iên iû ĩ jênn.

17. « Allez donc, afin de jouir de la prospérité. Je passerai avec vous dans cette nouvelle contrée, et j'y établirai vos familles pour toujours. »

ARTICLE III.

1. P'an keng, arrivé (dans la terre de In), fixa l'emplacement des habitations, régla les dignités et les charges, et encouragea tous ses sujets.

2. Il leur dit : « Fuyez les amusements et la paresse. Travaillez avec ardeur à assurer les destinées d'un grand empire.

3. « Je vais vous ouvrir entièrement mon cœur, vous déclarer mes pensées et mes sentiments les plus intimes, et vous faire connaître à tous mon intention. (Je vous pardonne vos résistances passées), je ne traiterai aucun de vous comme coupable ; mais vous, de votre côté, évitez de vous exciter les uns les autres à me haïr, de former des complots et de parler mal de votre souverain.

17. « Ite, ut commode vivatis. Nunc ego paro adhibens vos migrare, in perpetuum stabiliturus vestras domos. »

ARTICLE III. 1. P'an keng postquam transmigravit, statuit illi ubi habitarent, inde ordinavit illorum dignitates, solatus est quotquot erant universos.

2. Dixit: « Nolite jocari, pigrescere. Enitimini firmare magnum mandatum.

3. « Nunc ego ipse pandam animum, sinum, renes, viscera ; ex toto faciam certiores vos universos cives de meo proposito. Non pro reis habebo vos populares ; vos nolite simul indignantes, conjungere societatem et calumniantes obloqui mihi summo viro.

（４）古我先王將
多于前功適于
山用降我凶德、
嘉績于朕邦。
（５）今我民用蕩
析離居、罔有定
極爾謂朕曷震
動萬民以遷。
（６）肆上帝將復
我高祖之德亂
越我家朕及
敬恭承民命、
永地于新邑用

4. « Kòu ngò siēn wâng, tsiāng touō iū ts'iên kōung, chĕu iū chān. Ióung kiáng ngò hiōung tĕ, kiā tsĭ iū tchénn pāng.

5. « Kīn ngò mîn ióung táng sī li kiū, wàng iòu tíng kĭ. Eùl wéi tchénn hŏ tchénn tóung wán mîn i ts'iēn!

6. « Séu cháng ti tsiāng fŏu ngò kaō tsòu tchēu tĕ, louán iuĕ ngò kiā; tchénn kĭ tŏu kíng, kōung tch'êng mîn míng, ióung iòung tí iū sīn í.

4. « Autrefois (Tch'eng T'ang) mon prédécesseur, voulant ajouter aux services rendus par ses ancêtres, alla (s'établir avec ses sujets) dans un pays montagneux. Il supprima ainsi la cause de nos malheurs et mérita bien de notre nation.

5. « Parce que (les environs de Keng étaient souvent inondés), le peuple s'en allait, se divisait, se dispersait, errait sur une étendue sans limite. Et vous cependant, vous avez demandé pour quelle raison je mettais tant de personnes dans le trouble et l'agitation, et les obligeais de se transporter ailleurs!

6. « Le roi du ciel voulant faire revivre les vertus de mon illustre aïeul et restaurer l'administration de notre dynastie; je m'applique, avec l'aide de ministres fidèles et dévoués, à assurer la subsistance du peuple, et à fixer pour toujours la résidence impériale dans cette nouvelle ville.

4. « Antiquitus meus decessor imperator, volens addere super majorum merita, ivit ad montana. Ita superavit nostrarum calamitatum causam, præclare meritus est de nostro regno.

D'après 金履祥 Kīn Li siâng et d'autres savants, cette contrée montagneuse où T'ang passa avec ses sujets, pour les mettre à l'abri des inondations du Fleuve-Jaune, serait cette même terre de 亳 Pouŏ où P'an keng alla s'établir avec les siens.

5. « Nunc meus populus ideo errans, divisus, dispersus habitabat, nec habebat certos fines. Vos interrogastis ego cur commovens turbarem innumeros homines ad transmigrandum!

6. « Inde supernus rex quum velit renovare mei illustris avi virtutes, componens attingere meæ gentis (imperatorum regimen); ego cum fideliter reverentibus (ministris) curo sustentare popularium vitam, ita in perpetuum stabilire in nova urbe.

PART. III. — CH. VII. P'AN KENG. 149

(7) 肆予沖人、非廢
厥謀弔由靈、各非
敢遹卜用宏茲賁、
(8) 嗚呼邦伯師長
百執事之人、尚皆
隱哉、
(9) 予其懋簡相爾、
念敬我眾、
(10) 朕不肩好貨、敢
恭生生鞠人謀人
之保居、敘欽、

7. « Séu iû tch'ôung jênn, fēi fěi kiuě meôu, tǐ iôu ling. Kǒ fēi kǎn wěi pǒu, ióung hôung tzēu fênn.
8. « Oū hōu! pāng pě, chēu tchǎng, pě tchěu chéu tchēu jênn, chǎng kiāi in tsāi.
9. « Iǔ k'î meôu kièn siáng ěul, gniēn king ngǒ tchóung.
10. « Tchěnn pǒu kièn haǒ houó. Kǎn kōung chēng chēng, kiǔ jênn, meôu jênn tchēu paǒ kiū, siǔ k'īn.

7. « (En changeant de contrée), je n'ai pas, moi jeune homme, agi contre les avis de tout le peuple; mais j'ai suivi l'avis de ceux qui pensaient le plus sagement (qui pensaient comme moi que ce changement était nécessaire). (Vous, en résistant à ma volonté), vous avez craint d'agir contre la réponse que la tortue m'avait donnée, et voulu augmenter la grandeur de ma dynastie.

8. « Oh! chefs des principautés, directeurs des officiers, officiers de tout grade, j'espère que vous aurez compassion (de mon peuple).

9. « Je m'appliquerai moi-même à choisir et à diriger parfaitement les officiers, afin qu'ils donnent à mon peuple des soins assidus.

10. « Je ne confierai pas les charges à ceux qui aiment les richesses. J'emploierai et traiterai avec honneur ceux qui s'efforceront d'assurer au peuple les commodités de la vie, la subsistance et un séjour stable.

7. « Et ego juvenis homo, non neglexi vestra consilia; maxime secutus sum optimum. Singuli non ausi estis adversari testudinis responso; (voluistis) ita ampliare hanc celsitudinem (voluntas vestra bona fuit).

8. « Oh! regnorum rectores, præpositorum duces, varii qui geritis negotia viri, spero, omnes miserebimini.

9. « Ego ipse diligenter seligam et dirigam vos, ut memores curetis meum populum.

10. « Ego non munia imponam amantibus divitiarum. Qui enixe curabunt de vita commoda (populi), alent homines, et consulent hominum servandis domiciliis, ordinabo (eos inter præpositos), honorabo.

羣臣咸諫于 喪其惟弗言 陰三祀旣免 (1)王宅憂亮 永肩一心 (13)式敷民德 寶、生生自庸 (12)無總于貨 欽、 若否罔有弗 告爾于朕志 (11)今我旣羞

11. « Kīn ngò ki siōu kaó éul iū tchénn tchéu, jŏ feòu, wàng iòu fōu k'īn.
12. « Où tsòung iū houó paò ; chēng chēng tzéu iōung.
13. « Chĕu fōu mîn tĕ, iōung kiēn ĭ sīn. »

IUE MING CHANG. 1. Wàng tchĕ iōu leâng ngān sān séu. Ki miĕn sāng, k'i

11. « Maintenant que je vous ai déclaré mes sentiments, et fait connaître quels sont ceux que j'approuve et quels sont ceux que je désapprouve ; que chacun de vous se conforme avec respect à ma volonté.

12. « N'amassez pas de trésors ni d'objets précieux ; mais dépensez-vous pour procurer au peuple les commodités de la vie.

13. « Ayez soin de répandre partout vos bienfaits, et toujours avec le même dévouement. »

CHAPITRE VIII. PROMOTION DE IUE.

ARTICLE I.

1. L'empereur (Kao tsoung) pleura la mort de son père dans une petite cabane pendant trois ans. Après avoir quitté les habits de deuil, il garda encore le silence. Tous ses officiers lui adressèrent ensemble des représentations. Ils lui dirent : « Oh ! celui qui

11. « Nunc ego postquam proponens monui vos de mea mente, quos probem, quos reprobem ; nemo sit qui non reverenter attendat.

12. « Ne congeratis opes ac pretiosa ; ad populi commodam vitam ipsi vos impendatis.

13. « Diligenter diffundite in populum beneficia, jugiter sustinentes eumdem animum. »

CHAPITRE VIII. Après la mort de 盤庚 P'àn kēng, ses deux frères 小辛 Siaò sīn et 小乙 Siaò ĭ régnèrent l'un après l'autre, le premier de 1373 à 1352, le second de 1352 à 1324. Siao i eut pour successeur son fils 武丁 Où tīng ou 高宗 Kaō tsōung, qui mourut en 1265.

ARTICLE I. 命 Ming, ordre ou décret par lequel l'empereur nomme quelqu'un à un emploi, à une dignité. 說命 Iuĕ ming, nomination de Fou Iue à la dignité de ministre de l'empereur Kao tsoung.

1. Imperator mansit lugens in funebri casa tribus annis. Postquam exuit

王曰、嗚呼、知之曰明、哲明則哲。
王曰、明哲實作則、萬邦、
子惟君、惟承、式王
百官、承式王邦、
言、惟作命不
言臣下、罔攸
稟令、作
⑵以誥
正于四方、台
恐德弗類、茲
故弗言、恭默

wéi fŏu iên. K'iŭn tch'ênn hiên kién iŭ wǎng, iuĕ: « Oū hōu! tchêu tchêu iuĕ míng tchĕ. Míng tchĕ chêu tsŏ tsĕ. T'iên tzéu wéi kiūn wǎn pāng; pĕ kouān tch'êng chêu. Wǎng iên wéi tsŏ míng. Pŏu iên, tch'ênn hiá wǎng iŏu pin líng. »

2. Wǎng iŏung tsŏ chōu i kaó iuĕ: « Ȋ i tchéng iŭ séu fāng, î k'ŏung tĕ fŏu

connaît (parfaitement et de bonne heure les principes de la sagesse) mérite d'être appelé intelligent et sage. Celui qui est intelligent et sage est le modèle de tous. Le Fils du ciel commande seul à tous les royaumes; tous les officiers reçoivent de lui leur direction. Quand il parle, ses paroles sont des ordres. S'il ne parle pas, les officiers qui sont sous lui n'ont personne qui les dirige. »

2. L'empereur, en réponse à leur requête, composa un écrit dans lequel il dit: « Chargé d'établir l'ordre dans toutes les parties de l'empire, je crains de n'avoir pas la même vertu (que mes

lugubria, ipse quidem non locutus est. Omnes præpositi simul monuerunt imperatorem, dicentes: « Oh! qui novit (mature virtutis viam) dicitur perspicax et sapiens. Qui est perspicax et sapiens vere fit exemplar. Cœli filius solus regit omnia regna; omnes præpositi accipiunt legem. Imperatoris verba sola fiunt jussa. Nisi loquatur, præpositi subditi non habent unde accipiant jussa. »

A la mort d'un empereur ou d'un prince, son successeur laissait le soin des affaires au 冢宰 tchŏung tsái premier ministre, et demeurait dans une petite cabane durant les trois années du deuil, ou plutôt durant vingt-cinq mois qui comptaient pour trois ans. La cabane s'appelait 亮陰 ou 諒陰, parce que l'empereur 諒 confiait le gouvernement au premier ministre, et 陰 gardait le silence ou demeurait dans

l'obscurité d'une chaumière tournée vers le nord et peu éclairée. Elle s'appelait aussi 諒闇 ou 梁闇 leâng ngān, cabane à linteau; et 倚廬 i liú, cabane inclinée, parce qu'elle était formée de pieux placés obliquement. Voy. Liun iu, Chap. XIV. 43, et Meng tzeu, Liv. III, Chap. I. 2.

2. Imperator ideo composuit libellum, ut moneret, dicens: « Ut ego regam (i. e. exemplo et regimine omnia recta faciam) in quatuor regionibus, ego timeo ne virtus non similis sit (decessorum imperatorum virtuti). Ea de causa non loquor. Reverenter ac tacite meditor de via virtutis. In somniis rex (cœli) dedit mihi bonum adjutorem, (qui) ipse pro me loquetur. »

高宗夢傅說、據此、則是眞
有箇天帝與高宗對答、曰、吾
賚汝以良弼、今人但以主宰

台 夕 ⑸ 右 王 ⑷ 肯 傅 于 俾 ⑶ 子 予 思
德 納 命 置 爰 嚴 乃 言 良 道
誨 之 諸 立 之 天 以 審 弼 夢
以 曰 其 作 野 下 形 厥 其 帝
輔 朝 左 相 惟 說 旁 象 代 賚
                築 求

léi. Tzĕu kóu fŏu iên. Kōung mŏ sēu taó. Móung ti lái iû leâng pĭ; k'î tái iû iên. »

3. Nài chénn kiuĕ siáng, pèi i hìng p'àng k'iôu iū t'iēn hiá. Iuĕ tchōu Fóu iên tchēu iĕ, wèi siaó.

4. Iuên lî tsŏ siáng. Wàng tchéu tchōu k'î tsouŏ ióu.

5. Ming tchēu iuĕ : « Tchaō sī nă houéi, i fóu î tĕ.

ancêtres). Voilà pourquoi je ne parle pas. Je médite avec respect et en silence les principes de la sagesse. Dans un songe le roi du ciel m'a (fait voir et) donné un aide excellent, qui parlera pour moi. »

3. Alors l'empereur tâcha de se rappeler distinctement (et fit peindre) les traits de celui (qui lui avait été présenté en songe), et à l'aide de ce portrait, le fit chercher par tout l'empire. Iue qui demeurait dans la plaine de Fou ien, fut seul trouvé ressemblant.

4. Il fut constitué (premier) ministre. L'empereur le garda à ses côtés.

5. Il lui donna ses ordres en ces termes : « Du matin au soir présentez-moi des instructions, pour m'aider à pratiquer la vertu.

說帝謂無形象,恐也不得著
如世間所謂玉皇大帝,恐亦
不可畢竟此理如何,學者皆
莫能答,(朱子全書卷三十四).

« Kao tsoung vit en songe Fou Iue. D'après ce passage du Chou king, il existe réellement un roi du ciel qui apparut à Kao tsoung, et lui dit: « Je vous donne un aide excellent. » A présent on considère le roi du ciel seulement comme le maître et le gouverneur du ciel, et l'on dit qu'il n'a ni forme ni figure. Peut-être cette idée n'est-elle pas exacte. Si l'on se le représente comme le peuple se représente le Grand empereur Iu houang, cette idée ne sera peut-être pas non plus exacte. En définitive, sur cette question, aucun lettré ne peut donner une réponse satisfaisante. » (Tchou Hi, Œuvres complètes, Livre XXXIV).

3. Tunc inquisivit (in sua memoria et pingere jussit) illius effigiem, jussit ex imagine a lateribus (i.e. undique) quærere in toto imperio. Iue habitans Fou ien campum, solus similis (inventus est).

傅嚴 était à vingt-cinq stades au nord-est de 平陸 P'ing lŏu dans le 解州 Kiâi tcheōu (Chan si).

築 Tchŏu, bâtir, habitation, habiter.

4. Tunc constitutus est ut esset minister. Imperator collocavit ad suam sinistram ac dexteram.

5. Jussa dedit ei dicens: «A mane ad vesperam affer documenta, quibus adjuves meam virtutem.

(9)		(8)	(7)		(6)
以康兆民、|率先王、迪我高后俾|同心、以匡乃僚罔不|惟曁乃僚罔不|地厥足用傷|疾弗瘳、若跣弗視厥|若藥弗瞑眩|啟乃心、沃朕心、|汝作霖雨、|舟楫若巨川|若濟巨川用汝作|若金用汝作礪、

6. « Jŏ kīn, ióung jóu tsŏ lí. Jŏ tsi kiú tch'ouēn, ióung jóu tsŏ tcheōu tsië. Jŏ souéi tá hán, ióung jóu tsŏ lìn iù.

7. « K'i nài sīn, ōu tchénn sīn.

8. « Jŏ iŏ fŏu mién hiuén, kiuĕ tsĭ fŏu tch'eōu. Jŏ sién fŏu chéu tí, kiuĕ tsiŭ ióung chāng.

9. « Wêi kí nài leaŏ, wàng pŏu t'òung sīn, i k'ouāng nài pĭ, péi chouĕ siên wàng, tĭ ngŏ kaō heóu, i k'āng tchaó mìn.

6. « Vous serez pour moi ce que la pierre à aiguiser est à l'acier, ce que la barque et la rame sont au passager qui traverse un grand fleuve, ce qu'une pluie de trois jours est à la terre dans une année de grande sécheresse.

7. « Que votre cœur me soit entièrement ouvert, et verse dans mon cœur comme une rosée bienfaisante.

8. « Un remède qui ne produit pas un trouble violent (dans le corps du malade), ne guérira pas la maladie. (Les représentations les plus pénibles à entendre sont les plus utiles). Un homme sans chaussure se blessera les pieds, s'il n'est pas attentif à regarder le chemin. (De même, un homme qui, comme moi, est dépourvu de vertus, commettra des fautes, si l'on n'a pas soin de lui montrer sans cesse la voie du devoir).

9. « Vous et vos collègues, agissant toujours d'un commun accord, dirigez votre prince, afin que suivant les traces de mes prédécesseurs, j'imite mon illustre aïeul (Tch'eng T'ang), et rende tous les peuples heureux.

6. « Similis metallo, utar te ut sis cos. Similis trajicienti magnum fluvium, utar te ut sis cymba et remus. Sicut anni magna siccitate, utar te ut sis trium dierum pluvia.

7. « Aperi tuum animum, irrora meum animum.

8. « Si medicina non acriter perturbet (ægrotum), ejus morbus non sanabitur. Si nudipes non despiciat terram, ejus pedes ideo lædentur.

9. « At cum tuis collegis nunquam non uno animo sis, ut dirigatis vestrum imperatorem, facientes ut sequatur

(10) 嗚呼欽予時
命其惟有終
(11) 說復于王曰
惟木從繩則正
后從諫則聖
克聖臣不命其
承疇敢不祗若
王之休命
(1) 惟說命總百
官
(2) 乃進于王曰
嗚呼明王奉若

10. « Oū hōu! k'īn iŭ cheû ming, k'i wêi ioŭ tchôung. »

11. Iuĕ fŏu iŭ wàng iuĕ : « Wêi mŏu ts'ôung chêng tsĕ tchéng ; heóu ts'ôung kién tsĕ chéng. Heóu k'ŏ chéng, tch'ènn pŏu ming k'i tch'êng. Tch'eôu kàn pŏu tchēu jŏ wàng tchēu hioŭ ming ? »

IUE MING TCHOUNG. 1. Wêi Iuĕ míng tsòung pĕ kouān.

2. Nài tsin iŭ wàng, iuĕ : « Oū hōu! ming wàng fòung jŏ t'iēn taó, kién pāng

10. « Oh! remplissez avec respect la charge que je vous confie ; ayez toujours en vue de mener votre œuvre à bonne fin. »

11. Iue répondit à l'empereur: « Le bois taillé d'après la marque du cordeau devient droit; le prince qui se dirige d'après les avis de ses ministres, devient très sage. Quand le prince est parvenu à la plus haute sagesse, les officiers obéissent (à ses désirs) sans attendre ses ordres. Qui oserait ne pas se conformer avec respect aux excellentes instructions de l'empereur (à des instructions excellentes comme celles que vous venez de me donner)?»

ARTICLE II.

1. Iue fut chargé de diriger tous les officiers.

2. Il se présenta devant l'empereur, et lui dit : « Oh! les empereurs intelligents (qui ont fondé l'empire), obéissant avec respect

priores imperatores, imitetur nostrum sublimem imperatorem, ad tranquillandum numerosum populum.

10. « Oh! reverenter impleas meum hoc mandatum, ipse cogitans ut assequaris exitum (felicem). »

11. Iue respondens imperatori dixit: « Lignum obsequens lineæ tunc fit rectum; rex obsequens monitis tunc fit sapientissimus. Quum rex potest esse sapientissimus, præpositi non jussi ipsi obsequuntur (votis). Quis ausit non reverenter obsequi imperatoris eximio mandato?»

ARTICLE II. 1. At Iue jussus est præesse omnibus præpositis.

2. Et ingrediens ad imperatorem, dixit: « Oh! perspicaces imperatores (imperii conditores), reverenter obsequentes cœli legi, constituerunt regna, disposuerunt urbes præcipuas, erexerunt rectorem imperatorem et guberna-

天道建邦設都樹
后王君公承以大
夫師長不惟逸豫
以亂民、
惟天聰明、惟聖
時憲、惟臣欽若、
民從乂、
④惟口起羞、惟
甲胄起戎、惟衣裳
在笥、惟干戈省厥躬、
王惟戒茲允茲克
明、乃罔不休、

chě tōu, chóu heóu wâng kiūn kōung, tch'êng i tái fôu chêu tchàng, pŏu wêi ĭ iú, wêi i louán mîn.

3. « Wêi t'iēn ts'ôung mîng. Wêi chéng chêu hién. Wêi tch'énn k'īn jŏ ; wêi mîn ts'ôung i.

4. « Wêi k'eóu k'i siōu. Wêi kiă tcheóu k'i jôung. Wêi ī châng tsái séu. Wêi kān kouŏ sing kiuĕ kōung. Wâng wêi kiái tzĕu. Iŭn tzĕu k'ŏ mîng, nái wâng pŏu hiōu.

à la loi établie par le ciel lui-même, ont constitué les divers États et fixé leurs capitales, décidé qu'il y aurait un empereur et des princes, et au-dessous d'eux, des grands préfets et des chefs d'officiers, non afin de n'avoir qu'à vivre dans l'oisivité et les plaisirs, mais afin que l'ordre régnât parmi le peuple.

3. «Le ciel voit et entend tout. Un sage souverain l'imite. Alors les officiers suivent son exemple avec respect ; le peuple est soumis et bien gouverné.

4. «Les paroles (indiscrètes) attirent le déshonneur. La cuirasse et le casque (portés à contre-temps) attirent les armes (des princes voisins). Les vêtements (destinés à récompenser le mérite) doivent être gardés dans les coffres (et donnés après mûr examen). Avant de prendre le bouclier et la lance (pour châtier un prince), il faut s'examiner soi-même (et se demander si l'on n'a rien à se reprocher). Prince, faites attention à ces trois choses. Si vous les comprenez parfaitement, tout ira bien.

tores regulos, adjutos per majores præfectos et administrorum duces, non ut solummodo commode se oblectarent, sed ut recte componerent populum.

3. «Et cœlum clare audit, clare videt. Et sapientissimus (imperator) id imitatur. Et præpositi reverenter obsequuntur, et populus obsequens regitur.

天之聰明、無所不聞、無所不見, Il n'est rien que le ciel n'entende, rien qu'il ne voie.

4. « Et lingua excitat dedecus. Et loricæ et galeæ excitant arma. Et vestes servandæ sunt in capsis. Et scuta et hastæ (antequam sumantur), inspicienda propria persona. Imperator cogitans

(5) 惟治亂在庶官。官不及私昵、惟其能、爵罔及惡德、惟其賢。

(6) 慮善以動、動

(7) 惟厭時。有其善、喪厥善、矜其能、喪厥功。

(8) 惟事事、乃其有備、有備無患、

(9) 無啓寵納侮。無恥過作非、

5. « Wéi tchéu louán tsái chóu kouân. Kouân pŏu kĭ sêu gnĭ, wêi k'î nêng. Tsiŏ wàng kĭ ngŏ tĕ, wêi k'î hièn.

6. « Liù chén i tóung ; tóung wêi kiuĕ chéu.

7. « Iòu kiuĕ chén, sáng kiuĕ chén. Kīng k'î nêng, sáng kiuĕ kōung.

8. « Wêi chéu chéu, nài k'î iòu pí. Iòu pí óu houán.

9. « Où k'i tch'òung nă òu. Où tch'éu kouó tsŏ fêi.

5. « Le bon et le mauvais gouvernement dépendent des officiers. Les charges ne doivent pas être confiées aux favoris du prince, mais seulement à des hommes capables. Les dignités ne doivent pas être conférées à des hommes vicieux, mais à des hommes éminents par leurs vertus et leurs talents.

6. « Avant d'agir, examinez si votre dessein est honnête et juste ; et n'agissez qu'au temps convenable.

7. « Celui qui se complaît et se repose en sa vertu, (ne fait plus d'efforts et) perd sa vertu. Celui qui se glorifie de ses talents, les rend inutiles (il ne fait rien de grand, parce que personne n'aide avec dévouement un orgueilleux).

8. « Toute affaire, toute entreprise demande des préparatifs. Celui qui est bien préparé, n'a rien à craindre.

9. « N'ayez pas de favoris ; vous vous attireriez des mépris (de leur part, car la familiarité engendre le mépris). Ne rougissez pas de (réparer) une erreur ou une faute involontaire ; vous commettriez une faute volontaire.

attendat illis. Si vere illa possit intelligere, tunc nihil non bene erit.

5. « Ordo, turbatio pendent a variis præpositis. Munia non obveniant vilibus familiaribus, at solum ad illa aptis. Dignitates non obveniant pravis moribus, at solum ad illas idoneis dotibus.

6. « Præcogita bonum ut te moveas. Te moveas solum opportuno tempore.

7. « Qui habet suam virtutem, amittit suam virtutem. Qui gloriatur suis dotibus, amittit sua opera.

8. « Si quis operam det operibus, tunc ea habeant præparatum. Si habeant præparatum, non erit malum.

9. « Noli, incipiens habere gratiosos, adsciscere contemptum. Noli, erubescens de errato (reparando), admittere culpam.

PART. III. — CH. VIII. PROMOTION DE IUE. 157

(10) 惟厥攸居、政事
惟醇、
(11) 黷于祭祀、時謂
弗欽、禮煩則亂、事
神則難、
(12) 王曰、旨哉、說、乃
言惟服、乃不良于
言、
說拜稽首曰、非
(13) 知之艱、行之惟艱、
王忱不艱、允協于
先王成德、惟說不
言、有厥咎、

10. « Wêi kiuĕ iôu kiū, tchéng chéu wêi chouênn. »

11. « Tŏu iŭ tsi séu, chêu wéi fŏu k'īn. Li fân, tsĕ louán. Chéu chênn tsĕ nân. »

12. Wàng iuĕ : « Tchéu tsāi ! Iuĕ, nài iên wêi fŏu. Nài pŏu leâng iŭ iên, iû wàng wènn iŭ hîng. »

13. Iuĕ pái k'i cheòu, iuĕ : « Fēi tchêu tchêu kiɛ̄n, hîng tchêu wêi kiɛ̄n. Wâng chênn, pŏu kiɛ̄n, iûn hiĕ iŭ siēn wâng tch'êng tĕ. Wêi Iuĕ pŏu iên, iôu kiuĕ kiòu. »

10. « Si le prince poursuit constamment l'unique but qu'il doit toujours se proposer, l'administration sera irréprochable.

11. « Importuner les esprits par des offrandes (et des demandes intempestives ou trop fréquentes), c'est leur manquer de respect. Les cérémonies trop multipliées engendrent la confusion. Il est difficile d'honorer les esprits (comme il convient). »

12. L'empereur dit : « Vos discours sont comme un festin délicieux ! Iue, ce que vous m'avez dit doit être exécuté. Si vous n'excelliez pas à donner des conseils, je n'aurais jamais entendu exposer de si bonnes règles de conduite. »

13. Iue à genoux inclina le front jusqu'à ses mains, puis jusqu'à terre, et dit : « Il est facile de connaître ces principes, mais la pratique en est difficile. Cependant, prince, si vous êtes persuadé (qu'elle est nécessaire, et si vous l'entreprenez résolûment), vous ne la trouverez pas difficile, et votre vertu sera réellement aussi parfaite que celle de votre aïeul (Tch'eng T'ang). Si je ne vous disais pas toute la vérité, je serais coupable. »

10. « (Si rex maneat in ea virtute, nempe in æquitate), ipse in qua manere debet, publicæ res puræ erunt.

11. « Fatigare in sacris, id dicitur non revereri. Si ritus nimis multi sint, tunc confusio est. Servire spiritibus quippe difficile est. »

12. Imperator dixit : « Sapidum sane! Iue, tua dicta facienda sunt. Tu nisi excelleres in dicendo, ego non audivissem ad agendum. »

13. Iue demisit caput ad manus, demisit ad terram caput ; dixit : « Non est scire ea difficile ; facere ea vero difficile

說命下

(1) 王曰、來汝說、
台小子舊學于
甘盤、旣乃遯于
荒野、入宅于河、
自河徂亳、暨厥
終罔顯、
(2) 爾惟訓于朕
志、若作酒醴、爾
惟麴糵、若作和
羹、爾惟鹽梅、
爾交修予、罔予棄、
予惟克邁乃訓、

IUE MING HIA. 1. Wàng iuĕ: «Lâi, jòu Iuĕ. Î siaò tzéu kióu hiŏ iū Kān P'ân. Kí nâi touénn iū houāng iĕ. Jŏu tchĕ iū Hò. Tzéu Hò ts'òu Pouŏ. Kí kiuĕ tchōung wàng hièn.

2. « Eùl wêi hiún iū tchénn tchéu. Jŏ tsŏ tsiòu li, éul wêi k'iŭ iĕ. Jŏ tsŏ houô kēng, éul tsŏ iên mêi. Eùl kiaō siōu iû, wàng iû k'í. Iû wêi k'ŏ mái nâi hiún. »

ARTICLE III.

1. L'empereur dit: «Iue, approchez. Moi faible enfant, j'ai d'abord étudié sous Kan P'an. Ensuite j'ai vécu retiré à la campagne. De là je suis allé demeurer dans l'angle formé par le Fleuve-Jaune. Passant de nouveau le Fleuve-Jaune, je suis revenu à Pouo. Jusqu'à présent mon intelligence est peu éclairée.

2. «Enseignez-moi quel doit être le but de mes efforts. Soyez pour moi ce que le ferment et le grain germé sont pour celui qui prépare des liqueurs, ce que le sel et les prunes sont pour celui qui compose une sauce. Avec vos collègues prenez soin de moi, ne m'abandonnez pas. Je pourrai mettre en pratique vos enseignements.»

est. Imperator si credat (et curet ea facienda), non erit difficile, vere (ejus virtus) consentiet cum antiqui imperatoris perfecta virtute. Et Iue nisi loqueretur, haberet hujus (silentii) culpam.»

ARTICLE III. 1. Imperator dixit : «Venias, tu Iue. Ego parvus filius olim studui sub Kan P'an (regni ministro). Postea tunc recessi in agrestem campum. Ingressus habitavi in Ho (fluvii sinu). Ex Ho adveni Pouo. Et illo toto tempore non clare intellexi.

D'après K'oung Ing ta, Kao tsoung, n'étant encore que simple héritier présomptif, aurait été, sur l'ordre de son père Siao i, demeurer quelque temps au milieu des habitants de la campagne, afin de connaître leurs difficultés et leurs souffrances.

2. «Tu vero doceas de meo proposito. Sicut facienti vinum ac mustum, tu sis fermentum et germina. Sicut facienti conditum jusculum, tu sis sal et pruna. Tu conjunctus (cum aliis regni ministris) excolas me, ne me abjicias. Ego potero exsequi tua documenta.»

酒 Tsiòu, liqueur qui a subi la dernière fermentation et est clarifiée. 醴 Li ou 甜酒 T'iên tsiòu, liqueur douce, moût, liqueur nouvelle qui n'a pas subi la dernière fermentation et n'est pas clarifiée.

罔　始　(5)　于　敏　(4)　說　師　古　聞　(3)
覺、典　惟　茲、厥　惟　攸　攸　訓、時　說
　　于　斅　道　修　學　聞。古、乃　惟　曰、
　　學、學　積　乃　遜　　　以　有　建　王
　　厥　半、于　來、志、　　克　獲、事　人
　　德　念　厥　允　務　　　永　事　學　求
　　修。終　躬、懷。時、　　世　不　于　多

3. Iuĕ iuĕ : « Wâng, jênn k'iôu touô wênn, chĕu wèi kièn chéu. Hiŏ iŭ kòu hiŭn, nài iôu houĕ. Chéu pŏu chéu kòu, i k'ŏ iŏung chéu, féi Iuĕ iôu wênn.

4, « Wèi hiŏ suènn tchéu, óu chéu min ; kiuĕ siôu nài lâi. Iùn houâi iū tzēu ; taó tsĭ iū kiuĕ kōung,

5. « Wèi hiaó hiŏ pán. Gnién tchōung chèu tièn iū hiŏ, kiuĕ tĕ siōu wâng kiŏ.

3. Iue répondit : « Prince, un souverain doit chercher à recevoir beaucoup d'enseignements et d'avis, uniquement afin de bien établir l'œuvre (de sa propre perfection et du bon gouvernement des peuples). S'il étudie les enseignements des anciens, il atteindra son but. Qu'un prince, sans prendre les anciens pour maîtres, ait fondé une œuvre à jamais durable, c'est ce que moi Iue, je n'ai pas encore entendu dire.

4. « Exercez-vous à vous estimer peu vous-même, et appliquez-vous à remplir vos devoirs avec une continuelle diligence ; la perfection viendra comme naturellement. Pensez sérieusement à ces deux choses ; toutes les vertus viendront orner votre cœur.

5. « La science s'acquiert (moitié par l'étude), moitié par l'enseignement. Celui qui s'applique à apprendre sans cesse (d'abord par l'étude, puis par l'enseignement), se perfectionne lui-même sans qu'il s'en aperçoive.

蘖 Iĕ ou 米 Iâ mi, riz ou millet germé.

3. Iue respondit: « O rex, vir (imperator) quærit ut multa audiat, hoc est solummodo ad constituendum opus. Studeat antiquorum documentis, tunc poterit assequi. Ad opus non habuisse pro magistris antiquos, et sic potuisse attingere perennes ætates, non est Iue quod audiverit.

4. « Solus qui discit modesto animo esse et enititur continuo esse diligens, ejus perfectio inde venit. Qui serio cogitat de his, sapientia (i. e. omnium virtutum complexio) convenit in eum ipsum.

5. « At docere est studii dimidium. Qui curat ad finem ab initio constanter in studio esse, ejus virtus perficitur quin sentiat.

(6) 監于先王成憲、其永無愆。
(7) 惟說式克欽承、旁招俊乂、列于庶位。
(8) 王曰、嗚呼、說、四海之內、咸仰朕德、時乃風。
(9) 股肱惟人、良臣惟聖。
(10) 昔先正保衡、作我先王、乃曰、予弗克俾厥后惟堯舜、

6. « Kièn iŭ siēn wâng tch'êng hièn, k'ì ióung ôu k'iēn. »
7. « Wèi Iuĕ chĕu k'ŏ k'īn tch'êng, p'àng tchaō tsiún ì, liĕ iū chóu wéi. »
8. Wâng iuĕ : « Oū hōu ! Iuĕ, séu hài tchêu néi, hièn iàng tchénn tĕ, chêu nài fōung.
9. « Kòu kōung wéi jênn ; leâng tch'ênn wéi chéng.
10. « Sī siēn tchéng paó hêng, tsŏ ngŏ siēn wâng ; nài iuĕ : « Iù fŏu k'ŏ péi

6. « Tenez les regards fixés sur les règles et les exemples admirables de votre aïeul (Tch'eng T'ang), et vous serez toujours irréprochable.

7. « Alors moi Iue, je pourrai répondre à vos désirs, appeler de toutes parts des hommes d'une vertu et d'un talent remarquables, et leur confier les différentes charges. »

8. L'empereur dit: « Oh! Iue, tout l'empire admirera ma vertu, grâce à l'influence (de vos exemples et de vos enseignements).

9. « Les bonnes jambes et les bons bras font l'homme robuste ; le bon ministre fait le sage souverain.

10. « Autrefois (I In), chef de tous les officiers, premier ministre de l'empereur et grand justicier, forma mon aïeul (Tch'eng T'ang). Il disait : « Si je ne parviens pas à faire de ce prince un autre Iao, un autre Chouenn, mon cœur en éprouvera autant de honte que si j'étais battu de verges dans la place publique. » Si

6. « Oculos intende in prioris imperatoris perfectas leges; ipse in perpetuum carebis culpa.

7. « Et Iue ita poterit reverenter obsecundare, et ex lateribus (i. e. undique) arcessere dotibus præstantes viros ordinandos in variis magistratibus. »

8. Imperator dixit: « Oh! Iue, quatuor maria intra, omnes suspicient meam virtutem; hæc erit tuorum (exemplorum et documentorum) vis.

9. « Cruribus et brachiis constat homo; bono ministro fit sapientissimus (rex).

10. « Olim antiquus præpositus, adjutor ac moderator perfecit meum decessorem imperatorem. Tunc dīcebat: « Ego nisi potuero facere ut hic rex sit

PART. III. — CH. VIII. PROMOTION DE IUE.

其心愧恥、若撻于
市、一夫不獲、則曰、
時予之辜、佑我烈
祖格于皇天爾尚
明保予罔俾阿衡
專美有商、
(11) 惟后非賢不乂、
惟賢非后不食、其
爾克紹乃辟于先
王永綏民說拜稽
首日、敢對揚天子
之休命、

kiuĕ heóu wěi Iaô Chouénn, k'î sīn kouéi tch'ĕu, jŏ t'ă iū chéu. » Ĭ fōu pŏu houĕ, tsĕ iuĕ : « Chéu iû tcheū kōu. » Iòu ngō liĕ tsòu, kŏ iū houâng t'iēn. Eùl cháng mìng paó iû, wàng péi ngō hēng tchouēn méi iòu Chāng.

11. « Wěi heóu fēi hiên pŏu i ; wěi hiên fēi heóu pŏu cheū. K'î éul k'ŏ chaó nài pí iū siēn wàng, ióung souēi mìn. » Iuĕ pái k'i cheóu, iuĕ : « Kàn touéi iâng t'iēn tzéu tcheū hioū mìng. »

un homme du peuple avait manqué de quelque chose, I In aurait dit: « C'est ma faute. » Grâce à lui, mon illustre aïeul put approcher de l'auguste ciel (unir son action à celle du ciel et gouverner les hommes). Vous m'aiderez avec sagesse, j'espère, et ne permettrez pas que le premier ministre (I In) soit le seul qui ait rendu de signalés services à la dynastie des Chang.

11. « Un bon prince ne partage les soins du gouvernement qu'avec des officiers sages ; un sage n'accepte (de charge et) de traitement que d'un bon prince. Vous pourrez, j'espère, faire que moi, votre prince, je succède dignement à mon aïeul, et assurer pour toujours le bonheur du peuple. » Iue, à genoux, inclina la tête jusqu'à ses mains, puis jusqu'à terre, et dit: « J'oserai entreprendre de me montrer à la hauteur de la charge que l'empereur me confie, et de la remplir à l'avantage de tout le peuple. »

(alter) Iao, Chouenn, ipse animo pudore afficiar, quasi vapulans in foro. » Si unus homo non assecutus esset (id quod cupivisset), tunc dixisset: « Hæc est mea culpa. » Adjuvit meum benemeritum avum, ut accederet ad augustum cœlum. Tu, spero, sapienter adjuvabis me, nec sines ut Summus regni minister solus præclare egerit sub habentibus Chang regibus. Cf. pag. 113.

11. « Et rex, nisi cum sapientibus, non regit, et sapiens, nisi a rege (bono), accipit stipendia. Spero, tu poteris facere ut succedat tuus imperator priori imperatori, in perpetuum tranquillare populum. » Iue demisso capite ad manus, demisso ad terram capite, dixit: »Audebo respondere, diffundens (beneficia in populum universum), Cœli filii optimo mandato. »

高宗肜日

(1) 高宗肜日、

(2) 祖己曰、惟先格王、正厥事、

(3) 乃訓于王曰、惟天監下民、典厥義、降年有永有不永。非天夭民、民中絕命。

(4) 民有不若德、不聽罪。天

KAO TSOUNG IOUNG JEU. 1. Kaō tsōung iōung jĕu, iuĕ iŏu keóu chéu.

2. Tsòu ki iuĕ : « Wêi siēn kŏ wàng, tchéng kiuĕ chéu. »

3. Nài hiún iū wâng iuĕ : « Wêi t'iēn kién hiá mîn, tiĕn kiuĕ i, kiáng gniên iŏu iŏung iŏu pŏu iŏung. Fēi t'iēn iaŏ mîn ; mîn tchōung tsiuĕ míng.

4. Mîn iŏu pŏu jŏ tĕ, pŏu t'īng tsouéi. T'iēn kí fōu ming tchéng kiuĕ tĕ, nài iuĕ : « K'i jòu î ? »

CH. IX. LE LENDEMAIN D'UN SACRIFICE DE KAO TSOUNG.

1. Le lendemain d'un sacrifice, lorsque Kao tsoung faisait une nouvelle offrande, un faisan vint à chanter (ce qui fut considéré comme un mauvais augure).

2. Tsou ki (ministre d'État) dit : « Il faut que l'empereur règle d'abord son cœur, puis sa conduite. »

3. Donnant ensuite des avis à l'empereur, il lui dit : « Le ciel dont le regard suit partout les hommes ici-bas, considère surtout leur justice, et règle en conséquence la longueur de leur vie. Ce n'est pas le ciel qui fait mourir les hommes avant le terme ordinaire ; ce sont les hommes qui (par leurs crimes) rompent eux-mêmes le fil de leurs jours.

4. « Parfois les hommes ne font pas le bien, et ne veulent pas réparer leurs fautes. Puis, quand le ciel leur manifeste sa volonté

CHAPITRE IX. Le lendemain d'une offrande ou d'un sacrifice, parfois une nouvelle offrande avait lieu. Sous les Chang, cette seconde cérémonie s'appelait 肜 iōung ; sous les Tcheou, elle s'appelait 繹 i continuation.

1. A Kao tsoung repetiti sacri die, tunc fuit qui cecinit phasianus.

2. Tsou ki dixit : « Prius corrigatur imperatoris (animus) ; (deinde) corrigentur ejus facta. »

3. Inde edocens imperatorem, dixit : « Cœlum inspiciens subjectos homines, præcipue attendit eorum æquitati, ut demittat vitam sive diuturnam sive non diuturnam. Non cœlum ante diem præripit homines ; homines mediam abrumpunt vitam.

4. « Inter homines sunt qui non obsequuntur virtuti, nec condemnant

PART. III. — CH. X. WENN WANG VAINQUEUR DU PRINCE DE LI. 163

旣孚命正　厥德乃罔曰　⑸嗚呼台王　祀非天胤典　昵無豐于　西伯戡黎　⑴西伯戡黎　恐奔告于　王

5. « Oū hōu ! wàng sēu kíng mín. Wàng fēi t'iēn in ; tién sēu ôu fôung iū gni. »
SI PE K'AN LI. 1. Sī Pĕ ki k'ān Li, Tsóu Ī k'oung, pēnn kaó iū wàng.

et la confirme par des présages, afin qu'ils réforment leur conduite, ils disent : « Que nous font à nous ces présages ? »

5. « Oh ! le principal devoir de l'empereur est de veiller avec soin sur son peuple. (De plus, vos ancêtres) tirent tous leur origine du ciel ; ne faites pas trop d'offrandes aux mânes de votre père. »

CH. X. WENN WANG VAINQUEUR DU PRINCE DE LI.

1. Le chef des princes de l'ouest (Wenn wang) ayant vaincu le prince de Li, Tsou I craignit (que la maison de Tcheou devenue puissante n'enlevât l'empire à celle de In). Il se hâta d'aller avertir l'empereur (Tcheou).

culpas. Cœlum quum signis firmat jussum, ut corrigant suos mores, tunc dicunt : « Illa quid ad nos ? »

5. « Oh ! imperatoris officium est diligenter curare populum. (Ex majoribus tuis nullus non est cœli progenies ; procurans sacra, ne nimius sis in mortuo patre (honorando). »

D'après ce dernier paragraphe, il parait que les défauts de Kao tsoung étaient de négliger le soin de son peuple, de faire trop d'offrandes aux mânes de son père, et peu aux mânes de ses ancêtres.

CHAPITRE X. La principauté de 黎 Li comprenait les deux sous-préfectures actuelles de 黎城 Li tch'éng et de 平順 P'ing chouénn, qui dépendent de 潞安府 Lóu ngān fòu dans la province de Chan si. Le prince de Li, dit-on, opprimait ses sujets et complotait contre l'empereur. Wenn wang, qui avait autorité sur les princes ses voisins, prit les armes et le vainquit. Sa bonté lui gagna l'affection et la confiance des princes et des peuples. L'empire était alors gouverné par le tyran 紂 Tcheóu. Tsou I, l'un de ses ministres, lui prédit que ses crimes amènerait la ruine de la dynastie des 商 Chāng ou 殷 Īn. En effet, 武王 Où wàng, fils de Wenn wang, chassa le tyran et fonda la dynastie des 周 Tcheōu, en l'année 1122 avant notre ère.

1. Occidentalium regulorum dux postquam devicit Li regulum, Tsou I timens properavit ut moneret imperatorem.

(2) 曰、天子天旣
訖我殷命格人
元龜罔敢知吉、
非先王不相我
後人惟王淫戲
用自絕
(3) 故天棄我不
有康食不虞天
性不迪率典、
(4) 今我民罔弗
欲喪曰天曷不
降威大命不摯
今王其如台、

2. Iuě: « T'iēn tzèu ki kǐ ngò Īn ming. Kǒ jênn iuên kouêi wàng kàn tchêu kǐ. Fēi siēn wàng pŏu siáng ngò heóu jênn; wêi wàng în hi ióung tzéu tsiuě.

3. « Kóu t'iēn k'i ngò, pŏu iòu k'āng chěu. Pŏu iû t'iēn síng, pŏu tǐ chouě tiěn.

4. « Kīn ngò mín wàng fŏu iǔ sáng, iuě: « T'iēn hŏ pŏu kiáng wēi, tá ming pŏu tch'éu? Kīn wàng k'i jôu î? »

2. Il lui dit: « Fils du ciel, déjà le ciel retire son mandat à notre maison de In. Les hommes sagaces, la grande tortue ne se hasardent plus à prédire des événements heureux. Ce n'est pas que les anciens empereurs (à présent dans le ciel) ne veuillent plus aider notre empereur actuel, qui est leur descendant; mais notre empereur par ses excès et ses débauches a rompu lui-même avec le ciel.

3. « Aussi le ciel nous abandonne et la terre nous refuse les moissons. Nous négligeons les cinq vertus que la nature a mises en nos cœurs, et ne remplissons pas les devoirs attachés aux cinq relations sociales.

4. « A présent chacun désire la chute (de la dynastie des In), et dit: « Pourquoi le ciel ne déploie-t-il pas sa sévérité et n'envoie-t-il pas son grand mandat (à un prince d'une autre famille)? Qu'avons-nous de commun avec l'empereur actuel? »

2. Dixit: « Cœli fili, cœlum jam finem imponit nostræ domus In mandato. Sagacissimi viri, magna testudo non audent prænoscere fausta. Non quod priores imperatores non adjuvent nostrum (imperatorem) posterum hominem; sed imperator excessibus et oblectamentis servit, ideo ipse se disjunxit (a cœlo).

格 Kǒ signifie 至 tchéu, parfait.
非先王在天之靈不佑我後人,我後人淫戲用自絕於天耳, (蔡沉), Ce n'est pas que les

mânes de nos anciens empereurs qui sont dans le ciel ne veuillent pas aider notre empereur actuel, qui est leur descendant; mais notre empereur, leur descendant, par ses excès et ses débauches a rompu lui-même avec le ciel.

3. « Ideo cœlum abjicit nos, nec habemus abundantem annonam. Non attendimus naturalibus virtutibus, nec insistentes obsequimur legibus.

4. « Nunc ex nostris popularibus nullus non cupit interitum (domus regiæ). Dicunt: « Cœlum cur non

PART. III. — CH. XI. LE PRINCE DE WEI.   165

父(1)　　　戮指(7)責嗚(6)在我(5)
師微　　　于乃殷命呼祖天生王
少子微爾之在乃伊不曰
師若子邦即上罪反有嗚
殷曰　　　那不喪　　　天能多曰　　　命呼

5. Wâng iuĕ: « Oū hōu! ngŏ chāng pŏu iŏu ming tsái t'iēn? »

6. Tsòu Ī fân, iuĕ: « Oū hōu! nài tsouéi touŏ ts'ān tsái cháng; nài nêng tchĕ ming iŭ t'iēn? »

7. « În tchēu tsī sáng; tchéu nài kôung pŏu óu liŭ iŭ éul pâng. »

WEI TZEU. 1. Wéi tzéu jŏ iuĕ: « Fóu chéu, chaó chéu, În k'î fŏu houé louán

5. L'empereur répondit: «Oh! est-ce que ma vie (et ma dignité) ne sont pas assurées dans les décrets du ciel? (Je n'ai rien à craindre).»

6. Tsou I se retira, et se dit (en lui-même): « Hélas! tes crimes sont nombeux et se dressent comme un mur entre toi et le ciel. Peux-tu espérer que le ciel te conserve la vie et le pouvoir souverain?

7. «La dynastie des In va finir; il est évident que ta conduite doit nécessairement amener la perte de tes États.»

CHAPITRE XI. LE PRINCE DE WEI.

1. Le prince de Wei parla à peu près en ces termes: «Grand maître,

demittit pœnas, et magnum mandatum non venit? Præsens imperator ille quid ad nos?»

摯 Tch'éu signifie 至 tchéu, arriver.

5. Imperator respondit: «Oh! mea vita nonne habet decretum in cœlo?»

6. Tsou I recessit; dixit (in animo): «Eheu! tua scelera multa interjacent in alto; tu potesne committere vitam (et regiam dignitatem) cœlo?»

責命于天 Conferr au ciel la charge de lui conserver la vie et la dignité impériale.

7. «In domus proximum est excidium; ostenditur tua facta non posse non perdere tuum regnum.»

CHAPITRE XI. 微 Wéi, petite principauté dont la capitale était située au nord-est de 潞城 Lóu tch'êng dans le Lou ngan fou (Chan si). 子 Tzéu, feudataire du quatrième rang.

Le prince de Wei, nommé 啓 K'i, était le frère aîné de l'empereur 紂 Tcheóu. Ils étaient fils de l'empereur 帝乙 Ti ĭ, et tous deux étaient nés de la même mère. Leur mère n'était encore que femme de second rang à la naissance de K'i; elle fut élevée à la dignité d'impératrice avant la naissance de Tcheou. C'est pour cette raison que le cadet fut choisi pour succéder à son père, de préférence à l'aîné.

其弗或亂正
四方我祖底
遂陳于上我
用沈酗于酒
用亂敗厥德
于下
(2) 殷罔不小
大好草竊姦
宄卿士師師
非度凡有辜
罪乃罔恆獲
小民方興相
為敵讐今殷

tchéng séu fâng. Ngò tsoù tchéu souéi tch'ênn iū chấng. Ngò ióung tch'ênn hiû iū tsiòu, ióung louán pái kiuĕ tĕ iū hiá.

2. « Īn wàng pŏu siaò tá, haó ts'aò ts'iĕ, kiēn kouéi. K'īng chéu chēu chēu fēi tóu. Fǎn iòu kôu tsouéi, nǎi wàng hên̄g hoŭĕ. Siaò mîn fāng hīng, siāng wêi

second maître, la maison de In, je le crains, ne peut plus maintenir l'ordre dans l'empire. Autrefois notre aïeul (Tch'eng T'ang) s'est signalé par ses belles actions. A présent nous nous plongeons dans le vin et commettons mille excès dans l'ivresse; nous étouffons en nous tout sentiment honnête.

2. « Les sujets des In, grands et petits, se plaisent tous à dépouiller les voyageurs dans les plaines couvertes d'herbe (ou d'une manière barbare), à exciter du trouble, à commettre des perfidies. Les ministres d'État et les officiers violent les lois à l'exemple les uns des autres. De tant de coupables, jamais aucun n'est puni. Les hommes du peuple commencent à lever la tête, s'attaquent mutuellement et se vengent entre eux. La dynastie des

Meng tzeu, Livre VI, Chap. I. 6, dit que K'i, prince de Wei, était le *frère puîné* du père de Tcheou 以紂爲兄之子, Cette assertion est contraire au témoignage du Chou king, qui au commencement du chapitre intitulé 微子之命 (Part. IV, Ch. VIII. 1) appelle le prince de Wei 殷王元子 *fils aîné* de l'empereur de la dynastie des In.

1. Wei regulus hoc modo locutus est: « Major magister, minor magister, In domus, conjicio, non forte componens reget quatuor regiones. Noster avus assecutus est ut feliciter facta exsererentur in antiquitate. Nos solemus immergere nos et furere in vino, solemus corrumpere ac pessumdare propriam virtutem in præsenti.

其 K'i exprime parfois l'espoir, le désir, l'intention, la crainte, le soupçon. Le pronom 我 désigne le tyran Tcheou.

Le titre de 父師 fóu chēu ou 太師 t'ái chēu grand maître était donné à l'un des 三公 sān kōung trois plus grands dignitaires de l'empire, et celui de 少師 chaó chēu second maître à l'un des 三孤 sān kōu trois grands ministres d'État. Le grand maître était 箕子 Kī tzéu le prince de Ki, et le second maître était 比干 Pi kān. Tous deux étaient frères de l'empereur Ti i, et oncles du tyran Tcheou.

2. « In (domus subditi), necnon minores (necnon) majores, amant in herbis (vel crudeli modo) furari, turbulenter ac perfidiose agere. Ministri

PART. III. — CH. XI. LE PRINCE DE WEI. 167

其淪喪若涉大
水其無津涯殷
遂喪越至于今
(3) 曰父師少師
我其發出狂吾
家耄遜于荒今
爾無指告予顛
(4) 父師若曰王
殷邦毒降災荒
于酒方興沈酗

tǐ tch'eôu. Kīn Īn k'ì liùn sáng. Jŏ chĕ tá chouéi, k'ì ôu tsīn iâi. Īn souéi sáng, iuĕ tchéu iū kīn ! »

3. Iuĕ : « Fóu chēu, chaó chēu, ngò k'ì fă tch'ōu k'ouâng. Où kiā maó suénn iū houāng. Kīn éul ôu tchéu, kaó iū tiên tsǐ. Jŏ tchēu hô kī ? »

4. Fóu chēu jŏ iuĕ : « Wàng tzèu, t'iēn tŏu kiàng tsâi, houāng Īn pāng, fāng hīng tch'ènn hiú iū tsiòu.

In est maintenant plongée dans l'abîme et périt. Elle est comme un homme qui, traversant à pied une vaste étendue d'eau, ne trouve ni gué ni rive. (Après les grandes choses exécutées par son fondateur), la dynastie des In, marchant à sa perte, en est donc venue à cette extrémité ! »

3. Le prince de Wei ajouta : « Grand maître, second maître, nous faisons des extravagances. Les vieillards de notre famille se sont retirés dans les déserts. Et vous, vous n'avez aucun conseil à me donner quand nous sommes sur le bord de l'abîme. Que puis-je faire ? »

4. Le grand maître répondit à peu près en ces termes : « Fils d'empereur, par un terrible châtiment du ciel, qui dans sa colère a résolu de perdre la dynastie des In, (l'empereur actuel) s'est mis à se plonger dans le vin et à commettre mille excès dans l'ivresse.

et præpositi invicem æmulantes violant leges. Quicumque admittunt culpas, scelera, tunc (eorum) nullus, constanter, incurrit, (i. e. nullus incurrit pœnam, idque constanter). Minuta plebs cœpit assurgere, mutuas exercet impugnationes ac simultates. Nunc In domus illa mersa perit. Quasi transiens magnas aquas, illa non habet vadum, oram. In domus progrediens ruina en devenit ad hodiernum (statum) ! »

3. Dixit : « Summe magister, alter magister, nos ipsi edentes exserimus (i. e. Tcheou exserit) insana. Nostræ domus senes recesserunt in deserta. Nunc vos nihil habetis indicandum ac significandum in præcipitio et casu. Ad hoc quid (agam) ? »

其 Kī, particule.

4. Summus magister hocmodo locutus est : « Imperatoris fili, cœlo irato demittente calamitates, delente In regnum, tunc (Tcheou imperator) cœpit mergere se et furere in vino.

(5)乃罔畏畏，其耆長舊有位

人．

(6)今殷民乃攘竊神祇之犧牷牲，用以容將食

無災．

(7)降監殷民，用乂讎斂，召敵讎不息，罪合于一．

(8)商今其有災，多瘠罔詔，我與受其敗商

5. « Nài wàng wéi wéi, fŏu k'í keóu tchàng, kióu ióu wéi jènn.

6. « Kīn Īn min nài jâng ts'iĕ chênn k'i tch3u hī, ts'iuên ch3ng, ióung i ióung. Tsiāng chĕu ôu tsâi.

7. « Kiáng kién Īn min, ióung i tch'eôu liên, tchaó tĭ tch'eôu, pŏu tái. Tsouéi hŏ iû ĭ. Touŏ tsĭ, wàng tchaó.

8. «Chāng kīn k'í iòu tsāi, ngò hīng cheóu k'í pái. Chāng k'í liûn sáng, ngò wàng

5. « Il ne respecte pas ce qu'il devrait respecter, et écarte les vieillards les plus âgés, les hommes qui étaient en charge depuis longtemps.

6. « A présent les sujets des In volent, enlèvent de force les bœufs d'une seule couleur et les victimes parfaites qu'on devait offrir aux esprits du ciel et de la terre, et ils n'en sont pas empêchés (par les officiers). Ensuite ils mangent ces victimes, et ils ne sont pas punis

7. « Abaissant les yeux sur le peuple des In, (je vois que) les gouvernants, par leurs cruautés et leurs exactions, s'attirent des résistances et des vengeances, sans jamais se lasser. (Les gouvernants et les subordonnés) ont de commun qu'ils s'excitent les uns les autres à commettre des crimes. Aussi beaucoup de personnes sont exténuées de faim, et ne savent à qui recourir.

8. « A présent que la maison de Chāng est dans le malheur, je veux succomber avec elle. Quand elle aura disparu dans l'abîme, je ne serai jamais ni le sujet ni le ministre (d'aucun empereur

5. «Inde non veretur verenda; rejicit illos grandævos seniores, jamdiu habentes dignitatem viros.

6. « Nunc In populus quippe rapit, furatur spirituum et terræ geniorum uno colore boves, integro corpore victimas, adhibetur indulgentia. Postea comedunt (victimas), nec patiuntur damnum.

7. « Deorsum inspicio In populum: adhibent ad gubernandum injurias et exactiones, arcessunt vim ac vindictam, nec cessant. Scelesti conveniunt in unum. Multi (fame) macescunt, nec est quem moneant.

8. « Chang domo nunc ipsa habente infortunium, ego surgens subibo ejus excidium. Chang domus ipsa postquam

PART. III. — CH. XI. LE PRINCE DE WEI.

其淪喪，我
罔爲臣僕，我
詔王子出
迪，我舊云
刻子，王子
弗出我乃
顚隮
(9) 自靖人
自獻于先
王我不顧
行遯．

wèi tch'ènn pŏu. Tchaó wàng tzèu tch'ŏu tĭ. Ngò kióu iùn k'ĕ tzèu. Wàng tzèu fŏu tch'ŏu, ngò nǎi tiēn tsī.

9. « Tzéu tsing, jênn tzéu hiḗn iū siên wâng. Ngò pŏu kóu hing touénn. »

d'une autre famille). Mais, à mon avis, vous fils d'empereur, vous ferez bien de vous retirer (afin de conserver un descendant à nos ancêtres). Le conseil que j'ai donné (à votre père) autrefois, vous a été nuisible. Fils d'empereur, si vous ne vous éloignez, toute notre race sera entraînée dans une commune ruine.

9. « Que chacun de nous prenne la détermination qui lui paraîtra la plus conforme à son devoir, et se présente devant les (tablettes des) empereurs, nos ancêtres, (pour les en informer). Quant à moi, je n'irai pas, pour sauver ma vie, chercher un refuge dans une terre étrangère. »

mersa perierit, ego nunquam ero subditus ministerve (alterius domus regiæ). Moneo imperatoris filium abire decere. Ego olim loquens nocui tibi. Si imperatoris filius non abeat, nos tunc præcipites ruemus.

啓 K'i, prince de Wei, étant l'aîné des fils de l'empereur Tsou i et se distinguant par ses talents et ses vertus, le prince de Ki avait conseillé à l'empereur de le nommer son successeur. Tsou i s'y refusa et choisit 紂 Tcheóu. Celui-ci eut connaissance du conseil donné par le prince de Ki, et poursuivit de sa haine son frère aîné, le prince de Wei. C'est ainsi que l'avis du prince de Ki fut nuisible au prince de Wei.

9. « Ipse se statuens (in eo quod rectum sibi videtur), quisque se offerat coram prioribus imperatoribus. Ego nolo, curans (de vita mea), abire et effugere. »

Le prince de Wei quitta la cour. Pi kan fut mis à mort et le prince de Ki jeté dans les fers par 紂 Tcheóu. Après la défaite du tyran, le prince de Ki fut tiré de prison par 武王 Oû wâng, fondateur de la dynastie des 周 Tcheōu, et se retira, dit-on, en Corée.

QUATRIÈME PARTIE.

ANNALES DE LA DYNASTIE DES TCHEOU.

周書泰誓上 ⌒1⌒ 惟十有三年春

T'AI CHEU CHANG. 1. Wêi chĕu iŏu sān gniên tch'ouênn, tá houéi iŭ Méng tsīn.

CHAPITRE I. LES GRANDES HARANGUES.

ARTICLE I.

1. La treizième année (du règne de Ou wang), au printemps, une grande assemblée (des princes) se tint au Gué de Meng.

PARTIE IV. Tcheou est le nom d'une dynastie impériale qui régna de l'an 1122 à l'an 255 avant notre ère. Les Tcheou faisaient remonter leur origine à 棄 K'i, qui fut 稷 tsï ministre de l'agriculture sous l'empereur Chouenn vers l'an 2250 avant J.-C., et pour cette raison fut nommé 后稷 Heóu Tsï le prince Tsi. Heou tsi reçut en fief la terre de 邰 T'āi, qui fait partie du 武功縣 Oú kōung hién actuel dans le 乾州 K'iēn tcheōu (province de 陝西 Chĕn sī).

公劉 Kōung Liŏu, l'un de ses descendants, en 1796 avant J.-C., alla s'établir à 邠 Pīn, à l'ouest de la ville actuelle de 三水 Sān Chouéi, qui dépend de 邠州 Pīn tcheōu dans le Chen si. En 1325, 亶父 Tàn fòu, nommé plus tard 太王 T'ái wàng, alla demeurer à 岐 K'î, au nord-est de la ville actuelle de 岐山 K'i chān, qui dépend de 鳳翔府 Fóung siáng fóu (Chen si). La plaine qui s'étend au sud du mont K'i, fut appelée 周 Tcheōu ou K'i Tcheou.

A T'ai wang succéda son fils 王季 Wàng kí, qui eut lui-même pour successeur son fils 昌 Tch'āng, plus connu sous le nom de Wenn wang. Wenn wang étendit peu à peu la principauté. En 1136, il passa la 渭 Wéi, et établit sa résidence à 豐 Fōung, dans le 鄠縣 Hóu hién actuel, au sud-ouest de 西安府 Sī ngān fóu, capitale du Chen si. Il divisa l'ancienne terre de K'i Tcheou en deux fiefs, conféra la partie orientale à 旦 Tàn, son fils cadet, avec le titre de 周公 Tcheōu kōung prince de Tcheou, et la partie occidentale à son ministre 奭 Chĕu avec le titre de 召公 Chaó kōung prince de Chao.

Les mœurs furent réformées et la vertu fleurit dans les États de Wenn wang. Les princes voisins imitèrent son exemple, et se mirent sous sa dépendance. Les deux tiers de l'empire furent

明 之 萬 ③ 聽 事 君、我 ② 津、大
作 靈、人 物 惟 誓、庶 越 王 　　會
元 亶 萬 惟 　　士 友 曰、　　于
后、聰 物 天 　　明 邦 嗟、　　孟
　　　父 地 　　　御 　　　　　
　　　母、　　　　家 　　　　　

2. Wàng iuě : « Tsiê ! ngò iòu pâng tchòung kiūn, iuě ngò iù chéu chóu chéu, mìng t'īng chèu.

3. « Wéi t'iēn tí wăn ŏu fóu mòu ; wéi jênn wăn ŏu tchêu lîng. Tản ts'ōung mîng tsŏ iuên heóu ; iuên heóu tsŏ mîn fóu mòu.

2. L'empereur dit : « Oh! vous, illustres princes, mes amis, et officiers de tout rang qui êtes à mon service, écoutez et comprenez bien ce que je vais vous dire.

3. « Le ciel et la terre sont comme le père et la mère de tous les êtres, et entre tous les êtres, l'homme seul est doué de raison. Celui qui se distingue le plus par son intelligence et sa perspica-

à lui. Il est appelé 西伯 sī pĕ chef des princes de la partie occidentale de l'empire. Le titre de 王 wàng empereur lui a été donné après sa mort, bien qu'il n'eut jamais exercé l'autorité impériale.

發 Fă, fils aîné de Wenn wang, transféra sa résidence à 鎬 Haŏ, dans le 咸陽縣 Hiên iâng hién actuel, au sud-ouest de Si ngan fou. En 1122, il défit 紂 Tcheóu, dernier empereur de la dynastie des 商 Chāng ou 殷 Īn, et fonda la dynastie des 周 Tcheōu. Son nom posthume est 武王 Où wàng.

ARTICLE I. 1. Decimi et tertii anni vere, magnus conventus ad Meng vadum.

Wenn wang mourut et son fils Ou wang lui succéda comme chef de la principauté de Tcheou en l'an 1135. La treizième année de Ou wang est 1122. Le printemps commence avec le deuxième mois lunaire après celui dans lequel tombe le solstice d'hiver.

Tous les princes qui reconnaissaient la suprématie de la maison de Tcheou, se réunirent sur la rive méridionale du Fleuve-Jaune au gué de Meng, dans le 孟縣 Méng hién actuel (préfecture de Houai k'ing, province de Ho nan).

2. Imperator dixit : « Oh ! meorum amicorum regnorum clarissimi rectores, et qui mihi geritis negotia omnes præpositi, clare audite monitionem.

Ou wang n'était encore que prince de Tcheou. L'historien lui donne déjà le titre d'empereur, parce que le ciel lui avait destiné l'empire. Le tyran Tcheou, rejeté par le ciel, était censé n'être plus qu'un simple particulier 一夫 ĭ fōu, comme l'appelle Meng tzeu, Livre I, Chap. II. 8, un homme abandonné de tout le monde 獨夫 tŏu fōu, comme Ou wang l'appelle dans la troisième partie de ce chapitre.

3. « Et cœlum et terra sunt omnium rerum pater ac mater ; et homo est inter omnes res rationalis. Qui est vere intelligentissimus ac perspicacissimus, fit summus rex ; summus rex fit populi pater ac mater.

PART IV. — CH. I. LES GRANDES HARANGUES. 173

勳未集、考肅將天命我文威大 天震怒剔孕婦炙皇忠 戾剔爾萬姓以殘害于 侈宮室臺榭陂池惟 宮官族人以世 行暴虐罪人以敢 (5) 沈湎冒色 民上天降災下 (4) 今商王受弗 元后作民父母

4. « Kīn Chāng wàng Chəóu fŏu king cháng t'iēn, kiáng tsāi hiá min.

5. « Tch'ènn mièn, maó chĕ, kán hìng paó iŏ. Tsouéi jênn i tsŏu, kouān jênn i chéu. Wéi kōung, chēu, t'âi, sié, p'ouŏ, tch'éu, tch'éu fŏu, i ts'án hái iū éul wán sing. Fēnn tchéu tchōung leâng, k'ōu t'ï ing fóu. Houâng t'iēn tchénn nóu, míng ngò Wēnn k'aò siŭ tsiāng t'iēn wēi. Tá hiūn wéi tsī.

cité, devient le suprême souverain; le suprême souverain est comme le père et la mère du peuple.

4. « A présent l'empereur Cheou, de la famille des Chang, ne respecte pas le ciel qui est au-dessus de lui, et accable de maux le peuple qui vit sous ses lois.

5. « Il se plonge dans l'ivresse, s'abandonne à la volupté, se permet d'exercer une cruelle oppression. Par lui les parents sont punis avec les coupables, et les charges deviennent héréditaires dans les familles. Avec ses palais magnifiques, ses riches appartements, ses hautes terrasses, ses belvédères, ses digues, ses réservoirs d'eau et autres choses très coûteuses, il vous ruine tous, peuples de l'empire. Il brûle, il rôtit des hommes loyaux et vertueux. Il ouvre le sein et arrache les entrailles des femmes enceintes. L'auguste ciel, plein de courroux, a chargé mon père Wenn wang d'appliquer avec respect les châtiments de la justice céleste. Cette grande œuvre n'est pas terminée.

4. « Nunc Chang imperator Cheou non veretur supernum cœlum, demittit ærumnas in subjectum populum.

受 Cheóu ou 受辛 Cheóu sīn est le nom du dernier empereur de la dynastie des Chang ou In. Après sa mort il fut appelé 紂 Tcheóu, Croupière, Cruel.

5. « Immergit se in crapula, ruit in libidinem, audet agere sæva ac tyrannica. Punit homines cum consanguineis; honoribus auget homines cum posteris. Unice (amans) palatia, conclavia, solaria, apopsides, aggeres, lacus, sumptuosas res, inde crudeliter lædit vos omnes gentes. Urit, assat fideles ac probos; findens exenterat gravidas mulieres. Augustum cœlum commotum et iratum jussit meum Wenn patrem reverenter adhibere cœli severam justitiam. Magnum opus nondum completum est.

有　相　君、(7)　侮.　有　旣　廟　帝　心、于　爾　(6)
罪　上　作　天　　　民　于　弗　神　乃　商、友　肆
無　帝、之　佑　　　有　凶　祀　祇、夷　惟　邦　予
罪、寵　師、下　　　命　盜　犧　遺　居、受　冢　小
予　綏　惟　民、　　　罔　乃　牲　厥　弗　罔　君、子
曷　四　其　作　　　懲　曰、粢　先　事　有　觀　發、
敢　方、克　之　　　　其　吾　盛　宗　上　悛　政　以

6. « Séu iŭ siaŏ tzéu Fă, i éul iŏu pāng tchŏung kiūn kouān tchéng iŭ Chāng. Wéi Chéou wàng iŏu ts'iuēn sīn ; nài î kiŭ, fŏu chéu cháng tí, chènn k'î, î kiuĕ siēn tsōung miaŏ fŏu séu. Hī chēng, tzēu tch'êng ki iŭ hiōung taŏ ; nài iuĕ : « Oŭ iŏu mín, iŏu míng. » Wàng tch'êng k'î ŏu.

7. « T'iēn iŏu hiá mìn, tsŏ tchéu kiūn, tsŏ tchéu chēu, wéi k'î k'ŏ siáng cháng

6. «Moi Fa, qui suis comme un petit enfant, j'ai jugé le gouvernement du prince de Chang par votre conduite, illustres princes mes amis (c.-à-d., en vous voyant abandonner l'empereur Tcheou, j'ai jugé que son administration était mauvaise). Cependant Cheou n'a nullement le désir de se corriger. Il croupit dans l'indolence, n'honore ni le roi suprême ni les esprits du ciel et de la terre, néglige le temple des ancêtres de sa famille et ne leur fait pas d'offrandes. Les victimes d'une seule couleur et le millet préparé dans les vases sont enlevés et mangés par d'infâmes voleurs. Néanmoins Cheou dit: « Le peuple est à moi, le mandat du ciel est à moi, (je n'ai rien à craindre).» Et il ne modère pas son insolence.

7. «Le ciel, dans sa bonté envers les peuples de la terre, leur donne des souverains qui les gouvernent, des maîtres qui les enseignent; il veut que ces souverains et ces maîtres aident le roi suprême à répandre des bienfaits et à maintenir la tranquillité dans toutes les contrées. A l'égard des innocents et des coupables,

6. « Inde ego parvus filius Fa, ex vobis amicorum regnorum maximis rectoribus judicavi regimen (quod exercetur) a Chang. At Cheou minime habet mutandi animum; sed conquiniscens manet, non servit cœli regi, spiritibus geniisque, derelinquit suorum mortuorum majorum delubra nec sacra facit. Unius coloris victimæ, milium vasis impositum consumuntur a scelestis latronibus. Tunc dicit : « Ego habeo populum, habeo cœleste mandatum. » Minime reprimit suum contemptum.

夷 ĭ, accroupi.

7. « Cœlum protegens subjectos populos, facit eis reges, facit eis magistros, unice ut hi possint adjuvare cœli regem ad fovendas et tranquillandas

有越厥志、
⑧
同同力度義度德、
有德度度義受德、
臣臣心子惟
億萬億萬惟
三千惟一有
心、
⑨
商罪貫盈、
天命誅之、
弗順天厥罪
鈞、
惟
⑩
子小子夙
夜祇懼受命
文考類于上

ti, tch'òung souéi séu fāng. Iòu tsouéi, òu tsouéi, iû hŏ kàn iòu iuĕ kiuĕ tchéu?

8. « T'òung lǐ tóu tĕ; t'òung tĕ tóu i. Cheóu iòu tch'ênn ǐ wàn, wèi ǐ wàn sīn. Iǔ iòu tch'ênn sān ts'iēn, wèi ǐ sīn.

9. « Chāng tsouéi kouán ing; t'iēn míng tchōu tchēu. Iû fŏu chouénn t'iēn, kiuĕ tsouéi wêi kiūn.

10. « Iǔ siaŏ tzèu siŭ ié tchēu kiú. Cheóu míng Wênn k'aŏ, léi iū cháng tí, i iū tchòung T'òu; i éul iòu tchóung, tchèu t'iēn tchēu fă.

comment me permettrais-je de suivre ma propre volonté (et non la volonté du ciel)?

8. « (D'après l'ancien axiome, dans la guerre), à forces égales, il faut considérer la vertu des partis (le parti le plus vertueux l'emporte); à vertu égale, il faut considérer la justice de la cause (la cause la plus juste triomphe). Les sujets de Cheou se comptent par dixaines et par centaines de mille; mais autant d'hommes, autant de sentiments différents. Mes sujets ne sont que trois mille; mais ils n'ont qu'un seul cœur.

9. «La longue chaîne des crimes du prince de Chang est complète; le ciel m'ordonne de le retrancher. Si je n'obéis pas au ciel, je serai aussi coupable (que Cheou).

10. « Moi petit enfant, je tremble du matin au soir sous le poids d'une crainte respectueuse. Mon père Wenn wang m'a transmis (dans son temple) l'ordre (qu'il a reçu de châtier Cheou). En conséquence, j'ai offert des sacrifices au roi du ciel, aux puissants

quatuor regiones. Erga habentes culpam et carentes culpa, ego quomodo ausim committere ut excedam in meo sensu?

8. « Paribus viribus, perpendenda virtus; pari virtute, perpendenda justitia. Cheou habet subditorum centena millia, dena millia; sed sunt centena millia, dena millia animorum. Ego habeo subditorum tria millia; at unus animus.

9. « Chang scelerum series completa est; cœlum jubet delere eum. Ego nisi obsequar cœlo, hoc (meum) scelus erit par.

10. « Ego parvus filius a mane ad vesperam reverenter timeo. Accepi mandatum a Wenn patre, sacrum feci cœli regi, sacrum feci maximæ Telluri; utens vobis qui estis plurimi, perficiam cœli punitionem.

帝、宜于冢土、以
爾有眾、厎天之
罰、

(11) 天矜于民民
之所欲天必從
之爾尚弼予一
人永清四海時
哉弗可失、

泰誓中

(1) 惟戊午王次
于河朔羣后以
師畢會王乃徇
師而誓、

11. « T'iēn kīng iŭ mĭn ; mĭn tchĕu chŏu iŭ, t'iēn pĭ ts'òung tchēu. Eùl cháng pĭ iû ĭ jênn, iŏung ts'īng séu hài. Chēu tsāi ! fŏu k'ŏ chēu. »

T'AI CHEU TCHOUNG. 1. Wêi meóu òu, wâng ts'éu iŭ Hŏ chouŏ. K'iûn heóu i chēu pĭ houéi. Wàng nài siún chēu êul chéu.

esprits de la terre, et avec l'aide de vous tous, j'exécuterai la sentence de condamnation portée par le ciel.

11. « Le ciel a compassion du peuple. Le désir du peuple est le désir du ciel. (Le peuple désire la déchéance des Chang ; le ciel la désire aussi). Vous aiderez, j'espère, votre souverain à purger l'empire (des souillures accumulées par Cheou). Oh ! que le moment est favorable ! il n'est pas permis de le laisser échapper. »

ARTICLE II.

1. Le jour appelé *meou ou*, l'empereur fit halte au nord du Fleuve-Jaune. Les princes se réunirent avec leurs troupes. L'empereur passa en revue toute l'armée, et lui adressa un discours.

11. « Cœlum misericors est in populum ; populus quod cupit, cœlum certe prosequitur illud. Vos, spero, adjuvabitis me supremum virum, ut in perpetuum purgem (regiones sitas intra) quatuor maria. Tempus quam (opportunum est) ! non licet amittere. »

ARTICLE II. 1. Et *meou ou* die imperator constitit ad Ho septentrionem. Omnes reguli cum copiis simul convenerunt. Imperator tunc lustravit exercitum et verba fecit.

Ou wang quitta sa capitale le 2 du premier mois lunaire du printemps, et ce jour était 壬 辰 jênn tch'énn le vingt-neuvième du cycle. Voy. plus loin Chap. III. La distance de 鎬 Haò, sa capitale, au gué de Meng 孟 津 Méng tsīn était de neuf cents stades. Ordinairement les troupes faisaient trente stades par jour. L'armée de Ou wang dut voyager près de trente jours pour arriver au gué.

Le jour *meou ou* était le cinquante-cinquième du cycle, le vingt-huitième du premier mois du printemps, et le vingt-sixième après celui du départ. Le Fleuve-Jaune était traversé, et toutes les troupes réunies autour de Ou wang sur la rive septentrionale.

PART. IV. — CH. I. LES GRANDES HARANGUES.

天　脅　下　罪　度　今　不　惟　(3)　衆　(2)
穢　權　化　人　播　商　善　日　我　咸　曰
德　相　之　淫　棄　王　亦　不　聞　聽　嗚
彰　滅　朋　酗　犁　受　惟　足　吉　朕　呼
聞　無　家　肆　老　力　日　凶　人　言　西
　　辜　作　虐　昵　行　不　人　爲　　　土
　　籲　仇　臣　比　無　足　爲　善　　　有

2. Iuĕ : « Où hōu ! sī t'òu iòu tchóung, hièn t'īng tchénn iên.
3. « Ngò wênn kï jènn wêi chén, wêi jĕu pŏu tsiŭ, hiōung jènn wêi pŏu chén, ï wêi jĕu pŏu tsiŭ. Kīn Chăng wàng Cheóu lï hing òu tóu, pouò k'ï lï laò, gnï pi tsouéi jènn. În hiŭ, séu iŏ; tch'ènn hiá houá tchêu. P'éng kiā, tsŏ k'iôu, hiĕ k'iuên siāng miĕ. Où kōu iù t'iēn; wéi tĕ tchāng wénn.

2. Il dit: « Oh! vous, nombreux guerriers venus des contrées occidentales, écoutez tous mes paroles.
3. « J'ai entendu dire que le jour paraît trop court à l'homme vertueux pour faire le bien, et au méchant pour faire le mal. L'empereur Cheou, de la famille des Chang, s'acharne à violer toutes les lois; il chasse loin de lui les vieillards à cheveux blancs, et vit familièrement avec des hommes vicieux. Il se plonge dans la volupté, dans l'ivresse, se livre à tous les excès, et sa tyrannie n'a pas de bornes. Ses ministres sont devenus semblables à lui. Ils forment des partis entre les familles, entretiennent des inimitiés, et font servir l'autorité impériale à s'exterminer les uns les autres. Les innocents poussent des cris vers le ciel. Les crimes les plus honteux s'étalent au grand jour, et répandent partout comme une odeur fétide.

2. Dixit: « Oh! occidentalium regionum habitæ multitudines, omnes audite mea verba.

Les troupes étaient réunies dans le Houai k'ing fou actuel (province de Ho nan). Elles étaient venues de la partie occidentale de l'empire, à savoir, du Chen si actuel.

3. « Ego audivi probo viro agenti bonum vere diem non sufficere, improbo homini facienti malum etiam vere diem non sufficere. Nunc Chang imperator Cheou enixe agit absque lege; expellit et ejicit flavescentes senes, consuetudinem conjungit cum scelestis hominibus. Luxuria diffluit, ebrius furit, indulget tyrannidi; ministri subditi fiunt similes ei. Consociant familias, gerunt inimicitias; abutentes auctoritate (imperatoris) invicem delent. Qui carent culpa inclamant cœlum. Sordida facinora patent et fœtent.

〔4〕惟天惠民、惟

辟奉天、有

夏桀弗克若天、有流毒

下國天乃佑命

成湯降黜夏命。

〔5〕惟受罪浮于

桀剥丧元良、

虐諫輔謂己有賊

天命謂敬無益謂

行謂祭無益謂不足

暴無傷厥鑒惟

不遠在彼夏王、

天其以予乂民、

4. «Wéi t'iēn houéi mîn, wéi pǐ fóung t'iēn. Ioù Hiá Kiĕ fŏu k'ŏ jŏ t'iēn, liôu tŏu hiá kouŏ. T'iēn nái iòu míng Tch'êng T'âng kiáng tch'ŏu Hiá míng.

5. «Wéi Cheóu tsouéi feôu iū Kiĕ. Pŏ sáng iuên leâng; tsĕ iŏ kién fóu. Wéi ki iòu t'iēn míng; wéi king pŏu tsiŭ hîng; wéi tsi ôu ǐ; wéi paó ôu chēng. Kiuĕ kién wéi pŏu iuên, tsái péi Hiá wâng. T'iēn k'i i iû i mîn. Tchénn móung hiĕ tchénn pŏu; sǐ iū hiôu siáng. Jôung Chāng pǐ k'ŏ.

4. « Le ciel fait du bien au peuple, et le souverain est le ministre du ciel. Autrefois Kie, prince de Hia, ne voulait pas se conformer aux sentiments du ciel, et déversait sa cruauté comme un poison sur toutes les principautés. Alors le ciel prêtant son secours à Tch'eng T'ang, le chargea d'abaisser la maison de Hia et de lui retirer le mandat impérial.

5. « Cheou est plus coupable que Kie. Il a dépouillé de sa dignité un prince d'une vertu insigne (le prince de Wei); il a fait mourir inhumainement un prince qui l'aidait et lui faisait des représentations (Pi kan). Il dit que le mandat du ciel est à lui (et ne peut lui être retiré), qu'il importe peu de bien remplir ses devoirs, que les sacrifices ne sont d'aucune utilité, que la tyrannie n'a pas d'inconvénients. Il a sous les yeux un miroir (un exemple) qui n'est pas très ancien, en la personne de l'empereur (Kie), de la dynastie des Hia. (La déchéance de Kie devrait lui inspirer des craintes). Apparemment le ciel veut se servir de moi pour gouverner le peuple. Mes songes sont d'accord avec les signes donnés

4. « At cœlum benefacit populo, et rex est minister cœlo. Qui tenebat Hia regnum, Kie non poterat obsequi cœlo, diffundebat venenum in subjecta regna. Cœlum tunc adstans jussit Victorem T'ang supprimere et abrogare Hia mandatum.

5. « At Cheou scelera majora quam Kie. Exuens dignitate privavit summe probum; trucidavit crudeliter monentem adjutorem. Dicit se habere cœli mandatum; dicit observantiam non esse dignam quæ adhibeatur; dicit sacra non prodesse; dicit tyrannidem non nocere. Ejus speculum est non remotum; est in illo Hia imperatore. Cœlum, conjicio, utetur me ad regendum populum. Mea somnia conveniunt cum meæ

PART. IV. — CH. I. LES GRANDES HARANGUES.

朕夢協朕必卜襲于
休祥戎商必克夷人
(6) 受有億兆夷人
離心離德
臣十人同心同德
雖有周親不如仁
人
(7) 天視自我民視
天聽自我民聽百
姓有過在子一人
今朕必往
(8) 我武惟揚侵于
之疆取彼凶殘我

6. « Cheóu iòu ĭ tchaó ĭ jênn, li sīn, li tĕ. Iŭ iòu louán tch'ênn chĕu jênn, t'òung sīn, t'òung tĕ. Souēi iòu tcheōu ts'īn, pòu jôu jênn jênn.

7. « T'iēn chéu tzéu ngò mín chéu; t'iēn t'īng tzéu ngò mîn t'īng. Pĕ síng iòu kouó, tsái iû ĭ jênn. Kīn tchénn pĭ wàng.

8. « Ngò òu wêi iâng, ts'īn iû tcheū kiāng, ts'iù pèi hiōung ts'ân. Ngò fă ióung tchāng, iū T'āng iòu kouāng.

par la tortue, et, comme eux, sont des présages favorables. J'attaquerai le prince de Chang; la victoire est certaine.

6. « Cheou a des myriades et des millions d'hommes ordinaires, tous divisés de sentiment et de volonté. Moi, j'ai dix ministres qui m'aident à bien gouverner, et qui sont unis de sentiment et de volonté. Ses plus proches parents sont avec lui; mais ils ne valent pas des hommes parfaitement vertueux.

7. « Le ciel voit par les yeux de mon peuple, et entend par les oreilles de mon peuple. (Le jugement du peuple est le jugement du ciel). Or tout le peuple me fait un crime (de mes retards). Il faut donc que je marche en avant.

8. « Déployant la force de mes armes, je vais envahir les États et saisir la personne de ce cruel malfaiteur. En le châtiant, je ferai

testudinis responsis. Duplicantur (i. e. utraque coeunt) in fausta omina. Impugnans Chang certo vincam.

6. « Cheou habet centena millia, decies centena millia mediocrium hominum, dissitis animis, dissitis viribus. Ego habeo bene regentes ministros decem viros, conjunctis animis, conjunctis viribus. Licet habeat proxime conjunctos sanguine, non pares sunt eximiis viris.

Dans le Liun iu, Chapitre VIII. 20, Confucius cite ce passage du Chou king, et ajoute que Ou wang comptait parmi ses dix ministres une femme. Cette femme était sa mère 太姒 T'ái Séu ou sa femme 邑姜 Ĭ Kiāng.

7. « Cœlum videt ex mei populi visu ; cœlum audit ex mei populi auditu. Universi populi habita criminatio incumbit in me summo viro. Nunc ego necessario ibo.

8. « Ego arma nunc explicans, invadam in illius fines, capiam illum sceles-

9. « Hiŭ tsăi, fōu tzéu. Wàng houé ôu wéi ; gniìng tchĕu fêi tĭ. Pĕ síng lin lin, jŏ pēng kiuĕ kiŏ. Oū hōu! nài ĭ tĕ ĭ sīn, lĭ ting kiuĕ kōung, wêi k'ŏ iŏung chéu. »

T'AI CHEU HIA. 1. Chêu kiuĕ míng, wàng nài tá siŭn liŭ chēu, míng chèu tchóung chéu.

2. Wàng iuĕ: « Oū hōu! ngŏ sī t'ôu kiūn tzéu, t'iēn iòu hièn taó ; kiuĕ léi wêi une grande œuvre, et j'acquerrai plus de gloire que Tch'eng T'ang.

9. « Courage, valeureux guerriers. Ne pensez pas que vous n'ayez rien à craindre ; persuadez-vous plutôt que vous n'êtes pas capables de tenir tête à l'ennemi (et déployez toute votre énergie). Tout le peuple tremble (devant Cheou), comme un taureau dont les cornes sont tombées. Oh! unissez vos bras, unissez vos cœurs, et accomplissez une œuvre dont tous les âges vous seront reconnaissants. »

ARTICLE III.

1. Le lendemain, l'empereur passa en revue les six légions, et déclara ses intentions à tous les soldats.

2. L'empereur dit: « Oh! nobles guerriers des contrées occi-

tum ac maleficum. Ego impugnans ita magnum faciam (opus); (majorem) quam T'ang habebo gloriam.

9. « Enitimini, fortes viri. Ne forte careatis timore, (nec segniter agatis nimium securi); potius tenete non posse resistere. Universus populus tremebundus est, sicut (bos) decidentibus ejus cornibus. Oh! vos, conjunctis viribus, conjunctis animis, inchoate et firmate hoc opus, et poteritis perenne facere in ætales. »

ARTICLE III. 1. Tunc illius (*meou ou*

diei) postero (die), imperator statim magnopere lustravit sex legiones, clare locutus est ad universos milites.

L'empereur avait six légions, de douze mille cinq cents hommes chacune. Les grands princes en avaient trois. Les commentateurs pensent que Ou wang, n'étant encore que prince, n'avait pas six légions, et que l'historien a exagéré.

2. Imperator dixit: « Oh! mei occidentalium regionum nobiles viri, cœlum habet manifestam legem; hujus (legis)

PART. IV. — CH. I. LES GRANDES HARANGUES.

社不修宗廟不
刑囚奴正士郊
黜師保屏棄典
海崇信姦回放
威殺戮毒痡四
剖斮朝涉之脛
(3)
于民
自絕于天結怨
五常荒怠弗敬
今商王受狎侮
顯道厥類惟彰
西土君子天有

tchāng. Kīn Chāng wáng Chéou hiă óu òu tch'áng, houāng tái, fŏu kíng. Tzéu tsiuĕ iū t'iēn, kiĕ iuén iū mín.

3. « Tchouŏ tchaō chĕ tchéu híng, p'eóu hièn jènn tchéu sīn. Tsŏ wèi chă lŏu, tŏu p'óu séu hái. Tch'óung sin kiēn houèi, fáng tch'ŏu chéu paŏ. Ping k'i tién híng, siôu nôu tchéng chéu. Kiaō chĕ pŏu siôu, tsōung miaŏ pŏu hiáng. Tsŏ k'í

dentales, la loi imposée par le ciel au genre humain est manifeste, et les différents articles en sont très clairs. Or l'empereur Cheou, de la dynastie des Chang, méprise et viole les cinq grandes vertus (qui règlent les relations sociales). Il croupit dans la paresse et ne respecte rien. Il s'est lui-même séparé du ciel et rendu odieux au peuple.

3. « Il a fait couper la jambe d'un homme qui traversait l'eau le matin, et ouvrir le cœur d'un sage. Tyran cruel, il tue, il assassine, il répand l'affliction et la douleur partout entre les quatre mers. Il donne son estime et sa confiance à des hommes débauchés et corrompus; il a destitué et chassé ses précepteurs et ses gardiens. Il a aboli les lois administratives et les lois pénales. Il a jeté dans les fers et réduit en servitude un officier irréprochable (le prince

capita sunt perspicua. Nunc Chang imperator Cheou parvifaciens violat quinque virtutes. Sui incuriosus et piger est, nihil veretur. Ipse se disjunxit a cœlo, contraxit odia a populo.

3. « Secuit mane aquam transeuntis tibiam, dissecuit sapientis viri cor. Exercens sævam potestatem, occidit, trucidat; ærumnis affligit (omnes regiones sitas inter) quatuor maria. Magnifaciens fidit impudicis et improbis; expulit dejectos magistros ac tutores. Amovens abjecit statuta ac pœnales leges. In carcerem conjecit et servum

fecit rectum præfectum. Cœlo sacra, Telluri sacra non curat; in avorum delubris non offert dona. Operatur mira artificia et immodica inventa ad oblectandam mulierem. Cœli rex non favet; succidens demittit hoc excidium. ¡Vos, spero, valde diligenter adjuvabitis me summum virum, ut reverenter perficiamus cœlestem punitionem.

Tcheou voyant un homme traverser l'eau à pied en hiver, s'imagina que des jambes si endurcies au froid devaient avoir quelque chose de particulier, et pour en examiner l'intérieur, il

珍子惡讐惟則撫（4）一爾弗以享
殄誕務樹作讐我古人其順悅作
乃以本德讐獨則人恭攷婦奇
讐爾務乃乃夫后有行降人技
爾衆肆汝受虐言天時上淫
衆士小除世洪我曰罰子喪帝巧

ki, în k'iaò, i iuĕ fóu jênn. Cháng tí pŏu chouénn, tchŏu kiáng chêu sáng. Eùl k'ì
tzēu tzēu fōung iú ï jênn, kōung hìng t'iēn fă.

4. « Kòu jênn iòu iên iuĕ: « Fóu ngò tsĕ heóu, iŏ ngò tsĕ tch'eóu. » Tŏu fōu
Cheóu hôung wêi tsŏ wēi, nài jóu chéu tch'eóu. « Chóu tĕ óu tzēu, tch'óu ngŏ óu
pènn. » Séu iŭ siaŏ tzēu, tán i éul tchóung chéu, tièn tsiēn nài tch'eóu. Eùl

de Ki). Il ne fait pas de sacrifices au Ciel ni à la Terre, ni d'offrandes aux mânes de ses ancêtres. Il emploie des artifices étranges et des inventions extravagantes pour amuser une femme. Le roi du ciel irrité contre lui veut retrancher sa dynastie. J'espère que vous aiderez de toutes vos forces votre souverain, et nous exécuterons avec respect la sentence de condamnation portée par le ciel.

4. « Les anciens disaient: « Celui qui me fait du bien est vraiment mon souverain; celui qui m'opprime est mon ennemi. » Un homme abandonné de tous, Cheou exerce sa puissance avec une grande cruauté; il est votre ennemi et l'ennemi de vos descendants à perpétuité. « Celui qui plante la vertu (dit un adage) doit prendre soin de l'arroser; celui qui détruit le vice doit avoir soin d'en détruire la racine. » Pour cette raison, moi faible enfant, avec votre puissant secours, je retrancherai et détruirai votre ennemi.

ordonna de les couper.

Pi kan ayant fait d'instantes représentations à Tcheou, le tyran irrité s'écria : « J'ai entendu dire que le cœur d'un sage a sept ouvertures. » Comme pour constater la vérité de cet adage, il fit ouvrir le cœur de Pi kan. (史記).

Pour amuser 妲己 Tă ki, sa favorite, il faisait enduire de graisse une colonne de cuivre et allumer au pied un grand brasier. Des malheureux étaient condamnés à grimper le long de la colonne, et quand ils tombaient dans le feu, Ta ki riait. Ce supplice s'appelait 炮烙 p'aó lŏ le rôtissage. (史記).

4. « Antiqui homines habebant effatum dicens: « Qui fovet me, eoipso rex est; qui vexat me, eoipso inimicus. » Derelictus homo Cheou vehementer exercet sævam potestatem, inde vester est in ætates inimicus. « Qui plantat virtutem, curet irrigare; qui evellit vitium, curet radicem (evellere). » Inde ego parvus filius, magnopere utens vobis omnibus militibus, succidens delebo vestrum inimicum. Vos omnes milites

罪,乃子小子無良。

克子非朕文考有

惟朕文考無罪受

(6)子克受非子武,

方,

惟我有周誕受多

于四方顯于西土.

若日月之照臨光

(5)嗚呼,惟我文考,

賞不迪有顯戮

登乃辟功多有厚

士,其尚迪果毅以

tchóung chéu k'i chàng tǐ kouó i, i têng nài pǐ. Kôung touō iòu heóu chàng, pŏu tǐ iòu hièn lŏu.

5. « Oū hōu! wêi ngò Wênn k'aò, jŏ jĕu iuĕ tchêu tchaó lìn, kouāng iŭ séu fāng, hièn iŭ sī t'òu. Wêi ngò iòu Tcheōu tán cheóu touō fāng.

6. « Iù k'ŏ Cheóu, fêi iŭ òu, wêi tchénn Wênn k'aò ôu tsouéi. Cheóu k'ŏ iù, fêi tchénn Wênn k'aò iòu tsouéi, wêi iŭ siaò tzéu ôu leâng. »

J'espère que vous déploierez tous du courage et de la constance, afin que votre souverain accomplisse entièrement son œuvre. Ceux qui auront bien mérité seront grandement récompensés; ceux qui ne feront pas leur devoir, seront punis de mort, et leurs cadavres seront exposés sur la place publique.

5. « Oh! la vertu de mon père Wenn wang, semblable à la lumière du soleil et de la lune se répandant sur le monde, a éclairé toutes les contrées de l'empire; c'est en occident (dans la principauté de Tcheou) qu'elle a brillé. Notre maison de Tcheou est devenue suzeraine d'un grand nombre de principautés.

6. « Si je remporte la victoire sur Cheou, je le devrai, non à la puissance de mes armes, mais à la vertu irréprochable de mon père Wenn wang. Si Cheou obtient l'avantage sur moi, il faudra attribuer cet échec, non à une faute de mon père Wenn wang, mais à mon peu de vertu. »

ipsi, spero, insistetis fortitudini et constantiæ ad complendum vestrum regem. Meritis multis erunt magna præmia; non insistentibus (virtutis viæ) erit publica cadaveris expositio.

5. « Oh! mei Wenn patris, sicut solis et lunæ lux illabens, splendor (pervenit) ad quatuor oras, illuxit in occidentali regione. Inde noster tenens Tcheou regnum (domus) late accepit multa loca.

6. « Si ego vincam Cheou, non mea arma, sed mei Wenn patris innocentia (erit causa). Si Cheou vincet me, non mei Wenn patris habita culpa, sed mea parvi filii improbitas (erit causa). »

Le ciel récompense dans les enfants les bonnes actions des parents.

爽商誓鉞以西②友事司氏夫
王郊王右土麾邦王 司千長
朝牧左之 家曰 徒亞
甲牧杖白人 司 旅夫
子誓野黃迩 君嗟 馬師長
于昧乃旄矣 御我 百

MOU CHEU. 1. Chêu kiǎ tzéu méi chouáng, wáng tchao tchéu iū Chāng kiaō Mǒu iě, nǎi chéu. Wáng tsouǒ tcháng houáng iuě, ióu ping pě maô i houēi, iuě : « T'ǐ i sī t'ǒu tchêu jênn. »

2. Wáng iuě : « Tsiē ! ngǒ iǒu pāng tchóung kiūn ; iú chéu, sēu t'òu, sēu mà, sēu k'ōung, iá, liù, chéu chéu, ts'iēn fōu tcháng, pě fōu tcháng ;

CHAPITRE II. HARANGUE PRONONCÉE A MOU.

1. C'était le premier jour du cycle (le 4 du deuxième mois). L'empereur (Ou wang), arrivé dès le matin dans la plaine de Mou, non loin de la capitale des Chang, fit une harangue à ses soldats. Tenant de la main gauche sa hache dorée, et de la main droite un pennon de crin blanc pour donner des signaux, il dit : « Vous êtes venus bien loin, hommes des contrées occidentales. »

2. L'empereur continua : «Oh! vous, illustres princes, mes amis ; et vous qui êtes à mon service, ministres de l'instruction, de la guerre et des travaux publics, aides des ministres, officiers inférieurs de tout rang, chef des gardes, chefs de mille hommes, centeniers ;

CHAPITRE II. La plaine de Mou est dans la partie méridionale du 淇縣 K'i hién actuel (préfecture de Wei houei fou, province de Ho nan). La capitale du tyran Tcheou était dans la partie septentrionale du K'i hien.

1. Tunc primo cycli die nox ad lucem vergebat. Imperator mane advenit ad Chang urbis præcipuæ territorii Mou campum ; tunc concionatus est. Imperator sinistra tenens auratam securim, dextra tenens album e bovinis crinibus vexillum quo signa daret, dixit : «Longe venistis, occidentalium regionum homines. »

Ce cinquante-cinquième jour du cycle de soixante jours était le 28 du premier mois du printemps. Voyez page 176. Le premier jour du cycle suivant était le 4 du deuxième mois du printemps.

2. Imperator dixit : « Oh ! meorum amicorum regnorum maximi reguli ; qui curatis res (regni mei), præposite multitudinis, præposite rei militaris, præposite operum, adjutores, omnes administri, excubiarum præposite, mille hominum duces, centum hominum duces ;

Ou wang n'était encore que prince 諸侯 tchōu heôu. Comme les princes, il n'avait que trois ministres 卿 k'īng ;

PART. IV. — CH. II. HARANGUE PRONONCÉE A MOU. 185

(3) 及庸蜀羌

人髳微盧彭濮

(4) 稱爾戈立爾矛比

子其誓曰

(5) 王曰古人有言曰牝雞無晨牝雞之晨惟家之索

(6) 今商王受惟婦言是用昏棄厥肆祀

3. « ki Iôung, Chòu, K'iāng, Meôu, Wéi, Loû, P'êng, Póu jênn;

4. « tch'êng êul kouō, pí êul kǎn, lǐ êul meôu. Iû k'ì chêu. »

5. Wàng iuĕ : « Kóu jênn ióu iên iuĕ : « Pin kī óu tch'ênn. Pin kī tchêu tch'ênn, wêi kiā tchêu souŏ. »

6. « Kīn Chāng wâng Cheóu, wêi fóu iên cheôu ióung. Houênn k'í kiuĕ séu séu

3. « vous aussi, guerriers de Ioung, de Chou, de K'iang, de Meou, de Wei, de Lou, de P'eng et de Pou;

4. « levez vos lances, joignez ensemble vos boucliers, dressez vos longues piques. Je veux vous parler. »

5. L'empereur dit : « Les anciens avaient cet adage : « La poule ne doit pas annoncer l'approche du matin. Le chant de la poule le matin annonce la ruine de la famille. »

6. « L'empereur Cheou, de la famille des Chang, ne suit que les conseils d'une femme. Dans son aveuglement, il néglige de

à savoir, les ministres de l'instruction publique, de la guerre et des travaux publics. L'empereur en avait six. Les aides des ministres 亞 iá étaient des grands préfets 大夫 tái fôu.

3. « et Ioung, Chou, K'iang, Meou, Wei, Lou, P'eng, Pou viri ;

庸 Iôung, à présent 竹山縣 Tchōu chān hién dans le 鄖陽府 Iùn iâng fôu (Hou pe). 蜀 Chŏu, à présent 成都府 Tch'êng tōu fôu (Seu tch'ouen). 羌 K'iāng, le partie occidentale du Tch'eng tou fou. 髳 Meôu et 微 Wèi, à présent 巴縣 Pā hién dans le 重慶府 Tch'ôung k'ing fôu (Seu tch'ouen). 盧 Lôu, la partie nord-est du 南漳縣 Nân tchāng hién dans le 襄陽府 Siāng iâng fôu (Hou pe). 彭 P'êng, à présent 彭山縣 P'êng chān hién dans le 眉州 Mêi tcheôu

(Seu tch'ouen). 濮 Pŏu, à présent 石首縣 Chêu cheòu hién dans le 荆州府 Kīng tcheôu fôu (Hou pe).

4. « attollite vestras hastas breviores, conjungite vestra scuta, erigite vestras hastas longiores. Ego volo concionari. »

5. Imperator dixit : «Antiqui homines habebant effatum dicens: « Gallina non mane canat. Gallinæ matutinus cantus est domus exinanitio. »

Ce n'est pas la poule, mais le coq qui doit annoncer par son chant l'approche du jour. De même, ce n'est pas la femme, mais l'homme qui doit administrer les affaires. Ou wang fait allusion à Ta ki, favorite de Tcheou.

6. « Nunc Chang imperator Cheou solum mulieris consilia ea adhibet. Stolide abjicit sua exhibenda sacra, nec

弗答，昏棄厥遺
王父母弟不迪，
乃惟四方之多辠逋逃是崇是長是信是使是以為大夫卿士俾暴虐于百姓以姦宄于商邑。

(7) 今予發，惟恭行天之罰。今日之事，不愆于六步七步，乃止齊焉。夫子勖哉。

(8) 不愆于四伐

fóu tă. Houênn k'i kiuĕ ì wàng fóu mòu tí pǒu tí. Nài wêi séu fāng tchēu touō tsouéi pōu t'aó, chéu tch'òung, chéu tchàng, chéu sìn, chéu chéu, chéu ì wéi tái fōu k'īng chéu, pei paó iŏ iû pĕ síng, ì kiēn kouéi iû Chāng í.

7. « Kīn iŭ Fă, wêi kōung hing t'iēn tchēu fă. Kīn jéu tchēu chéu, pŏu k'iēn iû liŭ póu, ts'ĭ póu, nài tchēu ts'i iēn. Fōu tzéu, hiŭ tsāi.

8. « Pŏu k'iēn iŭ séu fă, òu fă, liŭ fă, ts'ĭ fă ; nài tchēu ts'ĭ iēn. Hiŭ tsāi, fōu tzéu.

présenter ses offrandes et de témoigner sa reconnaissance à ses ancêtres. Insensé, il écarte les princes issus du sang impérial et ses parents du côté maternel ; il oublie les égards qu'il leur doit. Des malfaiteurs chargés de crimes sont venus de toutes les parties de l'empire chercher un refuge à sa cour. Ce sont les hommes qu'il traite avec honneur et respect, à qui il donne sa confiance et distribue les emplois, qu'il crée grands préfets et ministres d'État. Par eux une cruelle tyrannie pèse sur le peuple ; le trouble et la perfidie règnent dans la capitale des Chang.

7. « Moi Fa (Ou wang), je ne fais qu'exécuter avec respect la sentence de condamnation portée par le ciel. Dans le combat d'aujourd'hui, ne faites pas plus de six ou sept pas, sans vous arrêter et reformer vos rangs. Courage, braves soldats.

8. « N'attaquez pas l'ennemi plus de quatre, cinq, six ou sept

refert gratiam (progenitoribus). Stolide abjicit suos superstites regios consanguineos generatione majores (necnon et generatione minores), maternos consanguineos generatione minores, nec fungitur officiis. At unice quatuor regionum (obligatos) multis sceleribus, migrantes profugos, eos honorat, eos veretur, eis fidit, eis utitur. Eos adhibens facit majores præfectos, regni ministros, ut crudelis oppressio sit in populum, ut turbatio et perfidia sint in Chang urbe.

父 Fóu, parents d'une génération antérieure à la nôtre. 弟 Tí, parents d'une génération postérieure.

7. « Nunc ego Fa (Ou wang) solummodo reverenter exsequor cœlestem punitionem. In hodierna re, ne excedatis sex passus, septem passus ; statim sistite ordinandi. Fortes viri, vires exserite.

8. « Ne excedatis quatuor impetus, quinque impetus, sex impetus, septem

PART. IV. — CH. III. HEUREUSE ISSUE DE LA GUERRE. 187

旁死魄、越翼日 ⑴惟一月壬辰、 于爾躬成有戮。 ⑽爾所弗勖、 哉夫子。 奔以役西土、 于商郊弗迓克 如貔如熊如羆如虎 ⑼尚桓桓、 夫子、 乃止齊焉勖哉 五伐六伐七伐

9. « Cháng houân houân, jôu hôu, jôu p'î, jôu hiôung, jôu pī. Iū Chāng kiaō, fôu iá k'ŏ pēnn, ì ï sī t'òu. Hiŭ tsāi, fôu tzéu.

10. « Eùl chòu fôu hiŭ, k'ì iū eùl kŏung iòu lŏu. »

OU TCH'ENG. 1. Wêi ĭ iuĕ jênn chênn páng sêu p'ĕ, iuĕ ĭ jeu kouéi séu, wâng fois, sans vous arrêter et reformer vos rangs. Courage, braves guerriers.

9. « J'espère que vous serez courageux comme des tigres, comme des panthères, comme des ours ordinaires, comme des ours de grande taille. Dans cette plaine près de la capitale des Chang, n'attaquez pas (ne tuez pas) ceux des ennemis qui pourront s'échapper (et viendront se donner à nous), afin qu'ils nous servent dans nos contrées occidentales. Courage, braves soldats.

10. « La négligence d'une seule de ces trois recommandations suffirait pour vous attirer la peine capitale. »

CHAPITRE III. HEUREUSE ISSUE DE LA GUERRE.

1. Le vingt-neuvième jour du cycle tombait le 2 du premier mois (du printemps). Le lendemain, trentième jour du cycle,

impetus; statim sistite ordinandi. Vires exserite, fortes viri.

9. « Spero, strenui eritis, ut tigres, ut pantheræ, ut ursi, ut ursi majores. In Chang urbi vicino campo, ne aggrediamini eos qui poterunt fugere (ad nos), ut serviant occidentali regioni. Enitimini, fortes viri.

10. « (Ex illis tribus si quid sit) vos in quo non enitemini, id in vos ipsos adducet capitis pœnam. »

CHAPITRE III. 1. Primo mense, *jenn chenn* (dierum cycli vigesimus nonus

dies) proxime sequebatur exstinctam lunam, i. e. novæ lunæ diem. Adveniente postero die *kouei seu* (cycli trigesimo), imperator mane proficiscens ex Tcheou urbe regia, ivit ut armis impeteret Chang.

魄 P'ĕ, obscurité croissante ou lumière décroissante de la lune. 死魄 Séu p'ĕ, obscurité complète de la lune, jour où cette obscurité se produit et où la nouvelle lune commence.

周 Tcheōu, nom de principauté, s'emploie pour désigner les chefs de

癸巳、王朝步自
周、于征伐商、
(2)厎商之罪告
于皇天后土、所
過名山大川曰、
惟有道曾孫周
王發、將有大
于商、今商王受
無道、暴殄天物、
害虐烝民、為天
下逋逃主、萃淵
藪、子小子既獲
仁人、敢祇承上

tchaō póu tzéu Tcheōu, iù tchēng fǎ chāng.

2. Tchéu Chāng tchēu tsouéi, kaó iū houâng T'iēn, heóu T'òu, chòu kouó míng Chân tá Tch'ouēn, iuē: « Wēi iòu taó tsēng suēnn, Tcheōu wâng Fă, tsiāng iòu tá tchéng iū Chāng. Kīn Chāng wàng Cheōu ôu taó, paó tièn t'iēn ǒu, hái iŏ tchēng mìn, wêi t'iēn hiá pōu t'aô tchòu, tsouéi iuēn seŏu. Iù siaŏ tzéu ki houĕ

l'empereur (Ou wang) quitta la capitale des Tcheou (la ville de Hao), et se mit en marche pour aller attaquer (l'empereur Tcheou, de la dynastie des) Chang.

2. Il énuméra tous les crimes de Chang devant l'auguste Ciel et l'auguste Terre, devant les esprits des montagnes célèbres et des grands cours d'eau qu'il rencontra. Il leur dit: « Moi Fa, prince de Tcheou et empereur (désigné), descendant de souverains qui ont suivi la voie de la vertu, je vais accomplir une grande réforme dans la capitale des Chang. Cheou, empereur de la famille des Chang, abandonnant la voie de la vertu, maltraite cruellement les êtres que le ciel a créés, et accable de maux tout le peuple. Il s'est fait le recéleur de tous les malfaiteurs de l'empire; (son palais est comme) le gouffre où se réfugient (tous les poissons), le marais où se réunissent (tous les animaux sauvages). Bien que je sois comme un faible enfant, ayant à mon service des hommes très

cette principauté, la dynastie impériale fondée par Ou wang, l'empire gouverné par les empereurs de cette dynastie, et la ville où ils faisaient leur résidence. Avant la défaite du tyran Tcheou, la capitale de Ou wang était 鎬 Haò, ville située à trente stades au sud de la ville de Si ngan fou (Chen si).

2. Integre (commemorans) Chang scelera, detulit ad augustum Cœlum reginamque Tellurem, (et ad omnes) quos pertransivit famosos Montes, magnos Fluvios, et dixit: « Insistentium virtutis viæ (regum) pronepos, Tcheou imperator Fa modo exsequar magnam correctionem in Chang. Nunc Chang imperator Cheou, relicta virtutis via, (incuria et abusu) crudeliter pessumdat cœli res, lædens opprimit numerosum populum, factus est totius imperii migrantium profugorum receptor, conveniuntium alta aqua et herbosa palus. Ego parvus filius quum adeptus sim eximios viros, audebo reverenter parere

PART. IV. — CH. III. HEUREUSE ISSUE DE LA GUERRE.

帝以遏亂略
華夏蠻貊
不率俾有
(3) 惟爾有神
尚克相予以濟
神羞既民無作
師逾孟津癸戊午
亥陳于商郊
俟天休命甲
子昧爽受率
其旅若林會
于牧野罔有

jěnn jěnn, kàn tchĕu tch'êng cháng ti, i ngŏ louán leŏ. Houâ hià, Mân Mĕ, wàng pŏu chouĕ pèi.

3. « Wêi éul iŏu chênn, cháng k'ŏ siáng iŭ, i tsí tchaŏ mìn, ôu tsŏ chênn siôu. Ki meŏu òu, chēu iŭ Méng tsīn. Kouèi hái, tch'ènn iŭ Chāng kiaŏ, sèu t'iēn hiôu ming. Kiă tzéu mèi chouàng, Cheóu chouĕ k'ì liŭ jŏ lìn, houéi iŭ Mŏu iĕ. Wàng

vertueux, j'oserai accomplir avec respect la volonté du roi du ciel et mettre un terme aux désordres. Dans la nation très grande et très policée de la Chine, dans les tribus sauvages du nord et du midi, il n'est personne qui ne se range volontiers sous mes lois.

3. « Vous, esprits tutélaires, vous m'aiderez, j'espère, afin que je soulage des peuples nombreux, et ne devienne pas pour vous-mêmes un objet de honte. » Le cinquante-cinquième jour du cycle (qui était le vingt-huitième du premier mois du printemps), les légions (de Ou wang) traversèrent le (Fleuve-Jaune au) gué de Meng. Le soixantième jour du cycle (le 3 du deuxième mois), elles furent rangées dans la plaine de Mou, et attendirent (pour livrer bataille) le moment favorable fixé par le ciel. Le premier jour du cycle suivant (le 4 du deuxième mois), au point du jour, Cheou amena ses cohortes, qui présentaient l'aspect d'une forêt (à cause du grand nombre de ses soldats); il les réunit dans la plaine de Mou. Ses soldats ne luttèrent nullement contre les nôtres;

cœli regi ad sistenda prava consilia. Inter ornatissimam maximamque gentem (Cf. pag. 26), inter australes borealesque barbaros, nullus non sequens obedit.

3. « At vos habiti spiritus, spero, poteritis (i. e. dignabimini) adjuvare me, ut succurram numeroso populo, nec fiam spirituum dedecus. » Facto cycli quinquagesimo quinto die, legiones trajecerunt Meng vadum. Sexagesimo die ordinatæ sunt in Chang urbis regiæ campo, et exspectarunt cœli propitium jussum. Cycli (proxime sequentis) primo die, obscuro lucis, Cheou ducens suas cohortes, quasi silvam, convenit in Mou campum. Non fuerunt qui colluctarentur cum nostris copiis; anteriores milites convertentes hastas, pugnaverunt cum posterioribus, inde fuga. Sanguine fluente, supernatarunt pistilla (aut scuta). Semel militares vestes (induit Ou wang); totum imperium omnino quietum fuit. Tunc invertit

敵于我師前徒倒戈攻于
後以北血流漂杵天下大定乃
反商政政由舊釋箕子囚封
比干墓式商容閭散鹿臺之財發
鉅橋之粟大賚于四海而萬
姓悅服

iòu tǐ iū ngò chēu; ts'iēn t'òu taó kouō, kōung iū heóu i péi. Hiuĕ liōu p'iaŏ
tch'òu. Ĭ jōung ī, t'iēn hiá tá tíng. Nài fàn Chāng tchéng, tchéng iōu kiòu. Chēu
Kī tzèu siōu, fōung Pi kān móu, chēu Chāng Iōung liū. Sàn Lòu t'âi tchēu ts'âi,
fă Kiú k'iaó tchēu siŭ. Tá lài iū séu hài; éul wán sing iuĕ fŏu.

mais, ceux qui étaient en avant tournant leurs lances contre ceux
qui étaient derrière, ils s'entre-tuèrent, et la déroute commença.
Le sang coulait par ruisseaux, et entraînait les pilons (dont les
soldats se servaient pour écorcer leur riz, ou, selon plusieurs in-
terprètes, entraînait les boucliers des soldats morts). Ou wang
revêtit une seule fois les habits militaires, et tout l'empire jouit de
la tranquillité. Ensuite il changea l'administration (du dernier)
des Chang, et remit en vigueur les statuts des anciens empereurs
(de cette dynastie). Il tira de prison le prince de Ki, éleva un
tumulus sur la tombe de Pi kan, salua du haut de sa voiture la
porte du village du sage Chang Ioung. Il distribua les richesses
amassées à la Tour des cerfs et les grains amoncelés à Kiu k'iao.
Il fit de grandes largesses dans tout l'empire, et tout le peuple se
soumit à lui avec joie.

Chang regimen; regimen secutum est antiqua (statuta). Liberavit Ki regulum ex carcere; tumulo auxit Pi kan sepulturam (Cf. pag. 169 et 178); currus fulcro innixis brachiis salutavit Chang Ioung pagi portam. Dispersit Cervorum turris opes et distribuit Kiu k'iao fruges. Multum largitus est intra quatuor maria, et universus populus gaudens obsecutus est.

L'expédition de Ou wang avait été ordonnée par les esprits. Si elle n'avait pas réussi, c'eût été une honte pour eux. Meng tzeu, Livre VII, Ch. II. 3, critique ce passage du Chou king.

式 Chĕu. Appui fixé transversalement sur le devant d'une voiture; placer les mains sur l'appui de la voiture et saluer quelqu'un en inclinant la tête.

La tombe de Pi kan était à dix stades au nord de la ville de 衞輝府 Wéi houēi fòu dans le Ho nan. La Tour des cerfs était un palais où le tyran Tcheou s'abandonnait à toutes sortes de débauches. Elle était près de 淇縣 K'i hièn dans le Wei houei fou. 鉅橋 Kiú k'iaó, le Grand pont, était dans la partie nord-est du 曲周 K'iŭ tcheōu, qui dépend de 廣平府 Kouàng p'ing fòu (province de Tcheu li).

PART. IV. — CH. III. HEUREUSE ISSUE DE LA GUERRE.   191

(4) 厥四月哉生明王來自商至于豐乃偃武修文歸馬于華山之陽放牛于桃林之野示天下弗服

(5) 既生魄庶邦冢君暨百工受命于周

(6) 丁未祀于周廟邦甸侯

4. Kiuĕ séu iuĕ tsāi chēng míng, wâng lâi tzéu Chāng, tchéu iū Fōung. Nái iĕn óu, siōu wènn. Kouéi mà iū Houá chān tchéu iâng, fâng iòu iū T'aó lin tchéu iĕ ; chéu t'iēn hiá fóu fóu.

5. Ki chēng p'ĕ, chóu pāng tchōung kiūn, ki pĕ kōung, cheóu míng iū Tcheōu.

6. Tīng wéi, séu iū Tcheōu miaó. Pāng, tién, heôu, wéi, tsiún pēnn tseóu,

4. Lorsque la lune commençait à croître pour la quatrième fois (le trois du quatrième mois lunaire), l'empereur revenant de la capitale des Chang, arriva à Foung. Aussitôt il laissa les travaux de la guerre et se livra aux occupations de la paix. Il fit reconduire au sud du mont Houa les chevaux (qui avaient traîné les chars de guerre), et fit lâcher dans les plaines de T'ao lin les bœufs (qui avaient traîné les voitures de bagages); il montra à tout l'empire qu'il ne les emploierait plus.

5. Le lendemain de la pleine lune, les illustres chefs des principautés et tous les officiers reçurent leur juridiction (du fondateur de la dynastie) des Tcheou.

6. Le quarante-quatrième jour du cycle, l'empereur fit des offrandes dans le temple des ancêtres des Tcheou. (A cette

4. Hujus quartæ lunæ incipiente oriri luce, imperator veniens ex Chang, pervenit ad Foung. Inde suppressit bellica, excoluit civica. Reduxit equos ad Houa montis austrum, emisit boves ad T'ao lin campum ; significavit toti imperio non esse adhibendos.

豐 Fōung, ville située sur le bord de la rivière de ce nom, était au nord-ouest de Si ngan fou, dans le 鄠縣 Hòu hién actuel (Chen si). Wenn wang y avait établi sa résidence, et le temple des ancêtres des Tcheou s'y trouvait. Ou wang, vainqueur du tyran Tcheou, avant de retourner à Hao, sa capitale,

alla à Foung faire des offrandes à ses ancêtres.

華 Houá, montagne célèbre située dans le 華陰縣 Houá īn hién (Chen si).

桃林 T'aó lin, la Forêt des pêchers, est au sud-est de 潼關 T'óung kouān dans le 同州府 T'óung tcheōu fòu (Chen si, près de la limite du Ho nan.

5. Jam incipiente luna decrescere, omnium regnorum nobiles rectores et varii præpositi acceperunt potestatem a Tcheou.

6. *Ting wéi* (quadragesimo quarto cycli die), sacra fecit in Tcheou avito

衞駿奔走，執
豆籩越三日
庚戌柴望大
告武成
（7）王若曰嗚
呼羣后惟先
王建邦啓土
公劉克篤前
肇基王迹王
季其勤王家
我文考文王
克成厥勳誕

tchēu teóu piēn. Iuē sān jĕu kēng siŭ, tch'ái wáng, tá kaó òu tch'êng.

7. Wâng jŏ iuĕ : « Oū hōu ! k'iún heóu, wēi siēn wâng kién pāng, k'i t'òu. Kōung Liôu k'ŏ tŏu ts'iên lié. Tchéu iū T'ái wâng, tchaó kī wâng tsĭ. Wâng Kī k'i k'în wâng kiā. Ngó wênn k'aŏ Wênn wâng k'ŏ tch'êng kiuĕ hiūn, tán īng t'iēn

cérémonie), les princes de la capitale, du territoire impérial et des différentes circonscriptions de l'empire, marchant d'un pas rapide, portèrent les vases de bois et les vases de bambou. Trois jours après, le quarante-septième jour du cycle, l'empereur offrit au ciel une victime sur un bûcher, fit des offrandes aux esprits des montagnes et des fleuves, et annonça solennellement l'heureuse issue de la guerre.

7. L'empereur parla à peu près en ces termes : « Oh ! princes, le premier souverain (de notre famille, Heou tsi) fonda notre principauté et donna les premiers soins au territoire. (L'un de ses descendants) le prince Liou consolida l'œuvre commencée. Plus tard, T'ai wang jeta les fondements de la puissance impériale. Wang Ki (son fils) travailla puissamment à préparer l'avènement de notre famille à l'empire. Mon père Wenn wang, prince accompli, se signala par ses glorieux travaux, et reçut le mandat

templo. *Pāng* (regiæ urbis), *tiĕn* (regii territorii), *heóu* (feudalis territorii), *wēi* (defensionis territorii reguli), celeri gressu discurrentes tulerunt *teóu* (lignea vasa), *piĕn* (arundinea vasa). Transactis tribus diebus, *kēng siŭ* (cycli quadragesimo septimo die), *tch'ái* (cœlo victimam mactavit et cremavit), *wáng* (montium et fluviorum geniis procul obversus sacra obtulit); magnopere monuit bellum esse confectum.

甸侯衞 Voy. page 56.

7. Imperator hoc modo locutus est : « Oh ! omnes reguli, prior imperator condidit regnum, aperuit terras. Regulus Liou potuit firmare anteactum opus præclarum. Quum adventum est ad T'ai wang, cœpit statuere imperialis potestatis vestigia, i. e. indicia seu initia. Wang Ki ipse adlaboravit ad imperialem domum (præparandam). Meus ornatissimus pater Wenn wang potuit perficere sua præclara opera ; late accepit cœli mandatum, ad fovendos omnium regionum Sinas. Majora regna timuerunt ejus potentiam ; minora regna amaverunt ejus virtutem. At novem annis magna unitas (regiminis)

PART. IV. — CH. III. HEUREUSE ISSUE DE LA GUERRE.

譍天命以撫方
夏大邦畏其力
小邦懷其德惟
九年大統未集
子小子其承厥
(8) 志恭天成命肆
子東征綏厥士
女惟其士女筐
厥玄黃昭我周
王天休震動用
我大邑周
(9) 附列爵惟五分

ming, i fóu fāng Hiá. Tá pāng wéi k'i lǐ; siaǒ pāng houâi k'i tě. Wěi kiòu gniên, tá t'òung wéi tsǐ. Iù siaǒ tzěu k'i tch'êng kiuě tchéu.

8. « Kōung t'iēn tch'êng ming, séu iù tōung tchēng, souêi kiuě chéu gniù. Wéi k'i chéu gniù, féi kiuě hiuên houâng, tchaō ngǒ Tcheōu wâng. T'iēn hiōu tchénn tóung, ióung fóu ngǒ tá ì Tcheōu. »

9. Liě tsiŏ wéi òu, fēnn t'òu wéi sān. Kién kouān wéi hiên, wéi chéu wéi

du ciel, pour étendre ses bienfaits (et son autorité) sur toutes les contrées de l'empire. Les grandes principautés craignirent sa puissance; les petites aimèrent sa bonté. Néanmoins, au bout de neuf ans (quand il mourut), il n'avait pas encore réuni tous les peuples sous son gouvernement. Moi faible enfant, j'ai continué l'exécution de son dessein.

8. « Obéissant avec respect à l'ordre formel du ciel, je suis allé à l'est châtier par les armes le prince coupable et rendre la tranquillité aux habitants. Les habitants, hommes et femmes, apportant des corbeilles pleines de soie de couleur bleue et de couleur jaune, ont rendu un hommage éclatant à la vertu de l'empereur issu de la famille des Tcheou. Sous l'impulsion du ciel qui nous était favorable, ils se sont tous placés sous la dépendance de la glorieuse capitale des Tcheou. »

9. Ou wang établit cinq classes de feudataires et trois classes de domaines féodaux. Il ne confia les charges qu'à des hommes doués

nondum confecta est. Ego parvus filius ipse prosecutus sum ejus consilium.

Ou wang donne le titre de 王 wâng à son père, à son aïeul, à son bisaïeul et même à Heou tsi, qui n'ont jamais été que simples princes.

8. « Reverens cœli statutum mandatum, inde ego ad orientem ivi puniturus, ut tranquillarem illius (regionis) viros ac mulieres. Tunc illius viri et mulieres, canistris asportantes sua cærulea et flava (serica), illustrarunt nostræ Tcheou domus imperatorem. Cœli favore commovente et impellente, ideo adhæserunt nostræ magnæ urbi Tcheou. »

9. Ordinatæ dignitates fuerunt quinque; distincta territoria fuerunt trium graduum. Constituit magistratus solos sapientes; præfecit rebus (gerendis)

土惟三建官
惟賢位事惟
能重民五教
惟食喪祭惇
信明義崇德
報功垂拱而
天下治
（1）惟十有三
祀王訪于箕
子。

nêng. Tchóung min òu kiaó, wēi chĕu, sāng, tsi. Touēnn sín, míng i. Tch'òung tĕ, paó kōung. Tch'ouêi kòung, ëul t'iēn hiá tchéu.

HOUNG FAN. 1. Wêi chĕu ióu sān séu, wâng fàng iŭ Kī tzéu.

de vertu et de talent, et l'administration des affaires qu'à des hommes capables. Il attacha une grande importance aux cinq enseignements, à la subsistance du peuple, aux cérémonies funèbres et aux offrandes ou sacrifices. Il montra une grande sincérité et signala sa justice. Il honora la vertu et récompensa le mérite. La robe flottante et les mains jointes (c.-à-d. sans avoir besoin de faire de grands efforts), il gouverna parfaitement tout l'empire.

CHAPITRE IV. LA GRANDE RÈGLE.

1. La treizième année (après la mort de Wenn wang), l'empereur (Ou wang) consulta le prince de Ki.

solos idoneos. Magni fecit populi quinque documenta, necnon victum, funera, sacra. Firmavit sinceritatem, illustravit æquitatem suam. Honoravit virtutem, muneratus est merita. Defluente (toga), junctis manibus erat, et totum imperium recte compositum erat.

Les cinq classes de feudataires étaient 公侯伯子男 kōung heòu pĕ tzéu nân. Ou wang décida que le domaine des *koung* et des *heou* aurait cent stades en tout sens, celui des *pe* soixante-dix, celui des *tzeu* et des *nan* cinquante.

五敎 Où kiaó, les devoirs réciproques du prince et du sujet, du père et du fils, du mari et de la femme, des frères, des personnes d'âge différent.

CHAPITRE IV. 範 Fàn, moule, modèle, règle.

1. Decimo et tertio anno, imperator inquisivit a Ki regulo.

箕 Kī, principauté située dans la partie sud-est du 楡社縣 Iû ché hièn (préfecture de 遼州 Leaó tcheōu, province de Chan si). Le prince de Ki, frère de l'empereur Tsou i, était détenu dans les fers par ordre du tyran Tcheou, son oncle. Cf. page 169. La treizième année après la mort de Wenn wang, Ou wang chassa Tcheou, tira de prison le prince de Ki et lui demanda des avis. Le prince satisfit aux questions du nouvel empereur; mais il refusa de servir la dynastie des Tcheou. Ou wang lui céda la Corée.

PART. IV. — CH. IV. LA GRANDE RÈGLE.

乃錫禹洪範九
死禹乃嗣典天
倫攸斁鯀則殛
昇洪範九疇彝
行帝乃震怒彝不
洪水汩陳其五
我問在昔鯀陻
(3) 箕子乃言曰
倫攸敍我不知其彝
居我民相協厥
驚箕子惟天陰
呼箕子惟天陰
(2) 王乃言曰嗚

2. Wâng nài iên iuĕ : « Oū hōu ! Kī tzéu, wêi t'iēn īn tchéu hiá mîn, siáng hiĕ kiuĕ kiū. Ngò pŏu tchēu k'î î liùn iôu siú. »

3. Kī tzéu nài iên iuĕ : « Ngò wênn tsái sí, Kouénn īn hôung chouéi, kŏu tch'ênn k'î òu hīng, ti nài tchénn noú, pŏu pi hôung fán kiòu tch'eôu, î liùn iôu toú. Kouénn tsĕ kī séu. Iù nài séu hīng. T'iēn nài sí Iù hôung fán kiòu tch'eôu, î liùn iôu siú.

2. L'empereur dit : « Oh ! prince de Ki, le ciel dans un profond secret forme l'homme et l'aide à pratiquer les vertus qui lui sont propres. (Le ciel ne parlant pas), j'ignore comment on doit expliquer les grandes lois de la société et les devoirs mutuels des hommes. »

3. Le prince de Ki répondit : « J'ai entendu dire que dans l'antiquité Kouenn ayant opposé des digues aux eaux débordées, avait troublé l'ordre des cinq éléments ; que le ciel courroucé n'avait pas donné les neuf articles de la grande règle, et que par suite les grandes lois et les devoirs mutuels étaient tombés dans l'oubli. Kouenn fut relégué (sur le mont Iu) et il y mourut. (Son fils) Iu lui succéda et mena les travaux à bonne fin. Alors le ciel donna à Iu les neuf articles de la grande règle ; ils ont servi à expliquer les grandes lois de la société et les devoirs mutuels.

2. Imperator tunc loquens dixit : « Oh ! Ki princeps, cœlum secreto (tacite ac recondite) constituit inferos homines, et adjuvat ut obsequantur suis tenendis (virtutibus). Ego non novi eorum leges et mutua officia quomodo ordinentur. »

3. Ki regulus tunc loquens dixit : « Ego audivi in antiquitate Kouenn aggeribus cohibuisse ingentes aquas, perturbasse ordinata illa quinque elementa, regem (cœli) inde commotum et iratum non dedisse magnæ regulæ novem capita, leges et officia ideo jacuisse. Kouenn inde relegatus et mortuus est. Iu tunc succedens surrexit, (opus ad felicem exitum perduxit). Cœlum tunc donavit Iu magnæ regulæ novem capita, leges et officia unde ordinata sunt.

Kouenn fut relégué au pied du mont 羽 Iù. Voy. Part. I, Ch. II. 12, page 22.

Le ciel fit sortir de la rivière 洛 Lŏ une tortue qui portait sur son dos un

陰．
彝
倫
攸
敘．

（４）
初
一
曰
五
行．

次
二
曰
敬
用
五
事．

次
三
曰
農
用
八
政．

次
四
曰
協
用
五
紀．

次
五
曰
建
用
皇
極．

次
六
曰
乂
用
三
德．

次
七
曰
明
用
稽
疑．

次
八
曰
念
用
庶
徵．

次
九
曰
嚮
用
五
福
威
用
六
極．

（５）
一
五
行
一
曰

4. « Tch'ōu ĭ iuĕ òu hîng, ts'éu éul iuĕ kíng ióung òu chéu, ts'éu sān iuĕ nôung ióung pă tchéng, ts'éu séu iuĕ hiĕ ióung òu kí, ts'éu òu iuĕ kién ióung houâng kĭ, ts'éu liŭ iuĕ ĭ ióung sān tĕ, ts'éu ts'ĭ iuĕ mîng ióung kĭ î, ts'éu pă iuĕ gniên ióung chóu tchēng, ts'éu kiòu iuĕ hiáng ióung òu fôu, wēi ióung liŭ kĭ.

5. « Ĭ, òu hîng. Ĭ iuĕ chouéi, éul iuĕ houò, sān iuĕ mŏu, séu iuĕ kīn, òu iuĕ

4. « Le premier article concerne les cinq éléments, le deuxième l'accomplissement attentif des cinq actes, le troisième l'emploi diligent des huit parties de l'administration, le quatrième l'emploi des cinq régulateurs du temps pour fixer exactement les saisons, le cinquième l'acquisition et l'exercice de la haute perfection qui convient à la dignité impériale, le sixième l'acquisition et l'exercice des trois vertus (requises en celui qui gouverne), le septième l'usage intelligent des moyens de scruter les choses incertaines, le huitième la méditation et l'usage des effets divers, le neuvième la promesse et l'usage des cinq bonheurs, la menace et l'usage des six malheurs extrêmes.

5. « Premièrement, les cinq éléments. Le premier est l'eau, le

dessin mysté-
rieux. Ce dessin
donna au grand
Iu l'idée des
neuf articles de
la grande règle.
Il est communé-
ment appelé 洛
書 Écriture ou
Livre de Lo.

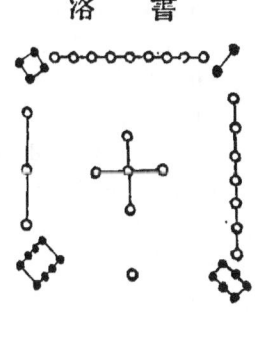

sequens quartum dicitur Convenienter adhibendæ quinque regulæ, sequens quintum dicitur Stabilienda et adhibenda imperatoris summa virtus, sequens sextum dicitur Colendæ et adhibendæ tres virtutes, sequens septimum dicitur Perspicaciter adhibenda scrutatio dubiorum, sequens octavum dicitur Meditandi et adhibendi varii effectus, sequens nonum dicitur Proponenda et adhibenda quinque felicia, minanda et adhibenda sex summa (mala).

4. « Primum (caput) dicitur Quinque elementa, sequens (caput, nempe) secundum dicitur Attente adhibendi quinque actus, sequens tertium dicitur Large adhibendæ octo administrationes,

5. « Primo (capite), quinque elementa. Primum dicitur aqua, secundum dicitur ignis, tertium dicitur lignum,

視、貌、(6) 辛、直、鹹、爰、直、曰、土、木、水、
四、二、三、稼、作、炎、稼、金、炎、水、四、二、
曰、曰、五、穡、酸、上、穡、曰、上、曰、曰、曰、
聽、言、事、作、從、潤、作、從、木、潤、金、火、
五、三、一、甘、革、苦、下、革、曰、下、五、三、
曰、曰、曰、　作、曲、作、土、曲、火、曰、曰、

t'òu. Chouèi iuĕ iún hià, houò iuĕ iên cháng, mŏu iuĕ k'iŭ tchĕu, kīn iuĕ ts'òung kŏ, t'òu iuên kiá chě. Iún hià tsŏ hiên, iên cháng tsŏ k'òu, k'iŭ tchĕu tsŏ suān, ts'òung kŏ tsŏ sīn, kiá chě tsŏ kān.

6. « Eùl, òu chéu. Ĭ iuĕ maò, éul iuĕ iên, sān iuĕ chéu, séu iuĕ t'īng, òu iuĕ sēu.

deuxième le feu, le troisième le bois, le quatrième le métal, le cinquième la terre. Les propriétés de l'eau sont de mouiller et de descendre, celles du feu sont de brûler et de s'élever. Le bois se laisse courber et redresser. Le métal obéit à la main de l'ouvrier et prend différentes formes. La terre reçoit la semence et donne les récoltes. L'eau mouille, descend et devient salée. Le feu brûle, s'élève et prend une saveur amère. Le bois courbé et redressé prend une saveur acide. Le métal obéit, change de forme et prend une saveur âcre. La terre reçoit la semence, donne les récoltes et prend une saveur douce.

6. « Deuxièmement, les cinq actes. Le premier est la tenue extérieure, le deuxième la parole, le troisième le regard, le quatrième l'audition, le cinquième la réflexion. La tenue extérieure

quartum dicitur metallum, quintum dicitur terra. Aqua dicitur imbuere et descendere. Ignis dicitur ardere et ascendere. Lignum dicitur incurvari et corrigi. Metallum dicitur obsequi et mutari. Terra intus seritur et metitur. (Aqua) imbuens et descendens fit salsa, (ignis) ardens et ascendens fit amarus, (lignum) incurvatum et correctum fit acidum, (metallum) obsequens et mutatum fit acre, (terra) sata et demessa fit dulcis.

« L'eau, à force de tendre en bas et de couler, arrive à la mer et prend une saveur salée. La flamme, à force de rôtir un objet, lui communique et prend elle-même une saveur amère.» Ainsi parle 夏僎 Hià Tchouén. Il ne nous dit pas comment le bois prend une saveur acide à force d'être courbé et redressé, le métal une saveur âcre à force d'être travaillé, la terre une saveur douce à force d'être cultivée. Devine qui pourra. La culture donne à la terre une saveur douce, sans doute parce que les grains cultivés ont cette saveur.

6. « Secundo, quinque actus. Primus dicitur habitus, secundus dicitur loquela, tertius dicitur visio, quartus dicitur auditio, quintus dicitur cogita-

思貌曰恭
曰言
從曰
視曰從
聰曰明
思聽
曰睿

恭
作肅
從作乂
明作哲
聰作謀
睿作聖

⑦
三八
曰政
二曰
貨
三
曰
祀
四
曰
司
空
五
曰
司
徒
六
曰
司
寇
七
曰
賓
八
曰
師

⑧
四
五
紀
一
曰
歲
二
曰
月
三
曰
日

Maó iuĕ kōung, ién iuĕ tsʼóung, chéu iuĕ míng, tʼīng iuĕ tsʼōung, sēu iuĕ jouéi. Kōung tsŏ siŭ, tsʼóung tsŏ i, míng tsŏ tchĕ, tsʼōung tsŏ meóu, jouéi tsŏ chéng.

7. « Sān, pă tchéng. Ĭ iuĕ chéu, éul iuĕ houó, sān iuĕ séu, séu iuĕ sēu kʼōung, óu iuĕ sēu tʼóu, liŭ iuĕ sēu kʼeóu, tsʼĭ iuĕ pīn, pă iuĕ chéu.

8. Séu, óu ki. Ĭ iuĕ souéi, éul iuĕ iuĕ, sān iuĕ jéu, séu iuĕ sīng tchʼénn, òu iuĕ lĭ chóu.

doit être composée, la parole conforme à la raison, le regard perspicace, l'oreille très attentive, l'esprit méditatif et pénétrant. Une tenue bien composée est respectueuse; une parole conforme à la raison est bien réglée; un regard perspicace conduit à la prudence; l'application à écouter est mère des bons conseils; un esprit méditatif et pénétrant parvient à la plus haute sagesse.

7. « Troisièmement, les huit parties de l'administration. La première a pour objet les vivres, la deuxième les commodités de la vie, la troisième les sacrifices, la quatrième les travaux publics, la cinquième l'instruction du peuple, la sixième la procédure criminelle, la septième l'hospitalité, la huitième le service militaire.

8. « Quatrièmement, les cinq régulateurs du temps. Le premier est l'année, le deuxième le mois, le troisième le jour, le quatrième les douze signes du zodiaque et les autres étoiles (y compris les planètes), le cinquième le calcul des temps ou calendrier.

tio. Habitus sit compositus, loquela sit consentanea (rationi), visio sit perspicax, auditio sit acris, cogitatio sit penetrans. Compositus (habitu homo) fit reverens; obsequens (rationi) fit ordinatus; perspicax fit prudens; auditu acri fit consilii plenus; penetrans fit sapientissimus.

7. « Tertio, octo administrationis (partes). Prima dicitur annona, secunda dicitur vitæ commoda, tertia dicitur sacra, quarta dicitur rectio operum publicorum, quinta dicitur rectio multitudinis, sexta dicitur judicium scelerum, septima dicitur hospitium, octava dicitur militia.

貨 Houó, nom générique de l'argent, des pierres précieuses, des tissus de chanvre et de soie,…

8. « Quarto, quinque regulæ. Prima dicitur annus, secundus dicitur mensis, tertius dicitur dies, quartus dicitur

曰四日星辰五日曆數

(9) 五皇極、皇建其有極、斂時五福、用敷錫厥庶民、惟時厥庶民于汝極、錫汝保極、

(10) 凡厥庶民無有淫朋、人無有比德、惟皇作極、

(11) 凡厥庶民有猷有為有守、汝則念之、不協于極、不罹于咎、皇則受之、而

9. « Où, houâng kĭ. Houâng kién k'î ioŭ kĭ, lién chêu oŭ fōu, ioúng fōu sĭ kiuĕ choŭ mîn. Wêi chêu kiuĕ choŭ mîn iū joŭ kĭ, sĭ joŭ paò kĭ.

10. « Fân kiuĕ choŭ mîn oŭ ioŭ in p'êng, jênn oŭ ioŭ pi tĕ, wêi houâng tsŏ kĭ.

11. « Fân kiuĕ choŭ mîn ioŭ ioŭ, ioŭ wêi, ioŭ cheoŭ, joŭ tsĕ gnién tchêu. Pŏu hiĕ iū kĭ, pŏu li iū kioŭ, houâng tsĕ cheoŭ tchêu. Eúl k'āng eúl chĕ, iuĕ : « Iù ioŭ

9. Cinquièmement, la souveraine perfection qui convient à l'empereur. Prince, en donnant l'exemple de la plus haute perfection, vous obtiendrez les cinq bonheurs, et vous les ferez partager à vos nombreux sujets. Vos nombreux sujets imiteront votre sublime perfection, et vous aideront à la conserver.

10. « Quand vos nombreux sujets ne formeront pas de cabales, ni vos ministres de conspirations, toujours ce sera l'effet de la souveraine perfection dont vous donnerez l'exemple.

11. « Toutes les fois que vos nombreux sujets délibéreront entre eux, tenteront quelque entreprise, se tiendront en garde (par crainte des châtiments), faites attention. S'il en est qui, sans pratiquer la vertu parfaite, s'abstiennent de mal faire, ne les rejetez pas (ils pourront devenir meilleurs). A ceux qui vous diront d'un

stellæ et signa, quintus dicitur sidereorum motuum supputatio.

9. « Quinto, imperatoris summa virtus. Imperator erigens suam habitam summam virtutem, colliget illa quinque felicia, inde proferens donabit suo numeroso populo. Et ille tuus numerosus populus insistens tuæ summæ virtuti, dabit tibi ut serves summam virtutem.

Les cinq bonheurs sont énumérés à la fin de ce chapitre.

10. « Quoties ille numerosus populus non habebit pravas societates, et ministri non habebunt conspirandi vitium, unice erit imperatoris effecta summa virtus.

11. « Quoties ille numerosus populus habebit consilium, habebit actionem, habebit cautionem, tu tunc cogites de hoc. Si qui nec conveniant cum summa virtute, nec incidant in culpas, imperator tunc recipias eos. Si qui et gaudentes et hilari vultu dicant: « Nos quod

康而色曰予攸
好德汝則錫
福時人斯其惟
皇之極
（12）無虐煢獨而
畏高明
（13）人之有能有
為使羞其行而
邦其昌方厥正
人既富方穀汝
弗能使有好于
而家時人斯其
辜于其無好
德

haó tĕ, » jòu tsĕ sĭ tchēu fŏu. Chēu jênn sēu k'î wéi houâng tchéu kĭ.

12. « Où iŏ k'iôung tŏu, êul wéi kaô mîng.

13. « Jênn tchēu iôu nêng iôu wéi, chéu siôu k'i hîng, êul pāng k'i tch'âng. Fàn kiuĕ tchéng jênn, ki fóu, fāng kŏu. Jóu fŏu nêng chēu iôu haó iū êul kiā, chēu jênn sēu k'î kōu. Iū k'î òu haó tĕ, jòu souéi sĭ tchōu fŏu, k'î tsŏ jòu ioúng kiôu.

cœur content et d'un air joyeux: « Ce que nous aimons, c'est la vertu, » conférez des bienfaits (des charges); et ces hommes voudront imiter votre sublime vertu.

12. « N'opprimez pas les faibles qui n'ont ni frères ni enfants (pour les aider); ne craignez pas ceux qui tiennent un rang élevé ou distingué.

13. « Chez les officiers qui ont du talent et gèrent bien les affaires, excitez le désir d'avancer toujours dans la vertu, et l'État sera florissant. Les hommes chargés de gouverner sont toujours vertueux, quand ils sont dans l'aisance. Si vous ne savez pas (leur allouer des revenus suffisants, et par ce moyen) faire qu'ils puissent entretenir la bonne harmonie dans leurs familles qui sont les vôtres, ils commettront des crimes. Quant à ceux qui n'aiment pas la vertu, vous aurez beau les combler de faveurs, (vous ne

amamus, virtus est; » tu tunc conferas eis beneficia; hi homines illico ipsi cupient (imitari) imperatoris summam virtutem.

12. « Noli opprimere fratribus carentes ac filiis carentes, et timere excelsos ac conspicuos.

13. « Homines (præpositi) qui habent dotes et habent recte facta, fac ut perficiant suas actiones, et regnum ipsum florebit. Omnes illi regentes homines, quum opibus abundabunt, tunc boni erunt. Tu nisi possis facere ut habeant concordiam in tuis familiis, illi homines tunc ipsi peccabunt. Quod attinet ad illos qui non amant virtutem, tu etsi dones illis opes, illi facient ut tu adhibeas improbos.

而家 Eùl kiā. Les familles, comme les personnes, appartiennent toutes à l'empereur.

Le prince de Ki recommande à l'empereur Ou wang d'assigner aux officiers un traitement ou des revenus suffisants,

其 直、反 偏 道 路 有 王 (13) 作 汝
有 會 無 王 蕩 無 作 之 無 汝 雖
極、其 側 道 蕩 偏 惡、義 偏 用 錫
　 有 平 無 無 王 無 咎、之
　 極 平、黨 黨 之 有 　 福、
　 歸 王 無 無 王 陂、　 其
　 其 道 黨 黨 道 遵　
　 　 正 　 　 王 　

13. « Oŭ p'iēn, ǒu p'ouô (pi); tsiŭn wâng tchēu i. Oŭ iǒu tsŏ haô; tsiŭn wâng tchēu taó. Oŭ iǒu tsŏ óu; tsiŭn wâng tchēu lóu. Oŭ p'iēn, ǒu tàng; wâng taó tàng tàng. Oŭ tàng, ǒu p'iēn; wâng taó p'iēn p'iēn. Oŭ fàn, ǒu tchĕ; wâng taó tchéng tchēu. Houéi k'î iǒu kí, kouéi k'î iǒu kí.

les rendrez pas vertueux, et (si vous leur laissez ou leur conférez des charges), à cause d'eux vous aurez à vous reprocher d'avoir eu à votre service des hommes vicieux.

13. « Rien d'incliné, rien qui ne soit uni; pratiquons la justice à l'exemple de l'empereur. Nulle affection particulière et désordonnée; suivons les principes que l'empereur nous enseigne par son exemple. Aucune aversion particulière et déréglée; suivons la voie que l'empereur nous montre par son exemple. Rien d'incliné, point de parti; la voie de l'empereur est large et s'étend loin. Point de parti, rien d'incliné; la voie de l'empereur est unie et facile à parcourir. Ne tournons ni en arrière ni de côté; la voie de l'empereur est droite et mène directement au but. Avançons tous ensemble vers la sublime perfection dont l'empereur nous donne l'exemple; arrivons tous ensemble à cette sublime perfection. »

afin qu'ils soient probes et intègres. Le traitement que l'État donne aux officiers est communément appelé 廉俸 liên fóung ou 養廉銀 iàng liên in argent destiné à entretenir l'intégrité, parce qu'il leur permet de n'avoir pas recours à des exactions.

13. « Nihil sit inclinatum, nihil implanum; sequamur imperatoris æquitatem. Nullus sit (privatim) conceptus amor; sequamur imperatoris legem. Nullum sit (privatim) conceptum odium; sequamur imperatoris viam. Nihil inclinatum, nullæ partes; imperatoris via lata et longa. Nullæ partes, nihil inclinatum; imperatoris via est plana et facilis. Nec revertendum, nec deflectendum; imperatoris via est tchéng (non deflexa), tchĕu (non sinuosa). Simul adeamus ad ejus habitam summam virtutem; simul attingamus ejus summam virtutem. »

Ce paragraphe est un chant rimé, qui, d'après l'opinion commune, avait cours parmi le peuple, et que le prince de Ki cite à l'empereur.

偏 signifie 不中.

柔克沈潛剛克高明
克友剛克燮友柔
弗友平康正直彊
柔克二日剛克三日
直㈠六三德一日
㈥天下王
于作民父母以
近天子之光曰天
敷言是訓是行以
㈤凡厥庶民
訓是彝是訓于帝其
㈣曰皇極之敷言

14. « Iuĕ, houǎng kĭ tchêu fôu iên, chéu i chéu hiún, iû tí k'i hiún.

15. « Fǎn kiuĕ chóu mǐn, kĭ tchêu fôu iên, chéu hiún, chéu hǐng, i kin t'iēn tzéu tchêu kouǎng, iuĕ : « T'iēn tzéu tsŏ mîn fôu mòu, i wêi t'iēn hiá wâng. »

16. « Liŭ, sān tĕ. Ǐ iuĕ tchéng tchĕu, eul iuĕ kāng k'ŏ, sān iuĕ jeôu k'ŏ. P'ǐng k'āng tchéng tchĕu, k'iâng fôu iòu kāng k'ŏ, siĕ iòu jeôu k'ŏ. Tch'ênn tsiên kāng k'ŏ ; kaō mîng jeôu k'ŏ.

14. « L'exposition développée des vertus sublimes de l'empereur est la règle des mœurs, l'enseignement le plus parfait, l'enseignement du roi du ciel lui-même.

15. « Quand le peuple entend l'exposition développée des sublimes vertus de l'empereur et met en pratique cet enseignement, sa conduite approche de plus en plus de la vertu brillante du Fils du ciel. Il dit: «Le Fils du ciel remplit l'office de père du peuple ; il est vraiment le souverain de tout l'empire. »

16. « Sixièmement, les trois vertus. La première est la droiture, l'équité, la deuxième la fermeté dans le gouvernement, la troisième la douceur dans le gouvernement. Il faut gouverner avec une droiture équitable les hommes paisibles et tranquilles, avec fermeté ceux qui résistent et refusent d'obéir, avec douceur ceux qui sont souples et obéissants. Il faut gouverner avec fermeté ceux qui croupissent dans l'indolence, et avec douceur ceux qui se distinguent par leur talents et leurs bonnes dispositions.

14. « Dico, imperatoris summæ virtutis explicata expositio est lex, est documentum, a (cœli) rege ipso documentum.

15. « Quoties ille numerosus populus summæ virtutis explicatam expositionem ipsam docetur, ipsam agens sequitur, ita accedit ad Cœli filii splendorem, et dicit: «Cœli filius partes gerit populi patris ac matris ; inde habendus totius imperii rector. »

16. «Sexto, tres virtutes. Prima dicitur *tchéng* (obliquitatis carentia), *tchĕu* (ambagum carentia); secunda dicitur firma rectio ; tertia dicitur lenis rectio. Placidi et tranquilli recta æquitate (ducantur); reluctantes nec obsequentes firmiter regantur; mites

PART. IV. — CH. IV. LA GRANDE RÈGLE.

建立卜筮人、(19)七稽疑、擇 用僭忒、 用側頗僻民 凶于而國人 其害于而家食、 福作威、 (18)臣之有玉食作 玉食、作福、 有玉食作福作威無 辟辟作威作福 (17)惟辟

17. « Wéi pi tsŏ fŏu, wéi pi tsŏ wēi, wéi pi iŭ chĕu. Tch'ênn ôu iôu tsŏ fŏu, tsŏ wēi, iŭ chĕu.

18. « Tch'ênn tchêu iôu tsŏ fŏu, tsŏ wēi, iŭ chĕu, k'i hái iŭ êul kiâ, hiôung iŭ êul kouŏ. Jênn iôung tchĕ, p'ouŏ, p'ĭ ; min iôung tsién t'ĕ.

19. « Ts'ĭ, kĭ î. Tchĕ kién lĭ pŏu chêu jênn, nái ming pŏu chêu.

17. « C'est au souverain seul qu'il appartient d'accorder les faveurs, d'appliquer les peines et d'avoir des mets de grand prix. Aucun sujet ne doit accorder les faveurs, ni appliquer les châtiments, ni avoir des mets de grand prix.

18. « Si parmi vos sujets il est (des grands préfets, des princes) qui accordent les faveurs, appliquent les peines, ont des mets de grand prix, (les grands préfets) seront nuisibles dans vos domaines (et les princes) seront funestes dans vos principautés. Par suite, les officiers inférieurs s'écarteront du devoir et se rendront coupables d'injustices; le peuple violera la loi naturelle et commettra des excès.

19. « Septièmement, l'examen des choses douteuses. Il faut choisir et constituer des devins chargés d'interroger, les uns la tortue, les autres l'achillée, et leur ordonner de consulter la tortue et l'achillée.

ac obsequentes leniter regantur. Immersi et latentes (in torpore) firmiter regantur; elati et conspicui leniter regantur.

17. « Solus imperator gerat beneficia, solus imperator gerat pœnas, solus imperator pretiosas habeat dapes. Subditorum nullus sit qui gerat beneficia, gerat pœnas, pretiosas habeat dapes.

18. « Subditorum si sint qui gerant beneficia, gerant pœnas, pretiosas habeant dapes, illi nocebunt in tuis familiis, infesti erunt in tuis regnis. *Jênn* (Inferiores præpositi) inde oblique, inique, injuste agent; plebs inde transgredietur et excedet.

家 Kiâ, domaine donné par l'empereur à un grand préfet 大夫 tái fôu.

19. « Septimo, scrutatio dubiorum. Eligantur, constituantur et præponantur qui testudinem interrogent et qui achilleam interrogent homines ; tum jubeantur consulere testudinem, consulere achilleam.

卜 Pŏu. Une écaille de tortue était couverte d'encre, puis exposée au feu. Le devin examinait l'apparence des

貳．用卜筮．凡七、曰悔、曰貞。曰克、曰蒙、曰霧、曰驛、曰雨、(20) 筮乃命卜

20. « Iuĕ iù, iuĕ tsi, iuĕ moûng, iuĕ i, iuĕ k'ŏ.
21. « Iuĕ tchēng, iuĕ houéi.
22. « Fàn ts'ï: pŏu ôu, tchēn ióung éul. Iĕn t'ĕ.

20. «(Les fissures produites dans l'encre sur la carapace de la tortue présentent les apparences) de la pluie ou d'un ciel qui redevient serein, d'un ciel entièrement couvert ou d'un ciel semé de nuages séparés, ou d'un ciel dans lequel les nuages se croisent.

21. «(Les symboles formés par les brins d'achillée) sont *tcheng* la fermeté et *houei* le repentir.

22. «Les signes obtenus sont donc au nombre de sept: cinq sont donnés par la tortue et deux par l'achillée. Ils font connaître d'avance les erreurs (qu'il faut éviter).

fissures produites dans la couche d'encre par l'action du feu, et il en tirait des présages.

筮 **Chéu**. Le devin prenait quarante-neuf brins d'achillée, les manipulait dix-huit fois et obtenait un symbole 卦 **Kouá**.

Les huit symboles primitifs sont composés chacun de trois lignes.

(seu rediens serenitas) et nubilum cœlum et interruptæ nubes et invicem superantes nubes.

21. « Et firmitas et pœnitentia.

Les huit symboles primitifs, superposés deux à deux, donnent soixante-quatre symboles doubles 重卦 **tch'òung kouá**, dans lesquels la partie supérieure s'appelle 悔 **houéi** repentir et la partie inférieure 貞 **tchēng** fermeté. La figure placée ci-dessous en représente trois.

20. « Est pluvia et desinens pluvia

22. « Universa (signa) septem. Interrogata testudo dat quinque, interrogata achillea exhibet duo. Conjiciuntur errata.

PART. IV. — CH. IV. LA GRANDE RÈGLE. 205

㋣㋓ 吉, 康 之 士 從, 謀 卿 謀 ㋔ 二 ㋓ ㋒
從, 汝 彊. 謂 從, 龜 及 謀 汝 人 立
卿 則 子 大 庶 從 士, 及 乃 之 時
士 從. 孫 同, 民 卜 謀 心, 則 言 人
逆, 龜 其 身 從, 從 及 庶 有 則 作
庶 從. 逢 其 是 卿 汝 人, 大 從 卜

23. « Lĭ chêu jênn tsŏ pŏu chêu, sān jênn tchēn ; tsĕ ts'ôung éul jênn tchêu iên.

24. « Jôu tsĕ iôu tá î, meôu kĭ nài sīn, meôu kĭ k'īng chêu, meôu kĭ chóu jênn, meôu kĭ pŏu chêu. Jôu tsĕ ts'ôung, kouěi ts'ôung, chêu ts'ôung, k'īng chêu ts'ôung, chóu mîn ts'ôung, chêu tchêu wéi tá t'ôung. Chēnn k'í k'āng k'iâng, tzéu suēnn k'í fôung kí. Jôu tsĕ ts'ôung, kouěi ts'ôung, chêu ts'ôung, k'īng chêu ì, chóu

23. « Lorsque les hommes constitués devins consultent la tortue et l'achillée, trois interprètent les présages. (S'ils sont en désaccord), on suit l'avis des deux qui expriment le même sentiment.

24. « Quand vous avez des doutes au sujet d'une affaire importante, délibérez en vous-même, délibérez avec vos ministres et vos officiers, consultez le peuple, faites consulter la tortue et l'achillée. Puis, si une entreprise est approuvée par vous-même, par la tortue, par l'achillée, par vos ministres et vos officiers, par le peuple, il y a unanimité (l'entreprise réussira). Vous serez vous-même heureux et puissant, et vos descendants jouiront de la prospérité. Si vous, la tortue et l'achillée, vous approuvez, et que les ministres, les officiers et le peuple désapprouvent, l'entreprise réussira. Si les ministres, les officiers, la tortue et l'achillée

23. « Quum constituti illi homines peragunt testudinis interrogationem, achilleæ interrogationem, tres homines divinant. Inde exsequenda duorum hominum responsa.

D'après 孔安國 K'ǒung Ngān kouǒ, trois devins consultaient simultanément chacun une tortue, et trois autres manipulaient chacun quarante-neuf brins d'achillée.

24. « Tu quando habes grave dubium, deliberes cum tuo animo, deliberes cum regni ministris et præpositis, deliberes cum plebeiis hominibus, deliberes cum interrogantibus testudinem et achilleam. Si tu tunc assentiaris, testudo assentiatur, achillea assentiatur, ministri et præpositi assentiantur, vulgi homines assentiantur, hic dicetur magnus consensus. Tu ipse eris tranquillus et firmus ; nepotes ipsi offendent prosperitatem. Si tu assentiaris, testudo assentiatur, achillea assentiatur, ministri et præpositi adversentur, plebeii homines adversentur, faustum est. Si regni ministri et præpositi assentiantur, testudo assentiatur, achillea assentiatur, tu vero adverseris, vulgi homines adversentur,

民逆、龜從、筮從、卿士逆、庶民逆、吉、

龜從、筮從、卿士從、庶民逆、吉、

汝則從、龜從、筮逆、卿士逆、庶民逆、作內吉、作外凶、

吉、筮逆、卿士逆、庶民逆、作外凶、

民逆作卿士逆、

于人、用靜吉、用作凶、

作八凶、

(25)八、庶徵、

日雨、日暘、日燠、日寒、

日風、日時、五者

mín ĭ, kĭ. K'īng chéu ts'ôung, kouêi ts'ôung, chéu ts'ôung, jòu tsĕ ĭ, chóu mín ĭ, kĭ. Chóu mín ts'ôung, kouêi ts'ôung, chéu ts'ôung, jòu tsĕ ĭ, k'īng chéu ĭ, kĭ. Jòu tsĕ ts'ôung, kouêi ts'ôung, chéu ĭ, k'īng chéu ĭ, chóu mín ĭ, tsŏ néi kĭ, tsŏ wái hiôung. Kouêi chéu kóung wéi iū jênn, ióung tsing kĭ, ióung tsŏ hiôung.

26. « Pă, chóu tchēng. Iuĕ iù, iuĕ iâng, iuĕ iù, iuĕ hân, iuĕ fōung, iuĕ chêu. Où tchĕ lài pí, kŏ i k'ì siù, chóu ts'aò fân ôu.

approuvent, et que vous et le peuple, vous désapprouviez, l'entreprise réussira. Si le peuple, la tortue et l'achillée approuvent, et que vous, vos ministres et vos officiers vous désapprouviez, l'entreprise sera heureuse. Lorsque vous et la tortue, vous approuvez, et que l'achillée, les ministres, les officiers, le peuple désapprouvent, s'il s'agit d'une affaire qui concerne l'intérieur du palais, (d'un sacrifice, d'une réjouissance,...), elle réussira ; s'il s'agit d'une affaire extérieure, (d'un voyage, d'une expédition,...), elle ne réussira pas. Quand la tortue et l'achillée sont toutes deux opposées au sentiment des hommes (et désapprouvent une entreprise), il est bon de se tenir en repos ; l'action serait fatale.

25. « Huitièmement, les différents effets (ou phénomènes qui sont toujours en rapport avec la conduite de l'empereur et des officiers, et font connaître si l'administration est bonne ou mauvaise). Ce sont la pluie, le beau temps, la chaleur, le froid et le vent, ainsi que les époques (auxquelles ils surviennent). Lorsque ces cinq choses arrivent en quantité suffisante, et chacune en son temps, toutes les plantes prospèrent.

faustum est. Si populares homines assentiantur, testudo assentiatur, achillea assentiatur, tu vero adverseris, ministri et præpositi adversentur, faustum est. Si tu vero assentiaris, testudo assentiatur, achillea adversetur, ministri et præpositi adversentur, populares homines adversentur, ad aggredienda interiora faustum est, ad aggredienda exteriora infaustum. Si testudo et achillea simul dissentiant ab hominibus, uti quiete bonum erit, uti actione malum erit.

25. « Octavo, varii effectus. Et pluvia et sudum et calor et frigus et ventus, et tempora (quibus illa quinque adveniunt). Quinque quum veniunt plena,

PART. IV. — CH. IV. LA GRANDE RÈGLE.

惟月、師尹惟日、
㉘曰、王省惟歲、卿士
若、急恆寒若、曰豫恆煥若、曰蒙恆風、
曰狂恆雨若、曰僭恆煥若、曰
曰聖時雨若、曰咎徵、
時煥若、曰謀時寒若、曰哲、
若、曰乂、時暘若、曰肅、
㉗曰休徵、曰
凶一極備、凶一極無、
㉖蕃廡、
來備各以其敘、庶草

26. « Ĭ kĭ péi, hiôung ; ĭ kĭ ôu, hiôung.

27. « Iuĕ hiôu tchĕng : iuĕ siŭ chêu iŭ jŏ, iuĕ i chêu iâng jŏ, iuĕ tchĕ chêu iŭ jŏ, iuĕ meôu chêu hân jŏ, iuĕ chéng chêu fôung jŏ. Iuĕ kiôu tchĕng : iuĕ k'ouâng hêng iŭ jŏ, iuĕ tsién hêng iâng jŏ, iuĕ iŭ hêng iŭ jŏ, iuĕ kĭ hêng hân jŏ, iuĕ môung hêng fôung jŏ.

28. « Iuĕ, wâng sing wêi souéi, k'īng chêu wêi iuĕ, chêu in wêi jĕu.

26. « Si l'une d'elles est beaucoup trop abondante ou fait entièrement défaut, c'est une calamité.

27. « Il y a des effets heureux : la gravité (de l'empereur) obtient aux temps voulus la pluie, sa bonne administration la sérénité du ciel, sa prudence la chaleur, son application à réfléchir le froid, sa sagesse éminente le vent. Il y a aussi des effets malheureux : l'inconsidération (de l'empereur) fait durer sans cesse la pluie, ses erreurs la sérénité du ciel, son indolence la chaleur, sa précipitation le froid et sa stupidité le vent.

28. « Que l'empereur examine donc (ces cinq phénomènes) chaque année, les grands dignitaires chaque mois et les autres officiers chaque jour (pour savoir ce que leur administration a de bon et ce qu'elle a de mauvais).

singula juxta suum ordinem, omnes herbæ densæ luxuriant.

26. « Si unum summe abundet, calamitas; si unum summe deficiat, calamitas.

27. « Sunt boni effectus ; nempe gravitati (imperatoris) tempestiva pluvia obsequitur, nempe bono regimini tempestivum sudum obsequitur, nempe prudentiæ tempestivus calor obsequitur, nempe deliberanti animo tempestivum frigus obsequitur, nempe summæ sapientiæ tempestivus ventus obsequitur. Sunt mali effectus; nempe inconsiderantiæ perpetua pluvia respondet, nempe erroribus perpetuum sudum respondet, ignaviæ perpetuus calor respondet, properantiæ perpetuum frigus respondet, stoliditati perpetuus ventus respondet.

28. « Dico, imperator inspiciat (illos quinque effectus) quotannis, regni

(29)			(30)			(31)	
歲	易,	用	日,	易,	乂	民	寧.
月	百	明,	月	百	用	用	(31)
日,	穀	俊	歲	穀	昏	微	庶
時	用	民	時	用	不	家	民
無	成,	用	旣	不	明,	用	惟
	乂	章,	成,	成,	俊	不	星,

有	雨,	有
冬	日	好
有	月	風,
夏	之	星
月	行,	有
之	則	好

29. « Souéi iuĕ jĕu, chêu ôu í, pĕ kŏu ióung tch'êng, í ióung míng, tsiún mín ióung tchâng, kiā ióung p'îng k'āng.

30. « Jĕu, iuĕ, souéi, chêu ki í, pĕ kŏu ióung pŏu tch'êng, í ióung houênn pŏu míng, tsiún mín ióung wêi, kiā ióung pŏu gnîng.

31. « Chóu mín wêi sīng. Sīng iŏu haó fōung, sīng iŏu haó iù. Jĕu iuĕ tchêu

29. « Si dans le cours de l'année, du mois ou de la journée, il n'y a pas eu d'intempérie, à ce signe on reconnaît que tous les grains ont mûri, que l'administration est intelligente, que les hommes de talent sont honorés, que les familles jouissent de la tranquillité et du bien-être.

30. « Si dans le courant de la journée, du mois ou de l'année, il y a eu intempérie, il est manifeste que les grains n'ont pas mûri, que l'administration est aveugle et peu intelligente, que les hommes de talent sont tenus dans l'ombre, que les familles ne jouissent pas de la tranquillité.

31. « Le peuple est comme les constellations, (l'empereur et les ministres sont comme le soleil et la lune). Certaines constellations aiment le vent, d'autres la pluie, (mais elles ne peuvent obtenir par elles-mêmes ni le vent ni la pluie, le soleil et la lune ont soin de les leur donner). Le soleil et la lune accomplissent leurs révolutions,

ministri et majores præpositi quoque mense, præpositi (cæteri) quotidie.

29. « Anno, mense, die, si tempestivitas non mutata est, variæ fruges ideo (noscuntur) maturitatem assecutæ, regimen ideo (noscitur) perspicaciter exercitum, dotibus præstantes viri ideo (noscuntur) inclarere, familiæ ideo (noscuntur) tranquillæ, felices.

30. « Die, mense, anno, si tempestivitas fuit mutata, variæ fruges ideo (noscuntur) non maturitatem assecutæ, regimen ideo cæcum non perspicax, dotibus pollentes viri ideo demissi, familiæ ideo non quietæ.

31. « Populares homines sunt (sicut) stellæ. Stellarum (quædam) sunt amantes venti; stellarum (quædam) sunt amantes pluviæ. Sol et luna gyrantur, inde est hiems, est æstas. Luna percurrit sidera, et inde ventus ac pluvia.

Ordinairement, la pluie tombe lorsque la lune est dans la constellation 畢 Pí (les Hyades), qui aime la pluie;

從星、則以風雨、

(32) 九五福、一曰壽、二曰富、三曰康寧、四曰攸好德、五曰考終命、

(33) 六極、一曰凶短折、二曰疾、三曰憂、四曰貧、五曰惡、六曰弱、

旅獒

(1) 惟克商、遂

hìng, tsĕ iòu tōung iòu hiá. Iuĕ tchēu ts'ôung sīng, tsĕ i fōung iù.

32. « **Kiòu, òu fōu. Ĭ iuĕ cheóu, éul iuĕ fóu, sān iuĕ k'āng gnîng, séu iuĕ iôu haó tĕ, òu iuĕ k'aò tchōung mìng.**

33. « **Liŭ kĭ : ĭ iuĕ hiōung touàn tchĕ, éul iuĕ tsĭ, sān iuĕ iōu, séu iuĕ p'în, òu iuĕ ngŏ, liŭ iuĕ jŏ.** »

LIU NGAO. **1. Wêi k'ĕ Chāng, souéi t'ōung taó iû kiòu Î, pă Mân. Sī Liù tchêu**

et ramènent l'hiver et l'été. La lune parcourt les constellations, et amène le vent et la pluie. (Ainsi l'empereur et les ministres doivent pourvoir aux besoins du peuple et satisfaire ses désirs légitimes).

32. « Neuvièmement, les cinq bonheurs. Le premier est la longévité, le deuxième l'opulence, le troisième la santé du corps et la paix de l'âme, le quatrième l'amour de la vertu, le cinquième une vie complète (c.-à-d., avec la conservation de tous les membres, une vie qui n'est abrégée ni par aucune faute ni par aucun accident).

33. « Le six maux extrêmes sont, le premier une vie abrégée par quelque malheur, le deuxième la maladie, le troisième le chagrin, le quatrième la pauvreté, le cinquième la perversité, le sixième la faiblesse (de caractère). »

CHAPITRE V. LE CHIEN DE LIU.

1. Après la défaite (du tyran Tcheou, dernier empereur de la

le vent souffle lorsque la lune est dans la constellation 箕 **Kī** (la Main du Sagittaire), qui aime le vent.

32. « Nono, quinque felicia. Primum dicitur longævitas, secundum dicitur opulentia, tertium dicitur commoda valetudo et pax animi, quartum dicitur id quod quis amat esse virtutem, quintum dicitur explere integram vitam.

33. « Sex extrema (mala) : primum dicitur funesta breviatæ vitæ abruptio, secundum dicitur morbus, tertium dicitur animi ægritudo, quartum dicitur paupertas, quintum dicitur improbitas, sextum dicitur imbecillitas. »

CHAPITRE V. 旅 **Liù**, nom d'une contrée située à l'ouest de la Chine. 獒 **Ngaô**, chien de grande taille qu'on trouvait dans la contrée de Liu. Le prince de Chao, le sage Cheu, conseille à Ou wang de n'accepter ni les chiens ni les chevaux de prix, ni les objets rares et curieux des pays étrangers.

1. At devicto Chang, inde apertæ

通道于九夷八
蠻西旅底貢厥
獒太保乃作旅
獒用訓于王
（2）曰嗚呼明王
愼德四夷咸賓
無有遠邇畢獻
方物惟服食器
用
（3）王乃昭德
致于異姓之邦
無替厥服分寶
玉于伯叔之國

kóung kiuĕ ngaô. T'ái paò nài tsŏ Liù ngaô, ióung hiún iū wáng.

2. Iuĕ : « Oū hōu ! mîng wâng chénn tĕ ; séu Î hiên pīn. Où iôu iuén èul, pĭ hién fāng ŏu, wêi fŏu, chêu, k'i ióung.

3. « Wâng nài tchaô tĕ tchêu tchéu iū í síng tchéu pāng, ôu t'i kiuĕ fŏu. Fēnn dynastie) des Chang, les communications furent ouvertes (et les relations amicales commencèrent) avec toutes les nations voisines. Les habitants de Liu, contrée occidentale, offrirent en tribut un chien (ou des chiens) de leur pays. Le grand tuteur (le sage Cheu) composa un mémoire intitulé Le Chien de Liu, pour l'instruction de l'empereur (Ou wang).

2. Il lui dit: « Oh! les empereurs intelligents s'appliquaient à pratiquer la vertu, et de toutes parts les étrangers venaient leur rendre hommage. Tous, les plus éloignés comme les plus rapprochés, offraient des objets de leurs pays, des vêtements, des vivres, divers objets, toujours des choses utiles (jamais de choses rares, curieuses et inutiles).

3. « Alors les empereurs montraient (et donnaient) ces présents attirés par leur vertu aux princes feudataires qui n'étaient pas de la famille impériale, afin que ces princes remplissent fidèlement leurs devoirs. Ils distribuaient les pierres précieuses aux princes de la famille impériale, pour se les attacher davantage.

sunt viæ novem I et octo Man, i. e. omnibus gentibus exteris. Occidentalis gens Liu perfecit tributum (i. e. in tributum obtulit) suum canem, vel suos canes. Magnus tutor tunc composuit (monitum cui titulus) Liu canis; utens docuit imperatorem.

Le grand gardien était le sage Cheu. Voy. plus loin, Chapitre XVI.

2. Dixit: « Oh! perspicaces imperatores attente colebant virtutem; quatuor regionum exteri omnes invisebant. Absque discrimine remotorum proximorumve, omnes offerebant regionum res, solummodo vestes, cibaria, instrumenta utilia.

3. « Imperatores tunc ostendebant (et dabant illa dona) virtutibus parta diversi cognominis regulis, ne negligerent sua officia. Distribuebant pretiosas gemmas patruorum regnis, ut iis utentes (reguli) ampliarent amorem. Viri non

PART. IV. — CH. V. LE CHIEN DE LIU.

(8) 道不作無益害有
(7) 接、志以道寧言以
(6) 喪志、玩人喪德、玩物
(5) 惟貞、不役耳目、百度
盡其力.
心狎侮小人、
侮君子、罔以盡人
(4) 德盛不狎侮、
物、惟德其物、
時庸展親人不易

paò iǔ iǔ pĕ chŏu tchêu kouŏ, chêu iŏung tchèn ts'ín. Jênn pŏu í ŏu, wêi tĕ k'í ŏu.

4. « Tĕ chéng pòu hiă òu. Hiă òu kiūn tzèu, wàng i tsín jênn sīn. Hiă òu siaò jênn, wàng i tsín k'í lí.

5. « Pŏu í éul mŏu, pĕ toú wêi tchēng.

6. « Wán jênn sáng tĕ ; wán òu sáng tchéu.

7. « Tchéu i taó gnîng ; iên i taó tsiĕ.

8. « Pŏu tsŏ òu ĭ, hái iòu ĭ, kōung nài tch'êng. Pŏu kouéi í ŏu, tsién ióung òu,

Les princes estimaient beaucoup ces présents ; ils y voyaient le pouvoir de la vertu (qui les avait attirés aux empereurs).

4. « La vertu parfaite évite la familiarité et le manque de respect. Un homme distingué, traité d'une façon trop familière ou peu respectueuse, ne déploie pas tout le dévouement dont il est capable. Un homme du peuple, traité trop familièrement ou sans respect, ne déploie pas toutes ses forces.

5. « Ne soyez pas l'esclave de vos oreilles ni de vos yeux, et toute votre conduite sera irréprochable.

6. « Celui qui fait servir les hommes à son amusement, ruine sa vertu ; celui qui fait servir les choses à son amusement, n'atteint pas le but qu'il devrait se proposer.

7. « On doit ne se proposer que des choses justes et bonnes, et n'admettre que des propositions conformes à la raison.

8. « N'entreprenez pas des choses inutiles au détriment de celles

parvifaciebant res ; sed *tĕ* (ducebant virtutum fructus esse) illas res.

4. « Virtus perfecta non est familiaris irreverensve. Familiariter irreverenterve habitus præstans vir nunquam inde impendit (suum) viri animum. Familiariter irreverenterve habitus vulgi homo nunquam inde impendit suas vires.

5. « Ne servias auribus, oculis ; omnes actus erunt recti.

6. « Qui ludibrio habet homines, amittit virtutem ; qui ludibrio habet res, amittit intentum.

7. « Intentum consentaneum recto consistat ; sermones consentanei recto excipiendi.

8. « Ne agas inutilia quæ nocerent utilibus ; opera tunc completa erunt. Cave

益功乃成不貴異
物賤用物民乃足
犬馬非其土性不
畜珍禽奇獸不育
于國不寳遠物則
遠人格所寳惟賢
則邇人安
(9) 嗚呼夙夜罔或
不勤不矜細行終
累大德為山九仞
功虧一簣
(10) 允迪茲生民保
厥居惟乃世王

mín nài tsiŭ. K'iuèn mà, féi k'i t'òu síng, pŏu hiŭ; tchênn k'in k'i cheóu pŏu iŭ iŭ kouŏ. Pŏu paŏ iuèn ŏu, tsè iuèn jènn kŏ. Chòu paŏ wêi hièn, tsè éul jènn ngān.

9. « Oū hôu! siŭ ié wàng houé pŏu k'in. Pŏu kīng sí hīng, tchōung lêi tá tĕ. Wêi chān kiòu jènn, kōung k'ouêi ĭ kouéi.

10. « Iùn tĭ tzēu, chēng mìn paŏ kiuĕ kiū, wêi nài chéu wâng. »

qui sont utiles, et la mesure de vos services sera pleine et entière. Évitez d'estimer beaucoup les choses curieuses et peu les choses utiles; le peuple ne manquera de rien. Ne nourrissez pas de chiens ni de chevaux qui soient de races étrangères; dans vos domaines n'élevez pas d'oiseaux de grand prix ni de quadrupèdes rares. N'estimez pas les choses des pays lointains, et les habitants des pays lointains viendront à vous. N'estimez que les sages; auprès de vous règnera la paix.

9. «Oh! du matin au soir travaillez avec ardeur et sans relâche. Si vous n'êtes attentif à vos moindres actes, enfin votre vertu fera défaut dans les grandes choses. Vous serez semblable à un homme qui élève un monticule de soixante-douze pieds, et laisse le travail inachevé, faute d'un panier de terre.

10. « Si vous suivez fidèlement la voie que je viens de vous tracer, tous vos sujets resteront dans leurs foyers, et vos descendants se transmettront l'empire d'âge en âge. »

magnifacias insolitas res, parvipendas utiles res; populus tunc satis habebit. Canes equosve, nisi sint hujus regionis genera, ne alas; pretiosas aves, insolita quadrupedia ne nutrias in regno. Ne magni pendas longinquas res; tunc longinqui homines advenient. Quod magnifacias, sint soli sapientes; tunc propinqui homines quiescent.

9. «Oh! a mane ad vesperam nunquam forte non diligens sis. Nisi attendas minimis actibus, tandem implicabuntur magnæ virtutes. Exstruitur monticulus novies octo pedibus; operi deest una corbis.

10. « Vere insistas illis; viventes homines servabunt suas sedes, i.e. non emigrabunt, et tu posterique imperabitis. »

金縢 ①既克商二年王有疾弗豫 ②二公曰我其爲王穆卜 ③周公曰未可以戚我先王

KIN T'ENG. 1. Kí k'ŏ Chāng éul gniēn, wảng iŏu tsĭ, fóu iŭ.
2. Eúl kōung iuĕ : « Ngò k'i wéi wảng mŏu pŏu. »
3. Tcheōu kōung iué : « Wéi k'ŏ ì ts'ī ngò siēn wảng. »

CHAPITRE VI. LE CORDON D'OR.

1. L'année qui suivit celle de la défaite des Chang, l'empereur (Ou wang) tomba malade, il n'était pas joyeux.

2. Les deux princes (T'ai koung et Chao koung) dirent : « Nous voudrions consulter respectueusement la tortue sur la maladie de l'empereur (dans le temple des ancêtres de sa famille). »

3. Tcheou koung répondit : « Le temps n'est pas encore venu de contrister (par l'annonce de la maladie de l'empereur) les mânes de nos empereurs défunts. »

CHAPITRE VI. 1. Postquam devicit Chang secundo anno, imperator habuit morbum, nec erat alacris.

Ou wang craignait que, s'il venait à mourir, sa dynastie, nouvellement fondée, ne pérît avec lui. C'était le sujet de son chagrin.

何休因此爲例云、天子曰不豫、諸侯曰負茲、大夫曰犬馬、士曰負薪（漢孔氏傳）Ho Hiou donne comme règle générale qu'on disait d'un empereur malade, « Il n'est pas joyeux, » d'un prince, « Il n'a pas la force de porter une natte, » d'un grand préfet, « Il n'a pas la force de diriger ses chiens ni ses chevaux, » d'un officier de moindre rang, « Il n'a pas la force de porter un fagot. »

2. Duo reguli dixerunt : « Nos velimus propter imperatorem reverenter consulere testudinem.

Ces deux princes sont le sage Cheu, prince de Chao (voy. plus loin Ch. XVI), et 太公望 T'ái kōung wáng ou 尚父 Cháng fòu. Tous deux étaient ministres de Ou wang. Le premier avait reçu de Wenn wang la principauté de Chao (dans le 岐山縣 K'i chān hién, province de Chen si). Le second obtint de Ou wang la principauté de 齊 Ts'i (dans le Chan toung), et ses descendants la gardèrent jusqu'à la fin du cinquième siècle avant notre ère.

3. Tcheou regulus dixit : « Nondum decet ideo contristare nostros defunctos imperatores (T'ai wang, Wang Ki et Wenn wang). »

Tcheou koung était 旦 Tán, fils de Wenn wang et frère de Ou wang. Il est appelé Tcheou koung ou Prince de Tcheou, parce que son père lui céda l'ancien domaine de sa famille, la principauté de Tcheou (située au sud du mont 岐 K'i dans le 鳳翔府 Fóung siàng fòu, province de Chen si).

Tcheou koung se sert d'un prétexte

某 干 有 若 某 曰 ⑤ 王 秉 公 同 爲 ④
之 天, 丕 爾 惟 史 王 珪, 立 方 堲, 公 公
身 以 子 邁 爾 乃 乃 焉. 北 爲 爲 乃
旦 責 之 三 元 册 季 乃 面、 壇 三 自
代 責 是 王. 孫 祝 文 告 植 於 壇 以
　　　　疾. 　　　王. 太 璧 周

4. Kōung nài tzéu i wéi kōung. Wéi sān t'ân t'ôung chên. Wéi t'ân iū nân fāng pě mién; Tcheōu kōung lī iên. Tchéu pǐ, ping kouēi; nài kaó T'ái wâng, Wâng Ki, Wênn wâng.

5. Chéu nài tch'ĕ tchŏu iuĕ : « Wéi éul iuênn suênn Meòu keóu lǐ iŏ tsĭ. Jŏ éul sān wâng chéu iòu p'êi tzéu tchŏu tchĕ iū t'iên, i Tán tái Meòu tchēu chēnn.

4. Tcheou koung se chargea lui-même de tout. Sur (la limite septentrionale d') un terrain aplani, il fit élever trois tertres (ou autels de terre, regardant le midi, pour les mânes de T'ai wang, de Wang Ki et de Wenn wang), et (sur la limite méridionale) un quatrième tertre tourné vers le nord, et sur lequel il prit place lui-même. Des tablettes annulaires de jade furent déposées (sur les trois autels). Tcheou koung, tenant en main la tablette oblongue (insigne de sa dignité), adressa la parole aux mânes de T'ai wang, de Wang Ki et de Wenn wang.

5. L'historiographe impérial écrivit (pour Tcheou koung) la prière suivante : « Le plus grand de vos descendants N. est aux prises avec une maladie cruelle et dangereuse. Si vous trois, glorieux souverains, vous avez reçu du ciel la charge de veiller sur les jours du plus grand de ses fils, (obtenez) que moi Tan, je meure à la place de N.

pour empêcher les deux princes de consulter la tortue, et cacher le dessein qu'il avait formé d'offrir sa propre vie en échange de celle de l'empereur.

4. (Tcheou) regulus tunc ipse sibi (suum) inde fecit opus. Exstruxit tres tumulos (seu terreas aras) in eadem area. Exstruxit (quartum) tumulum in meridionali ora septentrioni obversum. Tcheou regulus institit. (Super tres tumulos) posuit annulares tabellas; tenuit oblongam tabellam. Deinde monuit T'ai wang, Wang Ki et Wenn wang.

5. Historicus tunc scripsit precationem in qua dicebatur : « At vester maximus posterus N. offendit sævum crudelemque morbum. Si vos tres imperatores vere habetis maximi filii curam (commissam) a cœlo, (facite ut) cum Tan (Tcheou reguli) commutetur N. vita.

Tchou Hi donne une interprétation différente. D'après lui, 有丕子之責于天 signifie 上帝責其來服事左右 Si le roi du ciel a chargé Ou wang d'aller vous servir (dans le ciel).

L'usage de supprimer par respect

PART IV. — CH. VI. LE CORDON D'OR. 215

(6) 予仁若考能多材多藝能事

兒神乃元孫不能事鬼神

若旦多材多藝能事鬼神

(7) 乃命于帝庭

不能事鬼神多材多藝不

敷佑四方用能定爾子孫于下

地四方之民罔

不祗畏嗚呼無

墜天之降寶命

我先王之降寶命

依歸王亦永有

6. « Iŭ jênn jŏ k'aŏ. Nêng touŏ ts'âi touŏ ì, nêng chéu kouéi chênn. Nài iuên suênn pŏu jŏ Tán touŏ ts'âi touŏ ì, pŏu nêng chéu kouéi chênn.

7. « Nài ming iŭ ti t'ing, fōu ióu séu fāng, ióung nêng ting éul tzéu suênn iŭ hiá ti. Séu fāng tchêu min, wàng pŏu tchêu wéi. Oū hōu ! ou tchouéi t'iēn tchêu kiáng paŏ míng. Ngò siēn wàng ĭ ióung ióu ī kouéi.

6. « Je suis naturellement bon, et me conformerai à vos désirs (dans le ciel). J'ai beaucoup de talents et de connaissances pratiques, et pourrai servir vos mânes. Le plus grand de vos descendants n'a pas autant de talents ni de connaissances pratiques que moi Tan, et n'est pas aussi capable de servir vos mânes.

7. « Fidèle au mandat qu'il a reçu à la cour du roi du ciel, il étendra ses bienfaits sur toutes les parties de l'empire, et pourra établir solidement votre dynastie dans ce bas monde. Dans tout l'univers il n'est personne qui ne le respecte et ne le craigne. Oh! ne laissez pas perdre le glorieux mandat venu du ciel. Et vous nos anciens souverains, vous aurez toujours des héritiers dont la piété filiale vous sera assurée, et dont vous viendrez goûter les offrandes.

les noms des empereurs 諱 名 wéi ming s'introduisit sous la dynastie des Tcheou, mais après la mort de Ou wang, Tcheou koung dans sa prière a dû insérer le nom de ce prince, qui s'appelait 發 Fă. Plus tard, les historiens l'ont supprimé, pour se conformer à l'usage de leur temps, et l'ont remplacé par la lettre 某 Meóu, qui signifie *un tel*. De même, le nom de Confucius 丘 K'iōu, dans les livres, se prononce 某 Meóu.

6. « Ego bonus sum (natura), obsequar defunctis progenitoribus. Polleo multis dotibus, multis artibus; potero servire manibus. At maximus posterorum non tanquam Tan multas habet dotes, multas artes, nec potest servire manibus.

Tcheou koung suppose que T'ai wang, Wang Ki et Wenn wang désirent avoir Ou wang auprès d'eux, afin de recevoir de lui quelques services dans le ciel. Il leur demande d'y aller lui-même à la place de Ou wang, et leur promet de leur être plus obéissant et plus utile que lui.

7. « At mandato accepto in (cœli) regis aula, proferet opem in quatuor regiones; ita poterit stabilire vestros nepotes in infera terra. Ex quatuor regionum incolis nullus non reverenter timet. Oh!

(8) 今我即命于元龜爾之命璧與珪我其以歸俟爾不許我乃屏璧與珪

我命爾乃屏璧

(9) 乃卜三龜一習吉乃啟籥見書乃吉并是

(10) 公曰體王吉其罔害于小子于新命于三

8. « Kīn ngŏ tsĭ míng iū iuēn kouēi. Eŭl tchēu hiŭ ngŏ, ngŏ k'í i pĭ iŭ kouēi, kouēi séu eŭl míng. Eŭl pŏu hiŭ ngŏ, ngŏ nài píng pĭ iŭ kouēi. »

9. Nài pŏu sān kouēi ; ĭ sĭ kĭ. K'i iŏ kièn chōu ; nài pīng chéu kĭ.

10. Kōung iuĕ : « T'i, wáng k'i wàng hái. Iù siaŏ tzĕu sīn míng iū sān wàng,

8. « Je vais interroger la grande tortue pour connaître votre décision. Si vous agréez mes offres, reprenant les tablettes annulaires (placées sur vos autels) et la tablette oblongue (insigne de ma dignité, je retournerai à la maison, et attendrai l'exécution de votre volonté (le rétablissement de la santé de l'empereur et ma mort). Si vous rejetez ma demande, je renfermerai ces tablettes. »

9. Trois tortues furent consultées ; toutes trois donnèrent des réponses favorables. Le coffre contenant le livre des présages fut ouvert à l'aide d'une clef. Ce livre confirma les réponses favorables des devins.

10. Tcheou koung dit : « Vu l'apparence (des signes observés sur les écailles des tortues), aucun malheur n'arrivera à l'empereur. Moi faible enfant, je viens de recevoir la réponse des trois

non decidat a cœlo demissum pretiosum mandatum. Nostri priores imperatores et in perpetum habebitis ad quos innixi conveniatis (sacra accepturi).

8. « Nunc ego eo (quæsiturus) voluntatem (vestram) a magna testudine. Si vos annuatis mihi, ego ipse cum annularibus tesseris et oblonga tessera, domum revertar et exspectabo vestræ voluntatis (effectum). Si vos non annuatis mihi, ego tunc recondam annulares tesseras et oblongam tesseram. »

9. Tunc inspectæ sunt tres testudines ; consentientes iterarunt faustum omen. Aperta est clavi (capsa), inspectus liber (ominum) ; et consentiens asseruit fausta.

Trois devins consultèrent chacun une tortue, pour connaître, le premier la volonté de T'ai wang, le deuxième celle de Wang Ki, et le troisième celle de Wenn wang.

Suivant l'opinion la plus commune, le coffre qui contenait le livre des présages était le 金縢之匱 Kīn t'éng tchēu kouéi Coffre à cordon d'or mentionné plus loin dans ce chapitre.

10. (Tcheou) regulus dixit : « Specie (signorum in testudinum corticibus ostensorum inspecta), imperator, spero, minime lædetur. Ego parvus filius modo monitus sum a tribus imperatoribus ;

王惟永終俟是圖茲攸 一公歸于金縢之匱中 納冊于金縢之匱中 王翼日乃瘳 (11) 武王既 (12) 管叔及其羣弟乃流言於國

wêi iòung tchōung chéu t'òu. Tzêu iòu séu, nêng gnién iù ĭ jênn. »

11. Kōung kouêi, nài nă tch'ě iū kīn t'êng tchēu kouéi tchōung. Wáng ĭ jěu nài tch'eōu.

12. Où wáng ki sāng, Kouàn chòu kí k'í k'iûn ti, nài liòu iên iū kouŏ iuě: « Kōung tsiāng pòu li iū jóu tzéu. »

souverains; mon unique désir est la conservation de la dynastie. A présent ce que j'attends, c'est que les trois empereurs se souviennent de notre souverain (et lui rendent la santé). »

11. Tcheou koung s'en retourna, et déposa dans le coffre à cordon d'or la tablette sur laquelle sa prière était écrite. Dès le lendemain l'empereur se trouva mieux.

12. Après la mort de Ou wang, Kouan chou et ses frères puînés répandirent partout le bruit que Tcheou koung ne ferait pas de bien au jeune fils (de Ou wang).

unice perennitas usque in finem est quod meditor. Nunc quod exspecto, est ut possint meminisse nostri summi viri. »

11. Regulus reversus est et intulit libellum (scriptam precationem) in aurea fascia capsam. Imperator postero die jam convaluit.

Ce coffre était fermé au moyen d'un cordon ou d'une bande qui était d'or ou d'un autre métal.

12. Ou wang postquam mortuus est, Kouan chou et ejus plures fratres natu minores tunc sparserunt rumorem in regno dicentes: « Regulus in posterum non utilis erit juniori filio, » i. e. Tch'eng imperatori, Ou imperatoris filio ac successori.

管 Kouàn, nom d'une principauté à présent comprise dans le 鄭州 Tchéng tcheōu (Ho nan).

Ou wang, maître de l'empire, laissa

à 武庚 Où kēng, fils du tyran 紂 Tcheóu, la principauté de 邶 Iôung, située dans la partie méridionale du 衞輝府 Wéi houêi fòu (Ho nan). Comme ce prince lui inspirait peu de confiance, il donna le soin de le surveiller à ses trois frères 管叔鮮 Sien, prince de Kouan, 蔡叔度 Touo, prince de Ts'ai, et 霍叔處 Tch'ou, prince de Houo. A sa mort il eut pour successeur son fils 誦 Sóung, connu dans l'histoire sous le nom posthume de 成王 Tch'êng wâng. Le nouvel empereur n'avait que treize ans; son oncle Tcheou koung fut chargé de la régence. Kouan chou (le prince de Kouan) était plus âgé que Tcheou koung. Jaloux peut-être de l'honneur déféré à son frère puîné, il ourdit un complot contre lui avec ses deux autres frères Ts'ai chou et Houo chou, et avec Ou keng; et par des bruits calomnieux,

曰公將不利於
孺子、
(13) 周公乃告二
公曰我之弗辟、
我無以告我先
王.
(14) 周公居東二
年則罪人斯得.
(15) 于後公乃爲
詩以貽王、名之
曰鴟鴞、王亦未
敢誚公.

13. Tcheôu kōung nải kaó éul kōung iuĕ: « Ngỏ tchêu fŏu pí (ou p'ĭ), ngỏ ôu i kaó ngỏ siēn wảng. »

14. Tcheôu kōung kiū tōung éul gniên ; tsĕ tsouéi jênn sêu tĕ.

15. Iū heóu, kōung nải wêi chêu, i i wảng, mîng tchêu iuĕ Tch'ēu hiaō. Wảng ĭ wéi kản tsiaó kōung.

13. Tcheou koung dit aux deux princes (T'ai koung et Chao koung): «Si je ne me retire (ou bien, si je ne punis les coupables), je ne pourrai justifier ma conduite auprès de nos empereurs défunts.»

14. Tcheou koung demeura deux ans dans la partie orientale de l'empire (menant la vie privée ou combattant les rebelles). Enfin les coupables furent connus, c.-à-d. Tch'eng wang reconnut la culpabilité de Kouan chou, de Ts'ai chou et de Houo chou, (ou bien, Tcheou koung prit les coupables).

15. Ensuite Tcheou koung (pour se justifier) composa et présenta à l'empereur un chant intitulé Le Hibou. L'empereur n'osa pas blâmer le prince.

s'efforça de le rendre suspect au jeune empereur. Alors Tcheou koung quitta la cour, et demeura deux ans dans la vie privée, ou bien, selon une autre opinion, prit les armes, défit les rebelles, et mit à mort Ou keng et Kouan chou. Voy plus loin, Chapitre XVII. 1.

13. Tcheou regulus tunc monens duos regulos dixit: « Ego nisi recedam (vel, nisi plectam), ego non habebo unde moneam nostros priores imperatores. »

辟, selon Ts'ai Tch'enn, équivaut à 避 pi, se retirer. Selon d'autres, il doit se lire p'ĭ, châtier.

14. Tcheou regulus mansit in orientali regione duobus annis; et sontes homines tunc obtenti sunt, i. e. aut cogniti aut apprehensi sunt.

15. In postero (tempore), regulus tunc fecit carmen quod daret imperatori; nominans illud dixit Noctuam. Imperator et non ausus est increpare regulum.

Ce chant a été conservé dans le Cheu king. Tcheou koung y figure sous l'emblême d'un oiseau. Il compare Ou keng à un hibou qui lui a ravi ses petits, à savoir, ses frères Kouan chou et Ts'ai chou, et s'est efforcé de détruire son nid (de renverser la dynastie des Tcheou). Voy. Cheu king, Part. I, Livre XV, Chant II.

PART. IV. — CH. VI. LE CORDON D'OR. 219

(16) 秋大熟、未穫、天大雷電以風、禾盡偃、大木斯拔、邦人大恐、王與大夫盡弁以啓金縢之書、乃得周公所自以為功代武王之說、

(17) 二公及王、乃問諸史與百執事、對曰、信噫、公命我勿敢言、

(18) 王執書以泣、

16. Ts'iōu, tá chŏu, wéi houŏ, t'iēn tá lêi tién i fōung. Houŏ tsin iēn, tá mŏu sêu pă. Pāng jènn tá k'òung. Wáng iù tái fôu tsin piēn, i k'i kīn t'èng tchēu chōu. Nài tĕ Tcheōu kōung chŏu tzéu i wéi kōung, tái Où wáng tchēu chouŏ.

17. Eúl kōung kĭ wâng nài wènn tchŏu chéu iù pĕ tchŏu chéu. Touéi iuĕ : « Sin. Î ! kōung ming ngŏ ŏu kàn iēn. »

18. Wáng tchĕu chōu i k'ĭ iuĕ : « K'ĭ ču mŏu pču. Sĭ kōung k'in laŏ wâng kiā ;

16. En automne, les moissons étaient abondantes et presque mûres, et n'attendaient plus que la faucille. Le ciel fit gronder le tonnerre et briller les éclairs d'une manière terrible, puis déchaîna un vent violent. Les moissons furent entièrement renversées et les grands arbres déracinés. Les habitants furent dans l'épouvante. L'empereur et les grands officiers, la tête couverte du bonnet de peau, ouvrirent le coffre à cordon d'or pour consulter les livres (et connaître la cause du courroux céleste). Alors ils trouvèrent la prière par laquelle Tcheou koung demandait de répondre lui-même aux désirs du ciel (et de mourir) à la place de Ou wang.

17. Les deux princes (T'ai koung et Chao koung) avec l'empereur interrogèrent le grand historiographe, les devins et tous leurs aides (pour savoir s'il était vrai que Tcheou koung eût offert sa vie en échange de celle de Ou wang). Il leur fut répondu : « Oh ! c'est vrai. Mais Tcheou koung nous avait défendu d'en parler. »

18. L'empereur prit en main l'écrit de Tcheou koung, et dit en

16. Autumno, (quum segetes) essent abundantes ac maturae, nondum demessae, cœlum vehementer intonuit et fulguravit, inde flavit ventus. Segetes omnino prostratae, magnae arbores tunc evulsae. Regni incolae valde metuerunt. Imperator et majores praefecti omnes pileati, inde recluserunt aurea fascia (capsae) libros. Tunc repererunt Tcheou regulus qua ipse sibi inde fecit opus, substituendi sui Ou imperatori precationem.

17. Duo reguli et imperator tunc exquisierunt ab historico et omnibus qui curabant rem (divinationis). Respondentes dixerunt : « Verum est. Oh! regulus praeceperat ut nos non auderemus eloqui. »

18. Imperator, accepto libello, inde flens dixit: « Hi ne reverenter testudi-

〔1〕王若曰猷大誥

歲則大熟

所偃盡起而築之

公命邦人凡大木

反風禾則盡起

⑲王出郊天乃雨

我國家禮亦宜之

惟朕小子其新逆

威以彰周公之德

人弗及知今天子動

勤勞王家惟予沖

曰其勿穆卜昔公

wéi iù tch'ǒung jènn fóu kǐ tchêu. Kīn t'iēn tóung wéi, i tchāng Tcheōu kōung tcheū tě. Wéi tchénn siaò tzèu k'ì sīn (ts'īn) ǐ; ngò kouǒ kiâ li ǐ î tcheū. »

19. Wàng tch'ǒu kiaō, t'iēn nài iù, fàn fōung. Houǒ tsē tsin k'ì. Eúl kōung ming pāng jènn, fàn tá mǒu chòu iēn, tsin k'ì eúl tchǒu tcheū. Souéi tsē tá chǒu.

TA KAO. 1. Wàng jŏ iuĕ: « Iôu! tá kaò eúl touǒ pāng, iuĕ eúl iú chéu. Fóu versant des larmes: « Que ceux-ci ne consultent pas la tortue (ce n'est pas nécessaire). Tcheou koung a beaucoup travaillé pour la maison impériale; mais moi qui suis jeune, je ne le savais pas. Le ciel a déployé sa sévérité pour manifester la vertu de Tcheou koung. Moi faible enfant, j'irai en personne au-devant de lui; les usages de notre empire et de notre famille requièrent cette démarche. »

19. A peine l'empereur (parti pour aller chercher Tcheou koung) fut-il arrivé dans la plaine, que la pluie tomba du ciel et le vent souffla en sens contraire. Alors toutes les céréales se relevèrent. Les deux princes ordonnèrent aux habitants de la contrée de redresser et de butter tous les grands arbres que le vent avait renversés. La récolte fut très abondante.

CHAPITRE VII. LE GRAND AVIS.

1. L'empereur (Tch'eng wang) parla à peu près en ces termes:

nem consulant. Olim regulus diligentem operam navavit imperatoriæ domui. Sed ego junior homo non potui scire. Nunc cœlum movit sæva, ut patefaceret Tcheou reguli virtutem. Et ego parvus filius ipse occurram; nostri regni et domus ritus etiam probant illud. »

Au lieu de 新 il faut lire 親 ts'īn, moi-même.

19. Imperatore egresso in campum, e cœlo statim pluvia, et conversus ventus. Segetes tunc integre surrexerunt. Duo reguli præceperunt regni incolis ut omnes proceras arbores quas (ventus) prostraverat, universas erigerent ac aggerarent eas. Annus inde maxime fertilis.

CHAPITRE VII. Tcheou koung, régent de l'empire, fait dire au jeune empereur Tch'eng wang que, pour accomplir

PART. IV. — CH. VII. LE GRAND AVIS. 221

爾多那越爾御
事弗甲天降割
于我家不少延
洪惟我幼冲人
嗣無疆大歷服
弗造哲迪民康
矧曰其有能格
知天命惟小子
(2) 已子惟小子
往求朕攸濟
若涉淵水子惟
貢敷前人受命
茲不忘大功子

tiaó, t'iēn kiáng kŏ iŭ ngŏ kiā, pŏu chaŏ iên. Hôung wêi ngŏ ióu tch'ōung jênn, séu ôu kiāng tá lǐ fôu, fŏu tsaó tchĕ, tǐ mín k'āng. Chénn iuĕ k'î ióu nêng kŏ tchēu t'iēn ming.

2. « Ǐ, iŭ wêi siaò tzéu, jŏ chĕ iuēn chouéi, iŭ wêi wǎng k'iôu tchénn iôu tsí. Fōu pí, fōu ts'iên jênn cheóu ming, tzéu pŏu wǎng tá kōung. Iŭ pŏu kàn pi iŭ t'iēn kiáng wêi ióung.

« Ah ! j'ai de avis importants à vous donner, à vous, princes de toutes les contrées, et à vous, mes ministres et mes officiers. Le ciel, impitoyable envers moi, a frappé ma famille de grands malheurs, sans le moindre délai. Mon esprit est tout entier absorbé dans la pensée que moi jeune homme, chargé de continuer la grande série des souverains de notre dynastie et de gouverner des contrées immenses, je ne suis pas capable de suivre les voies de la sagesse pour conduire les peuples au bonheur. Bien moins suis-je capable de pénétrer (et d'exécuter) les desseins du ciel.

2. « Oui, moi faible enfant, je suis comme un homme qui veut traverser une eau profonde, et va çà et là cherchant le moyen de la passer. Chargé de faire fleurir partout l'administration et d'étendre l'empire de (Ou wang, mon père et) mon prédécesseur, la volonté du ciel et continuer l'œuvre de Ou wang, il va châtier Ou keng, qui soutenu par trois oncles de l'empereur, s'est révolté et prétend rétablir la dynastie des Chang. Voy. page 217.

1. Imperator sic locutus est: « Ah ! graviter moneo vos, multi reguli, et vos, curatores rerum. Non miserans, cœlum demisit calamitates in meam domum, nec aliquantisper exspectavit. Magnopere cogito me juvenem adolescentem hominem, succedentem in infinitam magnam seriem (ac infinitas) terras, non posse insistere sapientiæ, ut ducam populum ad tranquillitatem. Multo minus dicam meipsum habere facultatem penitus cognoscendæ cœli voluntatis.

猷 Ióu, particule exclamative. 服 Fŏu, zones ou grandes divisions de l'empire. Voy. page 56. Les grands malheurs sont la mort du père et la révolte des oncles de l'empereur.

2. « Certe, ego solummodo parvus filius, similis transituro altam aquam, ego unice eo quærens ego quomodo transeam. Late ornaturus et prolaturus

不敢閉于天
降威用遺我
⑶寧王遺我
大寶龜曰紹天
明卽命曰有
大艱于西土
西土人亦不
靜越玆蠢
⑷殷小腆誕
敢紀其敘天
降威知我國
曰子復不康
有疾民不
我周邦反鄙

3. « Gnìng wàng ì ngò tà paò kouēi, chaò t'iēn mîng. Tsì míng iuĕ, iòu tà kiēn iū sī t'òu, sī t'òu jênn ì pŏu tsing. Iuĕ tzĕu tch'ouènn.

4. « Īn siaò t'iēn tàn kàn ki k'i siŭ. T'iēn kiàng wēi ; tcheu ngò kouŏ iòu ts'êu, mìn pŏu k'āng. Iuĕ : « Iù fŏu. » Fàn pi ngò Tcheôu pāng.

je ne dois pas oublier ses grandes actions. Je n'ose pas résister au ciel qui veut déployer sa sévérité (et châtier Ou keng).

3. « L'empereur Pacificateur (Ou wang) m'a laissé la grande tortue précieuse pour m'annoncer les intentions du ciel. Je l'ai consultée. Elle a répondu qu'il y aurait de grandes difficultés à l'ouest, que les habitants de l'ouest seraient aussi dans l'agitation. A présent, voilà qu'ils se soulèvent.

4. « La maison de In (représentée par Ou keng), malgré son abaissement, a l'audace de vouloir continuer la série des empereurs de sa race. Elle a été châtiée par le ciel. Mais elle sait que notre empire a une maladie (la révolte des trois oncles de l'empereur contre leur frère Tcheou koung), et que le peuple n'est pas tranquille ; elle a dit : « Je me relèverai. » Elle prétend faire de notre principauté de Tcheou l'extrémité de son empire.

antecessoris viri acceptum imperium, ideo non obliviscor præclara opera. Ego non audeo obstare cœlo demittenti pœnam adhibendam.

3. « Pacificator imperator reliquit mihi magnam pretiosam testudinem, communicaturam cœli manifesta (consilia). Adeunti (et quærenti) responsum dixit fore magnas ærumnas in occidentali regione, occidentalis regionis incolas etiam non fore tranquillos. Ecce nunc movent se (vermium instar stolide).

La tortue annonça la révolte de Ou Keng dont la principauté était située à l'est. Pourquoi prédit-elle des troubles dans l'ouest ? Ce fut, dit-on, parce que l'agitation devait se répandre dans tout l'empire. La tortue servait de *medium* entre le ciel et la terre. Elle était, disent les commentateurs, comme le serviteur 紹介 chaò kiái qui, dans les réceptions, allait du prince aux visiteurs et des visiteurs au prince. Cf. page 216.

4. « In domus tenuiter prospera magnopere audet continuare suam seriem. Cœlum demisit pœnam. Scit nostrum imperium habere nævum, populum non esse quietum. Dixit : « Ego resurgam. » (Vult) contra facere extremum locum nostrum Tcheou regnum.

〔5〕今蠢今翼日民

于獻有十夫予翼以

有牧寧武圖功我

大事休朕卜并

吉

〔6〕肆予告我友邦

君越尹氏庶士御

事曰子得吉卜于

惟以爾庶邦

事通播臣

殷

〔7〕爾庶邦君越庶

士御事罔不反曰

艱大民不靜亦惟

5. « Kīn tch'ouènn, kīn ĭ jĕu, mîn hién iòu chĕu fōu, iû ĭ i iû, mi gning, òu t'òu kōung. Ngò iòu tá chéu hiōu. Tchénn pŏu ping kĭ.

6. « Séu iû kaó ngò iòu pāng kiūn, iuĕ in chéu, chóu chéu, iú chéu. Iuĕ : Iú tĕ kĭ pŏu ; iû wèi i eul chóu pāng, iû fă În pōu pouó tch'ènn.

7. « Eùl chóu pāng kiūn, iuĕ chóu chéu, iú chéu, wàng pŏu fân iuĕ : « Kiēn

5. « Elle s'est remuée ; et voilà que le lendemain du sein du peuple me sont venus dix sages, qui m'accompagneront, et m'aideront à rétablir l'ordre (dans la principauté de Ou keng), et à continuer l'œuvre combinée (et commencée par mon père). (Aussi) cette grande affaire aura un heureux succès. (D'ailleurs) mes tortues m'ont toutes donné des réponses favorables.

6. « J'avertis donc les chefs des principautés amies, les directeurs des officiers, les officiers de tout rang et tous leurs aides. Je leur dis : Les tortues m'ont donné des réponses favorables ; j'irai avec tous les princes attaquer les sujets fugitifs et dispersés de la maison de In.

7. « Vous, princes des différents États, officiers et employés de tout rang, vous me répondez tous : « La difficulté est grande ; le peuple n'est pas en paix. D'ailleurs les troubles viennent uniquement de la famille impériale (des trois oncles de l'empereur), et

5. « Ecce movit se, ecce postero die e populo sapientes adfuerunt decem viri, qui me adjuvabunt ut eam, compescens tranquillem (Chang regnum) et prosequar excogitatum opus. A me habitum magnum negotium feliciter succedet. Mearum (trium) testudinum (signis data cœli) responsa simul fausta.

武 Où, continuer.

6. « Inde ego moneo meorum amicorum regnorum rectores et præpositorum duces, omnes præpositos, curatores rerum. Dico : Ego nactus sum fausta testudinum responsa ; ego et utens vobis variis regulis, ibo et impetam In fugitivos ac dispersos subditos.

7. « Ex vobis, variorum regnorum rectoribus, et variis præpositis, curatoribus rerum, nullus non contra dicit : « Difficultas magna, populus non quietus ; et unice stat in imperatoris domo ac regnorum rectorum domibus. Inde

在王宮邦君室，越
予小子考翼不可
征，王害不違卜
(8) 肆予冲人永思
艱．曰嗚呼允蠢鰥
寡哀哉子造天役
遺大投艱于朕身
越予冲人不卬自
恤義爾邦君越爾
多士尹氏御事綏
予曰無毖于恤不
可不成乃寧考圖
功．

tá, mîn pŏu tsing ; ĭ wêi tsái wâng kōung, pāng kiūn chěu. Iuĕ iû siaò tzèu, k'aò ĭ pŏu k'ò tchēng. Wâng hŏ pŏu wêi pŏu ? »

8. « Séu iû tch'ôung jênn, iòung sēu kiēn, iuĕ : Oū hōu ! iŭn tch'ouénn kouān kouà, ngāi tsāi ! Iù tsaó t'iēn ĭ, î tá, t'eóu kiēn iū tchénn chēnn ; iuĕ iû tch'ôung jênn, pŏu ngàng tzéu siŭ. Ĭ éul pāng kiūn, iuĕ éul touŏ chéu, in chéu, iû chéu, souěi iû iuĕ : « Oú pi iū siŭ ; pŏu k'ò pŏu tch'êng nài gnîng k'aò t'ôu kōung. »

des familles des princes (dont les États sont troublés). Tous, jeunes et vieux, nous désapprouvons cette expédition. Pourquoi l'empereur n'agit-il pas contrairement à l'avis donné par les tortues?»

8. «Moi-même, tout jeune que je suis, je pense sans cesse aux difficultés, et je me dis : « Hélas ! les maux causés par ces troubles insensés atteindront certainement les hommes et les femmes qui vivent dans le veuvage ; que c'est lamentable ! Mais j'agis comme ministre du ciel, qui m'a confié cette grande affaire et imposé cette charge difficile ; aussi je ne m'épargne aucune peine. Vous, chefs des principautés, officiers de tout rang, directeurs des officiers, intendants des affaires, il est juste que vous m'encouragiez, et me disiez : «Ne vous accablez pas de fatigue et d'inquiétude, (nous vous aiderons) ; vous ne pouvez pas laisser inachevée l'œuvre projetée (et commencée) par votre père, l'empereur pacificateur.»

nos juniores filii ac senes adjutores (imperatoris), non probamus expeditionem. Imperator cur non adversetur testudinum responsis?»

8. «Et ego juvenis homo perpetuo cogito de difficultate, dicens : «Eheu ! certe rebelles turbabunt viduos et viduas ; quam dolendum ! Ego fungor cœli legatione, quod commisit magnum rem et injecit difficultates in me ipsum ; ideo ego juvenis homo non mihi ipsi parco. Æquum est vos regnorum rectores, et vos multos præpositos, præpositorum duces, curatores rerum, animum addentes mihi dicere : «Noli te conficere in mœrore ; non decet non perficere a tuo pacificatore patre delineatum opus. »

PART. IV. — CH. VII. LE GRAND AVIS. 225

(9) 不敢替上帝命、惟小子、
天休于寧王興、
我小邦周克綏受王、
惟卜用、今天其相、
蒸命亦惟卜用、
民罔弗明畏弼、
嗚呼不甚、
我不甚、
⑩王曰、爾惟舊、
人爾丕克遠省、
爾知寧王若勤、
哉、天閟毖我成

9. « Ì, iŭ wêi siaŏ tzèu, pŏu kàn t'ì cháng ti ming. T'iēn hiŏu iŭ gnîng wâng, hīng ngò siaŏ pāng Tcheōu, gnîng wâng wêi pŏu iŏung, k'ŏ souēi cheóu tzèu ming. Kīn t'iēn k'ì siáng mîn, chènn í wêi pŏu iŏung. Oū hōu! t'iēn mìng wéi, pì ngò p'êi p'êi kī. »

10. Wâng iuĕ : « Eùl wêi kióu jênn, eul p'êi k'ŏ iuèn sing. Eùl tchēu gnîng wâng jŏ k'în tsâi. T'iēn pí pi, ngò tch'êng kōung chŏu. Iŭ pŏu kàn pŏu kī tsŏu

9. « Oui, moi faible enfant, je crains de résister aux ordres du roi du ciel. Lorsque le ciel, dans sa bienveillance envers l'empereur pacificateur (Ou wang), voulut élever (à l'empire) le chef de notre petite principauté de Tcheou, ce fut en se conformant aux réponses des tortues que l'empereur pacificateur parvint à établir la paix dans tout l'empire. A plus forte raison, maintenant que le ciel vient en aide au peuple, dois-je suivre les avis des tortues. Oh! il faut respecter la volonté manifeste du ciel, qui désire affermir notre grande œuvre (notre dynastie nouvellement) fondée. »

10. L'empereur continua : « Vous, anciens ministres (de mon père), vous pouvez consulter vos souvenirs. Vous savez combien l'empereur pacificateur s'est imposé de fatigue. A présent que le ciel permet des résistances et des difficultés, c'est le moment d'achever l'œuvre de mon père. Je n'ose pas ne pas exécuter entièrement le plan tracé par l'empereur pacificateur. Pour cette

9. « Utique, ego solummodo parvus filius, non audeo negligere cœli regis mandatum. Quum cœlum benevolum in pacificatorem imperatorem, extulit nostrum parvum regnum Tcheou, pacificator imperator unice testudinum responsis utens potuit tranquillare acceptum hoc imperium. Nunc quum cœlum ipsum adjuvat populum, magis et unice testudinum (ope datis) responsis utendum est. Oh! cœli manifesta (voluntas) verenda est; adjuvat nostrum valde magnum opus fundatum. »

10. Imperator dixit : « Vos estis antiqui ministri; vos maxime potestis remota recolere. Vos nostis pacificator imperator quantum laboraverit. Cœlo opponente difficultates, mihi perficiendi operis est locus. Ego non audeo non omnino perficere a pacificatore imperatore excogitatum opus. Inde ego maxime (enitor) mutare (animos), allicere meorum

功所子不敢不極
卒寧王圖事肆子
天化誘我友邦君
大棐忱辭其考我
民子曷其不于前
寧人圖功攸終天
亦惟用勤毖我民
若有疾予曷敢不
于前寧人攸受休
畢
（11）王曰若昔朕
逝朕言艱日思若
考作室既底法厥

gnîng wâng t'ôu chéu. Séu iŭ tá houá iòu ngò iòu pāng kiūn. T'iēn féi chênn séu, k'î k'aò ngò mîn. Iŭ hŏ k'î pŏu iŭ ts'iēn gnîng jênn t'ôu kōung iòu tchôung ? T'iēn ǐ wêi ióung k'in pi ngò mîn, jŏ iòu tsï. Iŭ hŏ kàn, pŏu iŭ ts'iēn gnîng jênn iòu cheóu hiōu pī ? »

11. Wâng iuĕ : « Jŏ sī tchénn k'î chéu, tchénn iên kiēn, jĕu sēu. Jŏ k'aò tsŏ

raison, je m'efforce de persuader et d'amener à mon sentiment les chefs des principautés amies. Le ciel promet sincèrement de m'aider ; j'en juge par l'opinion publique (représentée par les dix sages qui me prêtent leur concours et approuvent mon dessein). Comment ne penserais-je pas à terminer, avec l'aide des ministres pacificateurs, l'œuvre que mon père a combinée (et commencée) avec eux ? A présent le ciel, par le moyen (des troubles), tourmente et afflige mon peuple, (et semble vouloir le faire disparaître), comme un malade (s'efforce de chasser la maladie). Comment oserais-je ne pas affirmer entièrement, avec l'aide des ministres pacificateurs, la puissance que mon père a obtenue par eux ? »

11. L'empereur ajouta : « Dès que j'ai formé le projet de marcher (contre les rebelles), j'ai dit les difficultés (de cette entreprise), j'y ai réfléchi chaque jour. Mais supposons qu'un homme voulant bâtir une maison, en trace le plan, et qu'après sa mort,

amicorum regnorum rectores. Cœli adjuvantis sincera promissa ipse inspexi (certo accepi) a meo populo. Ego cur ipse non (cogitem) cum anterioribus pacificatoribus viris (i. e. pacificatoris imperatoris antiquis ministris) delineatum opus quod perficiam ? Cœlum etiam utens (perturbationibus) fatigat et affligit meum populum, quasi haberet (eum

ut) morbum. Ego quomodo ausim nolle, per anteriores pacificatores viros quod accepimus bonum, perficere ? »

11. Imperator dixit : « Sic antea ego cupivi ire (et punire rebelles); ego dixi difficultates, quotidie cogitavi. Si, mortuus pater exstructurus domum postquam definivit formam, ejus filius inde non velit jacere fundamenta, minus volet

PART. IV. — CH. VII. LE GRAND AVIS.

哉，⑬其友⑫大不棄肯肯子肯子
爾王勸若命獲甚曰搆乃構乃
庶曰伐厥⸱乃肆厥弗厥弗
邦嗚救子考救子有考肯父肯
君呼厥民乃寧曷後翼播菑堂
越肆養有　王敢弗其矧厥矧

chĕu, ki tchĕu fă, k'í tzèu nài fŏu k'èng t'ǎng; chènn k'èng keóu. Kiuĕ fóu tchĕu, kiuĕ tzèu nài fóu k'èng pouó; chènn k'èng houŏ. Kiuĕ k'aò ĭ, k'ì k'èng iuĕ: «Iŭ iòu heóu fŏu k'i kī?» Séu iù hŏ kàn pŏu, iuĕ ngáng, mi gnìng wàng tà ming?

12. « Jŏ hiōung k'aò nài iòu iòu fă kiuĕ tzèu, min iàng k'ì k'iuén, fŏu kióu?»

13. Wâng iuĕ: « Oū hōu! séu tsāi. Eŭl chóu pāng kiūn, iuĕ eùl iú chéu.

son fils ne veuille pas même asseoir les fondements, ce fils voudra encore moins construire le bâtiment. Le père a labouré un champ; ensuite le fils ne veut pas semer; ce fils voudra encore bien moins récolter. Le père qui a été si diligent, voudra-t-il après sa mort rendre à son fils ce témoignage. « J'ai un héritier qui prend soin de son patrimoine?» Héritier de l'empereur pacifique, comment oserais-je ne pas assurer le grand mandat qu'il a reçu du ciel?

12. «Les enfants d'un prince sont attaqués par les amis de son frère aîné ou de son père défunt; les sujets qu'il nourrit à sa cour encourageront-ils les rebelles, au lieu de venir en aide aux enfants? (Les amis de mon père, à savoir, trois de ses frères et le prince Ou keng, troublent la tranquillité de mes sujets, qui sont mes enfants; mes ministres ne doivent-ils pas s'opposer à la rébellion et rendre la paix à mon peuple)?»

13. L'empereur reprit: «Oh! bannissez toute crainte, chefs des différentes principautés, officiers qui prenez part aux affaires. Ce fut avec l'aide de sages ministres que Ou wang rendit à l'empire

construere. Ille pater aravit; si illius filius inde non velit serere, minus volet metere. Ille mortuus pater qui fuit diligens, ipse voletne dicere: «Ego habeo hæredem qui non derelinquet hæreditatem?» Ideo ego quomodo ausim non, (postquam hæreditas) advenit mihi, curare pacificatoris imperatoris magnum mandatum?

12. «Si fratri natu majori patrive mortuo inde sint amici impugnantes ipsius filios, populares nutriti num ipsi excitabunt nec succurrent?»

13. Imperator dixit: «Oh! solvite (animos), vos, variorum regnorum rectores, et vos, curatores rerum. (Ou wang) illustravit regnum per sapientes; at solummodo decem viri insistentes (rectæ viæ), cognoverunt cœli regis mandatum et cœlestis auxilii sincerum

爾御事爽，邦由哲，
亦惟十人，迪知上帝
命，越天棐忱，爾時
罔敢易法，矧今天
降戾于周邦，惟大
艱人誕鄰胥伐于
厥室，爾亦不知天
命不易。

(14) 子永念曰：天惟
喪殷若穡夫，予曷
敢不終朕畝，天亦
惟休于前寧人。

(15) 予曷其極卜，敢

Chouàng pāng iôu tchě, ǐ wêi chěu jênn tǐ tchêu cháng tí míng, iuě t'iēn fêi chênn. Eúl chêu wàng kàn i fǎ. Chênn kīn t'iēn kiáng li iū Tcheōu pāng, wêi tá kiēn jênn, tán lîn siū fǎ iū kiuě chěu, eul ǐ pôu tchêu t'iēn míng pǒu í.

14. « Iû ioúng gniên iuě : « T'iēn wêi sáng Īn, jǒ chě fôu. Iû hǒ kàn pǒu tchōung tchénn meòu ? T'iēn ǐ wêi hioū iū ts'iên gnîng jênn.

15. « Iû hǒ k'î kǐ pǒu, kàn fôu iū ts'ôung ? Chouě gnîng jênn iôu tchêu kiāng

le bienfait d'une administration intelligente. Il trouva seulement dix hommes qui, observateurs fidèles de la loi morale, reconnurent la volonté du roi du ciel et la promesse certaine du secours céleste, (et travaillèrent à remplacer la dynastie des Chang par celle des Tcheou). Alors vous n'avez pas osé changer les plans (de Ou wang ni vous opposer à ses desseins). A présent que le ciel envoie des malheurs à la maison de Tcheou, et que les auteurs des troubles agissent envers nous comme des voisins qui attaquent leurs voisins dans leurs familles, comment ne comprenez-vous pas qu'il n'est pas permis de changer (de violer) les ordres du ciel ?

14. « Je me dis sans cesse à moi-même : Le ciel veut anéantir la maison de In comme un laboureur (détruit les mauvaises herbes dans son champ). Comment oserais-je ne pas nettoyer parfaitement mon champ ? C'est aussi une faveur que le ciel veut faire aux anciens ministres pacificateurs (qui ont secondé Ou wang).

15. « Comment oserais-je résister à vos avis, pour me confor-

promissum. Vos tunc non ausi estis mutare agendi rationem (ab Ou wang statutam). Eo magis (mirum est), nunc quum cœlum demittit calamitates in Tcheou regnum, et magnarum ærumnarum auctores (nobiscum sunt quasi) valde vicini invicem impugnantes in suis domibus, vos tamen non intelligere cœli jussa non mutanda, i. e. non detrectanda.

14. « Ego perpetuo cogitans dico : Cœlum vult delere In sicut agricola. Ego quomodo ausim non perfecte purgare mea jugera ? Cœlum etiam vult benefacere anterioribus pacificatoribus ministris.

15. « Ego quomodo velim omnino obsequi testudinum responsis, et ausim

賢、稽古崇德象。殷王元子、惟獻(1)微子之命茲僭卜陳東征天命惟若肆朕誕以爾吉矧今卜并疆土人有指疆土弗于從率寧
統承先王。

t'òu; chênn kīn pŏu ping·kī. Séu tchénn tán i éul tōung tchēng. T'iēn ming pĕu tsién; pŏu tch'ènn wêi jŏ tzĕu. »

WEI TZEU TCHEU MING. 1. Wâng jŏ iuĕ : « Iôu ! In wâng iuén tzéu, wêi kī kòu, tch'ôung tĕ siáng hièn, t'òung tch'êng siēn wâng, siōu k'ì lì ŏu. Tsŏ pīn iū mer entièrement aux réponses des tortues? Les ministres pacificateurs ont fixé eux-mêmes les limites des territoires, (et je n'hésiterais pas à réprimer les princes qui se rendraient coupables d'empiétement, quand même j'aurais contre moi tous les présages). A plus forte raison dois-je le faire, maintenant que les réponses des tortues sont toutes favorables. Je ferai donc avec vous cette expédition dans l'est. La volonté du ciel n'est nullement douteuse ; les signes donnés pas les tortues sont tous favorables. »

CH. VIII. INVESTITURE CONFÉRÉE AU PRINCE DE WEI.

1. L'empereur (Tch'eng wang) parla à peu près en ces termes: « Oh! fils aîné de (l'avant-dernier) empereur de la famille des In (ou Chang), puisque, d'après l'usage des anciens, la vertu des ancêtres défunts doit être honorée (et célébrée dans les cérémonies solennelles) par ceux de leurs descendants qui sont les imitateurs

non obsequi (vestris consiliis)? Ex pacificatoribus viris sunt designata definitaque territoria. Multo magis nuncquum testudinum responsa omnia fausta sunt. Inde ego maxime utens vobis, in orientem arma inferam. Cœli mandatum non errori obnoxium; testudinum indiciorum exhibitio omnino convenit cùm illo (consilio). »

CHAPITRE VIII. 成王 Tch'êng wâng, après avoir défait et mis à mort 武庚 Où kēng, fils du tyran 紂 Tcheóu,

donne l'investiture 命 ming de la principauté de 宋 Sóung au prince de Wei, frère ainé du tyran Tcheou. Cf. Part. III, Ch. XI, page 165.

La principauté de Soung est le 商邱縣 Chāng k'iōu hièn actuel, dans le 歸德府 Kouēi tĕ fòu (Ho nan).

1. Imperator sic locutus est: «Oh! In imperatoris natu maxime fili, quum, inspecta antiqua (consuetudine), honorent virtutem qui similes sunt sapientibus; sis præcipuus hæres prioribus

修其禮物作賓
于王家與國咸
休永世無窮
(2)嗚呼乃祖成
湯克齊聖廣淵
皇天眷佑誕受
厥命撫民以寬
除其邪虐功加
于時德垂後裔
(3)爾惟踐修厥
猷舊有令聞恪
慎克孝肅恭神
人子嘉乃德曰

wâng kiā, iù kouŏ hiên hiòu, iòung chèu óu k'iòung.

2. « Oü hōu ! nài tsóu Tch'èng T'āng k'ŏ ts'i chéng kouàng iuên. Houàng t'iēn kiuén ióu, tán cheóu kiuĕ míng. Fóu mín i k'ouān, tch'óu k'i siê iŏ. Kčung kiā iū chèu ; tĕ tch'ouêi heóu í.

3. « Eùl wêi tsién siŏu kiuĕ iôu ; kióu ióu ling wênn. Kŏ chénn k'ŏ hiaŏ ; siŭ de leur sagesse, soyez le principal héritier des empereurs de votre famille ; conservez les cérémonies qu'ils ont instituées et les ornements qui leur ont appartenu. (Vous et vos descendants), recevez les honneurs de l'hospitalité dans notre maison impériale, et partagez la prospérité de notre dynastie, d'âge en âge et à jamais.

2. « Oh ! votre aïeul T'ang le Victorieux se signala par l'étendue et la profondeur de son respect et de sa haute sagesse. Il mérita la faveur et le secours de l'auguste ciel, et reçut de lui le grand mandat. Il soulagea le peuple avec bonté, et le délivra des injustes oppresseurs. Ses œuvres furent utiles à tous ses contemporains, et ses vertus se sont transmises à ses descendants (jusqu'à vous).

3. « Vous marchez sur ses traces et continuez l'exécution de ses desseins. Depuis longtemps la renommée publie vos vertus. Vous exercez la piété filiale avec un soin respectueux, et remplissez avec gravité vos devoirs envers les esprits et les hommes. Je loue vos

imperatoribus, cures eorum ritus et res. Sis hospes in imperatoris domo, cum regno simul prosperus in perpetuas ætates sine fine.

2. « Oh ! tuus atavus Tch'eng T'ang præstitit reverentiæ ac sapientiæ amplitudine et profunditate. Augusto cœlo amante et adjuvante, late accepit ejus mandatum. Fovit populares cum clementia, expulit eorum injustos oppressores. Opera attigerunt coætaneos ; virtus descendit ad posteros nepotes.

3. « Tu insistens exsequeris ejus consilia ; jampridem habes bonam famam. Reverens et attentus præstas filiali pietate ; habitu gravi observas spiritus et homines. Ego laudans tuas virtutes, dico te ampliare (majorum tuorum opera) non immemorem. Cœli rex ideo gaudebit (sacris) ; subjectus populus reverenter concors erit. Ideo constituo te primi ordinis regulum, ut regas illos orientales Sinas.

Les cinq grandes dignités 公 侯 伯

PART. IV. — CH. VIII. INVESTITURE CONFÉRÉE AU PRINCE DE WEI.

篤不忘上帝時
歆爾民祗協庸
建東夏上公尹
茲東夏往敷
訓慎乃服命率乃
室弘乃烈祖律
位有民永綏厥
世享德萬邦作
式俾我有周無

kōung chẽnn jênn. Iù kiã nài tẽ, iuĕ tŏu pŏu wâng. Chảng ti chêu hīn, hiá mín tchēu hiĕ. Iōung kién éul iŭ chảng kōung, ī tzēu tōung Hiả.

4. « K'īn tsāi ! Wàng fŏu nài hiún. Chénn nai fŏu míng, chouĕ iôu tièn tch'âng, i fân wâng chêu, hôung nài liĕ tsòu. Liù nai iòu mín, iòung souêi kiuĕ wéi, p'ì iù ï jênn. Chéu chéu hiảng tẽ, wàn pâng tsŏ chêu, péi ngŏ iòu Tcheōu ôu ï.

vertus, et déclare que vous ajoutez (aux mérites de vos ancêtres) sans jamais perdre de vue (leurs exemples). Le roi du ciel agréera (vos offrandes), et vos sujets vivront en parfaite harmonie. Je vous crée *koung* de première classe, et vous charge de gouverner la partie orientale de la Chine.

4. « Soyez attentif ! Allez et propagez partout vos enseignements. Faites attention aux vêtements, aux autres insignes et aux privilèges qui conviennent à votre dignité ; (ne dépassez pas les limites prescrites, mais) observez exactement les règlements et les usages. Ainsi vous serez le soutien de la famille impériale, et vous ajouterez aux mérites de votre illustre aïeul (Tch'eng T'ang). Soyez la loi vivante de vos sujets ; par ce moyen vous garderez toujours votre dignité, et rendrez service à votre souverain. L'influence de votre vertu s'étendra à tous les âges ; vous serez le modèle de tous les princes, et les empereurs de la maison de Tcheou ne vous rejetteront jamais.

子男 se subdivisent chacune en trois classes 三等 **sān tèng**. Les descendants des empereurs étaient tous *koung*. Tch'eng wang élève le prince de Wei au rang de *koung* de première classe.

La principauté de Soung, située dans le Kouei te fou (Ho nan), était à l'est des villes de 豐 **Fōung** et de 鎬 **Haò**, qui étaient situées dans le Si ngan fou (Chen si), et où Wenn wang, Ou wang et Tch'eng wang faisaient ordinairement leur résidence.

4. « Attende! I et profer tua documenta. Attende tuis vestibus (cæterisque) dignitatis insignibus ac juribus; sequens observa statuta ac leges, ut protegas imperatoris domum et amplies tui benemeriti atavi (opera). Lex esto tuo habito populo, ut perpetuo serves istam dignitatem et adjuves me supremum virum. Omnes ætates fruentur virtute, omnium regnorum (regulorum)

民大和 洛四方, 于東國 新大邑 初甚. 月周公 [1] 哉惟 生三 詰 朕命 休無 往哉 [5] 嗚呼.

5. « Oū hôu! wàng tsāi. Wêi hiôu, ôu t'i tchénn ming. »

K'ANG KAO. 1. Wéi sān iuě tsāi chēng p'ě, Tcheōu kōung tch'ōu kī, tsǒ sīn tá ǐ iū tōung kouǒ Lǒ. Séu fāng mîn tá houǒ houéi. Heǒu tién nàn pāng, ts'ài wéi

5. « Eh bien! allez; ayez soin d'agir sagement et d'observer mes ordres. »

CHAPITRE IX. AVIS DONNÉS A K'ANG CHOU.

1. Au troisième mois (de la septième année de Tch'eng wang), la lune commençant à décroître (le lendemain de la pleine lune), Tcheou koung traça les fondements et entreprit la construction d'une nouvelle grande ville à Lo, au milieu des principautés orientales. Les habitants de tous les pays d'alentour, animés d'un

fies exemplar, facies ut nos tenentes Tcheou non fastidio habeamus.

Les 公 kōung avaient neuf emblèmes représentés sur leurs vêtements de cérémonie. Les autres insignes et privilèges de leur dignité étaient des voitures bien ornées, des étendards, des cérémonies solennelles,... V. pag. 52.

5. « Oh! eas; bene agas, ne negligas mea mandata. »

CHAPITRE IX. Ou wang, ou, selon une autre opinion, Tcheou koung, au nom de Tch'eng wang, confère la principauté de 衞 Wéi à son frère puîné 封 Fōung, nommé aussi 康叔 K'āng chŏu.

La principauté de Wei comprenait une partie du 衞輝府 Wéi houêi fôu actuel (Ho nan). Le tyran Tcheou, dernier empereur de la dynastie des In, y avait fixé sa résidence. 康 K'āng était probablement le nom d'un petite principauté située dans le domaine propre de l'empereur.

1. At tertio mense, incipiente oriri decremento lunæ, Tcheou regulus cœpit fundamenta jacere, et condere novam magnam urbem in orientalibus regnis ad Lo. Quatuor regionum incolæ valde concordes convenerunt. Ex *heou, tien, nan* regnis et *ts'ai wei*, varii præpositi stimularunt hominum concordiam, et obtulerunt ad opus propter Tcheou domum. Tcheou koung simul diligentes fecit, et valde magno monito nuntiavit operis rationem.

La ville de Lo était sur le bord de la rivière de ce nom, à l'ouest de la ville actuelle de 河南府 Hô nân fôu. Elle devint comme la seconde capitale de l'empire. L'empereur y allait recevoir la visite des princes de la partie orientale. Elle fut fondée la septième année de Tch'eng wang (1109 av. J. C.). Les commentateurs du douzième siècle, qui prétendent que la principauté de Wei fut conférée à K'ang chou par Ou wang, sont obligés de dire que le premier paragraphe de ce Chapitre IX appartient

會　柔　民　周　乃　⟨2⟩　侯　⟨3⟩　考　德　⟨4⟩　寡
侯　衞　和　周　洪　王　封　惟　文　愼　不　庸
甸　百　見　公　大　若　朕　乃　王　罰　敢　庸
男　工　士　咸　誥　曰　其　丕　克　　　侮　祇
邦　播　于　勤　治　孟　弟　顯　明　　　鰥　祇

pĕ kōung pouỏ min houỏ, hiến chếu iū Tcheōu. Tcheōu kcung hiến k'in; nái hòung tả kaỏ tch'êu.

2. Wảng jŏ iuĕ: « Méng heỏu, tchẽnn k'ì ti, siaỏ tzếu Fōung;

3. « wêi nái p'ēi hiến k'aỏ Wênn wảng k'ŏ ming tĕ chénn fă.

4. « Pŏu kản ou kouān kouả. Iôung iôung, tchēu tchēu, wēi wēi. Hiến min, même esprit, (accoururent et) se réunirent (pour mettre la main à l'œuvre). Les officiers des cinq circonscriptions les plus rapprochées vinrent avec des hommes, les exhortèrent à la concorde, et les présentèrent pour ce travail entrepris dans l'intérêt de la maison de Tcheou. Tcheou koung stimula l'ardeur de tous. Dans un avis solennel il prescrivit ce qu'il fallait faire.

2. L'empereur parla à peu près en ces termes : « Chef des princes, mon frère puîné, Foung, mon cher fils;

3. « votre illustre père Wenn wang sut faire briller sa vertu et employer les châtiments avec prudence.

4. « Il ne se permettait pas de traiter avec mépris les hommes

au Chapitre XIII, intitulé Avis concernant Lo, et ne devrait pas se trouver ici.

Les 夏 Hià avaient divisé l'empire en cinq circonscriptions 五服 ou fŏu. Voy. page 56. Les 周 Tcheōu formèrent autour du domaine impérial 王畿 Wảng k'i neuf zones concentriques 九服 kiôu fŏu, ayant chacune cinq cents stades de largeur, et distinguées entre elles par les noms de 侯甸男采衞蠻夷鎮蕃.

2. Imperator sic locutus est: « Prime regule, mi ipsius minor frater, parve fili Foung,

Kang chou, nommé Foung, n'était plus jeune, à l'époque où son frère Ou wang s'empara de l'empire. L'expression 小子 est un terme de tendresse.

D'après Ts'ai Tch'enn et l'école du douzième siècle, c'est Ou wang qui parle dans ce chapitre. Les anciens commentateurs et leurs adhérents prétendent que c'est Tch'eng wang. On leur objecte que Tch'eng wang était le neveu de K'ang chou, qu'il était jeune et son oncle âgé, que par conséquent il ne pouvait pas l'appeler son frère puîné, son petit enfant. Ils répondent que c'est Tcheou koung qui parle au nom de l'empereur, et non l'empereur lui-même.

3. « Maxime tuus late illustris pater Wenn wang potuit illustrare virtutem, attente pœnas adhibere.

4. « Non audebat contemptim tractare viduos ac viduas. Adhibebat adhibendos, reverebatur reverendos,

威威顯民，用肇
造我區夏，越我
一二邦，以修我
西土，惟時怙冒，
聞于上帝，帝休，
天乃大命文王，
殪戎殷，誕受厥
命越厥邦厥民。
惟時敘乃寡兄
勖。肆汝小子封
在茲東土。

(5) 王曰：嗚呼，封，
汝念哉，今民將

ioung tchaó tsaó ngò k'iū Hià. Iuĕ ngò ǐ éul pâng i siòu ; ngò sī t'òu wêi chêu hóu maó. Wênn iū cháng ti ; tí hiôu. T'iēn nài tá ming Wênn wâng í jôung Īn. Tán cheóu kiuĕ míng ; iuĕ kiuĕ pāng kiuĕ mìn wêi chêu siú. Nài kouà hiōung hiŭ. Séu jòu siaó tzèu Fōung, tsái tzèu tōung t'òu. »

5. Wâng iuĕ : « Oū hōu ! Fōung, jòu gniên tsái. Kīn mîn tsiāng tsái tchêu iŭ nài

ni les femmes qui vivaient dans le veuvage. Il employait ceux qu'il convenait d'employer, respectait ceux qu'il convenait de respecter, punissait ceux qu'il convenait de punir. Sa vertu brilla aux yeux du peuple, et donna le commencement à la puissance de notre principauté de Tcheou, qui n'était qu'une parcelle de l'empire. A son exemple, plusieurs des princes voisins réglèrent leur administration. Bientôt toute la partie occidentale de l'empire eut confiance en lui et se mit sous sa dépendance. Sa renommée parvint jusqu'au ciel. Le roi du ciel approuva sa conduite, et lui ordonna de renverser la grande dynastie des In. Wenn wang reçut le mandat du ciel pour gouverner tout l'empire ; bientôt les gouvernements et les peuples furent parfaitement réglés. Ensuite, moi votre frère aîné, malgré mon peu de vertu, j'ai fait des efforts. Voilà pourquoi vous, Foung, mon cher fils, vous possédez cette contrée orientale. »

5. L'empereur reprit : « Oh ! Foung, ne l'oubliez pas. Le bonheur de vos sujets dépendra de votre exactitude à suivre les traces

puniebat puniendos. Inclaruit populo, ita cœpit condere nostram particulam imperii. Postea ex nostris (finitimis et amicis) unum alterumque regnum ideo compositum est ; nostra occidentalis regio tunc temporis confidit, protegendam se dedit. Fama pervenit ad cœli regem ; rex (cœli) probavit. Cœlum tunc magnopere jussit Wenn wang delere magnam In domum. Late accepit illud mandatum ; et illa regna illique populi tunc temporis habuerunt ordinem. Tuus modicæ virtutis frater major exserui conatus. Inde tu, parve fili Foung, occupas hanc orientalem regionem. »

5. Imperator dixit : « Oh ! Foung, tu recorderis. Nunc populus in futurum pendebit a (tua) reverenti prosecutione tui Wenn patris. Prosequere audita, indue (exsequere) optima dicta. I,

PART. IV. — CH. IX. AVIS DONNÉS A K'ANG CHOU.

民情大可見小
敬哉天畏棐忱
于封恫瘝乃身
⑥王曰嗚呼小
身不廢在王命乃
于天若德裕民乃弘
王用康保民
求聞由古先哲
人宅心惟商耇訓別成
丕遠保乂民
王用保乂殷先哲汝
敷求于殷先哲言
紹聞衣德言往
在祗遹乃文考

Wênn k'aŏ. Chaó wênn, í tĕ iên. Wăng, fōu k'iŏu iŭ Ĭn siên tchĕ wăng, ióung paó i mín. Jóu p'ēi iuén wêi Chāng keòu tch'êng jènn, tchĕ sīn, tchĕu hiún. Piĕ k'iŏu wênn iŏu kóu siên tchĕ wăng, ióung k'āng paó mín. Hŏung iŭ t'iên. Jŏ tĕ iŭ năi chênn, pŏu féi tsăi wăng míng. »

6. Wăng iuĕ : « Oū hōu ! siaó tzéu Fōung, t'ōung kouān năi chênn, king tsăi.

de votre père Wenn wang. Imitez ce qu'on vous a raconté de lui, et mettez en pratique ses admirables maximes. Allez, et cherchez à connaître parfaitement les sages empereurs de la dynastie des In, afin de garder et de bien gouverner vos sujets. Remontez encore plus loin dans l'antiquité, étudiez la conduite des vieillards expérimentés qui vécurent sous la dynastie des Chang, afin d'avoir des principes arrêtés et d'apprendre à enseigner le peuple. De plus, travaillez à connaître et imitez les sages empereurs de l'antiquité, afin de procurer la tranquillité à vos sujets et de les protéger. Enfin que votre science embrasse tous les principes dont le ciel est la source. Alors votre vertu sera très grande, et vous remplirez bien les devoirs de la charge que l'empereur vous confie. »

6. L'empereur continua : « Oh ! Foung, mon cher enfant, ayez grand soin de ressentir les douleurs d'autrui, comme si elles étaient vos propres douleurs. Le ciel est redoutable ; mais il protège les hommes sincèrement vertueux. Les sentiments du peuple sont faciles à découvrir ; mais les hommes du peuple sont difficiles à

ubique inquire de In domus prioribus prudentibus imperatoribus; ita servabis et reges populum. Tu omnino remote cogita Chang domus grandævos ac perfectos viros, ut statuto animo scias docere. Undique inquire, audi, sequere antiquorum pristinorum sapientium imperatorum (dicta et facta); ita tranquillabis et servabis populum. Amplifica (tuam scientiam) in cœlesti doctrina. Sic virtus uberrima erit in te ipso, nec deficies in imperatoris mandato (implendo). »

6. Imperator dixit: « Oh! parve fili Foung, ut doleas doloribus (alienis) tu ipse, diligenter cura. Cœlum timendum est, at juvat sinceros. Populi sensus plane possunt perspici ; at vulgi homines difficile servantur (obsequentes). I, totum impende tuum animum. Noli quiescere et amare otium ac oblecta-

人難保往盡乃其心、
無康好逸豫乃
父民亦聞曰怨不
在大亦不在小惠不
(7)已汝惟小子乃
不惠弗懋
服惟弘王
民亦惟助王宅天
命作新民
(8)王曰嗚呼封敬
明乃罰人有小罪
非眚乃惟終自作
不典式爾有厥罪

T'iēn wéi féi chênn. Mín ts'ing tá k'ǒ kién; siaǒ jênn nân paǒ. Wáng, tsin nài sīn; ǒu k'āng haǒ ǐ iǔ; nài k'í i mîn. Ngǒ wênn iuě: Iuén pǒu tsái tá, ǐ pǒu tsái siaǒ; houéi pǒu houéi, meǒu pǒu meǒu.

7. « Ǐ, jóu wéi siaǒ tzéu, nài fǒu wéi hôung wàng, íng paǒ Īn mîn, ǐ wéi tchóu wâng tchě t'iēn ming, tsǒ sīn mîn. »

8. Wâng iuě: « Oū hōu! Fōung, king mîng nài fă. Jênn iǒu siaǒ tsouéi, fēi chèng, nài wéi tchōung, tzéu tsǒ pǒu tiēn. Chěu éul; iǒu kiuě tsouéi siaǒ, nài pǒu

tenir (dans la soumission). Allez et dépensez-vous tout entier. Ne soyez pas oisif, ne recherchez pas le repos ni les amusements; et vous gouvernerez bien vos sujets. J'ai entendu dire que (le contentement ou) le mécontentement du peuple ne dépend ni des grandes ni des petites choses; mais de la conduite bonne ou mauvaise, de l'énergie ou de l'indolence du prince.

7. « Oui mon cher fils, votre devoir est d'étendre l'influence de l'empereur, d'établir la concorde parmi les sujets des In (qui sont à présent les sujets des Tcheou), de les empêcher de se disperser, et, par ce moyen, d'aider l'empereur à affermir le pouvoir qu'il a reçu du ciel, et d'exciter le peuple à se renouveler dans la vertu.»

8. L'empereur dit: « Oh! Foung, ayez soin d'appliquer les châtiments avec intelligence. Un homme commet un crime qui n'est pas des plus graves; mais il le commet avec délibération, obstination dans le mal et volonté de violer la loi. Son crime est

menta; tunc ipse bene reges populum. Ego audivi dicentes: Querelæ non ex magnis (rebus), nec ex parvis; (gaudium irave) ex rectitudine carentiave rectitudinis, ex strenuitate carentiave strenuitatis.

惠 Houéi, se conformer aux principes de la droite raison.

7. « Utique, tu parve fili, tu suscipe ampliare imperatoris (virtutem), concordem facere et servare In domus populum, et ita juvare imperatorem ad stabiliendum cœli mandatum, et facere ut se renovet populus. »

8. Imperator dixit: «Oh! Foung, attende ut perspicaciter adhibeas tuas pœnas. Aliquis habet minus scelus, non inconsulto, et pertinax est, libenter

PART. IV. — CH. IX. AVIS DONNÉS A K'ANG CHOU. 237

⑩非汝封刑人　義、赤子、惟民其康　其畢棄咎若保民　和若有疾惟民其勅　服敘時乃大明　⑨王曰嗚呼封　乃不可殺　既道極厥辜　乃惟眚災適爾　乃有大罪非終　小乃不可不殺

k'ŏ pŏu chă. Nài iòu tá tsouéi, fēi tchŏung, nài wéi chéng tsāi. Chĕu éul ; ki taó kĭ kiuĕ kōu, chĕu nài pŏu k'ŏ chă. »

9. Wǎng iuĕ : « Oū hòu ! Fōung, iòu siú. Chĕu nài tá míng fŏu ; wéi min k'i tch'éu, meóu houŏ. Jŏ iòu tsī ; wéi min k'i pĭ k'i kióu. Jŏ paó tch'éu tzéu ; wéi min k'i k'āng i.

10. « Fēi jòu Fōung hing jênn chă jênn ; óu houĕ hing jênn chă jênn. Fēi jòu volontaire ; bien qu'il ne soit pas très grave, il doit être puni de mort. Un autre commet un grand crime, par erreur, inadvertence ou accident, sans obstination dans le mal. La faute n'a pas été volontaire ; après qu'il a avoué son crime sans déguisement, il ne doit pas être puni de mort. »

9. L'empereur dit : « Oh ! Foung, il y a des degrés (de culpabilité et de peine). Celui qui dans cette matière montre un grand discernement, gagne la confiance du peuple ; ses sujets s'exhortent les uns les autres à fuir le mal, et tâchent de vivre en bonne harmonie. Agissez comme un malade (qui travaille à se guérir), et tout le peuple se corrigera de ses défauts. Imitez la sollicitude d'une mère envers son fils nouveau-né, et le peuple sera tranquille et soumis.

10. « Ce n'est pas vous, Foung, qui infligez les graves

agit contrarium legi ; adhibito ita (consilio), licet sit ejus scelus minus, tunc non potest non occidi. At habet majus scelus, nec pertinax est et fuit error infortuniumve, obiter ita ; postquam confessus est omnino suum scelus, is inde non debet occidi. »

終 Tchōung signifie 不改 pŏu kăi ne pas se corriger, ne pas se repentir, ou 再犯 tsái fán récidiver.

9. Imperator dixit : « Oh ! Foung, est ordo, i. e. in sceleribus et pœnis sunt gradus. In illis qui valde perspicax est, fidem facit, et populares ipsi admonentes (invicem), conantur pacifice vivere. Quasi haberes morbum (et depellere quæreres, age), et populus totus abjiciet vitia. Quasi curares recenter natum filium, et populus ipse tranquille componetur.

10. « Non tu Foung graviter punis homines, occidis homines. Ne forte (ex libidine) graviter punias homines occidasve homines. Non tu Foung. »

殺人無或刑人
殺人非汝封又
劓刵人無或
曰劓刵人
⑾王曰外事汝
陳時臬司師茲
殷罰有倫
⑿又曰要囚
念五六日至于服
旬時丕蔽陳時
⒀王曰汝陳時
臬事罰蔽殷彝
用其義刑義殺、

Fōung.» Ióu iuĕ: « Î eul jênn; ôu hoŭé i eul jênn. »

11. Wâng iuĕ: « Wâi chéu, jòu tch'ênn chêu iĕ; sēu chêu tzēu În fă ioŭ liûn. »

12. Ióu iuĕ: « Iaō sioŭ, fōu gniên ôu liŭ jĕu, tchéu iū siûn chêu; p'ēi pi iaō sioŭ. »

13. Wâng iuĕ: « Jòu tch'ênn chêu iĕ chéu, fă pi În î, ioúng k'i i hîng i chă, ments et même la peine de mort, (vous n'avez pas ce droit, mais c'est le ciel qui les inflige par vous). Gardez-vous donc d'infliger (arbitrairement) les peines graves, même la peine capitale. Ce n'est pas vous qui infligez les châtiments.» L'empereur ajouta: «(Ce n'est pas vous, Foung), qui coupez le nez ou les orcilles aux criminels. Gardez-vous de couper (arbitrairement) le nez ou les oreilles.»

11. L'empereur dit: «Pour les affaires judiciaires, vous, publiez les lois à observer; mais pour les degrés de peines, que les juges se conforment à l'ordre établi par la dynastie des In.»

12. L'empereur ajouta: «Après avoir examiné à fond une cause capitale, réfléchissez encore cinq ou six jours, dix jours et même trois mois; ensuite prononcez la sentence définitive.»

13. L'empereur dit: «Vous ferez connaître les lois et les autres choses; et l'échelle des peines établie par les In continuera d'être en vigueur. Mais il faudra que la peine capitale et les autres peines graves soient appliquées conformément à la justice et aux exigences des temps; elles ne devront pas servir à satisfaire vos

Præterea dixit: «(Non tu Foung) amputas nasum auresve hominibus. Ne forte (ad libidinem tuam) amputes nasum auresve hominibus.»

On croit que 又曰 devrait être placé avant 非汝封.

11. Imperator dixit: «De externis (i. e. judiciariis) rebus, tu proponas earum leges; judices sequantur illum In domus pœnarum habitum ordinem.»

12. Insuper dixit: «Inquisita re capitali, recordans recogita quinque sexve diebus, usque ad decem dies quartamve anni partem, et omnino statue de inquisita re capitali.»

時 Chêu, saison, trois mois. 蔽 Pi, prononcer une sentence.

13. Imperator dixit: «Tu propones illas leges et res, et pœnæ statuentur ex In domus regulis, servata in his

PART. IV. — CH. IX. AVIS DONNÉS A K'ANG CHOU. 239

勿厲以次汝封乃

汝盡遜曰時敘惟

曰未有遜事

⑭已汝惟小子未

其有若汝封之心

朕心朕德惟乃知

⑮凡民自得罪寇

攘姦宄殺越人于

貨暋不畏死罔弗

憝.

ŏu iŏung i ts'éu jòu Fōung. Nài jòu tsin suénn, iuĕ chêu siú. Wéi iuĕ wéi iŏu suénn chéu.

14. « Ì, jòu wéi siaò tzéu, wéi k'ǐ iŏu jŏ jòu Fōung tchêu sīn. Tchénn sīn, tchénn tĕ, wéi nài tchêu.

15. « Fán mín tzéu tĕ tsouéi, k'eóu, jâng, kiēn, kouéi, chă iuĕ jênn iū houó, mín pŏu wéi séu, wàng fŏu touéi. »

désirs particuliers. (Quand vous aurez observé ces prescriptions), vous aurez agi tout à fait comme il convient, et l'on pourra dire que tout est dans l'ordre. (Cependant, même alors ne soyez pas entièrement rassuré), et dites que peut-être tout n'est pas encore réglé conformément à la justice et aux exigences du temps.

14. « Oui, mon cher enfant, personne n'a un cœur aussi bon que le vôtre, mon cher Foung. (Je connais votre cœur ; vous aussi) vous connaissez parfaitement mon cœur et ma conduite.

15. « Ceux qui se portent d'eux-mêmes à commettre des crimes, les brigands, les voleurs, les rebelles, les traîtres, ceux qui assassinent ou terrassent les hommes pour les dépouiller, ceux qui usent de violence sans aucun souci de leur propre vie, tous ces malfaiteurs sont odieux à tout le monde (et il n'est personne qui ne se réjouisse de leur châtiment). »

convenientia graviter puniendi et convenientia occidendi; ne adhibeantur ad obsequendum tibi, Foung. Tunc tu omnino obsecutus eris (æquitati et tempori), et dici poterit esse ordinem. Attamen dicas nondum esse consentaneam rem.

義 ì signifie 宜 ì convenable, conforme à la justice et aux exigences du temps.

14. « Utique, tu quidem parvus filius; nondum quisquam habet (animum) parem tuo Foung animo. Meum animum, meam virtutem maxime tu novisti.

15. « Quicumque populares ultro admittunt scelera, latrones, raptores, rebelles, proditores, occisores aut afflictores hominum propter opes, violenti, nec timentes mortem, nemini non odio sunt. »

(16) 王曰、封、元惡大
憝矧惟不孝不友
子弗祇服厥父事
大傷厥考心于父
不能字厥子乃疾
厥子于弟弗念天
顯乃弗克恭厥兄
兄亦不念鞠子哀
大不友于弟惟弔
茲不于我政人得
罪天惟與我民彛
由文亂曰乃其速
無赦王作罰刑茲

16. Wâng iuě : « Iuên ngŏ tá touéi, chénn wêi pŏu hiaó, pŏu iŏu, tzéu fŏu tchêu fŏu kiuě fóu chéu, tá chăng kiuě k'aŏ sīn, iū fóu pŏu nêng tzéu k'iuě tzéu, nài tsī kiuě tzéu, iū ti fŏu gniên t'iēn hiên, nài fŏu k'ŏ kōung kiuě hiōung, hiōung ĭ pŏu gniên kiū tzéu ngâi, tá pŏu iŏu iū ti. Wêi tĭ tzéu, pŏu iū ngŏ tchéng jénn tĕ tsouéi, t'iēn wêi iū ngŏ mín ì tá mín louán. Iuě, nài k'î sŏu iŏu Wênn wáng tsŏ fǎ, hing tzěu ôu ché.

16. L'empereur dit : « Foung, on doit détester ces grands criminels, mais bien plus encore le fils qui manque de piété filiale, le frère qui n'aime pas son frère, le fils qui ne remplit pas avec respect ses devoirs envers ses parents pendant leur vie et afflige leurs cœurs après leur mort, le père qui a de l'aversion et de la haine contre son fils, le frère puîné qui méconnaît l'ordre établi par le ciel et ne respecte pas son frère plus âgé que lui, le frère aîné qui oublie les fatigues que ses parents se sont imposées pour élever leurs enfants, et n'a nulle affection envers son frère puîné. Si nous qui sommes chargés du gouvernement, nous ne traitons pas comme coupables des hommes si dénaturés, la loi naturelle que le ciel lui-même a donnée à nos peuples ne sera plus nullement observée. Hâtez-vous donc d'appliquer à ces coupables les lois pénales établies par Wenn wang, et de les punir sans leur accorder aucune grâce.

16. Imperator dixit: « Foung, magni malefici magno odio habendi sunt; multo magis autem qui caret pietate filiali, non amat fratrem, filius qui non reverenter fungitur erga suum patrem officiis, et graviter lædit sui mortui patris animum; quod attinet ad patrem, (pater) qui non potest paterno affectu diligere suum filium, sed odit suum filium; quod attinet ad fratrem minorem, (frater minor) qui non meminit cœlo (statuti ordinis) manifesti et non valet observare suum fratrem majorem; frater major etiam qui non recordans (a parentibus suis susceptum) ad alendos filios laborem, omnino caret amicitia erga fratrem minorem. Si ii qui pervenerint eo (improbitatis), non coram nobis gubernantibus hominibus habebunt culpam, a cœlo ipso data nostris subditis lex (naturalis) omnino exstinguetur aut perturbabitur. Dico, tu properes adhibere a Wenn wang statutas pœnas, punias illos non condonans.

PART. IV. — CH. IX. AVIS DONNÉS A K'ANG CHOU.

(17) 不率大憂、矧惟外庶子訓人、惟厥正人、越小臣諸節、乃別播敷、造民大譽、弗念弗庸、瘝厥君、時乃引惡、惟朕憝、已汝乃其速由茲、義率殺、亦惟君惟長、不能厥家人、越厥小臣(18)

17. « Póu chouĕ tá k'iă ; chènn wéi wái chóu tzéu hiún jénn, wéi kiuĕ tchéng jénn, iuĕ siaó tch'énn tchōu tsiĕ, nài piĕ pouó fōu, tsaó mín tá iú, fŏu gniēn fŏu ioung, kouān kiuĕ kiūn. Chéu nài in ngŏ ; wéi tchénn touéi. Ì? Jóu nài k'î sŏu ióu tzéu i chouĕ chă.

18. « Ĭ wéi kiūn wéi tchàng, pŏu néng kiuĕ kiā jénn, iuĕ kiuĕ siaó teh'énn,

17. « Il faut réprimer par la sévérité des lois les particuliers qui violent la loi naturelle ; et à plus forte raison, les maîtres chargés d'instruire au dehors les fils des princes et des officiers, les chefs des officiers, et les officiers subalternes de tout grade, lorsqu'ils répandent des instructions différentes (de celles du prince), pour se faire admirer du peuple, et qu'ils méconnaissent et violent les lois, au grand déplaisir de leur prince. Ces officiers corrompent le peuple, et je les déteste. Peut-on s'abstenir (de les réprimer)? Appliquez-leur sans délai les justes lois (de Wenn wang), et condamnez-les tous à la peine capitale.

18. «(Vous devez avant tout donner le bon exemple à vos officiers). Si vous, prince et chef (d'une famille et d'un État), vous ne saviez pas diriger les personnes de votre maison, vos petits officiers, les chefs des officiers de votre principauté ; si votre

17. « Qui non obsequuntur (legi naturali), sunt graviter legibus constringendi ; multo magis autem exterius omnes magistri qui docent homines, et illi præpositorum rectores homines, et minores præpositi variis tesseris (insigniti), siquidem aliena (documenta) spargentes ac diffundentes, excitent populi magnas laudes, nec recordantes nec exsequentes (statuta), mœrore afficiant suum principem. Hi quidem inducunt ad malum; et ego odio habeo. An abstinendum est (ab his puniendis)? Tu quidem ipse properes ex illis justis legibus (Wenn regis) cunctos occidere.

憂 K'iă, devoir, règle constante, loi. 外 Wái, hors du domaine impérial. 子 Tzéu, maîtres chargés d'enseigner les fils des princes et des officiers.

節 Tsiĕ ou 符節 Fóu tsiĕ, tablette ou bâton qui servait de diplôme ou de lettre de créance à un officier ou à l'envoyé d'un officier.

18. « At es princeps, es rector; si non valeas (concordes facere) tuæ domus homines, et (recte componere) tuos minores administros, exteriores præpositorum duces; sed sævias et

外正惟威惟虐，大
放王命乃非德用
乂
汝亦罔不克敬
典乃由裕民惟文
王之敬忌乃裕民
曰，我惟有及，則予
(20)王曰，封爽惟民
一人以懌，
迪吉康我時其
殷先哲王德用
乂民作求矧今民
罔迪不適不迪則

wái tchéng, wèi wēi, wêi iŏ, tá fáng wàng míng ; nài fēi tĕ ióung í.

19. « Jòu ĭ wàng pŏu k'ŏ kīng tièn, nài iôu iú mín. Wêi Wênn wâng tchĕu kīng ki. Nài iú mín iuĕ : « Ngò wêi iôu kĭ. » Tsĕ iû ĭ jênn i ĭ. »

20. Wâng iuĕ : « Fōung, chouàng wéi mín, tĭ kĭ k'āng. Ngò chêu k'í wêi Īn siēn tchĕ wâng tĕ, ióung k'āng í mín, tsŏ k'iôu ; chènn kīn mín wàng tĭ pŏu chĕu.

administration était cruelle et tyrannique, si vous ne teniez aucun compte des ordres de l'empereur ; ce serait vouloir maintenir les autres dans le devoir en agissant mal vous-même.

19. « En toute chose vous pouvez (et devez) respecter les lois, et par ce moyen rendre le peuple heureux. Wenn wang avait ce respect des lois, cette crainte (de les violer). En rendant ainsi le peuple heureux, dites-vous à vous-même : « Je cherche à égaler (Wenn wang). » Et alors, moi votre souverain, je serai content. »

20. L'empereur dit : « Foung, tout bien considéré, le peuple doit être conduit (non par la crainte des châtiments, mais) par l'appât du bonheur et de la tranquillité. Je pense toujours à la conduite des sages empereurs de la dynastie des In, afin de maintenir l'ordre et la tranquillité, et d'égaler ces anciens souverains ; d'autant plus que à présent parmi le peuple il n'est personne qui, sous la direction d'un prince vertueux et bienfaisant, ne soit

vexes, et magnopere negligas imperatoris mandatum; tunc improbitate utens recte componere (voles).

19. « Tu et in nullo non vales observare leges, et inde felicem facere populum. Hæc erat Wenn regis observantia, cautio. Et felicem faciens populum, dicas : « Ego quæro assequi ut attingam (Wenn regem). » Tunc ego summus vir ideo gaudebo. »

20. Imperator dixit : « Foung, clare cogitans de populo, (video eum) ducendum esse (ad virtutem) felicitatis et tranquillitatis (spe). Ego semper ipse cogito de In domus antiquorum sapientium imperatorum virtutibus, ut tranquillans regam populum, et evadam par (illis imperatoribus); eo magis quod e populo nullus ductus (ad virtutem per exempla ac beneficia) non adibit. Qui

周政在厥邦。

(21) 王曰：封予惟

不可不監，告汝

德之說，于罰之

行，今惟民不靜，

未戾厥心，迪屢

未同，爽惟天其

罰殛我，我其不

怨惟厥罪，無在

大亦無在多，矧

曰其尚顯聞于

天。

Pŏu tĭ, tsĕ wàng tchéng tsái kiuĕ pāng. »

21. Wàng iuĕ : « Fōung, iû wéi pŏu k'ŏ pŏu kién, kaò jòu tĕ tchêu chouŏ, iû fă tchêu hìng. Kīn wéi mìn pŏu tsìng, wéi li kiuĕ sīn. Tí liú wéi t'ôung. Chouáng wéi t'iēn k'ì fă kĭ ngó ; ngŏ k'i pŏu iuén. Wéi kiuĕ tsouéi, ôu tsái tá, ĭ ôu tsái touŏ ; chènn iuĕ k'i cháng hièn wénn iû t'iēn. »

disposé à suivre la voie de la vertu. Sans cette direction douce et bonne, le gouvernement d'un État est impossible. »

21. L'empereur dit : « Foung, je ne puis me dispenser d'étudier (la conduite des sages empereurs de l'antiquité), et de vous rappeler la nécessité de joindre l'influence de la vertu à l'emploi des châtiments. Le peuple n'est pas encore tranquille, les esprits n'ont pas encore de détermination arrêtée. Malgré mes instructions réitérées, il n'est pas encore redevenu aussi vertueux qu'autrefois. Je vois clairement que le ciel veut me châtier sévèrement ; j'y pense et ne m'en plains pas. Car toutes les fautes du peuple, graves ou légères, (doivent m'être imputées). Je crains d'autant plus qu'à présent l'odeur infecte des actions impures monte évidemment jusqu'au ciel. »

non ita ducet, tunc nullum erit regimen in ejus regno. »

求 signifie 等 de même rang.

21. Imperator dixit : « Foung, ego non possum non inspicere (In domus sapientium imperatorum exempla), nec monere te virtutis præceptum in pœnarum usu. Nunc populus non quietus est, nondum stetit ejus animus. Hortatus pluries, nondum similem feci antiquorum imperatorum sapientium populo). Clare (videns et) cogitans cœlum ipsum puniturum et deleturum me, ego non queror. Cogito illius (populi) culparum non inspiciendam gravitatem et non inspiciendum numerum, (omnes mihi esse tribuendas) ; eo magis dicendum quum illæ supra manifeste olent ad cœlum. »

戾 Li signifie 止 tchéu, s'arrêter, se fixer.

聞 Wénn, d'après les dictionnaires, se dit spécialement du son qui parvient à l'oreille 聲所至 chēng chòu tchéu. Il se dit aussi des odeurs qui parviennent à l'odorat, comme on le voit dans ce paragraphe, dans le paragraphe 11 du chapitre suivant, et ailleurs.

民服命高乃聽用康乂

念哉無我殄享明乃

子封惟命不于常汝

(23) 王曰嗚呼肆汝小

汝瑕殄

乃猷裕乃以民寧不

用康乃心忱丕則敏德

彝蠲時忱丕則敏德遠

無作怨勿用非謀非

(22) 王曰嗚呼封敬哉

22. Wâng iuĕ : « Oū hōu ! Fōung, kíng tsāi. Oú tsŏ iuén, òu ióung fēi meôu fēi î. Pi chéu chênn. P'êi tsĕ min tĕ, ióung k'āng nài sīn. Kóu nài tĕ, iuèn nài iôu. Iú, nài i mîn gnîng. Pŏu jóu hiâ tièn. »

23. Wâng iuĕ : « Oū hōu ! séu jóu siaŏ tzéu Fōung. Wêi míng pŏu iū tch'âng. Jòu gniên tsāi, òu ngò tiēn hiàng. Míng nài fóu míng, kaō nài t'īng, ióung k'āng i mîn. »

22. L'empereur dit : « Oh! Foung, prenez garde. Ne faites rien qui puisse exciter de justes plaintes ; ne suivez pas les mauvais conseils, les voies iniques. Que la vérité et la sincérité président à vos décisions. Imitez la diligente sollicitude (des sages princes de l'antiquité), afin que votre esprit soit en repos. Examinez-vous vous-même ; que votre prévoyance s'étende loin dans l'avenir. Soyez indulgent, afin que le peuple soit en paix. Vous éviterez ainsi les défauts qui m'obligeraint à vous dégrader. »

23. L'empereur dit : « Oh! Foung, mon cher fils, courage. Mais le mandat qui vous est confié n'est pas irrévocable. Faites donc attention, afin que je ne sois pas obligé de vous destituer. Remplissez avec sagesse les devoirs de votre charge, suivez avec grandeur d'âme les maximes et les exemples des anciens sages ; l'ordre et la tranquillité règneront parmi le peuple des In. »

22. Imperator dixit : « Oh! Foung, attende. Ne agas (quicquam de quo populus jure) queratur ; ne adhibeas prava consilia, iniquas leges. Statue cum veritate et sinceritate. Multum imitare strenuam virtutem, ut tranquilles tuum animum. Inspice tuam virtutem, longe profer tua consilia. Indulgens sis, et ita populus quiescet. Non te vitiatum dejiciam. »

23. Imperator dixit : « Oh! age, tu, parve fili Foung. At mandatum non in perpetuum. Tu attendas, ne ego tollam (regnum quo) frueris. Perspicaciter fungere tuo suscepto mandato ; alte age quæ tu audivisti (sapientium regum dicta et gesta) ; ita tranquillabis et recte compones populum. »

Le sens de 肆 est incertain.

那 土 王 ⑵ 大 ⑴ 享 乃 典 哉 ⑳
庶 厥 肇 乃 命 王 以 聽 封 王
士 誥 國 穆 于 若 酒 殷 朕 勿 若
越 毖 在 考 妹 曰 誥 民 告 替 曰
少 庶 西 文 邦 明 世 汝 敬 往

24. Wàng jŏ iuĕ : « Wàng tsâi, Fōung ; ŏu t'i king tiĕn, t'īng tchénn kaó jòu, nài i Īn mîn chéu hiàng. »

TSIOU KAO. 1. Wâng jŏ iuĕ : « Mîng tá ming iū Méi pāng.

2. « Nài mŏu k'aò Wēnn wâng tchaó koŭ tsái sī t'òu, kiuĕ kaó pí chóu pāng

24. L'empereur termina son discours à peu près en ces termes : « Allez, Foung, ne violez pas les lois que vous devez respecter, suivez les avis que je vous donne ; et vous et vos descendants, vous jouirez à jamais de votre dignité parmi le peuple des In. »

CHAPITRE X. AVIS SUR LES LIQUEURS ENIVRANTES.

1. L'empereur (Ou wang, s'adressant à son frère K'ang chou) parla à peu près en ces termes : « Publiez dans la principauté de Mei les ordres importants (que je vais vous donner).

2. «Lorsque votre père Wenn wang, ce prince si fidèle à remplir ses devoirs, fonda sa capitale (la ville de Foung) dans la partie occidentale de l'empire, il donna des avis et recommanda des précautions à tous les princes, à tous les officiers, à leurs aides et à leurs

24. Imperator sic locutus est : « Eas, Foung. Ne negligas reverendas leges, obsequere mihi monenti te, et utens In populo, in perpetuas ætates frueris (regia dignitate). »

CHAPITRE X. 酒 Tsiòu, boisson fermentée, liqueur enivrante.

1. Imperator sic locutus est : « Declara magna jussa in Mei regno.

妹 ou 沬 (詩 鄘 風) Méi, ancienne principauté, à présent 淇 縣 K'í hién dans le 衛 輝 府 Wéi houēi fòu (Ho nan). 紂 Tcheóu, dernier empereur de la dynastie des 殷 Īn, y avait résidé. Ses mauvais exemples y avaient introduit et propagé l'ivrognerie avec les

autres vices qui en sont ordinairement la suite. Ou wang donna cette principauté à son frère K'ang chou, et lui recommanda la réforme des mœurs.

2. «Tuus sedulus (vel, cujus delubrum est in australi parte) pater Wenn rex, condens regnum (vel urbem regiam) in occidentali regione, suis monitis cavere jussit omnes regulos, omnes præpositos, et adjutores præfectos, curatores rerum, a mane ad vesperam dicens : «Spiritibus offeratur hoc vinum. Etenim cœlum demittens jussum (faciendi vini) initio nostro populo, (jussit adhibendum esse) solummodo in magnis sacris.

穆 Mŏu, respectueux, très attentif

正御事，朝夕曰：祀茲酒，惟天降命，肇我民，惟元祀。

(3) 天降威，我民用大亂喪德，亦罔非酒，惟行，越小大邦用喪，亦罔非酒，惟辜。

(4) 文王誥教小子，有正有事，無彝酒，越

chóu chéu, iuĕ chaó tchéng, iú chéu, tchaô sǐ iuĕ: « Séu tzĕu tsióu. Wêi t'iēn kiáng ming tchaó ngó mîn, wêi iuĕn séu.

3. « T'iēn kiáng wêi, ngó mîn ióung tá louán sáng tĕ, ǐ wàng fēi tsióu wêi hîng; iuĕ siaó tá pāng ióung sáng, ǐ wàng fēi ts ́òu wêi kôu. »

4. « Wēnn wàng kaó kiaó siaó tzéu, iôu tchéng iôu chéu, ôu î tsióu; iuĕ chóu

employés. Illeur répétait sans cesse : « Les liqueurs enivrantes sont faites pour être offertes aux esprits. Quand le ciel pour la première fois en prescrivit la préparation à notre peuple, il n'en permit l'usage que dans les cérémonies les plus solennelles.

3. « Toutes les fois que le ciel dans sa colère a permis que notre peuple s'abandonnât à de graves désordres, l'abus des liqueurs enivrantes en a toujours été la cause; et toutes les fois qu'il a permis la ruine des États, grands ou petits, il a voulu punir l'ivrognerie.»

4. « Aux jeunes gens qui étaient fils d'officiers et exerçaient eux-mêmes des charges, Wenn wang recommandait de ne pas user habituellement de liqueurs enivrantes. Il voulait que dans les principautés on ne bût de ces liqueurs qu'après les cérémonies en

à remplir tous ses devoirs; celui dont la salle dans le temple des ancêtres est placée au midi.

La principauté et la maison de 周 Tcheōu existaient longtemps avant Wenn wang; mais il en augmenta considérablement la puissance, et changea la capitale; il peut être considéré comme un véritable fondateur. Il était 西伯 sī pĕ chef des princes de la partie occidentale de l'empire; en cette qualité il leur donnait des avis et des ordres.

3. «Quoties cœlum demisit sævitiam, et noster populus inde valde turbatus amisit virtutem, etiam nunquam non fuit quia vini invaluit usus. Et quoties parva magnave regna inde (i. e. ob cœli iram) perierunt, etiam nunquam non fuit quia vini invaluit abusus. »

4. «Wenn rex monebat et docebat juvenes filios (regni ministrorum et præpositorum) habentes munia, gerentes negotia, ne solito (biberent) vinum; at in omnibus regnis biberetur solummodo sacrorum (tempore), virtute moderante, nec esset ebrietas.

彝 î, loi, règle, coutume, se faire une coutume de.

On croyait que l'odeur des boissons fermentées attirait les esprits tutélaires, les mânes des parents défunts. Les liqueurs et les mets, après avoir été

PART. IV. — CH. X. AVIS SUR LES LIQUEURS ENIVRANTES. 247

父母厥父母慶、服賈用孝養厥。長肇牽車牛遠。奔走事厥考。肱純其藝黍稷。(6) 妹土嗣爾股。大德小子惟一小。考之彝訓聰聽祖。厥心臧惟土物愛。小子惟曰我民迪。(5) 將無醉。庶國飲惟祀德

kouŏ in wêi séu, tĕ tsiāng, ôu tsouéi.

5. « Wêi iuĕ : « Ngŏ mîn tĭ siaŏ tzéu wêi t'òu ōu ngái ; kiuĕ sīn tsāng. Ts'ōung t'īng tsòu k'aŏ tchêu i hiùn, iuĕ siaŏ tá tĕ, siaŏ tzéu wêi ĭ. »

6. « Méi t'òu, séu èul kòu kōung, chouênn k'î i chòu tsĭ, pēnn tseòu chéu kiuĕ k'aŏ kiuĕ tchàng, tchaŏ k'iēn kiū iôu, iuên fŏu kòu, ióung hiaŏ iàng kiuĕ fóu mòu. Kiuĕ fóu mòu k'ing, tzéu sièn t'iēn tchéu ióung tsiòu.

l'honneur des esprits, et encore avec modération, et sans aller jusqu'à l'ivresse.

5. « Que mes sujets, disait-il, apprennent à leurs enfants à n'aimer que les produits de la terre ; les jeunes gens (occupés à cultiver la terre, ne se livreront pas à la débauche, et) seront vertueux. Que les jeunes gens écoutent avec attention les enseignements ordinaires qui leur viennent de leurs ancêtres et de leurs pères, et qu'ils s'appliquent à pratiquer la vertu dans les petites choses comme dans les grandes. »

6. « Habitants du pays de Mei, travaillez sans cesse et de toutes vos forces à cultiver les deux espèces de millet à panicules ; aidez avec une prompte diligence vos parents et vos aînés ; conduisez avec ardeur vos voitures et vos bœufs, et faites le commerce dans les pays lointains, pour nourrir vos parents avec affection. Vos parents seront heureux ; alors vous clarifierez des liqueurs, vous leur donnerez de la force, et vous en userez, (vous et vos parents, pour vous réjouir ensemble).

présentés aux ancêtres, étaient portés dans une salle située derrière le temple, et servis aux assistants, qui buvaient et mangeaient en l'honneur des morts.

5. « Et dicebat : « Mei populares doceant juvenes filios ut solummodo terræ fructus ament ; eorum animi erunt boni. (Juvenes) attente audiant avorum et genitorum constantia documenta, et parvas magnasque virtutes juvenes filii curent pariter. »

6. « Mei regionis (incolæ), continuo (adhibentes) vestra crura ac brachia, multum ipsi colite milii duo genera ; currentes ac properantes operam præbete vestris parentibus et vestris majoribus ; strenue trahentes vehicula ac boves, longe suscipite mercaturam, ut pie

自洗腆致用酒。
庶庶伯士有正越爾
典聽朕教爾大爾
克羞耇惟君爾
乃飲食醉飽丕
惟曰爾克永觀
省作稽中德
尚自介用逸
乃克
乃允惟王正事茲
之臣茲王
若元德亦惟天
在王家永不忘

7. « Chóu chéu ióu tchéng, iuĕ chóu pĕ kiūn tzéu, k'í éul tièn t'īng tchénn kiaó. Eŭl tá k'ŏ siōu keóu wêi kiūn, éul nài in chĕu tsouéi paŏ. P'ēi wêi iuĕ, éul k'ŏ ióung kouān sing, tsŏ kī tchōung tĕ; éul cháng k'ŏ siōu kouéi séu, éul nài tzéu kiái ióung ï. Tzēu nài iùn wêi wâng tchéng chéu tchēu tch'énn, tzēu ĭ wêi t'iēn jŏ iuên tĕ, ióung pŏu wâng tsái wâng kiā. »

7. « Vous tous, officiers en charge, et vous, chefs des officiers, hommes distingués, écoutez (et suivez) constamment mes avis. Quand vous offrez des festins aux vieillards ou que vous servez votre prince, si vous remplissez ces fonctions convenablement, vous pouvez ensuite boire et manger à satiété. Pour parler de choses plus relevées, si vous savez veiller sans cesse (sur vos pensées et vos sentiments), et dans votre conduite ne vous écarter jamais du juste milieu; vous êtes capables de présenter convenablement les offrandes aux esprits, et (après la cérémonie vous pouvez) vous réjouir à votre tour. Si vous agissez ainsi (si vous ne buvez de liqueurs enivrantes que dans ces circonstances), vous remplirez bien les fonctions confiées par l'empereur; le ciel lui-même vous secondera à cause de votre grande vertu, et vos services ne seront jamais oubliés dans la famille impériale. »

alatis vestros parentes. Vestri parentes gaudebunt; ipsi purgabitis, generosum facietis, et assequemini ut adhibeatis vinum.

7. « Omnes præpositi habentes munia, et omnes præpositorum rectores præstantes viri, ipsi vos constanter audiatis mea documenta. Si vos bene potestis alere senes et servire principi, vos tunc bibentes et comedentes satietis vos potu, satietis vos cibo. Ut majora vero loquar, si vos valetis semper observare et inspicere (cogitata vestra), et agendo perpendere mediam (i. e. quæ in medio stat) virtutem; vos peroptato valetis inferre cibaria in sacris; vos tunc ipsi comitanter (i. e. secundo loco, spiritibus jam saturatis, potestis) frui oblectamento. Ita vos vere eritis imperatoris recte componentes negotia ministri; ita et cœlum obsecundabit magnæ virtuti; unquam non oblivioni eritis in imperatoris domo. »

Dans ce paragraphe, comme dans plusieurs endroits du Cheu king, 醉 **tsouéi** signifie, non pas boire jusqu'à

惟帝自小皆惟⑨克酒文事土⑧
御乙成民王曰王受故王小祖王
事成湯經曰王日殷教子邦曰
厥王咸德迪在封我之不尚君封
棐畏至秉畏封我命腆克我
有相于哲天殷聞于用御西
　　　　　顯先　　今

8. Wàng iuĕ: « Fōung, ngò sī t'òu, fèi ts'òu pâng kiūn, iú chéu, siaò tzéu, cháng k'ŏ ióung Wênn wàng kiaó, pŏu t'ién iū tsiòu. Kòu ngò tchéu iū kīn, k'ŏ cheóu În tchēu ming. »

9. Wàng iuĕ: « Fōung, ngò wênn wéi iuĕ, tsái sī În siēn tchĕ wàng tí wéi t'iēn hièn siaò mìn, kīng tĕ ping tchĕ; tzéu Tch'êng T'āng hièn tchéu iū Ti ĭ, tch'êng wàng wéi siáng ; wéi iú chéu kiuĕ fèi iòu kōung, pŏu kàn tzéu hiá tzéu ĭ; chénn iuĕ k'î kàn tch'òung in.

8. L'empereur dit : « Foung, autrefois dans notre contrée occidentale, les princes, les officiers, les fils des officiers, qui aidaient Wenn wang, suivirent ses enseignements, et évitèrent les excès dans l'usage des liqueurs enivrantes. C'est ainsi que à présent nous avons pu obtenir l'empire qui était entre les mains des In. »

9. L'empereur dit : « Foung, j'ai entendu dire que dans l'antiquité le sage fondateur de la dynastie des In (T'ang le Victorieux) craignait d'agir contrairement à la volonté manifeste du ciel et aux désirs de ses moindres sujets, qu'il cultivait sans cesse la vertu et suivait fidèlement les lumières de la sagesse; que, depuis T'ang le Victorieux jusqu'à Ti i, tous les empereurs étaient des souverains accomplis et traitaient les ministres d'État avec respect; que, de leur côté, les officiers secondaient l'empereur avec un zèle respectueux, qu'ils ne se permettaient pas de rechercher le repos ni les

s'enivrer, mais boire à satiété, de même que 飽 paò signifie manger à satiété.

8. Imperator dixit: «Foung, in nostra occidentali regione, adjuvantes defuncti regnorum rectores, curatores rerum, juniores filii (præpositorum) feliciter potuerunt adhibere Wenn regis documenta, nec excesserunt in vino. Ideo nos advenientes ad præsens tempus, potuimus accipere In domus mandatum. »

祖 Ts'òu, s'en aller, passer, tré- passé, autrefois, ensuite.

9. Imperator dixit: «Foung, ego audivi dicentes in antiquitate In domus primum sapientem imperatorem (Tch'eng T'ang), insistentem rectæ viæ, veritum esse cœli manifestam (voluntatem) et parvum populum, et constantem in virtute tenuisse sapientiam; ex Tch'eng T'ang omnes usque ad Ti i fuisse perfectos imperatores et veritos esse regni ministros; et curatores rerum

恭不敢自暇自
逸矧曰其敢崇
飲（10）越在外服
甸男衞邦伯
在內服百僚庶
尹惟亞惟服宗
工越百姓里居
罔敢湎于酒不
惟不敢湎亦不
惟助成王德顯
越尹人祗辟
（11）我聞亦惟曰

10. « Iuĕ tsái wái fŏu, heòu tién nân wéi pāng pĕ, iuĕ tsái néi fŏu, pĕ leaô, chóu in, wêi iá, wêi fŏu tsōung kōung, iuĕ pĕ sing, li kiū, wàng kàn mièn iū tsiòu. Pŏu wêi pŏu kàn, ĭ pŏu hiá. Wêi tchóu tch'êng wâng tĕ hièn, iuĕ in jênn tchêu pí.

11. « Ngò wênn ĭ wêi iuĕ, tsái kīn heòu séu wâng hàn chênn, kiuĕ míng wàng

amusements. A plus forte raison ne se permettaient-ils pas de mettre la boisson au-dessus de tout.

10. « Dans les différentes circonscriptions situées en dehors du domaine propre de l'empereur, les princes et leurs chefs, et dans le domaine propre de l'empereur, les officiers avec leurs chefs, les officiers inférieurs, les aides des officiers supérieurs, les parents des officiers, les (ministres et les officiers) retirés dans la vie privée ne se permettaient jamais de se plonger dans l'ivresse. Non seulement ils ne se le permettaient pas, mais ils n'en avaient même pas le temps. Leur unique soin était d'aider l'empereur à perfectionner et à faire briller sa vertu ; (et les inférieurs aidaient) leurs chefs à servir l'empereur avec respect.

11. « J'ai aussi entendu dire que, dans les derniers temps, le

ipsos adjuvisse cum reverenti diligentia, nec ausos esse sibi indulgere otium, sibi indulgere oblectamenta; multo minus dicas illos ausos in summo ponere potationes.

10. « Inde in externis (territoriis imperatori) subjectis, *heou, tien, nan, wei* regnorum (rectores) et regulorum duces, et in interiori subjecto (territorio), omnes collegæ (præpositi) et *chóu in* præpositorum duces, et *iá* inferiores præpositi et *fŏu tsōung kōung* adjutores summorum præpositorum, et *pĕ sing* (præpositorum) omnes consan-guinei, *li kiū* (regni ministri et majores præfecti honoribus defuncti et) in vicis degentes nunquam audebant immergere se in vino. Non modo non audebant, sed non vacabat tempus. Unice adjuvabant ut perfecti imperatoris virtus splenderet, et præpositorum duces revererentur principem.

侯甸男衞 Voy. page 233.

11. « Ego audivi etiam dicentes in novissimo tempore posterum et successorem imperatorem inebriare se, ejus imperium non clarere in populo, sedulo curare adsciscere querelas, nec mutare

PART. IV. — CH. X. AVIS SUR LES LIQUEURS ENIVRANTES. 251

自 天, 德 殷 畏 逸, 于 不 用 厥 保 厥 在
酒, 誕 馨 國 死, 酒 盡 燕 縱 命 今
腥 惟 香 滅 辜 厥 不 傷 喪 淫 罔 後
聞 民 祀, 無 在 心 惟 心. 威 泆 不 嗣
在 怨 登 罹, 商 疾 自 惟 儀. 于 易, 王
上, 庶 聞 弗 邑, 狠 息 荒 民 非 誕 酗
故 羣 于 惟 越 不 乃 腆 罔 彝. 惟 祇 身,

hiĕn iŭ mîn, tchêu paó iŭĕ iuén, pŏu i, tán wêi kiŭĕ tsóung în ĭ iŭ fêi î, ióung iĕn sáng wêi î. Mîn wàng pŏu hĭ châng sīn. Wêi houāng t'iēn iŭ tsiòu, pŏu wêi tzéu sĭ nài ĭ. Kiŭĕ sīn tsĭ làng, pŏu k'ŏ wéi séu. Kōu tsái Chāng ĭ, iŭĕ În kouŏ miĕ, ŏu lî. Fŏu wêi tĕ hīng hiāng séu, tēng wénn iŭ t'iên. Tán wêi mîn iuén, chóu k'iŭn tzéu tsiòu, sīng wénn tsái cháng. Kóu t'iēn kiàng sáng iŭ În ; wàng ngái iŭ În,

successeur (de ces souverains accomplis, le tyran Tcheou) s'enivrait, que son gouvernement mettait la confusion dans l'empire, qu'il ne semblait chercher qu'à mécontenter le peuple et ne voulait pas se corriger, que tout entier à ses plaisirs, il ne respectait aucune loi, qu'il croupissait dans l'oisiveté et ne gardait aucune bienséance. Tous ses sujets en éprouvaient une grande affliction. Lui continuait à se plonger dans l'ivresse, et ne voulait nullement mettre un terme à ses débauches. Dans sa frénésie furieuse, il courait sans crainte à sa perte. Les crimes s'accumulaient dans la capitale des Chang, l'empire des In touchait à sa fin, et le tyran n'en avait pas souci. Il ne pensait pas à faire monter vers le ciel dans les sacrifices l'agréable odeur d'une vertu parfaite. Il ne montait vers le ciel que les plaintes du peuple et l'odeur infecte des orgies d'une troupe d'ivrognes. Aussi le ciel condamna les In à périr ; il leur retira son affection uniquement à cause de leurs excès. En cela le ciel ne s'est pas montré cruel ; ce sont les

se, magnopere cogitare ut ipse indulgeret voluptati et difflueret in violandis legibus, utentem desidia amisisse gravitatem ac decorem. E popularibus nullus non dolebat sauciato animo. At licenter excedens in vino, non cogitabat ut ultro cessaret, sed indulgebat voluptatibus. Ejus animus rabide furens non sciebat timere mortem. Scelera manebant in Chang urbe præcipua, et In imperium exstinguebatur, nec dolebat (tyrannus). Non cogitabat ut virtutis suaveolens fragrantia in sacris ascendens perveniret ad cœlum. Ubique solummodo populi querelæ, multorumque congregatorum hominum se inebriantium fœtor perveniebat ad cœlum. Ideo cœlum demisit interitum in In

天降喪于殷罔愛
于殷惟逸天非虐
惟民自速辜

⑫王曰封子不惟
若茲多誥古人有
言曰人無於水監
當於民監今惟殷
墜厥命我其可不
大監撫于時

⑬予惟曰汝劼
殷獻臣侯甸男衛
矧太史友內史友
越獻臣百宗工矧

wêi ï. T'iēn fēi iŏ, wêi mîn tzéu sŏu kōu. »

12. Wâng iuĕ : « Fōung, iù pŏu wêi jŏ tzēu touô kaó. Koù jênn iòu iên iuĕ : « Jênn ôu iū chouéi kién, tāng iū mîn kién. » Kīn wêi Īn tchouéi kiuĕ ming ; ngò k'î k'ŏ pŏu tá kién, foŭ iū chéu ?

13. « Iù wêi iuĕ, jòu k'iă pi Īn hién tch'ênn, heôu tién nân wéi ; chènn t'ái chéu iòu, néi chéu iòu, iuĕ hién tch'ênn pĕ tsōung kōung ; chènn wêi éul chéu,

hommes (Tcheou et ses courtisans) qui se sont attiré eux-mêmes ce châtiment. »

12. L'empereur dit : « Foung, si je vous rappelle tous ces faits, ce n'est pas que j'aime à donner beaucoup de conseils. Les anciens répétaient souvent cet adage : « Ne prenez pas pour miroir le cristal des eaux, mais les autres hommes, (ce qui est arrivé aux autres doit vous servir de leçon). » Les In ont perdu le pouvoir souverain ; cet exemple ne doit-il pas être comme notre grand miroir, et nous exciter à assurer la tranquillité du peuple ?

13. Je dis donc que vous devez avertir sérieusement les sages officiers qui ont servi la maison de In, les princes qui sont dans les diverses circonscriptions de l'empire ; à plus forte raison, le grand secrétaire et le secrétaire de l'intérieur qui sont vos familiers, et tous les chefs des officiers ; à plus forte raison, ceux qui vous servent, (à savoir) le maître qui vous enseigne et l'officier

domum ; caruit amore in In, solummodo propter excessus. Cœlum non fuit crudele, sed homines ipsi sibi adsciverunt pœnas. »

12. Imperator dixit : « Foung, ego non quæro (non me delectat) hoc modo multum monere. Antiqui homines habebant adagium, dicebant : « Homo ne in aquis inspiciat se ; oportet in hominibus inspicere. » Nunc In amisit suum imperium ; nos ipsos decetne non habere pro magno speculo, ut tranquillemus coævos ?

13. « Ego igitur dico : tu enixe moneas In domus sapientes præpositos, *heou, tien, nan, wei* (variarum regionum regulos) ; multo magis summum scribam amicum (tuum), interiorem scribam

PART. IV. — CH. X. AVIS SUR LES LIQUEURS ENIVRANTES. 253

姑惟教之、
于酒勿庸殺之、
諸臣惟工乃酒
(15) 又惟殷之迪
其殺、
拘以歸于周予
飲汝勿佚盡執
(14) 厥或誥曰羣
汝剛制于酒、
保宏父定辟
父薄違農父
柔刓惟若疇
惟爾事、服休服

főu hiōu, főu ts'ài; chènn wéi jŏ tch'eòu, k'i fóu pouŏ wéi, nôung fòu jŏ paó, hôung fòu ting pĭ. Chènn jòu kēng tchéu iū tsióu.

14. « Kiuĕ houĕ kaó iuĕ, k'iūn in, jòu ŏu ĭ. Tsin tchĕu kiū, i kouĕi iū Tchēóu; iū k'ĭ chă.

15. « Íóu wèi În tchēu tĭ tchòu tch'ènn, wèi kōung, nài miĕn iū tsióu, ŏu iòung chă tchèu; kōu wèi kiaó tchèu.

qui exécute vos ordres; à plus forte raison, ceux qui vous sont presque égaux, (à savoir, vos trois ministres d'État) le ministre de l'intérieur qui expulse les insoumis, le ministre de l'agriculture qui veille à la défense du peuple, le ministre des travaux publics qui fixe les limites (ou les règlements). Vous surtout, vous devrez vous tenir bien en garde contre les boissons enivrantes.

14. « Si l'on vient vous avertir que des hommes (du peuple) réunis en troupe boivent ensemble, ne les laissez pas échapper. Faites-les saisir, enchaîner et conduire tous à la capitale de l'empire; je les condamnerai à la peine de mort.

15. « Quant aux ministres d'État et aux officiers de différents grades qui ont servi la maison de In et suivi les mauvais exemples (du tyran Tcheou), s'ils s'enivrent encore, il ne sera pas nécessaire de les mettre à mort (sans délai); contentez-vous de les avertir.

amicum, et sapientium præpositorum omnes summos duces; multo magis eos qui tibi operam præbent, curatorem quietæ rei, (i. e. magistrum qui sedens docet), curatorem rerum; multo magis eos qui sunt quasi pares (tibi), territorii præfectum qui expellit contumaces, agriculturæ præfectum qui favet defensioni, operum præfectum qui statuit limites (seu leges). Multo magis tu firmiter cavebis a vino.

采 Ts'ài, affaires.

14. « Si quis forte monens dicat turbam bibere, tu ne dimittas. Omnes apprehende et constringe, ut conveniant ad Tcheou (domus nostræ urbem præcipuam); ego ipse occidam.

15. « Rursus cogito, si In domus inducti (ad ebriositatem) varii præpositi et ministri inde immergant se in vino, non necesse esse occidere eos; parcens solum doceas eos.

16. « Iŏu sēu, mìng hiàng. Nài pŏu ióung ngò kiaó sēu, wêi ngò ĭ jênn fŏu siŭ. Fŏu kiuēn nài chêu, chêu t'òung iū chă. »

17. Wâng iuĕ : « Fōung, jòu tièn t'īng tchénn pí. Oŭ pién nài sēu, mín miên iū tsiòu. »

TZEU TS'AI. 1. Wâng iuĕ : « Fōung, ĭ kiuĕ chóu mìn ki kiuĕ tch'ênn tă tá kiā, ĭ kiuĕ tch'ênn tă wâng, wêi pāng kiūn.

16. « (Officiers de la maison de In), si vous suivez mes avis, je vous conférerai des dignités. Si au contraire vous ne mettez pas en pratique mes enseignements, moi votre souverain, je n'aurai pas compassion de vous. Si vos mœurs ne deviennent pas pures, je vous mettrai sur le même rang que les hommes du peuple qui (se réunissent en troupe pour boire et) doivent être punis de mort. »

17. L'empereur dit : « Foung, suivez constamment mes avis. Si vous ne maintenez vos officiers dans le devoir, le peuple se plongera dans l'ivresse. »

CHAPITRE XI. LE BOIS DE CATALPA.

1. L'empereur (Ou wang) dit (à son frère K'ang chou): «Foung,

16. « (In domus ministri), si teneatis (et sequamini) hæc (mea documenta), præclare donabo (vos honoribus). Si vos non adhibeatis meorum documentorum dicta, tunc ego summus vir non miserebor. Si non purgetis vestras actiones, tunc compares faciam cum occidendis. »

17. Imperator dixit: «Foung, tu constanter obsequaris meis monitis. Nisi recte compones tuos præfectos, populus immerget se in vino. »

CHAPITRE XI. 梓 Tzéu, espèce de catalpa 楸 ts'iōu, qui était appelé 木王 mŏu wâng le roi des arbres, et dont le bois était très estimé pour les ouvrages de menuiserie; menuisier, ouvrage de menuiserie. 梓 材 Tzéu ts'âi, bois de catalpa, bois propre aux ouvrages de menuiserie. Ce chapitre contient des avis sur l'art de gouverner. Il y est dit que celui qui gouverne doit imiter l'ouvrier qui travaille le bois.

Dans les quatre premiers paragraphes, Ou wang parle à son frère K'ang chou; dans les quatre derniers, c'est un ministre qui parle à l'un des successeurs de Ou wang.

1. Imperator (Ou wang) dixit (fratri suo K'ang chou): «Foung, cum suis

以　臣　臣　②　我　曰　亦　肆　往　人　君
厥　達　達　汝　有　司　厥　徂　姦　宥　事
庶　大　王　若　師　馬　君　厥　宄　肆　戕
民　家　惟　恒　師　司　先　敬　殺　亦　敗
暨　以　邦　越　司　空　敬　勞　人　見　人
厥　厥　君　日　徒　尹　勞　肆　歴　厥　宥

③王啓監厥亂

2. « Jóu jŏ hêng iuĕ iuĕ : « Ngŏ ióu chêu chêu, sêu t'ôu, sêu mă, sêu k'ōung, in, liŭ, iuĕ, iŭ wàng li chă jênn ; » ĭ kiuĕ kiūn siēn king laó ; sêu ts'ôu kiuĕ king laó. Sêu wàng kiēn kouéi, chă jênn, lĭ jênn ióu ; sêu ĭ kiēn kiuĕ kiūn chêu, ts'iâng pái jênn ióu.

3. « Wâng k'i kiĕn, kiuĕ louán wéi mîn. Iuĕ : « Oŭ siū ts'iâng, ôu siū iŏ. Tchéu le principal devoir du chef d'une principauté est de se concilier tous les esprits, et d'unir par une entente cordiale les hommes du peuple et les officiers de sa principauté avec les grandes familles, et les sujets de l'empereur avec l'empereur lui-même.

2. « Si dans vos discours vous répétez souvent : « O vous qui me servez et prenez modèle les uns sur les autres, ministre de l'instruction publique, ministre de la guerre, ministre des travaux publics, chefs des officiers, grands préfets, je vous le dis, je ne veux ni vexer personne, ni mettre à mort un innocent; » si vous leur prince, leur donnant l'exemple, vous respectez et encouragez le peuple; eux aussi le respecteront et l'encourageront. Si (parfois à cause des circonstances) vous traitez avec indulgence des criminels coupables de rébellion, de trahison, de meurtre ou de recèlement; eux aussi, à l'exemple de leur prince, traiteront avec indulgence des hommes qui auront fait des blessures ou des meurtrissures.

3. « Les anciens empereurs, en instituant les chefs de princes omnibus popularibus et suis præpositis conjungere magnas familias, cum ejus (imperatoris) subditis conjungere imperatorem, est regni rectoris.

2. « Tu si semper edens (verba) dicas: « A me habiti et invicem æmulantes, rector multitudinis, rector militiæ, rector operum, præpositorum duces, majores præfecti, dico, ego nolo vexare, occidere homines; » et eorum rector prior verearis et soleris (populum); inde postea ipsi verebuntur ac solabuntur. Inde postea si rebellibus, proditoribus, occisoribus hominum, receptoribus hominum condones; inde etiam (regni ministri et præpositi) videntes sui reguli gesta, vulnerantibus ac contundentibus homines condonabunt.

3. « Imperatores instituentes inspectores, ipsi turbata ordinabant propter

為民曰無胥戕
無胥虐至于敬
寡至于屬婦合
由以容王其效
那君以越御事引厥
恬自古王若兹引養
監罔攸辟
（４）惟曰若稽田、
既勤敷菑惟其
陳修爲厥疆畎、
若作室家既勤
垣墉惟其塗墍

iŭ king kouà, tchéu iŭ tchŏu fóu ; hŏ iŏu i iŏung. » Wâng k'î hiaó pāng kiūn iuĕ iú chéu, kiuĕ ming hŏ i ? În iàng, in t'iên. Tzéu kòu wâng jŏ tzēu. Kién wàng iôu pĭ. »

4. Wêi iuĕ : « Jŏ kī t'iên ; ki k'în fôu tchēu, wêi k'î tch'énn siôu, wêi kiuĕ kiāng kiuén. Jŏ tsŏ chéu kiā ; ki k'în iuén iôung, wêi k'î t'ôu ki, ts'êu. Jŏ tsŏ

(ou bien, en instituant les feudataires), se proposaient de maintenir l'ordre parmi le peuple. Ils leur disaient : « Ne vous unissez pas (avec les autres princes ou les ministres d'État) pour mutiler ou mettre à mort des innocents, ni pour opprimer le peuple. Allez jusqu'à respecter les faibles et procurer des soutiens aux veuves. Unissez, dirigez tous les citoyens sans exception. » Quand les anciens empereurs constituaient des princes et des officiers, que leur recommandaient-ils ? De faire trouver au peuple la subsistance et la tranquillité. Telle a été la conduite des empereurs depuis les temps antiques. Chef de princes, vous n'avez pas besoin d'employer les châtiments. »

4. L'empereur ajouta : « Il faut imiter le laboureur qui, après avoir arraché toutes les plantes nuisibles, trace et arrange les bordures et les canaux de son champ ; le constructeur qui, après avoir

populum. Dicebant : « Ne conjuncti (cum regulis aut regni ministris) lædatis (aut occidatis subditos) ; ne conjuncti opprimatis. Deveniatis ad reverendos debiles, deveniatis ad conjungendas mulieres. Conjungite, dirigite, ita complectimini (omnes populares). » Imperatores ipsi quum constituerent regnorum rectores et curatores rerum, eorum mandatum qua de causa ? Ut adducerent alimoniam, adducerent tranquillitatem. Ab antiquis temporibus imperatores hoc modo. Inspector, non est ubi punias. »

監 Kién, prince qui avait autorité sur plusieurs autres. Selon une opinion, ce mot désigne tous les feudataires 公 侯伯子男 dont chacun avait un fief à gouverner.

4. Et dixit (imperator) : « Imitandus est qui colit agrum ; postquam diligenter ubique evulsit herbas nocivas, tunc ipse ordinans ac componens facit ejus terminos ac canales. Imitandus qui ædificat cubicula ac domum ; postquam diligentem operam dedit septo et parietibus, tunc ipse luto linit, stramine

PART IV. — CH. XI. LE BOIS DE CATALPA. 257

和懌先後迷民、(7) 肆王惟德用、于先王、國民越厥疆土、(6) 典集庶邦丕 皇天既付中享、作用明德后式、懷為夾庶邦亦享、王既勤用明德曰、(5) 今王惟勤樸斵惟其塗、茲若作梓材既丹

tzèu ts'ái ; ki k'ìn p'ouŏ tchouŏ, wéi k'î t'òu tán wŏ. »

5. « Kīn wâng wêi iuĕ : « Siēn wâng kí k'ìn ióung mìng tĕ, houâi wêi kiă, chóu pāng hiàng, tsŏ hiōung ti fāng lài, ĭ ki ióung mìng tĕ. » Heóu chĕu tién tsĭ ; chóu pāng p'êi hiàng.

6. « Houâng t'iēn ki fóu tchōung kouŏ mín, iuĕ kiāng t'òu iŭ siēn wâng ;

7. « séu wâng wêi tĕ ióung, houŏ ĭ, siên heóu mî mín ; ióung ĭ siēn

élevé le mur d'enceinte et les autres murs d'une habitation, les crépit et couvre de chaume les bâtiments ; le menuisier qui, après avoir dégrossi et poli le bois, lui applique une couleur rouge. »

5. (Un ministre d'État dit à l'un des successeurs de Ou wang) : « Prince, dites-vous à vous-même : « Mes prédécesseurs (Wenn wang et Ou wang) ont déployé avec zèle leur brillante vertu, et par leur bonté ils ont gagné tous les cœurs ; tous les princes sont venus offrir leurs hommages, se sont faits comme leurs frères, et ont aussi déployé une vertu éclatante. » Prince, à l'exemple de ces grands souverains, unissez les cœurs, et tous les princes vous rendront leurs hommages.

6. « Puisque l'auguste ciel a donné à vos pères les peuples et toutes les terres de l'empire ;

7. « prince, par la seule influence de la vertu, rétablissez la concorde, rendez heureux et entourez de soins les hommes qui

cooperit. Imitandus qui tractat catalpæ materiam ; postquam dolavit ac polivit, tunc ipse inducit rubrum colorem. »

5. « Nunc imperator dicat : « Priores imperatores (Wenn wang et Ou wang) quia diligenter adhibentes illustrem virtutem, amore (suo) fecerunt proximos, i. e. amicos, (eos qui longinqui erant) ; omnes reguli offerentes dona et facti fratres, ex regionibus omnibus venerunt, et adhibuerunt illustrem virtutem. » Imperator utens (illorum) constanti exemplo, congreget ; omnes reguli universim offerent dona.

6. « Augustum cœlum quum dederit medii regni populos et ejus limites ac terras prioribus imperatoribus ;

7. « inde imperator solum virtute utens, concordes ac beatos faciat, præcedat et sequatur obcæcatos homines ;

17

用 受 (8) 監 至 惟 民
懌 命 巳 惟 于 王 孫
先 若 日 萬 子 孫
王 茲 欲 年 保 永

(7) 既 日 朝
惟 望 乙 步
召 二 越 未 自
誥 月 六 王 周

wâng cheóu ming.

8. « Ĭ, jŏ tzēu kién, wêi iuĕ, iŭ tchéu iū wán gniên, wêi wâng tzĕu tzĕu suēnn suēnn ioūng paŏ mîn. »

CHAO KAO. 1. Wéi éul iuĕ ki wáng, iuĕ lŏu jĕu ĭ wéi, wâng tchaō póu tzéu

ont été séduits (par les mauvais exemples). Vous serez agréable à vos prédécesseurs, qui ont (mérité et) obtenu l'empire.

8. « Oui, si vous méditez et suivez cet avis, mon unique désir sera que, durant une longue suite de siècles, vous et vos descendants, vous soyez toujours préposés à la garde du peuple. »

CHAPITRE XII. AVIS DU PRINCE DE CHAO.

1. Au deuxième mois de l'année, six jours après la pleine lune, le trente-deuxième jour du cycle, l'empereur (Tch'eng wang)

ita gaudio afficiet priores imperatores qui acceperunt imperium.

8. « Certe, si illa mediteris, solum dico, cupiam ut usque ad decies mille annos solus imperator, filii ac nepotes semper servent populos. »

CHAPITRE XII. Le prince de Chao 召公, l'un des 三公 trois principaux dignitaires de l'empire, fut ministre de Wenn wang, de Ou wang et de Tch'eng wang. Il apparaît ici avec le titre de 太保 t'ái paŏ grand gardien. Son nom était 奭 Chĕu; au chapitre XVI, il est appelé 君奭 le sage Cheu. Son nom posthume est 康 K'āng; il est parfois nommé 召康公奭 Chaó K'āng kōung Chĕu.

Wenn wang, ayant établi sa résidence à 豐 Fōung, au sud-ouest de Si ngan fou dans le Chen si, divisa en deux fiefs l'ancien domaine de sa famille, la principauté de 周 Tcheōu, qui était située au sud du mont 岐 K'í dans le Foung siang fou (Chen si). Il donna la partie orientale à son fils 旦 Tán, avec le titre de 周公 prince de Tcheōu et la charge de diriger les princes voisins. Il donna la partie occidentale à son ministre Cheu, avec les titres de 召公 prince de Chao, et de 召伯 Chaó pĕ prince de Chao et chef des princes voisins.

Le prince de Chao aida Tcheou koung à bâtir la nouvelle résidence impériale de 洛 Lŏ, à l'ouest de la ville actuelle de 河南府 Hô nán fóu (Ho nan). C'est là qu'il composa pour l'empereur Tch'eng wang cette instruction intitulée Avis du prince de Chao.

1. At secundo anni mense, post plenilunium elapsis sex diebus, i wei (dierum cycli die trigesimo secundo), imperator mane profectus est ex Tcheou (urbe regia), et adivit ad Foung.

PART. IV. — CH. XII. AVIS DU PRINCE DE CHAO.

則 (2) 周 若 丙 日 朝 宅 則 (3) 戊 庶 洛
至 惟 公 來 午 戊 至 厥 經 越 殷 汭
于 太 相 三 朏 申 于 既 三 攻 越
豐 保 宅 月 越 太 洛 營 日 位 五
先 越 惟 三 保 卜 得 庚 乃 日
卜 以

Tcheōu, tsē tchéu iŭ Fōung.

2. Wěi t'ái paò sién Tcheōu kōung siáng tchĕ, iuĕ jŏ lài. Sān iuĕ, wēi píng òu féi; iuĕ sān jĕu meòu chēnn, t'ái paò tchaŏ tchéu iŭ Lŏ. Pŏu tchĕ. Kiuĕ kí tĕ pŏu, tsē kīng ing.

3. Iuĕ sān jĕu kēng siŭ, t'ái paò nài i chòu Ĭn, kōung wéi iŭ Lŏ jouéi. Iuĕ òu partit le matin de la capitale des Tcheou, et se rendit à Foung.

2. De là, le grand gardien (le prince de Chao), précédant Tcheou koung, alla voir l'emplacement (de la future capitale). Il fit le voyage tout d'une traite. Le premier jour du troisième mois lunaire était le quarante-troisième du cycle. Deux jours après, c'était le quarante-cinquième du cycle, le grand gardien arriva à Lo. Il interrogea la tortue sur l'emplacement de la ville. Ayant obtenu des réponses favorables, il traça les divisions et le contour de la nouvelle capitale.

3. Deux jours après, c'était le quarante-septième jour du cycle, le grand gardien, avec une troupe d'hommes qui avaient été les sujets des In, prépara l'emplacement des différentes parties de la ville au nord de la Lo. Quatre jours après, c'était le cinquante et

Tch'eng wang résidait à 鎬 Haò, 25 li à l'est de Foung, qui avait été la capitale de Wenn wang, et où se trouvait encore le temple des ancêtres des Tcheou. Avant de fonder une seconde capitale à Lo, il alla à Foung consulter Wenn wang dans son temple.

2. Tum summus tutor præcessit Tcheou ducem, inspecturus sedem, et continuo itinere venit. Tertio mense, *ping ou* (cycli quadragesimo tertio die) novilunium erat; adveniente tertio die *meou chenn* (cycli quadragesimo quinto die), summus tutor mane pervenit ad Lo. Testudinem interrogavit de sede.

Is quum obtinuisset faustum omen, tunc delineavit partes, delineavit circuitum.

3. Adveniente tertio die *keng siu* (cycli quadragesimo septimo die), summus tutor tunc adhibens multos In (regibus olim subditos), operam præbuit sedibus (variarum urbis partium) ad Lo fluvii septentrionem. Adveniente quinto die, *kia in* (cycli quinquagesimo primo die), sedes absolutæ sunt.

La ville était divisée en neuf carrés. Au centre était le palais; au midi du palais était la cour, le temple des ancêtres et l'autel de la Terre; au nord était le marché. Les six autres carrés

甲寅、位成、

(4) 若翼日乙卯、周公朝至于洛、則達觀于新邑營。

(5) 越三日丁巳、用牲于郊、牛二、越翼日戊午、乃社于新邑、牛一、羊一、豕一、

(6) 越七日甲子、周公乃朝用書、命庶殷侯、甸、男邦伯、

jĕu kiă în, wéi tch'êng.

4. Jŏ ĭ jĕu ĭ maò, Tcheōu kōung tchaō tchéu iū Lŏ ; tsĕ tă kouān iū sīn ĭ ing.

5. Iuĕ sān jĕu tīng séu, ióung chēng iū kiaō, iôu éul. Iuĕ ĭ jĕu meóu òu, nài ché iū sīn ĭ, iôu ĭ, iâng ĭ, chèu ĭ.

6. Iuĕ ts'ĭ jĕu kiă tzèu, Tcheōu kōung nài tchaō ióung chōu, míng chóu Īn heôu tién nân pāng pĕ.

unième jour du cycle, les emplacements étaient préparés.

4. Le lendemain, cinquante-deuxième jour du cycle, Tcheou koung arriva le matin à Lo ; il examina avec soin tout le tracé de la nouvelle ville.

5. Deux jours après, c'était le cinquante-quatrième jour du cycle, il immola deux bœufs dans la campagne (en l'honneur du Ciel et de la Terre). Le lendemain, cinquante-cinquième jour du cycle, il immola dans la nouvelle ville sur l'autel de la Terre un bœuf, une brebis et un porc.

6. Six jours après, c'était le premier jour du cycle, Tcheou koung dès le matin prenant son cahier, donna ses ordres à tous les chefs des princes des différentes circonscriptions de l'empire des In.

étaient occupés par les habitations du peuple.

一區民居	市 [illegible] [illegible]	民居四十家
四十家	王宮	四十家
四十家	朝 [illegible] [illegible]	四十家

4. Proxime sequenti die *i mao* (cycli quinquagesimo secundo), Tcheou koung mane advenit ad Lo ; tunc omni ex parte inspexit novæ urbis delineationem.

5. Adveniente tertio die *ting seu*, adhibuit (immolavit) victimas in campo boves duos. Adveniente postero die *meou ou*, obtulit super Telluris aram in nova urbe bovem unum, ovem unam, suem unum.

6. Adveniente septimo die *kia tzeu* (cycli primo die), Tcheou koung tunc mane adhibens libellum, jussa dedit omnibus In domus *heou, tien, nan* regulorum ducibus. Cf. pag. 233.

PART. IV. — CH. XII. AVIS DU PRINCE DE CHAO. 261

休、王大帝 (9) 殷王曰、乃邦 (8) 庶 (7)
亦受國改嗚越若拜復家太殷厥
無命殷厥呼、公手入君、保丕既
疆無之元皇誥稽錫出乃作、命
惟疆命、子、天告首、周取以殷
恤、惟惟茲上事、庶旅公幣、庶庶、

7. Kiuě ki ming Īn chóu, chóu Īn p'ēi tsŏ.

8. T'ái paò nài i chóu pāng tchòung kiūn tch'òu ts'iù pi. Nài fŏu jŏu sī Tcheōu kōung, iuĕ : « Pái cheòu, k'i cheòu, liù wâng jŏ kōung ; kaó kaó chóu Īn, iuĕ tzéu nài iù chéu. »

9. « Oū hōu ! houâng t'iēn cháng tí kài kiuĕ iuên tzéu, tzéu tá kouŏ Īn tchēu ming. Wèi wâng cheóu míng ; òu kiāng wêi hiōu, ĭ òu kiāng wêi siŭ. Oū hōu ! hŏ

7. Ceux-ci transmirent les ordres à la multitude des anciens sujets des In, qui commencèrent le travail avec ardeur.

8. Alors le grand gardien (le prince de Chao) étant sorti avec tous les princes, reçut leurs (présents qui consistaient en) pièces de soie. Puis, entrant dans les appartements de Tcheou koung, il les lui donna, en disant: « A genoux, j'incline la tête jusqu'à mes mains, je l'incline jusqu'à terre ; prince, j'offre à l'empereur et à vous (ces présents et ce mémoire). Je désire que des avis soient donnés à la multitude des anciens sujets des In, mais par vous qui administrez les affaires. »

9. (Le mémoire écrit par le prince de Chao et porté à l'empereur par Tcheou koung était conçu en ces termes): « Oh ! le roi suprême de l'auguste ciel a destitué son fils aîné (le tyran Tcheou), et retiré son mandat aux princes de la grande maison de In. Prince, ce mandat vous a été confié ; c'est une immense faveur, mais

書 Chōu, cahier sur lequel Tcheou koung avait noté d'avance les dimensions des établissements et des bâtiments, le nombre des ouvriers et des jours, et la quantité des matériaux et des vivres qui seraient nécessaires pour l'exécution des travaux.

7. Ii (duces) quum jussa dedissent In domus multitudini, multitudo In domus magnopere exorsa est.

8. Summus tutor tunc cum omnium regnorum summis rectoribus egressus accepit serica (dona). Inde rursus ingressus donavit Tcheou regulo, dicens: « Demisso capite ad manus, demisso ad terram capite, exhibeo (offero) imperatori et regulo (hæc dona et libellum); ut monita doceatur multitudo In domus, at per te curatorem rerum. »

9. (Libellus a Chao regulo scriptus et a Tcheou regulo ad Tch'eng wang delatus hæc habebat): « Oh! augusti cœli

嗚呼、曷其奈何
弗敬、
(10) 天既遐終大
邦殷之命玆
多先哲王在天
越厥後王後民、
玆服厥命、厥終
智藏癏在、夫知
保抱攜持厥婦
子、以出哀籲天
厥亡出執鳴呼、
天亦哀于四方
民其眷命用懋

k'i nái hô fŏu king?

10. « T'iēn ki hiā tchōung tá pāng Ǐn tchēu míng, tzēu Ǐn touō siēn tchĕ wáng tsái t'iēn. Iuĕ kiuĕ heóu wáng heóu mîn, tzēu fóu kiuĕ míng, kiuĕ tchōung tchéu ts'ang kouán tsái. Fōu tchēu paŏ paó hî tch'êu kiuĕ fóu tzĕu. Ǐ ngāi iú t'iēn, ts'òu kiuĕ wâng, tch'ŏu tchéu. Oū hōu ! t'iēn ĭ ngāi iū séu fāng mîn, k'í kiuén míng

elle vous impose une immense sollicitude. Oh! comment pourriez-vous n'être pas très attentif (à remplir vos devoirs)?

10. « Lorsque le ciel retira son mandat à la grande famille des In, beaucoup de sages empereurs de cette dynastie étaient dans le ciel. Mais celui de leurs descendants et de leurs successeurs qui avait hérité de l'empire, (était si injuste que) à la fin les hommes sages vivaient cachés, et les oppresseurs occupaient les charges. Les particuliers, pour échapper à la tyrannie, ne voyaient d'autre ressource que de prendre dans leurs bras ou de conduire par la main, et d'emmener avec eux leurs femmes et leurs enfants. Lorsque, poussant des lamentations et des cris vers le ciel, ils partaient pour aller dans une autre contrée, ils étaient saisis à leur sortie. Oh! alors le ciel, dans sa miséricorde envers les peuples

supernus rex mutavit (sustulit) suum maximum filium (Tcheou tyrannum) et illius magni regni In mandatum. Nunc imperator acepisti mandatum. Immensa quidem est felicitas; etiam immensa habenda sollicitudo. Oh! quomodo ipse et quo pacto non attendas?

10. « Cœlum quum longe (amovens) abrupit magni regni In mandatum, hujus In multi priores sapientes imperatores erant in cœlo. At eorum successor imperator et progenitus homo (Tcheou), qui tunc susceperat eorum mandatum, ipse tandem (fecerat ut) prudentes viri se absconderent, vexatores consisterent (in muniis). Privati homines (solummodo) sciebant servaturi complecti, manu ducentes tenere suas uxores ac liberos. Ideo quum lamentantes clamarent ad cœlum, et abeuntes ipsi fugerent, egredientes apprehendebantur. Oh! cœlum tunc misericors in quatuor regionum incolas, suo benigno mandato adhibuit enitentem (Ou regem). Imperator ipse diligenter colas virtutem.

孔氏穎達曰、殷先智王雖精神在天、而不能救紂者、以紂不行敬故也。K'oung Ing ta

PART. IV. — CH. XII. AVIS DU PRINCE DE CHAO.

王其疾敬德

⑪相古先民有夏天迪從子保面稽天

若今時既墜厥命今相有殷天迪格保面稽天

若今時既墜厥命

⑫今沖子嗣則無遺壽耇曰其稽我古人之德矧曰

iòung meòu. Wâng k'i tsï king të.

11. « Siáng kòu siēn mín iòu Hià: t'iēn tǐ, ts'òung tzéu paó. Mién kī t'iēn jŏ. Kīn chêu ki tchouéi kiuĕ míng. Kīn siáng iòu Īn: t'iēn tǐ kŏ, paó. Mién kī t'iēn jŏ. Kīn chêu ki tchouéi kiuĕ míng.

12. « Kīn tch'ōung tzéu séu, tsĕ òu î cheóu keóu. Iuĕ: « K'î kī ngô kòu jênn tchêu tĕ. » Chénn iuĕ : « K'i iòu nêng kī meòu tzéu t'iēn. »

de l'empire, conféra avec bonté son mandat à un souverain qui faisait de généreux efforts (à Ou wang). Prince, cultivez avec soin la vertu.

11. « Remontons à l'antiquité, et considérons le fondateur de la dynastie des Hia (le grand Iu). Le ciel le dirigea, laissa son héritage à ses descendants et les protégea. C'est que Iu étudiait la volonté du ciel et s'y conformait. A présent sa dynastie est éteinte. Considérons ensuite le fondateur de la dynastie des In (Tch'eng T'ang). Le ciel le dirigea et l'aida à réformer (le gouvernement des Hia); il le protégea. Tch'eng T'ang étudiait la volonté du ciel et s'y conformait. A présent sa dynastie n'existe plus.

12 « Jeune encore, vous êtes en possesison de l'héritage de vos pères; n'écartez pas de vous les vieillards. Dites-vous à vous-même : « Ils consulteront les exemples de mes prédécesseurs (pour régler leur conduite et me donner des avis.) » Mais surtout dites-vous : « Ils sauront consulter le ciel et donner des avis conformes à sa volonté. »

dit : « Bien que les âmes des sages empereurs qui avaient auparavant illustré la maison de In, fussent dans le ciel, elles ne purent sauver Tcheou, parce que Tcheou ne s'appliquait pas à la pratique de la vertu. »

11. « Inspiciamus apud antiquos priores homines (magnum Iu) tenentem Hia: cœlum perduxit (eum, et) prosequens filios protexit. Coram scrutans cœli (voluntatem), obsequebatur. Hoc tempore decidit ejus mandatum. Nunc inspiciamus (Tch'eng T'ang) tenentem In : cœlum perduxit ut corrigeret (Hia domus errata), protexit. Coram scrutans cœli (voluntatem), obsequebatur. Hoc tempore decidit ejus mandatum.

12. « Nunc juvenis filius succedis; tunc ne relinquas longævos senes. Dicas: « Illi inspicient meorum majorum virtutes. » Multo magis dicas : « Illi assequentur ut possint inspicere consilia ex cœlo. »

其有能稽謀自天、

(13) 嗚呼、有王雖小、

元于哉、其不能誠、

于小民今休、王

敢後用顧畏于民

(14) 王來紹上帝、自

服于土中、旦曰、其

作大邑、其自時

皇天、既祀于上

其自時中乂王厥

有成命、治民今休、

13. « Oū hōu! iòu wâng souēi siaò, iuên tzéu tsāi. K'i p'ēi nêng hiên iū siaò mîn, kīn hiōu. Wâng pŏu kàn heóu ; ióung kóu wéi iū mîn iên.

14. « Wâng lâi chaò cháng ti, tzéu fŏu iū t'òu tchōung. Tán iuĕ : « K'î tsŏ tá ĭ, k'î tzéu chêu p'éi houâng t'iēn, pi séu iū cháng hiá. K'î tzéu chêu tchōung í. » Wâng kiuĕ iòu tch'êng ming ; tchéu mîn kīn hiōu.

13. « Oh! prince, malgré votre jeunesse, vous êtes le fils aîné (du ciel). Vous pourrez, j'espère, établir en tous lieux la concorde parmi le peuple ; et ce sera la grande félicité du moment. Que ce soit le premier de vos soins ; prenez garde, craignez sans cesse les dangers qui vous menacent de la part du peuple.

14. « Prince, venez ici, et ministre du roi du ciel, accomplissez son œuvre au centre du monde. Tan a dit : « Quand cette grande ville sera bâtie, d'ici l'empereur agira, j'espère, comme l'associé de l'auguste ciel, et offrira avec respect des sacrifices aux esprits du ciel et de la terre. Fixé ici au centre de l'empire, il gouvernera parfaitement. » Prince, vous remplirez, j'espère, le mandat du ciel, et le bon gouvernement du peuple sera notre félicité présente.

13. « Oh! qui es imperator, etsi juvenis, (cœli) maximus filius es. Spero, late poteris concordiam stabilire in minuta plebe ; nunc erit felicitas. Imperator ne audeas posthabere (hanc curam) ; ideo respicias timens e populo pericula.

14. « Imperator venias, vices geras superni regis, ipse suscipias (regendi curam) in terrarum centro. Tan (Tcheou koung) dixit : « Hac excitata magna urbe, spero, ex hac (imperator) sociabitur augusto cœlo, reverenter sacra faciet superis et inferis (spiritibus) ; spero, ex hoc medius bene reget. » Imperator ipse poteris perficere mandatum, et recte componere populum ; nunc felicitas erit.

洛邑天地之中 (蔡沈) La ville de Lo est au centre du monde. Les savants chinois ont entrepris de le démontrer au moyen du gnomon. Voy. 周禮地官司徒. La province actuelle de Ho nan est appelée 中州,

PART. IV. — CH. XII. AVIS DU PRINCE DE CHAO.

我不敢知曰有殷
厥德乃早墜厥命
曰不其延惟不敬
有歷年我不敢知
曰有夏服天命惟
有夏亦我不敢知
(17) 我不可不監于
不敬德
(16) 王敬作所不可
事節性惟日其邁
比介于我有周御
(15) 王先服殷御事

15. « Wâng siên fóu Ĭn iú chéu, pi kiái iū ngŏ iŏu Tcheŏu iú chéu, tsiĕ síng, wêi jĕu k'î mái.

16. « Wâng king tsŏ chòu. Pŏu k'ŏ pŏu king tĕ.

17. « Ngŏ pŏu k'ŏ pŏu kién iū iŏu Hiá, ĭ pŏu k'ŏ pŏu kién iū iŏu Ĭn. Ngŏ pŏu kàn tchéu iuĕ, iŏu Hiá fŏu t'iēn míng, wêi iŏu lî gniēn ; ngŏ pŏu kàn tchéu iuĕ pŏu k'î iên. Wêi pŏu king kiuĕ tĕ, nài tsaŏ tchouéi kiuĕ míng. Ngŏ pŏu kàn tchéu

15. « Prince, commencez par gagner la confiance des officiers de la dynastie des In, afin qu'ils aident les officiers de notre maison de Tcheou, corrigent leurs propres défauts et fassent chaque jour des progrès (dans la vertu).

16. « Prince, que l'application à bien remplir vos devoirs soit comme votre demeure. Il n'est pas permis de ne pas s'appliquer à cultiver la vertu.

17. « Il ne nous est pas permis de perdre de vue la dynastie des Hia ni celle des In. (A ne considérer que les décrets du ciel), je ne me permettrais pas de juger ni de dire que les Hia devaient avoir le mandat du ciel un si grand nombre d'années, ni qu'ils auraient dû le conserver plus longtemps. Je sais seulement que, par la négligence de leurs devoirs, ils ont accéléré la ruine de leur dynastie. (A ne considérer que les impénétrables décrets du ciel), je n'aurais pas la témérité de penser ni de dire que les In

15. « Imperator prius sibi conciliet In domus curatores rerum, ut sociati adjuvent nostrorum tenentium Tcheou (imperatorum) curatores rerum, moderentur naturam (suam) et quotidie ipsi proficiant.

16. « Imperator e sedulitate faciat sedem (suam). Non licet non sedulo colere virtutem.

17. « Nos non licet non inspicere qui tenebant Hia (imperatores), et non licet non inspicere qui tenebant In (imperatores). (Inspectis cœli decretis), ego non ausim judicare et dicere tenentes Hia (imperatores oportuisse) suscipere cœli mandatum tam multis elabentibus annis; ego nec ausim judicare ac dicere non eos (potuisse) protrahere. Solum-

其命哲命吉凶。自貽哲命今天。罔不在厥初生。（19）嗚呼若生子。乃初服。國命嗣若功。命我亦惟茲受厥丕。（18）今王嗣受厥命、厥德乃早墜厥。不其延惟不敬。年我不敢知曰。受天命惟有歷。

iuĕ, ioù In cheóu t'iēn ming, wêi ioù lĭ gniên; ngò pŏu kăn tchēu iuĕ pŏu k'î iên. Wêi pŏu king kiuĕ tĕ, nài tsaò tchouéi kiuĕ míng.

18. « Kīn wàng séu cheóu kiuĕ míng; ngò ĭ wêi tzĕu éul kouŏ míng. Séu jŏ kōung, wàng nài tch'ôu fŏu.

19. « Oū hōu! jŏ chēng tzĕu, wàng pŏu tsái kiuĕ tch'ôu chēng. Tzĕu ĭ tchĕ

devaient avoir le mandat du ciel un si grand nombre d'années, ni qu'ils auraient dû le garder plus longtemps. Je sais seulement que, par la négligence de leurs devoirs, ils ont hâté la chute de leur dynastie.

18. « Prince, vous leur succédez, vous avez reçu leur mandat (le mandat que le ciel leur avait confié); car le mandat confié à notre dynastie n'est autre que celui qui avait été confié à ces deux dynasties impériales. En leur succédant, imitez ceux d'entre ces souverains qui ont bien mérité de l'empire; surtout à présent que vous allez inaugurer (votre gouvernement dans la ville de Lo).

19. « Oh! c'est comme quand un enfant entre dans la vie. Tout dépend de ses premières années (si dès l'enfance il contracte de bonnes habitudes, il sera vertueux); lui-même obtiendra du ciel

modo quia non attenderunt suæ virtuti, inde maturius delapsum est eorum mandatum. (Inspectis cœli decretis), ego non ausim judicare et dicere habentes In (imperatores oportuisse) tenere cœli mandatum tam multis elabentibus annis; ego nec ausim judicare et dicere non eos (potuisse) protrahere. Solummodo quia non attenderunt suæ virtuti, inde maturius decidit eorum mandatum.

18. « Nunc imperator succedens accepisti eorum mandatum; nostrum enim (mandatum) est harum duarum regiarum domorum mandatum. Succedens imitare bene meritos (ex eis); imperator modo incipies suscipere (regimen in nova urbe Lo).

19. Oh! sicut, quum natus est puer, (tota ejus vita) nihil non pendet ab ejus ineunte vita; ipse sibi parat sapientiæ mandatum, i. e. donum a cœlo collatum. Nunc cœli ipsius mandatum erit-ne sapientiæ (mandatum)? mandatum utrum felix an infelix? mandatum an in decurrentes annos? (Nescimus; solummodo) scimus nos inchoare opus.

命 我 ⑳ 惟 德、 ㉑ 以 非 毃
歷 初 宅 王 祈 用 其 彝 用
年、 服、 新 其 天 惟 亦 乂、
知 邑、 疾 永 王、 小 敢 民
今 肆 敬 命、 民 殄 若
德 淫 有
之 用 功

ming. Kīn t'iēn k'i ming tchĕ, ming kĭ hiōung, ming lĭ gniēn? Tchêu kīn ngò tch'ōu fóu.

20. « Tchĕ sīn ĭ, séu wêi wâng k'ĭ tsĭ king tĕ. Wâng k'ĭ tĕ tchêu ióung, k'i t'iēn ióung ming.

21. « K'ĭ wêi wâng, ŏu i siaò mîn in ióung fēi î, ĭ kàn tiĕn lŏu ióung i. Mîn jŏ, iòu kōung.

(par ses bonnes actions) le don de la sagesse. Le ciel voudra-t-il que votre gouvernement soit sage? voudra-t-il qu'il soit heureux ou malheureux? voudra-t-il qu'il soit de longue durée? (Nous ne le savons pas); nous savons seulement que nous commençons comme un nouveau règne (et que tout dépendra de ce commencement).

20. « Dès votre arrivée dans la nouvelle ville, prince, vous vous appliquerez sans retard, je l'espère, à cultiver la vertu. Pratiquant la vertu, vous demanderez (et vous obtiendrez) que le ciel vous laisse à jamais son mandat.

21. « Quand même le peuple violerait les lois et commettrait de grands excès, vous qui êtes empereur, n'essayez pas de le réprimer au moyen de la peine capitale et des châtiments rigoureux. C'est par la douceur que vous réussirez à le réformer.

初生 Commencer à grandir. 孔氏穎達曰、以此新卽政、始行敎化、比子之初生也、欲學習爲善、則善矣、若能爲善、天必授之以賢智之命、是此賢智之命、由己行善而來、是自遺智命也、 K'oung Ing ta dit: « Celui qui, dès le commencement de son administration, se met à instruire et à réformer son peuple (par ses exemples et ses décrets), est comme l'enfant qui fait son entrée dans la vie. Si un enfant veut apprendre et s'habituer à faire le bien, il sera vertueux. S'il fait le bien, certainement le ciel lui donnera la sagesse en partage. Ainsi le don de la sagesse lui sera accordé par suite de ses bonnes actions, et sera la récompense de ses mérites. »

20. « Sedens in nova urbe, inde jam imperator, spero, properabit diligenter colere virtutem. Imperator, spero, virtutis exercitio, rogabit (et impetrabit) a cœlo perenne mandatum.

21. « Ipse es imperator, noli, quia minuta plebs immodice adhibeat contraria legibus, etiam audere occidione ac suppliciis adhibere regimen. Si populo obsequaris, obtinebis effectum vel habebit (faciet) opera.

> (22) 其惟王位在
> 德元小民乃惟
> 刑用于天下越
> 王顯
> (23) 上下勤恤其
> 曰我受天命丕
> 若有夏歷年
> 勿替有殷歷年
> 欲王以小民受
> 天永命
> (24) 拜手稽首
> 予小臣敢以
> 之讎民百君子
> 越友民保受王

22. « K'i wéi wâng wéi tsái tĕ iuên, siaŏ mîn nài wéi hîng ióung iŭ t'iēn hiá. Iuĕ wâng hiĕn.

23. « Chảng hiả k'în siŭ. K'i iuĕ: « Ngŏ cheóu t'iēn ming, p'ēi jŏ iŏu Hià lĭ gniên ; chĕu ŏu t'i iŏu Īn lĭ gniên. » Iŭ wâng i siaŏ mîn cheóu t'iēn ióung ming.

24. « Pái cheóu, k'i cheóu, iuĕ, iŭ siaŏ tch'ênn, kán i wâng tchēu tch'eôu mîn pĕ kiūn tzèu, iuĕ iŏu mîn, paŏ cheóu wâng wéi ming mîng tĕ. Wâng moŭŏ iŏu

22. « Si vous qui occupez la plus haute dignité, vous vous tenez toujours au sommet de la perfection, le peuple vous imitera, la vertu fleurira dans tout l'empire, et votre gloire sera grande.

23. « Que l'empereur et ses ministres travaillent de tout leur pouvoir à soulager le peuple. Qu'ils se disent à eux-mêmes: « (Nous ferons en sorte) que le pouvoir confié par le ciel à notre sollicitude devienne aussi grand et dure autant d'années que celui des Hia, et qu'ensuite, après avoir encore duré autant d'années que celui des In, il ne nous soit pas retiré. » Je désire que par le moyen du peuple (en méritant l'affection du peuple) vous obteniez de conserver toujours le mandat du ciel.

24. « La tête inclinée jusqu'à mes mains, le front contre terre, je promets que moi, le dernier de vos ministres, avec les hommes du peuple et les officiers qui (autrefois attachés au parti des In) vous étaient hostiles, avec les sujets (qui ont toujours été) dévoués à notre famille, j'essaierai de soutenir et de respecter la

22. « Si ejus qui est imperator, sedes sit in virtutis summo, minuta plebs tunc imitans adhibebit (virtutem) in toto imperio. Inde imperator clarebit.

23. « Superior et inferiores (imperator ejusque ministri) enitantur miserentes. Optantes dicant: « Quod nos accepimus, cœli mandatum sit magnum sicut habentium Hia (mandatum) decurrentibus annis, inde non deficiat habentium In regum decurrentibus annis. » Cupio ut imperator per minutam plebem obtineat cœli perpetuum mandatum.

24. « Capite demisso ad manus, ad terram demisso capite, dico me parvum ministrum tentaturum esse, cum imperatoris hostilibus popularibus omnibusque præpositis, et amicis popularibus, tueri et observare imperatoris verenda

命,	及	⑵王	于	稽	⑴周	天	用	勤,	亦	末	威
子	天		明	首	公	永	供	惟	顯	有	命
乃	基	如	碎.	曰,		命.	王	恭	我	成	明
胤	命	弗		朕	拜		能	奉	非	命,	德
保.	定	敢		復	手		祈	幣,	敢	王	王

tch'ĕng ming; wàng ĭ hièn. Ngò fēi kàn k'in. Wéi kōung fòung pi, ióung kōung wàng nêng k'i t'iēn ióung míng. »

LO KAO. 1. Tcheòu kōung pái cheòu, k'i cheòu, iuĕ : « Tchénn fòu tzéu, míng pī.

2. « Wàng jôu fòu kàn kĭ t'iēn kĭ ming, ting míng. Iù nǎi ĭ paò, tá siàng tōung puissance de votre autorité et l'éclat de votre vertu. Je souhaite que vous remplissiez parfaitement jusqu'à la fin (et léguiez à vos descendants) le mandat du ciel; vous jouirez d'une grande gloire. (Mais cela dépend uniquement de vous). Je ne prétends pas pouvoir y contribuer. Je me contente de vous offrir avec respect des pièces de soie, pour que ce tribut vous serve à demander (et à obtenir) que le ciel vous continue toujours son mandat. »

CHAPITRE XIII. AVIS CONCERNANT LA VILLE DE LO.

1. Tcheou koung (après avoir fixé l'emplacement de la nouvelle ville de Lo), se mit à genoux, inclina la tête d'abord jusqu'à ses mains, puis jusqu'à terre (comme s'il avait été en présence de l'empereur, et envoya à Tch'eng wang) le message suivant: « Je vais vous faire mon rapport, à vous mon cher fils et mon intelligent souverain.

2. « Vous paraissiez ne pas oser exécuter le mandat du ciel qui ordonnait de poser les fondations et d'achever les constructions (de la ville de Lo). J'allai rejoindre le grand gardien (le prince

jussa ac splendidan virtutem. Imperator ad finem assequatur ut perficiat mandatum; imperator et clarebit. Ego non ausim adlaborare (ad id efficiendum). Solummodo reverenter offero serica ; adhibens tribuo imperatori ut roget (et impetret) cœli perpetuum mandatum. »

L'empereur offrait au ciel des pièces de soie pour obtenir des faveurs.

CHAPITRE XIII. Dans plusieurs éditions, on trouve en tête de ce chapitre le premier paragraphe du chapitre IX. Voy. page 232.

1. Tcheou regulus, capite demisso ad manus, demisso ad terram capite, dixit: «Ego refero ad filium, perspicacem regem.

子 Tzéu marque l'affection du prince.

2. « Imperator videbatur non audere attingere cœleste condendæ (urbis Lo) mandatum, absolvendæ mandatum. Ego

大相東土、其基作民明辟、（3）予惟乙卯、朝至于洛師、我卜河朔黎水、我乃卜澗水東、瀍水西、惟洛食、我又卜瀍水東、亦惟洛食、伻來

t'ou, k'i kī tsŏ mín ming pi.

3. « Iù wêi ĭ maŏ tchaŏ tchéu iū Lŏ chêu. Ngŏ pŏu Hô chouŏ Li chouéi ; ngŏ nài pŏu Kién chouéi tōung, Tch'ên chouéi sī. Wéi Lŏ chêu. Ngŏ iou pŏu Tch'ên

de Chao), et j'examinai avec soin toute cette contrée orientale, en vue d'y fonder une ville où vous signaleriez votre intelligence dans le gouvernement des peuples.

3. « Le cinquante-deuxième jour du cycle au matin, j'arrivai à la ville de Lo, destinée à devenir la capitale de l'empire. Je consultai la tortue au sujet de la contrée qui est au nord du Fleuve-Jaune auprès de la Li ; puis au sujet de la rive orientale de la Kien et de la rive occidentale de la Tch'en. L'encre ne parut comme absorbée que quand j'en vins à Lo. Je consultai aussi la tortue au sujet de la rive orientale de la Tch'en. L'encre ne fut encore absorbée que quand j'en vins à Lo. J'envoie un messager vous

tunc secutus tutorem, late inspexi orientalem regionem, sperans me conditurum (urbem in qua) evaderes populi perspicax rector.

3. « Ego antem *i mao* (cycli quinquagesimo secundo die), mane perveni ad Lo regiam urbem. Ego testudinem interrogavi de Fluvii septentrione et Li fluvio. Ego inde testudinem consului de Kien fluvii oriente et Tch'en fluvii occidente. Solummodo de Lo absorptum est (atramentum). Ego rursus testudinem interrogavi de Tch'en fluvii oriente ; et solummodo de Lo absorptum est. Nuntium misi qui perveniens cum mappa simul offerret testudinis responsa. »

黎水 Li chouéi, rivière formée par la réunion de la 衛 Wéi et de la 淇 K'i, près de l'ancieme ville de 黎陽 Li iâng, qui était au nord-est de la ville actuelle de 濬縣 Siún hién dans le Wei houei fou (Ho nan).

Au sujet de la Kien et de la Tch'en, voy. Part. II, Ch. I, page 75.

La partie de la ville de Lo où était la résidence impériale 王城 Wâng tch'êng, à présent la ville de 河南府 Hô nân fou, se trouvait entre la Kien et la Tch'en, à l'est de la Kien et à l'ouest de la Tch'en. La partie basse 下都 hiá tōu ou 洛陽 Lŏ iâng, occupée par le peuple, était à l'est de la Tch'en. Elles étaient séparées l'une de l'autre par une distance de dix-huit 里 li.

Le devin prenait une carapace de tortue, la couvrait d'une couche d'encre, l'exposait au feu ; puis, examinant les fissures formées dans la couche d'encre par l'action du feu, il en tirait des pronostics. Lorsque l'encre était desséchée,

PART. IV. — CH. XIII. AVIS CONCERNANT LA VILLE DE LO.

(5) 周公曰，王
首諭言，
之休、拜手稽
萬億年、敬天
貞公其以予
吉我二人共
視予卜休恒
定宅休匹來
周匹宅其作
來相宅天之休、
不敬天不敢
首曰公不敢稽
(4) 王拜手稽
以圖及獻卜、

chouèi tōung ; ï wêi Lŏ chĕu. P'ing lâi, i t'òu kí hiên pŏu. »

4. Wâng pâi cheòu, k'i cheòu, iuĕ : « Kōung pŏu kăn pŏu king t'iēn tchéu hiōu. Lâi siáng tchĕ, k'i tsŏ Tcheōu p'ĭ hiōu. Kōung ki tíng tchĕ, p'ing lâi, lâi chéu iû pŏu hiōu hêng kĭ. Ngŏ éul jênn kóung tchēng. Kōung k'i i iû wán ĭ gniên king t'iēn tchéu hiōu. Pái cheòu, k'i cheòu, houéi iên. »

5. Tcheōu kōung iuĕ : « Wâng tchaó tch'ɛng īn li, séu iû sīn ĭ, hiên présenter les réponses de la tortue avec le plan (de Lo et des environs). »

4. L'empereur, à genoux, inclina profondément la tête d'abord jusqu'à ses mains, puis jusqu'à terre (en signe de respect pour son oncle Tcheou koung), et lui envoya la réponse suivante : « Prince, vous n'avez pas osé ne pas exécuter avec respect les ordres favorables du ciel. Vous êtes allé examiner le pays où notre famille doit répondre à la confiance du ciel. Après avoir déterminé l'emplacement (de la nouvelle capitale), vous m'avez envoyé un messager, qui m'a fait connaître les pronostics de bonheur et de perpétuelle prospérité donnés par la tortue. Vous et moi, nous exécuterons ensemble (cette entreprise). Votre désir est que j'accomplisse avec respect les ordres favorables du ciel durant plusieurs myriades d'années. A genoux, j'incline la tête jusqu'à mes mains, puis jusqu'à terre, (et vous remercie de) vos enseignements. »

5. Tcheou koung (étant retourné à Hao auprès de l'empereur, lui) dit : « Prince, dès votre entrée dans la nouvelle ville,

brillante et lisse, et paraissait comme absorbée, c'était un heureux présage.

4. Imperator, demisso capite ad manus, demisso ad terram capite, dixit: « Regulus non ausus est non observare cœli benignum (mandatum). Adveniens inspexit sedem quæ evaderet Tcheou domus respondentis benigno (cœli mandato sedes). Postquam statuit sedem, nuntium misit qui veniret, et veniens significavit mihi testudine promissam felicitatem perpetuamque prosperitatem. Nos ambo viri simul suscipiemus (benignum mandatum). Regulus cupit ut ego decies mille centiesque mille annis observem cœli benignum mandatum. Capite demisso ad manus, ad terram demisso capite, (gratias ago) pro docentis verbis. »

5. Tcheou regulus (Hao ad urbem

肇稱殷禮，祀于
新邑，咸秩無文，
(6) 予齊百工，伻
從王于周予惟
曰，庶有事，
(7) 今王卽命曰，
記功宗，以功作
元祀，惟命曰，汝
受命篤弼，
(8) 丕視功載，乃
汝其悉自教工，
(9) 孺子其朋，孺
子其朋，其往無

tchĕu òu wênn.

6. « Iŭ ts'î pĕ kōung, p'ing ts'òung wàng iū Tcheōu. Iŭ wêi iuĕ: «Chóu iòu chéu.»

7. « Kīn wàng tsĭ míng iuĕ : « Ki kōung tsōung ; ì kōung tsŏ iuên séu. » Wêi ming iuĕ : « Jòu cheóu ming tŏu pĭ. »

8. « P'êi chéu kōung tsái ; nài jòu k'î sĭ tzéu kiaó kōung.

9. « Jóu tzéu k'î p'êng? Jóu tzéu k'î p'êng, k'î wàng òu jŏ houò, chéu iên iên,

accomplissant les cérémonies solennelles, offrez dans l'ordre voulu tous les sacrifices (qui étaient en usage sous les In), même ceux qui ne sont pas mentionnés sur les registres.

6. « Je rangerai en ordre tous les officiers ; je les enverrai (au-devant de vous, et leur ordonnerai de) vous faire escorte à votre arrivée de Hao à Lo. Je leur dirai seulement : «L'empereur aura peut-être quelque chose à vous prescrire. »

7. « Publiez sans retard l'ordre suivant: « Qu'on inscrive les services signalés ; ceux qui auront le mieux mérité, recevront les plus grands honneurs après leur mort. » Ajoutez: «Vous en faveur de qui je donne cet ordre, aidez-moi de tout votre pouvoir.»

8. « Exposez à tous les regards les cahiers où seront inscrits les services (afin qu'on y voie votre impartialité) ; ainsi en toutes choses vous donnerez l'exemple à vos officiers.

9. « Mon cher fils, pourriez-vous user de partialité ? Si vous, mon cher fils, vous usez de partialité, (tous vos officiers vous

regiam regressus, imperatori) dixit : « Imperator imprimis exhibens pulchros ritus, sacra offerat in nova urbe, omnia ex ordine, vel non scripta.

6. « Ego ordinans omnes præpositos, mittam comitaturos imperatorem ex Tcheou (Hao urbe advenientem Lo urbem). Ego solummodo dicam: « Forte erunt negotia (agenda).»

7. «Nunc imperator statim decernens dicat: « Inscribantur merita præcipua ; ex meritis instituentur summa sacra.» Et præcipiens dicat: «Vos accepto decreto impense adjuvate.»

8. « Palam ostende meritorum tabellas; ita tu ipse in omnibus per te (per exempla tua) docebis ministros.

9. « Juvenis filius an ipse consociabit se (ad iniqua agenda)? Si juvenis filius ipse consociabit se, id postea

PART. IV. — CH. XIII. AVIS CONCERNANT LA VILLE DE LO. 273

若火始燄燄厥
攸灼敘弗其
(10) 厥若彝及撫
事如予惟以在
工往子、惟新邑伻
周即有僚、明作
繇、惇大成裕、
有功、有辭汝
汝永有已惟
公曰、
(11) 沖子、惟終
(12) 汝其敬識
辟亦識其有
不享、享多儀儀

kiuĕ iôu tchŏ, siŭ fôu k'i tsiuĕ.

10. « Kiuĕ jŏ î, kĭ fôu chéu, jôu iŭ. Wêi i tsái Tcheōu kōung wàng sīn ï. P'ìng hiáng, tsī̆ iôu leaô. Mìng tsŏ, iôu kōung. Touĕnn tá tch'êng iŭ. Jôu iôung iôu sêu. »

11. Kōung iuĕ : « Î, jôu wêi tch'ôung tzéu, wêi tchōung.

12. « Jôu k'î king, chêu pĕ pĭ hiáng, î chêu k'î iôu pŏu hiáng. Hiáng touō î. Î imiteront ; prenez garde que) ce ne soit comme un feu, qui donne d'abord une faible flamme, grandit peu à peu, et enfin ne peut plus être éteint.

10. « Observez les lois et réglez toutes choses, comme je le fais moi-même. Emmenez avec vous à la nouvelle ville (non des favoris, mais) seulement les officiers qui sont maintenant dans la capitale (à Hao). Faites-leur connaître vos intentions, et que chacun d'eux se rende à son poste (avec ses collègues). Encouragez-les bien, afin qu'ils se mettent à l'œuvre avec ardeur. Soyez bienfaisant et généreux, afin d'établir des habitudes de libéralité. Vous acquerrez ainsi une gloire immortelle. »

11. Tcheou koung ajouta : « Oui, vous qui êtes jeune, travaillez à compléter (l'œuvre commencée par vos pères).

12. « Veillez attentivement sur vous-même, et il vous sera facile de discerner les princes qui vous offriront (de cœur) leurs présents et leurs hommages de ceux qui ne vous les offriront pas (de cœur). Les présents doivent être offerts avec de grands témoignages

(timendum est) ne sit sicut ignis, initio tenuem edens flammam; ipse ubi exarsit, progrediens non potest exstingui.

10. « Ipse obsequere legibus et compone res, sicut ego. Solummodo cum præsentibus Tcheou (Hao urbis regiæ) præpositis adeas novam urbem. Præcipe intentum ; (singuli) adeant habitos collegas seu habita munia. Clare excita, ut habeant (faciant) opus. In largitione effusus, perficies liberalitatem. Tu in perpetuum habebis laudem. »

11. Regulus dixit : « Certe, tu es juvenis filius, cogita ut absolvas.

12. « Tu ipse attende tibi ; dignosces ex omnibus regulis eos qui offerent (tibi dona ex animo), et dignosces eos qui erunt non offerentes (ex animo). Offerendum est multæ reverentiæ signis. Si reverentiæ signa non exæquant res

18

不及物，惟曰不享。惟不役志于享。凡
民惟曰不享，惟事
其爽侮。
(13) 乃惟孺子頒朕
不暇聽朕教汝，
蜚民彝，汝乃是
薿乃時惟不永哉
篤敍乃正父罔不
若子不敢廢乃命
汝往敬哉茲予其
明農哉彼裕我民
無遠用戾

pŏu kï ŏu, wêi iuĕ pŏu hiảng. Wêi pŏu ĭ tchéu iū hiảng, fân mîn wêi iuĕ pŏu hiảng. Wêi chéu k'î chouảng òu.

13. « Nâi wêi jóu tzéu, pān tchénn pŏu hiá, t'īng tchénn kiaó jòu iū féi mîn î. Jòu nài chéu pŏu mảng, nài chéu wêi pŏu ióung tsāi. Tōu siú nài tchéng fóu, wảng pŏu jŏ iú ; pŏu kản féi nài míng. Jòu wảng king tsāi. Tzēu iú k'î míng nôung tsāi. Pêi iú ngò mîn ; ôu iuên ióung li. »

de respect. Si les témoignages de respect sont au-dessous des objets offerts, cela s'appelle ne pas offrir. Si les princes n'offrent pas de cœur leur tribut, tous les particuliers diront qu'ils n'ont besoin de rien offrir. L'État sera troublé et lésé dans ses droits.

13. « Vous êtes jeune, étendez partout les institutions que je n'ai pas eu le temps (de développer). Écoutez (et suivez) mes conseils sur la réforme des mœurs. Si vous négligiez ce devoir, votre règne ne durerait pas longtemps. Suivez pas à pas avec soin les traces de votre excellent père (Ou wang), imitez ma conduite en toutes choses, et personne n'osera enfreindre vos ordres. Allez (à Lo), et veillez sur vous-même. Moi (je suis vieux ; retiré des affaires), j'apprendrai (ou j'enseignerai) ici à cultiver parfaitement la terre. Là (à Lo) montrez un cœur large dans le gouvernement de notre peuple, et l'on accourra à vous de toutes parts, même des contrées les plus éloignées»

(oblatas), solum dicendum est non offerri. Et nisi (reguli) adhibeant animum in offerendo, omnes populares jam dicent non offerendum ; jam respublica ipsa turbabitur et lædetur.

13. « Tu es juvenis filius, proferas (ea quæ) mihi non vacavit (proferre). Audias (et adhibeas ea quæ) ego doceo te de juvandis populi bonis moribus. Tu enim in hoc nisi eniteris, tu ideo jam non diu stabis. Impense ex ordine sequere tuum optimum patrem ; in nullo ne imiteris me ; nemo audebit violare tua jussa. Tu eas et attendas. Hic ego ipse callebo (aut illustrabo) agrorum culturam. Illic large regas nostrum populum ; non considerata distantia, ideo (omnes undique ad te) venient. »

逆衡不迷文武 | 四方旁作穆穆 | (16) 惟上下勤施 | 文公德施明光 | 秩元祀咸秩 | (15) 惇宗將禮稱無 | 方民居師 | 答天命和恒四 | 子揚文武烈子奉小 | 丕顯德以子公 | 保子沖子公稱明 | (14) 王若曰公明

14. Wâng jŏ iuĕ: « Kōung mîng paò iù tch'ôung tzèu. Kōung tch'êng p'ēi hién tĕ, i iù siaò tzèu iâng Wênn Où liĕ, fòung tă t'iēn ming, houô hêng séu fāng mîn, kiū chēu.

15. « Touēnn tsōung tsiāng li, tch'êng tchēu iuên séu, hién tchéu ôu wênn.

16. « Wêi kōung tĕ mîng kouāng iù chảng hiả; k'in chēu iù séu fāng. P'àng tsŏ mŏu mŏu iá hêng, pŏu mi Wênn Où k'in kiaó. Iù tch'òung tzèu sŏu ié pi séu.

14. L'empereur (étant à Lo avec Tcheou koung) parla à peu près en ces termes: « Prince, vous m'éclairez et m'aidez, moi qui suis jeune. Vous me proposez les plus beaux exemples de vertu, afin que, malgré ma jeunesse, je reproduise les belles actions de Wenn wang et de Ou wang, que je remplisse avec respect le mandat du ciel, que je conserve dans la paix et la concorde les habitants de toutes les contrées, et que je fixe les multitudes (à Lo).

15. « (Vous me conseillez) d'accorder de grands honneurs posthumes à ceux qui auront le mieux mérité, d'instituer des offrandes solennelles proportionnées à leurs services, et d'offrir dans l'ordre voulu tous les sacrifices (qui étaient en usage sous les In), même ceux qui ne sont pas mentionnés sur les registres.

16. « Votre vertu brille au ciel et sur la terre; votre action s'étend sur toutes les contrées de l'empire. De toutes parts vous attirez des hommes éminents qui contribuent à maintenir l'ordre dans l'État, et ne s'écartent en rien des principes que Wenn

14. Imperator sic locutus est: «Regulus illustrat et adjuvat me juvenem filium. Regulus proponit valde conspicuas virtutes, ut ego parvus filius ostendam (in meipso) Wenn et Ou præclara facinora, reverenter obsequar cœli mandato, concordes faciam semperque servem quatuor regionum incolas, stabiliam multitudines.

15. «(Monet ut) largiens bene meritis magnos honores, instituam ex ordine summa sacra; omnia (sacra sub In imperatoribus usitata faciam) ex ordine, vel non inscripta.

16. « At reguli virtus clare fulget in cœlo et in terra; diligentia porrigit se in quatuor regiones. Undique ex citas (præstantes viros) qui concurrunt ad rectum regimen, nec errant in iis quæ Wenn et Ou sedulo docuerunt. Ego

勤教子沖子凤
夜紫祀
⑰王曰公功裴
迪篤罔不若時
⑱王曰公予小子
于其退即辟于
周命公後
定于宗禮亦未
⑲四方迪亂未
克牧公功
⑳迪將其後監
我士師工誕保

17. Wâng iuĕ : « Kōung kōung fèi tǐ tŏu, wàng pŏu jŏ chêu. »
18. Wâng iuĕ: « Kōung, iû siaô tzéu k'î t'ouéi, tsǐ pǐ iū Tcheōu. Ming kōung heóu.
19. « Séu fāng tǐ louán. Wéi ting iū tsōung li ̆, ǐ wéi k'ŏ mi kōung kōung.
20. « Tǐ tsiāng k'î heóu, kién ngò chéu chêu kōung, tán paò Wênn Oû cheóu mîn, louán wêi séu fóu. »

wang et Ou wang ont enseignés avec zèle. Moi qui suis jeune, je n'ai qu'à présider aux sacrifices avec respect et assiduité. »

17. L'empereur reprit : « Prince, vous me rendez de très grands services en m'aidant et en m'instruisant ; (je désire) qu'il en soit toujours ainsi. »

18. L'empereur dit : « Prince, moi qui suis jeune, je quitterai (Lo) et retournerai exercer le gouvernement dans notre capitale (à Hao). Je vous charge de gouverner (à Lo) après mon départ.

19. « (Grâce à vos soins), l'ordre est rétabli dans tout l'empire. Mais rien n'a encore été statué sur les honneurs (sur les sacrifices) qui doivent être décernés aux services les plus signalés. Je ne puis donc pas encore récompenser pleinement vos travaux.

20. « Prince, vous fonderez (à Lo) les grandes institutions que vos successeurs devront maintenir. Vous serez le modèle de mes

juvenis filius a mane ad vesperam reverenter sacra faciam. »

Par ce discours, Tch'eng wang veut dissuader Tcheou koung de quitter les affaires et de se retirer dans la vie privée.

17. Imperator dixit: « Reguli officia adjuvantis ac docentis maxima sunt; nunquam non ita sit. »

18. Imperator dixit: « Princeps, ego juvenis filius ipse recedam, adiens regam in Tcheou. Mando ut princeps succedat, i.e. me profecto, regat Lo urbem.

19. « Quatuor regiones assecutæ sunt ordinem. Nondum statutum est de bene meritorum honoribus, et nondum possum plene remunerari reguli opera.

牧 Mi, comme 命寧 ming gning qui se trouve plus loin, signifie accorder la plus grande récompense, décerner un honneur semblable à ceux qu'on rend aux esprits.

20. « (Regulus) inchoabit magna (tradenda) suis successoribus. Speculum (exemplar) erit meis præpositis, præpositorum rectoribus et administris. Late servabit a Wenn et Ou acceptos

PART. IV. — CH. XIII. AVIS CONCERNANT LA VILLE DE LO.

命民越乃光烈
承保乃文祖受
首曰王命子來
(22)周公拜手稽
方其世享
事公勿替刑
我惟無斁其康
祗歡公無困哉
往已公功肅將
(21)王曰公定子
四輔
文武受民亂爲

21. Wàng iuĕ : « Kōung ting, iǔ wàng i. Kōung kōung siŭ tsiāng, tchēu houān. Kōung ôu k'ouénn tsāi. Ngò wêi ôu ĭ k'î k'āng chéu. Kōung ŏu t'î hìng. Séu fāng k'î chéu hiàng. »

22. Tcheōu kōung pái cheŏu, k'î cheŏu, iuĕ: « Wáng míng iǔ lâi, tch'êng paŏ nài Wênn tsòu cheŏu míng mín, iuĕ nài kouāng liĕ k'aŏ Oŭ wàng, hóung tchénn kōung.

officiers, de leurs chefs et de leurs subalternes. Vous garderez tous les peuples que le ciel a donnés à Wenn wang et à Ou wang. Par votre bonne administration vous serez le soutien de l'empire. »

21. L'empereur ajouta : « Prince, demeurez (à Lo); moi, je m'en retourne (à Hao). Le peuple répond à vos soins avec une ardeur et une joie respectueuses. Ne me mettez pas dans l'embarras (en me privant de vos services). De mon côté, je travaillerai sans me lasser à établir la tranquillité. Continuez de donner l'exemple (à mes officiers). Vos bienfaits s'étendront à tous les lieux, à tous les âges. »

22. Tcheou koung, à genoux, inclina la tête d'abord jusqu'à ses mains, puis jusqu'à terre, et dit : « Prince, vous m'avez ordonné de venir (ici à Lo); vous m'avez chargé de garder le mandat et le peuple que le ciel a confiés à votre aïeul Wenn wang et à votre

populos. Ordinans erit quatuor (regionum) adjutor. »

21. Imperator dixit : « Regulus maneat; ego abeo jam. Reguli operibus (populus) sedulo obsequitur, reverenter gaudet. Regulus ne angat (me). Ego non fastidiam hoc tranquillandi (populi) opus. Regulus non cesset exemplum præbere. In quatuor regionibus, spero, (continuæ) ætates fruentur. »

22. Tcheou regulus, capite demisso ad manus, ad terram demisso capite,

dixit: « Rex, jussisti me venire, suscipere et servare a tuo Wenn avo acceptum mandatum et populum, et a tuo claro ac benemerito patre Ou wang (acceptum mandatum ac populum), ampliare meam reverentiam.

Le mot 恭 kōung doit être entendu ici dans le sens que lui donne l'adage cité par Meng tzeu, Livre IV, Ch. I. 1: 責難於君謂之恭 Rappeler à son prince des maximes ou des devoirs difficiles à pratiquer, c'est lui témoigner

考武王，弘朕恭。
(23) 孺子來相宅，其
大惇典殷獻民，亂
爲四方新辟，作周
恭先。曰，其自時中
乂，萬邦咸休，惟王
有成績。
(24) 子旦以多子越
御事，篤前人成烈，
答其師，作周孚先，
考朕昭子刑，乃單
文祖德。

23. « Jóu tzĕu lâi siáng tchĕ. K'î tá touĕnn tiĕn, În hiĕn mîn. Louán wêi séu fâng sîn pĭ; tsŏ Tcheōu kōung siĕn. Iuĕ, k'î tzĕu chêu tchōung i ; wán pâng hiĕn hiōu ; wêi wâng ióu tch'êng tsĭ.

24. « Iû Tán, i touŏ tzĕu iuĕ iú chéu, tŏu ts'iĕnn jĕnn tch'êng liĕ, tă k'î chêu, tsŏ Tcheōu fōu siĕn, k'aŏ tchénn tchaŏ tzĕu hîng, nài tān Wênn tsóu tĕ. »

illustre père Ou wang, et de vous prouver de plus en plus mon respect (en vous rappelant sans cesse vos devoirs).

23. « Vous, mon cher fils, venez (souvent) visiter cet établissement. Ayez en grande estime les (anciens) statuts, et les (descendants des) sages officiers des In. (Ici), par votre bon gouvernement, vous serez vraiment le nouvel arbitre de toutes les nations; vous deviendrez un modèle de respect pour les souverains de la dynastie des Tcheou. Oui, ici, au centre de l'empire, vous gouvernerez les peuples. Tous les peuples seront heureux, et vos mérites seront parfaits.

24. « Moi Tan, avec les hauts dignitaires et tous les officiers, j'affermirai les œuvres de vos prédécesseurs, et répondrai aux espérances de la multitude. Je serai un modèle de fidélité envers la maison de Tcheou. Je vous donnerai des exemples de plus en plus parfaits, afin de vous instruire, mon cher fils ; et je compléterai ainsi (les effets de) la vertu de votre aïeul Wenn wang. »

un respect véritable. (蔡沈).

23. « Juvenis fili, venias et inspicias sedem. Ipse magni facias statuta, In imperatorum sapientes viros. Ordinans eris quatuor regionum novus rector ; fies Tcheou imperatoribus reverentiæ exemplar. Dico, ipse ex hoc loco medius reges ; omnia regna pariter erunt prospera ; et imperator habebit perfecta opera.

24. « Ego Tan cum multis summis præpositis et curatoribus rerum, firmabo decessorum virorum perfecta opera, respondebo hujus multitudinis (votis), fiam erga Tcheou domum fidelitatis antesignanus, perficiam mea ad docendum filium exempla, inde complebo Wenn avi virtutem, i. e. exemplis meis faciam ut tu compleas optima avi tui opera. »

單 ou 嬗 signifie 盡.

PART. IV. — CH. XIII. AVIS CONCERNANT LA VILLE DE LO.

(25) 伻來毖殷乃命寧予以(26)首休享拜手稽(27)思篤敘無武王則禋于文王敘無年厭于乃萬殷乃引考德

25. « P'ìng lâi pí Īn ; nài ming gnîng iû, ì kiú tch'áng éul iôu, iuĕ: « Mìng īn ; pái cheòu, k'i cheòu, hiōu hiàng. »

26. « Iù pŏu kàn siù, tsĕ īn iū Wênn wàng Où wâng.

27. « Houéi tŏu siù, òu iòu keòu tzéu tsĭ, wán gniên iên iū nài tĕ, Īn nài in k'aò. »

25. (Tch'eng wang étant retourné de Lo à Hao, envoya offrir à Tcheou koung deux coupes de liqueur aromatisée, honneur semblable à celui que recevaient les esprits immortels et les mânes des morts. Tcheou koung fit répondre à l'empereur): « Vos envoyés sont venus donner des avis aux (anciens sujets des) In. Ils avaient ordre de me décerner une récompense (extraordinaire), de me présenter deux coupes de liqueur faite de millet noir et aromatisée, et de me dire de votre part: « Voici une liqueur pure semblable à celle qu'on offre aux esprits. A genoux, j'incline la tête d'abord jusqu'à mes mains, puis jusqu'à terre, et vous offre cette liqueur pour vous réjouir. »

26. « Je n'ai pas osé accepter cette offrande pour moi-même; je l'ai présentée à Wenn wang et à Ou wang.

27. « (Je leur ai adressé la prière suivante): « Que l'empereur, docile à vos enseignements, marche sans cesse sur vos traces; qu'aucune maladie ne lui survienne ; que ses descendants durant dix mille années cherchent et trouvent le bonheur dans l'imitation de vos vertus, et que le peuple des In vive longtemps. »

25. « Misisti nuntios qui venirent et præmonerent In (populum); simul jussisti (eos) remunerari me, et utentes miliacei aromatitæ duobus poculis, dicere: « Purum vinum sacrificum ; capite inclinato ad manus, demisso ad terram capite, gratificans offero. »

26. « Ego non ausus sum (ipse mihi) offerre (vel oblatum accipere); tunc obtuli Wenn regi et Ou regi.

宿 Siù, offrir à un esprit une coupe de liqueur.

27. « (Rogavi eos his verbis): « (Imperator) obsequens diligenter prosequatur (opera vestra). Ne unquam accidat ut ipse ægrotet. (Ejus posteri) decies mille annis satientur vestris virtutibus. In populus inde protrahat longævitatem. » 厭飽乃德 (蔡沈) Plene satientur vestrarum virtutum (imitatione).

(28) 王俾殷乃承敍萬年，永觀朕子懷德

(29) 戊辰，王在新邑烝祭。歲，文王騂牛一，武王騂牛一。王命作冊逸祝冊，惟告周公其後。王賓殺禋咸格。王入太室祼。

28. «Wâng p'ing în, nǎi tch'èng siú wǎn gniên. K'î ióung kouān tchénn tzèu houâi tĕ.»

29. Meóu tch'ênn wâng tsǎi sīn ǐ, tchēng tsi souéi, Wênn wâng sīng iôu ǐ, Où wâng sīng iôu ǐ. Wâng míng tsŏ tch'ě. Ǐ tchŏu tchě. Wèi kaó Tcheōu kōung k'î heóu. Wâng pīn chǎ īn hiên kŏ. Wâng jŏu t'ái chĕu kouán.

28. « Prince, vos envoyés sont venus donner au peuple des In une suite d'enseignements qu'il devra observer durant dix mille ans. (Mais cela ne suffit pas ; il faut de plus) que ce peuple contemple et aime sans cesse votre vertu, mon cher fils. »

29. Le cinquième jour du cycle (dans le courant du douzième mois de l'année), l'empereur, dans la nouvelle ville (avant son retour à Hao et l'envoi des messagers dont on vient de parler), fit les offrandes qui ont lieu chaque année en hiver. Il offrit un bœuf roux à Wenn wang et un autre à Ou wang. Il ordonna d'écrire une déclaration. I la composa en forme de prière. L'empereur y manifestait (à Wenn wang et à Ou wang) son intention de laisser Tcheou koung après lui (à Lo). Les hôtes ordinaires de l'empereur (les princes voisins) étaient tous venus assister à l'immolation et à l'offrande des victimes. L'empereur, entrant dans la salle principale du temple, offrit des libations.

28. « Imperator nuntios misit ad In, ut inde (populus) acciperet ordinata (documenta) in decies mille annos. Hic (populus) semper aspiciat mei filii amatam virtutem. »

29. *Meou tch'enn* (cycli quinto die), imperator in nova urbe hiemalia obtulit annua, Wenn regi rufum bovem unum, Ou regi rufum bovem unum. Imperator jussit scribi libellum. I (composuit) precativum libellum. Solummodo monuit Tcheou regulum sibi successurum esse. Imperatoris hospites ad mactationem et oblationem omnes advenerant. Imperator ingrediens in maximum conclave, libavit.

以圭瓚酌秬鬯，灌地以降神也, On versait une liqueur aromatisée dans une sorte de grande cuiller formée d'un vase sur une tablette de jade, et on la répandait à terre, pour faire descendre les esprits (attirés par l'odeur).

Le temple se composait de cinq bâtiments. Le 太室 ou 清廟 était au centre. L'esprit y résidait ou descendait.

PART. IV. — CH. XIV. LES NOMBREUX OFFICIERS.

告 新 周 ⑴　　年、受 誕 ㉛　有 逸 公 ㉚
商 邑 公 惟　　多 命、保 惟 二 誥、後、王
王 洛、初 三　　士　惟 周 月、在 作 命
士、用 于 月、　　　七 文 公　　十 册、周
　　　　　　　　　　武

30. Wàng ming Tcheōu kōung heóu, tsŏ tch'ĕ, Ǐ kaó, tsái chĕu ióu éul iuĕ.

31. Wêi Tcheōu kōung tán paó Wênn Oú cheóu ming, wêi ts'í gniên.

TOUO CHEU. 1. Wêi sān iuĕ, Tcheōu kōung tch'ōu iŭ sīn ǐ Lŏ, ióung kaó Chāng wàng chéu.

30. (Le même jour) l'empereur décida que Tcheou koung resterait après lui à Lo, fit rédiger un écrit et informer le prince par I (son secrétaire). C'était au douzième mois de l'année.

31. Tcheou koung ne garda que sept années le grand mandat que Wenn wang et Ou wang avaient reçu du ciel (il mourut).

CHAPITRE XIV. LES NOMBREUX OFFICIERS.

1. Au troisième mois de l'année, Tcheou koung prenant la direction des affaires dans la nouvelle ville de Lo, donna aux anciens officiers des Chang les avis suivants :

30. Imperator jussit Tcheou koung post se manere, et composito libello, I monuit (Tcheou regulum), decurrente decimo et secundo mense.

31. Et Tcheou regulus late servavit quod Wenn et Ou acceperant mandatum solummodo septem annis.

CHAPITRE XIV. Après la défaite de 紂 Tcheóu, dernier empereur de la dynastie des 商 Chāng ou 殷 Īn, dont la capitale était alors dans le 淇 縣 K'í hién actuel (préfecture de Wei houei fou, province de Ho nan), le vainqueur Ou wang laissa à 武 庚 Oú kēng, fils de Tcheou, la principauté de 鄘 Ióung située dans le sud du Wei houei fou. Au commencement du règne de 成 王 Tch'êng wâng, fils de Ou wang, Ou keng se révolta. Tcheou koung soumit les rebelles. Ayant bâti la ville de 洛 Lŏ (près de 河 南 府 Hô nân fòu), pour en faire comme la seconde capitale de l'empire, après la ville de 鎬 Haó située à l'ouest de 西 安 府 Sī ngān fòu (Chen si), il obligea les partisans des In à quitter le Wei houei fou pour aller demeurer à Lo et dans les environs.

Dans ce chapitre, Tcheou koung communique les avis de Tch'eng wang aux anciens officiers des Chang ou In, qui, avec un grand nombre de sujets restés fidèles à cette dynastie déchue, avaient été contraints d'aller habiter la nouvelle ville de Lo.

1. At tertio mense, Tcheou regulus incipiens (res publicas gerere) in nova urbe Lo, ideo monuit Chang imperatorum præpositos.

282 CHOU KING

(2) 殷王若曰爾
弔遺多士弗
昊天大降
于天有
喪我
周佑殷
明威致命將天罰
勑殷命終于
帝肆爾
(3) 非我小國敢
弋殷命允惟天
不畀允惟天固
亂弼我罔固
敢求位我其

2. « Wâng jŏ iuĕ : « Eŭl Ĭn i touō chéu, fŏu tiaó, mîn t'iēn tá kiáng sáng iū Ĭn. Ngŏ iŏu Tcheōu iŏu ming, tsiāng t'iēn mîng wēi, tchéu wâng fă, tch'éu Ĭn ming, tchōung iū tí.

3. « Séu eŭl touō chéu, fêi ngŏ siaó kouŏ kăn ĭ Ĭn ming, wêi t'iēn pŏu pí. Iùn wàng kóu louán, pĭ ngŏ. Ngŏ k'ì kăn k'iôu wéi ?

2. « L'empereur a parlé à peu près en ces termes : « Nombreux officiers survivants de la maison de In, le ciel n'a pas eu pitié de la dynastie des In. Armé de son pouvoir destructeur, il l'a frappée d'une ruine complète. Nous, princes de Tcheou, munis du mandat et du secours du ciel, et constitués ministres de sa justice, qui était visiblement irritée, nous avons appliqué les châtiments que l'empereur seul peut infliger. Nous avons réformé l'administration des In, et achevé l'œuvre du roi du ciel.

3. « Vous le voyez, nombreux officiers, nous, chefs d'une petite principauté, nous n'aurions pas osé tenter de ravir le pouvoir impérial aux princes de In ; mais le ciel ne voulait plus le leur laisser. De fait, il ne raffermit pas leur administration troublée ; mais il nous aida. Aurions-nous osé de nous-mêmes aspirer à la dignité impériale ?

2. (Dixit) : « Imperator sic locutus est : « Vos In domus superstites numerosi præpositi, non miserens, letiferum cœlum summum demisit interitum in In. Nos tenentes Tcheou regnum, (accepto) auxilio ac mandato, suscipientes (exercere) cœli manifestam severitatem, adhibuimus regias pœnas, correximus In imperium, conplevimus regis (cœlestis opus).

旻天 Mĭn t'iēn, ciel d'automne, ciel compatissant. Ici Ts'ai Tch'enn donne un tsoisième sens à cette expression. 旻天秋天也、主肅殺而言, Mĭn t'iēn, ciel d'automne. Le ciel d'automne est ici mentionné, parce qu'il a un grand pouvoir destructeur (en automne la nature est en deuil).

3. « Inde vos numerosi præpositi, (videtis), non nos parvi regni (rectores) ausi sumus aucupari In imperium ; sed cœlum non dedit (In imperatoribus ut diutius regnarent). Vere non confirmavit turbatam (In regum administrationem), sed adjuvit nos. Nos ipsi num ausi simus appetere dignitatem ?

甸成(6)降聞辭庸嚮逸引(5)天我(4)
四湯乃致厥惟帝于則逸明下惟
方革命罰惟時大時惟有畏民帝
　夏爾　廢天淫夏帝有日秉不
　俊先　元罔洪弗降夏上爲丞
　民祖　命念有克格不帝惟惟

4. « Wéi tí pŏu pi ; wéi ngò hià mĭn pĭng wéi, wéi t'iēn míng wéi.

5. « Ngò wênn iuĕ, cháng tí in ĭ. Iŏu Hià pŏu chĕu ĭ ; tsĕ wéi tí kiáng kŏ, hiàng iŭ chêu Hià. Fŏu k'ŏ iŏung tí. Tá ín ĭ iŏu sêu. Wéi chéu t'iēn wàng gniên wênn. Kiuĕ wéi féi iuēn míng, kiáng tchéu fă.

6. « Nài míng éul siēn tsòu Tch'êng T'âng kŏ Hià, tsiún mĭn tién séu fāng.

4. « Le roi du ciel avait retiré (le pouvoir impérial aux princes de In); la conduite tenue par notre peuple était une menace évidente des châtiments du ciel.

5. « J'ai entendu dire (sous forme d'adage) que le roi du ciel amène les hommes à jouir de la tranquillité. L'empereur (Kie) de la dynastie des Hia ne suivait pas la voie qui mène à la tranquillité ; le ciel lui envoya des calamités, qui furent comme des avis retentissant à ses oreilles. Le chef de la maison de Hia ne voulut pas mettre à profit les avertissements du roi du ciel. Il se plongea de plus en plus dans tous les excès, cherchant à excuser sa conduite. Mais le ciel ne voulut plus ni l'entendre ni se souvenir de lui. Il lui retira le mandat suprême, et fit descendre sur lui ses châtiments.

6. « Par son ordre, votre aïeul Tch'eng T'ang (T'ang le Victorieux) renversa la dynastie des Hia, et les hommes les plus remarquables gouvernèrent toutes les contrées de l'empire.

4. « Vere cœli rex non dedit; ex iis quas noster subjectus populus tenuit actionibus, inde cœlum manifeste minatum est.

L'indignation du peuple était un signe manifeste de la colère du ciel.

5. « Ego audivi dictum (adagium), cœli regem adducere ad tranquillitatem. Tenens Hia non adibat tranquillitatem ; tunc et cœlum demisit (calamitates), quæ venerunt, insusurrantes (monita) ad illum Hia (imperatorem Kie). Non valuit adhibere cœlestis regis (monita). Multum excedens ac diffluens habebat (prætexebat) causas. Sed tunc cœlum non recordatum est nec audivit. Illius solum abrogato supremo mandato, demittens adhibuit pœnas.

6. « Tunc jussit vestrum antiquum progenitorem Victorem T'ang delere Hia, præstantissimos viros regere quatuor regiones.

(7) 自成湯至于帝

乙，罔不明德恤祀，

(8) 亦惟天丕建保

乂有殷殷王亦罔

敢失帝，罔不配天

其澤，

(9) 在今後嗣王，誕

罔顯于天，矧曰其

有聽念厥先王勤

家，誕淫厥洪

于天顯民祇，

(10) 惟時上帝不

降若茲大喪，保，

7. « Tzéu Tch'êng T'âng tchéu iŭ Tí ĭ, wàng pŏu ming tĕ, siŭ séu.

8. « Ĭ wêi t'iēn p'êi kiēn, paŏ i iòu Ȋn. Ȋn wâng ĭ wàng kàn chéu tí, wàng pŏu p'éi t'iēn k'î tchĕ.

9. « Tsái kīn heóu séu wàng, tán wàng hiēn iŭ t'iēn ; chènn iuĕ k'i iŏu t'Ing gnién iŭ siēn wâng k'in kiā. Tán ȋn kiuĕ í, wàng kóu iŭ t'iēn hièn, mȋn tchēu.

10. « Wêi chéu cháng ti pŏu paŏ, kiáng jŏ tzēu tá sáng.

7. « Depuis Tch'eng T'ang jusqu'à Ti i, tous les empereurs cultivèrent la vertu, et eurent à cœur les offrandes ou sacrifices.

8. « Aussi le ciel affermit, protégea et dirigea les empereurs de la dynastie des In. De leur côté, ces princes n'osèrent s'écarter en rien de la direction donnée par le roi du ciel ; tous unirent leur action à celle du ciel pour faire du bien aux peuples.

9. « Dans ces derniers temps, (le tyran Tcheou), leur descendant et leur successeur, ne comprit nullement les voies du ciel ; encore moins voulut-il entendre parler et se souvenir de la sollicitude de ses pères à l'égard de leur famille (c.-à-d. de leurs sujets). Plongé dans toutes sortes d'excès, il oublia entièrement les principes les plus évidents de la loi naturelle, et la crainte respectueuse (que le souverain doit avoir) de son peuple.

10. « Alors le roi du ciel cessa de le protéger, et envoya cette grande catastrophe.

7. « A Victore T'ang usque ad Ti i, nullus non splendidas fecit virtutes et curavit sacra.

8. « Et ipsum cœlum magnopere firmavit, protexit, rexit tenentes In. In domus imperatores etiam nunquam ausi sunt recedere a rege cœli; nullus non se sociavit cœlo, ut ipse benefaceret (populo).

9. « In nostra ætate, posterus successor imperator omnino non perspexit in cœli (viis). Multo minus dici potest eum voluisse audire et cogitare de prioribus imperatoribus curantibus domum, i. e. regnum. Valde effusus in suas voluptates, minime respexit in cœli manifestas leges et populo (debitam) reverentiam.

10. « Solummodo tunc cœli rex non protexit, demisit ejus modi magnum interitum.

PART. IV. — CH. XIV. LES NOMBREUX OFFICIERS.

(11) 惟天不畀不
(12) 明厥德、
(13) 凡四方小大
(14) 邦喪罔非有辭
(15) 于罰、
(16) 王若曰、爾殷
(17) 多士、今惟我
(18) 王丕靈承帝事、
(19) 告勅于帝命曰、割殷
(20) (15) 惟我事不貳
(21) 惟爾王家我
(22) (16) 予其曰、惟爾

11. « Wêi t'iēn pŏu pí, pŏu mîng kiuĕ tĕ.
12. « Fàn séu fāng siaò tá pāng sáng, wàng fêi iòu sêu iŭ fă. »
13. « Wâng jŏ iuĕ : « Eùl Ĭn touŏ chéu, kīn wêi ngò Tcheōu wâng p'ēi lîng tch'êng ti chéu.
14. « Iòu mîng iuĕ kŏ Ĭn. Kaò tch'ĕu iŭ tí.
15. « Wêi ngò chéu pŏu éul chĕu ; wêi èul wâng kiā ngò chĕu.
16. « Iù k'î iuĕ, wêi èul hôung ôu tóu. Ngò pŏu éul tóung. Tzéu nái ĭ.

11. « (Tcheou) perdit le mandat du ciel, uniquement parce qu'il négligea de cultiver la vertu.

12. « Partout et toujours, quand un prince a perdu ses États, grands ou petits, il a été facile de dire les causes du châtiment. »

13. « L'empereur a parlé à peu près en ces termes : « Nombreux officiers des In, les empereurs de notre maison de Tcheou (Wenn wang et Ou wang), à cause de leur grande bonté, furent chargés d'exécuter l'œuvre du roi du ciel.

14. « Ils avaient ordre de mettre fin à la dynastie des In. Ils déclarèrent au roi du ciel qu'ils allaient (lui obéir et) réformer l'empire.

15. « Notre entreprise n'a tendu qu'à un seul but (qui était l'accomplissement de la volonté du ciel). Vous, de la maison impériale (de In) vous devez venir à nous.

16. « Je vous l'assure, c'est uniquement à cause de vos graves

11. « Solummodo cœlum non dedit (non reliquit ei summum mandatum, quia is) non splendidas fecit suas virtutes.

12. « Quodcumque in quatuor regionibus parvum magnumve regnum interiit, nunquam non fuerunt causæ ad puniendum. »

13. « Imperator sic locutus est : « Vos In domus numerosi præpositi, nunc vero nostræ Tcheou domus imperatores valde boni susceperunt cœli regis opus.

14. « Exstabat mandatum dicens succidendam In domum. Nuntiaverunt se correcturos (imperii administrationem) cœli regi.

15. « Tunc nostra actio non ad duo tetendit; et vos ex (In) imperatorum domo ad nos tendite.

16. « Ego ipse dico, unice quia vos

洪無度，我不
爾動自乃
⑰予亦念天
即于殷大戾
肆不正
爾王曰獸告
⑱
時其多士
爾非我一人
奉德不康寧，
時惟天命無
違朕不敢有
後無我怨

17. « Iǒu Ĭ gniên t'iēn tsī iū Ĭn tá lí, séu pŏu tchéng. »

18. « Wâng iuĕ : « Iôu, kaó eul touŏ chéu, iǔ wêi chéu k'î ts'iên kiū sī éul. Fēi ngò ĭ jênn fòung té pǒu k'āng gnîng ; chéu wêi t'iēn ming. Oû wêi. Tchénn pǒu kàn iòu heóu ; ôu ngó iuén. »

et nombreuses infractions aux lois (qu'il a été nécessaire de vous amener de votre ancienne ville dans la nouvelle ville de Lo). Je n'aurais pas voulu vous imposer ce dérangement (ou ce déplacement). La cause en a été posée dans votre propre ville.

17. « J'ai aussi pensé que, si le ciel envoyait de grands malheurs aux sujets des In (si la mort de Ou keng avait suivi de près celle de Tcheou, son père), c'est que les sujets des In avaient besoin de réforme (et devaient être transférés dans un autre pays). »

18. « L'empereur a dit : « Oui je vous le déclare, nombreux officiers, ce sont les seuls motifs pour lesquels je vous ai envoyés de l'orient à l'occident. En cela, moi votre souverain, je n'ai pas suivi les caprices d'une humeur inquiète et turbulente ; j'ai seulement obéi à la volonté du ciel. Ne résistez donc pas. Je ne me permettrai pas de vous infliger d'autre châtiment; ne murmurez pas contre moi.

accumulavistis contraria legibus, (necesse fuit transferre vos in novam urbem Lo). Ego non vos turbassem. (Causa exorsa est) ex vestra urbe.

17. « Ego etiam cogitavi cœlum admovisse ad In populum magnas calamitates, inde (eum) non esse rectum (et loco mutandum). »

18. « Imperator dixit : « Ita, moneo vos numerosos præpositos, ego solum propter illa ipse transtuli habitaturos occidentem vos. Non ego summus vir indulgens ingenio, non tranquillus ac quietus sum; vere erat cœli jussum. Nolite obsistere. Ego non audebo habere posterius, i. e. aliam addere pœnam; nolite de me queri.

Plusieurs commentateurs interprètent ainsi la dernière phrase: «(Si vous résistiez), je ne me permettrais pas d'attendre un nouvel ordre du ciel ou de vous donner du temps pour vous repentir et vous corriger; (mais je vous punirais sans délai. Ce serait justice); vous n'auriez pas lieu de murmurer contre moi. »

PART. IV. — CH. XIV. LES NOMBREUX OFFICIERS. 287

㉔王曰、多士、
罪、肆時惟天命、
肆矜爾、非予
邑商、予爾
敢求用爾
聽用德、肆
僚、庭有一服人惟
夏迪簡在百
㉑今爾又在王曰、
命典殷革夏
有先人有冊
㉙惟爾知、惟

19. « Wêi eul tchêu, wêi Ĭn siên jênn, iôu tch'ĕ iôu tiên, Ĭn kŏ Hiă míng.
20. « Kīn eul iôu iuĕ, Hiă tĭ kiên tsái wăng t'ĭng, iôu fŏu tsái pĕ leaŏ. Iŭ ĭ jênn wêi t'īng iôung tĕ. Séu iŭ kàn k'iôu eul iŭ t'iēn ĭ Chāng, iŭ wêi chouĕ séu kīng eul. Fēi iŭ tsouéi ; chêu wêi t'iēn míng. »
21. « Wàng iuĕ : « Touŏ chéu, sĭ tchénn lài tzéu Iēn, iŭ tá kiáng eul séu kouŏ

19. « Vos pères, qui vivaient sous les In, ont laissé, vous le savez, des documents, des annales, (où l'on voit comment) les In ont remplacé les Hia.

20. « Mais vous me direz que les anciens officiers des Hia (après la chute de cette dynastie) ont été proposés et choisis à la cour des nouveaux empereurs (pour remplir des charges), et qu'ils ont eu différents emplois, (que les Tcheou n'ont pas témoigné cette confiance bienveillante aux anciens officiers des In). (Je répondrai que) moi souverain de tout l'empire, je n'écoute et n'emploie que les hommes de bien. C'est pour cette raison que j'ai été vous chercher dans la ville où le ciel avait établi la résidence des Chang (et que je vous ai envoyés à Lo). En cela je n'ai fait que suivre (l'exemple des Chang eux-mêmes) et obéir à un sentiment de compassion pour vous. (Mon intention est de vous obliger à devenir hommes de bien, et de vous donner ensuite des emplois. Si je ne vous emploie pas encore à présent), ce n'est pas ma faute ; c'est le ciel qui le veut ainsi. »

21. « L'empereur a dit : « Nombreux officiers, à mon retour de Ien, j'ai adouci beaucoup la peine que vous aviez méritée, et

19. « Et vos scitis In priorum hominum exstare tabulas, exstare libros de In succedente in Hia imperium.
20. « Nunc vos insuper dicitis Hia (imperatorum præpositos) fuisse propositos et electos in imperatorum aula, habuisse munia inter varios præpositos. Ego summus vir solum audio ac adhibeo virtute præditos. Ideo ego ausus sum quærere vos in cœlesti urbe Chang. Ego sulummodo imitans (Chang imperatorum exempla), ideo misertus sum vestri. Non est mea culpa ; est sulummodo cœli jussum. »
21. « Imperator dixit : « Numerosi præpositi, antea quum ego redii ex Ien, ego multum minuens (pœnam, donavi) vobis omnium regnorum incolis

288　CHOU KING

㉓爾乃尙有爾
奔走臣我多遜
惟爾多士攸服
四方罔攸賓亦惟
邑于茲洛子亦惟
有申今朕作大
爾殺予惟時命
多士予惟命
㉒王曰告爾不
事臣我宗多遜
罰移爾退多遜比
命我乃明致天
大降爾四國民
昔朕來自奄子

mîn mîng. Ngò nài mìng tchéu t'iēn fă, î èul hiâ t'ĭ, pĭ chéu tch'ênn ngò tsōung touŏ suénn. »

22. « Wàng iuĕ : « Kaó èul În touō chéu ; kīn iû wêi pŏu èul chă, iû wêi chéu ming iòu chênn. Kīn tchénn tsŏ tá ĭ iû tzēu Lŏ, iû wêi séu fāng wàng iòu pīn, ĭ wêi èul touō chéu, iòu fŏu pēnn tseòu tch'ênn ngò touō suénn.

23. « Eùl nài cháng iòu èul t'òu, èul nài cháng gnîng kán chéu.

vous ai fait grâce de la vie, à vous et à tous les habitants des pays révoltés. Exécutant avec prudence la sentence de condamnation portée par le ciel, je vous ai transportés loin de votre pays (à Lo), afin que, vous attachant à nous, vous nous serviez avec beaucoup de respect, et dépendiez de notre grande capitale (de la ville de Hao). »

22. « L'empereur a dit : « Je vous avertis, nombreux officiers des In ; je vous ai fait grâce de la vie, et à présent je ne ferai que vous répéter ce que je vous ai dit (à mon retour de Ien). J'ai fait bâtir cette grande ville de Lo, afin que les princes de ces contrées eussent un endoit pour me présenter leurs hommages, et vous, nombreux officiers, un endroit pour exercer avec dévouement et respect différents emplois à notre service.

23. « (A Lo, comme dans votre ancienne ville), vous avez le

22. « Imperator dixit : « Moneo vos In numerosos præpositos ; nunc ego quidem postquam non occidi vos, ego solummodo illud monitum habeo iterandum. Nunc ego exstruxi magnam urbem in hac Lo, (quia) ego cogitavi quatuor regiones non habere ubi hospitio exciperentur (reguli), et volui ut vos numerosi præpositi haberetis ubi servientes propere discurreretis, subditi nobis cum magna observantia.

23. « Vos et peroptato habetis vitam. Ego tum perspicaciter adhibens cœli pœnas, transtuli vos in longinqua et remota, ut adhærentes serviretis et subditi essetis nostræ præcipuæ (urbi Hao) cum multa observantia. »

奄 Iēn, petite principauté, à présent comprise dans le 曲阜縣 K'iŭ feòu hién (préfecture de Ien tcheou fou, province de Chan toung). Le prince de Ien avait soutenu le parti de Ou keng, fils du tyran Tcheou. L'empereur Tch'eng wang avait marché contre lui.

PART. IV. — CH. XIV. LES NOMBREUX OFFICIERS.

乃或言爾攸居｡
(26) 王曰又曰時
小子乃典從爾遷｡
幹有年于茲洛爾有
邑繼爾居｡厥有
(25) 今爾惟時宅爾
躬｡亦致天之罰于爾
不啻不有爾土｡
矜爾不克敬｡不克敬
(24) 爾乃尚寧幹止｡
土爾乃尚寧幹止｡

24. « Eùl k'ŏ king, t'iēn wêi pi kīng èul. Èul pŏu k'ŏ king, èul pŏu chéu pŏu iòu èul t'òu, iû ĭ tchéu t'iēn tcheòu fă iū èul kōung.

25. « Kīn èul wêi chéu tchĕ èul ĭ, ki èul kiū. Èul kiuĕ iòu kản, iòu gniēn iū tzēu Lŏ ; èul siaò tzèu nài hīng. Ts'òung èul ts'iēn. »

26. « Wâng iuĕ : « Iòu iuĕ, chéu iû nài houĕ iēn, èul iòu kiū. »

bonheur de posséder des terres, de travailler et de vivre tranquillement.

24. « Si vous savez vous tenir avec respect dans la voie du devoir, le ciel aura compassion de vous, et vous accordera ses faveurs. Si vous sortez de la voie du devoir, non seulement vous ne garderez pas vos terres, mais de plus, moi ministre de la justice du ciel, je frapperai vos personnes.

25. « (Si vous obéissez aux empereurs de notre dynastie), vous demeurerez toujours dans vos terres (ou dans votre ville) et vous léguerez vos habitations à vos descendants. Vous aurez vous-mêmes des occupations (des ressources), et une vie longue dans cette ville de Lo ; et vos descendants jouiront de la prospérité. (Tous ces avantages) seront la suite de votre changement de pays. »

26. « L'empereur a dit : « Je le répète, tous ces avis me sont inspirés par mon désir de vous assurer un séjour tranquille. »

vestras terras ; vos et peroptato tranquilli operamini et habitatis.

24. « Si vos possitis reverenter (officiis fungi), cœlum dabit (beneficia), miserens vestri. Vos nisi possitis reverenter (rectum tenere), vos non modo non servabitis vestras terras, ego etiam adhibebo cœli pœnas in vos ipsos.

25. « Nunc vos (si Tcheou imperatoribus obsequamini), semper habitabitis in vestris pagis (aut in vestra urbe), posteris vestris tradetis vestras domos.

Vos ipsi habebitis opera, habebitis longævitatem in hac Lo ; vestri parvi filii (i. e. posteri) deinde erunt prosperi. (Illa omnia bona) ex vestra migratione. »

邑 Ĭ, terrain comprenant quatre 井 tsing ou quatre fois neuf cents 畞 meòu, et cultivé par trente-deux familles. C'est le sens que Ts'ai Tch'enn donne ici à ce mot.

26. « Imperator ait : « Iterum dico, illa ego modo quidem dixi (propter locum) vos ubi incolatis. »

無逸

(1) 周公曰嗚呼、君子所其無逸

呼、君子所其

(2) 先知稼穡之艱難、乃逸、則知小人之依、

(3) 相小人、父母勤勞稼穡、厥子乃不知稼穡之艱難、乃逸乃諺、既誕否則侮

OU I. 1. Tcheōu kōung iuĕ : « Oū hōu ! kiūn tzéu chòu k'i òu ǐ.

2. « Siēn tchēu kiá chĕ tchēu kiēn nán, nài ǐ, tsĕ tchēu siaŏ jēnn tchēu ǐ.

3. « Siáng siaŏ jēnn, kiuĕ fóu mòu k'ǐn laò kiá chĕ, kiuĕ tzéu nài pŏu tchēu kiá chĕ tchēu kiēn nán, nài ǐ, nài iénn, ki tán ; feòu, tsĕ òu fóu mòu, iuĕ, sī tchēu jēnn ôu wēnn tchēu. »

CHAPITRE XV. CONTRE L'OISIVETÉ ET LES PLAISIRS.

1. Tcheou koung dit (à Tch'eng wang) : « Oh ! un prince sage se tient constamment en garde contre l'oisiveté et les plaisirs.

2. « Celui qui (comme Chouenn et Heou Tsi) a connu les fatigues et les souffrances du laboureur, avant de mener la vie paisible de souverain, sait (que le travail est) la ressource des hommes du peuple.

3. « Voyez les hommes du peuple. (Parfois) après que les parents ont cultivé la terre avec beaucoup d'ardeur et de peine, les enfants ne connaissent même pas les fatigues ni les souffrances de la vie des laboureurs. Ils s'abandonnent à l'oisiveté et aux plaisirs, s'habituent à un langage grossier et mènent une vie licencieuse ; ou bien, pleins de mépris pour leurs parents, ils disent que les hommes d'autrefois n'avaient rien appris et ne comprenaient rien (eux qui ne savaient que se fatiguer, et ne s'accordaient pas un moment de repos. Si les fils des laboureurs tombent eux-

CHAPITRE XV. 1. Tcheou regulus dixit (Tch'eng imperatori) : « Oh ! regni rectoris sedes ipsa est fuga otii et oblectamentorum.

逸 ǐ, repos, bien-être, amusement, plaisir. La fuite de l'oisiveté, l'application continuelle aux choses sérieuses sont comme la demeure 所 chòu d'un prince sage.

2. « Qui prius novit serentis ac metentis (agricolæ) labores ac ærumnas, ac postea quiescit, i. e. quietam occupat regiam sedem, jam novit plebeiorum hominum subsidium.

3. « Aspiciens vulgi homines, (video quandoque fieri ut postquam) eorum parentes diligenti labore severunt ac messuerunt, ipsi filii inde non discant serendi et metendi labores et ærumnas ; sed otio ac oblectamentis indulgeant,

PART. IV. — CH. XV. CONTRE L'OISIVETÉ ET LES PLAISIRS.

厥父母曰、昔之人

無聞知、

(4) 周公曰、嗚呼、我聞曰、昔在殷王中宗、

嚴恭寅畏天命、

自度治民祇懼不

敢荒寧、肆中宗之

享國七十有五年、

(5) 其在高宗時、舊

勞于外、爰暨小人、

作其卽位、乃或亮

陰三年不言、其惟

不言、言乃雍不敢

4. Tcheōu kōung iuĕ: « Oū hōu! ngŏ wênn iuĕ, sĭ tsái Īn wàng Tchōung tsōung iên kōung în wéi, t'iên ming tzéu tóu, tch'èu mìn tchêu kiú, pŏu kàn houāng gnìng, séu Tchōung tsōung tchêu hiàng kouŏ ts'ĭ chĕu ióu ŏu gniên.

5. « K'í tsái Kaō tsōung chêu, kióu laŏ iū wái, iuên ki siaŏ jênn. Tsŏ k'i tsĭ wéi, nài houĕ leăng ngān, sān gniên pŏu iên. K'i wéi pŏu iên ; iên nái iōung. Pŏu mêmes dans ce défaut, les fils des princes y sont encore bien plus exposés). »

4. Tcheou koung reprit: « J'ai entendu dire qu'autrefois l'empereur Tchoung tsoung (T'ai meou), de la dynastie des In, était grave, poli, respectueux, circonspect ; qu'il se dirigeait lui-même d'après les principes de la loi naturelle, et gouvernait le peuple avec une crainte respectueuse ; qu'il ne se permettait pas de s'abandonner à une stérile oisiveté ; et que par suite il jouit de la dignité souveraine durant soixante-quinze ans.

5. « Plus tard Kao tsoung (Ou ting) commença par demeurer longtemps au-dehors (à la campagne), travaillant avec les hommes du peuple. (Après la mort de son père), sortant (de cette vie laborieuse) pour prendre possession de la dignité impériale, (et pleurant son père) dans la cabane funèbre, peut-être garda-t-il un silence absolu durant trois années. Il aimait à garder ainsi le silence

et sordide loquantur, posteaque licenter agant; sin minus, tunc contemnentes suos parentes, dicant priscos homines nihil didicisse nec scivisse. »

4. Tcheou regulus ait: « Oh! ego audivi dicentes olim existentem In imperatorem Tchoung tsoung fuisse gravem, comem, reverentem, cautum, ex cœli lege seipsum esse moderatum, rexisse populum cum reverenti timore, non ausum esse otiose quiescere, inde Tchoung tsoung usum esse regia dignitate septuaginta et quinque annis.

Le nom posthume de Tchoung tsoung est 太 戊 T'ài meóu. (1637-1562).

5. « Ipso exstante Kao tsoung tempore, (Kao tsoung) diu laboravit in exteris, ibi cum plebeiis hominibus. Exsurgens ipse ut adiret dignitatem regiam, tunc fortasse in funerea casa tribus annis non locutus est. Ille amabat non loqui; loquens tunc conveniebat

荒寧嘉靖殷邦
至于小大無時
或怨肆高宗之
享國五十有九
年，
(6) 其在祖甲，不
義惟王舊爲小
人作其即位爰
知小人之依能
保惠于庶民不
敢侮鰥寡肆祖
甲之享國三十
有三年、

kàn houāng gnîng. Kiā tsing In pāng, tchéu iū siaò tá, ôu chēu houĕ iuén. Séu Kaō tsōung tchēu hiàng kouŏ, ôu chēu ióu kióu gniên.

6. « K'î tsái Tsòu kiă, pŏu í wêi wàng, kióu wêi siaò jénn. Tsŏ k'i tsĭ wéi, iuén tchēu siaò jénn tchēu ī. Nêng paò houéi iū chóu mîn, pŏu kàn ôu kouān kouà. Séu Tsòu kiă tchēu hiàng kouŏ, sān chēu ióu sān gniên.

réfléchir; puis, quand il parlait), ses paroles étaient pleines de sagesse. Il ne se permettait pas de s'abandonner à l'oisiveté. Il fit régner la vertu et la paix dans l'empire des In ; jamais personne, dans aucune classe de la société, ne murmura contre lui. Kao tsoung jouit ainsi de la dignité impériale durant cinquante-neuf ans.

6. « Tsou kia, croyant qu'il ne pouvait sans injustice accepter l'empire (avant son frère aîné Tsou keng), vécut longtemps comme un homme du peuple. Quand il sortit (de cette vie humble) pour prendre possession de la dignité impériale, il connaissait la grande ressource des hommes du peuple. Il sut prêter secours et protection à la multitude, et ne se permit jamais de traiter avec mépris les hommes veufs ou les femmes veuves. Il régna ainsi trente-trois ans.

(cum recta ratione). Non audebat otiose quiescere. Decorum ac tranquillum fecit In regnum, ita ut inter parvos magnosque nullo tempore quisquam quereretur. Inde Kao tsoung usus est regia dignitate quinquaginta et novem annis.

Le nom posthume de Kao tsoung est 武丁 Où tīng. (1324-1265). Voyez page 150.

6. « Ille exstans Tsou kia, (ducens) non esse æquum ut esset imperator, diu se fecit plebeium hominem. Exsurgens ut ipse adiret dignitatem regiam, tunc noverat plebeiorum hominum subsidium. Potuit præsidio esse et benefacere universo populo, nec ausus est contemnere viduos ac viduas. Inde Tsou kia usus est regno triginta et tribus annis.

Kao tsoung voulait écarter du trône son fils aîné 祖庚 Tsòu kēng et laisser l'empire à 祖甲 Tsòu kiă. Celui-ci jugeant que ce serait léser les droits de son frère aîné, alla se cacher à la campagne parmi les hommes du peuple. Tsou keng fut reconnu empereur. Après sa mort, Tsou kia lui succéda. (1258-1225).

PART. IV. — CH. XV. CONTRE L'OISIVETÉ ET LES PLAISIRS. 293

(7)自時厥後立王生
則逸、生則逸、不知稼
稽之艱難、不聞小人
之勞、惟耽樂之從自
時厥後、亦罔或克壽、
或十年、或七八
五六年、或四三
(8)周公曰、嗚呼厥亦
惟我周太王王季克
自抑畏、
(9)文王卑服、卽康功
田功、

7. « Tzéu chēu kiuĕ heóu lī wǎng, chēng tsĕ ĭ. Chēng tsĕ ĭ, pŏu tchēu kiá chĕ tchēu kiēn nán, pŏu wēnn siaŏ jènn tchēu laô ; wéi tān lŏ tchēu ts'òung. Tzéu chēu kiuĕ heóu, ĭ wǎng houĕ k'ŏ cheóu ; houĕ chĕu gniên, houĕ ts'ĭ pă gniên, houĕ ŏu lŏu gniên, houĕ séu sān gniên. »

8. Tcheōu kōung iuĕ : « Ōū hōu ! kiuĕ ĭ wéi ngó Tcheōu T'ái wǎng, Wǎng ki, k'ŏ tzéu ĭ wéi.

9. « Wēnn wǎng pēi fōu, tsĭ k'āng kōung t'iēn kōung.

7. « Les empereurs qui régnèrent ensuite, avaient mené une vie commode dès leur naissance. Ayant mené une vie commode dès leur naissance, ils ne connaissaient pas les travaux ni les souffrances des laboureurs, et n'avaient pas entendu parler des fatigues des hommes du peuple ; ils furent tout entiers à leurs plaisirs immodérés. Leurs successeurs régnèrent tous peu de temps ; les uns dix ans, les autres sept ou huit ans, les autres cinq ou six ans, les autres trois ou quatre ans. »

8. Tcheou koung dit : « Oh ! dans notre famille des Tcheou, il y eut aussi T'ai wang et Wang Ki qui se signalèrent par leur modestie et leur circonspection.

9. « Wenn wang portait des vêtements communs, travaillait à assurer la tranquillité du peuple et encourageait la culture des terres.

7. « Post illos, illorum posteri constituti imperatores, nati statim quieverant. Nati statim quiescentes, non noverant serentis ac metentis labores et ærumnas, nec audiverant de plebeiorum hominum fatigatione; solummodo immodica oblectamenta sectati sunt. Post illos, inter illorum successores, non ullus potuit diu (regnare). Alii decem annis, alii septem octove annis, alii quinque sexve annis, alii quatuor tribusve annis. »

8. Tcheou regulus dixit : « Oh ! illi etiam nostræ Tcheou domus T'ai wang et Wang ki potuerunt se deprimere et vereri.

9. « Wenn wang vilibus vestibus adibat tranquillandi (populi) opus, agrorum opus.

〽（10）徽柔懿恭，懷保小民，惠鮮鰥寡，自朝至于日中昃，不遑暇食，用咸和萬民。

（11）文王不敢盤于遊田，以庶邦惟正之供，文王受命惟中身，厥享國五十年。

（12）周公曰，嗚呼，繼自今嗣王則其無淫于觀，于逸，于遊，于田，以萬民惟正之供。

10. « Houeï jeóu, ï kōung, houâi paò siaó mîn, houeï siēn kouân kouâ. Tzéu tchaō tchéu iū jĕu tchōung tchĕ, pŏu houâng hiá chĕu. Ioúng hiên houŏ wân mîn.

11. « Wênn wâng pŏu kån p'án iū iŏu t'iên ; i chóu pāng wei tchéng tchēu kōung. Wênn wâng cheóu ming wei tchōung chēnn ; kiuĕ hiáng kouŏ óu chēu gniên. »

12. Tcheôu kōung iuĕ : « Oū hōu ! ki tzéu kĭn, séu wâng tsĕ k'î óu în iū kouân, iū ĭ, iū iôu, iū t'iên ; i wán mîn wei tchéng tchēu kōung.

10. « D'une douceur et d'une politesse admirables, il protégeait ses sujets avec affection, et par ses bienfaits rendait la vie aux hommes veufs et aux femmes veuves. Depuis le matin jusqu'à midi et depuis midi jusqu'au soir, il prenait à peine le temps de manger. Il établit ainsi l'ordre le plus parfait chez tous les peuples.

11. « (Constitué chef des princes de l'ouest), il ne se permettait pas de se livrer trop au plaisir des voyages ou de la chasse, et n'exigeait des principautés que le tribut fixé par les lois. Il ne commença à gouverner la principauté (de Tcheou) que vers le milieu de sa vie ; il la gouverna cinquante ans. »

12. Tcheou koung dit : « Oh ! désormais, vous qui succédez à l'empire, évitez, à l'exemple de Wenn wang, de rechercher trop le plaisir de voir, de vous amuser, de voyager ou de chasser ; n'exigez de tous vos peuples que le tribut ordinaire.

10. « Pulchre lenis, pulchre comis, amanter protegebat subjectum populum, benefaciens renovabat (vires seu vitam) viduis viris ac viduis mulieribus. A mane usque ad solem medium et solem occidentem, non vacabat otium ad comedendum ; ita omnino composuit omnes gentes.

11. « Wenn wang non audebat nimis oblectare se in excurrendo et venando ; utebatur omnium regnorum solum justo vectigali. Wenn wang accepit mandatum (reguli potestatem) solummodo media ætate ; ipse usus est regno quinquaginta annos. »

12. Tcheou regulus dixit : « Oh ! prosequendo ex nunc, successor imperator, imitare eum non excedentem in videndo,

PART. IV. — CH. XV. CONTRE L'OISIVETÉ ET LES PLAISIRS. 295

乃訓之乃變亂 ⑮或此厥不聽人 惠胥訓教誨民 猶胥訓告胥保 ⑭我聞周公曰古之人 亂酗于酒德哉 若殷王受之迷 人不則有愆無 訓非天攸若時 耽樂乃非民攸 ⑬無皇曰今日

13. « Où houâng iuĕ : «Kīn jĕu tān lŏ.» Nài fēi mìn iôu hiǔn, fēi t'iēn iôu jŏ. Chêu jênn p'ēi tsĕ iôu k'iên. Où jŏ Īn wâng Cheóu tchêu mí louán, hiú iŭ tsiôu tĕ tsâi.»

14. Tcheôu kōung iuĕ : « Où hōu ! ngò wênn iuĕ, kòu tchêu jênn, iôu siū hiún kaó, siū paó houéi, siū kiaó houéi, mìn òu houè siū tcheôu tchāng wêi houán.

15. «Ts'eu kiuĕ pŏu t'īng, jênn nài hiún tchêu. Nài pién louán siēn wâng tchêu

13. « Ne vous abandonnez pas à l'oisiveté, en disant : «Je me plongerai dans les plaisirs aujourd'hui seulement.» Ce n'est pas un exemple qu'il convienne de donner à vos sujets, ni une conduite qui puisse vous attirer les faveurs du ciel. Les hommes de votre temps imiteraient partout vos excès. Ne devenez pas semblable à l'empereur Cheou (au tyran Tcheou), de la dynastie des In, qui, à cause de son ivrognerie, était dans une sorte de démence et de frénésie.

14. Tcheou koung dit : « Oh ! j'ai entendu raconter que dans l'antiquité les ministres d'État eux-mêmes s'instruisaient et s'avertissaient entre eux, se défendaient et s'aidaient mutuellement, se formaient les uns les autres aux bonnes habitudes, et que parmi le peuple personne peut-être ne cherchait à tromper par des mensonges ou des exagérations.

15. «Si vous n'ajoutez pas foi à ce récit (et ne profitez pas des exemples de nos pères), les ministres d'État vous imiteront. Les

in oblectando se, in excurrendo, in venando ; utere omnium populorum solummodo justo tributo.

13. « Ne otians dicas : « Hoc die libidinose me oblectabo.» Etenim non est (exemplum bonum) populus quo doceatur, non est (agendi ratio) cœlum quam probet. Ætatis (hujus totius) homines late imitabuntur habitos excessus. Ne similis fias In imperatori Cheou obcæcato, turbato, furenti in ebrietatis consuetudine.»

14. Tcheou regulus dixit : «Oh! ego audivi dicentes, antiquos homines (regni ministros) etiam invicem docentes commonere, invicem defendentes adjuvare, invicem erudientes instituere, populares nunquam forte invicem mentientes exaggerantesve facere fraudulenta.

15. « Illa ipse nisi audias (credas et in usum tuum convertas), ministri tunc discent hoc, i. e. imitabuntur

先王之正刑、至于小大、民否則厥心違怨、否則厥口詛祝、

(16) 周公曰、嗚呼、自殷王中宗、及高宗、及祖甲、及我周文王、茲四人迪哲、

(17) 厥或告之曰、小人怨汝詈汝、則皇自敬德、厥愆允若時、不啻不敢含怒、

tchéng hing, tchéu iū siaò tá. Mîn feòu, tsĕ kiuĕ sīn wêi iuén. Feòu, tsĕ kiuĕ k'eòu tchóu tchŏu. »

16. Tcheōu kōung iuĕ : « Oū hōu ! tzéu Ĭn wảng Tchōung tsōung, kĭ Kaō tsōung, kĭ Tsóu kiă, kĭ ngò Tcheōu. Wênn wảng, tzéu séu jênn tĭ tchĕ.

17. « Kiuĕ houĕ kaò tchêu iuĕ : « Siaò jênn iuén jòu, lì jòu ; » tsĕ houâng tzéu kíng tĕ. Kiuĕ k'iēn iuĕ : « Tchénn tchêu k'iēn. » Iùn jŏ chêu ; pŏu chéu pŏu kản hân nóu.

sages lois de vos prédécesseurs seront changées et bouleversées, depuis les moins importantes jusqu'aux plus essentielles. Le peuple vous désapprouvera, et par suite il vous retirera son affection et se plaindra de vous. Le peuple vous désapprouvera, et bientôt toutes les bouches exposeront leurs plaintes (devant les esprits) et les conjureront de vous punir. »

16. Tcheou koung dit: « Oh! Tchoung tsoung, Kao tsoung et Tsou kia de la dynastie des In, ainsi que Wenn wang de notre maison de Tcheou, ont usé tous quatre d'une rare prudence.

17. « Si quelqu'un les avertissait et leur disait: « Le peuple profère des plaintes et des paroles injurieuses contre vous ; » aussitôt ils veillaient sur eux-mêmes avec grande attention. Quand on leur reprochait des fautes (même sans fondement), ils disaient: « J'ai commis ces fautes. » (Ils agissaient et parlaient) vraiment ainsi, et ne se contentaient pas de ne pas s'indigner (contre leurs calomniateurs).

hoc tuum exemplum. Inde mutatæ perturbabuntur priorum imperatorum justæ leges, usque ad minores et majores. Populares improbabunt ; tum eorum animi alienati querebuntur. Improbabunt, inde eorum ora imprecantia querebuntur (apud spiritus). »

16. Tcheou regulus dixit: « Oh! ab In domus imperatoribus Tchoung tsoung et Kao tsoung et Tsou kia ad nostræ Tcheou domus Wenn wang, hi quatuor viri institerunt prudentiæ.

17. « Ipsos si quis forte moneret eos, dicens: « Minuta plebs queritur de te, probra jacit in te ; » statim magnopere ipsi attendebant suæ virtuti. Ab illa (minuta plebe) objectis culpis, dicebant: « Meæ culpæ sunt. » Revera ejusmodi erant ; non modo non audebant concipere iram.

厥（1）嗣（19）厥怨罰不時汝曰乃（18）
周王周身有不寬不則小或此
公君公同罪綽永人譸厥
若厥監曰是殺厥信怨張不
曰于嗚叢無念之汝爲聽、
君茲呼、于辜、亂厥則詈幻、人
 　　　　　　心碎若

18. « Ts'eu kiuě pŏu t'īng, jênn nài hoŭe tcheōu tchâng wêi houán, iuĕ: « Siaó jênn iuén jòu, li jòu. » Tsĕ sin tcheū. Tsĕ jŏ cheū, pŏu iòung gniên kiuĕ pĭ, pŏu k'ouân tch'ŏ kiuĕ sīn, louán fă ôu tsouéi, chă ôu kōu. Iuén iòu t'ōung, cheū ts'ôung iū kiuĕ chēnn. »

19. Tcheōu kōung iuĕ: « Oū hōu! séu wâng k'î kién iū tzéu. »

KIUN CHEU. 1. Tcheōu kōung jŏ iuĕ: « Kiūn Chēu,

18. « Si vous êtes sourd à la voix de leurs exemples, peut-être vos ministres chercheront à vous tromper par des mensonges ou des exagérations, et vous diront: « Le peuple se répand en plaintes, en injures contre vous. » Vous ajouterez foi à leurs rapports. Par suite, vous oublierez parfois vos devoirs de prince. Vous n'aurez plus le cœur grand et large; vous punirez à l'aveugle, et condamnerez à mort des innocents. Les plaintes seront générales, et dirigées toutes contre vous. »

19. Tcheou koung dit: « Oh! vous qui succédez à l'empire, considérez toutes ces choses. »

CHAPITRE XVI. LE SAGE CHEU.

1. Tcheou koung parla à peu près en ces termes: « Sage Cheu,

18. « Illa ipse nisi audias (ac imiteris), ministri inde forsan mentientes exagerantesve facient fraudulenta; dicent: « Minuta plebs queritur de te, maledicit tibi. » Statim credes eis. Tunc hoc modo, i. e. propterea, non semper memineris tuorum principis (officiorum); non largum amplumque facies tuum animum, turbate punies innocentes, occides insontes. Querelæ erunt communes (omnium civium); vere congerentur in tuum caput. »

19. Tcheou regulus dixit: « Oh! successor imperator, ipse respice in ea. »

CHAPITRE XVI. 奭 Chĕu est le nom du prince de Chao 召公 Chaó kōung. Voy. page 258. 君 est un titre honorifique. Nous trouverons plus loin 君陳 et 君牙.

Dans ce chapitre, Tcheou koung engage le prince de Chao à ne pas suivre son désir de se retirer dans la vie privée.

1. Tcheou regulus hoc modo locutus est: « Sapiens Cheu,

(2) 弗弔，天降喪于
殷，殷既墜厥命，我
有周既受，我不敢
知曰，厥基永孚于
休，若天棐忱，我亦
不敢知曰，其終出
于不祥．

(3) 嗚呼，君已曰，時
我，我亦不敢寧于
上帝命，弗永遠念
天威越我民罔尤
違，惟人在我後嗣
子孫大弗克恭上

2. « fóu tiaó, t'iēn kiáng sáng iŭ Īn. Īn ki tchouéi kiuĕ ming, ngŏ ióu Tcheōu ki cheóu ; ngŏ pŏu kăn tchēu iuĕ, kiuĕ kī ioŭng fōu iŭ hiōu ; jŏ t'iēn fèi chēnn, ngŏ ï pŏu kăn tchēu iuĕ, k'i tchoūng tch'ōu iŭ pŏu siāng.

3. « Oū hōu ! kiūn i iuĕ: « Chéu ngŏ. » Ngŏ ï pŏu kăn gnīng iŭ cháng ti ming, fōu ioŭng iuĕn gniēn t'iēn wēi, iuĕ ngŏ mīn wăng iŏu wéi. Wéi jènn. Tsái ngŏ heóu séu tzéu suēnn, tá fóu k'ŏ kōung cháng hiá, ngŏ ï ts'iēn jēnn kouāng, tsái kiā pŏu tchēu?

2. « le ciel, sans aucune commisération, a renversé la dynastie des In. Les In ayant perdu le mandat du ciel, nous princes de Tcheou, nous l'avons reçu. Je n'oserais pas affirmer que cette nouvelle dynastie sera à jamais prospère; mais, si le ciel aide les hommes de bonne volonté, je n'oserais pas non plus affirmer qu'elle aura une fin malheureuse.

3. « Oh! sage prince, auparavant vous disiez: « Tout dépend de nous. » Moi non plus je n'ose pas faire reposer toute ma confiance uniquement sur le mandat du roi du ciel, et ne pas craindre pour l'avenir la sévérité du ciel, bien que à présent notre peuple ne se plaigne ni ne s'éloigne de nous. Oui, tout dépend des ministres. Supposons que le fils ou le petit-fils de notre (Ou wang) soit tout à fait incapable de remplir ses devoirs envers le ciel et envers son peuple, et ne marche pas sur les traces glorieuses de ses pères; resterez-vous dans votre maison, sans vouloir même prendre connaissance de l'état des affaires?

2. « non miserens, cœlum demisit ruinam in In. In postquam amisit suum mandatum et nos tenentes Tcheou accepimus, ego non ausim judicare et dicere hanc institutionem (i. e. imperium ab Ou rege institutum) semper firmam fore in prosperis. Si cœlum adjuvet sinceros, ego et non ausim judicare et dicere eam tandem exituram in adversa.

3. « Oh! sapiens, antea dixisti: « Id nostrum est. » Ego et non audeo securus inniti cœli regis mandato, non in diuturnum longumque (tempus) cogitare cœli severitatem, dum noster populus non querens recedit. Unice ministrorum est. Si existens nostri (Ou regis)

PART. IV. — CH. XVI. LE SAGE CHEU.

下過佚前人光在
家不知前人光在
④天命不易天難
諶乃其墜命弗克
經歷嗣前人恭明
德
在今予小子旦
⑤非克有正迪惟前
人光施于我沖子
我道惟寧王德延
⑥又曰天不可信
天不庸釋于文王
受命
⑦公曰君奭我聞

4. « T'iēn ming pǒu i, t'iēn nân chênn. Nái k'i tchouéi ming, fǒu k'ǒ kīng lǐ séu ts'iên jênn kōung ming tě.

5. « Tsái kīn iù siaǒ tzéu Tán, fēi k'ǒ iǒu tchéng; tǐ wêi ts'iên jênn kouāng, chēu iū ngǒ tch'ôung tzéu. »

6. Iǒu iuĕ : « T'iēn pǒu k'ǒ sín. Ngǒ taǒ wêi gning wàng tě iên ; t'iēn pǒu iôung chēu iū Wènn wàng cheóu ming. »

7. Kōung iuĕ : « Kiūn Chéu, ngǒ wênn tsài sǐ, Tch'éng T'āng kí cheóu ming,

4. « Le mandat du ciel n'est pas facile à garder ; on ne doit pas se reposer trop facilement (avec trop de présomption) sur la bonté du ciel. Celui-là perd le mandat du ciel, qui n'est pas capable d'imiter sans cesse la diligence et de soutenir la gloire de ses pères.

5. « A présent, moi Tan, qui ne suis que comme un petit enfant, je ne suis pas capable de diriger (l'empereur); pour instruire mon cher fils (Tch'eng wang), je me contente de lui proposer les glorieux exemples de ses pères. »

6. Le prince répéta : « On ne peut pas se reposer (uniquement) sur la faveur du ciel. C'est à nous de reproduire sans cesse dans notre conduite les vertus de l'empereur pacificateur (Ou wang), et le ciel ne déchirera pas le mandat qu'il a donné à Wenn wang.

7. Tcheou koung dit : « Sage Cheu, j'ai entendu dire que dans

successor filius neposve omnino non valeat revereri cœlum ac homines, interrumpens amittat majorum gloriam; (num tu) manebis domi non cognoscens »

4. « Cœlo mandatum non facile (servatur); cœlo difficile fidendum. At ille amittit mandatum qui non potest continuo gressu prosequi majorum diligentem ac splendidam virtutem.

5. « In præsenti ego parvus filius Tan non valeo assequi ut bene dirigam; dirigens, solummodo majorum præclaram virtutem propono meo juniori filio. »

6. Rursus dixit: « Cœlo non potest fidi. Nostra agendi ratione unice pacificatoris imperatoris virtus producatur; cœlum abstinebit ideo ne dissolvat a Wenn rege acceptum mandatum. »

7. Regulus dixit: « Sapiens Cheu, ego audivi in antiquis temporibus, Tch'eng T'ang postquam accepit mandatum, tunc statim fuisse (virum talem)

在昔成湯旣受命，時則有若伊尹，格于皇天；在太甲，時則有若保衡；在太戊，時則有若伊陟、臣扈，格于上帝，巫咸乂王家；在祖乙，時則有若巫賢；在武丁，時則有若甘盤。

(8) 率惟茲有陳，保乂有殷，故殷禮陟配天，多歷年所。

chêu tsĕ iŏu jŏ Ī in, kŏ iū houâng t'iēn; tsái T'ái kiă, chêu tsĕ iŏu jŏ paŏ hêng; tsái T'ái meóu, chêu tsĕ iŏu jŏ Ī tchêu, Tch'ênn Hóu, kŏ iū chàng tí, Oū hiên i wâng kiā; tsái Tsòu ǐ, chêu tsĕ iŏu jŏ Oū hiên; tsái Oū tīng, chêu tsĕ iŏu jŏ Kān p'àn.

8. « Chouĕ wêi tzêu iŏu tch'ênn, paŏ í iŏu Īn. Kóu Īn lǐ tchêu p'ĕi t'iēn, touō lǐ gniên chòu.

l'antiquité, lorsque Tch'eng T'ang reçut le mandat du ciel, il y avait un homme comme I in, dont la vertu était unie à celle du ciel ; sous T'ai kia, un homme comme le grand gardien (I in) ; sous T'ai meou, des hommes tels que I tcheu (fils de I in) et Tch'enn hou, dont la vertu agissait de concert avec celle du roi du ciel, et un homme tel que Ou hien, gouverneur de la maison impériale ; sous Tsou i, un homme tel que Ou hien ; sous Ou ting, un homme tel que Kan p'an (peut-être Fou Iue.)

8. « Ces six ministres célèbres, en suivant les principes de la sagesse, rendirent des services signalés, conservèrent et réglèrent l'empire des In. Grâce à eux, les cinq empereurs de la dynastie des In qu'ils ont servis, parvenus là-haut après leur mort, partagèrent les honneurs rendus au roi du ciel (par leurs descendants sur la terre, et leur dynastie régna) durant une longue suite d'années.

qualis fuit I in, communicans cum augusto cœlo ; existente T'ai kia, tunc statim fuisse (virum talem) qualis fuit tutor gubernator ; existente T'ai meou, tunc jam fuisse (virum talem) quales fuerunt I tcheu et Tch'enn hou, communicantes cum cœli rege, et Ou hien, regens imperatoris domum ; existente Tsou i, tunc jam fuisse (virum talem) qualis fuit Ou hien ; existente Ou ting, tunc jam fuisse (virum talem) qualis fuit Kan p'an.

Kan p'an était peut-être le nom de 傅說 Fóu Iuĕ. Cf. page 150.

8. « (Illi sex ministri) sequentes quidem illud, i. e. sapientiæ viam, habuerunt exhibenda, i. e. spectatu digna merita ; servantes rexerunt eorum qui tenebant In regnum (imperium). Ideo In domus (illi quinque imperatores) in sacris, sociati sunt cœlo, multis decurrentibus annis.

所 Chòu, particule qui marque le nombre, la quantité.

PART. IV. — CH. XVI. LE SAGE CHEU. 301

威、今汝永念、則
殷有殷嗣天滅
壽平格保乂有
(10) 公曰君奭天
罔不是爭
于四方
辟故一人有事
惟德稱用乂厥
矧咸奔走惟茲
恤小臣屏侯甸、
人罔不秉德明
則商實百姓王
(9) 天惟純佑命

9. « T'iēn wêi chouénn ióu ming, tsě Chāng chèu. Pě sing, wâng jênn, wàng pŏu ping tĕ ming siŭ. Siaŏ tch'ênn, ping heóu tién, chénn hiên pēnn tseóu. Wêi tzĕu wêi tĕ tch'êng, ióung i kiuĕ pĭ. Kóu ĭ jênn ióu chéu iū séu fâng, jŏ pŏu chéu, wàng pŏu chéu fōu. »

10. Kōung iuĕ : « Kiūn Chéu, t'iēn cheóu p'ing kŏ, paŏ i ióu Ĭn. Ióu Ĭn séu t'iēn

9. « Le ciel étant tout à fait propice, l'empire des Chang (avait beaucoup d'hommes capables, et par suite) était très fort. Les officiers issus des familles illustres et les ministres de l'empereur remplissaient leurs devoirs avec une constante fidélité et prêtaient leur concours avec zèle et intelligence. A plus forte raison les officiers inférieurs, et les princes qui gardaient les frontières ou les domaines appelés *heou, tien*, s'empressaient-ils tous de répondre à l'appel du prince. Grâce à leur vertu insigne, le gouvernement de l'empereur était parfait. Quand le souverain avait une affaire dans n'importe quelle contrée de l'empire, ses décisions étaient comme les oracles de la tortue ou de l'achillée; chacun leur accordait une entière confiance. »

10. Tcheou koung dit : « Sage Cheu, le ciel donna une longue vie à ces six ministres justes et religieux ; ils conservèrent et réglèrent l'empire des In. Le dernier empereur de la dynastie des In (le tyran Tcheou) périt sous les coups du ciel. Pensez donc à

9. « Cœli erat pure (i. e. omnino et unice) propitium numen ; inde Chang regnum erat firmum. Inter (præpositos ortos) e variis conspicuis domibus et imperatoris ministros, nullus non tenebat rectum, nec perspicaciter succurrebat miserens. Minores præpositi, finium custodes, *heou* et *tien* reguli multo magis omnes diligenter agebant. Et tunc solummodo virtutem suscipientes (exserentes), ita rectum faciebant suum imperatorem. Ideo unico (summo) viro habente negotium in quatuor regionibus, sicut testudinis responsis achilleæve signis, nemo non vere fidebat. »

10. Regulus dixit: « Sapiens Cheu, cœlum longa vita donavit (illos sex regni ministros) æquos, communicantes (cum cœlo', et tuentes rexerunt habentium In (imperatorum imperium). Tenentium In successorem cœlum exstinxit sæviens. Nunc tu diuturna cogites; inde

有固命厥亂明我
新造邦、
(11) 公曰君奭、在昔
上帝割申勸寧王
之德其集大命于
厥躬、
(12) 惟文王尚克修
和我有夏亦惟有
若虢叔有若閎夭
有若散宜生有若
泰顛有若南宮括
(13) 又曰、無能往來

miĕ wēi. Kīn iòu ioung gnién, tsĕ iòu kóu ming, kiuĕ louán ming ngò sīn tsaó pāng.»

11. Kōung iuĕ: « Kiūn Chĕu, tsái sī cháng tí kŏ, chēnn k'iuén gnîng wâng tchĕu tĕ, k'ì tsí tá ming iū kiuĕ kōung. »

12. « Wéi Wênn wâng cháng k'ŏ siôu houô ngò iòu Hià, ĭ wêi iòu jŏ Kouŏ Chŏu, iòu jŏ Hôung Iaō, iòu jŏ Sán Î chēng, iòu jŏ T'ái Tiēn, iòu jŏ Nân kōung Kouŏ. »

13. Iôu iuĕ: « Où nêng wâng lài, tzĕu tĭ i kiaó, Wênn wâng miĕ tĕ kiáng iū kouŏ jênn.

l'avenir; vous affermirez notre empire, et votre administration rendra illustre notre dynastie nouvellement fondée. »

11. Tcheou koung dit: « Sage Cheu, le roi du ciel a retranché (la dynastie des In), encouragé de nouveau la vertu de l'empereur pacificateur (Ou wang) et réuni en sa personne tout le pouvoir.

12. « Mais (déjà auparavant) Wenn wang avait réussi à établir l'ordre et la concorde dans la partie de l'empire qui était sous notre dépendance. C'est qu'il avait à son service des hommes tels que (son frère) Chou, prince de Kouo, Houng Iao, San I cheng, T'ai Tien et Nan koung Kouo. »

13. Tcheou koung ajouta: « Si ces hommes n'avaient pas été

assequeris ut firmes mandatum, et tuum regimen illustrabit nostrum recens conditum imperium. »

11. Regulus dixit: « Sapiens Cheu, in præterito cœli rex succidit (In domum), iterum excitavit pacificatoris imperatoris (Ou wang) virtutem, ipse contulit summum mandatum in ejus caput.

12. « At Wenn wang feliciter potuerat componere et concordes facere a nobis habitos Sinas; etiam quia erat (vir talis) qualis Kouo Chou, erat (vir talis) qualis Houng Iao, erat (vir talis)

qualis San I cheng, erat (vir talis) qualis T'ai Tien, erat (vir talis) qualis Nan koung Kouo. »

Trois principautés ont porté le nom de Kouo: 北虢 située au nord-est de 平陸縣 P'ing lŏu hién, dans le 平陽府 (Chan si); 東虢 dans le 滎澤縣 Hiôung tchĕ hién (K'ai foung fou, Ho nan); 西虢 principauté de Kouo chou, dans le 寶雞縣 Paŏ kī hién (Foung siang fou, prov. de Chen si).

13. Rursus dixit: « Nisi potuissent ire et redire, hoc tempore tradere mora-

兹迪彝教文王蔑
德降于国人
(14) 亦惟纯佑秉德
迪知天威乃惟时
昭文王迪见冒闻时
于上帝惟时受有
殷命哉
(15) 武王惟兹四人
尚迪有禄后暨武
王诞将天威咸刘
厥敌惟兹四人昭
武王惟冒丕单称
德.

14. « Ĭ wêi chouênn ióu, ping tĕ, tĭ tchêu t'iēn wêi ; nái wêi chêu tchaó Wênn wâng, tĭ hién maó, wénn iŭ cháng tí, wêi chêu cheóu ióu Ĭn ming tsāi.

15. « Où wâng wéi tzȝu séu jênn cháng tĭ ióu lŏu. Heóu ki Où wâng tán tsiāng t'iēn wêi, hién lióu kiuĕ tĭ. Wêi tzēu séu jênn tchaó Où wâng wêi maó, p'êi tān tch'ēng tĕ.

capables d'aller répandre partout l'enseignement des principaux devoirs, l'influence de la vertu de Wenn wang ne serait pas descendue sur le peuple.

14. « Grâce à la bonté du ciel qui était tout à fait propice, ces cinq hommes qui suivaient constamment la voie de la vertu et connaissaient la majesté redoutable du ciel, éclairèrent l'esprit de Wenn wang. Avec leur secours, il se signala et protégea le peuple. Sa renommée parvint aux oreilles du roi du ciel, et il reçut le mandat qui avait été conféré aux princes de In.

15. « Quatre d'entre eux ont suffi pour faire obtenir à Ou wang (le mandat du ciel et) toutes les richesses de l'empire. Ensuite avec Ou wang ils furent les ministres de la justice du ciel, et firent périr tous les adversaires de ce prince. Ou wang éclairé par ces quatre hommes, protégea le peuple, et tout le peuple loua sans restriction sa vertu.

lia documenta, Wenn wang non virtutem demisisset in regni incolas.

14. « Etiam (cœlo) pure adjuvante, i. e. omnino et unice adjuvante ac nulla in re adversante, tenentes virtutem, insistentes (virtutis viæ) et noscentes cœli severitatem, inde hoc ipso illustrarunt Wenn wang, direxérunt ut conspiceretur et protegeret (populum), fama audiretur a cœli rege, et ideo acciperet tenentium In (regum) mandatum.

15. « Ou imperatorem unice ex illis quatuor viri (mortuus erat Kouo Chou) feliciter duxerunt ut haberet reditus, i. e. cœli mandatum cum totius imperii opibus. Postea cum Ou rege late suscipientes cœli severitatem, cunctos occiderunt ejus hostes. Solum illi quatuor viri illustrarunt Ou wang, ut protegeret, ubique omnino laudaretur virtus.

(16) 今在予小子旦，若游大川，予往暨汝奭其濟小子同。未在位誕無我責，收罔勖不及，耈造德不降，我則鳴鳥不聞，矧曰其有能格。

(17) 公曰．嗚呼，君肆其監于茲我受命無疆惟休亦大惟艱，告君乃猷裕，我不以後人迷．

16. « Kīn tsái iû siaô tzéu Tán, jŏ iôu tá tch'ouēn; iû wàng kí jôu, Cheŭ, k'î tsí. Siaò tzéu t'ôung wéi tsái wéi ; tán ôu ngò tchĕ. Cheōu wàng hiŭ pŏu kĭ, keôu tsaó tĕ pŏu kiáng. Ngò tsĕ mîng gniaò pŏu wênn ; chènn iuĕ k'î iôu nêng kŏ. »

17. Kōung iuĕ : « Oū hōu ! kiūn, séu k'î kién iū tzēu. Ngò cheôu míng, ôu kiāng wêi hiōu, í tá wêi kiēn. Kaó kiūn nǎi iôu iú. Ngò pŏu i heôu jênn mî. »

16. « Moi Tan, dont la faiblesse est celle d'un petit enfant, je suis comme un homme qui doit traverser un grand fleuve; c'est avec vous, Cheu, que j'espère le traverser. Mon cher fils (Tch'eng wang, encore jeune) est sur le trône comme s'il n'y était pas ; ne laissez pas tout le poids du gouvernement peser sur mes épaules. Si vous vous retirez et cessez d'encourager mes faibles efforts, ma longue expérience ne sera plus profitable au peuple. Je n'entendrai pas la voix du phénix (nous annoncer une grande prospérité); encore moins pourrai-je aider puissamment l'action du ciel. »

17. Tcheou koung dit: « Oh ! prince sage, réfléchissez-y bien. Le mandat que nous avons reçu du ciel est une faveur sans limite, mais aussi une source de grandes difficultés. Prince sage, je vous engage à entretenir de grandes pensées. Pour moi, je ne veux pas (quitter mon poste et) laisser le successeur (de Ou wang) s'égarer. »

16. « Nunc existens ego parvus filius Tan, quasi fluitaturus (trajecturus) magnum fluvium, ego in posterum tecum, Cheu, spero me trajecturum. Parvus filius (Tch'eng wang) est quasi nondum esset in sede regia. Totum noli mihi imponere onus. Si recedens non excites non assequentem, senioris periti beneficia non descendent (in populum). Ego inde canentem avem (phœnicem) non audiam; multo minus dici poterit me habere facultatem communicandi (cum cœlo). »

17. Regulus dixit: « Oh! sapiens princeps, magnopere ipse inspice in illa. Quod nos accepimus mandatum, sine limite est felicitas, et magna est difficultas. Hortor sapientem principem ut meditetur magna. Ego non sinam posterum virum (i. e. Tcheng imperatorem, Ou imperatoris successorem) aberrare. »

PART. IV. — CH. XVI. LE SAGE CHEU.

⑱ 公曰、前人敷乃
心、乃悉命汝作汝
民極曰、汝明勖偶
王在亶乘茲大
惟文王德丕承無
疆之恤
⑲ 公曰、君告汝
允保奭其汝克敬朕
否、肆念我天威
⑳ 予不允惟若茲
誥、予惟曰、襄我二

18. Kōung iuĕ : « Ts'iên jênn fōu nài sīn, nài sĭ ming jòu. Tsŏ jòu mìn kĭ, iuĕ : « Jòu mìng hiŭ ngeòu wàng, tsài tàn chêng tzēu tá ming. Wéi Wênn wâng tĕ, p'êi tch'êng òu kiāng tchēu siŭ. »

19. Kōung iuĕ : « Kiūn, kaó jòu tchénn iùn. Paò Chéu, k'î jòu k'ŏ king i iù, kién iū Īn sáng tá feòu, séu gniên ngò t'iēn wêi.

20. « Iù pŏu iùn wéi jŏ tzéu kaó ? Iù wéi iuĕ : « Siāng ngò éul jênn. » Jòu iòu

18. Tcheou koung dit : « L'empereur précédent (Ou wang) vous a ouvert son cœur et a tout confié à vos soins. En vous constituant l'un des (trois) principaux chefs du peuple, il vous a dit : « Aidez l'empereur (mon fils) avec intelligence et dévouement. Unis dans une mutuelle confiance, soutenez ensemble le poids de ce grand mandat du ciel. Pensez à la vertu de Wenn wang, et prenez sur vous cette charge qui demande une sollicitude sans limite. »

19. Tcheou koung dit : « Prince sage, je vous ai exprimé mes véritables sentiments. Cheu, vous qui êtes grand gardien, vous saurez, j'espère, profiter avec soin de mes conseils, considérer la ruine de la maison de In et les grands troubles qui l'ont accompagnée, et penser à la justice du ciel que nous devons craindre.

20. « Me permettrais-je de vous tenir un langage contraire à mes sentiments ? Moi, je dis : « L'empereur n'a que nous deux pour

18. Regulus dixit : « Decessor vir (Ou wang) aperiens tibi animum, tunc omnia commisit tibi. Constituens te populi summum ducem, dixit : « Tu perspicaciter enitaris sociatus imperatori, ut in mutua fide vehatis hoc magnum mandatum. Cogitans de Wenn wang virtute, magnopere suscipias sine limite curam. »

Le prince de Chao était l'un des 三公 sān kōung trois principaux di-

gnitaires de l'empire.

19. Regulus dixit : « Sapiens vir, monui te mea vera (cogitata). Tutor Cheu, spero, tu poteris attente adhibere mea (consilia, inspicere in In domus ruinam magnamque turbationem, inde cogitare (timendam) nobis cœli severitatem.

20. « Ego non vera num hoc modo monerem ? Ego quidem dico : « Adjutores sumus nos duo viri. » Tu habes

人、汝有合哉、言曰、
在時二人、天休滋
至、惟時二人、弗戡、
其汝克敬德、明我
俊民、在讓後人于

(21) 嗚呼、篤棐時二
人、我式克至于今
日休、我咸成文王
功、于不怠、丕冒、海
隅出日、罔不率俾、

(22) 公曰、君、予不惠
若茲多誥、予惟用

hŏ tsāi, iēn iuĕ : « Tsái chêu éul jênn. » T'iēn hiōu tzēu tchéu ; wêi chêu éul jênn fóu k'ān. K'í jòu k'ŏ king tĕ, míng ngò tsiún mîn ; tsái jáng heòu jênn iū p'ēi chêu.

21. « Ōū hōu ! tŏu féi chêu éul jênn. Ngŏ chêu k'ŏ tchéu iū kīn jĕu hiōu. Ngŏ hiên tch'êng Wênn wàng kōung iū pŏu tái ; p'ēi maó. Hài iú, tch'ŭ jĕu, wàng pŏu chouĕ pèi. »

22. Kōung iuĕ : « Kiūn, iú pŏu houéi jŏ tzēu touō kaó ? Iú wêi ióung mîn iū t'iēn iuĕ mîn. »

l'aider. » Vous êtes certainement de mon avis ; vous dites : « Tout dépend de nous deux. » Parce que la faveur du ciel nous est venue avec une telle plénitude, (vous craignez peut-être) que nous deux nous ne soyons pas capables d'y répondre. Mais vous saurez, j'espère, vous appliquer à pratiquer la vertu, et former les hommes de talent. Puis vous serez libre de céder la place à un successeur, quand tout sera prospère.

21. « Oh ! nous deux, nous sommes les seuls qui aidions sérieusement l'empereur. C'est à notre dévouement que l'empire doit sa prospérité actuelle. Achevons ensemble avec courage l'œuvre de Wenn wang, et protégeons le peuple. Que partout jusqu'aux rivages les plus reculés, jusqu'aux contrées où le soleil se lève, chacun reconnaisse et serve l'empereur. »

22. Tcheou koung dit : « Sage prince, tous ces avis ne sont-ils pas conformes à la raison ? Ils me sont inspirés par ma

consensum (consentis mecum) certe ; verbis dicis : « Est horum duorum virorum. » Cœli favor affluenter venit, et hi duo viri non valent ferre. Spero, tu poteris studere virtuti, edocere nostros præstantes viros. Licebit cedere successori homini in florenti tempore.

21. « Oh! qui serio adjuvent, sunt hi duo viri. Nos ideo potuimus pervenire ad hujus diei prosperitatem. Nos ambo perficiamus Wenn regis opus cum impigritate ; late protegamus (populum). Ad maris angulos (locaque ubi) oritur sol, nemo non subsequens operam præbeat. »

22. Regulus dixit : « Sapiens vir, ego

PART. IV. — CH. XVII. INSTRUCTIONS DONNÉES A TCHOUNG DE TS'AI. 307

百位（1）蔡敬祇初罔知呼（23）民閔
工冢惟仲用若惟不民君公于
臣宰周之茲其能德惟曰天
叔正公命　往終厥亦乃嗚越

23. Kōung iuĕ : « Où hōu ! kiūn, wéi nài tchēu mìn tĕ, ï wàng pŏu nêng kiuĕ tch'ōu ; wéi k'i tchōung. Tchēu jŏ tzēu ; wàng king ióung tch'êu. »

TS'AI TCHOUNG TCHEU MING. 1. Wéi Tcheōu kōung wéi tchōung tsài, tchéng sollicitude pour le mandat du ciel et pour le bonheur du peuple.»

23. Tcheou koung dit : « Oh ! sage prince, vous connaissez les hommes ; il n'en est pas un qui ne puisse être bon au commencement, mais il faut penser à la fin. (A présent le peuple est très soumis ; mais ses dispositions peuvent changer). Déférez à mon conseil, et continuez à administrer les affaires publiques avec zèle. »

CH. XVII. INSTRUCTIONS DONNÉES A TCHOUNG DE TS'AI.

1. Lorsque Tcheou koung était premier ministre et dirigeait tous les officiers, plusieurs des oncles de l'empereur répandirent

nonne recte tam multa monui? Ego solummodo exsero curam erga cœleste (mandatum) et populum. »

23. Regulus dixit : « Oh! sapiens vir, tu novisti hominum indolem, et neminem non posse (bonum facere) suum initium; cogitandus eorum finis. Attente obsequaris his (monitis); in posterum diligenter exerceas administrationem. »

CHAPITRE XVII. Ou wang avait chargé ses trois frères 管叔鮮 Siēn, prince de Kouan, 蔡叔度 Touo, prince de Ts'ai, 霍叔處 Tch'ou, prince de Houo, de surveiller 武庚 Où kēng, fils du tyran Tcheou, à qui il avait conféré la principauté de 鄘 Iôung, située dans la partie méridionale du 衞輝府 Wéi houēi fôu actuel (province de Ho nan). En mourant, il laissa l'empire à son fils 誦 Sóung, dont le nom posthume est

成王 Tch'éng wàng, et confia la régence à son frère 周公 Tcheōu kōung. Kouan Chou, Ts'ai Chou et Houo Chou commencèrent par répandre de faux bruits contre leur frère Tcheou koung, afin de le rendre suspect au jeune Tch'eng wang, leur neveu. Puis, avec Ou keng, ils entrèrent en révolte contre lui. Voy. plus haut, page 217. Tcheou koung, après avoir étouffé la rébellion, donna à son neveu 胡 Hôu, fils de Touo, la principauté de 蔡 Ts'ài, située dans le 上蔡縣 Cháng ts'ái hién (préfecture de 汝寧 Jòu gnîng, province de Ho nan).

1. At dum Tcheou regulus, dignitate summus regni minister, regebat varios præpositos, plures patrui diffuderunt rumores. Inde affecit capitis pœna Kouan (regni rectorem) Chou in Chang.

流言，乃致辟管
叔于商，囚蔡叔
于郭鄰，以車七
乘，降霍叔
人以克庸祗德周
公以卑乃命諸侯邦
卒乃命諸卿士
之蔡
(2)
胡惟爾率德改
行克慎厥獻肆
予命爾侯于東

pĕ kōung, k'iûn chŏu liôu iên. Nài tchéou pĭ Kouăn Chŏu iū Chāng. Siŏu Ts'ái Chŭu iū Kouŏ lin, i kiū ts'ĭ chéng. Kiáng Houŏ Chŏu iū chóu jênn, sān gniên pôu tch'ĕu. Ts'ái Tchóung k'ŏ iŏung tchēu tĕ, Tcheōu kōung i wêi k'īng chéu ; Chŏu tsŏu, nài ming tchōu wâng pāng tchēu Ts'ái.

2. Wâng jŏ iuĕ : « Siaò tzĕu Hôu, wêi êul chouĕ tĕ kài hing, k'ŏ chénn kiuĕ iŏu. Séu iŭ ming êul heŏu iū tōung t'òu. Wâng tsĭ nài fōung. King tsāi.

de faux bruits. Tcheou koung punit de mort Chou, prince de Kouan (Kouan Chou), dans l'ancienne capitale des Chang. Il confina Chou, prince de Ts'ai (Ts'ai Chou), dans la terre de Kouo lin, et lui laissa sept chars à quatre chevaux. Il réduisit Chou, prince de Houo (Houo Chou), à la condition de simple particulier, et le retrancha de la liste des princes de la famille impériale pendant trois ans. Ts'ai Tchoung (fils de Ts'ai Chou) étant très adonné à la pratique de la vertu, Tcheou koung le créa ministre d'État; et après la mort de Ts'ai Chou, il lui conféra au nom de l'empereur la principauté de Ts'ai.

2. L'empereur parla à peu près en ces termes : « Mon cher fils Hou, vous avez imité la vertu (de votre aïeul Wenn wang), évité les fautes (de votre père Ts'ai Chou) et réglé parfaitement votre conduite. Je vous constitue prince dans la partie orientale de

Inclusit Ts'ai (regni rectorem) Chou in Kouo lin, cum curribus septem quadrijugis. Demisit Houo (regni rectorem) Chou ad privati hominis (sortem), qui tribus annis non fuit ordinatus (inter fratres suos). Ts'ai Tchoung valuit uti diligenti virtute. Tcheou regulus adhibens constituit regni ministrum præpositum. Chou mortuo, tunc jussus ab imperatore, regnum dedit ei Ts'ai.

管 Kouàn était dans le 鄭州 Tchéng tcheōu (Ho nan); 霍 Houŏ, dans le 霍州 Houŏ tcheōu (Chan si).

商 Chāng, ancienne capitale, était dans le 淇縣 K'i hién (Wei houei fou, Ho nan). Sur 郭鄰 Kouŏ lin on est réduit à des conjectures.

齒 Tch'ĕu, dent, âge, par rang d'âge, ranger parmi, inscrire, mentionner.

2. Imperator sic locutus est : « Parve fili Hou, quia tu sequens virtutem (avi tui), mutans (non imitans) acta (patris tui), potuisti attendere tuis consiliis, inde ego jubeo te esse regulum

土、往卽乃封敬哉、

(3) 爾尚蓋前人之

欲惟忠惟孝爾乃

邁迹自身克勤無

怠以垂憲乃後無

乃祖文王之彝訓、

無若爾考之違王

命、

(4) 皇天無親惟德

是輔民心無常惟

惠之懷為善不

同、同歸于治為惡

不同、同歸于亂爾其

戒哉、

3. « Eùl cháng kái ts'iēn jênn tchēu k'iēn, wêi tchōung, wêi hiaó. Eùl nái mái tsï tzéu chēnn. K'ŏ k'ín óu tái, í tch'ouêi hién nái heóu. Chouĕ nái tsóu Wênn wáng tchēu í hiún ; óu jŏ éul k'aó tchēu wêi wâng ming.

4. « Houâng t'iēn óu ts'īn ; wéi tĕ chéu fóu. Mín sīn óu tch'âng ; wéi houéi tchēu houâi. Wéi chén pŏu t'ôung ; t'ôung kouêi iū tchéu. Wéi ngŏ pŏu t'ôung ; t'ôung kouêi iū louán. Eùl k'í kiái tsāi !

l'empire. Arrivé dans vos domaines, veillez attentivement sur vous-même.

3. « Vous réparerez, j'espère, les fautes de votre père par votre loyauté et votre piété filiale. (Ne pouvant pas marcher sur les traces de votre père), vous tracerez vous-même votre voie. Toujours diligent, jamais oisif, vous servirez de modèle à vos descendants. Suivez les sages enseignements de votre aïeul Wenn wang; n'imitez pas votre père dans sa désobéissance à l'empereur.

4. « L'auguste ciel n'a pas de favoris ; il ne favorise que la vertu. La faveur du peuple n'est pas invariable ; il n'aime que les princes bienfaisants. Les bonnes actions ne sont pas toutes semblables ; elles contribuent toutes ensemble au bon gouvernement. Les mauvaises actions ne sont pas toutes semblables ; elles contribuent toutes ensemble au désordre général. Puissiez-vous vous tenir sur vos gardes !

in orientali regione. Quum abiens adiveris tuum feudum, attendas.

3. « Tu, spero, obtegens patris tui culpas, eris fidelis, eris pius. Tu sic imprimes vestigia ex teipso. Poteris esse diligens, non deses; ita relinques exemplum tuis posteris. Sequere tui avi Wenn wang moralia documenta; ne similis sis tuo defuncto patri transgredienti imperatoris jussa.

4. « Augustum cœlum non habet gratiosos; solum virtus est quam adjuvat. Populi favor non est constans; solum beneficos amat. Acta bona non sunt similia; similiter concurrunt ad rectam gubernationem. Acta mala non sunt similia; similiter concurrunt ad turbationem. Tu utinam caveas!

朕命、 胡汝往哉、無荒棄 (8) 王曰嗚呼小子 度則子一人汝嘉 聽罔以側言改厥 明亂舊章詳乃視聽 (7) 率自中無作聰 和兄弟康濟小民、 四鄰以蕃王室、以 (6) 懋乃攸績睦乃 終以不困窮 終以不困不惟厥終 (5) 愼厥初惟厥終

5. « Chénn kiuĕ tch'ōu, wêi kiuĕ tchōung ; tchōung i pŏu k'ouénn. Pŏu wêi kiuĕ tchōung, tchōung i k'ouénn k'iōung.

6. « Meóu nài iôu tsī. Mŏu nài séu lìn, i fân wàng chĕu, i houô hiōung tí, k'āng tsi siaŏ mîn.

7. « Chouĕ tzéu tchōung ; ôu tsŏ ts'ôung mîng louán kióu tchāng. Siâng nài chéu t'īng ; wàng i tchĕ iên kăi kiuĕ tóu ; tsĕ iŭ ĭ jênn jŏu kiā. »

8. Wâng iuĕ: «Oū hōu! siaŏ tzéu Hôu, jôu wàng tsāi; ôu houâng k'í tchénn mîng.»

5. « En toute chose, il faut soigner le commencement, et avoir toujours la fin devant les yeux; on atteint la fin sans se trouver à bout de ressources. Celui qui ne pense pas au terme qu'il doit atteindre, se trouver avant la fin entièrement dépourvu de ressources.

6. « Efforcez-vous de rendre des services signalés. Faites régner la concorde entre vous et tous les princes vos voisins, afin de défendre la famille impériale, de maintenir l'union entre vos parents du côté paternel, de procurer la paix et de prêter secours au peuple.

7. «Tenez constamment le juste milieu. Évitez de faire le sage et de bouleverser les anciens statuts. Examinez attentivement ce que vous voyez et ce que vous entendez; ne changez pas vos règles de conduite à cause d'une parole peu sage qu'on vous aura dite; et moi votre souverain, je vous donnerai des éloges.

8. L'empereur dit: «Oh! Hou, mon cher fils, allez; ne rendez pas inutiles mes instructions.»

5. « (Vir sapiens) attendat suo initio, cogitans de suo fine; in fine ideo non angetur. Qui non cogitat de suo fine, in fine ideo angitur inops.

6. « Vires exsere (ad ea) tu in quibus bene merearis. Concordes facias tuos omnes vicinos, ut sepias imperatoris domum, ut unanimes facias fratres, et tranquilles ac adjuves minutam plebem.

7. «Sequens sequere medium. Noli, teipsum faciens summe perspicacem, perturbare antiqua statuta. Perpende quæ tu vides et audis; nunquam ob devia verba mutes tuas regulas; tunc ego summus vir laudabo te. »

8. Imperator dixit: «Oh! parve fili Hou, tu eas; ne frustrans abjicias mea mandata. »

不爾我殷多告王 ⑵宗自丁 ⑴
知命惟侯方爾若周奄亥惟
　大尹惟四曰公　至五多
爾降民爾國猷曰　于來月方
罔　　　　　　　　

TOUO FANG. 1. Wêi òu iuĕ tīng hâi, wâng lâi tzéu Iēn, tchéu iŭ tsōung Tcheōu.
2. Tcheōu kōung iuĕ: « Wâng jŏ iuĕ: « Iôu! kaó éul, séu kouŏ, touō fâng. Wêi éul În heôu, in mîn, ngŏ wêi tá kiâng éul ming, éul wâng pŏu tchêu.

CHAPITRE XVIII. NOMBREUSES CONTRÉES.

1. Au cinquième mois de l'année, le ving-quatrième jour du cycle, l'empereur revenant de Ien, rentra dans la grande capitale des Tcheou.

2. Tcheou koung dit: « L'empereur a parlé à peu près en ces termes: « Oh! écoutez mes avis, vous, princes et officiers des quatre principautés et de beaucoup d'autres contrées. Vous, princes et sujets des In, vous n'ignorez pas que j'ai beaucoup diminué la peine que vous aviez méritée et vous ai fait grâce de la vie.

CHAPITRE XVIII. Ou keng et trois oncles de l'empereur ayant levé l'étendard de la révolte, les tribus étrangères fixées sur les bords de la Houai 淮夷 Houâi i se soulevèrent aussi. Tch'eng wang marcha en personne contre elles et les soumit. Après son retour à 鎬 Haŏ, sa capitale, il réunit à sa cour un grand nombre de princes et d'officiers, parmi lesquels se trouvaient d'anciens serviteurs de la maison des In. Il leur donna ses avis par la bouche de son oncle Tcheou koung.

1. At quinto mense, *ting hai* (cycli vigesimo quarto die), imperator veniens ex Ien, pervenit ad magnum Tcheou. 宗周 Tsōung Tcheōu, la grande capitale des Tcheou, nom donné à la ville de Hao pour la distinguer de 洛 Lŏ, qui était comme la seconde capitale. D'après 呂祖謙 Liù Tsŏu k'iên, la capitale de l'empire est appelée 宗 tsōung, lieu de réunion, parce qu'elle est comme le centre où tout converge.

On ignore où était la principauté de 奄 Iĕn. Plusieurs auteurs la placent dans le 曲阜縣 K'iŭ feoŭ hién (préfecture de 兗州 Iĕn tcheōu, province de Chan toung); d'autres la rangent parmi les contrées étrangères situées sur les bords de la Houai et dépendantes de l'empire. Le prince de Ien ayant soutenu Ou keng dans sa révolte, Tch'eng wang le défit, et cette principauté cessa d'exister.

2. Tcheou regulus dixit: « Imperator sic locutus est: « Oh! moneo vos, quatuor regnorum et multorum locorum (reguli ac præpositi). Vos In reguli et gubernati populares, me multum minuisse (pœnam et condonasse) vobis vitam, vos minime ignoratis.

四國 Séu kouŏ, les quatre principautés de 商 Chāng, de 管 Kouăn, de

民之麗乃大 命不克開于 (5) 厥圖帝之 迪乃爾攸聞 日勸于帝之 淫昏不克終 言于民乃大 厥逸不肯感 于夏有夏誕 (4) 惟帝降格 念于祀弗永寅 之命弗永寅 (3) 洪惟圖天

3. « Hôung wéi t'òu t'iēn tchēu ming, fǒu ioung în gniēn iū séu.

4. « Wěi ti kiáng kǒ iū Hiá. Iǒu Hiá tán kiuě i̇̌, pǒu k'éng ts'i̇̀ iēn iū min ; nái tá în houēnn, pǒu k'ǒ tchōung jéu k'iuén iū ti tchēu ti̇̌. Nái éul iòu wênn.

5. « Kiuě t'òu ti tchēu ming, pǒu k'ǒ k'āi iū min tchēu li ; nái tá kiáng fǎ,

3. « Pour satisfaire une immense ambition et obtenir le mandat du ciel, vous avez négligé de veiller sans cesse avec respect à perpétuer les cérémonies (en l'honneur de vos ancêtres).

4. « Anciennement le roi du ciel envoya des malheurs à l'empereur (Kie), de la dynastie des Hia, pour l'avertir de se corriger. Celui-ci s'abandonnant de plus en plus à ses passions, ne voulut pas même par une parole témoigner au peuple quelque commisération. Ses excès aveuglèrent tellement son intelligence que dans tout le cours d'une journée il ne sentait plus jamais l'inspiration du roi du ciel. C'est ce que vous avez entendu dire.

5. « Dans sa folle présomption, il se persuada que le roi du ciel ne lui retirerait jamais son mandat, et n'aida pas le peuple à se

蔡 Ts'ái et de 霍 Houǒ, qui s'étaient révoltées contre l'empereur.

3. « Immense solum ambientes cœli mandatum, (Chang et Ien reguli) non perpetua reverentia cogitarunt de sacris (prosequendis).

Ou keng, fils du tyran Tcheou, avait voulu rétablir la dynastie des Chang ou In, et attiré dans son parti le prince de Ien. Ces deux princes s'étant révoltés contre l'empereur, s'étaient exposés à perdre leurs États, et à ne plus pouvoir s'acquitter des cérémonies en l'honneur de leurs ancêtres. C'est ce qui leur arriva en effet.

4. « Porro cœli rex demisit correctionem in Hia. Tenens Hia regnum ampliavit suas libidines, nec voluit cum miseratione loqui erga populum; sed vehementer excedens obcæcatus est, nec potuit integro die excitari cœli regis afflatu. Est vos quod audivistis.

王氏樵曰、雖至愚之人未嘗無一念之明、是帝之迪人、
Wang Ts'iao dit : « Les hommes les moins intelligents ne sont pas sans avoir par moments des pensées lucides. C'est le roi du ciel qui éclaire leur intelligence. »

5. « Ille præsumens cœli regis mandatum (fore perpetuum), non potuit aperire (viam) ad populi subsidia; sed ingenter demittens pœnas, auxit turbationem in habito imperio. Principio inito ab interna turbatione, non potuit

PART. IV. — CH. XVIII. NOMBREUSES CONTRÉES. 313

降罰崇亂有夏。因
甲于内亂不克靈
承于旅罔丕惟進
之恭洪舒于民亦
惟有夏之民叨憤
日欽劓割夏邑、
(6) 天惟時求民主、
乃大降顯休命于
成湯刑殄不昇夏純乃
(7) 惟以爾多方之義
民不克永于多享、
惟夏之恭多士大

tch'ôung louán iôu Hià. Ĭn kiă iū néi louán, pŏu k'ŏ ling tch'êng iū liù. Wàng p'êi wêi tsìn tchêu kōung, hôung chōu iū mîn; ĭ wêi iòu Hià tchêu mîn, t'aō tchéu jĕu k'īn, ĭ kŏ Hià ĭ.

6. « T'iēn wêi chêu k'iôu mîn tchôu, nài tá kiáng hièn hiōu míng iū Tch'êng T'âng, hîng tiên iòu Hià.

7. « Wêi t'iēn pŏu pí chouênn, nài wêi ĭ èul touō fāng tchêu ĭ mîn, pŏu k'ŏ iôung iū touō hiàng, wêi Hià tchêu kōung touō chéu, tá pŏu k'ŏ mîng paō hiàng

procurer des ressources; mais par l'emploi fréquent des plus cruels supplices, il augmenta le trouble dans l'empire. Il mit d'abord le désordre dans son palais (par ses débauches); ensuite il ne sut pas traiter avec bonté la multitude, ne lui donna pas des soins diligents et ne fut pas libéral envers son peuple. Les hommes avides et cruels étaient les seuls qu'il comblait d'honneurs chaque jour; il faisait couper le nez, les membres à ses sujets dans la capitale de ses pères.

6. «Alors le ciel chercha un souverain pour son peuple. Il donna son glorieux et bienfaisant mandat à T'ang le Victorieux, punit et anéantit la dynastie des Hia.

7. «Le ciel ne voulut pas laisser (son mandat à Kie), parce que les hommes vertueux et capables de vos nombreuses contrées n'avaient pu rester en charge, et parce que les nombreux officiers

benigne suscipere multitudinem. Non multum cogitavit ut procederet erga eam diligenter, nec multum liberalis fuit in populum; sed solummodo ex habiti imperii popularibus avidos et iracundos quotidie honorans, nasos præcidebat ac membra resecabat in Hia urbe præcipua.

6. «Cœlum tunc quæsivit populi rectorem; inde magnifice demisit præclarum ac beneficum mandatum in Tch'eng T'ang, puniens delevit tene... Hia.

7. « Porro cœlum renuit dare (mandatum Kie imperatori) omnino, ex eo solo quod vestrarum multarum regionum sapientes viri non potuerant diu manere in multa fruitione (publicorum muniorum), et quos Hia honorabat,

不克明保享于民,
乃胥惟虐于民,至
于百為大不克開,
(8) 乃惟成湯克以
爾多方簡代夏作
民主,慎厥麗乃勸,厥
民刑用勸,
(10) 以至于帝乙,罔不明德慎罰,亦克
用勸,
(11) 要囚殄戮多罪,亦克用勸,開釋無辜,亦克用勸,

iŭ mîn, nài siŭ wêi iŏ iŭ mîn, tchéu iŭ pĕ wêi tả pŏu k'ŏ k'āi.

8. « Nải wêi Tch'êng T'āng k'ŏ i éul touō fāng kièn, tái Hiả tsŏ mîn tchŏu.

9. « Chénn kiuĕ li nài k'iuén ; kiuĕ mîn hìng ióung k'iuén.

10. « Ì tchéu iŭ Tí ĭ, wảng pŏu mîng tĕ chénn fả, ĭ k'ŏ ióung k'iuén.

11. « Iaō siôu, tièn lŏu touō tsouéi, ĭ k'ŏ ióung k'iuén. K'āi chĕu ôu kōu, ĭ k'ŏ ióung k'iuén.

honorés à la cour des Hia ne s'efforçaient pas de procurer la paix ni de faire du bien au peuple, mais au contraire opprimaient le peuple, et rendaient impossibles ses divers travaux.

8. « T'ang le Victorieux mérita d'être choisi par vos nombreuses nations, et de devenir le souverain des peuples à la place des Hia.

9. « Il s'appliqua à établir le fondement de son administration, c.-à-d. à pratiquer la vertu, et par ce moyen encouragea le peuple. Le peuple l'imita, encouragé par l'exemple du prince.

10. « Depuis Tch'eng T'ang jusqu'à Ti i, tous les empereurs se signalèrent par leur vertu et usèrent des châtiments avec grande circonspection ; par ce moyen ils encouragèrent aussi le peuple.

11. « Après avoir bien examiné les causes capitales, ils condamnaient à mort les malfaiteurs chargés de crimes. Par ce moyen ils excitaient encore le peuple à pratiquer la vertu. Ils renvoyaient absous ceux qui n'étaient pas coupables de crimes volontaires. C'était encore un moyen d'encourager leurs sujets.

multi præpositi non poterant præclare tuentes benefacere populo, sed omnes unice sæviebant in populum, ita ut varia opera omnino non possent expediri.

8. « Tunc Tch'eng T'ang potuit a vestris multis gentibus eligi, pro Hia fieri populi rector.

9. « Consulens suæ basi, inde excitavit (populum ad recte agendum). Ille populus imitans ita excitatus est.

10. « Hinc usque ad Ti i, nullus non excoluit virtutem et attendit pœnis; etiam potuerunt ita excitare.

11. « Cognitis capitis causis, delentes occidebant multis sceleribus obstrictos; etiam poterant ita excitare. Solventes liberabant eos qui non consulto peccaverant; etiam poterant ita excitare.

PART. IV. — CH. XVIII. NOMBREUSES CONTRÉES. 315

⑫ 今至于爾辟弗
克以爾多方享天
之命、爾多方、
⑬ 嗚呼、王若曰、誥
告爾多方、非天庸
釋有殷、非天庸釋
有夏、
⑭ 乃惟爾辟、以爾
多方、大淫圖天之
命、屑有辭、
⑮ 乃惟有夏、圖厥
政、不集于享、天降
時喪、有邦閒之、

12. « Kīn tchéu iū éul pí, fŏu k'ŏ i éul touŏ fāng, hiàng t'iēn tchéu míng. »

13. « Oū hōu ! wàng jŏ iuĕ : « Kaó kaó éul touŏ fāng, fēi t'iēn iōung chĕu iòu Hià, fēi t'iēn iōung chĕu iòu Īn.

14. « Nài wêi éul pí, i éul touŏ fāng, tá ín t'òu t'iēn tchéu míng, siĕ iòu séu.

15. « Nài wêi iòu Hià, t'òu kiuĕ tchéng, pŏu tsï iū hiàng, t'iēn kiáng chĕu sáng, iòu pāng kién tchēu.

12. « Quand (Tcheou) votre dernier empereur arriva au pouvoir, il ne sut pas garder la jouissance du mandat du ciel ni la possession de vos nombreuses contrées. »

13. « Oh ! l'empereur a parlé à peu près en ces termes : « Je vous le déclare, princes et officiers de nombreuses nations, ce n'est pas le ciel qui a voulu écarter la dynastie des Hia, ce n'est pas le ciel qui a voulu écarter la dynastie des In.

14. « Mais votre dernier empereur, maître de vos nombreuses contrées, s'est livré aux plus grands excès, se croyant assuré de garder le mandat du ciel, et donnant des prétextes futiles (pour excuser sa conduite).

15. « Parce que (Kie) le représentant de la maison des Hia, dans son administration, ne cherchait pas et n'employait pas tous les moyens nécessaires pour jouir (longtemps de la dignité impériale), le ciel mit fin à sa dynastie et la remplaça par une autre :

12. « Nunc quum perventum est ad vestrum (ultimum) imperatorem, non potuit, habens vestras multas regiones, frui cœli mandato. »

13. « Oh ! imperator sic locutus est : « Monens doceo vos, multæ gentes; non cœlum adhibuit (statuit consilium) ut solveret (i. e. amoveret) tenentem Hia; non cœlum adhibuit ut solveret tenentem In.

14. « Sed solummodo vester imperator, habens vestras multas gentes, multum excessit, fretus cœli mandato, minutas habens (i. e. prætexens) causas.

15. « Etenim quia tènens Hia, componens suam administrationem, non colligebat ad fruendum (regia dignitate), cœlum demisit illam ruinam, et habens (aliud) regnum (i. e. alius regni rector) interrupit illum.

方厥方⑱民瞯聖狂⑰降政王⑯
罔顧大天主之天惟惟時不逸乃
堪天勤惟可子惟聖喪逸厥惟
顧惟以求孫五克罔烝逸爾
之爾威爾念誕年念念天圖商
多開多聽作須作作惟厥後

16. « Nài wêi èul Chāng heóu wâng, ĭ kiuĕ ĭ, t'òu kiuĕ tchéng, pŏu kiuēn tchēng, t'iēn wêi kiáng chêu sáng.

17. « Wêi chéng wàng gniên, tsŏ k'ouâng; wêi k'ouâng k'ŏ gniên, tsŏ chéng. T'iēn wêi òu gniên, siū hiá tchêu tzéu suēnn, tán tsŏ mîn tchòu; wâng k'ŏ gniên t'īng.

18. « T'iēn wêi k'iòu èul touō fāng, tá tóung i wēi, k'āi kiuĕ kóu t'iēn. Wêi èul touō fāng, wâng k'ān kóu tchêu.

16. « Ensuite, parce que (Tcheou) le dernier empereur de votre dynastie des Chang, tout entier à ses plaisirs, ne consultait, dans l'administration de l'État, que sa lubricité et sa paresse, le ciel a retranché sa dynastie.

17. « Le sage lui-même deviendrait insensé, s'il ne réfléchissait pas; et l'insensé deviendrait sage, s'il savait réfléchir. Le ciel laissa en repos (Tcheou) le descendant (de Tch'eng T'ang et attendit cinq ans (avant de le châtier), afin de lui laisser la faculté de devenir un vrai souverain du peuple; mais (Tcheou) ne voulut ni réfléchir ni écouter.

18. « Alors le ciel chercha dans vos nombreuses contrées (un prince digne de gouverner l'empire), et répandit l'effroi par ses châtiments, avant de manifester sa providence favorable. Mais dans vos nombreuses contrées il ne trouva personne qui fût digne de recevoir ses faveurs.

集 Tsĭ, accumuler. Kie accumulait des crimes, non des actions bonnes.

16. « Deinde quia vestræ Chang domus postremus imperator, oblectans se suis oblectamentis, componens suam administrationem, nec purus erat, nec progrediebatur, i. e. otio indulgebat, cœlum tunc demisit illud excidium.

17. « Sapiens vir nisi cogitet, fiet stultus; et stultus si possit cogitare, fiet sapiens. Cœlum quinque annis exspectans quietum reliquit nepotem (Tch'eng T'ang imperatoris), ut late fieret populi rector; nihil fuit quod potuerit (ille Tcheou) cogitare vel audire.

18. « Cœlum tunc quæsivit in vestris multis regionibus, vehementer commovens per pœnas, (volens) producere suum respiciens numen. At in vestris multis regionibus, nemo fuit dignus ut respiceret eum.

顧 Kóu, regarder avec affection.

PART. IV. — CH. XVIII. NOMBREUSES CONTRÉES. 317

(19) 惟我周王靈承
于旅克堪用德惟
典神天惟式教
我用休簡畀殷命、
尹爾多方、
(20) 今我曷敢多誥、
我惟大降爾四國
民命曷不忱裕之
(21) 爾曷多方爾曷不
于爾乂我周王享
天之命今爾尙宅
爾宅畋爾田爾曷

19. « Wéi ngò Tcheōu wàng ling tch'êng iū liû, k'ŏ k'ān ióung tĕ, wéi tièn chênn t'iēn. T'iēn wéi chĕu kiaó ngò, ióung hiōu, kién pi Īn ming, in éul touō fāng.
20. « Kīn ngò hŏ kàn touō kaó? Ngò wéi tá kiáng éul séu kouŏ mìn ming.
21. « Éul hŏ pŏu chênn iú tcheū iū éul touō fāng? Éul hŏ pŏu kiă kiái i ngò Tcheōu wàng hiàng t'iēn tcheū ming? Kīn éul cháng tchĕ éul tchĕ, t'iēn éul t'iēn.

19. « Seul le chef de notre principauté de Tcheou (Ou wang) traitait avec bonté la multitude, savait porter le poids de la pratique de la vertu, servir les esprits et le ciel lui-même. Alors le ciel l'instruisit, le combla de ses bienfaits, et le choisit pour remplir son mandat à la place des In et gouverner vos nombreuses contrées.

20. « Pourquoi me suis-je permis de vous parler si longuement? C'est que, diminuant beaucoup la peine méritée, j'ai fait grâce de la vie aux habitants de vos quatre principautés.

21. « Pourquoi dans vos nombreuses contrées n'avez-vous ni loyauté ni grandeur d'âme? Pourquoi refusez-vous votre appui et vos services au souverain de notre dynastie, et ne l'aidez-vous pas à conserver longtemps le mandat du ciel? Vous habitez encore vos

19. « Solum nostræ Tcheou domus imperator (Ou wang) benigne excipiebat multitudinem, poterat onus ferre adhibendæ virtutis, vere servire spiritibus et cœlo. Cœlum tunc ideo docuit nostrum (regem), adhibuit (i. e. contulit) beneficia, eligens dedit In mandatum, ut regeret vestras multas regiones.

典 Tién signifie 主 tchóu, recevoir et traiter un hôte. 典神 Attirer les esprits et les traiter comme des hôtes.

20. « Nunc ego quare audeo multa monere? Ego quidem multum minuens (pœnam, condonavi) vestrorum quatuor regnorum incolis vitam.

21. « Vos cur non sincero dilatatoque animo estis in vestris multis regionibus? Vos cur non firmantes et operam præbentes adjuvatis e nostra Tcheou domo imperatorem, ut fruatur cœli mandato? Nunc vos adhuc habitatis vestras domos, colitis vestros agros. Vos quare non obsequimini imperatori ut præclare

殂 爾 三 囚 之 (23) 不 播 大 爾 (22) 不
之 命 乃 之 我 我 典 天 宅 心 爾 惠
非 我 有 至 惟 惟 圖 命 天 未 乃 王
我 乃 不 于 時 時 忱 爾 命 愛 迪 熙
有 其 用 再 其 其 于 乃 爾 爾 屢 天
周 大 我 至 戰 教 正 自 乃 乃 不 之
秉 罰 降 于 要 告　 作 屑 不 靜 命

Eùl hŏ pŏu houéi wàng hī t'iēn tchēu míng?

22. « Eùl nài tĭ liŭ pŏu tsíng. Eùl sīn wéi ngái ? Eùl nài pŏu tá tchĕ t'iēn míng ? Eùl nài siĕ pouó t'iēn míng ? Eùl nài tzéu tsŏ pŏu tiĕn, t'ôu chēnn iū tchéng ?

23. « Ngò wéi chēu k'î kiaó kaó tchēu ; ngò wéi chēu k'î tchén iaō siôu tchēu, tchēu iū tsái, tchéu iū sān. Nài iòu pŏu ióung ngò kiáng èul míng, ngò nài k'î tá fă kĭ tchēu. Fēi ngò iòu Tcheōu píng tĕ pŏu k'āng gnìng ; nài wéi èul tzéu sŏu kōu. »

maisons et cultivez encore vos champs. Pourquoi n'aidez-vous pas l'empereur à remplir avec gloire le mandat du ciel?

22. « Vous excitez souvent du trouble. N'avez-vous pas en vos cœurs l'amour de vous-mêmes? (ne craignez-vous pas les châtiments)? Refuseriez-vous donc absolument d'acquiescer à la volonté du ciel? Rejetteriez-vous ses ordres avec mépris? En violant les lois, espérez-vous faire croire aux hommes de bien que vous êtes inspirés par un dévouement sincère (à la dynastie déchue)?

23. « Je me suis contenté de vous avertir ainsi, de faire saisir les coupables (avec la plus grande circonspection et comme) en tremblant, et de les retenir dans les fers, cela, deux et trois fois. A l'avenir, s'il en est qui ne veuillent pas profiter de la grâce que je vous ai accordée en vous laissant la vie, j'aurai recours aux grands châtiments et les punirai de mort. Ce n'est pas que moi

fungatur cœli mandato?

22. « Vos autem insististis sæpe non quietis (viis). Vos animo an nondum (vos ipsos) amatis? Vos ergo an renuitis omnino acquiescere cœli mandato? Vos ergo an contemnentes abjicitis cœli mandatum? Vos ergo ultro agentes contraria legibus, an speratis (fore ut In imperatorum) vere studiosi a rectis (viris ducamini)?

23. « Ego solummodo ita ipse docens monui illos (omnium regionum incolas); ego solummodo ita ipse tremens vinxi et detinui illos (sontes), usque ad secundam vicem, usque ad tertiam vicem. Inde si sit qui non utatur mea minutione (pœnæ et condonatione) vestræ vitæ, ego tunc ipse graviter puniens interimam eum. Non quod ego tenens Tcheou indulgeam animo non

PART. IV. — CH. XVIII. NOMBREUSES CONTRÉES. 319

德不康寧、乃惟爾自
速辜、
(24) 王曰、嗚呼、猷告爾
有方多士、暨殷多士、
今爾奔走、臣我監五祀。
(25) 越惟有胥伯、小大
多正。爾罔不克臬、
(26) 自作不和、爾惟和
哉、爾室不睦、爾惟克和
哉、爾邑克明、爾惟克
勤乃事、
(27) 爾尚不忌于凶德、

24. « Wàng iuĕ: « Oū hōu! iôu! kaó éul iôu fāng touō chéu, ki În touō chéu; kīn éul pēnn tseòu tch'ènn ngò kién ou séu.

25. « Iuĕ wêi iôu siū, pĕ, siaò tá touō tchéng, éul wàng pŏu k'ŏ iĕ.

26. « Tzéu tsŏ pŏu houŏ, éul wêi houŏ tsāi. Éul chéu pŏu mŏu, éul wêi houŏ tsāi. Éul ĭ k'ŏ mìng, éul wêi k'ŏ k'ìn nài chéu.

prince de Tcheou, j'aie l'esprit turbulent; mais ce sera vous-mêmes qui vous serez attiré ce châtiment. »

24. «L'empereur a dit: « Oh! ho! je vous avertis, vous, officiers de toutes les contrées, et vous, anciens officiers des In; vous avez travaillé sous les ordres de mes inspecteurs depuis cinq ans.

25. «A l'avenir, ceux d'entre vous qui sont employés, officiers, directeurs grands ou petits, peuvent (et doivent) s'appliquer aux affaires sérieusement.

26. « Si jusqu'ici vous ne montrez pas de modération (parce que vos passions sont violentes), prenez soin de les modérer. Si la concorde ne règne pas dans vos familles, prenez soin de l'y établir. A l'avenir, si vos villes sont gouvernées avec intelligence, c'est que vous aurez rempli vos devoirs avec soin.

27. « Si vous ne vous laissez pas effrayer par les mauvais

quieto ac tranquillo; sed solummodo vos ipsi vobis accersetis pœnam. »

24. «Imperator dixit: «Oh! heus! moneo vos, habitarum regionum multi præpositi et In regum multi præpositi; nunc vos currentes et properantes (i.e. operam præstantes) subditi fuistis meis inspectoribus quinque annos.

25. «In posterum qui sunt administri, præpositi, tum minores tum majores multi duces, inter vos nunquam non possunt operam præstare.

26. «Si vos ipsos faciatis non temperatos, vos curetis vos temperare. Si vestræ domus non concordent, vos curetis concordes facere. Si vestræ civitates possint sapere, vos potueritis diligenter curare vestras res.

27. «Si vos feliciter non metuatis pravas propensiones, tunc ideo graves

亦則以穆穆在乃
位克閱于乃邑謀
介
⑳爾乃自時洛邑
尚永力畋爾田天
惟畀矜爾賚爾迪
惟其大介賚爾事
簡在王庭
有服在大僚
㉙王曰嗚呼多士
爾不克勸忱我命
爾亦則惟不克享
凡民惟曰不享爾

27. « Eùl cháng pŏu kí iū hiōung tĕ, ĭ tsĕ ĭ mŏu mŏu tsái nái wéi, k'ŏ iuĕ iū nái ĭ meŏu kiái.

28. « Eùl nái tzéu chêu Lŏ, cháng ióung lĭ t'iēn éul t'iēn, t'iēn wéi pí kīng éul ; ngŏ iôu Tcheōu wéi k'î tá kiái lái éul. Tí kién tsái wáng t'îng ; cháng éul chéu, iôu fŏu tsái tá leaŏ. »

29. « Wáng iuĕ : « Oū hōu ! touŏ chéu, éul pŏu k'ŏ k'iuén chênn ngŏ míng, éul ĭ tsĕ wéi pŏu k'ŏ hiáng. Fán mîn wéi iuĕ : « Pŏu hiáng. » Eùl nái wéi ĭ wéi p'ouŏ, tá

penchants du peuple, vous occuperez vos postes avec calme et dignité, et vous pourrez chercher et trouver dans vos villes des hommes capables de vous aider.

28. « Si, dans cette ville de Lo, vous donnez une application sérieuse et constante à la culture de vos terres, le ciel aura compassion de vous et vous accordera des faveurs; et nous princes de Tcheou, nous vous aiderons et vous récompenserons. Vous serez proposés et choisis pour remplir des charges à la cour impériale; et si vous les remplissez bien, vous aurez rang parmi les grands officiers. »

29. « L'empereur a dit : « Oh ! nombreux officiers, si vous ne voulez pas vous exhorter les uns les autres à avoir confiance en mes avis, vous ne voudrez pas m'obéir. Tout le peuple dira : « Nous n'obéirons pas. » Vous vous abandonnerez à la licence, à

ac placidi stabitis in vestris sedibus, poteritis inspicere in vestris civitatibus ac cogitare de adjutoribus.

28. « Si vos quidem ex hac Lo urbe peroptato constanter viribus (totis) incolatis vestros agros, cœlum gratificans miserebitur vestri; nos tenentes Tcheou ipsi multum adjuvabimus ac remunerabimur vos. Propositi eligemini in imperatoris aulam; si peroptato vos

res diligenter curetis, habebitis munia inter magnos præpositos. »

29. « Imperatori dixit : « Oh ! numerosi præpositi, vos nisi possitis invicem hortari ut fidatis meis monitis, vos etiam tunc non poteritis servire (imperatori). Omnes populares quoque dicent : « Non serviemus. » Vos tunc jam dissoluti, jam depravati, multum recedetis ab imperatoris jussis. Inde in vestris multis

PART. IV. — CH. XIX. CONSTITUTION DU GOUVERNEMENT.   321

乃惟逸惟頗大遠
王命則惟爾多方
探天之威我則致
天之罰離逖爾土
(30) 詰王曰我惟祇告爾多
(31) 又曰我惟敬于時惟
不克敬于時則無
我怨
立政
(1) 周公若曰拜手
稽首告嗣天子王曰
矣用咸戒于王曰

iuĕn wâng ming. Tsĕ wêi ĕul touŏ fāng, t'ān t'iēn tchĕu wēi; ngŏ tsĕ tchĕu t'iēn tchĕu fă, lĭ t'ĭ ĕul t'òu. »

30. « Wâng iuĕ: « Ngŏ pŏu wêi touŏ kaó; ngŏ wêi tchĕu kaó ĕul ming. »

31. « Ióu iuĕ: « Chĕu wêi ĕul tch'òu. Pŏu k'ŏ king iŭ houŏ, tsĕ ôu ngŏ iuĕn. »

LI TCHENG. 1. Tchĕou kōung jŏ iuĕ: « Páï cheòu, k'i cheòu, kaó sèu t'iēn tzĕu

toute sorte de déréglements, et transgresserez les ordres de l'empereur. Alors, dans vos nombreuses contrées, vous éprouverez les effets de la sévérité du ciel; et moi ministre de sa justice, je vous reléguerai loin de vos foyers. »

30. « L'empereur a dit: « Je ne désire pas vous faire de longs discours; j'ai voulu seulement vous donner ces instructions. »

31. « L'empereur a ajouté: « A présent vous êtes censés commencer une nouvelle vie (vous pouvez réparer vos fautes passées). Si vous ne vous efforcez pas de faire régner la concorde, (je vous châtierai, vous en serez la cause); ne murmurez pas contre moi. »

CHAPITRE XIX. CONSTITUTION DU GOUVERNEMENT.

1. Tcheou koung (accompagné des autres ministres, se présenta devant Tch'eng wang, et lui) parla à peu près en ces termes: « A genoux, la tête inclinée jusqu'à nos mains, la tête inclinée jusqu'à terre, nous adressons nos avis à l'héritier de l'empire, au Fils du ciel. » Là-dessus, tous les ministres donnèrent à l'empereur

regionibus experiemini cœli severitatem; me etiam adhibente cœli pœnas, recedetis procul a vestris regionibus. »

30. « Imperator dixit: « Ego nolim multa monere; ego solummodo reverenter significo vobis mandata. »

31. « Rursus dixit: « Hoc est vestrum initium. Nisi possitis attendere ad concordiam, tunc (puniam vos); ne de me queratis. »

CHAPITRE XIX. 1. Tcheou regulus sic locutus est: « Demisso capite ad manus, demisso ad terram capite, monemus successorem cœli filium imperatorem. » Tunc omnes cautelam suadentes imperatori, dixerunt: « Imperatoris læva

王左右，常伯、常任、準人、綴衣、虎賁。周公曰：嗚呼，休茲知恤鮮哉。(2) 古之人迪惟有夏，乃有室大競籲俊尊上帝，迪知忱恂于九德之行，乃敢告教厥后曰：拜手稽首后矣，曰宅乃事宅乃牧宅乃準茲惟后矣。

wàng i.» Ióung hièn kiái iū wâng, iuĕ : «Wâng tsouò ióu, tch'âng pĕ, tch'âng jénn, tchouénn jénn, tchouéi ī, hòu pênn.» Tcheōu kōung iuĕ : «Oū hōu ! hiōu ! Tzĕu tchēu siŭ sièn tsāi !

2. «Kòu tchēu jénn tī wèi iòu Hià. Nài iòu chēu tá kíng ; iú tsiún tsuênn chàng tí. Tí tchēu chénn siūn iū kiòu tĕ tchēu hìng, nài kàn kaó kiaó kiuĕ heóu, iuĕ : «Pái cheòu, k'i cheòu heóu ī, iuĕ, tchĕ nài chéu, tchĕ nài mŏu, tchĕ nài

l'avis suivant: «L'empereur doit avoir toujours auprès de sa personne trois sortes d'officiers qui ne changent pas: les gouverneurs du peuple, les intendants des affaires, les gardiens des lois; de plus, il doit avoir les gardiens des vêtements et des instruments, et les officiers de la garde impériale.» Tcheou koung répondit: «Oh! à merveille! Mais qu'on voit peu de souverains avoir à cœur de bien choisir ces différents officiers!

2. «Dans l'antiquité, celui qui s'acquitta le mieux de ce devoir, ce fut le fondateur de la dynastie des Hia (le grand Iu). La maison impériale était très puissante. Il appelait à sa cour les hommes les plus éminents, afin qu'ils honorassent le roi du ciel. Quand l'un de ses ministres avait réussi à découvrir des hommes pratiquant avec sincérité les neuf vertus et méritant la confiance du prince, il n'hésitait pas à les lui signaler. Il lui disait: «La tête inclinée jusqu'à mes mains, la tête inclinée jusqu'à terre, prince, je vous engage à nommer un tel intendant des affaires, un tel

dextraque sint constantes populi rectores, constantes rerum administratores, legum custodes, vestium instrumentorumque curatores, et regiorum custodum præpositi.» Tcheou regulus dixit: «Oh! optime! Illud qui sciunt curæ habere, quam pauci sunt!

Il est impossible de dire au juste quelles étaient les attributions des officiers appelés 常伯常任準人、

2. «Inter antiquos homines, insistens (illi viæ) fuit tenens Hia (magnus Iu). Etenim habita domus erat multum potens; inclamabat præstantissimos viros qui honorarent cœli regem. Qui investigans noverat (viros) sinceros ac fidos in novem virtutum usu, tunc audebat monens certiorem facere suum regem, dicens: «Demisso capite ad manus, demisso ad terram capite, rex, dico,

PART. IV. — CH. XIX. CONSTITUTION DU GOUVERNEMENT.

謀面用丕訓德｜則乃宅人茲乃｜(3)三宅無義民弗暴｜作往任是惟乃｜(4)德罔後成湯陟｜命乃宅用三有宅｜克即宅曰三有｜俊克即俊惟嚴｜丕式克用三宅｜三俊其在商邑

tchouénn.» Tzēu wêi heóu i. Meóu mién, ióung p'ēi hiún tě, tsě nài tchě jénn, tzēu nài sān tchě ôu í mín.

3. « Kiě tě wèi nài fǒu tsǒ wàng jénn, chéu wèi paó tě ; wàng heóu.

4. « Ĭ iuě Tch'êng T'āng tchéu p'ēi lì cháng tí tchéu kèng míng. Nài ióung sān iòu tchě, k'ǒ tsī tché. Iuě sān iòu tsiún, k'ǒ tsī tsiún. Iên wèi, p'ēi chěu, k'ǒ

gouverneur du peuple, un tel gardien des lois.» Par ce moyen, Iu était vraiment souverain. Si, sur la seule inspection du visage, vous jugez de la vertu et conférez les charges, les trois principales dignités ne seront pas occupées par des hommes capables.

3. « Kie, qui était mauvais, ne choisit plus les officiers comme l'avaient fait ses prédéceseurs; il ne mit en charge que des hommes cruels. Il n'eut pas d'héritiers de sa race.

4. « Tch'eng T'ang, parvenu au faîte du pouvoir, remplit parfaitement le brillant mandat du roi du ciel. Ceux qu'il éleva aux trois grandes dignités étaient capables de les occuper avec honneur. Les hommes qu'on disait avoir les trois sortes de talents (requis pour ces trois dignités), étaient réellement capables de déployer ces trois sortes de talents. Tch'eng T'ang, considérant et imitant sans cesse ces hommes éminents, sut rendre utiles les trois dignités et les trois sortes de talents. Par suite, les habitants de la capitale

(hunc) constitue tuarum rerum (curatorem; illum) contitue tui populi pastorem; (illum alium) constitue legum custodem.» Ita erat rex. Si, inspecto vultu, inde (conjicias) magnam observantiam virtutis, et statim constituas homines, ita jam tres sedes (i. e. dignitates) carebunt idoneis viris.

九德 Voy. P. I, Ch. IV. 3, page 45. Les trois principales dignités 三宅 sont celles de 常伯 ou 牧, de 常任 ou 事, et de 準人. V. plus loin parag. 7.

3. « Kie moribus (pravis), inde non egit antiquam præpositorum selectionem ; vere solummodo sæva indole (homines elegit). Non habuit posteros.

往 Wàng, passé, précédent.

4. « At deinde Tch'eng T'ang ascendens composuit (recte exsecutus est) cœli regis præclarum mandatum. Inde adhibiti tres (viri) tenentes dignitates, pares erant qui adirent dignitates. Dicti tres viri habentes præclaras dotes, poterant adire (adhibere) præclaras dotes.

用協于厥邑、其
在四方、用丕式
見德、
(5) 嗚呼、其在受、
德曁、惟羞刑暴
德之人、同于厥逸
邦乃惟庶習
政帝欽罰之乃
伻我有夏式
受命奄甸萬姓商
(6) 亦越文王武
王、克知三有宅

ióung sān tchĕ sān tsiún. K'ì tsái Chāng ǐ, ióung hiĕ iū kiuĕ ǐ. K'ì tsái séu fāng, ióung p'ēi chĕu kién tĕ.

5. « Oū hōu ! k'ì tsái Cheóu, tĕ min ; wêi siōu hing paó tĕ tchēu jēnn, t'ōung iū kiuĕ pāng ; nài wêi chóu sǐ ǐ tĕ tchēu jēnn, t'ōung iū kiuĕ tchéng. Tí k'īn fă tchēu ; nài p'īng ngò iòu Hià, chĕu Chāng cheóu míng, iēn tiēn wán sing.

6. « Ǐ iuĕ Wēnn wàng, Où wàng k'ŏ tchēu sān iòu tchĕ sīn, tchŏ kién sān iòu

des Chang vécurent en bonne intelligence dans leur ville, et les habitants des divers pays imitèrent partout les vertus qu'ils avaient sous les yeux.

5. « Quand vint le règne de Cheou (Tcheou), comme il était d'un caractère cruel, il ne partagea l'administration des principautés qu'avec des hommes cruels et d'une sévérité barbare, et l'administration du domaine impérial qu'avec une troupe d'hommes habitués à mener une vie licencieuse. Le roi du ciel, dans sa sollicitude (pour les peuples), punit le tyran et nous donna l'empire. Il nous chargea de remplir son mandat à la place des Chang, et de gouverner tout le peuple (ou bien, de régler le partage des terres et le mode de contribution pour tout le peuple).

6. « Wenn wang et Ou wang connurent parfaitement les dispotions des ministres qui occupaient les trois principales dignités, et

Sedulo cogitans, late imitans, potuit adhibere tres dignitates, tres dotes. Qui erant in Chang urbe præcipua, ideo concordarunt in sua urbe. Qui erant in quatuor regionibus, ideo late imitati sunt visam virtutem.

5. « Eheu! quum fuit Cheou (regni tempus), erat indole truculenta; solummodo promovit sæva ac crudeli indole homines, communicans sua regna; et solummodo (promovit) turbam assuetorum ad licentiorem vitam hominum,

communicans suam administrationem. Cœli rex sollicitus punivit illum; et fecit ut nos haberemus imperium, uteremur quod Chang acceperat mandato, late regeremus universum populum (vel, rem agrariam componeremus universo populo).

6. « At deinde Wenn rex et Ou rex potuerunt cognoscere (eorum qui erant) in tribus habitis dignitatibus animum, clare viderunt (eorum qui præditi erant) tribus habitis dotibus animum, ut reve-

PART. IV. — CH. XIX. CONSTITUTION DU GOUVERNEMENT.   325

心, 灼 見 三 有
俊 心, 以 敬 事
上 帝, 立 民 長
伯, 立 政 任 人
準 夫, 牧 作 三
⟨8⟩ 事, 虎 賁 綴 衣 左
趣 馬 小 尹
右 攜 僕 百 司
⟨9⟩ 庶 府
⟨9⟩ 大 都 小 伯,
藝 人 表 臣 百

tsiún sīn, i king chéu chảng tí, lǐ mìn tchảng pĕ.

7. « Lǐ tchéng, jénn jênn, tchouénn fōu, mŏu, tsŏ sān chéu.

8. « Hóu pēnn, tchouéi ī, ts'iù mà, siaò in, tsouò ióu hi pŏu, pĕ sēu, chóu fóu.

9. « Tá tōu, siaò pĕ, i jênn, piaò tch'ênn pĕ sēu, t'ái chéu, in pĕ, chóu tch'âng kī chéu.

discernèrent clairement les dispositions de ceux qui avaient les trois sortes de talents (requis pour ces trois dignités). Par ce moyen, ils servirent avec respect le roi du ciel, et choisirent sagement les chefs des princes.

7. « Dans l'administration constituée par eux, il y avait les hommes d'affaires, les hommes de loi et les gouverneurs de provinces, pour les trois fonctions principales.

8. « Il y avait les chefs de la garde impériale, les gardiens des vêtements, les inspecteurs des écuries, les chefs des officiers inférieurs, les serviteurs attachés à la personne de l'empereur, les conducteurs des voitures, les chefs des offices particuliers, les gardiens des divers magasins.

9. « Il y avait les (princes ayant la jouissance de) grands territoires, les (ministres d'État ayant la jouissance de) moindres

renter servirent cœli regi, et constituerent populi *tchảng* (quinque regulorum duces), *pĕ* (totius provinciæ 州 tchéou regulorum duces).

7. « Constituto regimine, fuerunt curatores homines, legum custodes, pastores (i. e. novem provinciarum præfecti), qui gesserunt tres res aut tria ministeria.

治爲天地人之三事 (孔安國) « Ces officiers avaient trois sortes de services 三 事 à remplir: ils devaient servir le Ciel, la Terre et les hommes. » Selon d'autres commentateurs, les trois

parties de l'administration 三 事 sont 子民,理事,守法, le soin paternel du peuple, la gestion des affaires et la garde des lois.

8. « Custodum regiorum duces, vestium instrumentorumque curatores, equorum gubernatores, administrorum præpositi, læva dextraque tenentes (utensilia ministri) et currum ductores, varii inspectores, omnium ærariorum custodes.

9. « Majoribus territoriis (fruentes imperatoris consanguinei), minoribus (territoriis fruentes) præpositi (regni

司，太史尹　伯，庶常吉　⑩士，司徒司馬　⑩馬，司空司　旅，夷，微，盧．　⑪烝，三亳阪．　尹，⑫克厥宅心，惟文王　乃克立兹　常事，司牧

10. « Sēu t'òu, sēu mà, sēu k'ōung, iá liú.

11. « Î, Wêi, Lôu, Tcheng, sān Pouŏ, fǎn, in.

12. « Wěnn wǎng wêi k'ŏ kiuĕ tchĕ sīn ; nài k'ŏ lǐ tzēu tch'ǎng chéu, sēu mǒu jěnn, i k'ŏ tsiún, iòu tĕ.

territoires, les hommes habiles dans les arts, les officiers inférieurs hors du domaine impérial, les grands-secrétaires, les chefs des officiers inférieurs. Ces dignitaires et ces officiers étaient tous d'une probité constante.

10. « (Dans les principautés), il y avait les ministres de l'instruction publique, de la guerre et des travaux publics, et un grand nombre d'officiers subalternes.

11. « Les pays étrangers, comme ceux de Wei, de Lou et de Tcheng, les trois Pouo et les endroits escarpés avaient des gouverneurs.

12. « Wenn wang connaissait parfaitement les dispositions des officiers auxquels il donnait les trois principales charges. Il sut confier l'administration des affaires et le gouvernement des provin-

ministri), artium periti, externorum præpositorum varii administri, majores scribæ, administrorum præpositi. Omnes erant constanti probitate viri.

都 Tōu, domaine dont les revenus étaient alloués à un prince 公 kōung, à un ministre d'État 卿 k'īng ou à un grand préfet 大夫 tái tōu. 大都伯 Tá tōu pĕ, usufruitier d'un grand domaine, prince du sang. 小都伯 Siaŏ tōu pĕ, usufruitier d'un petit domaine, ministre d'État. 藝 î, l'art d'invoquer les esprits, l'art de consulter la tortue, l'art d'écrire l'histoire, l'art de conduire une voiture, l'art de tirer de l'arc, et tous les arts mécaniques.

Sous la dynastie actuelle, on appelle 庶吉士 Chóu kĭ chéu ceux des 翰林 hán lîn qui n'ont pas obtenu les premières places dans les examens, et 庶常館 Chóu tch'âng kouàn l'école où ils continuent leurs études, et se préparent à des examens subséquents.

10. « (In variis regnis fuerunt) præpositus multitudinis (edocendæ), præpositus rei militaris, præpositus operum, adjutores multi (administri).

11. « Apud exteras gentes, (e quibus erant) Wei, Lou, Tcheng, in tribus Pouo et præruptis locis fuerunt præfecti.

微盧 Wêi, Lôu. Voy. page 185.

三亳 Sān Pouŏ. Voy. page 109.

烝 Tchēng, d'après plusieurs commentateurs, signifie 衆 tchóung, multitude; selon d'autres, c'est le nom d'une contrée inconnue. Le sens de 阪 est obscur et incertain.

12. « Wenn rex penitus cognoscebat

人以克俊有德
⑬文王罔攸兼于
庶言庶獄庶慎惟
有司之牧夫是訓
用違
⑭庶獄庶慎文王
罔敢知于兹
⑮亦越武王率惟
敉功不敢替厥義
德率惟謀從容德
以並受此丕丕基
⑯嗚呼孺子王矣
繼自今我其立政

13. « Wênn wàng wàng iŏu kiēn iŭ chóu iên, chóu iŭ, chóu chénn. Wéi iŏu sēu tchēu mŏu fōu, chéu hiŭn, ióung wêi.

14. « Chóu iŭ, chóu chénn, Wênn wàng wàng kàn tchēu iŭ tzēu.

15. « Ĭ iuĕ Oŭ wàng, chouĕ wéi mi kōung, pŏu kàn t'i kiuĕ i tĕ ; chouĕ wéi meôu, ts'ôung ióung tĕ. Ĭ pīng cheóu ts'éu p'ēi p'ēi kī.

16. « Oŭ hōu ! jóu tzéu wàng ì, kì tzéu kīn, ngò k'ì lĭ tchéng, lĭ chéu, tchouênn

ces à des hommes qui brillèrent par leurs talents et leurs vertus.

13. « Il n'intervenait pas lui-même dans tous les édits, les procès, les avis particuliers. Il se contentait de donner des instructions aux gouverneurs des provinces, à ceux qui suivaient exactement ses ordres, et à ceux qui parfois s'en écartaient.

14. « Des procès et des avis particuliers, il semblait ne pas même se permettre de prendre connaissance.

15. « Ensuite Ou wang continua comme son père à assurer la tranquillité de l'empire, et ne se permit pas de changer les officiers capables et vertueux. Poursuivant l'exécution des plans de Wenn wang, il déférait aux avis de ces hommes héroïques. C'est ainsi que Wenn wang et Ou wang reçurent le grand héritage de l'empire.

16. « Oh ! jeune prince mon cher fils, désormais, pour notre administration, pour l'institution des hommes d'affaires, des officiers

suorum constitutorum animum ; inde potuit constituere illos constantes rerum curatores, præpositos (provinciarum) pastores homines, qui ita potuerunt præstare dotibus, habere virtutes.

13. « Wenn rex nullum erat tempus quo se immisceret in variis edictis, variis causis, variis monitis. Solummodo habentes munia pastores homines (i. e. provinciarum) præfecti) erant quos edocebat, tum exsequentes tum præter-

gredientes (imperatoris jussa).

14. « Varias causas, varias monitiones, Wenn wang non audebat cognoscere eas.

15. « Et deinde Ou rex, prosequens tranquillandi opus, non ausus est mutare illos idoneos ac probos. Sequens consilia, obsequebatur magnanimis viris. Ita (Wenn wang et Ou wang) ambo acceperunt hanc magnam hæreditatem.

16. « Oh ! juvenis fili rex, succeden-

立事、準人、牧夫、我
其克灼知厥若丕我
乃俾亂相我受民
和我庶獄庶慎
則勿有間之、
(17) 自一話一言、
則未惟成德之彥我
以乂我受民、
(18) 嗚呼、予旦已受
人之徽言咸告孺
子王矣、繼自今文
子文孫其勿誤于
乂之、庶獄庶慎惟正是

jênn, môu fôu, ngò k'ï k'ŏ tchŏ tchêu kiuĕ jŏ ; p'êi nái péi louán, siáng ngò cheóu min, houò ngò chóu iŭ chóu chénn, chêu tsĕ ôu íóu kiĕn tchêu.

17. « Tzéu ï houá î iên, ngò tsĕ mouŏ wêi tch'êng tĕ tchêu iên, i ï ngò cheóu mîn.

18. « Oū hôu ! iŭ Tán i cheóu jênn tchêu houéi iên, hiên kaó jóu tzéu wâng i. Kí tzéu kīn, wênn tzéu, wênn suênn, k'î ôu óu iŭ chóu iŭ chóu chénn. Wéi tchéng chéu i tchêu.

de justice et des gouverneurs de provinces, nous saurons, j'espère, discerner les dispositions de chacun. Ensuite nous emploierons largement leurs services; nous les chargerons d'établir l'ordre, de se rendre utiles au peuple que le ciel nous a confié, de régler les procès et les mesures préventives; et nous ne permettrons à personne de leur faire obstacle.

17. « Nous ne serons pas un instant, pas même le temps de prononcer une parole, sans penser à attirer des sages d'une vertu parfaite, afin qu'ils gouvernent le peuple qui nous a été confié par le ciel.

18. « Oh! mon jeune souverain, mon cher fils, moi Tan, je vous ai communiqué tous les bons enseignements que j'ai reçus. Désormais, fils distingué (de Ou wang), petit-fils distingué (de Wenn wang), ne commettez pas la faute (de vouloir vous occuper vous-même) de tous les procès à juger, de tous les avis à donner. Ce soin doit être laissé aux officiers qui en ont la charge.

tes ex nunc, i. e. deinceps, nos ipsi instituentes regimen, instituentes rerum (curatores), legum custodes, provinciarum præfectos, nos, spero, poterimus clare cognoscere eorum propensiones; late inde faciemus ut regant, adjuvent a nobis acceptum populum, temperent nostras varias causas, varias monitiones, tunc et nemo sit qui obstet eis.

17. « Ab uno verbo, uno dicto, nos quidem ad finem cogitabimus de perfectæ virtutis sapientibus, ut regant a nobis acceptum populum.

18. « Oh! quæ ego Tan olim accepi hominum pulchra documenta, omnia retuli ad juvenem filium imperatorem. Succedens ex nunc, i. e. deinceps, exculte fili, exculte nepos, ipse ne erres de variis causis variisque monitionibus. Solummodo præpositi debent curare eas.

PART. IV. — CH. XIX. CONSTITUTION DU GOUVERNEMENT.

(21) 今文子文孫、相我國家、其惟吉士、用勱、政其勿以儉人、厥世繼自今立、于德是罔顯在、政用儉則人罔有訓立、(20) 國則罔有、乂、由繹之茲乃俾、人則克宅之克、政立事牧夫準、越我周文王立、(19) 自古商人亦

19. « Tzéu kòu Chāng jēnn, ǐ iuē ngò Tcheōu Wēnn wàng, lǐ tchéng, lǐ chéu, mǒu fōu, tchouènn jēnn, tsĕ k'ŏ tchĕ tchēu, k'ŏ iòu ǐ tchēu. Tzĕu nài pèi i.

20. « Kouŏ tsĕ wàng iòu lǐ tchéng ióung siēn jēnn, pŏu hiún iū tĕ. Chéu wàng hièn tsái kiuĕ chéu. Ki tzéu kīn lǐ tchéng, k'ì ŏu i siēn jēnn. K'ì wèi kǐ chéu, ióung mái siáng ngò kouŏ kiā.

21. « Kīn wēnn tzéu, wēnn suēnn, jóu tzéu wàng i, k'i ŏu óu iū chóu iǔ. Wèi iòu sēu tchēu mǒu fōu.

19. «Depuis les plus anciens souverains jusqu'au fondateur de la dynastie des Chang, et (depuis le fondateur de la dynastie des Chang) jusqu'à Wenn wang, chef de notre principauté de Tcheou, les sages princes qui ont réglé l'administration, et constitué les hommes d'affaires, les gouverneurs des provinces et les officiers de justice, ont su les bien choisir, dévelopver et employer leurs talents. Ils en ont tiré du secours pour le gouvernement.

20. «Dans l'empire, jamais souverain constituant son administration, n'a employé des hommes au langage artificieux et d'une conduite déréglée. Il n'aurait pas brillé aux yeux de ses contemporains. Désormais, réglant votre administratien, n'employez pas d'hommes au langage artificieux. Employez seulement des hommes de bien, et encouragez-les à travailler pour notre empire et notre dynastie.

21. «Fils distingué (de Ou wang), petit-fils distingué (de Wenn

19. «Ab antiquis ad Chang regem (Tch'eng T'ang), et ad nostræ Tcheou domus Wenn regem, constituentes regimen, constituentes rerum curatores, provinciarum præfectos, legum custodes, jam potuerunt (apte) constituere eos, potuerunt educere et evolvere eos, i. e. eorum dotes. Ita inde fecerunt ut regerent (adjuvarent ad gubernandum).

20. «In imperio nunquam fuit qui constituens regimen, adhiberet callida lingua homines, non obsequentes virtuti. Vere non inclaruisset in sua ætate. Deinceps, constituens regimen, ipse ne adhibeas doloso sermone homines. Ipse solummodo probos viros adhibens, excites ut adjuvent nostrum imperium ac domum.

21. «Nunc, exculte fili, exculte nepos, juvenis fili imperator, ipse ne erres

爾于王矣、其勿誤
于庶獄、惟有司之
牧夫。
(22) 其克詰爾戎兵、
以陟禹之迹、方行
天下、至于海表、罔
有不服、以觀文王
之耿光、以揚武王
之大烈。
(23) 嗚呼繼自今、
王立政其惟克用
常人。
(24) 周公若曰、太史

22. « K'i k'ŏ k'í èul jòung pīng, i tchéu Iù tchéu tsĭ, fāng hìng t'iēn hiá, tchéu iŭ hâi piaò, wàng ioù pŏu fóu, i kīn Wênn wâng tchêu kèng kouâng, i iâng Où wâng tchêu tá liě.

23. « Où hōu ! kí tzéu kīn, heóu wâng lí tchěng, k'i wèi k'ŏ ióung tch'âng jênn. »

24. Tcheōu kōung jŏ iuě : « T'ái chéu, sěa k'eoú Soū kōung chěu king èul

wang), prince, mon cher fils, ne commettez pas la faute (de vous occuper vous-même) de tous les procès particuliers. Abandonnez ce soin aux gouverneurs actuellement en charge.

22. « Vous préparerez, j'espère, vos vêtements militaires et vos armes offensives, afin d'aller plus loin que le grand Iu, de voyager partout sous le ciel jusqu'au delà des mers, de soumettre tout à votre empire, d'ajouter un nouvel éclat à la gloire de Wenn wang, et de rendre à jamais célèbres les actions et les œuvres de Ou wang.

23. « Oh ! désormais, je l'espère, vous et vos successeurs, dans votre administration, vous saurez n'employer que des hommes constamment vertueux. »

24. Tcheou koung (s'adressant au grand historiographe, lui) parla à peu près en ces termes: « Grand historiographe, lorsque le

de variis causis. Solummodo habentes munia proviciarum præpositi (curent de illis).

22. « Spero, poteris præparare tuas bellicas vestes et bellica arma, ut transgrediaris Iu vestigia, omni regione iter agas sub cœlo, usque ad marium extima, nemo sit non subjectus, ut ostendas Wenn regis gloriæ lumen, ut extollas Ou regis præclara facinora.

兵 Pīng, armes offensives. 戎 Jòung, nom générique des armes soit offensives

soit défensives. Dans ce passage, d'après Ts'ai Tch'enn, le mot *jòung* désigne les vêtements militaires, les casques, les cuirasses,…

23. « Oh ! prosequentes ex nunc, i. e. deinceps, posteri imperatores constituentes regimen, spero, unice poterunt adhibere constanti virtute viros. »

24. Tcheou regulus sic locutus est: « Summe historice, judex criminum Sou regulus usus est diligentia in sequendis (i. e. cognoscendis) causis; ita auxit

PART. IV. — CH. XX. OFFICIERS DES TCHEOU.

（2）王曰若昔　董正治官　德歸于宗周　羣辟罔不承　厥兆民六服　四征弗庭綏甸　萬邦惟　（1）周巡王侯撫　周官　用中罰　式有慎以列　長我王國蒞　敬爾由獄以　司寇蘇公式

iòu iŭ, i tchàng ngò wâng kouŏ. Tzēu chĕu iòu chénn, i liĕ ióung tchōung fă. »

TCHEOU KOUAN. 1. Wēi Tcheōu wáng fòu wán pāng, siùn heòu tién, séu tchēng fŏu t'îng, souēi kiuĕ tchaŏ min. Liŭ fŏu k'iûn pĭ, wáng pŏu tch'êng tĕ. Kouēi iŭ tsōung Tchēou, tòung tchéng tch'éu kouān.

2. Wâng iuĕ: « Jŏ sī tá iòu, tchéu tch'êu iŭ wéi louán, paò pāng iŭ wéi wêi. »

CHAPITRE XX. OFFICIERS DES TCHEOU.

1. L'empereur (Tch'eng wang), de la dynastie des Tcheou, établit l'ordre dans toutes les principautés. Il parcourut et visita les domaines appelés *heou*, *tien* (et les autres circonscriptions), soumit par la force des armes tous les princes qui refusaient d'aller à la cour impériale, et procura la tranquillité à tous les peuples. Tous les princes des six circonscriptions rendirent hommage à sa vertu. De retour à (Hao) sa capitale, usant de son autorité souveraine, il fixa les diverses sortes d'offices et leurs attributions.

2. L'empereur dit: « D'après la grande règle des anciens, il faut

prince de Sou était ministre de la justice, il a déployé une grande diligence dans l'examen des causes criminelles, et contribué beaucoup à l'accroissement de notre puissance impériale. (Proposez-le comme modèle). Les juges à son exemple seront diligents, et appliqueront avec justice les différents degrés de peines.»

nostram imperialem potestatem. Illum imitantes habebunt diligentiam ; sic gradatæ adhibebuntur justæ pœnæ. »

Le prince de Sou était ministre de la justice pendant le règne de Ou wang. On ne sait pas où était sa principauté.

CHAPITRE XX. 1. At Tcheou imperator componens omnia regna, perlustrans *heou* et *tien* (territoria), in quatuor (regionibus) debellans non adeuntes aulam (regulos), tranquillos fecit

suos numerosos populares. Ex sex territoriorum omnibus regulis, nullus non honoravit virtutem. Reversus ad præcipuam Tcheou urbem, imperio statuit administrantium præpositorum (munia ac officia)

六服 Liŭ fŏu, les cinq circonscriptions appelées 侯甸男采衞 et le domaine propre de l'empereur. C'était la Chine proprement dite. V. p. 233.

2. Imperator dixit: «Congruenter

勤于德、夙夜不
(4) 今予小子祗
人、惟其官、惟其
不惟其官、
用乂、明王立政、亦克用乂、
夏商官倍、亦克用乂、
惟和、萬國咸寧、
州牧侯伯、庶有正、
百揆四岳、外有
建官惟百、內有
(3) 曰、唐虞稽古、
亂保邦、于未危、
大猷、制治于未

3. Iuě: « T'àng Iú kī kòu, kién kouān wêi pě. Néi ioù pě kouéi, séu iŏ; wài ioù tcheōu mǒu, heôu pě. Chóu tchéng wêi houŏ, wàn kouŏ hiên gnîng. Hià Chāng kouān péi; ĭ k'ŏ iŏung i. Mîng wàng lí tchéng, pǒu wêi k'í kouān, wêi k'í jènn.

4. « Kīn iû siaŏ tzéu, tchéu k'ìn iŭ tě, siŭ ié pǒu tái. Iàng wêi ts'iên tái chêu jŏ, hiûn tǐ kiuě kouān.

ordonner l'administration, avant qu'elle soit troublée, et pourvoir à la sûreté de l'État, avant qu'il soit en danger. »

3. L'empereur dit: « Iao et Chouenn, consultant l'usage antique, ne constituèrent que cent officiers. A la capitale se trouvaient le directeur des officiers et le chef des princes des quatre contrées; hors de la capitale étaient les gouverneurs de provinces et les chefs de cantons. Toutes les parties de l'administration étaient en harmonie, et toutes les principautés étaient en paix. Les Hia et les Chang doublèrent le nombre des officiers; ils réussirent aussi à bien gouverner. Les souverains perspicaces, en constituant leur administration, cherchaient moins le nombre que la qualité des officiers.

4. « Moi, faible comme un petit enfant, je m'applique sérieusement à pratiquer la vertu du matin au soir, avec la sollicitude d'un homme qui craint de ne pouvoir atteindre son but: Je pense

antiquorum temporum magnæ regulæ, componendum est regimen in nondum turbati (regiminis tempore), et tuendum est regnum in nondum periclitantis (regni tempore). »

3. Dixit : « T'ang et Ju (Iao et Chouenn) scrutati antiqua, constituerunt præpositos solummodo centum. Intus erant universorum (præpositorum) moderator et quatuor montium (seu regionum) rector; foris erant provinciarum pastores (seu præpositi) et regulorum duces. Omnes partes administrationis omnino conveniebant (inter se); universa regna omnia tranquilla. Hia et Chang regum præpositi duplo plures fuerunt; etiam potuerunt exercere regimen. Perspicaces imperatores instituentes administrationem, non curabant de illorum muniorum (numero), curabant de illorum virorum (dotibus).

4. « Nunc ego parvus filius, diligentem operam do virtuti, a mane ad vesperum (sollicitus quasi) non assecuturus. Suspiciens cogito de prioribus imperatorum familiis, easque imitor

PART. IV. — CH. XX. OFFICIERS DES TCHEOU.

三孤貳公、傅少保曰、⑥少師少保、惟其人、官不必備、爕理陰陽、論道經邦、茲惟三公、太傅太保、⑤立太師太保、迪厥時若、訓、代仰惟前

5. « Lĭ t'ái chēu, t'ái fóu, t'ái paò. Tzéu wéi sān kōung. Liún taó, kīng pāng, siĕ li īn iáng. Kouān pŏu pĭ pí; wéi k'î jênn.

6. « Chaó chēu, chaó fóu, chaó paò. Iuĕ sān kōu. Eùl kōung houá, in leáng t'iēn ti, pĭ iû ĭ jênn.

avec respect aux empereurs des dynasties précédentes, et tâche d'instruire et de diriger comme eux les officiers.

5. « Je constitue le grand précepteur, le grand maître et le grand gardien. Ce sont les *san koung* (les trois plus hauts dignitaires). Ils exposent les principes, établissent l'ordre dans l'empire, et mettent en parfaite harmonie les deux éléments constitutifs de toutes choses. Il n'est pas nécessaire que ces offices soient toujours remplis tous trois; l'essentiel est de ne les confier qu'à des hommes capables de les bien remplir.

6. « (Je constitue) le second précepteur, le second maître et le second gardien. On les nomme les *san kou*. *Koung* en second (ou assesseurs des *koung*), ils étendent partout la réforme, s'appli-

docentes ac regentes suos præpositos.

5. « Constituo summum præceptorem, summum magistrum, summum tutorem. Illi sunt tres summates. Disserunt de via, componunt regna, concorditer temperant duo rerum omnium elementa. Magistratuum non necesse est ut completus sit numerus; quærendi apti viri.

保者、保其身體、傅者、傅之德義、師者、道之敎訓(賈誼)
Le gardien veille à la conservation de la personne de l'empereur. Le maître lui donne la connaissance de la vertu. Le précepteur lui expose les principes et lui donne des instructions.

Quand ces officiers remplissent bien leurs devoirs, la vertu est pratiquée, le gouvernement est bien réglé. En consé-

quence, le ciel est favorable; il ne se produit aucun trouble dans la nature; les deux éléments de toutes choses sont en parfaite harmonie.

6. « (Constituo) minorem præceptorem, minorem magistrum, minorem tutorem. Dicuntur *san kou*. Secundi ordinis summates late diffundunt mutationem, reverenter illustrant cœli et terræ (actionem), adjuvant me summum virum.

Les *san kou* étaient inférieurs aux *san koung*, mais ne leur étaient pas subordonnés. Ces six officiers étaient d'un rang plus élevé que les 六卿 liŭ k'īng six ministres d'État, mais n'exerçaient aucune autorité sur eux. Ils formaient comme le 內閣 Néi kŏ Conseil privé de l'empereur.

弘化寅亮天地弼予

一人

⑦冢宰統百掌治統四海

⑧司徒掌教敷五典擾兆民

⑨宗伯掌治神人和上下禮治

⑩司馬掌六師平邦國

7. « Tchŏung tsài tchàng pāng tch'ĕu, t'òung pĕ kouān, kiūn séu hài.

8. « Sēu t'òu tchàng pāng kiaó, fōu òu tièn, jaó tchaó mîn.

9. « Tsōung pĕ tchàng pāng li, tch'èu chènn jênn, houŏ chàng hiá.

10. « Sēu mà tchàng pāng tchēng, t'òung liŭ chēu, p'ìng pāng kouŏ.

quent avec respect à faire briller l'action du ciel et de la terre, et m'aident à gouverner tout l'empire.

7. « Le grand administrateur, tenant en main le gouvernail de l'État, commandera à tous les officiers, et maintiendra l'équilibre partout entre les quatre mers.

8. « Le directeur de la multitude sera chargé de l'instruction publique. Il enseignera partout les cinq grandes lois des relations sociales et habituera tout le peuple à l'obéissance.

9. « Le préfet du temple des ancêtres dirigera les cérémonies de l'empire. Il donnera ses soins aux esprits (du ciel et de la terre) et aux mânes des morts. (Au moyen de la musique), il établira l'harmonie entre les différentes classes d'hommes.

10. « Le ministre de la guerre dirigera les expéditions militaires de l'empire, conduira les six légions et maintiendra la tranquillité dans tous les États.

公論道, 孤弘化, 公燮理陰陽, 孤寅亮天地, 公論於前, 孤弼於後 (蔡沈) Les *koung* expliquent les principes; les *kou* étendent partout la réforme. Les *koung* mettent en harmonie les deux éléments des choses; les *kou* font briller l'action productrice du ciel et de la terre. Les *koung* exposent d'abord les principes (à l'empereur); les *kou* l'aident ensuite à les mettre en pratique.

7. « Summus administrator tenens imperii regimen, præerit universis præpositis, ex æquo (omnia temperabit intra) quatuor maria.

8. « Præfectus multitudinis diriget imperii institutionem, diffundet quinque leges et docilem faciet totum populum. 五典 Où tièn. Voy. pag. 13 et 26.

9. « Gentiliciæ aulæ præpositus diriget imperii solemnia, curam aget spirituum ac manium, concordes faciet summos et imos.

Cet officier dirigeait les cérémonies des sacrifices, des offrandes, des funérailles, des mariages, des festins,…

10. « Præfectus equorum diriget imperii (政 seu 征) expeditiones, ducet sex legiones, tranquillabit regna.

Le ministre de la guerre est appelé 司馬 sēu mà, parce que les chars de guerre à quatre chevaux attelés de front

PART. IV. — CH. XX. OFFICIERS DES TCHEOU.

(11) 師,
邦
司
寇
掌
邦
國,

(12) 匪
邦
刑
詰
暴
姦
亂,

邦
司
空
掌
邦
土
居
四

(13) 職
各
六
卿
分
其

民,
牧
阜
咸
倡
九
兆.

(14) 六
年,
五

11. « Sēu k'eóu tchǎng pāng kin, k'ǐ kiēn t'ě, híng paó louán.
12. « Sēu k'ōung tchǎng pāng t'ǒu, kiū séu min, chéu ti li.
13. « Liŭ k'īng fēnn tchěu, kŏ chouě k'i chǒu, i tch'ǎng kióu mǒu, feóu tch'êng tchaó mîn.
14. « Liŭ gniên oŭ fǒu ǐ tch'aó. Ioú liŭ gniên, wǎng nài chéu siûn. K'aó tchéu

11. « Le ministre de la justice veillera à l'observation des lois prohibitives de l'empire, recherchera les fraudes et les crimes secrets, et punira les violences et les désordres.

12. « Le ministre des travaux publics s'occupera des terres de l'empire, fixera les habitations des quatre classes du peuple, et réglera les saisons des divers travaux, afin d'accroître les produits de la terre.

13. « Chacun des six ministres aura ses attributions déterminées et dirigera ses subalternes. Donnant ainsi l'exemple aux neuf gouverneurs de provinces, ils travailleront avec eux à la prospérité et à la formation morale du peuple.

14. « Les princes des cinq circonscriptions iront saluer l'empe-

étaient la principale force des armées. L'empereur avait six légions composées chacune de 12500 hommes.

11. « Judex latronum curabit de imperii prohibitionibus, inquiret dolosos et occultos, puniet truculentos ac perturbatores.

寇 K'eóu, celui qui fait partie d'une bande de malfaiteurs.

12. « Præfectus vacuarum (terrarum) curabit de imperii terris, collocabit quatuor classes populi, obsequetur temporibus ad terræ fructus (habendos).

Le ministre des travaux publics était appelé 司空 sēu k'ōung, parce qu'il était chargé de distribuer 空土 k'ōung t'óu les terrains incultes et inoccupés. Dans la Règle de Chouenn 舜典 Chouénn tién, il est appelé 司空 et 共工 Kōung kōung. Voy. page 21.

四民, 士農工商 Séu min, chéu nôung kōung chāng Les quatre classes du peuple sont celles des lettrés, des laboureurs, des artisans et des marchands.

13. « Sex regni ministri (superius dicti), partitis muniis, singuli ducent suos subjectos (præpositos); ita præibunt novem pastoribus, i. e. præfectis novem provinciarum, ad ditandum et perficiendum universum populum.

Le premier ministre 冢宰 tchǒung tsái avait autorité sur les cinq autres.

14. « Sex annis, quinque territoriorum (reguli) semel salutabunt. Iteratis sex annis, imperatori tunc (anni quatuor)

服一朝,又六年,
王乃時巡考制
度于四岳,諸侯
各朝于方岳大
明黜陟⸺

⑮ 我有官君子,欽凡
乃令司,慎乃出
令,令出惟行,弗
惟反,以公滅私
民其允懷

⑯ 學古入官,議
事以制,政乃不
迷其爾典常,作

tóu iū séu iŏ. Tchōu heôu kŏ tch'aŏ iū fāng iŏ. Tá míng tch'ŏu tchĕu. »

15. Wâng iuĕ : « Oū hōu! fán ngŏ iôu kouân kiūn tzéu, k'īn nài iôu sēu. Chénn nài tch'ŏu líng ; líng tch'ŏu, wêi híng, foù wèi fán. Ĭ kōung miĕ sēu ; mín k'î iùn houâi.

16. « Hiŏ kòu jŏu kouân, ì chéu i tchéu, tchéng nài pŏu mí. K'î èul tién tch'âng

reur une fois tous les six ans. Tous les douze ans, l'empereur parcourra les principautés aux quatre saisons de l'année, et examinera les règlements, les mesures, auprès des quatre montagnes célèbres. Il recevra les hommages des princes de chaque contrée auprès de la montagne célèbre du pays. Il prononcera publiquement les destitutions et les promotions. »

15. L'empereur dit : « Oh! vous tous, hommes distingués qui êtes à mon service, remplissez avec soin les fonctions dont vous êtes chargés. Réfléchissez bien avant de donner un ordre ; car, dès qu'un ordre est donné, vous voulez qu'il soit exécuté et non retiré. Consultez la raison et la justice, et faites taire votre sentiment particulier ; tout le peuple sera de votre avis.

16. « Étudiez l'antiquité avant d'entrer en charge, délibérez sur les affaires avant de prendre vos décisions ; et votre administration sera exempte d'erreurs. Vous prendrez pour guides, je l'espère, les lois et les statuts (de Wenn wang et de Ou wang), et ne

temporibus perlustrabit ; inspiciet statuta et mensuras ad quatuor montes. Omnes reguli singuli salutabunt ad regionis montem. Omnino palam demittet ac promovebit. »

五服,侯甸男采衞也. Les cinq circonscriptions sont celles appelées heôu, tién, nân, ts'ài, wéi. Voy. page 233. 四岳 Séu iŏ. Voy. page 10.

15. Imperator dixit : « Oh! quotquot ego habeo, præpositi præstantes viri, diligenter curate vos quæ regitis. Attendite vestris egressuris jussis. Jussum egressum vultis ut processum habeat ; non vultis ut retrahatur. Sequentes communem (rationem), exstinguite privatum (sensum) ; populus ipse vere consentiet.

16. « Studete antiquis inituri magistratum, deliberate de rebus statuturi ; administratio jam non errabit. Spero, vos (Wenn et Ou regum) leges ac statuta

德德不⸢18⸣罔勤崇⸢17⸣煩學謀亂之
心無期位後惟惟戒爾牆怠厥師
逸載侈不艱克志爾面忽官無
日爾恭期　果業卿從荒蓄以
休偽儉驕　斷廣士事政疑利
作作惟祿　乃惟功惟不敗口

tsŏ tchēu chēu ; ọu ì li k'eòu louán kiuĕ kouân. Tch'ŏu î pái meòu ; tái hŏu houāng tchéng. Pŏu hiŏ, ts'iáng miēn ; li chéu wêi fân.

17. « Kiái éul k'īng chéu, kôung tch'òung wêi tchéu, iĕ kouàng wêi k'ín. Wêi k'ŏ kouŏ touán, nài wàng heóu kiēn.

18. « Wéi pŏu k'î kiaō, lŏu pŏu k'î tch'êu. Kōung kién wêi tĕ, ou tsái éul wéi. Tsŏ tĕ, sīn ì jĕu hiōu ; tsŏ wéi, sīn laŏ jĕu tchouŏ.

mettrez pas le désordre dans vos emplois sous des prétextes spécieux. Les doutes accumulés gâtent les plans ; la paresse et la négligence sont la ruine de l'administration. Celui qui n'étudie pas (est comme un homme qui a) le visage tourné contre un mur (et ne voit rien) ; dans les affaires son esprit s'embrouille.

17. « Je vous en avertis, ministres d'État, le nombre et la grandeur des services dépendent surtout de la volonté ; l'accroissement des possessions dépend surtout du travail. Celui qui sait prendre une détermination courageuse, ne rencontre aucune difficulté.

18. « Les dignités engendrent naturellement l'orgueil, et les riches traitements la prodigalité. (Ou bien, les dignités ne sont pas conférées en vue d'inspirer de l'orgueil, ni les traitements accordés en vue de favoriser la prodigalité). Le respect et l'économie doivent être des vertus véritables, et non pas seulement simulées. La pratique de la vraie vertu repose le cœur et le rend

facietis magistros ; non, utentes callidis verbis, turbabitis vestra munia. Acervatis dubiis pessumdantur consilia ; pigritia et negligentia exinanitur regimen. Qui non didicit, similis est homini qui stat obversa ad murum facie ; tractans negotia unice implicatur.

17. « Præmoneo vos, regni ministri, opera cumulantur maxime per voluntatem, possessiones ampliantur maxime per diligentiam. Si quis modo possit fortiter consilium statuere, jam nulla erit subsequens difficultas.

18. « Honores sine condicto (subsequitur) superbia ; stipendia sine condicto (subsequitur) prodigalitas. Reverentia et parcimonia sint (vere) virtutes ; ne exhibeantur ficte. Agendo vere bona, animus quiescit et in diem melior fit ; agendo ficte bona, animus laborat et in diem hebetior fit.

不期 Sans accord préalable.

為心勞日拙

(19) 居寵思危罔
不惟畏弗畏入

(20) 推賢讓能庶
官乃和不和政

厖之能能其官
舉能其

人惟爾不任

(21) 王曰嗚呼三
事曁大夫敬爾

有官亂爾有政

以佑乃辟永康

19. « Kiū tch'òung sēu wéi, wàng pŏu wéi wéi. Fŏu wéi jŏu wéi. »

20. « T'ouēi hiên, jàng nèng, chóu kouān nài houŏ. Pŏu houŏ, tchéng mâng. Kiù nèng k'î kouān, wéi éul tchēu nèng ; tch'ēng féi k'î jênn, wéi éul pŏu jénn. »

21. Wâng iuĕ : « Oū hōu ! sān chéu ki tái fōu, king éul iòu kouān, louán éul iòu tchéng, i iòu nài pĭ, iòung k'āng tchaó mìn ; wán pǎng wéi ou ĭ. »

chaque jour meilleur. Une conduite hypocrite fatigue le cœur et le rend chaque jour plus impuissant.

19. « Lorsque vous êtes en possession de la faveur, craignez la disgrâce dont vous êtes menacés, et ne soyez jamais sans crainte. Celui qui ne craint pas, tombera dans les malheurs qu'il devrait craindre.

20. « Élevez aux charges les hommes vertueux, cédez volontiers aux hommes capables, et tous les officiers seront d'accord. S'ils ne s'accordaient pas, le trouble serait dans l'administration. En élevant aux charges les hommes capables de les remplir, vous ferez preuve de capacité. En promouvant des hommes incapables, vous montreriez votre propre incapacité. »

21. L'empereur dit : « Oh ! (vous, ministres d'État qui réglez) les trois parties de l'administration, et vous, grands préfets, remplissez avec soin les devoirs de vos charges, et mettez de l'ordre dans votre administration, pour aider votre souverain et assurer

La première phrase peut s'interpréter ainsi : Honorum (collatio) non spectat ad superbiam, stipendiorum (collatio) non spectat ad prodigalitatem.

19. « Occupantes gratiam, cogitate de periculo ; nunquam non est timendum. Qui non timet, incidit in timenda.

20. « Promovete eximios, cedite ingeniosis ; omnes præpositi inde concordes erunt. Nisi concordent, regimen perturbatur. Si promoveatis (homines) pares suis muniis, erit vestra habilitas ; si promoveatis non idoneos homines, erit vestra carentia habilitatis. »

21. Imperator dixit : « Oh ! (vos regni ministri qui curatis) tres res, et majores præpositi, diligenter gerite a vobis habita munia, ordinate a vobis susceptam administrationem, ut adjuvetis vestrum principem, jugiter tranquillum faciatis universum populum. Omnia regna sic fastidio erunt immunes. »

PART. IV. — CH. XXI. KIUN TCH'ENN.

厥　往　萬　㊁　尹　克　惟　惟　㊀　　　　　兆
常　慎　民．昔　兹　施　爾　王　　　　𢿙．民．
懋　乃　民　周　東　有　令　若　君　　　萬
昭　司、懷　公　郊、政、德　曰、陳　　　邦
周　烝、其　師　敬　命　孝　君　　　　　惟
公　率　德、保　哉、汝　弟、陳、　　　　　無

KIUN TCH'ENN. 1. Wâng jŏ iuĕ : « Kiūn tch'ènn, wêi éul líng tĕ hiaó kōung. Wêi hiaó, ioù iŭ hiōung ti, k'ŏ chēu iòu tchéng. Míng joù in tzēu tōung kiaō. King tsāi !

2. « Sĭ Tcheōu kōung chēu paó wản mín ; mín houâi k'ì tĕ. Wâng chénn nài sēu. Tzēu chouĕ kíuĕ tch'âng, meóu tchaō Tcheōu kōung tchēu hiūn ; wêi mín k'ì i.

la tranquillité de tout le peuple. Dans les principautés personne ne sera mécontent. »

CHAPITRE XXI. KIUN TCH'ENN.

1. L'empereur (Tch'eng wang) parla à peu près en ces termes: «Kiun tch'enn, vous avez des vertus remarquables, une grande piété filiale, un grand respect (envers ceux qui sont plus élevés ou plus âgés que vous). Doué d'une grande piété filiale et d'une grande affection envers vos frères, vous pourrez étendre (ces sentiments de respect et d'affection à beaucoup d'hommes) et exercer le gouvernement. Je vous charge de gouverner le territoire de cette capitale de l'orient. Oh! faites attention!

2. «Auparavant (dans cette contrée orientale), Tcheou koung enseignait, protégeait tous les peuples, et tous les peuples aimaient sa vertu. Allez, remplissez votre charge avec soin. Suivez les

三事 Sān chéu. Voyez page 325.

CHAPITRE XXI. Kiun tch'enn est le nom du prince qui, après la mort de Tcheou koung, fut chargé par Tch'eng wang de gouverner la ville de 洛 Lŏ, la seconde capitale de l'empire, où les anciens officiers des In avaient été transportés. 鄭康成 Tchéng K'āng tch'éng, dans ses annotations sur le 禮記坊記, dit qu'il était fils de Tcheou koung et frère puiné de 伯禽 Pĕ k'in.

君 semble être un titre honorifique.

1. Imperator sic locutus est: « Kiun tch'enn, tu præstanti virtute, pius es in parentes et reverens (in majores). Quia pius es in parentes et amans erga fratres, poteris extendere (has virtutes) et habere regimen. Jubeo te regere illud orientalis urbis regiæ territorium. Attendas!

2. «Antea Tcheou regulus docebat, tuebatur omnes gentes; gentes amabant ejus virtutem. Ito, cura tua munia.

風爾聖(4)豫日周惟黍馨(3)之
下其亦不凡孜公穆稷香我訓、
民戒不人孜之爾非感惟
惟哉克未無獻尚馨于民
草爾見見敢訓式明神其
惟聖既聖逸惟時德明乂

3. « Ngò wênn iuě, tchéu tchéu hīng hiāng kàn iū chênn mîng, chòu tsǐ fêi hīng, mîng tě wêi hīng. Eùl cháng chěu chěu Tcheōu kōung tchēu ióu hiún, wêi jěu tzēu tzēu, ôu kàn ǐ iú.

4. « Fân jênn wêi kién chéng, jŏ pŏu k'ŏ kién. Kí kién chéng, ǐ pŏu k'ŏ iôu chéng. Eùl k'i kiái tsāi. Eùl wêi fōung, hiá mîn wêi ts'aò.

mêmes règles que Tcheou koung, efforcez-vous de donner un nouvel éclat à ses enseignements; le peuple sera bien réglé.

3. « J'ai entendu dire (à Tcheou koung), qu'un gouvernement parfait exhale une agréable odeur qui réjouit les intelligences spirituelles, que le parfum du millet (offert aux esprits) n'est rien en comparaison de celui d'une vertu éminente. Vous mettrez à profit, j'espère, cet enseignement de Tcheou koung. Vous déploierez chaque jour une grande diligence, et ne vous permettrez pas de chercher le repos ni les plaisirs.

4. « La plupart des hommes, tant qu'ils n'ont pas vu de grand sage, (en éprouvent un vif désir, et s'affligent) comme s'ils ne pouvaient espérer d'en jamais voir. Quand ils ont vu un grand sage, ils ne peuvent se résoudre à marcher sur ses traces. Vous, faites attention. Vous êtes comme le vent, et vos sujets sont comme l'herbe (vos sujets suivront vos exemples, bons ou mauvais, de même que les brins d'herbe s'inclinent au souffle du vent).

Ibi sequens ejus normam, conare illustrare Tcheou reguli documenta; et populus, spero, recte componetur.

3. « Ego audivi dicentem perfecti regiminis fragrantem odorem commovere spirituales intelligentias, panicum milium non fragrare, præclaram virtutem solam fragrare. Tu, spero, utens hoc Tcheou reguli consilio ac præcepto, eris quotidie valde diligens, nec audebis otio voluptative indulgere.

4. « Vulgares homines dum nondum viderunt summe sapientem virum, (vehementer cupiunt videre, ac dolent) quasi non possent videre. Postquam viderunt summe sapientem, tunc non possunt (i. e. non conantur) sequi summe sapientem. Tu ipse attendas. Tu es ventus; subjectus populus est herba.

君子之德風小人之德草、草上之風必偃、(論語). La conduite du prince est comme le vent, et

勢　弘　(7)　若　之　斯　則　(6)　則　自　皭　(5)
作　周　王　時、德、謀　乃　爾　繹、爾　有　圖
威、公　曰、惟　嗚　斯　入　有　　師、廢、厥
無　丕　君　良　呼、獻　告　嘉　　虞、有　政、
倚　訓、陳　顯　臣　惟　之　謀　　庶　興、莫
法　無　爾　哉、人　我　于　嘉　　言　出　或
以　依　惟　咸　后　外　獻、　　同　入　不

5. « T'ôu kiuĕ tchéng, mouŏ houĕ pŏu kiên. Iòu féi, iòu hīng, tch'ŏu jŏu tzéu éul chêu iŭ. Chóu iên t'ôung, tsĕ ĭ.

6. « Eŭl iòu kiā meŏu kiā iòu, tsĕ jŏu kaó éul heóu iū néi. Eŭl nài chouénn tchêu iū wái, iuĕ : « Sêu meŏu sêu iòu wèi ngò heóu tchêu tĕ. » Oū hōu! tch'énn jênn hiên jŏ chêu, wèi leâng hiên tsāi. »

7. Wâng iuĕ : « Kiūn tch'énn, éul wêi hôung Tcheôu kōung p'êi hiún. Où ĭ

5. « En combinant vos mesures administratives, souvenez-vous que chaque affaire a ses difficultés. Avant de supprimer ou d'adopter une chose, examinez-la sous toutes ses faces et prenez conseil de votre peuple. Si tous les avis s'accordent, réfléchissez encore.

6. « Quand vous aurez un bon avis, un bon enseignement, entrez et communiquez-le à votre souverain dans l'intérieur du palais. Puis, le mettant en pratique à l'extérieur, (renvoyez-en l'honneur à votre prince, et) dites : « Ce conseil, cet enseignement est dû à la sagesse de notre souverain. » Oh! si tous les ministres agissaient ainsi, eux et moi, nous acquerrions une grande vertu et un grand renom. »

7. L'empereur dit : « Kiun tch'enn, élargissez (tempérez dans l'application) les grands enseignements de Tcheou koung. N'abusez pas de votre puissance pour opprimer vos sujets, ni des lois celle du peuple comme l'herbe. Au souffle du vent, l'herbe s'incline toujours. (Liun iu, Chap. XII. 18).

5. « Præmeditans tuas gubernandi rationes, nihil forte ne ducas difficile. Si quid sit supprimendum, si quid sit excitandum, versans reversansque quæras tuæ multitudinis deliberationem. Si omnium dicta consentiant, tunc recogites.

6. « Tu quando habebis optimum consilium optimumve documentum, tunc ingrediens moneas tuum regem in interiori (palatio). Tu deinde obsequens (illi consilio) foris, dicas : « Hoc consilium, hoc documentum unice est nostri regis meritum. » Oh! si ministri omnes eo modo (agerent), jam essemus optimi ac conspicui. »

7. Imperator dixit : « Kiun tch'enn, tu cogites ut amplificentur Tcheou reguli magna documenta. Ne innitaris potentiæ

削,容以和,⑻殷民在辟,予曰辟,爾惟勿辟,予曰辟,爾惟勿辟宥,子曰宥,爾惟厥中,⑼有弗弗若于汝訓,汝政以止辟,乃辟,⑽狃于姦宄,敗常亂俗三細不宥,⑾爾無念疾于

chéu tsŏ wēi ; ôu i fă i siŏ. K'ouān, ěul ióu tchéu ; ts'ōung iôung i houô.

8. « Īn mín tsái p'ĭ, iû iuě p'ĭ, ěul wêi ǒu p'ĭ ; iû iuě ióu, ěul wêi ǒu ióu. Wêi kiuě tchōung.

9. « Iǒu fǒu jǒ iū jǒu tchéng, fǒu houá iū jǒu hiún, p'ĭ i tchéu p'ĭ, nǎi p'ĭ.

10. « Gniǒu iū kiēn kouéi, pái tch'ǎng, louán siǔ, sān sì pǒu ióu.

11. « Eǔl ǒu fénn tsĭ iū wǎn, ǒu k'iǒu pi iū ĭ fǒu.

pour violer les droits d'autrui. Soyez indulgent, mais pas trop ; soyez accommodant, avec aisance et sans effort.

8. « Si l'un des anciens sujets des In mérite un châtiment, et que je vous dise de le punir, ne le punissez pas (en vue de me complaire) ; et si je vous dis de lui faire grâce, ne lui faites pas grâce pour cela. Ne consultez que la justice.

9. « S'il en est qui résistent à votre autorité et à l'influence de vos enseignements, punissez-les ; mais souvenez-vous que, en punissant, vous devez avoir en vue (d'empêcher les désordres et) de n'avoir plus besoin de punir.

10. « L'habitude de la ruse et de la perfidie, la violation des lois constantes de la société, la corruption des mœurs publiques sont trois crimes que vous ne devez jamais laisser impunis, même quand la faute n'a pas été grave.

11. « N'ayez ni colère ni ressentiment contre ceux qui tardent à se corriger, et n'exigez pas qu'un homme réunisse en lui seul toutes les qualités sans aucun défaut.

ut agas sæva. Ne innitaris legibus ut jura lædas. Sis indulgens, at habeas modum ; commodo tuo utens, esto comis.

8. « Si quis In subjectus obnoxius sit pœnæ, et ego dicam ut punias, tu vero ne punias ; si ego dicam ut condones, tu vero ne condones. Unice consideres rei æquitatem.

9. « Si quis sit qui non obsequatur tuo regimini, nec corrigatur tuis documentis, (memento punire ut cesses punire, inde punias.

10. « Consuetudo in dolo ac perfidia, violatio quinque constantium legum, corruptio publicorum morum, tres (illæ culpæ licet leves, non condonentur.

11. « Tu ne iratus odio habeas pertinaces, nec quæras absolutam

頑無求備于一夫、⑫必有忍、乃有濟⑬簡厥修、亦簡其⑭惟民生厚、因物有遷、惟爾率乃攸好、厥德罔不在時、允于乃厥升于大猷、惟其爾一人膺受多福、其永世、休於有辭于

12. « Pí iŏu jĕnn, k'î nài iŏu tsí. Iŏu iŏung, tĕ nài tá.

13. « Kién kiuĕ siōu, í kién k'î houĕ pŏu siōu. Tsin kiuĕ leâng, i chouĕ k'î houĕ pŏu leâng.

14. « Wéi mìn chēng heóu; īn ŏu iŏu ts'iēn, wéi cháng chĕu míng, ts'ôung kiuĕ iŏu haó. Eùl k'ŏ king tién tsài tĕ, chéu nài wàng pŏu pién, iùn chēng iŭ tá iŏu. Wéi iŭ ī jĕnn īng cheóu tuŏ fŏu, k'î eùl tchéu hiŏu tchóung iŏu sĕu iŭ iŏung chéu. »

12. « Il faut que vous soyez patient, et vous réussirez. Ayez le cœur large (soyez indulgent, généreux), et votre vertu sera grande.

13. « Marquez par des signes distinctifs (les habitations, les villages de) ceux qui soignent bien leurs affaires, comme aussi (les habitations et les villages de) ceux qui négligent leurs affaires. Élevez aux charges ceux qui sont vertueux, afin d'attirer à la vertu les hommes vicieux.

14. « L'homme naît bon ; sous l'influence des objets extérieurs ses dispositions changent; il néglige ce que son prince lui recommande, et recherche ce que son prince recherche (le repos et les plaisirs). Si vous observez les cinq grandes lois des relations sociales sincèrement et constamment, chacun se réformera et avancera dans la grande voie de la perfection. Moi votre souverain, je serai au comble du bonheur, et tous les âges célébreront à jamais vos bienfaits. »

perfectionem in uno homine.

12. « Oportet habeas patientiam, ipse inde habebis successum. Habeas largum animum; virtus inde magna erit.

13. « Distingue eos qui curant (res suas), et distingue eos qui forte non curant. Promove eos qui sunt boni, ut adducas eos qui forte non boni sunt.

14. « Homines nascuntur boni; per res habent mutationem, descrunt superiori quod imperat, sectantur ipse quod amat. Tu si possis observans leges stare in virtute, i. e. ex animo et constanter observare leges, tunc inde nemo non mutabitur, sincere ascendens in magna institutione. Ego summus vir accipiens accipiam magnam felicitatem. Ipsa tua beneficia semper habebunt laudem in perennibus ætatibus. »

厚 Heóu. Généreux, excellent.

公． 公． 伯． 太 （3） 憑 相 乃 （2） 不 哉 （1）
師 衛 彤 保 乃 玉 被 洮 懌 生 惟
氏 侯 伯 奭 同 几 冕 頮 甲 魄 四 顧
虎 毛 畢 芮 召 服． 水． 子． 王 月． 命

KOU MING. 1. Wêi séu iuĕ, tsāi chēng p'ĕ, wâng pŏu í.
2. Kiă tzèu, wâng nài t'aō houéi chouéi. Siáng péi mién fòu; p'ing iŭ ki.
3. Nài t'ôung tchaó t'ái paó Chĕu, Jouéi pĕ, T'ôung pĕ, Pí kōung, Wéi heóu,

CHAPITRE XXII. DERNIÈRES VOLONTÉS.

1. Au quatrième mois de l'année, lorsque la lune commençait à décroître (le 16 du mois lunaire), l'empereur (Tch'eng wang) fut gravement malade.

2. Le premier jour du cycle, il se lava les mains et le visage. Avec l'aide de ses serviteurs, il mit son bonnet et ses vêtements de cérémonie, (s'assit et) s'appuya contre un escabeau orné de pierres de prix.

3. Il fit venir ensemble le grand gardien Cheu, le prince de Jouei, le prince de T'oung, le prince de Pi, le prince de Wei, le prince de Mao, le chef des gardes du palais, le chef des gardes

CHAPITRE XXII. L'empereur Tch'eng wang, se sentant près de mourir, appela ses ministres; puis, 顧 kóu tournant le visage vers eux, 命 ming il leur adressa ses ordres ou ses recommandations. L'expression 顧命 s'emploie pour dire *dernières volontés, testament.*

1. At quarto mense, incipiente nasci lunæ obscuritate, imperator non gavisus est.

不懌 ou 不豫 Pŏu iŭ est un euphémisme employé pour dire que l'empereur est gravement malade.

2. *Kiă tzèu* (Primo cycli die), imperator tunc manus lavit, faciem lavit aqua. Adjutus induit regium pileum ac vestes, et adnixus est ad ornatum lapillis scabellum.

On ignore à quel jour du mois lu-naire correspondait ce premier jour du cycle.

3. Tunc simul arcessivit (sex 卿 k'īng regni ministros, nempe) summum tutorem Cheu, Jouei regulum, T'oung regulum, Pi regulum, Wei regulum, Mao regulum, (necnon et) excubiarum præpositum, regiorum custodum præpositum, variorum præpositorum duces, curatores rerum.

Le prince de Chao 召公 Chaó kōung, nommé Cheu, était grand gardien et 冢宰 tchŏung tsài. Le prince de Jouei était 司徒 sēu t'ôu ministre de l'instruction publique. Le prince de T'oung était 宗伯 tsōung pĕ grand maître des cérémonies. Le prince de Pi était 司馬 sēu mà ministre de la guerre. Le prince de Wei était 司寇

PART. IV. — CH. XXII. DERNIÈRES VOLONTÉS.   345

命、克、肆、奠、武、(5)訓、言、留、病、疾、(4)臣、
達、肆、麗、王、昔、命、嗣、恐、大、王、百、
殷、不、不、陳、宣、君、汝、茲、日、臻、曰、尹、
集、違、教、重、文、子、不、臻、惟、嗚、御、
大、用、則、光、王、　審、誓、獲、既、幾、呼、事、

Maô kōung, chēu chéu, hòu tch'ēnn, pě in, iú chéu.

4. Wâng iuĕ : « Où hōu ! tsĭ tá tsiĕn, wēi kī. Píng jĕu tchēnn kí mî liôu. K'òung pŏu houĕ chēu iĕn sĕu ; tzĕu iû chĕnn hiŭn míng jòu.

5. « Sī kiūn Wēnn wàng, Oú wàng, siuēn tch'ōung kouāng, tién lí, tch'ēnn kiaò ; tsĕ i. I pŏu wēi, ióung k'ŏ tă Īn, tsĭ tá míng.

du corps, les chefs des différents offices et les intendants des affaires.

4. L'empereur dit : « Hélas ! la maladie a fait de grands progrès, et je touche à ma fin. Je crains que (si j'attends à plus tard, je ne sois enlevé par la mort et) ne puisse pas vous déclarer mes volontés pour l'avenir. Dès maintenant, après mûre réflexion, je vais vous donner mes instructions et mes ordres.

5. « Mes prédécesseurs Wenn wang et Ou wang, faisant l'un après l'autre briller partout l'éclat de leur vertu, ont établi solidement (l'agriculture qui est) le soutien de la vie, et répandu leurs enseignements. Le peuple a mis en pratique leurs instructions, sans y contrevenir. Par suite, ils ont pu étendre leur influence sur tout l'empire des In, et réunir entre leurs mains toute l'autorité.

sēu k'eóu ministre de la justice. Le prince de Mao était 司空 sēu k'ōung ministre des travaux publics.

芮 Jouéi était dans le 朝邑縣 Tch'aô ĭ hién, préfecture de 同州 T'óung tchēou, province de 陝西 Chĕn sī. 彤 T'òung était dans le 華州 Houá tchēou, préfecture de T'oung tcheou, province de Chen si ; 畢 Pĭ, dans le 長安縣 Tch'âng ngān hién, préfecture de 西安 Sī ngān, province de Chen si ; 衞 Wéi, dans le 淇縣 K'í hién, préfecture de 衞輝 Wéi houéi, province de 河南 Hô nân. 毛 Maô était peut-être dans le 秦州府 Ts'în tcheōu fôu, province de Chen si.

4. Imperator dixit : « Eheu ! morbus multum progressus est, parum abest (quin moriar). Ægrotatio quotidie advenit jam gravior et continua. Timeo ne (morte abreptus) non possim declarans dicere prosequenda, i. e. post mortem meam facienda. Nunc ego meditatus documenta ac mandata dabo vobis.

5. « Qui olim regnarunt Wenn rex et Ou rex, diffundentes geminatum splendorem (instar geminorum siderum), firmaverunt sustentaculum, exhibuerunt documenta ; tunc (populus) assuevit (obsequi). (Populo) assuescente nec resistente, ita potuerunt pervadere In (regna), colligere summum imperium.

（6）在後之侗、敬
迓天威、嗣守文
武大訓、無敢昏
逾。

（7）今天降疾、
弗興弗悟。爾尚
明時朕言、用敬
保元子釗、弘濟
于艱難、

（8）于柔遠能邇、安
勸小大庶邦。

（9）思夫人自亂
于威儀、爾無以

6. « Tsái heóu tchéu t'òung, king iá t'iēn wēi. Séu cheóu Wênn Où tá hiún, òu kàn houēnn iû.

7. « Kīn t'iēn kiáng tsĭ, tái fōu hīng fōu óu. Eúl chảng míng chéu tchénn iên; ióung king paó iuén tzèu Tchaō, hòung tsi iū kiēn nàn.

8. « Jeôu iuén, nèng éul. Ngān k'iuén siaò tá chóu pāng.

9. « Sēu fôu jênn tzéu louán iū wēi î. Eúl òu i Tchaō maó kóung iū fēi kī. »

6. « Moi homme peu intelligent, qui suis venu après eux, j'ai reçu avec respect le redoutable mandat du ciel. J'ai gardé les grands enseignements de mes prédécesseurs Wenn wang et Ou wang, sans me permettre d'y contrevenir imprudemment.

7. « A présent le ciel m'a envoyé une grave maladie; je suis sur le point de ne pouvoir plus ni me lever ni rien entendre (je suis sur le point de mourir). Vous comprendrez, j'espère, les recommandations que je vais vous adresser; en conséquence, vous veillerez avec respect sur mon fils aîné Tchao, et l'aiderez puissamment au milieu de ses difficultés et de ses embarras.

8. « Traitez avec bonté ceux qui viennent de loin, et rendez soumis ceux qui sont près de vous. Procurez la tranquillité à tous les peuples, grands et petits, et encouragez-les à pratiquer la vertu.

9. « Je considère que tout homme doit dans sa conduite garder sa dignité, observer les convenances. Ne permettez pas que Tchao s'engage imprudemment dans une mauvaise voie. »

6. « Qui sum in posteriori (tempore) stolidus, reverenter excepi cœli tremendum (mandatum). Succedens servavi Wenn et Ou regum magna documenta, nec ausus sum cæco modo prætergredi.

7. « Nunc cœlum demisit morbum; brevi nec surgam nec intelligam. Vos, spero, intelligetis hæc mea verba; ideo reverenter protegetis natu maximum filium Tchao, multum adjuvabitis in difficilibus et angustis (rebus).

Tchao est le nom de 康王 K'āng wáng.

8. « Benigne excipite longinquos, dociles facite propinquos. Tranquillate et excitate (ad virtutem), tum minores tum majores, universas gentes.

9. « Cogito quemlibet hominem debere seipsum componere cum gravitate ac decentia. Vos ne sinatis Tchao

PART. IV. — CH. XXII. DERNIÈRES VOLONTÉS. 347

侯俾南命 (1.) 丑、翼于出受 (10) 于釗.
呂伋齊毛宮仲太王日庭綴命茲非冒
伋、齊毛桓保崩乙越衣還. 旣幾貢

10. Tzéu ki cheóu ming siuên. Tch'ŏu tchouéi ī iŭ t'ing. Iuĕ ī jĕu ī tch'ĕou, wáng pēng.

11. T'ái paó ming Tchóung Houán, Nân kōung Maó, péi iuên Ts'i heóu Liù Kí,

10. (Les ministres), après avoir reçu ces recommandations, se retirèrent. On emporta dans la cour le dais (sous lequel l'empereur avait parlé). Le lendemain, deuxième jour du cycle, l'empereur mourut.

11. Sur l'ordre du grand gardien (qui était premier ministre), Tchoung houan et Nan koung Mao (chefs des gardes) envoyèrent dire à Liu Ki, prince de Ts'i, d'amener deux hommes munis de

imprudenter ingredi in pravum (quid, quamvis) minimum. »

10. Tunc postquam (regni ministri) acceperunt mandata, reversi sunt. Ablatus est conopei pannus in atrium. Adveniente postero die, *i tcheóu* (secundo cycli die), imperator occubuit.

11. Summus tutor jussit Tchoung Houan et Nan koung Mao mittere ad Ts'i regni regulum Liu Ki, ut cum duobus scuto hastaque (instructis viris) et regiis custodibus centum hominibus, occurreret filio Tchao extra meridionalem portam (sive 路門 sive 皋門), duceret ingredientem in laterales aedes (東夾室), ut lugens maneret familiae caput.

伋 Ki était fils de 太公望 T'ái kōung wáng ou 尙父 Cháng fòu, à qui Ou wang avait conféré la principauté de Ts'i. Cette principauté, située dans le Chan toung actuel, comprenait les préfectures de 青州 Ts'īng tcheóu, de 濟南 Tsi nân,... La capitale était 營邱 Îng k'iōu, dans le 臨淄縣 Lin tchēu hién.

Pour arriver aux appartements particuliers de l'empereur 王寢 Wàng ts'in ou 路寢 lóu ts'in, on traversait cinq grandes cours, qui étaient à la suite les unes des autres dans la direction du sud au nord, et dont chacune était entourée de murs et de bâtiments.

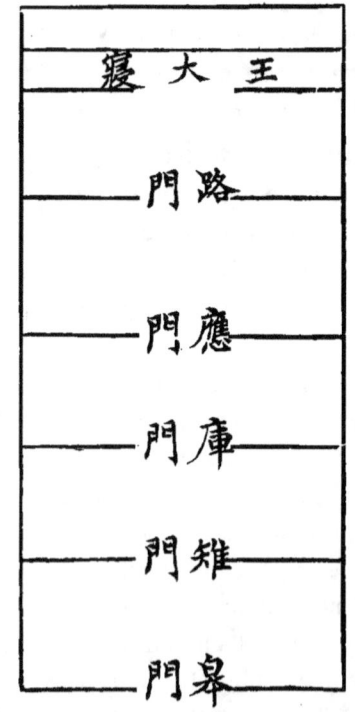

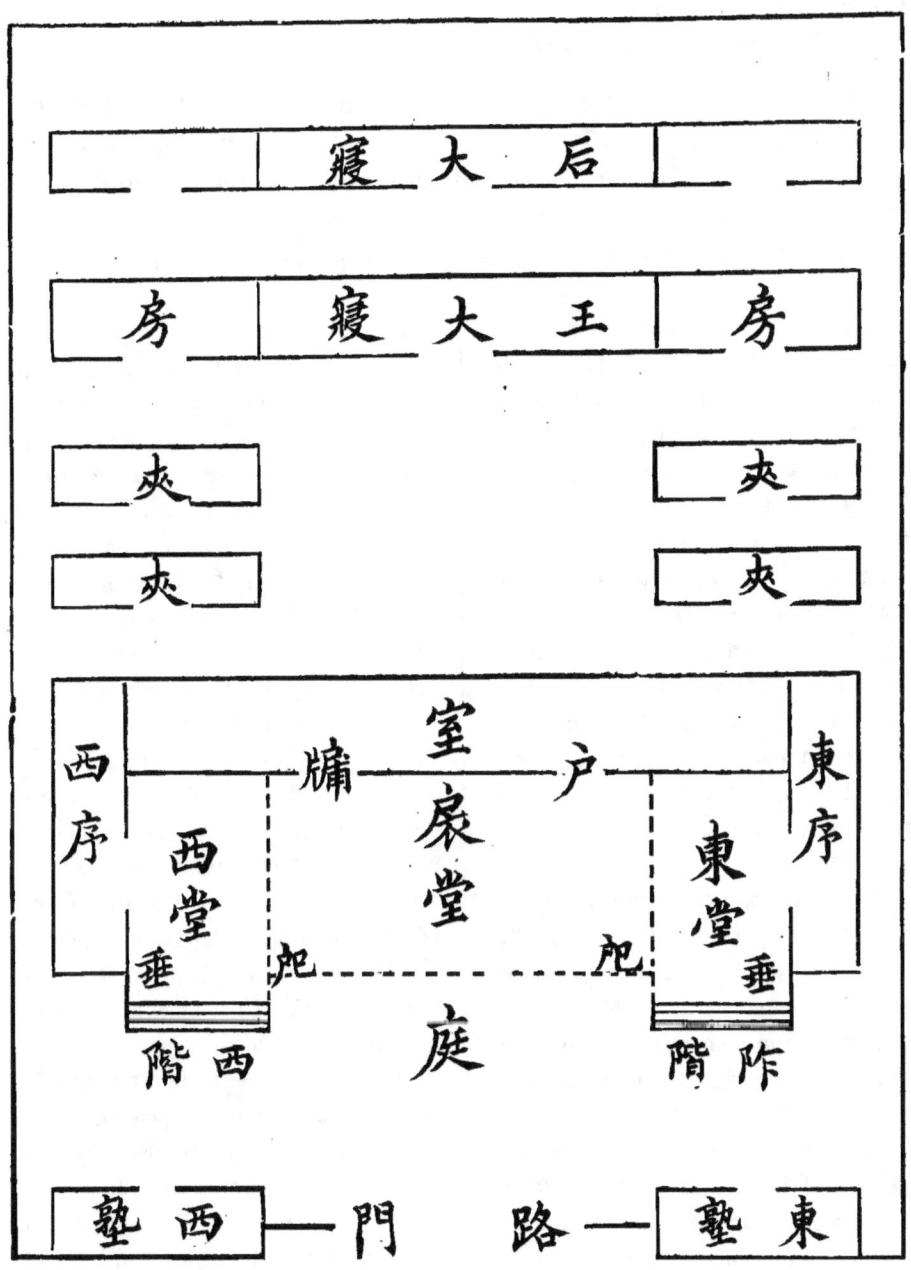

卯 ⑫ 宗 恤 翼 延 之 南 剑 逆 百 虎 干 以
命 丁　　宅 室 入 外 門 於 子 人 賁 戈 二

ĭ éul kân kouō, hòu pənn pě jênn, ì tzéu Tchaŏ iŭ nân mênn tchēu wái, iên jŏu ĭ chéu, siŭ tchĕ tsōung.

12. Tīng maò ming tsŏ tch'ĕ tóu.

lances et de boucliers avec cent gardes du corps, d'aller attendre Tchao, l'héritier du trône, auprès de la porte méridionale, et de le conduire dans les appartements latéraux, où, comme chef de la famille, il devait pleurer la mort de son père.

12. Le quatrième jour du cycle, le grand gardien ordonna

La porte de la première cour au sud s'appelait 臯門 kaō mênn la porte du tambour kao (un tambour y était exposé); celle de la deuxième, 雉門 tchéu mênn la porte du faisan (des faisans y étaient représentés); celle de la troisième, 庫門 k'óu mênn la porte des magasins ou 中門 tchōung mênn la porte du milieu; celle de la quatrième, 應門 ing mênn la porte du tambour ing (un tambour y était exposé); celle de la cinquième, 路門 lóu mênn la porte du tambour lou ou 畢門 pĭ mênn. Dans le 周禮 Tcheōu li, la deuxième porte est appelée 庫門 et la troisième 雉門.

La cinquième cour était divisée en deux parties par un bâtiment où était la grande salle d'audience 堂 t'âng. Au fond de la partie septentrionale étaient les appartements ordinaires de l'empereur 正寢 tchéng ts'in. Derrière les appartements de l'empereur étaient ceux de l'impératrice. Aux extrémités étaient des chambres 房 fâng, dont les ouvertures regardaient le midi. Des deux côtés de cette partie de la cour étaient les appartements appelés 夾室 kiă chéu ou 翼室 ĭ chéu.

Au sud de la salle principale 堂 t'âng était une plate-forme élevée, à laquelle on montait par deux escaliers placés, l'un du côté occidental 西階 sī kiāi, par lequel montaient les visiteurs ou les hôtes, l'autre du côté oriental 阼階 tsóu kiāi, par lequel montait le maître de la maison. On nommait 堂廉 t'âng liên ou 阰 chéu les deux angles de la plate-forme, lesquels étaient l'un à l'est de l'escalier occidental, l'autre à l'ouest de l'escalier oriental.

A chacune des extrémités de la salle principale était un bâtiment appelé 序 siŭ. Celui qui était à l'extrémité occidentale avait ses ouvertures à l'est; celui qui était à l'extrémité orientale les avait à l'ouest. Devant chacun de ces bâtiments était une plate-forme appelée 堂 t'âng. Entre la salle principale et la grande porte 路門 lóu mênn s'étendait une cour 庭 t'ing.

De chaque côté de la grande porte se trouvait un bâtiment appelé 塾 chŏu, dont les ouvertures regardaient le nord.

Tous les préparatifs des funérailles furent faits dans la cour et dans les bâtiments qui étaient au nord de la cinquième porte 路門 lóu mênn.

12. Tīng maò (cycli quarto die), jussit fieri libellum et ritus.

⑬ 作册度。
越七日癸酉，伯相命士須材。

⑭ 狄設黼扆綴衣。

⑮ 牖閒南嚮，敷重篾席黼純，華玉仍几。

⑯ 西序東嚮，敷重底席綴純，文貝仍几。

13. Iuĕ ts'ĭ jĕu, kouèi iŏu, pĕ siáng ming chéu siū ts'âi.
14. Tí chĕ fŏu i, tchouéi ī.
15. Iŏu kiēn nận hiáng, fōu tch'ŏung miĕ sĭ fŏu tchouênn, houâ iŭ jêng ki.
16. Sĭ siŭ tōung hiáng, fōu tch'ŏung ti sĭ tchouéi tchouênn, wênn péi jêng ki.

d'écrire sur des tablettes (les dernières volontés de Tch'eng wang, et de les publier) avec les cérémonies d'usage.

13. Six jours après, c'était le dixième jour du cycle, le (grand gardien), chef des princes (de l'ouest) et ministre d'État, ordonna aux employés de prendre (ou de fournir) le bois nécessaire (pour les funérailles).

14. Les serviteurs disposèrent le paravent sur lequel étaient représentées des haches, et dressèrent le dais (comme si l'empereur était encore vivant).

15. Entre la fenêtre (et la porte, sous le dais qui était au nord) et regardait le midi, ils étendirent l'une sur l'autre (trois) nattes de minces filets de bambou à bordures mêlées de blanc et de noir, et placèrent, comme de coutume (comme du vivant de l'empereur), l'escabeau orné de pierres de différentes couleurs.

16. Dans le bâtiment qui était à l'extrémité occidentale de la

13. Adveniente septimo die, *kouèi iòu* (cycli decimo die), regulorum dux regni minister jussit administros sumere (vel præbere) materiam.

Le prince de Chao, grand gardien et premier ministre, était 西伯 sī pĕ chef des princes de l'ouest. 須 Siŭ signifie 需 siŭ, nécessaire, avoir besoin, provision, exiger ou fournir ce qui est nécessaire.

14. Ministri explicarunt ornatum pictis securibus tabulatum et conopei pannum.

15. Fenestram inter (et januam), meridiem versus, straverunt alias aliis superpositas e canna mattas (tres) albo nigroque limbo; ornatum versicoloribus lapillis, ut prius, scabellum.

Quand l'empereur devait donner audience aux princes, on dressait au fond de la salle principale 堂 t'âng, entre la porte et la fenêtre, qui étaient au nord, un dais, et une sorte de cloison ou de paravent 屏風 p'ïng fōung sur lequel des haches étaient représentées en blanc et en noir. Sous le dais on étendait une triple couche de nattes et on plaçait un escabeau. L'empereur s'asseyait sur les nattes et s'appuyait contre l'escabeau. Il avait le visage tourné vers le midi. Le paravent était derrière lui.

16. In occidentali æde laterali, ad orientem obversa, straverunt (tres) alias

PART. IV. — CH. XXII. DERNIÈRES VOLONTÉS. 351

東嚮．陳寶赤⟨19⟩越玉五　漆席仍𠃔几、純　嚮敷重筍　⟨18⟩西夾几、　玉席仍畫純、　嚮敷重豐雕　⟨17⟩文貝仍綴純、　東序西几、　底席嚮敷重

17. Tōung siú sī hiáng, fōu tch'oúng fōung sī, houá tchouénn, tiaǒ iǔ jêng ki.
18. Sī kiǎ nân hiáng, fōu tch'oúng iǔn sī hiuên fēnn tchouénn, ts'ǐ jêng ki.
19. Iuě iǔ où tch'oúng, tch'ênn paǒ : tch'êu taǒ, tá hiún, hôung pí, iuén iěn,

salle principale et regardait l'orient, ils étendirent l'une sur l'autre trois nattes de jonc à bordures de couleurs variées, et placèrent, comme de coutume, l'escabeau orné de coquillages veinés.

17. Dans le bâtiment qui était à l'extrémité orientale de la salle principale et regardait l'occident, ils étendirent l'une sur l'autre trois nattes de jonc mince à bordures de couleurs variées, et placèrent, comme de coutume, l'escabeau orné de pierres sculptées.

18. Devant le bâtiment occidental regardant le midi, ils étendirent l'une sur l'autre trois nattes d'écorce de bambou mince aux bordures mêlées de bleu (et de noir), et placèrent, comme de coutume, l'escabeau verni.

19. Ensuite ils disposèrent les cinq sortes de pierres de prix et

aliis superpositas junceas storeas versicolori limbo, et variegatis conchyliis ornatum, ut prius, scabellum. Le sens propre du mot 底 est très incertain.

17. In orientali æde laterali, ad occidentem obversa, straverunt tres) alias aliis impositas scirpeas storeas versicolori limbo, et ornatum sculptis lapillis, ut antea, scabellum.

18. Ad occidentalia conclavia ad meridiem obversa, straverunt (tres) alias aliis impositas e tenuibus cannis storeas cæruleo (nigroque) mixtis limbis, et vernicio illitum de more scabellum.

L'empereur s'asseyait à l'extrémité occidentale de la salle, quand il traitait d'affaires, le matin et le soir. Il s'asseyait à l'extrémité orientale, quand il offrait un festin aux vieillards ou à ses officiers. Il s'asseyait devant le bâtiment occidental, quand il traitait en particulier les membres de sa famille. Il avait toujours le visage tourné vers le midi. Par conséquent, les expressions 東嚮 西嚮 doivent s'entendre, non de l'empereur, mais des bâtiments, dont l'un regardait l'orient et l'autre l'occident.

Avant de proclamer les dernières volontés de l'empereur défunt, on lui prépare des nattes et un dais dans chacun des quatre endroits où il avait coutume de s'asseoir. On espère que son âme sera présente à la cérémonie; mais on ignore en quel endroit elle voudra bien venir. 將傳先王顧命、知神之在此乎、在彼乎、故爰設平生之坐也、(蔡沈).

19. Deinde (exhibuerunt) pulchrorum lapidum quinque genera, exhibuerunt pretiosa: rubra (vagina) ensem,

刀、大訓、弘璧、琬琰、在西序、大玉、夷玉、天球、河圖、在東序、胤之舞衣、大貝、鼖鼓、在西房、兌之戈、和之弓、垂之竹矢、在東房。

tsái sī siú ; tá iŭ, î iŭ, t'iēn k'iôu, Hô t'ôu, tsái tōung siú ; In tchēu ôu ī, tá péi, fênn kôu, tsái sī fâng ; Touéi tchēu kouō, Houô tchēu kōung, Chouéi tchēu tchŏu chéu, tsái tōung fâng.

les objets précieux: à savoir, à l'extrémité occidentale de la grande salle, l'épée (ou le couteau) à fourreau rouge, les grands enseignements (laissés par les anciens empereurs), la grande tablette annulaire, la tablette oblongue et la tablette pointue des messagers ; à l'extrémité orientale de la grande salle, la grande pierre précieuse, la pierre précieuse ordinaire (ou venue de l'étranger), la pierre musicale de couleur bleu-ciel et le dessin sorti du Fleuve-Jaune ; dans le bâtiment occidental, les vêtements des pantomimes de In, les grands coquillages précieux et le grand tambour; dans le bâtiment oriental, la lance de Touei, l'arc de Houo et les flèches de Chouei.

magna documenta, majorem tesseram annularem, oblongam tesseram et acuminatam tesseram in occidentali æde laterali; magnam gemmam, vulgarem (vel I barbarorum) gemmam aut iaspidem, cæruleum lapidem sonorum, Fluvii mappam in orientali æde laterali ; In regni mimorum vestes, magna conchylia, magnum tympanum in occidentali æde; Touei hastam, Houo arcum, Chouei arundineas sagittas in orientali æde.

Les cinq espèces de pierres de prix étaient la grande tablette annulaire, la tablette oblongue, la tablette terminée en pointe que l'empereur donnait à ses messagers comme marque de créance (voy. page 16), la grande pierre précieuse, la pierre précieuse ou jade ordinaire (ou venu des pays étrangers), et la pierre bleu d'azur, dont on faisait un instrument de musique à percussion 磬 k'ing (voy. page 57).

河圖 Hô t'ôu, dessin qui apparut à Fou hi sur le dos d'un cheval-dragon sorti du Fleuve-Jaune, et lui donna l'idée des 卦 kouá.

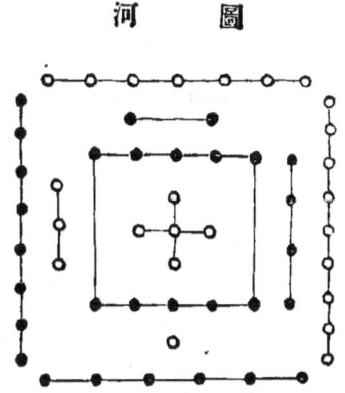

河圖

大貝 Tá péi, grand coquillage précieux qui avait la forme et la grandeur d'une jante de roue 如車渠 jôu kiū k'iú.

PART. IV. — CH. XXII. DERNIÈRES VOLONTÉS.

刃夾兩階 弁執戈上 內四人綦 于畢門之 弁執惠雀立 (21) 二人前 墊之前 次墊在前 左墊先之 面在面 輅在階昨階 賓大輅綴 (20) 輅在

20. Tá lóu tsái pīn kiāi mién, tchouéi lóu tsái tsóu kiāi mién, siēn lóu tsái tsouŏ chŏu tchēu ts'iēn, ts'éu lóu tsái iŏu chŏu tchēu ts'iēn.

21. Eŭl jènn tsiŏ pién, tchēu houéi, lí iŭ pĭ mènn tchēu néi. Séu jènn k'i pién,

20. La grande voiture était auprès de l'escalier des hôtes, regardant le midi ; la voiture des princes du sang, auprès de l'escalier oriental, regardant le midi ; la voiture des princes les plus éloignés, devant le bâtiment qui était au côté gauche de la grande porte ; la voiture des princes moins éloignés, devant le bâtiment qui était au côté droit de la grande porte.

21. Deux hommes portant le bonnet couleur de moineau, et tenant la lance triangulaire à trois pointes *houei*, étaient en deçà (au nord) de la cinquième grande porte. Quatre hommes portant le bonnet de couleur fauve, et tenant la lance *kouo*, la pointe principale en-dessus (et l'autre en-dessous), étaient auprès des deux escaliers, aux angles de la plate-forme de

Le grand tambour avait huit 尺 **tch'ĕu** (un mètre, 60 c.) de long.

Touei, Houo et Chouei étaient d'habiles artisans de l'antiquité. On croit que Chouei était le ministre des travaux publics de l'empereur Chouenn. Voy. page 27.

20. Magnus currus erat ad hospitum scalas, a fronte, i. e. temone ad meridiem obverso ante scalas ad meridiem obversas ; conjunctorum (sanguine) currus ad orientales seu domini scalas, a fronte ; remotissimorum currus ante sinistram portæ lateralem ædem ; minus remotorum currus ante dexteram portæ lateralem ædem.

前 **Ts'iēn**, devant, et par conséquent, au nord ; car ces deux bâtiments regardaient le nord.

Il y avait à la cour impériale cinq sortes de voitures: la voiture ornée de pierres de prix 玉輅 **iŭ lóu** ou grande voiture, qui était réservée à l'empereur ; la voiture qui avait des ornements d'or ou d'un autre métal 金輅 **kīn lóu**, et était accordée aux princes ayant le même nom de famille que l'empereur 同姓 **t'óung sing** ; la voiture aux ornements d'ivoire 象輅 **siáng lóu**, qui était accordée aux princes n'ayant pas le même nom de famille que l'empereur 異姓 **i sing** ; la voiture couverte ou ornée de cuir 革輅 **kŏ lóu**, qui était accordée aux princes voisins des frontières 衞 **wéi** ; la voiture de bois verni sans ornement 木輅 **mŭ lóu**, qui était accordée aux princes des pays tributaires les plus éloignés 藩 **fān**.

21. Duo viri, *tsio pien* passerino pileo, tenentes *houei* triangulares hastas, stabant ad *pi* januam intus, i. e. ad januæ septentrionem. Quatuor viri, *k'i pien*

垂、立冕垂、立冕堂、立冕堂、立冕陛.
一于執一于執一于執一于執一
人西瞿、人東鉞人西鉞、人東劉、人

tchěu kouō cháng jénn, kiǎ leáng kiāi chèu. Ǐ jénn mièn tchěu liôu, lǐ iū tōung t'âng.
Ǐ jénn mièn tchěu iuĕ, lǐ iū sī t'âng. Ǐ jénn mièn tchěu k'ouêi, lǐ iū tōung tch'ouêi.
Ǐ jénn mièn tchěu kiù, lǐ iū sī tch'ouêi. Ǐ jénn mièn tchěu iùn, lǐ iū tchĕ kiāi.

la grande salle. Un homme (un grand préfet) portant le bonnet de cérémonie et tenant la hache de guerre *liou*, était sur la plate-forme orientale. Un homme (un grand préfet) portant le bonnet de cérémonie et tenant la hache de guerre *iue*, était sur la plate-forme occidentale. Un homme (un grand préfet) portant le bonnet de cérémonie et tenant la lance à trois pointes *k'ouei*, était à l'extrémité de la plate-forme orientale. Un homme (un grand préfet) portant le bonnet de cérémonie et tenant la lance à trois pointes *kiu*, était à l'extrémité de la plate-forme occidentale. Un homme (un grand préfet) portant le bonnet de cérémonie et tenant la lance à trois pointes *iun*, était auprès de l'escalier latéral (au nord de la grande salle).

fulvo pileo, tenentes hastas sursum obversa acie, *kia* stabant ab utroque latere *leang kiai* duarum scalarum *cheu* ad aulæ angulos. Unus vir (magnus præfectus 大 夫 tái fōu), *mien* pileo, tenens *liou* securim, stabat in orientali aula. Unus vir, *mien* pileo, tenens *iue* securim, stabat in occidentali aula. Unus vir, *mien* pileo, tenens *k'ouei* trifidam hastam, stabat iu *toung tch'ouei* ad orientalis aulæ extremum. Unus vir, *mien* pileo, tenens *kiu* trifidam hastam, stabat ad occidentalis aulæ extremum. Unus vir, *mien* pileo, tenens *iun* trifidam hastam, stabat ad laterales scalas (quæ erant ad aule majoris septentrionem).

Le bonnet 雀 弁 tsiŏ pién était de cuir; sa couleur était celle de la tête du moineau mâle. Le bonnet de couleur fauve 綦 弁 k'i pién était de peau de cerf tacheté.

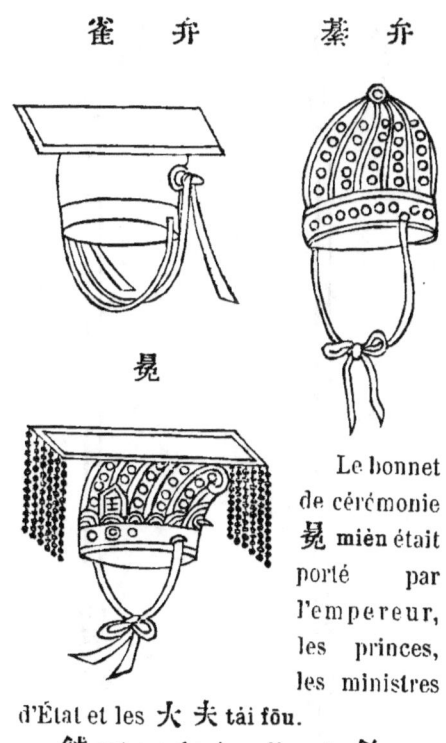

Le bonnet de cérémonie 冕 mién était porté par l'empereur, les princes, les ministres d'État et les 大 夫 tái fōu.

鉞 est employé au lieu de 鈗.

PART. IV. — CH. XXII. DERNIÈRES VOLONTÉS.

冕 立 階 ㉒ 冕 由 隮 邦 入 ㉓ 太 宗 冕
執 于 王 黼 賓 君 卽 太 史 彤
銳 側 裳 階 士 卿 蟻 位 太 皆 裳
　　　　　 裳 麻 裳 保 麻

22. Wâng mâ mièn fòu châng, iòu pīn kiāi tsī. K'īng chéou, pâng kiūn, mâ mièn i châng, jŏu tsǐ wéi.

23. T'ái paŏ, t'ái chèu, t'ái tsōung, kiāi mâ mièn, t'òung châng. T'ái paŏ

22. L'empereur (K'ang wang), portant le bonnet de chanvre et le vêtement inférieur orné de haches (et d'autres emblêmes), monta par l'escalier des hôtes (à la grande salle où reposait le corps de son père défunt). Les ministres d'État de l'empereur et les chefs des principautés, portant le bonnet de chanvre et le vêtement inférieur couleur de fourmi, entrèrent et prirent leurs places respectives.

23. Le grand gardien, le grand secrétaire et le grand maître des cérémonies portaient tous trois le bonnet de chanvre et le

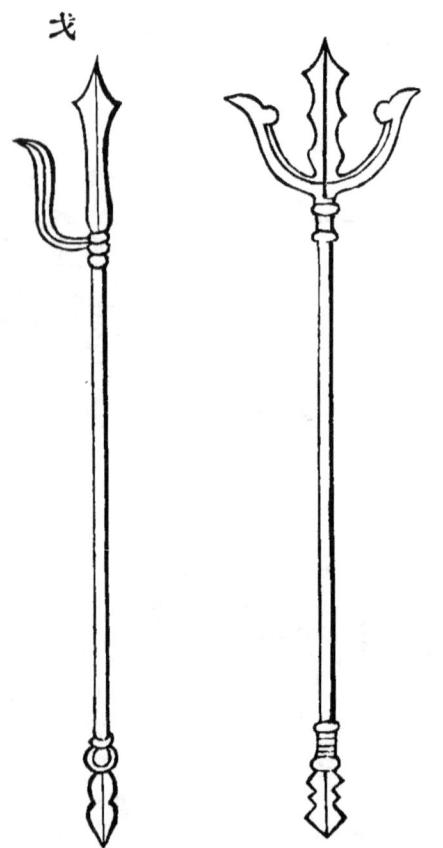

La lance 戈 kouō avait, outre la pointe principale 刃 jénn, une seconde pointe ou branche latérale recourbée. Les autres lances qui sont ici mentionnées avaient deux pointes ou branches latérales.

22. Imperator cannabino pileo et ornata pictis securibus veste inferiori, per hospitum scalas ascendit. Regni ministri et regnorum rectores cannabino pileo et formicino colore veste inferiori, ingredientes adierunt sedes.

Le jeune empereur, ne se considérant pas encore comme le maître de l'empire, monte par l'escalier des hôtes. Ses vêtements sont ceux que l'empereur porte quand il fait des offrandes à ses ancêtres. Les vêtements des ministres et des princes sont ceux qu'ils portent quand ils aident l'empereur à faire des offrandes. Ils tiennent le milieu entre les vêtements de fête et les vêtements de deuil.

23. Summus tutor, summus scriba, summus præfectus rituum, omnes

太保承介圭上宗奉同瑁由阼階由阼階秉書由賓御王冊命[24]曰皇后憑玉几道楊末命汝嗣訓臨君周邦率循大卞變

tch'êng kiái kouēi, cháng tsōung fóung t'ôung maó, iôu tsóu kiāi tsī. T'ái chéu ping chôu, iôu pīn kiāi tsī, iú wâng tch'ě míng.

24. Iuě : « Houâng heóu p'ing iǔ ki, taó iâng mouǒ ming ; ming jóu séu hiún, lin kiūn Tcheōu pāng, chouě siún tá pién, siě houô t'iēn hiá, ióung tǎ iâng Wênn Où tchēu kouāng hiún. »

vêtement inférieur de couleur rouge pâle. Le grand gardien tenant la grande tablette de jade, et le grand maître des cérémonies tenant la coupe employée pour les offrandes avec le moule des tablettes de jade, montèrent par l'escalier du maître de la maison. Le grand secrétaire tenant son livre, monta par l'escalier des hôtes, et présenta à l'empereur les tablettes sur lesquelles il avait consigné les dernières volontés (de Tch'eng wang).

24. Il dit: « L'auguste empereur (votre père), appuyé contre l'escabeau orné de pierres de prix, a déclaré ses dernières volontés. Il vous charge de continuer l'exécution des ordonnances (de ses prédécesseurs), de gouverner l'empire des Tcheou, d'observer fidèlement les grandes lois, d'unir tous les peuples par les liens de la

cannabino pileo et diluto rubore veste inferiori. Summus tutor tenens magnam tesseram et summus rituum præfectus tenens pateram et tesserarum formam, per domini scalas ascenderunt. Summus scriba tenens libellum, per hospitum scalas ascendit et obtulit imperatori scripta mandata.

瑁 Maó, sorte de moule (taillé en creux) d'après lequel l'empereur faisait tailler la partie supérieure des tablettes de jade qu'il distribuait aux princes comme marques de leur dignité. A l'extérieur, il était carré, et avait quatre 寸 ts'uénn (huit centimètres) de chaque côté. La grande tablette 介圭 kiái kouēi était l'un des insignes de la dignité impériale. L'empereur employait la coupe 同 t'ôung pour offrir des liqueurs aux esprits.

Le grand gardien et le grand maître des cérémonies vont remettre au jeune empereur la tablette de jade, la coupe et le moule dont son père a fait usage. Ils représentent la personne de l'empereur défunt, et montent à la salle par l'escalier du maître de la maison. Le grand secrétaire va présenter à l'empereur un écrit qu'il a rédigé lui-même. C'est un employé ; il monte par l'escalier des hôtes.

24. Dixit: « Augustus imperator, adnixus ornato lapillis scabello, dictis declaravit extrema mandata; jussit te succedere (Wenn et Ou regum exsequendis) documentis, accedentem

PART. IV. — CH. XXII. DERNIÈRES VOLONTÉS.

降㊧饗三王㊧敬而末答㉕訓揚和
盟太咤㊁乃忌亂小曰王文天
以保上受天四子眇再武下
異受宗同威方其眇拜之用
同同日祭珪　以能予興　光答

25. Wáng tsái pái, hīng tă iuĕ: « Miaŏ miaŏ iŭ mouŏ siaŏ tzĕu, k'i nĕng ĕul louán sèu fāng, i king ki T'iēn wēi? »

26. Nài cheóu t'ôung maŏ. Wàng sān siŭ, sān tsi, sān tch'á. Cháng tsōung iuĕ: « Hiàng. »

27. T'ái paŏ cheóu t'ôung, kiáng kouán. Ĭ i t'ôung, ping tchāng i tsŏ. Cheóu tsōung jènn t'ôung pái. Wáng tă pái.

concorde, de vous conformer et d'ajouter un nouveau lustre aux glorieux enseignements de Wenn wang et de Ou wang. »

25. L'empereur à genoux s'inclina deux fois; puis se levant, il dit: « Moi le dernier des hommes et le plus faible des enfants, pourrai-je comme mes pères gouverner les quatre parties de l'empire, avec une crainte respectueuse envers la majesté du ciel? »

26. Alors l'empereur prit la coupe et le moule des tablettes de jade. Trois fois il porta la coupe pleine de liqueur (auprès du cercueil de son père); trois fois il offrit (et répandit la liqueur); trois fois il déposa la coupe à terre. Le grand maître des cérémonies dit: « Votre offrande a été agréable (aux mânes de votre père). »

27. Le grand gardien reçut la coupe (de l'empereur et la déposa). Il descendit (au bas des degrés de la salle) et se lava les mains. Prenant une autre coupe, et la tenant par la tablette de jade (qui lui servait de support et de manche), il offrit à son tour des

regere Tcheou imperium, sequentem servare magnas leges, concordes conjungere omnes gentes, ita implentem illustrare Wenn et Ou regum splendida documenta. »

25. Imperator bis adoravit; surgens dixit: « Minimus ego, novissimus parvus filius, an forte potero, sicut (progenitores mei), componere omnes regiones, et ita reverenter timere cœli majestatem? »

其 K'i exprime le doute. 而 Eŭl signifie 如 jóu, comme.

26. Tunc accepit pateram et tesserarum formam. Imperator ter pateram tulit, ter obtulit, ter deposuit. Summus rituum præfectus dixit: « Oblationem acceptam habuit. »

27. Summus tutor accepit pateram, et descendens (ex aula) manus lavit. Utens alia patera et tenens iaspium manubrium, utens invicem obtulit.

應｜(1)｜康｜廟｜收｜(29)｜拜、｜授｜同｜(28)｜拜、｜授｜秉
門｜王｜王｜門｜諸｜太｜王｜宗｜祭｜太｜王｜宗｜璋、
之｜出｜之｜詰｜侯｜保｜答｜人｜嚌｜保｜答｜人｜以
內、｜在｜詰｜｜出｜降｜拜、｜同｜宅、｜受｜拜、｜同｜酢、

28. T'ái paỏ cheóu t'ỏung tsi, tsi, tchĕ. Cheóu tsōung jênn t'ỏung, pái. Wâng tă pái.
29. T'ái paỏ kiáng, cheōu. Tchōu heōu tch'ōu miaó mênn séu.
K'ANG WANG TCHEU KAO. 1. Wâng tch'ōu tsái ing mênn tchêu néi. T'ái paỏ

libations. Il remit la coupe à l'un des aides du maître des cérémonies, et à genoux salua (le corps de l'empereur défunt). L'empereur (K'ang wang au nom de son père) rendit le salut.

28. Le grand gardien prenant de nouveau la coupe, offrit une
libation, porta la coupe à ses lèvres et retourna à sa place. Ayant
remis la coupe à l'aide du maître des cérémonies, il salua à genoux (le corps de l'empereur défunt). L'empereur (K'ang wang
au nom de son père) rendit le salut.

29. Le grand gardien étant descendu (de la grande salle), on
enleva (les objets qui avaient servi à la cérémonie). Tous les princes (à l'exception des ministres) sortirent de (la partie du palais
qui était la demeure ordinaire de l'empereur, et qui pour lors
était comme transformée en) temple, et attendirent (que le nouvel
empereur en sortît lui-même pour leur donner ses ordres).

CHAPITRE XXIII. AVIS DE K'ANG WANG.

1. L'empereur (K'ang wang) étant sorti (de ses appartements

Tradens rituum administro pateram, adoravit. Imperator vicem reddens adoravit.
28. Summus tutor recepit pateram,
obtulit, summis labiis attigit seu gus-
tavit, repetiit sedem. Tradidit rituum
administro pateram, adoravit. Imperator
vicem reddens adoravit.

Ordinairement celui qui avait offert
une libation, buvait lui-même la liqueur
qui restait au fond de la coupe. C'était
comme un honneur et un gage de bonheur qu'il recevait de l'esprit auquel il
avait offert la libation. Le grand gardien
(le prince de Chao) pleure la mort de

l'empereur. Dans son deuil, la liqueur
la plus agréable lui paraît sans saveur.
Il se contente de porter la coupe à ses
lèvres et ne boit pas. 方在喪疚、歆
神之賜、而不甘其味也、(蔡沈).

29. Summus tutor descendit; collecta
sunt (utensilia). Omnes reguli egressi
ex fani janua, i. e. ex 路門 lóu mênn
privatarum imperatoris ædium janua,
quæ, adstante mortui imperatoris corpore, quasi in fanum conversæ erant,
exspectarunt.

CHAPITRE XXIII. 1. Imperator egressus (per *lou menn* quintam portam),

PART. IV. — CH. XXIII. AVIS DE K'ANG WANG.   359

太保率西
方諸侯入
應門左畢
公率東方
諸侯入應
門右皆布
乘黃朱
稱奉圭
幣曰一
臣衛敢
拜手稽
首再執
義嗣德
拜答王

choŭ sī fāng tchōu heŏu, jŏu ing mênn tsouŏ. Pĭ kōung choŭe tōung fāng tchōu heŏu, jŏu ing mênn ioú. Kiāi póu chéng houâng tchōu. Pīn tch'ēng fōung kouĕi kiēn pĭ, iuĕ: « Ĭ éul tch'énn wéi, kàn tchĕu jàng tién. » Kiāi tsái pái k'i cheŏu. Wàng i séu tĕ, tă pái.

particuliers), se tint entre la quatrième (et la cinquième) porte. Le grand gardien, à la tête des princes de l'ouest, entra par la quatrième porte et prit place à gauche (et au nord de la quatrième porte). Le prince de Pi, à la tête des princes de l'est, entra par la quatrième porte, et prit place à droite (de cette porte). Tous les princes rangèrent (des deux côtés de la cour) leurs voitures attelées de quatre chevaux jaunes à crinière rousse (ou, les uns jaunes, les autres roux). Levant et présentant les tablettes de jade (qui étaient les insignes de leurs dignités), ainsi que les pièces de soie (ou les autres objets qu'ils offraient à l'empereur), ils dirent: « Nous vos sujets et les défenseurs de l'empire, nous prenons la liberté de vous offrir des produits de nos contrées. » Tous, se mettant à genoux, saluèrent deux fois, d'abord en inclinant la tête jusqu'à leurs mains jointes et appuyées contre terre, puis en inclinant le front jusqu'à terre. L'empereur imitant la vertu de ses pères, comme il convenait, rendit le salut.

stetit *ing menn* quartam intra portam. Summus tutor ducens occidentalis regionis regulos, intravit quartam portam et stetit a sinistra. Pi regulus ducens orientalis regionis regulos, intravit quartam portam et stetit a dextra. Omnes explicuerunt quadrijugos equos flavos rubea (juba, vel alios flavos alios rubeos). Hospites (reguli) attollentes et offerentes tesseras simul et serica (vel alia dona), dixerunt: « Unus alterve (i. e. non unus, nonnulli) subjecti defensores, audemus tenentes indigenas (res) apponere. » Omnes bis caput demiserunt ad manus, ad terram demiserunt caput. Imperator, ut decebat, prosequens virtutem (progenitorum), vicem reddens adoravit.

Le prince de Chao 召公 Chaó kōung, qui était grand gardien, était aussi 西伯 sī pĕ chef des princes de l'ouest. Le prince de Pi était devenu 東伯 tōung pĕ chef des princes de l'est, après la mort de 周公 Tcheōu kōung.

Les empereurs avaient coutume de donner audience entre la quatrième et la cinquième porte pour traiter des affaires d'État. Cet endroit était appelé 治朝 Cour de l'administration.

王敬之哉張 遺後人休今 定厥功用敷裁 畢協賞罰戡 ③惟新陟王 土 羌若克恤西 周文武誕受 邦殷之命惟 子皇天改大 曰敢再敬告天 皆咸進相揖 伯太保暨芮 ②

2. T'ái paò ki Jouéi pě hiēn tsin siāng ĭ. Kiāi tsái pái k'í cheóu, iuĕ: « Kàn king kaó t'iēn tzĕu. Houâng t'iēn kái tá pāng Ĭn tchĕou ming. Wéi Tchēōu Wênn Où tán cheóu Ióu jŏ, k'ō siŭ sī t'óu.

3. « Wéi sīn tchĕu wàng, pĭ hié chàng fă, k'ān ting kiuĕ kōung, ióung fōu î heóu jênn hiōu. Kīn wàng king tchēou tsāi. Tchāng houâng liŭ chĕu ; ôu houái ngò kaō tsóu kouà ming. »

2. Le grand gardien et le prince de Jouei (ministre de l'instruction publique) s'avancèrent et se saluèrent l'un l'autre par une inclination profonde. Ensuite à genoux ils saluèrent deux fois l'empereur, d'abord en inclinant la tête jusqu'à leurs mains, puis en inclinant le front jusqu'à terre. Ils dirent : « Nous prenons la liberté d'exprimer avec respect nos sentiments au fils du ciel. L'auguste ciel a retiré son mandat à la grande dynastie des In. Les princes de Tcheou, Wenn wang, sorti de la prison de Iou li, (et son fils) Ou wang ont reçu cette grande faveur du ciel, parce qu'ils avaient su faire du bien aux contrées occidentales (à la principauté de Tcheou et aux pays voisins).

3. « L'empereur (votre père) qui vient d'aller là-haut, en récompensant et en punissant avec la plus exacte justice, a pu consolider son œuvre et laisser à ses successeurs un héritage vaste et prospère. Prince, faites-y grande attention. Maintenez en bon

K'oung Ing ta pense que les 乘黃朱 chéng houâng tchōu étaient des attelages de quatre chevaux de même couleur offerts à l'empereur par les princes.

2. Summus tutor et Jouei regulus ambo progredientes invicem consalutarunt. Simul bis caput ad manus demiserunt et ad terram demiserunt frontem; dixerunt : « Audemus reverenter monere cœli filium. Augustum cœlum mutavit magni regni In mandatum. Et Tcheou Wenn et Ou reges late accepe-

runt ex Iou favorem, quia potuerant solari occidentalem regionem.

Wenn wang avait été incarcéré à 羑里 Ióu li par le tyran 紂 Tcheóu. Sorti de prison, il reçut le mandat impérial. Plusieurs commentateurs pensent que, au lieu de *ióu jŏ*, on doit lire 厥若 sa faveur, la faveur du ciel.

3. « Qui nuper ascendit imperator, omnino apte remunerans et puniens, valuit firmare sua opera; ideo amplam reliquit posteris hominibus prosperita-

PART. IV. — CH. XXIII. AVIS DE K'ANG WANG. 361

道付畀四方、帝皇天用訓厥家用端命于上心之臣保乂不二熊羆之士則亦有于天下、平富不務咎武、㫺君文(5)一人剗報誥惟侯甸男衛、(4)王若曰、庶邦高祖寡命、皇六師、無壞我

4. Wǎng jǒ iuĕ : « Chóu pāng, heóu tién nân wéi, wêi iǔ ï jènn Tchaô paó kaó.

5. « Sǐ kiūn Wênn Où p'ēi p'ìng fóu, pŏu óu kiòu, tchéu chéu, ts'i sín. Ióung tchaô mǐng iŭ t'iēn hiá. Tsĕ ĭ iŏu hiôung pī tchéu chéu, pŏu éul sīn tchéu tch'ênn, paó i wâng kiā. Ióung touān mǐng iŭ cháng ti. Houárg t'iēn ióung hiún kiuĕ taó, fóu pi séu fāng.

ordre vos six légions ; ne perdez pas le mandat que le ciel accorde si difficilement et qu'il a confié à nos glorieux ancêtres. »

4. L'empereur répondit à peu près en ces termes : « Chefs des différentes principautés, princes établis dans les circonscriptions qu'on nomme *heou, tien, nan, wei*, moi Tchao, votre souverain, je vais vous répondre et vous donner mes avis.

5. « Autrefois Wenn wang et Ou wang se sont montrés très justes, ont beaucoup enrichi le peuple, et n'ont ni recherché ni puni avec sévérité les coupables. En cela ils ont atteint la plus haute perfection et agi avec la plus grande sincérité. Par ce moyen ils ont brillé avec éclat dans tout l'empire. Par suite ils ont eu des guerriers courageux comme des ours, et des ministres fidèles, qui ont défendu et aidé la famille impériale. Par là aussi

tem. Nunc imperator attendat ad illud. Explicet late sex legiones ; ne corrumpat nostrorum sublimium avorum raro (ac difficile obtentum) mandatum. »

陟, 升遐也, *Tchěu*, monter et aller fort loin. A présent, dans les pièces officielles, en parlant d'un empereur dernièrement décédé, on dit : 大行皇帝 L'empereur qui a fait le long voyage. On ne peut pas le désigner par son nom posthume ; il n'en a pas avant son enterrement.

4. Imperator sic respondit : « Omnium regnorum (rectores), *heou, tien, nan, wei* (regionum rectores), jam ego summus vir Tchao, respondens monebo.

5. « Olim reges Wenn et Ou multum fuerunt justi et ditarunt (populum), nec multum curarunt de culpis (inquirendis ac puniendis), usque ad summum, maxima sinceritate. Propterea splendide inclaruerunt in imperio. Inde etiam habuerunt ursorum (instar fortes) milites, non duplici animo ministros, qui defendentes adjuverunt regiam domum. Ita (acceperunt) rectum mandatum a cœli rege. Augustum cœlum ita gratam habuit eorum agendi rationem ; tradens dedit omnes regiones.

釋冕、反喪服。

命相揖趨出、聽

(7) 羣公既皆聽

若無遺鞠子羞。

王室用奉恤厥

外乃心罔不在

先王雖爾身服在

先公之臣服于

尚胥曁顧綏爾

今予一二伯父、

屛在我後之人、

(6) 乃命建侯樹

6. « Nǎi ming kièn heóu, chóu p'ìng, tsái ngò heóu tchêu jênn. Kīn iŭ ĭ éul pě fóu, cháng siŭ ki kóu souêi éul siēn kōung tchêu tch'ènn fŏu iū siēn wàng. Souêi éul chênn tsái wái, nǎi sīn wàng pŏu tsái wàng chêu. Ióung fóung siŭ kiuě jŏ, ôu ǐ kiŭ tzèu siôu. »

7. K'iûn kōung ki kiāi t'īng ming, siāng ǐ ts'iŭ tch'ôu. Wâng chêu miên, fàn sāng fóu.

ils ont obtenu du roi du ciel le mandat direct (le mandat suprême). Car l'auguste ciel, satisfait de leur conduite, leur a donné toutes les contrées de l'empire.

6. « Ensuite lorsqu'ils ont constitué des principautés et établi comme des boulevards de l'empire, ils l'ont fait pour nous qui devions venir après eux. A présent, vous, mes oncles paternels, tous ensemble vous aurez soin, j'espère, de m'obéir et de me servir comme les princes vos pères ont servi les empereurs mes prédécesseurs. Absents de corps, vous serez toujours présents de cœur dans la maison de l'empereur. Partagez mes sollicitudes, secondez mes efforts; que votre négligence ne soit pas une cause de déshonneur pour moi qui suis un faible enfant. »

7. Tous les princes, après avoir entendu les paroles de l'empereur, se saluèrent les uns les autres par une inclination profonde, et se retirèrent en toute hâte. L'empereur déposa le bonnet de cérémonie, et reprit les vêtements de deuil.

6. « Tum mandantes constituerunt regna, erexerunt munimenta, propter nos posteros homines. Nunc mei unus et alter (i. e. non unus, nonnulli, aliquot) patrui, spero, simul conjuncti curabitis confirmare (prosequi) vestrorum decessorum regulorum obsequium et operam apud decessores imperatores. Licet vestra corpora sint foris, vestri animi nunquam non erunt in regia domo. Sic suscipite curas, eis obsequimini, ne adsciscatis juveni filio dedecus.

L'empereur appelait les princes qui avaient le même nom de famille que lui 伯父, si leurs principautés étaient grandes, et 叔父 si leurs principautés étaient petites. Il appelait les autres princes 伯舅, si leurs principautés étaient grandes, et 叔舅, si elles étaient petites.

7. Omnes reguli postquam simul audierunt jussa, invicem salutarunt et propere exierunt. Imperator solvit (et deposuit)

畢命

郊．保命周豐．周．步中．三午六有（一）惟
螯畢之以至自王日朓月二）年
東公泉．成于宗朝壬越庚年．十

PI MING. 1. Wéi chéu ióu éul gniên, liŭ iuĕ kēng òu féi. Iuĕ sān jĕu jénn chēnn, wâng tchaō póu tzéu tsōung Tchēou, tchéu iū Fōung. Ì tch'éng Tchēou tchéu tchóung, ming Pí kōung paó lì tōung kiaō.

CHAPITRE XXIV. MANDAT DONNÉ AU PRINCE DE PI.

1. La douzième année (du règne de K'ang wang), le premier jour du sixième mois lunaire était le septième du cycle. Deux jours après, c'était le neuvième jour du cycle, l'empereur partit le matin de la grande capitale (Hao) et se rendit à Foung. Là, dans l'intérêt des peuples qui dépendaient de (Lo) la capitale fondée postérieurement, il chargea le prince de Pi de garder et de gouverner la partie orientale de l'empire.

pileum *mien*, recepit lugubres vestes.

L'empereur Tch'eng wang venait de mourir et n'était pas encore enterré. Comment l'empereur K'ang wang et les princes se permirent-ils, contrairement à l'usage, de prendre leurs beaux vêtements de cérémonie pour la publication des dernières volontés du défunt et pour la première audience donnée par le successeur? C'est une grave question qui embarrasse fort les critiques chinois.

CHAPITRE XXIV. 畢 Pí, petite principauté située près de 西安府 Sī ngān fóu dans le Chen si. L'empereur 康王 K'ăng wâng constitue le prince de Pi 東伯 tōung pĕ chef des princes de la partie orientale de l'empire, dont la capitale particulière était la ville de 洛 Lŏ. Voy. pag. 232 et 270.

1. At decimo et secundo anno, sexto mense, *keng ou*, nascens luna. Adveniente tertio post die, *jenn chenn*, imperator mane profectus est ex universi imperii Tcheou (urbe regia Hao) et ivit Foung. Propter conditæ Tcheou (urbis regiæ Lo) multitudinem, jussit Pi regulum defendere et regere orientalem regionem.

K'ang wang résidait à 鎬 Haò, ville située dans le 咸陽縣 Hiên iâng hién actuel, au sud-ouest de 西安府 Sī ngān fóu (Chen si). Foung était à vingt-cinq 里 li stades à l'ouest de Hao. Elle avait été la capitale de Wenn wang et possédait le temple des ancêtres de la famille impériale. C'était dans le temple des ancêtres que l'empereur donnait l'investiture aux princes et décernait les récompenses. K'ang wang s'y rendit pour constituer le prince de Pi chef de tous les princes de l'est.

宗 Tsōung, centre où tout converge. 周 Tcheōu, nom donné à la capitale ou aux capitales de l'empire sous la dynastie des Tcheou. On appelait 宗周 la ville où l'empereur faisait ordinairement sa résidence, Foung ou Hao; et 成周 la capitale fondée postérieurement, la capitale de l'est, la ville de Lo.

由俗革不戢厥 (4) 道有升降政 人以寧 四方無虞 三紀世變訓 式化厥密迺 洛邑頑民 紫殷頑民 先王綏定厥家 (3) 惟周公左右 下用大受殷命 王敷惟文王 父師惟文王于天 (2) 王若曰嗚呼

2. Wâng jŏ iuĕ : « Oū hōu ! fóu chēu, wêi Wênn wâng, Où wâng fōu tá tĕ iū t'iēn hiá ; ióung k'ŏ cheóu Īn míng.

3. « Wêi Tcheōu kōung tsouó ióu siēn wâng, souēi tíng kiuĕ kiā. Pí Īn wân mín, ts'iēn iū Lŏ ĭ, mĭ éul wâng chĕu, chĕu houá kiuĕ hiún. Kí lĭ sān kí, chéu piĕn fōung î ; séu fāng óu iú, iù ĭ jênn i gnîng.

4. « Taó ióu chēng kiáng. Tchéng ióu siŭ kŏ. Pŏu tsāng kiuĕ tsāng, mîn wàng ióu k'iuén.

2. L'empereur parla à peu près en ces termes : « Oh ! mon oncle et mon maître, Wenn wang et Ou wang étendirent l'influence de leur grande vertu par tout l'empire, et méritèrent ainsi de recevoir le mandat céleste qui jusque-là était aux mains des In.

3. « Tcheou koung aida assidûment mes prédécesseurs (Wenn wang, Ou wang et Tch'eng wang) à établir solidement leur dynastie. Prenant garde aux habitants des contrées qui, restées fidèles aux In, refusaient de nous obéir, il les transporta dans la ville de Lo, près des princes de la famille impériale, et leur donna une nouvelle formation. Depuis lors trente-six ans se sont écoulés ; les habitudes ont changé avec les générations. Dans tout l'empire il ne paraît aucun sujet d'inquiétude, et moi l'unique souverain, je suis tranquille.

4. « La pratique de la vertu tantôt monte tantôt baisse. Les

2. Imperator sic locutus est : « Oh ! patruo et magister, Wenn rex et Ou rex diffuderunt magnam virtutem in universum imperium ; ideo potuerunt accipere In mandatum.

父 Fóu, nom que l'empereur donnait aux grands princes qui portaient le même nom de famille que lui. Le prince de Pi avait la dignité de 太師 t'ái chēu.

3. « Et Tcheou regulus adstans adjuvit decessores reges, ut tranquillantes firmarent suam domum. Attendens In pervicaci populo, transtulit in Lo urbem, omnino prope imperatoris domum, ita mutavit illius institutionem. Jam elapsi sunt ter duodecim anni ; generationibus mutatis, mores mutati sunt. Quatuor regionibus nihil (mali) prævidetur ; ego summus vir ideo quietus sum.

紀 Ki, le temps d'une révolution complète de la planète 歲星 Souéi sīng Jupiter, douze années.

4. « Virtuti accidit ascendere et descendere. Regimen ex moribus mutan-

PART. IV. — CH. XXIII. MANDAT DONNÉ AU PRINCE DE PI.

厥宅里，彰善癉惡，表

(7) 旌別淑慝，

哉。以周公之事，往

師，今子祇命公

(6) 王曰，鳴呼父

于垂拱仰成

多于先王言嘉

不祇師率下

世正色弼亮四

勤小物弼亮

(5) 惟公懋德克

戕民罔攸勸

5. « Wêi kôung meóu tĕ, k'ŏ k'ĭn siaó ŏu. Pĭ leáng séu chéu. Tchéng chĕ chouĕ hiá, wàng pŏu tchēu chēu iĕn. Kiā tsĭ touŏ iŭ siēn wâng. Iŭ siaò tzéu tch'ouêi kòung iáng tch'êng. »

6. Wâng iuĕ : « Oū hōu ! fóu chēu, kīn iŭ tchēu míng kōung i Tcheōu kōung tchēu chéu. Wáng tsāi.

7. « Tsīng piĕ chŏu t'ĕ ; piaó kiuĕ tchĕ li. Tchāng chén, tán ngŏ ; chóu tchēu

mesures administratives doivent varier avec les mœurs. (A présent les habitants des contrées orientales sont meilleurs qu'au temps de Tcheou koung). Si vous ne manifestez pas votre approbation pour le bien qui se fera, le peuple ne sera pas encouragé.

5. « Prince, vous êtes très vertueux, soigneux et diligent jusque dans les moindres choses. Vous avez aidé et éclairé par vos conseils quatre générations (de souverains). Vous dirigez vos inférieurs par vos bons exemples ; chacun d'eux suit avec respect vos instructions. Vos signalés services ont été encore plus nombreux (sous mon règne) que sous les règnes précédents. Aussi, malgré ma faiblesse, j'espère gouverner parfaitement en tenant la robe flottante et les mains jointes, c.-à-d. sans difficulté et sans effort.»

6. L'empereur dit : « Oh ! mon oncle et mon maître, je vous confie avec respect la charge que Tcheou koung à remplie. Allez.

7. « Décernez des distinctions aux hommes vertueux ; séparez d'eux les hommes vicieux. Signalez par des marques honorifiques

dum est. Nisi approbentur quæ sunt bona, populus non habebit quo excitetur.

5. « Porro, princeps, præstantis virtutis es, potes esse diligens in minimis rebus. Adjuvans illustrasti quatuor generationes (Wenn wang, Ou wang, Tch'eng wang et K'ang wang). Recto habitu (i. e. bonis exemplis) ducis inferiores ; nullus non veretur magistri dicta. Optima merita plura fuerunt (me regnante) quam sub decessoribus imperatoribus. Ego parvus filius defluente (veste) junctisque (manibus), spero, perficiam. »

6. Imperator dixit : « Oh ! patrue et magister, nunc ego reverenter mando regulo (tibi) Tcheou reguli ministerium. Ito.

7. « Insigni, secerne, bonos, malos, i. e. insigni bonos et secerne malos.

惡樹之風聲弗弗
率俾訓典殊厥井弗
疆俾克畏固慕申弗
畫以郊圻慎固封
守政貴康四海
(8)政體要不惟恒辭
尚商俗靡靡利好
口惟賢餘靡未
珍公念哉
之家鮮克由禮
(9)我聞曰世祿
以蕩陵德悖

fōung chēng. Pŏu chouĕ hiún tièn, chôu kiuĕ tsing kiāng, pèi k'ŏ wéi móu. Chēnn houá kiaō k'î, chénn kóu fōung cheóu, i k'āng séu hài.

8. « Tchéng kouéi iòu hêng; séu cháng t'i iaó. Pŏu wèi haó î. Chāng siŭ mi mì; li k'eòu wèi hièn. Iû fōung wèi tièn. Kōung k'î gnién tsāi.

9. « Ngò wènn iuĕ, chéa lŏu tchēa kiā sién k'ŏ iòu li. Ì táng lîng tĕ, chĕu pèi

les maisons, les villages des hommes de bien. Mettez en honneur les hommes vertueux, abaissez les hommes vicieux ; établissez l'influence et la réputation des hommes de bien. A ceux qui ne suivront pas vos avis ni les lois, assignez des terrains séparés, afin qu'ils apprennent à craindre (les inconvénients de la désobéissance) et à espérer (les avantages de la soumission). Tracez clairement les limites dans le domaine propre de l'empereur, ayez soin d'établir des fortifications dans les domaines confiés à la garde des princes, afin que la tranquillité règne partout entre les quatre mers.

8. « Il importe beaucoup que les règlements administratifs soient stables, que les proclamations soient substantielles et concises. L'amour des choses extraordinaires est à craindre. Sous les Chang, la flatterie avait passé en habitude. Il subsiste encore un reste de ce désordre. Prince, vous y ferez attention, j'espère.

9. « J'ai entendu dire que les familles où les charges lucratives sont héréditaires, se tiennent rarement dans les limites du juste et de l'honnête. Elles se donnent toute licence, perdent tout bon

Signa illorum (bonorum) domos ac vicos. Conspicuos facias bonos, affligas malos; extollas exempla ac famam (bonorum). Qui non obsequentur documentis ac legibus, secerne eorum agros definitos, ut possint timere (incommoda) et sperare (commoda). Clare describe territorium imperiale, cura ut firmentur constituta custodiendaque (regna), ut sit tranquillitas intra quatuor maria.

8. « Administrationis multum interest ut habeat constantiam; edictorum plurimi refert ut sint plena et pressa. Non sunt amanda insolita. Chang (imperatorum tempore), moris erat assentatio; callida lingua habebatur sapientia. Reliquus mos nondum deletus est. Regulus, spero, cogitabit.

9. « Ego audivi dicentes hæreditariis

天道儆化奢麗，萬世同流，⑽茲殷庶士、席寵惟舊怙侈滅義，服羙于人，驕淫矜侉，將由惡終，雖收放心，閑之惟艱，能惟訓⑾資富惟德，訓惟以永年、乃大訓不，由古訓于何其訓。

t'iēn taó. Pī houá chē lí, wán chéu t'ōung liōu.

10. « Tzěu Īn chóu chéu, sī tch'òung wêi kióu, hóu tch'éu miě i. Fŏu mèi iū jěnn, kiaō īn kīng k'ouá, tsiāng iōu ngŏ tchōung. Souēi cheōu fáng sīn, hiēn tchēu wêi kiēn.

11. « Tzěu fóu, něng hiún, wěi i iōung gniēn. Wěi tě wêi i, chěu nǎi tá hiún. Pŏu iòu kòu hiún, iū hó k'í hiún ? »

sentiment et violent la loi naturelle. Corrompues, dégénérées, elles vivent dans le luxe et la prodigalité, et suivent d'âge en âge le même courant.

10. « La plupart des officiers de la maison de In, qui avaient joui de la faveur impériale en toute sécurité depuis si longtemps, s'abandonnaient sans crainte à leur amour du luxe et avaient perdu tout sentiment d'équité. Vêtus plus magnifiquement que personne, orgueilleux, licencieux, arrogants, vantards, ils semblaient devoir continuer jusqu'à la fin cette vie de déréglement. Bien que Tcheou koung ait mis un frein à leur licence, il est encore difficile de les maintenir dans le devoir.

11. « Ils sont riches et peuvent être instruits ; ils vivront longtemps, et toujours vertueux. Les vertus naturelles, l'équité doivent être le principal objet de l'enseignement. Mais que peut enseigner celui qui ne s'appuie pas sur les enseignements des anciens ? »

stipendiis domos paucas posse obsequi decentiæ legibus. Utentes effrenata licentia, opprimunt virtutem (suam), vere violant naturalem legem. Corruptæ, mutatæ, indulgent prodigentiæ ac luxui; omnibus ætatibus similiter defluunt.

10. « Illius In domus plerique præpositi, incubantes favori et quidem jamdiu, fidenter prodigi exstinxerant æquitatem. Induti pulchrioribus quam homines cæteri, superbi, dissoluti, arrogantes, jactabundi, volebant in vitio finire. Licet (Tcheou regulus) continuerit effrenatos animos, coercere eos est difficile.

11. « Instructi opibus sunt et possunt doceri ; (corpori et animo omnia abundanter suppetunt), inde utentur multis annis. Et virtus et æquitas, ea (sunt quæ spectant) ad magnam institutionem. Qui non sequitur antiquorum documenta, in quibus ille erudiet ? »

(12) 王曰嗚呼父師
邦之安危惟茲殷
士不剛不柔厥德
允修
(13) 惟周公克愼厥
始惟君陳克愼厥
中惟公克成厥終
三后協心同底于
道道洽政治澤潤
生民四夷左衽
不咸賴子小子永
膺多福

12. Wâng iuĕ: « Oū hōu! fóu chēu, pāng tchēu ngān wêi, wêi tzèu În chéu. Pŏu kāng pŏu jeôu, kiuĕ tĕ iŭn siôu.

13. « Wêi Tcheōu kōung k'ŏ chénn kiuĕ chèu; wêi Kiūn tch'énn k'ŏ houŏ kiuĕ tchōung; wêi kōung k'ŏ tch'éng kiuĕ tchōung. Sān heóu hiĕ sīn, t'ôung tchéu iū taó. Taó hiă, tchéng tchéu; tchĕ iŭn chēng mîn. Séu î tsouŏ jènn, wàng pŏu hiēn lâi. Iŭ siaŏ tzéu iôung īng touō fŏu.

12. L'empereur dit: « Oh! mon oncle et mon maître, la tranquillité de l'empire dépend surtout de ces anciens officiers des In. Ne soyez ni trop sévère ni trop indulgent, et ils deviendront sincèrement vertueux.

13. « Tcheou koung a su prendre soin de cette entreprise à son commencement; Kiun tch'enn a su la diriger en son milieu; vous, prince, vous saurez la terminer heureusement. Tous trois vous aurez agi comme de concert et suivi également la vraie voie. Grâce à influence de cette sage conduite, le gouvernement sera bien réglé. Ses bienfaits s'étendront à tous les peuples de l'empire. Dans tous les pays voisins, les barbares qui fixent le bord de leur vêtement au côté gauche, auront confiance en nous. Moi faible enfant, je jouirai toujours d'une grande félicité.

12. Imperator dixit: «Oh! patrue, magister, imperii tranquillitas periculumve maxime (pendet ab) illis In domus præpositis. Nec durior nec mollior esto; illorum virtus sincere excoletur.

13. «At Tcheou regulus potuit curare illius (rei) initium; et Kiun tch'enn potuit temperare illius medium (Cf. pag. 339); et regulus poterit perficere illius finem. Tres reguli (tu, Tcheou regulus et Kiun tch'enn) uno animo simul pervenietis ad rectam gubernandi rationem. Recta gubernatione imbuente, i. e. movente populum, res publica recte componetur. Beneficia diffundentur in viventes subditos. Inter quatuor circa regionum barbaros, sinistra lascinia, nullibi non omnes innitentur. Ego parvus filius jugiter accipiam multam felicitatem.

Les Chinois appliquent sur la poitrine le côté droit du vêtement, croisent le côté gauche par-dessus et le fixent sous l'aisselle droite. Les anciens barbares avaient la coutume contraire.

PART. IV. — CH. XXV. KIUN IA.

(14) 成周建無窮之基亦無無孫訓其成式惟乂(15)嗚呼惟克弗心惟罔厥事民寡欽先王成烈若先君牙于前政以休于(1)王若曰嗚

14. « Kōung k'ī wêi chēu tch'êng Tchēōu, kién ôu k'iôung tchēu kī, ǐ iôu ôu k'iôung tchēu wénn. Tzéu suēnn hiún k'ī tch'êng chēu wêi i.

15. « Oū hōu! wàng iuĕ fôu k'ŏ; wêi ki kiuĕ sīn. Wàng iuĕ mĭn kouà; wêi chénn kiuĕ chêu. K'īn jŏ siēn wàng tch'êng liĕ, i hiôu iū ts'iēn tchéng. »

KIUN IA. 1. Wàng jŏ iuĕ : « Oū hōu! Kiūn iâ, wêi nài tsôu nài fôu, chêu tŏu

14. « Prince, dans cette capitale fondée postérieurement, vous établirez, j'espère, la puissance des Tcheou sur un fondement impérissable, et vous acquerrez une gloire immortelle. Vos descendants imiteront un si bel exemple et gouverneront comme vous.

15. « Oh! ne dites pas qu'une telle entreprise est au-dessus de vos forces; il vous suffira de lui donner toute votre application. N'objectez pas le petit nombre des habitants; il vous suffira de remplir vos devoirs avec soin. Continuez avec respect les glorieux travaux des mes prédécesseurs, et perfectionnez l'administration déjà établie (par Tcheou koung et Kiun tch'enn). »

CHAPITRE XXV. KIUN IA.

1. L'empereur (Mou wang) parla à peu près en ces termes : « Oh! Kiun ia, votre aïeul et votre père, avec une loyauté et une

14. « Regulus, spero, in illa condita Tcheou stabiliet non periturum fundamentum, et habebit non perituram famam. Filii et nepotes, imitantes hoc perfectum exemplar, etiam regent.

15. « Oh! ne dicat non posse; solum exhauriat sui animi (vires). Ne dicat homines paucos; solum curet sua officia. Reverenter prosequatur decessorum imperatorum absoluta et præclara (opera), ut perficiat anteriorem administrationem. »

CHAPITRE XXV. L'empereur 穆王 Mŏu wáng (1001-946) nomme Kiun ia

司徒 sēu t'ôu ministre de l'instruction publique. Le père et le grand-père de Kiun ia avaient exercé la même charge. On conjecture que son grand-père était le prince de Jouei, qui fut ministre de l'instruction publique sous K'ang wang. Voy. page 360. 君 paraît être un titre honorifique, comme 后 dans 后稷.

1. Imperator sic locutus est : « Oh! Kiun ia, tuus avus et tuus pater generationibus (duabus) sincere fideles ac recti, obsequentes laboraverunt regiæ domui. Illorum habita absoluta opera inscripta sunt in magno vexillo.

呼君牙惟乃祖乃父
世篤忠貞服勞王家
厥有成績紀于太常

(2) 惟予小子嗣守文
武成康遺緒亦惟先
王之臣克左右亂四
方心之憂危若蹈虎
尾涉于春冰

(3) 今命爾予翼作股
肱心膂纘乃舊服無
忝祖考

(4) 弘敷五典式和民

tchōung tchēng, fŏu laŏ wảng kiā. Kiuĕ iòu tch'êng tsĭ, kì iŭ t'ái tch'âng.

2. « Wêi iù siaò tzéu, séu cheóu Wênn, Oú, Tch'êng, K'āng í siú, ĭ wêi siēn wâng tchēu tch'ênn, k'ŏ tsouó ióu louán séu fāng; sīn tchēu iōu wêi, jŏ taó hòu wêi, chĕ iŭ tch'ouênn pīng.

3. « Kīn ming èul iù ĭ, tsŏ kŏu kōung sīn liŭ, tsouàn nài kióu fŏu, ôu t'iĕn tsòu k'aò.

4. « Hóung fōu òu tiĕn, chĕu houŏ mín tsĕ. Eŭl chēnn k'ŏ tchéng, wảng kàn droiture très sincères, ont beaucoup travaillé pour la famille impériale. Les services qu'ils ont rendus sont inscrits sur le grand étendard.

2. « Moi faible enfant, qui recueille et dois garder l'héritage de Wenn wang, de Ou wang, de Tch'eng wang et de K'ang wang, quand je pense aux ministres qui ont aidé mes prédécesseurs à bien gouverner l'empire, (en voyant que ce puissant secours me fait défaut), mon cœur est dans l'inquiétude, comme si je mettais le pied sur la queue d'un tigre ou comme si je marchais sur la glace au printemps.

3. « Je vous charge de m'aider. Soyez comme mon bras, ma jambe, mon cœur, ma colonne vertébrale. Rendez les mêmes services que votre aïeul et votre père; prenez garde de les déshonorer.

4. « Enseignez partout les cinq grandes lois des relations socia-

周禮司勳云凡有功者銘書於王之太常. Dans le Tcheou li, Devoirs du contrôleur des mérites, il est dit: «Les noms de tous ceux qui auront rendu des services signalés, seront inscrits sur le grand étendard de l'empereur.»

2. « At ego parvus filius, succedens ut servem Wenn, Ou, Tch'eng, K'ang relictam hæreditatem, et cogitans decessorum imperatorum ministros valuisse adstantes juvare ut recte componerent quatuor regiones; animo anxius sum de periculo, quasi calcarem tigris caudam, incederemve super vernam glaciem.

3. « Nunc jubeo te mihi esse alam, fieri crus, brachium, cor, spinam dorsalem, prosequi tuorum antiqua officia, non dedecorare avum ac patrem.

4. « Late diffunde quinque leges,

明乃訓用奉若于
以正罔缺爾惟敬
烈啓佑我後人咸
王謨丕承哉武王
(6)嗚呼丕承哉顯哉文
圖其易民乃寧
惟艱哉思其艱以厥
民亦惟日怨咨
曰夏暑雨小民惟
(5)爾之中民心罔中惟
弗正民心罔中
則爾身克正罔敢

fôu tchéng. Mín sīn wàng tchōung, wêi éul tchēu tchōung.

5. « Hiá chòu iû, siaò mîn wêi iuĕ iuén tzéu. Tōung k'i hân, siaò mîn ĭ wêi iuĕ iuén tzéu. Kiuĕ wêi kiĕn tsâi. Sêu k'i kiĕn, i t'òu k'î i ; mín nài gnîng.

6. « Où hōu ! p'ēi hién tsâi Wénn wàng môu ! P'ēi tch'éng tsâi Où wàng liĕ ! K'i ióu ngò heóu jênn; hién i tchéng, wàng k'iuĕ. Eùl wêi king mîng nài hiún. Ióung les; ayez soin qu'elles soient bien observées parmi le peuple. Si vous suivez fidèlement la voie du devoir, personne n'osera s'en écarter. Il est des hommes dont les pensées et les sentiments ne sont pas encore dans le juste milieu ; c'est à vous de les rectifier, en gardant vous-même le juste milieu.

5. « En été, au temps des chaleurs et des pluies, le peuple ne fait que gémir et soupirer. Pendant les grands froids de l'hiver, il ne fait encore que gémir et soupirer. Ses souffrances en sont la cause. Pensez à ses souffrances et cherchez à les soulager; le peuple sera heureux.

5. « Oh! les conseils de Wenn wang ont jeté partout une vive lumière; ensuite les travaux de Ou wang ont été couronnés du plus grand succès. Nous y trouvons notre instruction et notre secours, nous qui sommes venus après ces grands hommes. Tout y est irréprochable et rien n'y manque. Appliquez-vous à faire briller la lumière de vos enseignements. Je pourrai imiter avec respect mes prédécesseurs, remplir et entourer d'un nouvel éclat le

diligenter tempera hominum officia. Si tu ipse possis esse rectus, nemo audebit non esse rectus. Hominum animi nondum recti sunt ; erit tuæ rectitudinis (corrigere illos).

5. « Æstivis caloribus et imbribus, minuta plebs unice dicenda est queri et suspirare. Hiemis magnis frigoribus, minuta plebs etiam unice dicenda queri et suspirare. Illius sunt ærumnæ. Cogita de illius ærumnis ut quæras illius levamen; populus tunc erit tranquillus.

6. « Oh! late patuerunt Wenn regis consilia; late subsecuta sunt Ou regis opera. Docent juvantque nos posteros homines; omnino consentanea recto, in nullo defecerunt. Tu vero diligenter declara tua documenta. Ita reverenter

先王、對揚文武

之光命，追配于

前人，命迪簡

(7) 王若曰：君

乃惟由先正舊牙(?)

典時式民之治

亂在茲、率乃祖

考之攸行乃

辟之有乂

(1) 王子若曰伯冏

惟予弗克于德

嗣先人宅丕后

休惕惟廈中夜

fòung jŏ iū siēn wâng, touéi iâng Wênn Où tchēu kouāng ming ; tchouēi p'éi iū ts'iên jênn. »

7. Wâng jŏ iuĕ : « Kiūn iâ, nài wêi iôu siēn tchéng kióu tièn, chêu chĕu ; mîn tchēu tchéu louán tsái tzēu. Chouĕ nài tsòu k'aò tchēu iôu híng ; tchaō nài pĭ tchēu iôu i. »

KIOUNG MING. 1. Wâng jŏ iuĕ : « Pĕ Kióung, wêi iû fŏu k'ŏ iū tĕ, séu siēn jênn tchĕ p'ēi heóu, tch'óu t'ĭ wêi li. Tchōung iĕ i hīng, sēu miĕn kiuĕ k'iēn.

brillant mandat que Wenn wang et Ou wang ont reçu du ciel; vous, vous ferez revivre et égalerez vos pères. »

7. L'empereur parla à peu près en ces termes : « Kiun ia, vous n'avez qu'à suivre les traces des ministres précédents (de votre aïeul et de votre père); imitez-les, l'ordre public en dépend. Continuez ce qu'ont fait votre aïeul et votre père, et rendez glorieux le règne de votre souverain. »

CHAPITRE XXVI. MANDAT DONNÉ A KIOUNG.

1. L'empereur parla à peu près en ces termes : « Pe Kioung, ma vertu est faible. Je succède à mes ancêtres et suis grand souverain. Je tremble d'épouvante à la pensée du péril où je me trouve. Je me lève au milieu de la nuit et cherche comment je pourrai ne pas commettre de fautes.

imitans decessores reges, respondens extollam Wenn et Ou præclarum mandatum; referens par eris progenitoribus tuis. »

7. Imperator sic locutus est : « Kiun ia, tu solummodo sequere anteriorum præpositorum (avi et patris) antiqua instituta, eos imitare; populi ordo turbatiove pendet ab hoc. Prosequere tuus avus ac pater quod egerunt; illustra tui regis habendum regimen. »

CHAPITRE XXVI. L'empereur 穆王 Mŏu wâng nomme 伯冏 Pĕ Kióung (le prince Kioung) chef de ses serviteurs ou chef des conducteurs de ses voitures 太僕正 t'ái pŏu tchéng.

1. Imperator sic locutus est: « Pe Kioung, quum ego non valeam in virtute, succedens majoribus meis et tenens magnum principatum, tremens formido videns periculum. Media nocte ideo surgeus, cogito (quomodo) vitem proprias culpas.

PART. IV. — CH. XXVI. MANDAT DONNÉ A KIOUNG.

以與思免厥愆
⑵昔在文武聰明齊
聖小大之臣咸懷忠
艮其侍御僕從罔匪
正人以旦夕承弼厥
辟出入起居罔有不
欽發號施令罔有不
臧下民祗若萬邦咸休
⑶惟予一人無艮實
賴左右前後有位之
士匡其不及繩愆糾

2. « Sī tsái Wênn Où ts'ōung mìng ts'ĭ chéng, siaŏ tá tchĕu tch'ênn, hiên houâi tchōung leâng. K'i chéu, iú, pŏu, ts'óung, wàng féi tchéng jênn. Ĭ tán sĭ tch'êng pĭ kiuĕ pĭ, tch'óu jŏu k'ī kiū, wàng iòu pŏu k'īn; fă haŏ chēu ling, wàng iŏu pŏu tsāng. Hiá mín tchēu jŏ ; wán pāng hiên hiōu.

3. « Wéi iù í jênn ôu leâng, chēu lâi tsouŏ iòu ts'iên heŏu iòu wéi tchēu chéu,

2. « Autrefois sous les règnes de Wenn wang et de Ou wang, qui étaient si éclairés, si intelligents, si graves, si sages, les officiers et les serviteurs, grands et petits, avaient le cœur loyal et honnête. Les hommes qui entouraient ces princes ou conduisaient leurs voitures, ceux qui les servaient ou les accompagnaient, étaient tous irréprochables. Le souverain, grâce au secours qu'il en recevait du matin au soir, ne se rendait jamais coupable de négligence dans sa conduite, ni au-dedans ni au-dehors. Ses avis, ses proclamations n'avaient jamais rien de défectueux. Le peuple obéissait avec respect, et tous les États étaient prospères.

3. « Moi qui suis au-dessus de tous les autres et ne suis pas vertueux, je mets toute ma confiance dans les officiers qui m'entourent. J'espère qu'ils suppléeront à mon incapacité, répareront mes fautes, corrigeront mes erreurs, redresseront les égarements

2. « Olim viventibus Wenn et Ou regibus perspicacibus, ingeniosis, compositis, sapientissimis, tum majores tum minores ministri omnes animo erant fideles, probi. Inter illorum assistentes, aurigas, famulos, comites, nullus non erat rectus vir. Ita a mane ad vesperum obsequentes adjuvabant suum regem. Tum foris tum intus, tum agens tum quiescens, nunquam accidebat ut careret diligentia ; emittens monita edensve edicta, nunquam admittebat non rectum. Subjectus populus reverenter obsequebatur ; omnia regna pariter felicia.

3. « At ego summus vir carens virtute, vere confido læva dextraque ante poneque habentibus munia ministris, qui suppleant ipse quod non assequar facere, emendent culpas, corrigant errata, dirigant ipsius non rectum animum,

諮格其非心俾

克紹先烈

(4)

大正予命汝作

侍御之臣懋乃僕

后德交修不逮

(5)

以愼簡乃僚無

辟側媚其惟吉

士僕臣正

(6)

克正僕臣

后自聖后德惟

臣不德惟臣

k'ouâng k'i pŏu kĭ, chéng k'iēn, kiòu miòu, kŏ k'i fēi sīn, pèi k'ŏ chaó siēn liĕ.

4. « Kīn iù míng jóu tsŏ tá tchéng, tchéng iū k'iùn pŏu, chéu, iú tchēu tch'énn. Meóu nái heóu tŏ, kiaō siōu pŏu tái.

5. «Chénn kién nái leaŏ. Où i k'iaŏ iέn, líng chĕ, p'iên p'ĭ, tchĕ méi. K'i wêi kĭ chéu.

6. « Pŏu tch'énn tchéng, kiuĕ heóu k'ŏ tchéng. Pŏu tch'énn iù, kiuĕ heóu tzéu chéng. Heóu tĕ wêi tch'énn, pŏu tĕ wêi tch'énn.

de mon cœur, et me rendront capable de marcher sur les traces glorieuses de mes pères.

4. « Je vous charge de remplir l'office de grand directeur, de diriger tous mes serviteurs, mes aides, mes conducteurs de voitures. Excitez votre souverain à cultiver la vertu, et avec vos subordonnés, réparez ses manquements.

5. « Choisissez avec soin vos subalternes. N'employez pas des hommes au langage artificieux, aux dehors trompeurs, ni des flatteurs obséquieux ou des adulateurs vicieux; mais seulement des hommes de bien.

6. « Quand les serviteurs et les officiers sont irréprochables, le prince peut être irréprochable. Quand les serviteurs et les officiers sont flatteurs, le prince se croit très sage et très parfait. Ce sont les officiers qui rendent le prince vertueux; ce sont eux qui le rendent vicieux.

faciant ut possim prosequi majorum præclara facinora.

4. « Nunc jubeo te agere summum præpositum, dirigere omnes famulos, assistentes ac aurigas ministros. Excita tui regis virtutem; conjunctim (cum tuis subditis) supple quod non assequetur.

5. « Attente elige tuos præpositos. Ne adhibeas (homines) callido sermone, pulchra specie, nimis obsequiosos assentatores, pravos adulatores. Illi unice sint probi viri.

便者、順人之所欲、辟者避人之所惡。P'iên, se prêter aux désirs d'autrui; p'ĭ, éviter ce qui déplait à autrui.

6. « Quum famuli et ministri sunt recti, eorum rex potest esse rectus. Quum famuli et ministri sunt adulatores, eorum rex ipse se sapientissimum putat. Regis virtus a ministris; carentia virtutis a ministris est.

PART. IV. — CH. XXVII. LOIS PÉNALES DU PRINCE DE LIU.   375

〔1〕惟呂命王享　　呂刑　　彝憲永弼乃后欽　〔9〕王曰嗚呼于　汝辜祇厥辟惟子　厥官惟爾大弗瘝　貨其吉其時吉　〔8〕非人其若時惟　之典　迪上以非先王　人充耳目之官、　〔7〕爾無昵于憸

7. « Eùl óu gnǐ iǔ siēn jênn, tch'ōung éul mǒu tchêu kouān, tǐ cháng i fēi siēn wáng tchêu tién.

8. « Fēi jênn k'i kǐ, wêi houó k'ǐ kǐ, jǒ chêu, kouān kiuě kouān. Wêi éul tá fóu k'ǒ tchêu kiuě pǐ ; wêi iǔ jòu kōu. »

9. Wâng iuě : « Oū hōu ! k'īn tsāi. Ioung pǐ nài heóu iū i hién. »

LIU HING. 1. Wêi Liù ming, wâng hiàng kouǒ pě gniên, maó houāng touǒ tsǒ hing, i k'ǐ séu fāng.

7. « Ne faites pas société avec des hommes vicieux. Si vous les chargiez d'être comme les yeux et les oreilles de votre souverain, ils l'induiraient à violer les règlements de ses prédécesseurs.

8. « Si vous choisissiez les hommes, non à cause de leurs bonnes qualités personnelles, mais à cause de leurs présents, les emplois ne seraient nullement remplis. Vous manqueriez gravement au devoir du respect envers votre souverain, et je vous en ferais un crime. »

9. L'empereur ajouta : « Oh ! soyez attentif. Aidez toujours votre souverain à observer les lois constantes (qui doivent régler sa conduite). »

CHAPITRE XXVII. LOIS PÉNALES DU PRINCE DE LIU.

1. Voici les prescriptions publiées par le prince de Liu

7. « Tu ne consuetudinem habeas cum pravis hominibus, ut impleant aurium oculorumque officia, et inducant regem ad negligenda decessorum imperatorum statuta.

8. « Nisi homines ipsi boni sint, si unice ob dona ipsi boni (a te dicantur et adhibeantur), si ita, inania erunt tua munia. Tunc tu omnino non poteris revereri tuum regem, et ego te culpabo. »

9. Imperator dixit : « Oh ! attende. Jugiter adjuva tuum regem in constantibus legibus. »

CHAPITRE XXVII. 呂 Liù, ancienne principauté, à présent 新蔡縣 Sīn ts'ái hién dans le 汝寧府 Jòu gning fòu (Ho nan). Le prince de Liu était 司寇 sêu k'eóu ministre de la justice. L'empereur 穆王 Mǒu wâng lui ordonna de publier des instructions sur l'emploi des châtiments.

国百年耄(2)以荒度作刑古惟始作训王曰若方尤延及不于民罔义平民乱贼宼究奸虐矫虔(3)苗民弗用灵制以

2. «Wảng iuĕ: «Jŏ kóu iŏu hiŭn, Tch'ĕu iŏu wêi chéu tsŏ louán, iên kĭ iŭ p'íng mîn ; wảng pŏu k'eóu, tsĕ, tch'êu i, kiĕn, kouéi, touŏ, jảng, kiaŏ k'iên.

3. « Miaŏ mîn fŏu ióung líng, tchéu i hîng. Wêi tsŏ ou iŏ tchêu hîng, iuĕ fã ;

(au nom de l'empereur Mou wang). L'empereur, encore revêtu de la dignité souveraine à l'âge de cent ans, avait la raison affaiblie par la vieillesse et ne rendait plus aucun service à l'État. Il pensa néanmoins à faire des lois pénales, pour régler la justice dans tout l'empire.

2. (Par son ordre, le prince de Liu publia les prescriptions suivantes): « L'empereur a dit: «Les enseignements que les anciens se transmettaient nous apprennent que (sous Houang ti), Tch'eu iou ayant excité une sédition, elle se propagea jusque parmi les citoyens les plus paisibles, qui tous devinrent brigands, homicides, scélérats au cœur de hibou, rebelles, traîtres, ravisseurs, voleurs, meurtriers couverts du masque de la vertu.

3. « Le prince de Miao ne montrait aucune bienfaisance, et se contentait de réprimer son peuple par les supplices. Pour exercer

1. En Liu reguli jussa. Imperator fruens regno centesimo (ætatis) anno, delirans senex, nihil agens, cogitavit ut faceret pœnales leges ad judicandas omnes regiones.

耄,老而昏亂之稱、荒忽也、
Maó se dit d'un vieillard dont la raison est troublée ; houăng, très négligent.

Mou wang, dit-on, avait mené une vie licencieuse, et parcouru souvent l'empire en tous sens sans aucum but utile. Il avait épuisé ses trésors. Pour les remplir, lorsqu'il était déjà centenaire et commençait à perdre la raison, il entreprit de faire de nouvelles lois, et de permettre aux criminels de se racheter à prix d'argent.

Plusieurs commentateurs prêtent à l'empereur une intention louable. Ils donnent à la lettre 荒 le sens de 大 grand, et traduisent ainsi : « L'empereur, malgré son âge avancé et l'affaiblissement de sa raison, forma le grand projet de faire des lois pénales. »

2. «Imperator dixit: « Ex antiquorum habitis documentis, quum a Tch'eu iou (regnante Houang ti) cœpisset excitari turbatio, propagata est usque apud tranquillos cives; nullus non fuit latro, homicida, bubonis animo (agens), seditiosus, proditor, raptor, fur, simulata virtute occisor.

Le hibou dévore les petits oiseaux.

3. «Apud Miao gentem (rex) non utens beneficentia, coercebat per supplicia. (Cf. pag. 22 et 41). Fecit quina-

刑惟作五虐之刑
曰法殺戮無辜
始淫為劓刵椓黥
越茲麗刑并制罔
差有辭

民興胥漸泯泯
棼棼罔中于信以覆
詛盟虐威庶戮
方告無辜于上
帝監民罔有馨香
德刑發聞惟腥

chǎ lŏu ôu kōu. Iuên chéu în wêi i, éul, tchouŏ, k'īng. Iuě tzêu li hîng, píng tchéu, wàng tch'êu iôu sêu.

4. « Mín hīng siū tsièn, min min fênn fênn. Wàng tchōung iū sín, i fôu tchóu mîng. Iŏ wēi chóu lŏu, fāng kaŏ ôu kōu iū cháng. Cháng ti kién mîn ; wàng iôu hīng hiăng tě, hîng fă wênn wéi sīng.

cinq sortes de cruauté, il mit en vigueur les cinq supplices par des édits auxquels il donna le nom de lois ; il fit tuer, massacrer des innocents. Un grand nombre d'hommes eurent le nez ou les oreilles coupées, furent faits eunuques ou marqués au visage. Ceux qui tombaient sous le coup (de ces lois barbares) étaient condamnés aux tourments ; ils étaient tous également punis, même ceux qui étaient excusables.

4. « La corruption commença à se répandre de proche en proche parmi le peuple, qui fut bientôt plongé dans l'aveuglement et la confusion. La bonne foi disparut de tous les cœurs ; les serments et les engagements furent violés. La multitude opprimée maltraitée, livrée aux supplices, commença à élever la voix vers le ciel en faveur des innocents. Le roi suprême abaissa ses regards sur le peuple. Aucun parfum de vertu ne montait vers le ciel ; mais les supplices exhalaient une odeur fétide.

riæ crudelitatis pœnalia edicta, vocans leges; occidit, trucidavit insontes. Inde cœpit immodice facere nasi resectionem, aurium resectionem, castrationem, notationem. Et tunc obnoxios (crudelibus legibus) cruciavit ; (omnes) pariter punivit, non discriminatis qui habebant excusationes.

4. « Incolæ incipientes invicem se imbuere (corruptis moribus), obcæcati, inordinati sunt. Nullus ex animo in fide (stabat), ita ut subverterent jurata et pacta. Tyrannide sæviente, multitudo suppliciis addicta cœpit monere de innocentia apud altissimum. Altissimus rex inspexit populum ; non erat fragrans odore virtus, suppliciis emissus percipiebatur solum fœtor.

陳氏經曰罔中于心無中心出於誠信者信不由中也

下　(7)　無　明　之　有　(6)　在　絕　報　庶　(5)
民　皇　蓋、　棐　逮　絕　乃　下、　苗　虐　戮　皇
鰥　帝　　　常、　在　地　命　　　民、　以　之　帝
寡　淸　　　鰥　下、　天　重　　　無　威、　不　哀
有　問　　　寡　羣　通、　黎　　　世　遏　辜、　矜

5. « Houâng tí ngāi kīng chóu lōu tchēu pŏu kōu, paọ iŏ i wēi, ngŏ tsiuĕ Miaô mîn, ôu chéu tsái hiá.

6. « Nài ming Tch'ôung Li tsiuĕ tí t'iēn t'ōung ; wàng iôu kiáng kŏ. K'iùn heóu tchēu tái tsái hiá, ming ming fēi tch'âng ; kouān kouà ôu kái.

7. « Houâng tí ts'īng wénn hiá mîn ; kouān kouà iôu sêu iũ Miaô. Tĕ wēi wêi wéi ; tĕ ming wêi ming.

5. « L'auguste empereur (Chouenn) eut compassion de la multitude des malheureux qui étaient livrés aux supplices sans avoir commis aucun crime. Il traita le tyran avec sévérité, réprima et destitua le prince de Miao, qui (finit sa vie dans l'exil et) ne perpétua pas sa race dans ses États.

6. « Ensuite il ordonna à Tch'oung et à Li d'interrompre les communications entre le ciel et la terre ; les esprits cessèrent de descendre et de manifester leur présence. Les princes et les officiers, depuis les plus élevés jusqu'aux plus petits, aidèrent tous avec intelligence à rétablir l'observation des devoirs sociaux ; la voix des hommes veufs et des femmes veuves ne fut plus étouffée.

7. « L'auguste empereur interrogea sans prévention et sans partialité les sujets (du prince de Miao) ; les hommes veufs et les

5. « Augustus imperator lugens ac miserans multitudinis suppliciis addictæ insontes, rependit tyrannidem per severitatem, reprimens succidit Miao gentis (regulum), qui caruit posteris in subjecto (regno).

6. « Tum jussit Tch'oung et Li abrumpere terræ et cœli communicationem ; non fuerunt descendentes et advenientes (spiritus). Omnes reguli usque ad constitutos in infimo (loco adjutores) magna perspicacitate adjuverunt moralium legum (observantiam) ; viduorum et viduarum (voces) non fuerunt obrutæ.

D'après Ts'ai Tch'enn, 重 Tch'ôung est le nom de 羲 Hī et 黎 Li le nom de 和 Houô. Voy. page 3. Le peuple de Miao, opprimé par son prince, avait recours aux esprits. Chacun se permettait de les évoquer à son gré et de les honorer par toutes sortes de sacrifices. Hi et Houo réglèrent que l'empereur seul sacrifierait au Ciel et à la Terre, et les princes aux Montagnes et aux Rivières ; que les évocations des esprits seraient réservées à ceux qui en seraient chargés.

7. « Augustus imperator purus (ab omni præjudicio et studio), interrogavit

PART. IV. — CH. XXVII. LOIS PÉNALES DU PRINCE DE LIU.

辭于苗、德威惟

畏德明、明惟明

⑻乃命三后、恤

功于民、伯夷降

典折民惟刑

平水土主名山

川殂降播種農

殖嘉穀三后成

功惟殷于民、

⑼士制百姓于

刑之中、以教祇于

⑽穆穆在上、明

8. « Nāi mìng sān hèóu siū kōung iā mín. Pŏ Î kiáng tièn, tchĕ mín wêi híng. Iù p'ing chouéi t'óu, tchòu míng chān tch'ouēn. Tsï kiáng pouó tchòung, nòung chèu kiā kŏu. Sān hèóu tch'êng kōung, wéi īn iū mín.

9. « Chéu tchéu pĕ sìng iū hìng tchōu tchōung, i kiaó tchóu tŏ.

10. « Mŏu mŏu tsái chàng, mìng mìng tsái hiá, tchŏ iū séu fāng. Wàng pŏu

femmes veuves présentèrent leurs plaintes contre le tyran. La vertu de l'empereur inspira à ce peuple une crainte respectueuse, et l'éclaira de ses lumières.

8. « Ensuite il chargea les trois princes (I, Iu et Tsi) de travailler avec une compatissante sollicitude dans l'intérêt du peuple. Le prince I prescrivit les devoirs à observer, et fit fléchir les volontés rebelles par la crainte des supplices. Iu donna ses soins à l'eau et à la terre, et désigna les montagnes et les fleuves célèbres dont les esprits devraient protéger les différentes provinces de l'empire (ou qui serviraient de limites). Tsi donna les grains, enseigna à les semer et à faire croître d'abondantes moissons. Les travaux des trois princes terminés, le peuple fut dans l'opulence.

9. « Le ministre de la justice (Kao iao) maintint le peuple dans le devoir en imposant des peines proportionnées aux crimes, et l'habitua à pratiquer la vertu.

10. « La majesté douce du souverain, l'intelligence et la vertu des ministres jetaient un vif éclat dans toutes les contrées. Chacun

subjectum populum. Vidui et viduæ habuerunt verba adversus Miao (regulum). Virtutis majestatem unice veriti sunt; virtutis lumine unice illustrati sunt.

8. « Deinde jussit tres principes miserentes operam præstare populo. Regulus I demisit (i. e. populo tradidit) officiorum leges et inflexit populum suppliciis. Iu composuit aquas et terras, præfecit famosos montes ac fluvios. Tsi demittens sevit semina, optime excoluit pretiosas fruges. Tres principes absolverunt opera, et opes fuerunt in populo. Cf. pag. 24 et seq.

9. « Judex (皋陶 Kaō iaō) coercuit populum per pœnas æquas; ita docuit ut observaret virtutem. Cf. pag. 26.

10. « Comis gravitas erat in imperatore, splendida claritas in ministris;

明在下灼于四方罔不惟德之勤故乃明于刑之中率乂于民

(11) 典獄非訖于威惟訖于富敬忌罔有擇言在身惟克天德自作元命配享在下

(12) 王曰嗟四方司政典獄非爾

wéi tĕ tchéu k'ìn. Kóu nài míng iũ hîng tchéu tchõung, chouĕ í iũ mín, fēi î.

11. « Tiĕn iũ fēi kĭ iũ wēi, wéi kĭ iũ fóu. King kĭ, wàng iòu tchĕ iên tsái chēnn. Wéi k'ŏ t'iēn tĕ, tzéu tsŏ iuên míng, p'éi hiàng tsái hiá. »

12. «Wâng iuĕ : « Tsiē ! séu fāng sēu tchéng tiĕn iũ, fēi éul wéi tsŏ t'iēn mǒu?

s'appliquait à faire le bien. Aussi (quand il se produisait des actes coupables, Kao iao) qui savait infliger des peines proportionnées aux crimes, maintenait le bon ordre parmi le peuple, et aidait les bons sentiments naturels (par la menace des châtiments).

11. « Les juges des causes criminelles appliquaient les lois dans toute leur rigueur, non seulement à l'égard des puissants, mais aussi à l'égard des riches (dont ils rejetaient les présents). Diligents, circonspects, ils n'avaient pas besoin d'examiner au sujet de leur propre conduite ce qu'ils pouvaient dire et ce qu'ils devaient taire (ils pouvaient rendre compte de tous leurs actes à tout le monde). Parce qu'ils savaient imiter la vertu (la justice) du ciel, ils exerçaient le plus grand de tous les droits (le droit de vie et de mort). Assesseurs du ciel, ils jouissaient de ce droit sur la terre. »

12. « L'empereur a dit: « Ah ! (vous, princes) qui réglez les affaires publiques et présidez à la justice dans les différentes

illustrabant in quatuor regionibus. Nemo non unice virtuti operam dabat. Ideo (si forte quid minus rectum admitteretur), tunc perspicax in poenis aequis, ducens componebat populum, adjuvabat naturalem legem.

11. « Judices criminum non (solum) omnino (obsequebantur legibus) erga potentes, sed omnino erga divites. Diligentes ac cauti, nunquam necesse erat ut seligerent dicenda (et quaedam reticerent) quae essent in seipsis. At quum possent (imitari) coeli virtutem, ex ipsis prodibat supremae potestatis (usus); sociati (coelo) fruebantur (suprema potestate) in terra.»

Jusqu'ici le prince de Liu, au nom de l'empereur, n'a fait que citer les enseignements des anciens. Il va maintenant donner ses propres instructions.

12. «Imperator dixit: «Ah! in quatuor regionibus moderatores administrationis et judices criminum, nonne vos vere agitis coeli pastores? Nunc vos quem-

PART. IV. — CH. XXVII. LOIS PÉNALES DU PRINCE DE LIU.   381

惟作天牧今爾何
監非時其今爾伯夷播刑
之迪其今爾伯夷播刑之
惟時苗民匪察於
獄之麗罔擇吉人
觀于五刑之中惟
時庶威奪貨斷制
五刑以亂無辜上
帝不蠲降咎于苗
苗民無辭于罰乃
絕厥世
(13) 王曰嗚呼念之
哉伯父伯兄仲叔

Kīn èul hô kién? Fēi chêu Pĕ Î pouó hìng tchêu tĭ? K'i kīn èul hô tch'êng? Wêi chêu Miaô mín, fĕi tch'ă iŭ iŭ tchêu li, wàng tchĕ kí jênn, kouān iŭ ôu hìng tchêu tchōung, wêi chêu, chóu wêi, touŏ houó, touán tchêu ôu hìng, i louán ôu kōu, chàng tí pŏu kiuên, kiàng kióu iŭ Miaô, Miaô mín ôu sêu iŭ fă, nài tsiuĕ kiuĕ chéu.»

13. « Wâng iuĕ : « Oū hōu! gnién tchêu tsâi. Pĕ fóu, pĕ hiôung, tchóung chŏu,

contrées de l'empire, n'exercez-vous pas au nom du ciel la charge de pasteurs des peuples? Qui devez-vous prendre pour modèle? N'est-ce pas le prince I promulguant des lois pénales et réformant ainsi les abus? Quel est celui dont la fin malheureuse doit vous servir d'avertissement? C'est certainement ce prince de Miao qui n'examinait pas les accusés, ne choisissait pas des hommes de bien qui prissent soin d'infliger les cinq supplices avec équité; mais employait des hommes qui faisaient fléchir la justice devant les menaces des puissants et les présents des riches, et condamnaient aux cinq supplices les innocents comme les coupables, jusqu'à ce que enfin le roi du ciel, lassé de pardonner, déchaîna ses châtiments contre le prince de Miao, qui n'ayant aucune excuse pour les décliner, fut privé de postérité. »

13. «L'empereur a dit: « Oh! réfléchissez-y. Vous, grands princes mes parents, et vous, mes cousins, mes frères, mes fils, mes

nam (imitandum) suscipietis? Nonne illum regulum I promulgatis pœnis dirigentem? Et vos nunc quemnam abstinebitis (quin imitemini)? Certe illum Miao populi (regulum), qui non discernebat inter criminibus obnoxios, nec eligebat probos viros qui curarent de quinque suppliciorum æquitate, sed illos qui, multis potentia terrentibus, vincentibus (justitiam) donis, sententia decernebant quinque supplicia, ita ut miscerent (i. e. non discernerent) insontes, (usquedum) cœli rex non condonans demisit infortunia in Miao (regulum); et quum Miao regulus non haberet excusationem a pœnis, inde abrupit ejus posteros. »

13. « Imperator dixit: «Oh! cogitate hæc. Majorum regnorum rectores patrui, ex patruis nati fratres majores mei, natu

季弟幼子童子，孫皆聽朕言。庶有格命今言。爾罔不由慰。日勤不勤天罔或齊。于民非俾我一。在人爾惟終敬。日非終惟終。我一人，雖以尚奉。勿畏雖休勿畏。休惟敬五刑。

ki ti, ióu tzéu, t'ôung suènn, kiāi t'īng tchénn iên; chóu ióu kŏ míng. Kīn eul wàng pŏu ióu wéi jĕu k'in; éul wàng houĕ kiái pĕu k'în. T'iēn ts'i iū mîn, péi ngŏ ĭ jĕu. Fēi tchōung wéi tchōung tsái jênn. Eùl cháng king ĭ t'iēn míng, i fòung ngŏ ĭ jênn. Souēi wéi, ŏu wéi ; souēi hiōu, ŏu hiōu ; wéi king ŏu hîng, i tch'êng

petits-fils, écoutez tous mes paroles. Vous y trouverez, j'espère, d'excellentes prescriptions. Que chacun de vous mette son bonheur dans l'application à bien remplir chaque jour ses devoirs; qu'aucun de vous ne soit obligé de parer les mauvais effets d'une négligence commise. Le ciel, pour établir l'ordre parmi le peuple, nous donne un jour (pendant lequel il nous permet d'avoir recours aux supplices; mais ensuite tout dépendra de la conduite de nos sujets). Il dépend des hommes de se corriger ou de persister dans leurs déréglements. (Si vos sujets se corrigent, vous devrez cesser de punir). Vous accomplirez avec respect, j'espère, la volonté du ciel, et vous obéirez ainsi à votre souverain. Quand même je voudrais punir, ne punissez pas (pour me complaire); quand même je voudrais pardonner, ne pardonnez pas (pour me complaire); ne cherchez qu'à bien appliquer les cinq supplices, et à pratiquer parfaitement les

secundi, tertii, quarti fratres minores, juvenes filii, juniores nepotes, omnes audite mea verba; spero, erunt eximia mandata. Nunc vestrùm nemo non sectetur solatium quotidiana diligentia; vestrùm nemo forte (debeat) cavere negligentiæ (jam admissæ effectus). Cœlum ut componat populum, adhibet nos uno die. Carentia pertinaciæ aut pertinacia pendet ab hominibus. Vos, spero, reverenter occurretis cœli voluntati; ita servietis mihi summo viro. Licet sæviam, ne sæviatis; licet condonem, ne condonetis; unice curate quinque supplicia ad perficiendas tres virtutes. Summus vir habebit felicitatem; universus populus confidet illo (regimine); illa tranquillitas erit perpetua.»

伯仲叔季 Pĕ tchóung chŏu ki, le premier, le deuxième, le troisième et le quatrième entre plusieurs frères. 伯父 Pĕ fóu signifie probablement les chefs de grandes principautés qui ont le même nom de famille que l'empereur. Les expressions 伯兄仲叔季弟 désignent sans doute les cousins de l'empereur qui portent le même nom de famille que lui; peut-être désignent-elles aussi ses frères. Il est difficile de préciser le sens de chacune d'elles.

PART. IV. — CH. XXVII. LOIS PÉNALES DU PRINCE DE LIU. 383

刑不簡正于五
孚正于五刑
聽五辭五辭簡
⑮兩造具備師
及、
敬非刑何度非
姓何擇非人何
刑在今爾安百
邦有土告爾祥
⑭王曰吁來有
其寧惟永
有慶兆民賴之、
以成三德一人

sān tĕ. Ĭ jènn iòu k'ing, tchaó mìn lái tchēu, k'i gning wêi iòung. »

14. «Wâng iuĕ : « Hiū ! lâi, iòu pāng, iòu t'òu ; kaó ëul siâng hîng. Tsái kīn ëul ngān pĕ sing, hô tchĕ fēi jènn ? hô king fēi hîng ? hô touŏ fēi kĭ ?

15. «Leǎng ts'aó kiú pí, chēu t'īng òu sēu. Où sēu kièn fōu, tchéng iŭ òu hîng.

trois vertus (d'un bon juge), Le souverain sera heureux, tout le peuple aura confiance, et la tranquillité sera de longue durée. »

14. « L'empereur a dit : « Oh ! approchez, vous qui gouvernez des États ou qui possédez des domaines ; je vous apprendrai à rendre les supplices instruments de bonheur. A présent, pour procurer la tranquillité au peuple, quel choix devez-vous faire avec le plus de soin ? n'est-ce pas le choix des hommes ? à quel objet devez-vous donner votre principale attention ? n'est-ce pas aux supplices ? que devez-vous examiner le plus mûrement ? n'est-ce pas la culpabilité des accusés ?

15. « Quand les deux parties sont arrivées, et que (les témoins, les pièces du procès) tout est préparé, que les juges réunis entendent tout ce qui concerne les crimes punissables des cinq sortes de supplices. Après avoir discerné avec certitude le vrai du faux, qu'ils examinent si le crime doit être puni de l'un des cinq supplices. S'il ne convient pas d'appliquer l'un des cinq supplices, qu'ils examinent si le crime est l'un des cinq qui se rachètent à prix

三德 Sān tĕ. Les trois vertus d'un bon juge sont une indulgence exempte de relâchement, une sévérité modérée, une rectitude inflexible.

14. «Imperator dixit: «Oh! accedite, qui tenetis regna, qui habetis terras; docebo vos quomodo fausta faciatis supplicia. In præsenti, ut tranquilletis populum, quid seligetis nisi viros ? quid curabitis nisi supplicia? quid inspicietis nisi (quinam suppliciis sint) attingendi, i. e. afficiendi?

Les supplices sont par eux-mêmes 凶 hiōung des instruments de malheur. Ils deviennent 祥 siâng des instruments de bonheur, quand ils mettent fin aux désordres, et exemptent le prince de la nécessité de punir.

15. « Postquam ambo (accusator et accusatus) venerunt, et (testes ac scripta) omnia parata sunt, omnes (judices) audiant quinque genera causarum.

罰,　正　⑯　惟　内,　其　審　⑰　疑　克　𥝠,　無
五　于　五　官,　惟　罪　克　五　有　之,　惟　簡
罰　五　過　惟　貨,　惟　之,　刑　赦,　簡　貌　不
不　過,　之　反,　惟　均,　惟　之　赦,　孚　有　聽,
服,　　　疵,　來,　其　　疑　罰　其　有　稽　具

Où hîng pŏu kièn, tchéng iū òu fă. Où fă pŏu fŏu, tchéng iū òu kouó.

16. « Où kouó tchēu ts'ēu, wêi kouān, wêi făn, wêi néi, wêi houó, wêi lâi. K'î tsouéi wêi kiūn. K'î chênn k'ŏ tchēu.

17. « Où hîng tchēu î iòu ché ; òu fă tchēu î iòu ché. K'î chênn k'ŏ tchēu, kièn fōu iòu tchóung, wêi maó iòu kī. Où kièn, pŏu t'īng. Kiú ièn t'iēn wēi.

d'argent. S'il n'est pas même certain que le crime soit assez grave pour être rangé parmi les cinq qui se rachètent, qu'il soit rangé parmi les cinq fautes involontaires (que l'on ne punit pas).

16. « Les motifs qui déterminent un juge à ranger parmi les cinq fautes involontaires des crimes commis avec délibération sont la crainte d'un homme en charge, le désir de payer un bienfait ou d'exercer une vengeance, la complaisance pour sa femme, les présents, les sollicitations. Un tel crime dans un juge doit être puni de la même peine (que le crime déféré à son tribunal). Examinez les causes avec tout le soin possible.

17. « Quand vous doutez si vous devez infliger l'un des cinq supplices, ne l'infligez pas ; quand vous doutez si le crime est assez grave pour être rangé parmi les cinq qui se rachètent à prix d'argent, n'exigez pas d'argent. Après avoir examiné la cause avec tout le soin possible et acquis la certitude sur un grand nombre de points, observez encore l'air du visage et le maintien des personnes. Si vous ne trouvez rien d'évident, ne prolongez pas l'enquête.

Quinque generibus causarum dispectis et certo cognitis, componant cum quinque suppliciis. Si quinque supplicia non seligenda, i. e. non adhibenda, componant cum quinque redemptionis gradibus. Si quinque redemptionis gradus non certo respondeant, componant cum quinque non voluntariis culpis. Cf. pag. 21.

16. « Quinque culparum non voluntariarum nævi, est dignitas, est retributio, est uxor, est donum, est deprecatio. Hoc peccatum (judicis) est æquiparandum (delato peccato). Ipsi inspicientes, totas vires impendite illis (causis cognoscendis).

17. « De quinque suppliciis si dubitetur, sunt condonanda; de quinque gradibus redemptionis si dubitetur, sunt condonandi. Postquam ipsi inspicientes, totas adhibueritis vires, et dispecta certoque cognita erunt multa, etiam

PART. IV. — CH. XXVII. LOIS PÉNALES DU PRINCE DE LIU. 385.

嚴天威. (18) 其墨辟疑赦. 實其罰百鍰閱實. 疑赦. 其罰百鍰劓辟疑. 赦實其罰惟倍. 倍差剕辟. 疑赦. 實其罰宮辟. 疑赦. 其罰六百鍰. 閱實其罪. 大辟疑赦. 實其罪罰千鍰閱實.

18. « Mě p'ï î ché, k'î fă pě houân, iuě chěu k'ï tsouéi. Î p'ï î ché, k'î fă wêi péi, iuě chěu k'ï tsouéi. Féi p'ï î ché, k'î fă péi tch'ā, iuě chěu k'ï tsouéi. Kōung p'ï î ché, k'î fă liŭ pě houân, iuě chěu k'ï tsouéi. Tá p'ï î ché, k'î fă ts'iēn houân,

En toutes choses craignez la justice du ciel.

18. « Lorsque, dans le doute (sur la gravité de la faute), on remet la peine de la marque noire, on exige à la place six cents onces (de cuivre); mais il faut que la faute ait été bien avérée. Lorsque dans le doute on remet la peine de l'amputation du nez, on exige à la place une quantité de cuivre deux fois plus considérable (douze cents onces); mais il faut que la faute ait été bien constatée. Quand dans le doute on remet la peine de l'amputation des pieds, on exige à la place une quantité de cuivre deux fois et demie plus considérable que la précédente (trois mille onces); mais il faut que la faute ait été bien avérée. Quand dans le doute on remet la peine de la castration, on exige à la place trois mille six cents onces de cuivre, pourvu que la faute ait été bien avérée.

habitus erit inspiciendus. Si nihil certi deprehendatur, ne audiatis. In omnibus timenda est cœli severitas.

18. « Quum nigræ notæ pœna ob dubium condonatur, ejus mulcta (i. e. redemptionis pretium) est centies sex unciæ, modo inspecta ac certo cognita sit ipsa culpa. Quum nasi resectionis pœna ob dubium condonatur, ejus mulcta est duplo major, i. e. ducenties sex unciæ, inspecta ac certo cognita culpa. Pedum sectionis pœna quum ob dubium condonatur, ejus mulcta est duplo major et amplius, inspecta ac certo cognita ipsa culpa. Castrationis pœna quum ob dubium condonatur, ejus mulcta est sexcenties sex unciæ, inspecta ac certo cognita ipsa culpa. Capitis pœna quum ob dubium condonatur, ejus mulcta est millies sex unciæ, inspecta ac certo cognita culpa. Nigræ notæ mulctæ obnoxia sunt mille (genera culparum); nasi resectionis mulctæ obnoxia sunt mille; pedum resectionis mulctæ obnoxia quingenta; castrationis mulctæ obnoxia trecenta; capitalis pœnæ mulctæ ipsi obnoxia ducenta. Quinque pœnis obnoxia ter mille. Majores minoresve (pœnæ) adhibendæ culpis. Ne decipiant perturbatæ accusationes; non utendum non vigentibus (legibus). At inspicite unice leges (usitatas); ipsi inquirentes, totas vires impendite illis (causis).

其罪，屬千，墨罰之屬千，劓罰之屬五百，宮罰之屬三百，大辟之罰其屬二百。五刑之屬三千。上刑適輕，下服。下刑適重，上服。輕重諸罰有權。刑罰世輕世重。惟齊非齊，有倫有要。

罰懲非死，人極于病。非佞折獄，惟良折獄，罔非在中。察辭于差，非從惟從。哀敬折獄，明啟刑書胥占，咸庶中正。其刑其罰，其審克之。

獄成而孚，輸而孚。其刑上備，有幷兩刑。

iuĕ chĕu k'î tsouéi. Mĕ fă tchēu chŏu ts'iēn; í fă tchēu chŏu ts'iēn; féi fă tchēu chŏu òu pĕ; kōung fă tchĕu chŏu sān pĕ; tá p'ĭ tchēu fă k'ī chŏu éul pĕ. Où hing tchēu chŏu sān ts'iēn. Cháng hiá pi tsouéi. Où tsién louán sêu; čù ióung pŏu hing. Wêi tch'ă wêi fă ; k'î chénn k'ŏ tchēu.

19. « Cháng hing chěu k'īng, hiá fŏu. Hiá hing chěu tchóung, cháng fŏu. K'īng

Quand dans le doute on fait grâce de la peine capitale, on impose à la place une amende de six mille onces de cuivre, pourvu que la faute ait été bien constatée. La peine de la marque noire peut se racheter dans mille espèces de cas, celle de l'amputation du nez aussi dans mille, celle de l'amputation des pieds dans cinq cents, celle de la castration dans trois cents, et la peine capitale dans deux cents. En tout, trois mille espèces de crimes doivent être punies de l'un des cinq supplices. Les peines doivent être proportionnées aux fautes. Ne vous laissez pas tromper par des accusations embrouillées ; n'appliquez pas des lois qui sont abrogées. Conformez-vous aux lois (qui sont actuellement en vigueur), et examinez les causes avec tout le soin possible.

19. « S'il y a des circonstances atténuantes, la peine doit être diminuée d'un degré ; s'il y a des circonstances aggravantes, elle

墨、刻顙而涅之也、宫、淫刑也、男子割勢婦人幽閉, Pour imprimer la marque noire, on faisait des incisions au front, et l'on y versait une couleur noire. La peine appelée *kōung* était infligée pour des fautes contraires à la pudeur. Les hommes étaient soumis à la castration, et les femmes enfermées dans un cachot. 六兩曰鍰 Six onces faisaient un *houán*. 差 Tch'ā, la moitié de la différence qui existe entre le double de la somme précédente (400 *houán*.) et la somme suivante (600 *houán*), c.-à-d. 100 *houán*.

La lettre 錯 ts'ouŏ a la même signification dans le chapitre intitulé 禹貢 Tribut de Iu. Voy. pag. 64 et suiv.

孔氏穎達曰, 古人贖罪, 悉皆用銅, 而傳或稱黃金, 或言黃鐵爾, K'oung Ing ta dit: « Le métal avec lequel les anciens rachetaient leurs fautes, était toujours le cuivre. Dans les commentaires (de K'oung Ngan kouo sur le Chou king), il est appelé tantôt métal jaune (舜典傳), tantôt fer jaune (呂刑傳). »

19. « Pro majori pœna, accedente attenuatione, minor ferenda est. Pro

PART. IV. — CH. XXVII. LOIS PÉNALES DU PRINCE DE LIU.

重上服，輕重
罰有輕重，刑罰
罰世輕世重，惟
倫齊非齊，有倫
⑳
人極于懲病，非死。
佞折獄，非終惟
中察辭，罔非在貨
非從惟從，惟哀矜
敬折獄，明啓刑書
胥占，咸庶中正。

tchóung tchòu fǎ iòu k'iuĕn. Hìng fǎ chéu k'ĭng chéu tchóung. Wĕi ts'î fēi ts'î, iòu liùn, iòu iaó.

20. « Fǎ tch'ĕng fēi sĕu, jĕnn kĭ iŭ pìng. Fēi gníng tchĕ iŭ, wĕi leàng tchĕ iŭ ; wàng fēi tsái tchōung. Tch'ă sĕu iŭ tch'ā. Fēi ts'òung wĕi ts'òung. Ngāi kíng tchĕ iŭ. Mìng k'i hìng chōu, siŭ tchĕn. Hiĕn chóu tchōung tchéng. K'i hìng, k'i

doit être augmentée d'un degré. On doit aussi peser les circonstances pour imposer des amendes plus ou moins considérables. Les peines sont plus ou moins graves et les amendes plus ou moins élevées selon les époques. Pour établir la régularité au milieu de ces inégalités, il y a des règles et des principes.

20. « Les amendes ne vont pas jusqu'à faire mourir les coupables ; (mais quand elle sont excessives), elles les réduisent à la plus extrême misère. Que les causes ne soient pas jugées par des hommes au langage artificieux ; mais par des hommes bons et doux, qui se tiennent toujours dans le juste milieu. Les juges reconnaîtront la fausseté d'un rapport aux contradictions qui y seront contenues. (Pour ne pas céder à leurs préventions), qu'ils s'efforcent d'incliner du côté où ils penchent le moins. Qu'ils jugent les causes avec commisération et grande attention. Après avoir consulté et bien compris le code pénal, qu'ils délibèrent ensemble. Leurs sentences, on peut l'espérer, seront justes et modérées. Avant d'infliger un châtiment ou une amende, qu'ils exami-

minori pœna, accedente exacerbatione, major perferenda est. Ut imponantur leviores gravioresve omnes mulctæ, sunt pensanda adjuncta. Pœnæ ac mulctæ alia ætate leviores, alia ætate graviores. Ut exæquentur non æqualiter, sunt leges, sunt rationes.

20. « Multaticiis pœnis (nimiis) non moriuntur, homines summe rediguntur ad angustias. Ne callido sermone homines dirimant causas, sed mites dirimant causas; nihil non stet in medio. Discernant dicta in discrepantiis. Quo non propendent, eo inclinent. Misericorditer ac caute dirimant causas. Clare cognito pœnarum codice, simul deliberent. Omnia, spes est, erunt æqua et recta. Illi punituri, illi mulctaturi, ipsi inspicientes, totas impendant vires (causis). Causis absolutis, jam (populus) confidet; relatis, jam (rex) confidet. Eorum damnationes ascendant (ad regem)

庶中正，其刑其罰，其審克之，獄成而孚，輸而孚，其刑上備，有并。

(21) 王曰：嗚呼，敬之哉！官伯族姓，朕言多懼，朕敬于刑，有德惟刑作配，在天明民清，于下明辭，民之亂罔不中聽，獄之兩辭。

fǎ, k'î chênn k'ŏ tchēu. Iǔ tch'êng êul fōu, chōu êul fōu. K'i hîng chǎng pí; iôu pîng leǎng hîng.»

21. «Wǎng iuě : « Oū hōu ! king tchēu tsāi. Kouān, pě tsǒu síng, tchénn iên touǒ kiú. Tchénn king iū hîng ; iôu tě wěi hîng. Kīn t'iēn siǎng mîn, tsǒ p'éi tsái hiá. Mîng ts'īng iū tān sêu. Mîn tchēu louán wǎng pǒu tchōung t'īng iū tchēu

nent la cause avec toute l'application possible. La cause terminée, le peuple aura confiance en leur décision ; le prince, recevant leur rapport, aura aussi confiance. Que les rapports présentés au prince après les condamnations soient complets (contiennent les circonstances des faits et les détails de la procédure. Si un même homme a été condamné pour deux crimes), les deux condamnations doivent être mentionnées.»

21. « L'empereur a dit : « Oh ! faites-y grande attention. Vous, juges, et vous princes qui êtes la plupart mes parents, (sachez que) je vous parle avec un grand sentiment de crainte. Les châtiments me causent de l'inquiétude ; ils ne doivent être infligés que par des hommes vertueux. Le ciel désirant aider le peuple (à pratiquer la vertu), vous a constitués ses assesseurs ici-bas. Soyez perspicaces et intègres, quand vous entendez le rapport de l'une des parties. Le bon ordre parmi le peuple dépend toujours beaucoup de la fidélité des juges à entendre les deux parties. N'enri-

plene, i. e. omnibus et singulis rebus enarratis. (Si unus homo duas culpas admiserit), sint simul duæ damnationes.»

21. «Imperator dixit : « Oh! animum attendite ad hæc. Judices, reguli tum 族 cognomine meo vocati tum 姓 cognomine (alio), ego loquens multum timeo. Ego anxius sum de suppliciis; præditorum virtute est punire. Nunc cœli adjuvantis populum agitis socii in terra. Perspica-ces et puri estote in unius (partis audiendis) verbis. Populi recta compositio nunquam non stat in audiendis causarum duabus partibus. Ne forte illicitum quæstum faciatis domibus ex causarum duabus partibus. Litigantium dona non sunt pretiosa; solum congeruntur thesauri malorum operum, et rependuntur multis ærumnis, quæ perpetuo timendæ sunt pœnæ. Non cœlum non in medio stat; sed homo stat in sorte (infelici).

PART. IV. — CH. XXVII. LOIS PÉNALES DU PRINCE DE LIU. 389

中有慶受王嘉師、
之辭屬于五極咸、
哉、哲人惟刑無疆、
民之中、尚明聽之于
今往何監非德嗣
(22) 王曰嗚呼嗣孫、
政在于天下
不極庶民罔有令
中惟人在命天罰
永畏惟罰非天不
府辜功報以庶尤、
兩辭獄貨非寶、惟
無或私家于獄之

leàng sêu. Où houĕ sêu kiā iŭ iŭ tchêu leàng sêu. Iŭ houŏ fēi paŏ; wèi foŭ kōu
kōung, paŏ i choŭ iôu, iòung wéi wéi fă. Fēi t'iēn poŭ tchōung, wèi jênn tsái
ming. T'iēn fă poŭ kī, choŭ mîn wàng iôu ling tchéng tsái iŭ t'iēn hiá. »

22. « Wàng iuĕ: « Oū hoū! sêu suēnn, kīn wàng hó kién, fēi tĕ iŭ mîn tchêu
tchōung? Cháng mîng t'īng tchêu tsái. Tchĕ jênn wéi hing, ôu kiāng tchêu sêu.

chissez pas vos familles aux dépens des deux parties. Les présents
des plaideurs ne valent rien. Celui qui les accepte n'amasse que
des trésors de mauvaises actions, et s'attire beaucoup de malheurs,
châtiment qu'il faut toujours craindre. Ce n'est pas que le ciel
soit trop sévère; mais c'est l'homme lui-même qui se précipite
dans l'infortune. Si les châtiments du ciel n'étaient pas souverai-
nement justes, jamais sous le ciel le peuple n'aurait un bon
gouvernement. »

22. « L'empereur a dit: «Oh! vous, descendants et futurs successeurs (des princes actuels), à présent et toujours, quels sont ceux
que vous devez prendre pour modèles? Ne sont-ce pas ceux qui
(par le bon usage des châtiments) ont amené le peuple à pratiquer la vertu et à garder le juste milieu? Écoutez, je vous prie,
et comprenez bien mes paroles. Ces hommes éclairés ont puni
avec sagesse, ils reçoivent des éloges sans fin. Dans l'emploi des
châtiments ils ont atteint la plus haute perfection, se tenant toujours dans le juste milieu, et ils se sont rendus célèbres. Quand
les empereurs vous confieront le soin de leur bon peuple, tenez

Cœlestes pœnæ nisi essent summe (justæ), multitudo populi nunquam haberet bonum regimen in universo orbe. »

22. « Imperator dixit: «Oh! successuri nepotes, nunc et in posterum quosnam suscipietis (imitandos), nisi qui (per pœnas firmaverunt) virtutem in populi medio, i. e. in medio quod populus tenere debet? Spero, intelligentes audiatis hæc. Prudentes viri quia puniverunt (recte), sine limite prædicantur. Quæ attinebant ad quinque (pœnarum usum) eximium quia omnia steterunt in medio, habuerunt laudem. Suscipientes impera-

監于茲祥刑。

義(1)和、王若曰、父、之命，

武克慎不顯文

昭升于上。明德

上帝集厥命惟時

于文王克亦惟

先正克左右惟

昭事厥辟越

小大謀猷厥罔

不率從肆先

Chŏu. iŭ òu kĭ hiēn tchōung, iòu k'ing. Chéu wâng kiā chêu, kién iŭ tzêu siạng hing.»

WENN HEOU TCHEU MING. 1. Wâng jčiuĕ: « Fóu Í houô, p'ēi hién Wênn Oú, k'ŏ chénn mîng tĕ, tchaō chēng iŭ cháng, fōu wénn tsái hiá. Wéi chêu cháng tí tsí kiuĕ ming iŭ Wênn wâng. Ĭ wéi siēn tchéng k'ŏ tsouó iòu tchaō chéu kiuĕ pĭ. Iuĕ siaŏ tá meŏu iôu, wàng pŏu chouĕ ts'ôung. Séu siēn tsòu houâi tsái wéi.

les yeux fixés sur ces hommes par qui les supplices sont devenus des instruments de bonheur.»

CHAPITRE XXVIII. MANDAT DONNÉ AU PRINCE WENN.

1. L'empereur (P'ing wang) parla à peu près en ces termes: « Mon oncle I houo, les très illustres souverains Wenn wang et Ou wang s'appliquèrent à cultiver parfaitement leurs vertus naturelles, dont l'éclat resplendit jusqu'au ciel et la renommée se répandit par toute la terre. Pour cette raison le roi du ciel conféra son grand mandat à Wenn wang. Vos pères exercèrent des charges importantes, prêtèrent un secours puissant et rendirent des services signalés à leurs souverains. Ils les secondèrent toujours avec soumission dans leurs conseils et dans l'exécution de leurs

torum bonum populum, inspicite illos fausta facientes supplicia.»

CHAPITRE XXVIII. L'empereur 幽王 Iōu wâng ayant été tué par les 犬戎 K'iuĕn Jôung barbares occidentaux, en l'année 770 avant notre ère, son fils 宜臼 Í kióu fut constitué empereur par Wenn, prince de 晉 Tsin (dans le 太原府), et par 武 Où, prince de 鄭 Tchéng (dans le 同州府). Il transporta sa résidence de 鎬 Haŏ à 洛 Lŏ, qui était la capitale orientale 東都 tōung tōu. Son nom posthume est 平王 P'ing wâng. Il donna au prince Wenn un fief situé près de Lo, dans le 新鄭縣 actuel (Ho nan), et le titre de 侯伯 chef des princes voisins.

1. Imperator ita locutus est: «Patrue I houo, late conspicui Wenn et Ou reges potuerunt diligenter excolere virtutem, quæ splendens ascendit ad supera et ubique celebrata est in terra. Et ideo cœli rex collegit (i. e. universim contulit) suum mandatum in Wenn regem. Etiam ipsi tui progenitores præpositi valuerunt adstantes et adjuvantes præclare operam præstare suis regibus. In minoribus majoribusve consiliis ac institutis, nunquam non obsequenter obse-

PART. IV. — CH. XXVIII. MANDAT DONNÉ AU PRINCE WENN.   391

(3) 父義和、汝克

位、予一人永綏在

朕躬、嗚呼、有績

祖惟父、其克伊

予則罔克其曰、惟

耆壽俊在厥服、

即我御事、罔或

侵戎我國家純、

殄資澤于天下

(2) 嗣造天丕

嗚呼、閔予小

祖懷在位

2. « Oū hōu! min iù siaǒ tzèu. Séu tsaǒ, t'iēn p'ēi k'iēn, tièn tzèu tchě iū hiá min. Ts'īn Jòung ngò kouǒ kiā chouênn. Tsĭ ngǒ iú chéu, wàng houè k'ǐ cheóu tsiún tsái kiuĕ fŏu. Iù tsĕ wàng k'ǒ, iuĕ : Wèi tsòu, wèi fóu, k'ǐ ī siŭ tchénn kōung? Oū hōu! iòu tsĭ iù í jênn, iòung souèi tsái wèi.

3. « Fóu Ī houô, jòu k'ǒ tchaō nài hièn tsòu ; jòu tchaō hing Wênn Où. Ióung plans. Grâce à eux, les empereurs mes pères furent tranquilles sur le trône.

2. « Hélas! moi faible enfant, je suis à plaindre. Dès mon avènement à l'empire, le ciel me jugeant très coupable, m'a retiré les ressources qui m'étaient nécessaires pour faire du bien au peuple, et les barbares ont envahi une grande partie de mes États. A présent, parmi les officiers qui administrent pour moi les affaires, il n'y a peut-être pas un seul vieillard expérimenté et capable. Dans mon impuissance, je me dis : (Les princes constitués) par mon aïeul et par mon père n'auront-ils pas compassion de moi? Oh! s'il en était qui me rendissent de vrais services, à moi souverain de tout l'empire, je jouirais toujours de la tranquillité sur le trône.

3. « Mon oncle I houo, vous avez ajouté un nouveau lustre à la gloire de votre aïeul (Iu, prince de T'ang), et le premier vous avez

cundarunt. Inde mei majores quiete occuparunt sedem.

義和 I houô est le 字 tzéu nom du prince Wenn. L'empereur appelait 父 fóu les princes qui portaient le même nom de famille que lui. Le prince Wenn descendait de 虞 Iù, fils de Ou wang et prince de 唐 T'âng.

2. « Eheu! miserandus ego parvus filius. Quum succedere cœpi, cœlum magnopere culpans, delevit opes diffundendas in subjectum populum; invadentes barbari (occuparunt) meum

regnum late. Nunc inter meos curatores rerum, nullus forte sexagenarius, grandævus, dotibus præstans in suo officio. Ego tunc non valens (difficilia perfringere), dico: Ab avo, a patre (constituti reguli) ipsi an miserebuntur mei ipsius? Oh! si essent qui res bene gererent mihi summo viro, perpetuo quietus essem in sede.

伊 Ī est une particule.

3. « Patrue I houo, tu valuisti illustriorem facere tuum præclarum progenitorem; tu cœpisti imitari Wenn et

昭乃刑乃文我嘉﹙爾其粵爾彤盧父
顯文文人于4﹚罰視彤一盧矢往
祖武武追鞻王用爾弓彤百百哉
汝用孝若曰義師一弓馬柔
肇會于汝父和寧钜一鹵一四遠
紹前子義。。。。。匹。能

houéi chaó nái pĭ. Tchouēi hiaó iŭ ts'iên wênn jênn. Jóu touō siōu, hán ngò iū kiên. Jŏ jòu iŭ kiă. »

4. Wàng iuĕ: « Fóu Í houŏ, k'i kouēi chéu éul chēu, gnîng éul pāng. Ióung lái éul kiú tch'áng ĭ iôu, t'óung kōung ĭ, t'óung chéu pĕ, lôu kōung ĭ, lôu chéu pĕ, mà séu p'ĭ. Fóu wàng tsāi. Jeôu iuén, nêng éul. Houéi k'āng siaŏ mîn. Où commencé à suivre de nouveau les exemples de Wenn wang et de Ou wang. Vous avez ainsi renoué le fil des traditions de vos souverains. Vous avez fait revivre la piété filiale de votre aïeul, cet homme si accompli. Vous avez beaucoup travaillé à réparer nos maux, et m'avez bien défendu au milieu des difficultés. Je vous loue grandement pour de tels services. »

4. L'empereur dit: « Mon oncle I houo, retournez veiller sur vos nombreux sujets et maintenir la tranquillité dans vos États. Je vous donne une coupe de liqueur extraite du millet noir et aromatisée, un arc rouge avec cent flèches rouges, un arc noir avec cent flèches noires, et (un attelage de) quatre chevaux. Allez, mon oncle. Recevez avec bonté les étrangers qui viennent de loin, et formez avec soin vos sujets qui sont près de vous. Faites du bien au peuple et assurez sa tranquillité. Ne vous livrez pas au repos,

Ou. Ita connectens continuasti tuorum regum (instituta). Reduxisti filialem pietatem a tuo progenitore humanissimo viro. Tu multum reparans, defendisti me in angustiis. Talem te ego laudo. »

4. Imperator dixit: « Patrue I houo, ipse redeas ut invigiles tuæ multitudini et tranquilles tuum regnum. Ideo dono te miliacei aromatitæ uno poculo, rubro arcu uno, rubris sagittis centum, nigro arcu uno, nigris sagittis centum, equis quatuor. Patrue, ito. Benigne excipe longinquos, excole propinquos. Beneficia et pacem tribue minuto populo. Ne inutilis quiescas. Recognosce (præpositorum gesta) et miserens adjuva (populum) in tua urbe præcipua. Ita perficies tuam præclaram virtutem. »

Un prince qui recevait une nouvelle dignité, devait en donner avis à celui de ses ancêtres qui avait le premier illustré sa famille; à cette occasion, il lui offrait des mets et des liqueurs. L'empereur donna au prince Wenn une coupe de liqueur pour cette cérémonie. Un prince à qui l'empereur donnait

PART. IV. — CH. XXIX. HARANGUE PRONONCÉE A PI. 393

弓敢胄②竝兹無①顯爾無遹
矢不敹善典淮譁公德都荒惠
鍛不乃敿夷聽曰費用寧康
乃甲干乃徐命嗟誓成簡小
戈乃無甲戎徂人　爾恤民

houāng gnìng. Kièn siŭ èul tŏu. Ióung tch'êng èul hièn tĕ. »

PI CHEU. 1. Kōung iuĕ : « Tsiē ! jènn òu houā, t'īng ming. Ts'òu tzēu Houâi î, Siù jòung píng hīng.

2. « Chén leaô nài kiă tcheóu, kiaō nài kăn ; òu kàn pŏu tî. Pi nài kōung à l'oisiveté. Dans votre capitale contrôlez (la gestion des officiers), exercez une sollicitude compatissante (à l'égard du peuple). Vos éclatantes vertus atteindront ainsi leur perfection.»

CHAPITRE XXIX. HARANGUE PRONONCÉE A PI.

1. Le prince (de Lou, nommé Pe K'in) dit (à ses soldats et à ceux des princes qui étaient sous sa juridiction) : «Ah ! guerriers, faites silence, écoutez mes ordres. Ces habitants des bords de la Houai qui se révoltèrent autrefois, se sont soulevés de nouveau avec les barbares de Siu.

2. « Cousez et arrangez solidement vos cuirasses et vos casques (de peau), adaptez l'anse à vos boucliers ; ne vous permettez pas de le faire négligemment. Préparez vos arcs et vos flèches,

un arc et des flèches, avait ensuite le droit d'entreprendre des expéditions militaires de son propre chef sans une autorisation spéciale de l'empereur 然後得專征伐.

CHAPITRE XXIX. Ce discours fut prononcé à Pi par 伯禽 Pĕ k'în, fils de 周公 Tcheōu kōung, sous le règne de 成王 Tch'êng wâng (1115-1078). Pe k'in était prince de 魯 Lòu (曲阜縣 K'iŭ feòu hièn actuel dans le 兗州府 Iĕn tcheōu fòu, Chan toung). La ville de Pi était située au nord-ouest et distante de vingt 里 li stades de la ville actuelle de 費縣 Pi hièn dans la préfec-

ture de 沂州 Î tcheōu (Chan toung). Elle dépendait de Pe k'in, parce qu'il était 東方伯 chef des princes de la partie orientale de l'empire.

1. Regulus dixit: «Ah! viri, nolite strepere, audite jussa. (Qui rebellarunt) olim illi Houai fluvii accolæ cum Siu incolis simul insurrexerunt.

La ville principale du pays de Siu était dans le 泗州 Séu tcheōu actuel, préfecture de 鳳陽府 Fóung iàng fòu, province de Ngan houei.

2. « Bene consuite vestras loricas ac galeas, ansas aptate vestris scutis; ne audeatis non perficere. Parate vestros

矛礪乃鋒刃無
敢不善，乃
③今惟淫舍
牛馬杜乃擭
乃窃無敢傷
牿之傷汝則有
常刑
④馬牛其風，
妾逋逃勿敢越
逐汝乃越逐
復汝則有常刑
無敢寇攘踰垣

chéu, touán nài kouō meóu, li nài fōung jénn ; ôu kàn pŏu chén.

3. « Kīn wéi in ché kŏu iôu mà. Tóu nài houá, gniĕ nài tsing ; ôu kàn chāng kŏu. Kŏu tchêu chāng, jôu tsĕ iôu chāng hîng.

4. « Mà iôu k'î fōung, tch'énn ts'iĕ pōu t'aô, ôu kàn iuĕ tchŏu. Tchêu fóu tchêu ; ngò chāng lái jôu. Nài iuĕ tchŏu pŏu fôu, jôu tsĕ iôu chāng hîng. Oû kàn trempez le fer de vos lances, aiguisez la pointe et le tranchant de vos armes ; ne vous permettez pas de le faire imparfaitement.

3. « A présent, (les soldats, partout où ils passeront), laisseront paître en liberté les bœufs et les chevaux tirés des étables (et mis au service de l'armée). (Habitants du pays), fermez les trappes et bouchez les fosses que vous avez disposées pour prendre des animaux sauvages ; ne vous permettez pas de (rien laisser qui puisse) nuire aux animaux tirés des étables. S'ils sont blessés, vous subirez les peines fixées par les lois.

4. « Si un cheval ou un taureau en chaleur s'enfuit, si un valet ou une servante s'échappe (du camp), que personne ne se permette de franchir le retranchement et de poursuivre le fugitif. (Si quelqu'un le saisit), qu'il le ramène fidèlement ; il recevra de moi la récompense qu'il aura méritée. Si quelqu'un franchissant le retranchement, poursuit un valet ou un animal fugitif, ou si l'ayant saisi, il ne le ramène pas, il subira la peine fixée par la loi. Ne vous pemettez pas de commettre des brigandages ou des larcins,

arcus et sagittas, temperate vestras hastas breviores et hastas longiores, acuite vestras cuspides et acies ; ne audeatis non perficere.

3. « Nunc quidem liberi dimittentur (qui in stabulis manere solebant) inclusi boves et equi. Occludite vestras decipulas, opplete vestras fossas ; ne audeatis lædere stabulorum animalia. Stabulorum animalia si lædentur, vos tunc perferetis constantes pœnas.

4. « Si equus taurusve ipse excurret lasciviens, si calo ancillave fugiens elabetur (e castris), ne audeatis transilire (vallum) et persequi. (Si inveniatis fugitivos), fideliter reducite eos ; ego pensitans remunerabor vos. Si transilientes persequemini aut non reducetis, vos tunc perferetis statutas pœnas. Ne audeatis latrocinari, rapere, transilire

墙、竊汝馬牛、則有誘 臣妾、刑汝、則有 ⑤ 征徐戎、戒汝、乃惟 糗糧、無敢不逮、汝則有大 刑、遂人、乃 三郊 三 築、無敢不供、惟 汝、則有無餘、 刑、非殺魯人

k'eóu jàng, iû iuĕn ts'iâng, ts'iĕ mà iòu, iòu tch'ênn ts'iĕ. Jòu tsĕ iòu chàng hîng.

5. « Kiă siŭ, ngò wêi tchēng Siù jôung. Tchéu nài k'iòu leâng; ôu kàn pŏu tái. Jòu tsĕ iòu tá hîng. Lòu jênn sān kiaō sān souéi, tchéu nài tchēng kàn. Kiă siŭ, ngò wêi tchŏu. Oú kàn pŏu kōung. Jòu tsĕ iòu ôu iŭ hîng, fêi chă. Lòu jênn

de passer par-dessus les murs des maisons, de voler des chevaux ou des bœufs, de tenter la fidélité des valets ou des servantes. (Si quelqu'un se le permet), il subira la peine fixée par la loi.

5. « Le onzième jour du cycle, je marcherai contre les barbares de Siu. Préparez vos provisions de grains grillés et d'autres vivres. Ne vous permettez pas de ne pas atteindre la juste mesure. (Si vous en préparez trop peu), vous subirez un grave châtiment. Habitants de Lou, dans chacune des trois circonscriptions des deux zones, préparez vos pieux et vos planches, parce que, le onzième jour du cycle, nous élèverons nos ouvrages de terre (les retranchements,...). Ne vous permettez pas de refuser cette contribution. (Si vous l'osiez), vous subiriez des peines tous sans exception, (ou bien, vous subiriez différentes peines), mais non la peine

parietes murosve, furari equos aut boves, illicere servos aut ancillas. (Si audebitis), vos tunc perferetis statutas pœnas.

5. « *Kiă siŭ* (cycli undecimo die), ego tunc impetam Siu barbaros. Comparate vestra tosta grana (cæteraque) cibaria. Ne audeatis non attingere (id quod satis erit; si audebitis), vos tunc perferetis gravem pœnam. Lou regni incolæ, in tribus propinquioribus regionibus et in tribus remotioribus regionibus, comparate vestros palos ac tabulas. Cycli undecimo die, ego tunc terrea opera exstruam. Ne audeatis non tribuere. (Si audebitis), vos tunc perferetis, nemine reliquo (vel varias) pœnas,

non necem. Lou regni incolæ, in tribus propioribus regionibus et in tribus remotioribus regionibus, comparate herbam ac fœnum. Ne audeatis non multum (comparare; si audebitis), vos tunc perferetis graves pœnas. »

On appelait 郊 kiāo une zone de terrain qui commençait à une certaine distance de la capitale et avait une largeur déterminée. On appelait 遂 souéi une seconde zone située au delà de la première. Chacune de ces zones était divisée en trois circonscriptions 鄉 hiāng. Chaque circonscription fournissait son contingent d'hommes et de provisions pour la guerre. Le service mili-

三郊三遂，峙乃芻茭，無敢不多，汝則有大刑。

秦誓 （1）公曰嗟，我士聽無譁，予誓告汝羣言之首。

sān kiaō sān souéi, tchéu nài tch'óu kiaō ; óu kàn pǒu touō. Jòu tsĕ íou tá hîng. »

TS'IN CHEU. 1. Kōung iuĕ : « Tsiē ! ngò chéu, t'īng óu houā. Iù chéu kaó jòu k'iǔn iên tchēu cheòu.

capitale. Habitants de Lou, dans chacune des circonscriptions, préparez de l'herbe et du foin (pour les chevaux et les bœufs de l'armée). Ne vous permettez pas d'en fournir trop peu. (Si vous l'osiez), vous subiriez un grave châtiment. »

CHAPITRE XXX. DÉCLARATION DU PRINCE DE TS'IN.

1. Le prince (de Ts'in) dit : « Oh ! mes officiers, écoutez en silence. Je vais vous citer l'une des maximes les plus importantes.

taire était obligatoire.

Les ouvriers qui devaient élever un mur, après avoir établi le soubassement, plantaient des pieux 楨 tchēng, et posaient de champ une ligne de planches 榦 kàn, de chaque côté des fondations. Dans cette sorte de caisse, ils mettaient de la terre et la battaient avec force. Quand la caisse était remplie et la première assise ou *banchée* terminée, ils enlevaient les planches, les plaçaient plus haut, de manière à former comme une nouvelle caisse au-dessus de la première assise, et élevaient la seconde assise. Ils continuaient ainsi jusqu'à ce que le mur eût atteint la hauteur voulue.

L'expression 無餘刑 embarrasse les commentateurs. Plusieurs pensent qu'elle signifie *diverses peines*, peines qui ne sont pas fixées par les lois, peines qui sont laissées à l'appréciation du juge. Les autres conservent à la lettre 餘 sa signification ordinaire.

CHAPITRE XXX. 穆 Mòu, prince de 秦 Ts'in (659- 620), à la persuasion de 杞子 K'i tzĕu, mais contre l'avis de 蹇叔 Kièn chǒu et d'autres ministres vieux et expérimentés, voulut s'emparer par surprise de la capitale de 鄭 Tchéng. Il envoya trois généraux, qui furent battus et faits prisonniers par l'armée du prince de 晉 Tsìn. Il exprime ses regrets dans ce discours.

秦 Ts'in était dans le 鞏昌府 Kǒung tch'āng fòu (Kan siu) ; 晉 Tsìn, dans le 太原府 T'ái iuén fòu (Chan si) ; 鄭 Tchéng, dans le 新鄭縣 Sīn tchéng hièn, préfecture de 開封府 K'āi fōung fòu (Ho nan). La bataille se livra au mont 殽 Hiaó dans le 河南府 Hò nân fòu.

1. Regulus dixit : « Oh ! mei præpositi, audite non strepentes. Ego declarans docebo vos omnium dictorum præcipuum.

PART. IV. — CH. XXX. DÉCLARATION DU PRINCE DE TS'IN. 397

(2) 古人有言曰、民訖自若是多盤、責人斯無難、惟受責、俾如流、是惟艱哉。

(3) 我心之憂、日月逾邁、若弗云來。

(4) 惟古之謀人、則曰未就予忌、惟今之謀人、姑將以爲親、雖則云然、尙猷詢茲黃髮、則罔所愆。

2. « Kòu jênn ióu iên iuĕ : « Mín kǐ tzéu jŏ chéou touō p'ân, tchĕ jênn sēu òu nân, wêi cheóu tchĕ, péi jôu liôu, chéou wêi kiên tsāi. »

3. « Ngò sīn tchēu iōu, jĕu iuĕ iù mái, jŏ fŏu iún lâi.

4. « Wêi kòu tchēu meóu jênn, tsĕ iuĕ wéi tsióu, iù ki. Wêi kīn tchēu meóu jênn, kōu tsiāng ì wêi ts'īn. Souêi tsĕ iùn jên, cháng iôu siūn tzéu houâng fǎ, tsĕ wàng chòu k'iēn.

2. « Les anciens disaient : « Parce que naturellement l'homme aime beaucoup à suivre ses caprices, il n'est pas difficile de reprendre les autres ; mais il est très difficile d'accepter les représentations ou les reproches, et de leur laisser un libre cours, c.-à-d. de n'opposer ni excuse ni résistance. »

3. « Mon grand chagrin est que les jours et les mois passent comme s'il n'en devait plus venir d'autres après eux, (je crains de n'avoir pas le temps de réparer mes fautes passées).

4. « Je disais que les anciens conseillers ne s'accommodaient pas à mes désirs, et je les avais en aversion. Les jeunes conseillers (cherchaient à me complaire, et) pour le moment j'en faisais mes hommes de confiance. Malgré ma conduite passée, j'ai résolu de suivre désormais les conseils des vieillards à la chevelure jaunissante, et ainsi j'éviterai toute faute.

2. « Antiqui homines habebant adagium dicentes : « Quum homines omnino naturaliter hoc modo multum (ament) sibi indulgere, corripere alios ideo non difficile est ; sed accipere correctionem et sinere ut quasi defluat, hoc est difficile. »

3. « Mei animi dolor est quod dies et menses transeuntes elabuntur quasi non essent venturi (alii).

云 Iùn, particule.

4. « Antiquos consiliarios viros tunc dicebam non obsequi, et ego aversabar. At recentes consiliarios homines interim accipiens habebam pro familiaribus. Quanquam tunc fuerit ita, adhuc statuo ut sequar illos flavescente coma (senes) ; tunc nihil erit in quo peccem.

不 之 有 焉、 無 有 ⑥ 辭 善 我 仡 既
啻 彥 技、 其 他 一 昧 我 諞 尙 勇 愆、 ⑤
如 聖 若 心 技、 介 昧 皇 言、 夫 我 番
自 其 己 好 如 臣 我 多 俾 不 尙 番
其 心 有 之、 其 斷 思 有 君 欲 有 良
口 好 有 人 心 斷 之、 子 射 之、 士
出、 之、 之 休 猗 如 易 截 違、 力
人 休 斷 截

5. « Pouō pouō leâng chéu, liù lǐ ki k'iēn, ngò cháng iòu tchēu. Ǐ ǐ ioung fōu, ché iú pǒu wêi, ngò cháng pǒu iǔ. Wêi tsiĕ tsiĕ chén p'iēn iên, péi kiūn tzéu i sêu, ngò houâng touō iòu tchēu ?

6. « Méi méi ngò sēu tchēu : Jôu iòu ǐ kiái tch'ênn, touán touán ī, ôu t'ouŏ kí, k'ì sīn hiōu hiōu iēn, k'ì jôu iòu iôung, jēnn tchēu iòu ki, jŏ ki iòu tchēu, jēnn

5. « Les officiers vertueux dont le corps est affaibli par l'âge, sont ceux que je préfère. Ces guerriers ardents et audacieux, qui excellent à tirer de l'arc et à conduire une voiture, sont des hommes que je désire ne pas admettre à mon service. Quant aux grands parleurs qui, par leurs discours artificieux, font changer le prince (de sentiment et) de langage, prendrai-je le loisir (de les attendre) et les emploierai-je beaucoup?

6. « Au fond du cœur je me dis : S'il y avait un ministre d'État qui fût d'un caractère résolu, qui eût pour toutes qualités la simplicité et la sincérité, qui eût le cœur naturellement droit et bon, qui, animé de sentiments grands et généreux, regardât comme siennes les qualités d'autrui, qui aimât sincèrement les talents et la sagesse des autres, encore plus que sa bouche ne les louerait,

5. « Provecta ætate probos præpositos, spinæ dorsalis vires postquam defecerunt, ego præopto habere eos. Strenuo animo audaces viros, qui sagittando et aurigando non aberrant, ego opto non accipere. Et illos multum disserentes, peritos callide texendi sermonis, facientes ut princeps mutet (sententiam ac) sermonem, mihi vacabitne multum adhibere eos?

皇 est employé au lieu de 違.

6. « Alta mente ego cogito hoc: Si esset unus recti tenax minister, animo sincero et simplice, sine alia dote, cujus animus esset rectus ac bonus, qui velut posset complecti (i. e. qui magno et largo animo esset), qui ab aliis habitas dotes (amaret) quasi ipse haberet eas, qui aliorum dotes ac sapientiam ipse animo diligeret eas, non solum quantum ex ejus ore prodirent (laudes), qui vere posset complecti illas (dotes), et utens defenderet meos posteros ac nigra coma populum ; præesse (regno) esset utilitas sane!

猗 ī, particule. Elle est remplacée

PART. IV. — CH. XXX. DÉCLARATION DU PRINCE DE TS'IN. 399

是能容之、以保我
子孫黎民、亦職有
利哉、
(7) 人之有技、冒疾
以惡之、人之彥聖、
而違之、俾不達、是
不能容、以不能
殆哉、我子孫黎民、亦曰
(8) 邦之杌隉曰由
一人、邦之榮懷、亦
尚一人之慶、

tchēu ién chéng, k'ì sīn haó tchēu, pĕu chéu jóu tzĕu k'ì k'ĕŭu tch'ōu, chēu néng iôung tchēu, i paó ngò tzĕu suēnn lí mín ; ĭ tchēu iòu lí tsāi !

7. «Jênn tchēu iôu ki, maó tsǐ í óu tchēu, jênn tchēu iĕn chéng, êul wêi tchēu, pèi pŏu tă ; chéu pŏu néng iôung, ĭ pŏu néng paó ngò tzĕu suēnn lí mín; ĭ iuĕ tāi tsāi!

8. « Pāng tchēu ŏu iĕ iuĕ iôu ǐ jênn ; pāng tchēu iôung houái, ĭ cháng ǐ jênn tchēu k'ìng. »

qui vraiment les supportât (sans envie), et se dévouât au service de mes descendants et du peuple ; que son administration serait utile !

7. « (Au contraire, si un ministre) est envieux et s'afflige des talents des autres, au point de les haïr ; s'il empêche les hommes capables et vertueux de se produire ; il ne peut pas montrer un cœur grand et généreux, ni défendre mes descendants et tout le peuple. Je dirai même, oh ! qu'il est dangereux !

8. « Parfois l'État est ébranlé et ruiné à cause d'un seul homme. Parfois aussi il est prospère et tranquille, parce qu'un homme s'est heureusement rencontré. »

par 介 hi dans le Ta Hio, Chapitre X, où ce passage est cité.

容 Iôung, contenir, supporter avec patience, avoir l'âme grande et généreuse, pardonner aux autres leurs défauts et leurs fautes ; pardonner aux autres (c.-à-d. voir sans envie) leurs bonnes qualités 能容才德 (顧錫壽).

職 Tchĕu signifie 主 tchŏu, gouverner, diriger.

7. « (Contra, si regni minister), quum homines habent dotes, invidus tristetur, ita ut odio habeat eos ; si, quum homines habent dotes ac sapientiam, tunc adversetur eis, ut non noscantur ; vere non potest complecti, ideo nec potest defendere meos posteros ac nigra coma populum. Etiam, dico, quam periculosus est !

8. «Regni nutatio ac ruina (quandoque) dicendæ sunt ortæ ex uno homine. Regni prosperitas et tranquillitas etiam fortasse ex unius hominis felici (inventione et in regni ministrum electione). »

SOUVERAINS DE LA CHINE.

PREMIERS EMPEREURS.

伏羲	Fóu hī	année 2852	帝嚳	Tí k'òu	année 2435
神農	Chênn nóung	2737	帝摯	Tí tch'éu	2365
黃帝	Houâng tí	2697	堯	Iaò	2356
少昊	Chaò haò	2597	舜	Chouénn	2255
顓頊	Tchouên hiŭ	2513			

Iʳᵉ DYNASTIE. 夏 HIA. 2205—1766.

大禹	Tá Iŭ	2205	芒	Mâng	2014
啟	K'i	2197	泄	Siĕ	1996
太康	T'ái k'āng	2188	不降	Pŏu kiáng	1980
仲康	Tchóung k'āng	2159	扃	Kiōung	1921
相	Siáng	2146	廑	K'in	1900
寒浞	Hân tchouŏ	2118	孔甲	K'òung kiă	1879
少康	Chaò k'āng	2079	皋	Kaō	1848
杼	Tchóu	2057	發	Fă	1837
槐	Houâi	2040	桀	Kiĕ	1818

IIᵉ DYNASTIE. 商 CHANG ou 殷 IN. 1766—1122.

成湯	Tch'êng T'āng	1766	外壬	Wái jênn	1549
太甲	T'ái kiă	1753	河亶甲	Hò tàn kiă	1534
沃丁	Wŏ tīng	1720	祖乙	Tsòu ĭ	1525
太康	T'ái k'āng	1691	祖辛	Tsòu sīn	1506
小甲	Siaò kiă	1666	沃甲	Wŏ kiă	1490
雍己	Iōung ki	1649	祖丁	Tsòu tīng	1465
太戊	T'ái meóu	1637	南庚	Nân kēng	1433
仲丁	Tchóung tīng	1562	陽甲	Iâng kiă	1408

La dynastie des Chang prend le nom de In.

盤庚	P'ân kēng	1401	廩辛	Lin sīn	1225
小辛	Siaò sīn	1373	庚丁	Kēng tīng	1219
小乙	Siaò ĭ	1352	武乙	Où ĭ	1198
武丁	Où tīng ou 高宗	1324	太丁	T'ái tīng	1194
祖庚	Tsòu kēng	1265	帝乙	Tí ĭ	1191
祖甲	Tsòu kiă	1258	紂	Tcheóu	1154

IIIᵉ DYNASTIE. 周 TCHEOU. 1122—255.

武王 Où wâng		1122
成王 Tch'êng wâng		1115
康王 K'āng wâng		1078
昭王 Tchaō wâng		1052
穆王 Moŭ wâng		1001
共王 Kōung wâng		946
懿王 Î wâng		934
孝王 Hiaó wâng		909
夷王 Î wâng		894
厲王 Li wâng		878
宣王 Siuēn wâng		827
幽王 Iōu wâng		781
平王 P'ing wâng		770
桓王 Houân wâng		719
莊王 Tchouāng wâng		696
釐 ou 僖王 Lí ou Hī wâng		681
惠王 Houéi wâng		676
襄王 Siāng wâng		651
頃王 K'īng wâng		618
匡王 K'ouāng wâng		612
定王 Ting wâng		606
簡王 Kién wâng		585
靈王 Ling wâng		571
景王 King wâng		544
悼王 Taó wâng		519
敬王 King wâng		519
元王 Iuén wâng		475
貞定王 Tchēng ting wâng		468
哀王 Ngāi wâng		440
思王 Sēu wâng		440
考王 K'aó wâng		440
威烈王 Wēi liĕ wâng		425
安王 Ngān wâng		401
烈王 Liĕ wâng		375
顯王 Hién wâng		368
愼靚王 Chénn tsing wâng		320
赧王 Nàn wâng		314
東周君 Tōung tcheōu kiūn		255

ORIGINE DE LA FAMILLE DES 周 TCHEOU.

Les Tcheou faisaient remonter leur origine à 棄 K'i, qui fut 稷 tsĭ ministre de l'agriculture sous l'empereur Chouenn, et pour cette raison fut appelé 后稷 Heóu tsĭ (Prince Tsi). Heou tsi reçut en fief la terre de 邰 T'āi, à présent comprise dans le 武功縣 Oŭ kōung hién, qui dépend de 乾州 K'ién tcheōu dans le 陝西 Chén sī.

L'un de ses descendants fut 公劉 Kōung Liôu, qui, en 1796 avant notre ère, alla s'établir à 豳 Pīn, à l'ouest de la ville actuelle de 三水 Sān chouèi, qui dépend de 邠州 Pīn tcheōu dans le 陝西 Chén sī.

En 1325, 亶父 Tàn fòu, qui reçut plus tard le nom de 太王 T'ái wâng, alla demeurer à 岐 K'i, au nord-est de la ville actuelle de 岐山 K'i chān, qui dépend de 鳳翔 Fóung siāng dans le Chen si. La plaine qui s'étend au sud du mont 岐 K'i, fut appelée 周 Tcheōu ou K'i tcheou.

En 1136, 文王 Wênn wâng, fils de 王季 Wâng ki et petit-fils de 太王 T'ái wâng, passa la 渭 Wéi, et fit sa résidence à 豐 Fōung, au sud-ouest de la ville actuelle de 西安府 Sī ngān fòu.

En 1122, 武王 Où wâng, fils de 文王 Wênn wâng, chassa le tyran 紂 Tcheóu, mit fin à la dynastie des 殷 Īn, et fonda celle des 周 Tcheōu. Il fut puissamment secondé par son frère 旦 Tàn, plus connu sous le nom de 周公 Tcheōu kōung Prince de Tcheou.

HEURES DU JOUR.

Le jour se divise en douze heures, qui sont désignées par douze lettres appelées 地支 Branches terrestres.

子	Tzéu,	de 11 heures du soir à 1 heure du matin ;
丑	Tch'eòu,	de 1 heure à 3 heures du matin ;
寅	Ìn,	de 3 heures à 5 heures du matin ;
卯	Maò,	de 5 heures à 7 heures du matin ;
辰	Tch'ênn,	de 7 heures à 9 heures avant midi ;
巳	Séu,	de 9 heures à 11 heures avant midi ;
午	Où,	de 11 heures avant midi à 1 heure après midi ;
未	Wéi,	de 1 heure à 3 heures après midi ;
申	Chēnn,	de 3 heures à 5 heures après midi ;
酉	Iòu,	de 5 heures à 7 heures après midi ;
戌	Siŭ,	de 7 heures à 9 heures du soir ;
亥	Hài,	de 9 heures à 11 heures du soir.

CYCLE.

En combinant les douze lettres des heures avec les dix caractères 甲乙丙丁戊己庚辛壬癸 kiă ĭ pìng tīng meòu ki kēng sīn jênn kouèi, appelés 天干 Troncs célestes, on a formé les soixante dénominations du cycle, qui servent à désigner les années, les mois, les jours et les heures.

1	甲子	11	甲戌	21	甲申	31	甲午	41	甲辰	51	甲寅
2	乙丑	12	乙亥	22	乙酉	32	乙未	42	乙巳	52	乙卯
3	丙寅	13	丙子	23	丙戌	33	丙申	43	丙午	53	丙辰
4	丁卯	14	丁丑	24	丁亥	34	丁酉	44	丁未	54	丁巳
5	戊辰	15	戊寅	25	戊子	35	戊戌	45	戊申	55	戊午
6	己巳	16	己卯	26	己丑	36	己亥	46	己酉	56	己未
7	庚午	17	庚辰	27	庚寅	37	庚子	47	庚戌	57	庚申
8	辛未	18	辛巳	28	辛卯	38	辛丑	48	辛亥	58	辛酉
9	壬申	19	壬午	29	壬辰	39	壬寅	49	壬子	59	壬戌
10	癸酉	20	癸未	30	癸巳	40	癸卯	50	癸丑	60	癸亥

CONSTELLATIONS ZODIACALES.

二十八宿

1 角 Kiŏ Épi, ζ θ ι de la Vierge.
2 亢 K'áng Pieds de la Vierge.
3 氐 Tī α β γ ι de la Balance.
4 房 Fáng Tête du Scorpion.
5 心 Sīn Antarès, σ τ du Scorpion.
6 尾 Wéi Queue du Scorpion.
7 箕 Kī Main du Sagittaire.
8 斗 Teòu Épaule et arc du Sagittaire.
9 牛 Iòu Tête du Bélier, α β du Sagittaire.
10 女 Gniù Main gauche du Verseau.
11 虛 Hiū Épaule du Verseau, Tête du Petit Cheval.
12 危 Wéi α du Verseau, ε θ de Pégase.
13 室 Chĕu Markab et Jambe de Pégase.
14 璧 Pi Algénib de Pégase, α d'Andromède.
15 奎 K'ouéi Andromède, Poissons.
16 婁 Leóu Tête du Bélier.
17 胃 Wéi Mouche Boréale.
18 昴 Maó Pléiades.
19 畢 Pi Hyades.
20 觜 Tsouēi Tête d'Orion.
21 參 Chēnn Orion.
22 井 Tsing Gémeaux.
23 鬼 Kouéi Écrevisse.
24 柳 Liòu δ ε ζ η θ ρ σ ω de l'Hydre.
25 星 Sīng Tête de l'Hydre.
26 張 Tchāng κ λ μ ν π de l'Hydre.
27 翼 Ǐ Coupe.
28 軫 Tchènn Corbeau.

LETTRES ET NOMS PROPRES

CONTENUS

DANS LE CHOU KING.

RACINE 1. 一

一 **Ĭ.** Un, premier, une fois, tout entier, unir, uniforme, constant, pur, sans mélange. 丨人 † **jênn.** Un seul homme, celui qui seul gouverne tout l'empire.

丁 **Tīng.** La quatrième des lettres du cycle. V. page 403.

七 **Ts'ĭ.** Sept, septième.

三 **Sān.** Trois, troisième.

下 **Hià.** Bas, inférieur, postérieur, moindre, au-dessous, sous, après, le plus bas, le moins ancien, le moindre, le dernier, le plus vil, en bas, sur la terre. 上丨 **Cháng** †. En haut et en bas, les supérieurs et les inférieurs, le ciel et la terre. ‖ **Hià.** Descendre, tomber, abaisser.

上 **Cháng.** Haut, ancien, supérieur, au-dessus, sur, avant, le plus élevé, le plus ancien, le meilleur, le premier, en haut, au ciel. ‖ **Chàng.** Monter.

不 **Pŏu.** Ne pas.

丑 **Tch'eòu.** Le deuxième des caractères horaires. V. page 403.

丙 **Pìng.** Le troisième des caractères du cycle. V. page 403.

丕 **P'ēi.** Grand, grandement.

世 **Chéu.** Génération, époque, vie, d'âge en âge, héréditaire.

丘 **K'iōu.** Monticule, colline.

RACINE 2. 丨

中 **Tchōung.** Milieu, centre, qui est au milieu; le milieu de, au milieu de, dans. 丨國 † **kouŏ.** Royaume situé au centre de la Chine, le domaine propre de l'empereur, la Chine.

RACINE 3. 丶

丹 **Tān.** Cinabre, peindre en rouge, nom de principauté. 丨朱 † **Tchōu.** Tchou, prince de Tan, fils de Iao. V. page 56.

主 **Tchòu.** Maître, chef, arbitre, présider, diriger, celui qui donne l'hospitalité, la chose principale.

RACINE 4. 丿

乃 **Nài.** Et, aussi, alors, ensuite, ainsi, en effet, à la vérité, mais, cependant.

乂 **Ĭ.** Régler, diriger, corriger, aider; homme éminent par ses vertus et ses talents.

之 **Tchēu.** Pronom personnel qui s'emploie comme régime d'un verbe; ce, cet, cela; particule qui se place après le complément d'un nom, et forme le génitif ou possessif; particule qui s'emploie après le régime d'un verbe, lorsque ce régime précède le verbe; particule qui s'emploie après le participe et après l'adjectif.

乎 **Hôu.** Préposition, particule interrogative, exclamation.

乘 **Chêng, Tch'êng.** Être ou aller à cheval, en voiture ou en barque; monter. || **Chéng.** Voiture attelée de quatre chevaux de front, attelage de quatre chevaux; particule numérale des voitures, des attelages de quatre chevaux;...

RACINE 5. 乙

乙 **Ĭ.** La deuxième des lettres du cycle. V. page 403.

九 **Kiòu.** Neuf, neuvième,

亂 **Louán.** Troubler, mêler, confondre, ne pas discerner, trouble, désordre, confusion, sédition; établir l'ordre, bien gouverner; traverser l'eau en barque.

RACINE 6. 亅

予 **Iŭ.** Je, moi, nous. | 一人 † ĭ jênn. Moi qui seul commande à tout l'empire.

事 **Chéu.** Affaire, action, occupation, travail, difficulté, différend; faire, exécuter, service, rendre service, servir, aider. 三 | Les trois services. V. page 325.

RACINE 7. 二

二 **Eúl.** Deux, deuxième.

于 **Iŭ.** Dire, aller; particule. || **Iū.** 於. Dans, à, par, au sujet de, quant à.

五 **Où.** Cinq, cinquième,

云 **Iùn.** Dire, louer; particule.

井 **Tsing.** Puits, hameau.

亞 **Iá.** Second, de second rang, aide.

RACINE 8. 亠

亡 **Wàng.** Mourir, périr, prendre fin, détruire, anéantir, ruiner, mettre fin, perdre, fuir, s'exiler.

交 **Kiaō.** Croiser, se croiser, s'entremêler, relation, avoir des relations, ensemble.

亦 **Ĭ.** Aussi, même alors; particule.

亥 **Hài.** La dernière des douze heures des Chinois, de neuf heures à onze heures de la nuit.

享 **Hiàng.** Offrir un présent, offrande, présent, recevoir, agréer un présent, jouir.

亮 **Leáng.** Aider, briller. || **Leāng.** | 陰 † ngān. Cabane dans laquelle l'empereur demeure en temps de deuil. V. page 151.

亳 **Pouŏ.** Nom de ville. 三 | Sān † . Voy. Part. III, Ch. III, page 109.

亶 **Tàn.** Sincère, vrai.

RACINE 9. 人

人 **Jênn.** Homme, femme, autrui, quelqu'un, ministre d'État, officier. — | Ĭ †. Celui qui seul gouverne tout l'empire. V. pag. 101 et 111.

仁 **Jènn.** Affection de l'homme envers ses semblables, bonté envers autrui, bienfaisance, bienveillance, vertu parfaite.

今 **Kīn.** A présent, de nos jours, à notre époque ; or, voici ; particule qui marque transition.

仍 **Jēng.** Selon, d'après, comme auparavant.

介 **Kiái.** Aide, serviteur, aider ; grand, rendre grand, un seul.

仇 **K'iôu.** Ennemi.

他 **T'ouō.** Autre, autre chose.

仞 **Jénn.** Mesure de huit 尺 tch'ĕu, la taille ordinaire d'un homme (environ un mètre, 60 c.).

仡 **Ĭ.** | | † †. Courageux, fort, solide.

付 **Fóu.** Donner.

令 **Líng.** Commander, ordonner ; bon, rendre bon.

以 **Ĭ.** Se servir de, employer, par ce moyen ; avoir, posséder, jouir de ; user des droits ou de l'autorité de, agir en qualité de, agir comme ; cause, motif, à cause de, pour ce motif ; parce que, afin que ; arriver à, jusqu'à ; considérer, avoir égard à, tenir compte de, en comparaison de, d'après, selon.

代 **Tái.** Remplacer, à la place de, dynastie.

仰 **Iàng.** Regarder en haut, lever les yeux vers, espérer.

仲 **Tchóung.** Le second entre trois, le second des frères ; nom de famille.

任 **Jènn.** Fardeau, emploi public, exercer une charge, nommer à une charge, occupation. || **Jènn.** 壬 Flatteur, calomniateur.

伊 **Ī.** Gouverner ; particule ; nom de rivière. V. page 75. | 尹 † in. Ministre de T'ang. V. page 113.

伏 **Fóu.** Être couché, se cacher, cacher, soumettre.

伋 **Kĭ.** Nom du prince de 齊 Ts'î. V. page 347.

伐 **Fā.** Attaquer, châtier ou soumettre des sujets rebelles par la force des armes, envahir.

休 **Hiōu.** Bonheur, heureux, repos ; bon, excellent. | | † †. Simple et droit.

伯 **Pĕ.** L'aîné des frères ou des sœurs, oncle paternel ; la troisième des cinq dignités 公侯伯子男 kōung heôu pĕ tzĕu nàn ; le chef de tous les princes d'une région.

位 **Wéi.** Place, siège, position, état, condition, dignité.

佑 **Ióu.** Aider, favoriser.

何 **Hŏ.** Quel ? quelle chose ? comment ? pourquoi ? 如 | Jôu †, 如 之 | Jôu tchēu †? Comment ? que faut-il faire ?

作 **Tsŏ.** Créer, faire, bâtir, produire, composer, agir, mettre en mouvement, arracher, exciter, causer, commencer, surgir, s'élever.

佚 **Ĭ.** Repos, loisir, plaisir, licence, négliger, laisser perdre.

佯 **P'ēng.** Envoyer, laisser aller, faire que.

伾 **P'ēi.** 大 | Tá †. Nom de colline. V. page 83.

佞 **Gníng.** Disert, habile à parler, calomniateur adroit.

使 **Chèu.** Employer, diriger, gouverner, commander, faire que, afin que.

侈 **Tch'èu.** Prodigue, excessif, vaste, large.

來 **Lâi.** Venir, futur, postérieur.

依 **Ī.** S'appuyer sur, conformément à.

侍 **Chéu.** Être au côté de quelqu'un, se tenir auprès de quelqu'un pour l'aider ou le servir.

侗 **T'ōung.** Ignorant, peu intelligent.

侉 **K'ouā.** Exagérer, vanter, vantard.

供 **Kōung.** Offrir, fournir, subside, secours.

侮 **Où.** Traiter avec mépris, outrager, attaquer.

侯 **Heôu.** La seconde des cinq grandes dignités 公侯伯子男 kōung heôu pě tzeŭ nân; chef d'une principauté; possesseur d'un fief; cible; nom de circonscription. V. p. 56 et 233. 諸｜ **Tchôu** †. Chef d'une principauté. V. page 87.

侵 **Ts'īn.** Avancer pas à pas, envahir peu à peu, incursion, empiéter, usurper.

便 **Pién.** Commode, favorable. ‖ **P'iên.** Familier, flatteur. V. page 374.

俊 **Tsiún.** L'homme le plus distingué entre mille ou dix mille, homme remarquable, homme éminent par ses qualités.

俗 **Siŭ.** Usage suivi communément, mœurs publiques, vulgaire, grossier, dépravé.

保 **Paò.** Veiller sur, protéger, défendre, préserver, garantir. 太｜少｜ **T'ài** †, **Chaó** †. V. page 333.

信 **Sín.** Sincère, véridique, vrai, vraiment, fidèle au devoir, croire, ajouter foi, avoir confiance.

俟 **Séu.** Attendre.

修 **Siōu.** Perfectionner, cultiver, réparer.

俶 **Tch'ŏu.** Commencer, premier.

俱 **Kiū.** Tous, tous deux.

倍 **Péi.** Double, doubler.

倒 **Taò.** Renverser, bouleverser.

倡 **Tch'áng.** Diriger, donner l'exemple.

倚 **Ī.** Incliner d'un côté, s'appuyer contre.

倫 **Liûn.** Ordre, classe, rang, principe, règle, devoir. 人｜ **Jênn** †, 五｜ **Où** †. Les cinq relations sociales; les règles que doivent observer l'un envers l'autre 君臣父子兄弟夫婦朋友 kiūn tch'ènn, foŭ tzeŭ, hiōung tí, fōu foŭ, p'êng iŏu le prince et le sujet, le père et le fils, les frères, les époux, les amis.

俾 **Pèi.** Faire en sorte que, afin que, employer.

倦 **Kiuén.** Fatigué, paresseux, se lasser de.

偃 **Iēn.** Courber vers la terre, renverser.

假 **Kià.** Faux, feindre, simuler; prendre à louage, recevoir en prêt; grand.

偏 **P'iēn.** Incliné, partial, désordonné.

側 **Tchĕ.** Être au côté de quelqu'un, côté, incliné, partial; bas, peu élevé.

偶 **Ngeòu.** Associé, aide, aider.

傅 **Fóu.** Maître qui enseigne, enseigner. 太丨少丨 **T'ái †, chaó †.** Grand précepteur, second précepteur. Voy. Part. IV. Ch. XX. 5, page 333. 丨說 † **iuĕ.** Ministre de l'empereur 武丁 **Où tīng** ou 高宗 **Kaô tsōung** (1324-1265). Voy. page 150. 丨嚴 † **iên.** Nom de lieu. V. page 152.

備 **Pí.** Complet, entier, prêt, préparer.

傷 **Chāng.** Blesser, offenser, endommager, nuire, être contraire, affliger.

傾 **K'īng.** Tête inclinée, renverser. 西丨 **Sī †.** Nom de montagne. V. page 81.

傲 **Ngaó.** Arrogant.

僉 **Ts'iēn.** Tous.

僚 **Leaô.** Collègue, officier de même rang. 百丨 **Pĕ †.** Les officiers de tout grade.

僕 **Pŏu.** Serviteur, conducteur de voiture, conduire une voiture.

僝 **Tchán.** Montrer, déployer.

僭 **Tsién.** Faux, erreur.

僞 **Wéi.** Faux, tromper, simuler.

儀 **Ĭ.** Maintien ou tenue du corps, la conduite de quelqu'un, règles de conduite, règles de convenances, cérémonies et usages du monde, témoignage de respect.

億 **Ĭ.** Cent mille, cent millions.

僻 **P'ĭ.** Pervers.

徼 **Kíng.** Avertir quelqu'un de se tenir en garde.

儉 **Kién.** Économe, parcimonieux, modéré, peu considérable, ne pas excéder.

RACINE 10. 儿

允 **Iŭn.** Vrai, sincère, vraiment, avoir confiance, croire.

元 **Iuén.** Grand, le plus âgé, le premier, bon.

兄 **Hiōung.** Frère plus âgé que nous. 丨弟 † **tí.** Frères, sœurs; cousins.

充 **Tch'ōung.** Emplir, boucher.

先 **Siēn.** Avant, antérieur, meilleur, préférable, mettre avant, préférer, d'abord, défunt. 丨王 † **wâng.** Roi précédent, les anciens souverains. ∥ **Sién.** Marcher en avant, devancer, donner l'exemple.

兆 **Tchaó.** Pronostic, prélude, essai; million, nombreux.

光 **Kouāng.** Lumière, gloire, glorieux.

克 **K'ŏ.** Être capable de; avoir assez de force, de talent, de volonté, d'énergie ou de… pour; parvenir à, vaincre, soumettre, maîtriser, opprimer.

兌 **T'ouéi.** Communiquer, voie; nom d'homme.

免 **Miĕn.** Éviter, échapper à, dispenser, cesser.

兗 **Iĕn.** Nom de l'une des neuf provinces de l'empire. V. page 65.

兜 **Teōu.** Casque. 驩丨 **Houān †.** Nom d'un ministre infidèle. V. pag. 9 et 21.

兢 **Kīng.** 丨丨 ††. Craintif et circonspect.

RACINE 11. 入

入 **Jŏu.** Entrer, à l'intérieur, à la maison, progresser.

內 **Néi.** Intérieur, à l'intérieur, au palais. | 方 † **fâng.** Nom de montagne. V. page 81.

兩 **Leàng.** Deux, paire.

俞 **Iû.** Oui, certainement.

RACINE 12. 八

八 **Pă.** Huit, huitième.

公 **Kōung.** Public, commun, juste; la première des cinq grandes dignités 公 侯 伯 子 男 **kōung heôu pĕ tzèu nân.** | 劉 † **Liôu.** V. page 171. 三 | **Sān** †. Les trois officiers les plus élevés de la cour impériale. Voy. Part. IV, Ch. XX. 5 et 6, page 333.

六 **Liŭ.** Six, sixième.

共 **Kóung.** Ensemble, en commun, posséder ou faire une chose en commun, avoir part à. || **Kōung, Kòung.** | 工 † **kōung.** Surintendant des travaux publics.

兵 **Pīng.** Arme, soldat.

其 **K'ì.** Il elle, son, sa, ce, cet; espérer, désirer, peut-être; particule qui se place entre le verbe et le sujet. || **Kī.** Particule finale.

具 **Kiú.** Préparer, fournir, pourvoir; tout, ensemble.

典 **Tièn.** Statut, règle, diriger, constant, régulier; recevoir et traiter un hôte. V. page 317. 五 | **Où** †. V. page 13.

兼 **Kiēn, Kién.** Deux choses unies ensemble, unir, cumuler, ensemble.

冀 **Kí.** Nom de l'une des neuf provinces. V. page 62.

RACINE 13. 冂

再 **Tsái.** Une seconde fois, deux fois, de nouveau.

冊 **Tch'ĕ.** Tablette, écrire sur une tablette, pièce écrite.

冒 **Maó.** Couvrir, protéger, s'étendre sur, affronter, agir témérairement.

冕 **Mièn.** Bonnet de cérémonie porté par l'empereur et les grands dignitaires, jusqu'aux 大 夫 **tái fōu** inclusivement V. page 354.

RACINE 14. 冖

冢 **Tchòung.** Monticule, cime d'une montagne, grand. | 宰 † **tsài.** Premier ministre. V. page 334.

RACINE 15. 冫

冬 **Tōung.** Hiver.

冰 **Pīng.** Glace.

凝 **Îng.** Gelé, coagulé, accompli.

RACINE 16. 几

几 **Kì.** Tabouret contre lequel on s'appuyait étant assis.

凡 **Fàn.** Chaque, quiconque, tout.

凰 **Houàng.** La femelle du phénix. 鳳 | **Fóung** †. Phénix.

RACINE 17. 凵

凶 **Hiōung.** Néfaste, funeste, malheureux, funèbre, cruel.

出 **Tch'ŏu.** Sortir, paraître, faire sortir, manifester, produire, envoyer, rejeter, quitter. | 入 † jŏu. Sortir et entrer, à la maison et hors de la maison.

RACINE 18. 刀

刀 **Taō.** Couteau, sabre.

刃 **Jénn.** Tranchant ou pointe d'un instrument, instrument tranchant ou pointu.

分 **Fēnn.** Diviser, partager, distinguer, discerner, séparer, différent.

刊 **K'ān.** Couper, retrancher, abattre un arbre.

列 **Liĕ.** Rang, grade, hiérarchie, charge publique, ranger en ordre.

刑) 荆) **Hing.** Châtiment corporel; modèle, exemple, imiter. 五 | Où †. V. page 21.

初 **Tch'ōu.** Commencement, premier.

別 **Piĕ.** Différent, distinguer, discerner, séparer.

利 **Lí.** Aigu, pointu, tranchant, profit, avantage, gain, procurer un avantage, tirer avantage de, cupide; aisé, facile, naturel.

剖 **K'ōu.** Fendre, diviser.

刵 **Eúl.** Couper les oreilles.

制 **Tchéu.** Régler, modérer, restreindre, gouverner.

刻 **K'ŏ.** Inciser, nuire gravement.

則 **Tsĕ.** Alors, dès lors, ensuite, par suite; loi, règle, modèle, prendre pour modèle.

削 **Siŏ.** Couper, amincir, démembrer, diminuer, dépouiller.

前 **Ts'iên.** Avant, devant, antérieur, précédent.

剔 **T'ĭ.** Gratter, amincir, fendre.

剕 **Féi.** Couper les pieds.

剖 **P'eòu.** Fendre, retrancher.

剛 **Kāng.** Dur, ferme, fort.

剝 **Pouŏ.** Diviser, écorcher, dépouiller.

割 **Kŏ.** Retrancher, nuire, affliger.

創 **Tch'ouáng.** Réprimer, s'abstenir.

剿 **Tsiaò.** Retrancher.

劉 **Liôu.** Tuer, hache de guerre.

劓 **Í.** Couper le nez.

RACINE 19. 力

力 **Lĭ.** Force, énergie, effort, influence.

加 **Kiā.** Ajouter, atteindre, frapper.

功 **Kōung.** Service signalé rendu au public, action méritoire, travail accompli. V. page 20.

助 **Tchóu.** Aider.

劼 **K'iă.** Faire des efforts, diligent.

勅 **Tch'ĕu.** Imposer une charge, exécuter un ordre, diriger, régler.

勇 **Iòung.** Bravoure, brave, valeureux, intrépide.

勉 **Miĕn.** Faire des efforts, se faire violence à soi-même, exciter l'ardeur.

務 **Où.** S'appliquer à, faire des efforts.

勖 **Hiŭ.** Exciter, animer, faire des efforts.

動 **Tóung.** Mouvoir, se mouvoir, exciter.

勝 **Chéng.** Vaincre, soumettre, surpasser.

勞 **Laô.** Travail fatigant, fatigue, peine, chagrin. ‖ **Laó.** Récompenser, encourager.

勢 **Chéu.** Force, pouvoir, influence.

勤 **K'ín.** Diligent, laborieux, exciter au travail.

勱 **Mái.** Faire des efforts.

勳 **Hiūn.** Service rendu au public. 放 ‖ **Fàng** †. Voy. page 1.

勵 **Lí.** Faire des efforts, encourager.

勸 **K'iuén.** Exhorter, exciter au bien, encourager, donner des avis.

RACINE 20. 勹

勿 **Où.** Ne pas (s'emploie ordinairement avec l'impératif).

包 **Paō.** Envelopper, contenir, enveloppe; touffe, massif d'arbres.

RACINE 21. 匕

化 **Houá.** Transformer, changer, exercer une influence, changer les mœurs, policer, corriger, réformer.

北 **Pĕ.** Nord, septentrional; hiver; fuir. ‖ **Péi.** Séparer.

RACINE 22. 匚

匡 **K'ouāng.** Régler, corriger, réformer; aider.

匪 **Fèi.** Non, ne pas, ce n'est pas que.

匭 **Kouèi.** Boîte.

匯 **Houéi.** Eau qui tournoie et forme un lac à la jonction de deux rivières.

匱 **Kouéi.** Panier.

RACINE 23. 匸

匹 **P'Ĭ.** Homme ou femme du peuple; particule numérale des chevaux.

匿 **Gnĭ.** Cacher, se cacher.

區 **K'iū.** Portion de terrain; diviser, distinguer; classer, classe, espèce.

RACINE 24. 十

十 **Chĕu.** Dix, dixième.

千 **Ts'iēn.** Mille.

午 **Où.** Midi; lettre horaire employée dans les dénominations du cycle. V. page 403.

升 **Chēng.** Monter, croître; la dixième partie du 斗 **teŏu** boisseau.

卉 **Houéi.** Herbe, plante.

半 **Pán.** Moitié.

卒 **Tsŏu.** Fin, finir, enfin, mourir.

協 **Hiĕ.** Uni, d'accord, aider.

卑 **Pēi.** Bas, vil, méprisable.

南 **Nàn.** Sud, méridional; été. ‖ 巢 † **tch'aô.** Nom de lieu. V. page 104.

RACINE 25. 卜

卜 **Pŏu.** Couvrir d'encre et exposer au feu l'écaille d'une tortue, examiner les fissures produites

LETTRES ET NOMS PROPRES.

dans l'encre et tirer des présages; deviner. V. page 270.

卞 **Pién.** Loi, règle.

占 **Tchēn.** Interpréter un présage, deviner, délibérer.

卣 **Iòu.** Jarre pour le vin.

RACINE 26. 卩

卬 **Ngàng.** Je, moi.

卯 **Maò.** Caractère horaire employé dans les dénominations du cycle. V. page 403.

危 **Wêi.** Qui est très élevé et menace de tomber, mal assuré, dangereux, danger, être en danger, inquiet. 三 | **Sān** †. Nom de montagne. V. pag. 22 et 79.

卽 **Tsĭ.** Aller à, approcher, alors, aussitôt.

卿 **K'īng.** Ministre d'État à la cour de l'empereur ou d'un prince, grand officier. V. page 335.

RACINE 27. 厂

厎 **Tchèu.** Parvenir à, exécuter, accomplir, établir. | 柱 † **tchóu.** Nom de montagne. V. page 80.

厚 **Heóu.** Épais, ferme, abondant, riche, libéral, vertueux.

厖 **Máng.** Grand.

原 **Iuén.** Plaine, uni.

厥 **Kiuĕ.** Son, sa, leur, qui appartient en propre.

厭 **Ién, Iĕn.** Rassasié, content, satisfait, dégoûté.

厲 **Lĭ.** Austère, sévère, cruel, tyrannique, dangereux.

RACINE 28. 厶

去 **K'iú.** S'en aller, quitter. || **K'iù.** Éloigner, rejeter.

參 **Ts'ān.** Trois personnes ou trois choses réunies ou associées, interposé. || **Chēnn.** Orion.

RACINE 29. 又

又 **Iòu.** Aussi, encore, de nouveau, de plus.

及 **Kĭ.** Atteindre, arriver à, s'étendre à, jusqu'à; et, avec, ensemble.

友 **Iòu.** Ami, compagnon, amitié fraternelle, agir en ami.

反 **Fàn.** Réitérer, renouveler, répéter, revenir, s'en retourner, tourner en sens contraire, changer, devenir autre, contraire, reprendre.

叔 **Chŏu.** Frère puîné de notre père, le troisième de quatre frères.

取 **Ts'iŭ.** Prendre, obtenir, attirer, recevoir.

受 **Cheóu.** Recevoir, admettre, supporter; nom du tyran 紂 **Tcheóu.** V. page 173.

叢 **Ts'òung.** Fourré, massif d'arbres, réunir; vexatoire.

RACINE 30. 口

口 **K'eòu.** Bouche, parole, discours.

古 **Kòu.** Ancien, vieux.

叨 **T'aō.** Cupide.

召 **Tchaó.** Dire à quelqu'un de venir. || **Chaó.** Domaine situé au sud du mont 岐 **K'i** dans le 陝西 **Chén sī.** | 公 † **kōung.** Prince de Chao. V. page 258. | 南 † **nán.** V. page 16.

可 **K'ŏ.** Être possible, être convenable, être permis, être louable, être capable, être digne, être suffisant, être passable, approuver, agréer, consentir.

右 **Ióu.** Main droite, côté droit; honorer, aider. 左 | Tsouŏ †. A droite et à gauche, ceux qui sont auprès de quelqu'un.

台 **Î.** Je, moi.

史 **Chèu.** Annaliste, historiographe.

司 **Sēu.** Présider, charge publique, officier. | 徒 | 馬 | 寇 | 空 † t'ôu, † mà, † k'eóu, † k'ōung. Les ministres de l'instruction publique, de la guerre, de la justice, des travaux publics. Voy. Part. IV, Ch. XX. 8, 9, 10, page 334.

各 **Kŏ.** Chaque, chacun.

吁 **Hiū.** Soupirer.

合 **Hŏ.** Unir, réunir, convenir, être d'accord. | 黎 † li. Nom de montagne. V. page 82.

吉 **Kĭ.** Heureux, bon, vertueux.

吏 **Lí.** Officier.

同 **T'óung.** Semblable, identique, prendre part à, ensemble, en commun, avec, se réunir, rassembler; coupe.

名 **Mîng.** Nom, nommer, réputation, renom, illustre.

后 **Heóu.** Souverain, prince. | 稷 † ts'ĭ. Prince Ts'i, nom donné à 棄 K'i, qui fut ministre de l'agriculture sous le règne de 舜 Chouénn. Voy. pag. 25 et 171.

吝 **Lín.** Avare, parcimonieux.

君 **Kiūn.** Roi, souverain, prince, princesse, titre honorifique. | 奭 † Chĕu. V. page 297. | 臣 † tch'énn. V. page 339. | 牙 † iâ. V. page 369. | 子 † tzéu. Prince, celui qui cultive la vertu, disciple de la sagesse, homme sage, homme respectable.

否 **Feóu.** Non; mal agir, désapprouver. || **Pì.** Mauvais.

告 **Kaó.** Dire, rapporter, annoncer, informer.

吾 **Oû.** Je, moi.

含 **Hân.** Tenir un objet dans la bouche, contenir, tenir enfermé.

呂 **Liù.** Tubes musicaux (voy. page 19); nom de principauté (voy. page 375).

周 **Tcheōu.** Circuit, contour, tout autour, partout, universel, complet, parfait; grand; nom d'une ancienne principauté, aujourd'hui 岐山縣 K'i chān hién dans le 鳳翔府 Fóung siâng fóu du 陝西 Chèn sī; nom d'une dynastie impériale, dont les ancêtres étaient princes de Tcheou, et qui régna de 1134 à 256 avant notre ère, avec la ville de 豐 Fōung ou de 鎬 Haô pour capitale; la capitale de l'empire chinois (sous les Tcheou). Voy. p. 171. | 公 † kōung. Frère cadet de 武王 Oû wâng, qui fonda la dynastie des 周 Tcheōu. V. page 171. 宗 | Tsōung †. V. page 311. 成 | Tch'êng †. V. page 363.

呱 **Kōu, Wā.** Vagissement.

呼 **Hōu.** Crier pour appeler quelqu'un. 嗚 | Oū †! Oh!

命 **Mîng.** Ordre, prescription, décision, mandat, donner un ordre;

nommer à une charge, enseigner, ordre ou volonté du ciel, Providence, destin; tout ce qui vient du ciel, spécialement le pouvoir souverain, la vie, les facultés naturelles, les talents, l'ordre de l'univers, la loi naturelle,...

和 **Houô**. Accord, harmonie, union, concorde, accommodant, condescendant, affable, obligeant, tempéré, modéré; nom d'une famille d'astronomes (V. page 3); nom de rivière (V. page 77).

咈 **Fŏu**. Résister.

咎 **Kióu**. Faute, blâmer, malheur.

咤 **Tóu, Tch'á**. Déposer une coupe. V. page 357.

品 **P'ìn**. Degré, grade, rang. 五 | Où ✝. Les cinq relations sociales. V. page 26.

咨 **Tzēu**. Consulter; soupirer, gémir; ah!

咸 **Hiên**. Tous, entièrement, unir.

哀 **Ngāi**. Être dans l'affliction, compatir, malheureux, lamentable.

哉 **Tsāi**. Particule finale qui marque l'admiration, l'étonnement ou le doute; commencer.

哲 **Tchĕ**. Sage, prudent.

唐 **T'âng**. Principauté de l'empereur 堯 Iaô, à présent comprise dans le 平陽府 P'ing iâng fòu et le 太原府 T'ái iuên fòu du 山西 Chān sī; nom donné à l'empereur Iao. V. page 1. La principauté de T'ang prit plus tard le nom de 晉 Tsin.

問 **Wénn**. Interroger, s'informer, s'informer de la santé de quelqu'un, saluer.

商 **Chāng**. Délibérer; domaine des princes de ce nom, qui gouvernèrent tout l'empire de 1766 à 1154. Voy. page 25.

啓 **K'ì**. Ouvrir, étendre, découvrir, enseigner, commencer, précéder.

啻 **Chéu**. Seulement.

善 **Chèn**. Bon, être bon à.

單 **Tān**. Simple; entièrement, faire ou employer entièrement.

喜 **Hì**. Se réjouir, être content, joyeux, réjouir.

喪 **Sāng**. Deuil, funérailles. ‖ **Sáng**. Mourir, cesser d'exister, faire mourir, ruiner, laisser périr, perdre, être privé de, perdre sa charge, perdre le pouvoir souverain.

喬 **K'iaô**. Haut, dressé verticalement.

嗜 **Chéu**. Trouver agréable, aimer, agréer, convoiter.

嗚 **Oū**. Hélas! Oh!

嗇 **Chĕ**. Moissonner. | 夫 ✝ fōu. Inspecteur des moissons.

嗟 **Tsiĕ**. Soupirer, gémir; oh! ah! hélas!

嗣 **Séu**. Continuer, succéder, hériter, héritier.

嘉 **Kiā**. Excellent, approuver, donner des éloges.

器 **K'í**. Ustensile, instrument, vase, capacité, talent, habileté, intelligence. 五 | Où ✝. V. page 19.

噫 **Ī**. Hélas! oh!

嚌 **Tsí**. Goûter, porter à ses lèvres. V. page 358.

嚚 **În**. Menteur, qui n'est pas sincère.

嚮 **Hiáng.** Tourné vers, regarder vers.

嚴 **Iên.** Sévère, majestueux, respecter.

RACINE 31. 囗

四 **Séu.** Quatre, quatrième. |方 † **fāng.** Les quatre points cardinaux, les quatre côtés, les quatre parties de l'empire, tout l'empire. |海† **hâi.** Toutes les mers qui sont censées entourer la Chine des quatre côtés, la Chine. |國† **kouŏ.** Les principautés des quatre parties de l'empire, toutes les principautés.

囚 **Siôu.** Prisonnier, criminel, mettre en prison.

回 **Houêi.** Tourner, revenir, dépravé, corrompu.

因 **Īn.** S'appuyer sur, suivre, par le moyen de, d'après, selon.

困 **K'ouénn.** Détresse, être dans la détresse.

囧 **Kiòung.** Briller; nom d'homme. Voy. page 372.

固 **Kóu.** Ferme, solide, affermir, opiniâtre.

國 **Kouŏ.** État, royaume, empire, ville capitale d'un État, dynastie impériale. 四|**Séu**†. Tous les États.

囿 **Iù.** Pâturages aux frontières d'un État. 朱|**Tchôu**†. Nom de montagne. V. page 81.

圖 **T'òu.** Penser, consulter, plan, dessin. 河|**Hô**†. V. page 352.

RACINE 32. 土

土 **T'òu.** Terre, l'un des cinq éléments des Chinois, globe terrestre, sol, terrain, territoire, champ, pays, localité. 冢|**Tchòung**†. Autel élevé à l'esprit de la terre.

圮 **Pì.** Démolir, détruire.

地 **Tí.** Le globe terrestre, sol, terrain.

在 **Tsái.** Être présent, dans, sur; consister en, dépendre de; observer, examiner.

圭 **Kouēi.** Tablette de jade qui était une marque de dignité. Voy. page 16.

均 **Kiūn.** Égal, juste, égal à égal, modérer, régler.

坐 **Tsouó.** S'asseoir, assis, siège.

圻 **K'ì.** Limite, domaine propre de l'empereur. |父† **fòu.** Ministre de la guerre.

垂 **Tch'ouêi.** Tomber, faire descendre, laisser pendre, donner, transmettre. ‖ **Chouéi.** Nom d'homme. V. page 27.

垣 **Iuên.** Mur peu élevé.

城 **Tch'êng.** Rempart, place fortifiée, ville, fortifier.

執 **Tchĕu.** Tenir, saisir, maintenir, diriger, conduire, observer une loi, pratiquer constamment une vertu.

堂 **T'âng.** Salle principale d'une maison, bâtir; terrain élevé, plateforme élevée. V. page 349.

埴 **Chĕu.** Argile, argileux.

基 **Kī.** Base, fondement, fondation, établissement, héritage, patrimoine, fonder.

堯 **Iaô.** L'empereur Iao. Voy. page 1.

堪 **K'ān.** Être capable de, pouvoir supporter.

報 **Paó.** Rendre la pareille, payer de retour, récompenser.

LETTRES ET NOMS PROPRES.

聖 **Tsí.** Haïr, détester.

塞 **Sĕ.** Boucher, obstruer, sincère.

塗 **T'òu.** Boue, chemin, route, enduire de mortier.

墊 **Tién.** S'enfoncer, plongé dans l'eau.

塾 **Chŏu.** Chambres situées aux deux côtés de la grande porte d'une habitation. V. page 349.

墉 **Iôung.** Rempart.

墍 **Kí.** Enduire de mortier, crépir.

墓 **Móu.** Tombe.

墳 **Fènn.** Terre grasse et fertile.

墜 **Tchouéi.** Tomber à terre, tomber dans l'oubli, laisser perdre.

墮 **Touó.** Tomber, se perdre.

墠 **Chén.** Terrain aplani.

墨 **Mĕ.** Encre, marque noire imprimée au front d'un coupable. V. page 386.

壇 **T'àn.** Autel.

壚 **Lôu.** Terre noire.

壞 **Houái.** Tomber en ruine, se gâter, se corrompre.

壤 **Jàng.** Terrain cultivé, territoire, terre friable.

RACINE 33. 士

士 **Chéu.** Celui qui s'adonne à l'étude des lettres ou de la sagesse, lettré, sage, officier civil ou militaire, soldat, aide, serviteur.

壬 **Jênn.** Neuvième lettre du cycle (V. page 403 ; rusé, flatteur.

壺 **Hòu.** Pot, vase pour les liquides. | 口 † k'eóu. Nom de montagne. V. page 63

壽 **Cheóu.** Vie longue.

RACINE 35. 夊

夏 **Hiá.** Été. || **Hià.** Grand; de couleurs variées; nom de la première dynastie chinoise, qui, fondée par le grand 禹 Iù en 2205, régna jusqu'en 1766 avant notre ère (V. page 61); l'empire chinois. V. page 26.

夔 **K'ouêi.** | | † †. Respectueux et diligent; nom d'homme. Voy. page 26.

RACINE 36. 夕

夕 **Sí.** Soir, soleil couchant.

外 **Wái.** Dehors, extérieur, étranger, au delà, après, outre, non compris. | 方 † fāng. Nom de montagne. V. page 81.

夙 **Siŭ.** Matin, de très bonne heure, tôt. | 夜 † ié. Matin et soir; du matin au soir.

多 **Touō.** Nombreux, beaucoup, devenir nombreux.

夜 **Ié.** Nuit, tard.

夢 **Móung.** Songe, rêver.

RACINE 37. 大

大 **Tá, Tái.** Grand, noble, distingué, éminent, supérieur, devenir grand, agrandir. | 別 † piĕ, | 伾 † p'ēi. Noms de montagnes. V. page 83. || **T'ái.** Grand. S'emploie pour 太. | 王 † wàng. Aïeul de Wenn wang. V. page 402.

天 **T'iēn.** Ciel, le ciel matériel, l'auteur de la nature, le maître et l'arbitre souverain du ciel et de la terre. V. pag. 101, 103, 104, 110, 112, 114, 118, 122, 125, 128, 155, 162. | 下 † **hiá.** Sous le ciel, tout ce qui est sous le ciel, la terre, l'empire chinois. | 子 † **tzěu.** Le fils du ciel: le souverain de la Chine.

太 **T'ái.** Grand. | 原 † **iuên.** Voy. page 63. | 岳 † **iŏ,** | 行 † **hâng.** Noms de montagnes. V. page 80.

夫 **Fōu.** Homme, mari, soldat, simple particulier. | 婦 † **fóu.** Le mari et la femme. 大 | **Tái** †. Grand dignitaire inférieur au 卿 **k'īng** ministre d'État. || **Fóu.** Ce, cet.

夭 **Iāo.** Mince et long, jeune et beau. || **Iaò.** Mort prématurée.

失 **Chěu.** Perdre, laisser échapper, laisser enlever, ne pas obtenir, omettre, négliger, s'écarter de, ne pas se conformer à, erreur, faute.

夷 **Î.** Uni, égal, s'accroupir; barbares, étrangers. 四 | **Séu** †. Tous les peuples étrangers voisins de la Chine. 伯 | **Pě** †. V. page 28.

夾 **Kiă.** Tenir ou serrer des deux côtés, occuper les deux côtés de, aider. | 室 † **chěu.** V. page 349.

奄 **Iěn.** Occuper une vaste étendue, largement, grandement: aussitôt. || **Iēn.** Nom de pays. V. page 288.

奉 **Fóung.** Présenter, offrir, porter un objet des deux mains, recevoir, avec respect.

奇 **K'î.** Extraordinaire, étrange.

奈 **Nái.** Comment?

奔 **Pēnn.** Courir, s'échapper, s'enfuir, rapide. | 走 † **tseóu.** Remplir les devoirs d'un emploi.

契 **Siĕ.** Fils de 帝嚳 **Ti k'ŏu** et ministre de 舜 **Chouènn.** V. page 25.

奏 **Tseóu.** Jouer d'un instrument de musique; annoncer, offrir, présenter.

奚 **Hî.** Quel? comment? pourquoi?

奠 **Tién.** Présenter, offrir, déposer, fixer, déterminer.

奢 **Chē.** Prodigue, excessif.

奪 **Touŏ.** Prendre de force, enlever, emporter.

奭 **Chěu.** Rouge. 君 | **Kiūn** †. Le Sage Cheu ou 召公 **Chaó kōung,** ministre de 武王 **Où wâng.** V. page 258.

奮 **Fénn.** Prendre son essor, s'élever, faire de grands efforts, exciter.

RACINE 38. 女

女 **Gniù.** Femme, fille. || **Gniú.** Donner une fille en mariage.

奴 **Nôu.** Esclave.

好 **Haò.** Bon, bien, louable, beau. || **Haó.** Aimer, désirer.

如 **Jôu.** Comme, semblable, comme si. | 何 † **hô**? Comment?

妣 **Pì.** Mère ou aïeule décédée.

妹 **Méi.** Sœur moins âgée que nous; nom de pays. V. page 245.

妾 **Ts'iĕ.** Servante.

始 **Chéu.** Commencer, d'abord. || **Chěu.** Commencement.

姑 **Kōu.** Sœur de notre père; en attendant, pour le moment.

姓 **Síng.** Nom de famille. 百 | **Pě** †. Les cent familles, toutes les familles, le peuple.

威 **Wēi.** Qui inspire le respect et la crainte ; majestueux, terrible.

姦 **Kiēn.** Vicieux, traître, perfide.

娶 **Ts'iú.** Prendre femme.

婦 **Fóu.** Épouse, femme mariée.

婚 **Houēnn.** Mariage, parent par alliance.

媚 **Méi.** Flatter, aimable, agréable, favori.

嬀 **Kouēi.** Nom de rivière. Voyez page 12.

嬪 **P'in.** Devenir la femme de.

RACINE 39. 子

子 **Tzèu.** Fils, fille, enfant; aimer d'un amour paternel; titre de dignité; officier. 予小｜ **Iù siaò †.** Moi qui suis faible comme un petit enfant, moi indigne fils du ciel. V. page 101 et 111.

孔 **K'òung.** Grand, grandement.

孕 **Íng.** Femme enceinte.

字 **Tzéu.** Aimer, prendre soin de.

存 **Ts'uēnn.** Conserver, continuer d'exister.

孝 **Hiaó.** Piété filiale, remplir les devoirs de la piété filiale.

孚 **Fóu.** Fidèle, sincère, vrai, certain, confiance, croire.

孜 **Tzēu.** Très diligent.

孟 **Méng.** Commencer, le plus âgé, le premier par le rang ou la dignité. ｜仲季† **tchóung ki.** Le premier, le deuxième et le troisième. ｜津† **tsīn.** Gué de Meng. V. page 82. ｜豬† **tchōu.** V. page 75.

季 **Kí.** Le troisième de plusieurs frères; de dernier. 王｜ **Wáng †.** Père de 文王 **Wēnn wáng.**

孤 **Kōu.** Enfant qui a perdu son père, orphelin; seul, sans ami. 三｜ **Sān †.** V. page 333.

孥 **Nòu.** Fils et filles; la femme et les enfants.

孫 **Suēnn.** Petit-fils, descendant. 子｜ **Tzèu †.** Descendants.

孳 **Tzēu.** Engendrer.

學 **Hiŏ.** Apprendre sous un maître, étudier, imiter.

孺 **Jóu.** Enfant.

孽 **Iĕ.** Malheur, calamité.

RACINE 40. 宀

宄 **Kouèi.** Traître, perfide.

宅 **Tchĕ.** Habitation, contrée où l'on fixe sa demeure, occuper, habiter, emploi, poste. 三｜ **Sān †.** V. page 323.

宇 **Iù.** Toit, emplacement d'une habitation, territoire.

守 **Cheòu.** Garder, défendre, veiller sur. ｜｜ **Cheóu.** Pays soumis à la juridiction d'un officier.

安 **Ngān.** Paisible, calme, tranquille, en sûreté, en sécurité, en bon état, en bonne santé, à qui rien ne manque, content, heureux, repos, loisir, aisément, sans effort, procurer la tranquillité ou le repos; comment? pourquoi? où?

宏 **Hòung.** Vaste bâtiment, large, élargir.

宗 **Tsōung.** Souche d'une famille, ancêtres, tous ceux qui sont issus d'une souche commune et portent le même nom de famille; chef d'une famille; vénérable, vénérer; lieu de réunion. | 廟 † miaó. Salle où les tablettes des ancêtres de l'empereur ou d'un prince étaient rangées et honorées; tablettes portant les noms des ancêtres. | 周 † Tcheōu. V. page 311.

官 Kouān. Officier civil ou militaire, charge publique. 百 | Pĕ †. Les officiers de tout rang.

宜 Í. Convenable, raisonnable, juste, utile, commode.

定 Tíng. Fixer, établir, déterminer, cesser, arrêter, finir.

宣 Siuēn. Aller partout, proclamer, déployer, étendre.

室 Chĕu. Maison, chambre; famille, épouse. 太 | T'ái †. V. page 280.

宥 Ióu. Pardonner, faire grâce, user d'indulgence.

宮 Kōung. Maison, établissement, palais; peine de la castration. V. page 386.

宰 Tsài. Gouverner, ministre d'État. 冢 | Tchŏung †. Premier ministre.

害 Hái. Nuire, causer du dommage, souffrir. || Hŏ. Pourquoi?

宵 Siaō. Nuit.

家 Kiā. Maison; famille, les personnes qui demeurent dans une même maison, tous ceux qui sont issus d'un même sang et portent le même nom de famille; domaine d'un 大夫 tài fōu ou d'un 卿 k'īng. V. p. 46. 國 | Kouŏ †. L'empire.

容 Ióung. Supporter avec patience, endurer, patient, indulgent. V. page 399.

宿 Siŭ. Garder, offrir, présenter. V. page 279.

寅 Ín. Respectueux, traiter avec respect; le troisième des caractères horaires. V. page 403.

密 Mĭ. Secret, silence, dru, compacte.

寇 K'eóu. Voleur, brigand. 司 | Sēu †. Ministre de la justice.

富 Fóu. Riche, richesse, abondant, enrichir.

寒 Hán. Froid, souffrir du froid.

寡 Kouà. Peu, rare, petit, peu considérable, femme veuve.

察 Tch'ă. Examiner.

實 Chĕu. Plein, emplir; solide, réel, véritable, sincère, en réalité.

寧 } Gníng. Paisible, tranquille, 寍 } rendre tranquille; il vaut mieux, il est préférable. La première forme est à présent interdite, parce qu'elle a fait partie du nom de l'empereur 道光 Taó kouāng.

審 Chènn. Examiner avec soin, discerner.

寬 K'ouān. Large, vaste; indulgent, généreux, magnanime.

寶 Paó. Chose précieuse.

寵 Tch'ŏung. Faveur, bienfait, accorder une faveur, gratifier.

RACINE 41. 寸

封 Fōung. Levée de terre qui formait la limite d'un État; frontière; tertre, conférer une dignité ou une charge.

射 Ché. Tirer de l'arc, archer. V. page 54. || Chĕu. Lancer une flèche contre un objet.

將 Tsiāng. Être sur le point de, avoir l'intention de; marque du futur; grand, fort; prendre, soigner, diriger.

專 **Tchouĕn.** Agir seul, commander seul.

尊 **Tsuĕnn.** Honorable, respectable, honorer, respecter.

對 **Touéi.** Donner une réponse, conforme, convenable.

導 **Taò.** Conduire, diriger, veiller sur.

RACINE 42. 小

小 **Siaò.** Petit, peu considérable, vil. | 民 † min. Bas peuple, sujets. | 人 † jênn. Homme vulgaire, homme méprisable. | 子 † tzèu. Enfant; moi petit enfant (l'empereur se désigne ainsi lui-même).

少 **Chaò.** Peu. || **Chaó.** Jeune, moindre, aide.

尙 **Cháng.** Ajouter, encore, de plus; par bonheur, espérer, désirer, souhaiter; estimer.

RACINE 43. 尤

尤 **Ióu.** Mauvais, blâmer, malheur.

就 **Tsióu.** Aller à, approcher, avancer, progresser. 三 | Sān †. V. page 26.

RACINE 44. 尸

尸 **Chēu.** Cadavre; celui qui dans une cérémonie en l'honneur d'un mort représentait la personne du mort; officier inerte.

尹 **In.** Gouverner, administrer, régler, diriger, préfet, officier.

尾 **Wèi.** Queue; s'accoupler.

居 **Kiū.** Habiter, demeurer, occuper, demeure, contrée habitée; magasin.

屆 **Kiái.** Fin, limite, arriver.

屋 **Oŭ.** Maison.

屑 **Siĕ.** Peu considérable, peu important, dédaigner, mépriser.

展 **Tchèn.** Étendre, développer.

屛 **Ping, Píng.** Écarter, éloigner, enlever. || **P'ing.** Cloison, paravent, rempart. V. page 350.

屢 **Liú.** Souvent.

屬 **Chŏu.** Appliquer, adhérent, proche, uni, parent, communiquer, appartenir à, dépendre de. || **Tchŏu.** Réunir, procurer un secours.

RACINE 46. 山

山 **Chān.** Montagne, colline.

岐 **K'i.** Nom de montagne. V. pag. 63 et 171.

岡 **Kàng.** Crête d'une montagne.

岱 **Tái.** Nom de montagne. Voyez page 10.

岳 **Iŏ.** Montagne. 四 | Séu †. V. pag. 10 et 17.

岷 **Mín.** Nom de montagne. Voyez page 77.

岍 **K'iĕn.** Nom de montagne. Voyez page 80.

峕 **Tchèu.** Amasser, réunir des provisions.

峻 **Tsiún, Siún.** Très élevé, escarpé.

島 **Taò.** Ile.

崇 **Tch'òung.** Haut, grand, éminent, honorer; nom de montagne (V. page 22); nom de principauté (V. page 32).

崑 **Kouēnn.** Nom de montagne. V. pag. 80 et 99.

崙 **Liûn.** Nom de montagne. V. page 80.

崩 **Pēng.** S'écrouler, tomber, mourir (se dit de l'empereur).

嵎 **Iû.** | 夷 † i. Nom de pays. V. page 4.

嶓 **Pouŏ.** | 冢 † tchòung. Nom de montagne. V. page 77.

嶧 **Ĭ.** Nom de montagne. V. page 69.

巖 **Iên.** 傅 | **Fóu** †. Nom de lieu. V. page 152.

RACINE 47. 巛

川 **Tch'ouēn.** Cours d'eau, rivière.

州 **Tcheōu.** Province. 九 | 十 二 | **Kiòu** †, **chĕu éul** †. V. p. 20.

巡 **Siûn.** Parcourir et visiter.

巢 **Tch'aò.** Nid, hutte sur un arbre. 南 | **Nân** †. Nom de lieu.

RACINE 48. 工

工 **Kōung.** Artisan, ouvrier, métier, travail, officier, préfet; habile.

左 **Tsouò.** Côté gauche, main gauche. || **Tsouó.** Aider.

巧 **K'iaò**. Habile, adroit, ingénieux, rusé.

巨 **Kiú**, Grand.

巫 **Où.** Magicienne, sorcier, devin.

差 **Tch'ā.** Différence, erreur. V. page 386.

RACINE 49. 己

己 **Kĭ.** Même, *ipse*, soi-même, lui-même; lettre du cycle. V. page 403.

已 **Ĭ.** Avoir une fin, prendre fin, mettre fin, cesser, déjà, auparavant, marque du temps passé; oui.

巳 **Séu.** La sixième des lettres horaires. V. page 403.

巽 **Suénn.** Condescendant, soumis, docile, obéir.

RACINE 50. 巾

市 **Chéu.** Place de marché.

布 **Póu.** Toile, déployer, étendre.

希 **Hī.** Peu, rare, cesser.

帛 **Pĕ.** Tissu de soie, pièces de soie offertes en présent, présents.

帝 **Tí.** Prince souverain, roi, empereur, le souverain roi. V. pag. 117, 151, 312. 上 | 天 | 也 (朱熹) **Cháng** † **t'iēn** † **iĕ**. Le Chang ti est le roi du ciel.

師 **Chēu.** Maître qui enseigne, modèle, chef, directeur de musique, prendre pour maître ou pour modèle, imiter; grand nombre de personnes; capitale d'un État; légion de deux mille cinq cents hommes, armée. 六 | **Liŭ** †. Les six légions dont se composait l'armée impériale. 太 | 少 | **T'ài** †, **chaó** †. Voy. Part. IV, Ch XX. 5, page 333.

席 **Sĭ.** Natte, se reposer sur.

常 **Cháng (Tch'âng).** Règle constante, loi, régulier, constant; étendard. 五 | **Où** †. V. page 13.

幣 **Pí.** Étoffe de soie, pièces de soie offertes en présent, présents.

RACINE 51. 干

干 **Kān.** Bouclier, se heurter contre, s'exposer à, encourir.

平 **P'ing.** De niveau, uni, égal, uniforme, ordinaire, commun, vulgaire, juste, impartial, bien tempéré, en équilibre, calme, paisible, bien réglé, aplanir, rendre égal, rendre tranquille, régler, arranger.

年 **Gniên.** Année, récolte de l'année, moisson.

并 **Píng.** Ensemble, tout à la fois.

幹 **Kán.** Travail, occupation, devoir, emploi.

RACINE 52. 幺

幻 **Houán.** Trompeur, ruse.

幼 **Ióu.** Jeune.

幽 **Iōu.** Obscur, sombre, ne déployer aucun talent; nom de lieu. V. pag. 20 et 22.

幾 **Kī.** Premiers indices, presque, grand danger.

RACINE 53. 广

序 **Siú.** Mur situé à l'est ou à l'ouest d'une habitation. V. p. 349.

底 **Tì.** Arriver à terme, fin.

庚 **Kēng.** Lettre du cycle. Voyez page 403.

府 **Fòu.** Magasin ou dépôt de l'État, circonscription, préfecture. 六丨 **Liŭ †.** Les six trésors de la nature. V. page 86.

度 **Tóu.** Mesurer la longueur d'une chose, mesure de longueur; loi, règle, régler; marcher, passer. ‖ **Touŏ.** Réfléchir, conjecturer, deviner, délibérer.

庭 **T'íng.** La cour principale d'une maison, cour d'un souverain.

庬 **Máng.** Mêlé, de différentes sortes, confusion.

康 **K'āng.** Tranquille, heureux, prospère, abondant.

庸 **Iōung.** Se servir, employer, mettre en charge, service rendu au public (V. p. 20); nom de pays (V. page 185).

庶 **Chóu.** Grand nombre, multitude, le peuple, le vulgaire, tout l'ensemble, homme d'un rang peu élevé; à peu près, presque, je désire, j'espère, heureusement.

廉 **Liên.** Angle; intègre, perspicace, examiner, discerner.

廢 **Féi.** Tomber en ruine, dépérir, abolir, rendre inutile.

廡 **Oû.** Végétation luxuriante.

廣 **Kouàng.** Large, vaste, qui s'étend au loin.

廟 **Miaó.** Tablette portant le nom de l'un des ancêtres défunts, salle ou chambre occupée par la tablette d'un défunt, bâtiment divisé en salles ou petites chambres pour les tablettes des ancêtres d'une famille. V. pag. 131.

RACINE 54. 廴

延 **Iên.** Étendre, prolonger, conduire.

建 **Kién.** Fonder, établir, constituer, dresser.

RACINE 55. 廾

弁 **Pién.** Bonnet de peau. Voyez page 354.

异 **Ì.** Finir, cesser, se désister.

RACINE 56. 弋

弋 **Ì.** Flèche munie d'un long fil par lequel le chasseur la retire à soi; viser, aspirer à.

式 **Chĕu.** Règle, modèle, exemple, prendre pour modèle, employer; traverse de bois fixée sur le devant d'une voiture et servant d'appui pour les mains; se tenir appuyé sur le devant de la voiture et saluer quelqu'un en inclinant la tête.

RACINE 57. 弓

弓 **Kōung.** Arc.

引 **In.** Tirer à soi la corde d'un arc pour lancer une flèche, faire venir à soi, attirer, conduire, étendre.

弔 **Tiaó.** Avoir compassion, être affligé. || **Tĭ.** Arriver.

弘 **Hòung.** Grand, vaste, agrandir, développer.

弗 **Fŏu.** Ne pas; écarter.

弟 **Tí.** Frère puîné, cousin.

弱 **Jŏ.** Faible, peu considérable. | 水 † **chouéi.** Nom de rivière. V. page 79.

張 **Tchāng.** Bander un arc; déployer, étaler, exagérer.

弼 **Pĭ.** Aider, aide.

彊 **K'iâng.** Fort, robuste, puissant, violent.

彌 **Mi.** Encore plus.

RACINE 58. 彐

彝 **Î.** Loi naturelle, règle, constant, régulier; coupe. V. page 52.

RACINE 59. 彡

形 **Hing.** Forme, figure, apparence, représentation, paraître.

彤 **T'òung.** Rouge; nom de principauté. V. page 345.

彥 **Ién.** Homme remarquable par sa vertu et sa science.

彫 **Tiaō.** Travailler au ciseau, sculpter, ciseler.

彭 **P'êng.** Nom de lieu. V. p. 185. | 蠡 † **li.** Ancien nom du lac P'ouo iang. V. page 71.

彰 **Tchāng.** Élégant, brillant, faire briller, mettre en relief.

影 **Ing.** Ombre.

RACINE 60. 彳

役 **Ĭ.** Remplir un service public, servir.

彼 **Pèi.** Celui-là, cela, ce lieu-là, ce, cet.

往 **Wàng.** Aller à, s'en aller, passer, s'écouler, passé, écoulé, autrefois, désormais.

征 **Tchēng.** Marcher, expédition militaire, soumettre par la voie des armes un vassal ou des sujets rebelles.

徂 **Ts'òu.** Aller, s'écouler, passer, trépassé, mourir, autrefois, ensuite, désormais.

待 **Tái.** Attendre.

徇 **Siùn.** Parcourir.

很 **Hènn.** Querelleur, colère, rebelle, violent.

律 **Liŭ.** Tube musical (V. page 18); loi, règle.

後 **Heóu.** Après, postérieur, futur, descendant, postérité, successeur.

徐 **Siû.** Nom de contrée. V. p. 393. | 州 † **tcheōu.** V. page 68.

徒 **T'òu.** Aller à pied, piéton, fantassin, suivant, aide. 司 | **Sēu** †. Ministre de l'instruction publique.

得 **Tĕ.** Obtenir, acquérir, posséder, arriver à. | 罪 † **tsouéi.** Offenser.

從 **Ts'òung.** Suivre, poursuivre, s'appliquer à, à partir de. ‖ **Tsóung.** Compagnon, suivant. ‖ **Ts'òung.** | 容 † **ióung.** A loisir, avec calme.

御 **Iú.** Conduire une voiture, aller en voiture, voiturier; gouverner, administrer; présenter, être auprès de quelqu'un.

徧 **Pién.** Tout autour, partout, universellement, généralement.

復 **Fŏu.** Revenir, retourner, reprendre, recouvrer, réitérer, renouveler.

循 **Siûn.** S'accommoder à, condescendre.

微 **Wêi.** Petit, amoindrir, diminuer; nom de lieu (V. page 185); nom de principauté (V. page 165).

徯 **Hî.** Attendre.

德 **Tĕ.** Vertu, disposition bonne ou mauvaise de l'âme, conduite bonne ou mauvaise, bonté, bienfaisance.

徽 **Houēi.** Bon, parfait.

RACINE 61. 心

心 **Sīn.** Cœur, esprit, intelligence, volonté, désir, intention, affection.

必 **Pĭ.** Certainement, nécessairement.

忌 **Kí.** Craindre, éviter, avoir en aversion.

忍 **Jènn.** Supporter, endurer, permettre; n'avoir pas compassion.

忒 **T'ĕ.** Erreur, faute, excès; inconstant, trompeur.

忘 **Wàng.** Oublier, être oublié.

志 **Tchéu.** Tendance, désir, volonté, intention, projet.

忠 **Tchōung.** Loyal, fidèle, sincère, dévoué.

忸 **Nŏu.** Avoir honte, couvert de honte.

忿 **Fénn.** Colère, s'irriter.

忝 **T'iĕn.** Déshonorer.

忱 **Chènn.** Digne de foi, sincère, croire, avoir confiance.

念 **Gnién.** Penser à, se souvenir.

忽 **Hŏu.** Négliger, mépriser.

怒 **Nóu.** Colère, s'irriter, s'indigner.

怙 **Hòu.** Avoir sa confiance ou son appui en, présomptueux.

思 **Sēu.** Penser, réfléchir, prudent. ‖ **Séu.** Prudent.

怩 **Gnî, Gnĭ.** Avoir honte.

怪 **Kouái.** Étrange.

怵 **Tch'ŏu.** Craindre, effrayé.

怠 **Tái.** Paresseux, négligent.

急 **Kí.** Prompt, urgent; grande difficulté.

性 **Síng,** Nature, vie.

怨 **Iuén.** Mécontentement, plainte, ressentiment, inimitié.

恐 **K'òung.** Craindre.

恒 **Hèng.** Constant; nom de montagne (Voy. p. 10), nom de rivière (Voy. p. 64).

恂 **Siūn.** Sincère.

恬 T'iēn. Paisible, tranquille.

恤 Siŭ. Avoir compassion, traiter avec commisération, secourir.

聡 Tch'èu. Avoir honte, faire éprouver un sentiment de honte.

恪 K'ŏ. Respectueux.

恭 Kōung. Témoigner du respect, honorer, soigneux, diligent, veiller sur soi-même.

息 Sĭ. Respirer, s'arrêter, cesser, se reposer, faire cesser.

恫 T'ōung. S'affliger, triste.

悦 Iuĕ. Joyeux, prendre plaisir à.

悉 Sĭ. Tout, entièrement, en toutes choses.

悛 Ts'iūn. Se corriger, changer.

悟 Oú. S'apercevoir de, comprendre.

悔 Houéi. Se repentir, se corriger. V. page 204.

悖 Péi. Déraisonnable, injuste, désordonné; opposé, contraire.

患 Houán. Chagrin, cause de chagrin, malheur.

惟 Wéi. Seulement, penser à; particule euphonique.

惠 Houéi. Bienfaisant, bienfait, bon, aimer, condescendre.

惡 Ngŏ. Mauvais, méchant. || Oú. Avoir en aversion, haïr.

惕 T'ĭ. Inquiet, diligent, craindre, respecter.

情 Ts'ìng. Sentiment de l'âme, bonté, affection.

悲 Pēi. Affligé, triste.

惇 Touēnn. Bon, vertueux, sincère, généreux, grand. | 物 † ŏu. Nom de montagne. V. page 79.

惰 Touó. Paresseux, lent.

愆 K'iēn. Excès, défaut, faute, erreur.

愛 Ngái. Aimer, avoir de l'attachement pour, être avare de.

感 Kán. Toucher le cœur.

愚 Iú. Ignorant, peu intelligent.

愧 Kouéi. Avoir honte, avoir lieu de rougir.

慎 Chénn. Soigneux, attentif, prendre garde, examiner.

愿 Iuén. Vertueux, sincère, franc.

慆 T'aō. Licencieux, déréglé, pervers.

慄 Lĭ. Craindre.

慕 Móu. Aimer, désirer, se rappeler avec affection le souvenir de.

慙 Ts'án. Avoir honte.

慝 T'ĕ. Vice caché, faute, vicieux, pervers.

慢 Mán. Lent, tardif, négligent, peu respectueux.

慰 Wéi. Consoler, encourager.

慮 Liú. Penser à ce qu'on doit faire, sollicitude, souci.

慶 K'ing. Féliciter, récompenser, bonheur.

憂 Iōu. Triste, inquiet, cause de chagrin.

慼 Ts'ĭ. Triste, affligé.

憑 P'ìng. S'appuyer sur ou contre.

憝 Touéi. Avoir en horreur, haïr.

憲 Hién. Règle, modèle, loi. | | † †. Joyeux.

應 **Îng.** Répondre, conforme; nom d'un petit tambour. | 門 † **mênn.** Nom d'une porte du palais impérial. V. page 347.

懌 **Î.** Joyeux, aimable, réjouir. 不 | **Pŏu** †. Maladie grave de l'empereur.

憸 **Siēn.** Flatteur rusé, médire, murmurer.

懋 **Meóu.** Faire des efforts, diligent; grand, distingué.

懍 **Lìn.** Craindre, être effrayé.

憤 **Tchéu.** Irascible, méchant, cruel.

懲 **Tch'êng.** Réprimer, corriger.

懷 **Houâi.** Sein, embrasser, concevoir ou garder une pensée ou un sentiment, penser à, se rappeler le souvenir de, aimer; tranquille.

懼 **Kiú.** Craindre.

懿 **Î.** Excellent, vertueux, sage.

RACINE 62. 戈

戈 **Kouō.** Lance, pique. Voyez page 355.

戊 **Meóu, Oú.** Cinquième lettre du cycle. V. page 403.

戌 **Siŭ.** La onzième heure. Voyez page 403.

戎 **Jôung.** Arme, soldat, guerre, nom de peuplades étrangères répandues à l'ouest de la Chine; grand.

成 **Tch'êng.** Faire, exécuter, terminer, mener à bonne fin, perfectionner, parfait, complet, accompli, expérimenté; fin d'une guerre. | 湯 † **T'āng.** T'ang le victorieux. V. page 104.

戒 **Kiái.** Prendre garde, éviter, s'abstenir, avertir quelqu'un de prendre garde.

我 **Ngò.** Je, moi, nous.

戕 **Ts'iàng.** Tuer, blesser, endommager, faire violence.

或 **Houĕ.** Quelqu'un, quelques-uns, ou bien, peut-être.

戚 **Ts'ĭ.** Petite hache de guerre; triste, mécontent.

戛 **Kiă.** Frapper légèrement. || **K'iă.** Loi, punir selon les lois.

戡 **K'ān.** Vaincre, soumettre; avoir la force de.

槊 **K'ouêi.** Longue lance.

截 **Tsiĕ.** Couper, trancher. || † †. Discourir.

戮 **Lŏu, Liôu.** Mettre à mort, outrager, couvrir de honte; faire des efforts.

戰 **Tchén.** Combattre, mener au combat, craindre, trembler de peur.

戲 **Hí.** Jouer, s'amuser.

戴 **Tái.** Porter un objet sur la tête; honorer, estimer.

RACINE 63. 戶

戹 **Chéu.** Angle d'une salle ou d'une plate-forme élevée. V. page 349.

戾 **Lí.** Terme, limite, arriver à, s'arrêter à, arrêter, calmer, fixer; mauvais, faute, malheur, contraire.

房 **Fàng.** Maison, nom d'une constellation qui fait partie du Scorpion. V. page 98.

所 **Chòu (Chouò).** Lieu, demeure (V. page 290); pronom relatif qui n'est jamais sujet, mais toujours régime d'un verbe; adverbe de lieu; particule numérale (V. page 300).

展 Ĭ. Sorte de paravent dressé derrière le trône impérial. V. page 350.

屝 Hòu. Queue, cortége, nom de principauté. V. page 89.

RACINE 64. 手

手 Cheòu. Main.

扑 Pŏu. Frapper avec un bâton, battre de verges.

扞 Hán. Protéger défendre.

承 Tch'éng. Présenter ou recevoir un objet avec respect; aider; continuer, soutenir, résister.

技 Kí. Talent, habileté, bonne qualité, ruse.

抑 Ĭ. Comprimer, déprimer, abaisser.

投 T'eòu. Lancer, se précipiter, se réfugier, présenter.

折 Tchĕ. Casser, courber, diminuer, décider, juger.

抱 Paó. Prendre ou tenir dans les bras, embrasser, contenir.

拘 Keōu. Retenir, saisir.

拙 Tchouŏ. Inhabile, maladroit, peu intelligent.

拔 Pă. Tirer dehors, arracher, enlever.

招 Tchaō. Appeler quelqu'un par un signe de la main.

拜 Pái. Saluer, courber. | 稽首 † k'i choòu, | 手稽首 † cheòu k'i cheòu. V. page 25.

拊 Fòu. Frapper légèrement.

括 Kouŏ. Extrémité ou coche d'une flèche.

指 Tchèu. Doigt, montrer du doigt, indiquer, faire connaître.

拱 Kòung. Joindre les mains, tenir les mains jointes.

持 Tch'éu. Saisir ou tenir un objet d'une main ferme.

振 Tchénn. Secouer, agiter, exciter, arrêter, faire cesser, faire revenir.

授 Cheòu. Donner, livrer, transmettre, enseigner.

掌 Tchàng. La paume de la main; diriger, administrer.

接 Tsiĕ Unir, réunir, recevoir, hériter, succéder.

掩 Ièn. Couvrir, voiler, cacher, dissimuler, boucher, fermer.

探 T'ān. Toucher, essayer, attirer.

推 T'ouēi. Pousser, faire avancer, repousser.

揆 Kouéi. Examiner, apprécier, juger, mesurer. 百 | Pĕ †. Directeur de tous les officiers. V. page 14.

揖 Ĭ. Saluer en joignant les mains.

揚 Iàng. S'élever dans les airs, haut, déployer, faire paraître, publier, exalter, célébrer. | 州 † tcheōu. V. page 70.

搏 Pouŏ. Saisir, frapper

搜 Seōu. Chercher. 渠 | K'iù †. Nom de montagne. V. page 80.

損 Suènn. Diminuer, retrancher, perdre.

摯 Tchéu. Arriver.

撫 Fòu. Consoler, rendre tranquille, faire du bien, s'accommoder à.

播 Pouò. Semer, disséminer, répandre, propager, disperser, repousser. | 冢 † tchòung. Nom de montagne. V. page 77.

撲 P'òu. Frapper légèrement.

撻 T'ă. Frapper, battre de verges.

擇 **Tchĕ.** Choisir, prendre de préférence, trier, séparer, distinguer.

擊 **Kĭ.** Frapper, battre,

擭 **Houá, Houŏ.** Piège pour prendre les quadrupèdes.

擾 **Jaò.** Troubler, molester; instruire, policer.

攘 **Jâng.** Repousser, enlever, dérober.

攜 **Hĭ.** Se donner la main, conduire par la main, tenir à la main.

RACINE 65. 支

支 **Tchēu.** Branche d'arbre

RACINE 66. 攴

收 **Cheōu.** Reprendre, retirer, se retirer.

攸 **Iôu.** Lieu; là, où, adverbe de lieu; que, pronom relatif qui s'emploie comme régime, et non comme sujet du verbe.

改 **Kăi.** Changer, devenir autre, rendre différent, corriger, réformer.

攻 **Kōung.** Attaquer, combattre, blâmer; travailler.

放 **Fáng.** Lâcher, laisser aller, mettre en liberté, donner liberté, licencieux, immodéré, négliger, laisser perdre, rejeter, chasser, bannir, reléguer dans un lieu déterminé. || **Fâng.** Imiter, étendre, arriver à. | 勳 † hiūn. Étendre partout ses bienfaits; surnom donné à l'empereur Iao.

政 **Tchéng.** Gouvernement, administration publique, lois de l'État, gouverner. 七 | **Ts'ĭ** †. V. page 15. || **Tchēng.** 征 Expédition militaire.

故 **Kóu.** Cause, motif, à cause de; ancien, vieux.

效 **Hiaó.** Agir, faire, constituer, exécuter.

敉 **Mĭ.** Affermir, consolider, compléter, accorder la plus grande récompense. V. page 276.

敘 **Siú.** Ordre, mettre en ordre, arranger, disposer.

敕 **Tch'ĕu.** Arranger, soigneux, diligent.

教 **Kiaó.** Enseigner, instruire, enseignement, doctrine, avis. 五 | **Oŭ** †. V. pag. 13 et 26.

敏 **Mĭn.** Prompt, actif, hâter, intelligence prompte.

救 **Kióu.** Mettre un terme à un mal, secourir, délivrer, sauver.

敗 **Pái.** Vaincre, détruire, ruiner, corrompre, gâter.

敔 **Iŭ.** Tigre musical. V. page 58.

敝 **Pí.** Usé, ruiné, affaibli, gâté, endommagé, vaincu, user.

敛 **Gniĕ.** Boucher, remplir.

敢 **Kăn.** Oser, se permettre de, prendre la liberté de.

散 **Sàn.** Se séparer, se disperser, séparé, dispersé, aller çà et là.

敬 **Kíng.** Éprouver un sentiment de respect, révérer; traiter avec respect ou avec soin; attentif, soigneux, diligent.

敷 **Fōu.** Étendre, répandre au loin, vaste, universel; arranger, préparer.

數 **Chóu.** Nombre, quantité, art, science, règles. 厯 | **Lĭ** †. Calcul des temps, calendrier, astronomie, série des événements, temps déterminé par le ciel.

敹 **Leaô.** Arranger, réparer.

敫 **Kiaó.** Lier, nouer.

敛 **Liĕn.** Recueillir, exiger ou percevoir une taxe, impôt, contribution.

斁 **Tóu.** Ruiner, détruire, anéantir. || **Ĭ.** Satiété, dégoût, dédain.

斅 **Hiaó.** Enseigner, faire comprendre.

RACINE 67. 文

文 **Wĕnn.** Linéament, raie, dessin, peinture, ornement; tout ce qui sert à perfectionner le corps ou l'âme, orné, élégant, doux, humain, poli, civil, qui n'est pas militaire. | 侯 † **heôu.** V. page 390. | 王 † **wâng.** Prince de 周 **Tcheōu.** Il fut le père de 武王 **Oú wâng**, qui fonda la dynastie des Tcheou en 1122 avant notre ère. V. page 171.

RACINE 69. 斤

斥 **Tch'ĕu.** Terrain salé.

斨 **Ts'iāng.** Hache; nom d'homme. V. page 27.

斫 **Tchouŏ.** Couper, tailler.

斯 **Sēu.** Ce, cet, cela, ce lieu, à cause de cela, ensuite, alors, aussitôt.

新 **Sīn.** Nouveau, récent, renouveler.

斲 **Tchouŏ.** Hache, tailler avec une hache, sculpter, polir.

斷 **Touán.** Trancher, couper; séparer, interrompre, cesser; décider, certainement. | | † †. Cœur simple et droit.

RACINE 70. 方

方 **Fāng.** Carré, rectangulaire; région, lieu; règle, régulier, à l'instant même, juste en ce moment, juste au moment où, ne faire que commencer, à peine. 四 | **Séu** †. Les quatre points cardinaux, toutes les parties de la terre ou d'un État.

於 **Iū.** Dans, en, à, par, au sujet de. || **Oū.** Oh! hélas!

施 **Chēu.** Étaler, étendre, déployer, employer.

旁 **P'āng.** Côté, être au côté de, de tous côtés.

旄 **Maô.** Guidon formé de crin de bœuf.

旅 **Liù.** Troupe de cinq cents soldats, cohorte; nombreux, foule, tous; voyageur, étranger; épine dorsale; sacrifice offert à l'esprit d'une montagne; nom de lieu. V. page 209.

旌 **Tsīng.** Guidon formé de plumes de faisan, insigne, marque distinctive.

族 **Tsŏu.** Tous ceux qui sont issus d'un même sang et portent le même nom de famille. 九 | **Kiòu** †. V. pag. 3.

RACINE 71. 无

既 **Kí.** Finir, terminer, épuiser, entièrement; dans un temps passé, déjà, auparavant, après que, quand, puisque.

RACINE 72. 日

日 **Jĕu.** Soleil, jour, durant le jour, chaque jour.

旦 **Tán.** Matin.

旨 **Tchèu.** Excellent, exquis; intention, désir, volonté.

旬 **Siûn.** Dix jours.

| 早 | **Tsaò.** Matin, de bonne heure, tôt. |

| 旱 | **Hán.** Sec, sécheresse. |

| 昊 | **Haò.** Grand, vaste, auguste. |

| 旻 昬 | **Mìn.** Compatissant; ciel d'automne, ciel destructeur. V. p. 282. La première de ces deux lettres n'est plus employée, parce qu'elle a fait partie du nom de Tao kouang. |

| 明 | **Mìng.** Lumière, lumineux, briller, éclairer; clair, évident, manifeste; distingué, illustre, glorieux; perspicace, esprit pénétrant. |

| 昏 | **Houēnn.** Crépuscule du soir, obscur, ténébreux. |

| 易 | **Í.** Facile, rendre facile; changer, échanger. ǁ **Ĭ.** Transformation. |

| 昔 | **Sí.** Autrefois, jadis, hier. |

| 昌 | **Tch'āng.** Brillant, beau, prospère, nombreux. |

| 昃 | **Tchĕ.** Soleil couchant. |

| 昆 | **Kouēnn.** Futur, postérieur, après. |

| 昵 | **Gnĭ.** Proche, familier, favori. ǁ **Gnì.** Père défunt. |

| 星 | **Sīng.** Étoile, constellation, planète. |

| 春 | **Tch'ouēnn.** Printemps. |

| 昏 | **Houēnn.** Ténèbres, obscurité, ignorance. |

| 昧 | **Méi.** Obscur. |

| 昴 | **Maò.** Les Pléiades. |

| 昭 | **Tchaō.** Lumière, briller, éclairer, instruire, faire briller. |

| 是 | **Chéu.** Ce, cet, ceci, cela; vrai, bon, louable, affirmer, approuver. |

| 時 | **Chéu.** Temps, moment opportun, saison; ce, cet, cela. |

| 晝 | **Tcheóu.** Le temps qui s'écoule depuis le lever du soleil jusqu'à son coucher. |

| 晨 | **Chēnn, Tch'ēnn.** Matin. |

| 智 | **Tchéu.** Connaissance exacte et juste appréciation des choses, prudence, sagesse. |

| 暇 | **Hiá.** Repos, avoir le loisir de. |

| 暑 | **Chòu.** Chaleur de l'été. |

| 陽 | **Iáng.** Lumière du soleil. |

| 暋 | **Mìn.** Violent. |

| 暫 | **Tsán.** Court espace de temps. |

| 暴 | **Paó.** Cruel, violent, traiter avec cruauté. |

| 暨 | **Kí.** Et, avec. |

| 曆 歷 | **Lí.** Calcul du mouvement des astres, calcul des temps. La première de ces deux lettres ne s'emploie plus à présent, parce qu'elle a fait partie du nom de l'empereur K'ien loung. La seconde lui a été substituée. |

| 曠 | **K'ouáng.** Vide, désert, inoccupé, inutile, rendre inutile. |

RACINE 73. 曰

| 曰 | **Iuĕ.** Dire, nommer, signifier; particule. |

| 曲 | **K'iŭ.** Courbe, sinueux, désordonné, blâmable, injuste. |

| 曷 | **Hŏ.** Pourquoi? comment? quand? où? qui? |

| 書 | **Chōu.** Écrire, écriture, pièce écrite, document, livre. |

替 **T'ĭ.** Cesser, discontinuer, omettre, négliger; remplacer.

曾 **Tsēng.** | 孫 † **suēnn.** Arrière-petit-fils, descendant éloigné.

會 **Houéi.** Réunir, rencontrer, aller trouver, se réunir, assemblée, société, rencontre. || 繪. Broder. V. page 52.

RACINE 74. 月

月 **Iuĕ.** Lune, mois lunaire.

有 **Iòu.** Avoir, obtenir, acquérir, posséder, tenir sous son autorité, être, être vrai, arriver, survenir; abondant. 九 | **Kiòu** †. Les neuf provinces. || **Ióu.** Et, de plus.

朋 **P'éng.** Associé, ami, compagnon.

服 **Fŏu.** Vêtement, porter un vêtement, prendre sur soi, entreprendre, servir, service, occupation, remplir un devoir, soumettre, être soumis, obéir, subir; avoir confiance, garder ou se rappeler le souvenir de; domaine. 五 | **Où** †. Les cinq domaines. V. pages 56 et 81. 九 | **Kiòu** †. V. page 233.

朏 **Fèi.** Le troisième jour du mois lunaire.

朕 **Tchénn.** Je, moi.

朔 **Chouŏ.** La nouvelle lune, le premier jour du mois lunaire; nord, hiver.

望 **Wáng.** La pleine lune; sacrifice offert de loin aux montagnes et aux cours d'eau. V. page 16.

朝 **Tchaō.** Matin, matinée. || **Tch'aŏ.** Lieu où le souverain donne audience, cour d'un souverain, audience à la cour, avoir une audience du souverain, aller à la cour.

基 **Kī.** Année, période de temps.

期 **K'ī.** Terme fixé, avoir en vue, espérer, se proposer, s'attendre à; cent ans de vie.

RACINE 75. 木

木 **Mŏu.** Arbre, bois (matière ligneuse).

未 **Wéi.** Pas encore, ne pas; la huitième heure. V. page 403.

末 **Mouŏ.** Fin, enfin, dernier, peu considérable.

本 **Pènn.** Racine, tronc, fondement.

朱 **Tchōu.** Rouge. | 圉 † **iù.** Nom de montagne. V. page 81.

朽 **Hiòu.** Bois pourri, gâté.

杜 **Tóu.** Arbre qui ressemble au poirier; boucher, fermer.

材 **Ts'ái.** Bois de construction, bois dont on peut faire des meubles ou d'autres objets; qualité naturelle, propriété, talent, habileté.

杌 **Où.** Arbre sans branches, agité, troublé, affligé.

杖 **Tcháng.** Tenir, saisir.

林 **Lín.** Massif d'arbres, forêt.

果 **Kouò.** Fruit; brave, audacieux, d'un caractère résolu.

杵 **Tch'òu.** Pilon de bois.

松 **Sōung.** Pin, sapin.

析 **Sĭ.** Fendre du bois, diviser, se désunir. | 支 † **tchēu,** | 城 † **tch'éng.** Noms de montagnes. V. page 80.

東 **Tōung.** Orient, printemps.

椿 Tch'ouĕnn. Espèce de sumac.

枚 Mêi. Tronc, tige; un.

枲 Sì. Chanvre.

柏 Pĕ. Cyprès thuya.

柔 Jeôu. Flexible, tendre, faible, mou, souple; traiter avec bonté.

某 Meòu. Un tel.

染 Jèn. Teindre.

柱 Tchòu. Colonne. 柢 | Tchĕu †. Nom de montagne. V. page 80.

柚 Ióu. Pamplemousse.

柴 Tch'âi. Bois de chauffage; sacrifice offert au ciel. V. page 17.

柷 Tchŏu. Nom d'un instrument de musique. V. page 57.

格 Kŏ. Arriver, approcher; scruter, examiner à fond; loi, règle, régler, diriger, corriger.

桀 Kiĕ. Nom du dernier empereur de la dynastie des 夏 (1818-1766).

桃 T'aó. Pêcher. | 林 † lin. Nom de contrée. V. page 191.

栗 Lĭ. Châtaignier; majestueux, terrible.

栝 Kouŏ. Arbre semblable au cèdre.

桐 T'òung. Éléococca; nom de lieu. V. page 121. | 柏 † pĕ. Nom de montagne. V. page 81.

桑 Sāng. Mûrier.

桓 Houân. Colonne; nom de rivière. V. page 77.

梁 Leâng. Pont, barrage, poutre; nom de province (V. page 76); nom de montagne (V. page 63).

梅 Mêi. Prunier, prune.

梓 Tzèu. Arbre semblable au catalpa. V. page 254.

條 T'iaò. Disposé en ordre, haut, grand.

棄 K'ì. Quitter, abandonner, renoncer à, rejeter, délaisser.

棐 Fèi. Aider.

棼 Fênn. Désordre, confusion.

椓 Tchouŏ. Frapper, faire eunuque.

植 Tchéu. Placer.

楛 Hóu. Nom d'un arbuste épineux dont on fait des flèches.

楫 Tsiĕ, Tsĭ. Rame, ramer.

業 Iĕ. Patrimoine, possessions. | | † †. Dangereux, craindre.

極 Kĭ. Extrémité, sommet, la plus haute perfection, le plus grand malheur, au plus haut degré.

楨 Tchēng. Poteau, pieu. V. page 396.

榦 Kân. Nom d'arbre; planches entre lesquelles on élevait les murs de terre. V. page 396.

榮 Iôung. Gloire, glorieux.

構 Keóu. Arranger une charpente, faire un toit.

榭 Sié. Terrasse plantée d'arbres ou surmontée d'un bâtiment.

樂 Iŏ. Musique.

樸 P'ouŏ. Travailler le bois grossièrement.

樹 Chóu. Planter, dresser.

橋 K'iaó. Arbre grand et droit, pont.

機 **Kī.** Machine, ressort, force motrice, moyen, artifice, motif, cause.

橘 **Kiŭ.** Orange.

檢 **Kièn.** Modérer, réprimer, arrêter.

櫱 **Ién.** Mûrier sauvage.

蘖 **Iĕ.** Rejeton, surgeon.

權 **K'iuên.** Poids de balance; peser, juger, juge, autorité, peser les circonstances, tenir compte des circonstances, interprétation ou changement imposé par les circonstances.

RACINE 76. 欠

次 **Ts'éu.** Ordre, succession; celui qui est immédiatement après un autre, le suivant; poste, station, demeure.

欲 **Iŭ.** Désirer, vouloir, bon ou mauvais désir.

欽 **K'īn.** Respectueux, attentif, diligent.

歆 **Hīn.** Se dit d'un esprit qui respire avec joie l'odeur des offrandes.

歌 **Kō.** Chant, chanter, composer un chant.

歡 **Houān.** Se réjouir, joyeux.

RACINE 77. 止

止 **Tchĕu.** S'arrêter, cesser, être en repos, se fixer, demeurer, station, le terme où l'on tend, but.

正 **Tchéng.** Droit, direct, régulier, légitime, correct, irréprochable, juste, exact; règle, loi, modèle; chef; rendre droit, diriger, régler, corriger, gouverner. ǁ **Tchēng.** Le premier mois de l'année. V. page 90.

此 **Ts'èu.** Ce, cet, cela, ce lieu.

步 **Póu.** Deux pas ou deux enjambées; marcher.

武 **Où.** Robuste, actif, brave, militaire, guerrier, martial, affaires militaires, guerre, sévère; continuer. | 王 **Wàng.** Nom du fondateur de la dynastie des 周 **Tcheōu** (1122-1115). V. page 171. | 丁 **tīng** ou 高宗 **Kaō tsōung.** Empereur de la dynastie des 殷 **Īn** (1324-1265).

歲 **Souéi.** Année, la récolte de l'année.

歷 歴 **Lĭ.** Passer, s'écouler; passer par; cours des astres, cours des temps. | 山 **chān.** Nom de montagne. V. page 43.

歸 **Kouēi.** Retourner à la maison, aller à, converger à, se réunir à; envoyer.

RACINE 78. 歹

死 **Sèu.** Mourir, mort, finir.

殂 **Ts'òu.** | 落 **lŏ.** Mourir. V. page 22.

殃 **Iāng.** Malheur, calamité.

殄 **T'ièn.** Détruire, anéantir, mettre fin, prendre fin.

殆 **Tái.** Dangereux, être en danger.

殉 **Siún.** Chercher, désirer.

殊 **Chōu.** Différent, établir une différence, discerner, distinguer.

殖 **Chĕu.** Planter, cultiver, prospérer, se multiplier, amasser, accumuler.

殘 **Ts'ân.** Grave dommage, nuire gravement, malfaiteur, oppresseur, tyran.

殛 **Kĭ.** Infliger un grave châtiment, reléguer dans un lieu déterminé, punir de mort.

殪 **Ì.** Tuer, détruire, exterminer.

殲 **Tsiēn.** Détruire, anéantir.

RACINE 79. 殳

殳 **Chôu.** Lance; nom d'un officier au service de Chouenn.

殷 **Īn.** Grand, prospère, nombreux; déterminer, régler; nom que prit la dynastie des 商 **Chāng** (1401-1122); terre que les princes de cette famille possédaient dans le 河南 **Hô nân** près de 歸德府 **Kouēi tĕ fòu.** V. page 132.

殺 **Chă.** Tuer, mettre à mort, punir de mort

毅 **Ì.** D'un caractère résolu, brave, intrépide, ferme, constant.

RACINE 80. 毋

毋 **Oû.** Ne pas, négation qui s'emploie ordinairement avec l'impératif.

母 **Mòu.** Mère.

每 **Mèi.** Chaque, chaque fois.

毒 **Tŏu.** Poison, très nuisible, très dangereux.

RACINE 81. 比

比 **Pĭ.** Mettre en parallèle, comparer, assimiler. | 干 † **kān.** Nom d'homme. V. page 190. ‖ **Pí.** S'associer, s'unir, s'attacher à, unir.

毖 **Pí.** Prendre garde, prendre soin, avis, accabler de fatigue ou de chagrin.

毗 **P'í.** Aider, seconder.

RACINE 82. 毛

毛 **Maò.** Poil, cheveu, duvet, nom de principauté. V. page 345.

毨 **Sièn.** Poil nouveau, plumes nouvelles.

毧 **Jôung.** Duvet ou poil bien fourni et moelleux.

RACINE 83. 氏

氏 **Chéu.** Branche d'une famille; homme distingué (se place après un nom).

民 **Mìn.** Peuple, homme, homme du peuple, simple particulier. 四 | **Séu** †. V. page 335.

RACINE 85. 水

水 **Chouèi.** Eau, cours d'eau.

永 **Iòung.** De longue durée, perpétuel, perpétuer.

求 **K'iòu.** Chercher, demander, travailler à obtenir ou à connaître.

汙 **Oū.** Eau trouble, lieu bas et humide, sale, impur.

汝 **Jòu.** Tu, vous.

江 **Kiāng.** Grand fleuve; nom du 揚子江 **Iâng tzéu Kiāng.** 九 | **Kiòu** †. V. page 73.

池 **Tch'êu.** Amas d'eau stagnante, fossé plein d'eau.

汩 **Kŏu.** Mettre le trouble.

汭 **Jouéi.** Côté septentrional d'une rivière, terrain compris dans le tournant d'une rivière; nom de rivière. V. page 79.

汶 **Wénn.** Nom d'un affluent de la 濟 **Tsi.** V. page 68.

決 **Kiuĕ.** Ouvrir un passage à l'eau.

沂 **Í.** Nom d'une rivière qui prend sa source dans le Chan toung. V. page 69.

沃 **Oŭ, Iŏ.** Arroser, fertiliser, enrichir, fertile.

沉 **Iên.** Nom de rivière. V. page 84.

沈 **Tch'ênn.** Plongé dans l'eau, noyé, perdu.

沔 **Mièn.** Nom de rivière. Voy. page 77.

沖 **Tch'ôung.** Jeune et faible. L'empereur s'appelle │子 † **tzèu** ou │ 人 † **jênn**.

沙 **Chā.** Sable. 流 │ **Liôu** †. Sable mouvant, désert de Gobi. V. p. 82.

沮 **Tsiŭ.** Rivière du Chen si (voy. page 79); rivière du Chan toung (voy. page 65).

沱 **T'ouǒ.** Branches du Kiang. V. pag. 73, 77, 84.

河 **Hô.** Fleuve-Jaune. V. page 62. │ 圖 † **t'ôu.** V. page 352.

治 **Tch'èu.** Prendre soin de, régler, diriger. ‖ **Tchéu.** Gouvernement bien réglé.

泗 **Séu.** Rivière qui prend sa source dans le Chan toung. V. page 69.

泣 **K'ĭ.** Verser des larmes.

泥 **Gnî.** Boue, mortier.

法 **Fǎ.** Règle, modèle, loi, procédé, moyen, méthode, plan, conforme aux lois, conforme à la justice, se conformer aux lois, prendre pour règle ou pour modèle, imiter.

沿 **Iuên, Iên.** Suivre le bord de l'eau, le long de.

泆 **Í.** Dissipation, vie dissipée.

波 **Pouǒ.** Flot, rides sur l'eau; nom de rivière. V. page 75.

泰 **T'ái.** Grand; nom d'homme.

泯 **Mĭn.** Détruire, anéantir, périr. │ │ † †. Trouble, obscur.

洛 **Lǒ.** Nom de rivière et de ville. V. pag. 232 et 270. │ 書 † **chōu.** V. page 196.

洋 **Iâng.** Grande étendue d'eau. │ │ † †. Vaste, nombreux.

洚 **Kiáng.** Eaux débordées; nom de rivière. V. page 83.

洪 **Hôung.** Grande inondation, grand, vaste.

津 **Tsīn.** Gué. 孟 │ **Méng** †. Gué de Meng. V. page 82.

洮 **T'aō.** Se laver les mains.

洽 **Hiă.** Pénétrer, imbiber, répandre des bienfaits, concorde.

洲 **Tcheōu.** Ile, terre entourée d'eau.

洗 **Sĭ.** Laver. ‖ **Sièn.** Clarifier une liqueur.

流 **Liôu.** Couler, le cours de l'eau; se propager, mouvant, errant, flottant; exiler. 五 │ **Oŭ** †. V. p. 27. │ 沙 † **chā.** V. page 82.

浮 **Feôu.** Nager, flotter, aller sur l'eau; surpasser.

涇 **Kīng.** Rivière du 陝西 **Chēn sī.** V. page 79.

海 **Hài.** Mer. 四 │ **Séu** †. Tout le pays compris entre les quatre mers, l'empire chinois.

浚 **Siún.** Creuser, profond; régler.

浩 **Haó.** Grande étendue d'eau, vaste, intense.

涉 **Chě.** Marcher dans l'eau, traverser l'eau en barque.

浪 **Lâng.** Flot, vague. ‖ **Lâng.** 滄 │ **Ts'āng** †. Rivière. V. page 83.

淮 **Houâi.** Rivière qui traverse le Ho nan et le Ngan houei. V. p. 69 et 85.

淫 **In** Grand, excessif, déréglé, licencieux.

深 **Chēnn.** Profond, subtil, intense, couleur foncée.

淪 **Liûn.** Rides sur l'eau; submerger, ruiner, périr.

淵 **Iuēn.** Eau très profonde, abîme, profond.

清 **Ts'īng.** Limpide, pur, paisible, silencieux, exempt de préjugé.

淺 **Ts'ièn.** Eau peu profonde.

涯 **Iái.** Bord de l'eau.

淄 **Tchēu.** Rivière du Chan toung. V. page 67.

淑 **Chŏu.** Bon, vertueux, heureux.

渠 **K'iû.** Canal, grand. | 搜 † seōu. Nom de montagne. V. page 80.

滈 **Kō.** Nom d'un lac. Voy. page 75.

游 **Iôu.** Aller çà et là, se récréer; flotter.

湯 **T'āng.** Eau bouillante. | †, 成 | **Tch'êng** †. Nom du fondateur de la dynastie des 商 **Chāng** (1766-1753). || **Chāng.** Grandes eaux.

溫 **Wēnn.** Douce chaleur; tempéré, doux, affable.

渭 **Wéi.** Rivière du 陝西 **Chèn sī**. V. page 77.

湎 **Mièn.** Plongé dans l'ivresse.

準 **Tchouènn.** Niveau d'eau, règle, loi.

源 **Iuén.** Source d'eau, source d'une rivière.

溢 **Ĭ.** Déborder, inonder; se répandre; répandre des bienfaits.

滔 **T'aō.** Grande crue des eaux; enflé d'orgueil.

滌 **Tĭ.** Laver, nettoyer.

滅 **Miĕ.** Éteindre, mettre fin.

滄 **Ts'āng.** Vaste étendue d'eau. Voy. 浪 **Lâng**.

滎 **Hiôung.** Ruisseau; nom de rivière. V. page 75.

滋 **Tzēu.** S'étendre, croître, augmenter, abondant.

漢 **Hán.** Nom d'une rivière qui traverse le Hou pe et se jette dans le Kiang. V. page 83.

滿 **Màn.** Emplir, plein; enflé d'orgueil.

漂 **P'iaō.** Flotter, surnager.

漆 **Ts'ĭ.** Vernis; nom de rivière. V. page 79.

漳 **Tchāng.** Nom de rivière. V. page 63.

漸 **Tsién.** Avancer pas à pas, progresser. || **Tsiēn.** Mouiller, se déverser.

漾 **Iáng.** Rivière du Chen si. V. page 83.

漯 **T'ă.** Nom de rivière. V. page 66.

潛 **Tsién, Ts'ièn.** Se cacher au fond de l'eau; nom de rivières. V. pag. 73 et 77.

澗 **Kiēn, Kién.** Nom de rivière. V. page 75.

潤 **Juénn, Iún.** Mouiller, enrichir, faire du bien.

潧 **Chēu.** 三 | **Sān** †. Nom de rivière. V. page 83.

澤 **Tchĕ.** Amas d'eau stagnante, bienfait, faveur.

澧 **Lì.** Nom de rivière. V. page 84.

澮 **Kouái.** Canal d'irrigation. V. page 50.

濮 **Pŏu.** Nom de rivière et de contrée. V. page 185.

濟 **Tsì.** Rivière qui donne son nom à la ville de | 南府 † nân fòu, capitale du Chan toung. V. page 84. | | † †. Beau, distingué, nombreux. || **Tsí.** Traverser l'eau à gué ou en bateau; aider, secourir; réussir.

濰 **Wêi.** Rivière du Chan toung. V. page 67.

濱 **Pīn.** Rive, rivage.

濬 **Siún.** Profond, perspicace.

瀍 **Tch'ên.** Nom de rivière. V. page 75.

澧 **Fōung.** Nom de rivière. V. page 79.

灉 **Iōung.** Nom de rivière. V. page 65.

RACINE 86. 火

火 **Houò.** Feu; nom de l'une des étoiles du Scorpion. V. page 5.

灼 **Tchŏ.** S'enflammer, brûler, briller.

災 **Tsāi.** Calamité, malheur, dommage, nuire gravement.

炙 **Tchĕu.** Faire rôtir, viande rôtie.

炎 **Iên.** Flamme, brûler.

炭 **T'án.** Charbon.

烈 **Liĕ.** Feu très ardent, mettre le feu; violent, cruel, intense; glorieux; service signalé.

烝 **Tchēng.** Cuire à la vapeur; avancer, présenter, offrir; offrande faite aux morts en hiver; beaucoup, tous.

焉 **Iên.** Particule finale.

焚 **Fênn.** Brûler.

無 **Où.** N'exister pas, n'avoir pas, néant, rien, non, ne pas, sans.

然 **Jên.** De cette manière, ainsi.

煢 **K'iôung.** Seul, qui n'a pas de frère.

熙 **Hī.** Brillant, glorieux, large, vaste.

照 **Tchaó.** Éclairer, briller, instruire.

煩 **Fân.** Ennuyeux, molester.

熊 **Hiôung.** Ours. | 耳 † éul. Nom de montagne. V page 75.

熟 **Chŏu.** Cuit, mûr.

燄 **Iĕn.** S'enflammer, progrès du feu.

燕 **Iên.** Repos, loisir.

燎 **Leaó.** Brûler, briller.

營 **Îng.** Tracer le contour ou le plan d'un bâtiment; former un projet.

燮 **Siĕ.** Conforme, accommodant, obéissant, concorde, harmonie.

燠 **Iŭ.** Chaud, qui donne de la chaleur.

RACINE 87. 爪

爭 **Tchēng.** Lutter, contester, combattre.

爰 **Iuên.** Ensuite, à cause de cela, dans; particule initiale.

爲 **Wêi.** Faire, agir, exercer, action; prendre soin de, diriger, modérer, gouverner; être, passer pour; juger, considérer comme. 以 | ì †. Faire par ce moyen, juger, considérer ou traiter comme, passer pour. || **Wéi.** Motif, à cause de, en vue de, dans l'intérêt de.

爵 **Tsiŏ.** Nom générique des petits oiseaux, moineau; dignité, conférer une dignité. 五丨Où 十. Les cinq ordres de feudataires de l'empire institués par Iao et Chouenn; à savoir, 公侯伯子男 **kōung heôu pĕ tzeu nân.**

RACINE 88. 父

父 **Fóu.** Père; frère du père; tous ceux qui sont parents d'un prince en ligne masculine, et sont d'une génération antérieure à la sienne. V. page 362.

RACINE 89. 爻

爽 **Chouàng.** Briller; erreur, faute, vice, défectueux, déchoir.

爾 **Eùl.** Tu, vous; particule finale qui forme des adverbes ou des diminutifs.

RACINE 90. 爿

牆 **Ts'iâng.** Mur.

RACINE 91. 片

牖 **Iòu.** Fenêtre, éclairer.

RACINE 92. 牙

牙 **Iâ.** Dent, ivoire; défense.

RACINE 93. 牛

牛 **Iôu (Gniôu).** Bœuf, vache.

牝 **Pín.** Femelle.

牡 **Meòu.** Mâle.

牧 **Mŏu.** Faire paître, brouter, paître, pasteur, pâturage, gouverneur, chef. V. p. 24. 丨野 十 ié. Nom de lieu. V. page 184.

物 **Oŭ.** Chose, objet, substance, animal.

牲 **Chēng.** Bœuf d'une seule couleur, victime; animal domestique.

特 **T'ĕ.** Taureau, animal de trois ans; un seul.

牷 **Ts'iuên.** Victime sans défaut.

牿 **Kŏu.** Enclos ou étable pour les animaux.

牽 **K'iēn.** Conduire un animal derrière soi à l'aide d'une corde.

犁 **Lì.** Vieillard décrépit.

犧 **Hī.** Animal d'une seule couleur, victime.

RACINE 94. 犬

犬 **K'iuèn.** Chien.

犯 **Fán.** Heurter, offenser, s'exposer à être puni.

狂 **K'ouâng.** Présomptueux, téméraire, ambitieux, insensé.

狄 **Tĭ.** Tribus barbares du nord.

狃 **Gniòu.** Habitué, accoutumé.

狎 **Hiă.** Proche, familier, traiter avec mépris.

狐 **Hôu.** Renard.

狹 **Hiă.** Étroit, resserré.

猗 **Ī.** Particule.

猛 **Mèng.** Furieux, cruel, violent.

猷 **Iòu.** Plan, combiner un plan; oh!

猶 **Iôu.** Encore, néanmoins, encore plus.

猾 **Houă.** Troubler.

獄 **Iŭ.** Procès, affaire litigieuse; prison.

獒 **Ngaô.** Chien de grande taille.

獨 **Tŏu.** Seul, solitaire, privé de secours, vieillard sans enfant.

獲 **Houĕ.** Obtenir, gagner, trouver, saisir, se rendre coupable, encourir un châtiment.

獸 **Cheóu.** Quadrupède, animal quelconque. V. page 58.

獻 **Hién.** Offrir, présenter, montrer; homme sage.

RACINE 95. 玄

玄 **Hiuên.** Couleur d'azur, noirâtre, brun foncé, mystérieux.

率 **Chouĕ.** Conduire, diriger, suivre, se conformer à, imiter; tout, partout.

RACINE 96. 玉

玉 **Iŭ.** Pierre de prix, jade, précieux. 五丨**Où**十. Les cinq sortes de tablettes de jade. V. page 19. 丨食十**chĕu**. Comestibles de grand prix offerts en tribut à l'empereur ou aux princes.

王 **Wâng.** Souverain de tout l'empire, empereur, rendre hommage à l'empereur. 太丨**T'ái**十. Aïeul de Wenn wang. 丨季十**ki**. Père de Wenn wang. V. page 171. 丨屋十**ŏu**. Nom de montagne. V. page 80.

玕 **Kān.** 琅丨**Lâng**十. Nom d'une pierre de prix.

玩 **Wán.** Jouer, se jouer de.

珍 **Tchēnn.** Perle, précieux, rare.

珪 **Kouēi.** Tablette de jade.

珠 **Tchōu.** Perle.

班 **Pān.** Distribuer, arranger, mettre en ordre, classer.

球 **K'iôu.** Nom d'une pierre de prix.

琅 **Lâng.** Nom d'une pierre de prix.

理 **Lĭ.** Régler, règle, principe, doctrine.

琨 **Kouēnn.** Nom d'une pierre de prix.

琬 **Iuèn.** Tablette de jade.

琰 **Ièn.** Tablette de jade terminée en pointe.

琳 **Lîn.** Nom d'une pierre de prix.

琴 **K'în.** Luth à cinq ou sept cordes. V. page 57.

瑟 **Chĕ.** Luth à dix-neuf ou vingt-cinq cordes. V. page 57.

瑕 **Hiâ.** Défaut, tache; blâmer.

瑞 **Chouéi.** Tablette de jade. 五丨**Où**十. V. page 16.

瑁 **Maó.** Forme des tablettes de jade. V. page 356.

瑤 **Iaô.** Nom d'une pierre de prix.

璆 **K'iôu.** Nom d'une belle pierre.

璋 **Tchāng.** La moitié d'une tablette 圭 **kouēi**.

璣 **Kī.** Perle qui n'est pas ronde.

璧 **Pĭ.** Tablette de jade de forme annulaire que les feudataires de quatrième et de cinquième rang 子男 **tzèu nân** recevaient de l'empereur comme marque de leur dignité. V. page 16.

璿 **Siuên.** Nom d'une pierre de prix. | 璣 † **kī.** Nom d'un instrument astronomique. V. page 15.

RACINE 99. 甘

甘 **Kān.** Doux, trouver agréable; nom de lieu. V. page 89. | 盤 † **p'ân.** Nom d'homme. V. page 158.

RACINE 100. 生

生 **Chēng.** Produire, engendrer, naître, croître, vivre, naissance, vie, vivant.

RACINE 101. 用

用 **Ióung.** Se servir de, employer, pratiquer, pourvoir d'un emploi, usage, utilité, pratique, par ce moyen, à cause de cela, afin que par ce moyen. 茲 | **Tzêu** †. Par ce moyen, à cause de cela.

RACINE 102. 田

田 **T'iên.** Champ cultivé; chasse, chasser.

由 **Iôu.** Venir de, passer par, suivre, se servir de, dépendre de; à partir de.

甲 **Kiă.** Cuirasse; premier; la première lettre du cycle. V. page 403.

申 **Chēnn.** Répéter, de nouveau, encore; la neuvième heure. V. page 403.

男 **Nân.** Nom de dignité. V. p. 16.

甸 **Tién.** Régler, gouverner; domaine impérial des In; la troisième des circonscriptions des Tcheou. V. pag. 56 et 233.

畀 **Pí.** Donner, accorder.

畋 **T'iên.** Cultiver la terre; chasse.

畎 **Kiuèn.** Canal d'irrigation; vallée. V. page 50.

畏 **Wéi.** Craindre, respecter, attentif, vigilant.

畔 **Pán.** Limite; déserter, quitter, abandonner, rejeter.

畜 **Hiŭ.** Nourrir, entretenir, retenir.

留 **Liôu.** Retenir, garder, laisser, rester, continuer.

畝 **Meòu.** Mesure agraire contenant cent 步 **póu** carrés et valant environ 144 mètres carrés ou un peu moins d'un are et demi; champ cultivé.

畢 **Pí.** Fin, finir, tout, entièrement; nom de principauté (V. page 393); nom d'une porte du palais impérial (V. page 349).

略 **Leŏ.** Délimiter, déterminer, plan, procédé.

異 **Í.** Différent, autre, extraordinaire, étrange, étranger.

番 **Pouō.** | | † †. Vieillard à cheveux blancs.

畫 **Houá.** Tracer des lignes, rayer, dessiner, peindre. || **Houĕ.** Tracer les limites d'un terrain.

當 **Tāng.** Il faut, il est nécessaire; être sur, être dans.

疆 **Kiāng.** Limite, borne, terme, fin.

疇 **Tch'eôu.** Classe, division, compagnon, égal; qui?

RACINE 103. 疋

疑 **Í.** Douter, soupçonner, hésiter.

RACINE 104. 疒

疾 **Tsí.** Maladie; défaut, chagrin, déplaisir, haine, rapide, violent; sévir.

疵 **Ts'êu.** Maladie, défaut, mal moral.

病 **Píng.** Maladie, souffrance.

痡 **P'ōu, Fōu.** Malade, malheureux, rendre malade.

瘝 **Kouān.** Maladie, souffrance, affliger, rendre inutile.

瘠 **Tsǐ.** Maigre, mourir d'inanition.

瘳 **Tch'eōu, Leaô.** Guérir, aller mieux.

癉 **Tán.** Douleur, maltraiter, affliger.

RACINE 105. 癶

癸 **Kouèi.** La dernière des dix lettres du cycle. V. page 403.

登 **Tēng.** Monter, faire monter, élever, promouvoir, achever, soutenir.

發 **Fǎ.** Produire, envoyer, distribuer, manifester, commencer; nom de Ou wang.

RACINE 106. 白

白 **Pě.** Blanc, nu, vide, inutile.

百 **Pě.** Cent; de toute sorte, de tout rang, tous.

皆 **Kiāi.** Tous, ensemble, de toute espèce.

皇 **Houâng.** Grand, auguste, magnifique, seigneur souverain, empereur. || **遑.** Avoir du loisir.

RACINE 107. 皮

皮 **P'ì.** Peau, cuir, fourrure.

RACINE 108. 皿

盈 **Îng.** Plein; plein de soi-même, orgueilleux.

益 **Ǐ.** Augmenter, ajouter, croître; avantage; nom d'un ministre de Chouenn. V. page 28.

盛 **Chéng.** Florissant, prospère, abondant, grand, beaucoup, au plus haut degré. || **Tch'êng.** Millet préparé dans un vase pour être offert aux esprits; mettre dans, placer dans.

盜 **Taó.** Voleur, dérober.

盟 **Mêng, Mîng.** Confirmer un pacte par un serment, serment, pacte solennel, traité.

盡 **Tsín.** Entièrement, tout à fait, au plus haut degré, faire ou dire entièrement, employer entièrement, épuiser, fin, prendre fin, mettre fin.

監 **Kién.** Surveiller, inspecter, considérer, gouverner.

盤 **P'ân.** Plat, bassin, aller çà et là, se divertir.

盧 **Lôu.** Noir; nom d'une tribu sauvage. V. page 185.

盥 **Kouán.** Se laver les mains.

RACINE 109. 目

目 **Mǒu.** Œil.

直 **Tchěu.** Droit, juste, équitable, honnête, sincère.

相 **Siāng.** Ensemble, mutuellement. || **Siáng.** Considérer, voir, aider, aide.

省 **Sǐng.** Examiner, observer, surveiller.

眇 **Miaò.** Petit, faible, peu considérable.

眚 **Chěng, Sìng.** Faute involontaire.

眩 **Hiuén.** Vue trouble, troubler la vue.

眷 **Kiuén.** Considérer avec affection, faveur, favorable.

眾 **Tchóung.** Nombreux, foule, multitude, tous, le peuple.

睦 **Móu.** Accommodant, concorde, bonne intelligence.

睿 **Jouéi.** Regard pénétrant, esprit pénétrant, perspicace.

瞍 **Seóu.** Aveugle.

瞑 **Mién.** Vue trouble.

瞿 **Kiú.** Sorte de lance.

瞽 **Kóu.** Aveugle, musicien. | 瞍 † **seóu.** Nom du père de Chouenn.

RACINE 110. 矛

矛 **Meóu.** Lance.

矜 **Kīng.** Avoir compassion, digne de compassion; orgueilleux, vantard.

RACINE 111. 矢

矢 **Chéu.** Flèche. || 誓. Serment, harangue, discours.

矣 **Ì.** Particule finale.

知 **Tchēu.** Connaître, savoir, prendre connaissance, comprendre.

矧 **Chénn.** A plus forte raison, encore moins.

短 **Touán.** Court, raccourcir.

矯 **Kiaò.** Feindre, prétendre faussement, falsifier, tromper.

RACINE 112. 石

石 **Chéu.** Pierre, rocher, poids de 120 livres.

砥 **Tchéu.** Pierre meulière, pierre à aiguiser.

砮 **Nòu.** Pierres dont on faisait des pointes de flèches.

碣 **Kié.** Pierre dressée verticalement. | 石 † **chéu.** Nom de colline. V. page 64.

碞 **Ién.** Escarpé, dangereux.

磬 **K'íng.** Instrument de musique consistant en une ou plusieurs tablettes de pierre qu'on suspend à une traverse, et qu'on frappe pour en tirer des sons. V. page 57.

礪 **Lí.** Pierre à aiguiser, aiguiser.

RACINE 113. 示

示 **Chéu.** Avertir, montrer.

社 **Ché.** Autel élevé à l'esprit ou aux esprits de la terre, sacrifice offert à la Terre.

祁 **K'í.** Grand, vaste.

祀 **Séu.** Sacrifice, offrande, faire un sacrifice ou une offrande; année.

祈 **K'í.** Prier, demander.

祇 **K'í.** L'esprit ou les esprits de la terre. || **Tchéu.** 祗. Respectueux.

祗 **Tchéu.** Respectueux, respecter.

祖 **Tsóu.** Aïeul, ancêtres.

祠 **Sêu.** Offrande faite aux ancêtres en printemps.

祝 **Tchŏu.** Celui qui dans les cérémonies lisait des panégyriques en l'honneur des esprits, leur adressait des demandes, recevait et transmettait leurs réponses. || **Tcheóu.** Maudire.

神 **Chénn.** Esprit, spirituel, mystérieux; mânes des morts.

祥 **Siâng.** Présage, bonheur, favorable.

祭 **Tsí.** Sacrifice, offrande, sacrifier, faire une offrande.

祼 **Kouán.** Libation. V. page 280.

祿 **Lŏu.** Revenus des domaines, traitement d'un officier.

禁 **Kín.** Prohiber, décret prohibitif.

禍 **Houŏ.** Calamité, malheur, causer un grave dommage.

福 **Fŏu.** Bonheur, faveur. 五 | Où †. V. page 209.

禋 **În.** Sacrifice offert avec une intention pure.

禮 **Lĭ.** Convenances, bienséances, usage, cérémonie, témoignage de respect, urbanité, politesse. 五 | Où †. V. p. 19 et 48. 三 | Sān †. V. page 29.

RACINE 114. 禸

禹 **Iù.** Nom du fondateur de la dynastie des Hia (2205-2197).

禽 **K'ín.** Oiseaux, animaux de toute sorte.

RACINE 115. 禾

禾 **Houŏ.** Céréales.

私 **Sēu.** Propre, particulier, privé, intéressé, partial.

秉 **Pĭng.** Saisir, maintenir, observer, posséder, employer.

秋 **Ts'iōu.** Automne, moisson.

秕 **Pĭ.** Grain vide.

秩 **Tchĕu.** Ranger en ordre, classer, ordre, classe, rang.

秬 **Kiú.** Millet noir.

秦 **Ts'ín.** Nom de principauté. V. page 396.

秸 **Kiä.** Paille de céréales dépouillée de ses feuilles.

移 **Î.** Changer, devenir autre, transporter, éloigner.

稟 **Pĭn.** Recevoir un ordre.

種 **Tchòung.** Semence, progéniture. || **Tchóung.** Semer, ensemencer.

稱 **Tch'ēng.** Lever, entreprendre, exalter, célébrer, employer, déployer, raconter, publier.

穆 **Tsĭ.** Millet à panicules dont le grain est jaune; esprits qui président aux récoltes. 后 | Heóu †. Le Prince Tsi, nom d'un ministre de Chouenn. V. page 25.

稼 **Kiá.** Semer, culture des champs, moisson.

稽 **Kī.** Examiner, considérer, consulter, délibérer, soigner, cultiver. || **K'ĭ.** Se mettre à genoux et incliner la tête jusqu'à terre en signe de respect. V. page 25.

穀 **Kŏu.** Grains qui servent à la nourriture de l'homme; bon, vertueux, favorable.

穆 **Mŏu.** Beau, majestueux, respectueux, doux, mystérieux; le côté méridional dans le temple des ancêtres.

積 **Tsĭ.** Amasser, accumuler. | 石 † chĕu. Nom de montagne. V. page 80.

穡 **Chĕ.** Moissonner, récolter. 稼 | Kiá †. Travaux des champs.

穢 **Wéi.** Sale, impur.

穫 **Houŏ.** Moissonner, récolter.

RACINE 116. 穴

空 **K'ōung.** Vide, creux, inoccupé, qui n'est pas employé. 司丨 **Sēu**†. Ministre des travaux publics. V. page 335.

穽 **Tsíng.** Fosse.

窮 **K'ióung.** Pauvre, dépouvu de tout, finir; nom de principauté. V. page 92.

竄 **Ts'ouán.** Envoyer en exil dans un lieu déterminé.

竊 **Ts'iĕ.** Dérober, voler.

RACINE 117. 立

立 **Lĭ.** Être debout, se mettre debout, dresser; ferme, affermir; établir, constituer, fonder; mettre en charge.

竝 **Píng.** Deux personnes ou deux choses ensemble, unir, côte à côte.

章 **Tchāng.** Orner, ornements de diverses couleurs, élégant, briller; loi, règle, usage, modèle.

童 **T'óung.** Enfant de huit à quinze ans, jeune.

端 **Touān.** Correct, irréprochable.

競 **Kíng.** Fort, énergique, lutter, rivaliser, s'empresser.

RACINE 118. 竹

竹 **Tchŏu.** Bambou.

筥 **Séu.** Corbeille ou panier carré.

笙 **Chēng.** Flûte composée de treize ou de dix-neuf tuyaux. Voy. page 57.

筍 **Siŭn.** Jeune pousse de bambou. ǁ **Iŭn.** Bambou mince.

答 **Tă.** Donner une réponse, s'accorder, payer de retour.

筮 **Chéu.** Deviner au moyen de brins d'achillée. V. page 204.

箕 **Kī.** Van; nom de principauté. V. pag. 169 et 194.

管 **Kouăn.** Roseau, tube, flûte à deux tuyaux (V. page 57); nom de principauté (V. page 217).

菌 **Kiŭn, K'iŭn.** Espèce de bambou.

箴 **Tchēnn.** Piquer, adresser des représentations.

範 **Fán.** Moule, modèle, règle.

節 **Tsiĕ.** Modérer, régler, tablette ou bâton qui servait de diplôme. V. page 241.

築 **Tchŏu.** Élever un mur de terre, bâtir, habitation.

篚 **Fĕi.** Corbeille ronde.

篤 **Tŏu.** Solide, ferme, sincère, généreux, diligent.

篠 **Siaŏ.** Bambou mince.

篾 **Miĕ.** Mince baguette de bambou fendu.

簣 **Kouéi.** Panier, corbeille.

簜 **Táng.** Gros bambou.

簡 **Kiĕn.** Modéré, négligent, peu respectueux, choisir.

籚 **Lóu.** Bambou mince.

簫 **Siaŏ.** Flûte composée de seize ou de vingt-trois tuyaux.

籥 **Iŏ.** Flûte traversière, clef.

籩 **Piēn.** Vase de bois dans lequel on offrait aux esprits des viandes, des fruits,...

籲 **Iú.** Crier vers, en appeler à, invoquer.

RACINE 119. 米

米 **Mĭ.** Grain de riz ou de millet dépouillé de son enveloppe; grain de céréale.

粉 **Fěnn.** Farine, grain de millet. V. page 52.

粒 **Lĭ.** Grain de céréale; particule numérale des grains.

粟 **Siŭ.** Grain de riz, de millet ou d'une autre céréale avec son enveloppe.

粱 **Tzēu.** Grain de millet.

精 **Tsīng.** Pur, choisi, discerner, perspicace.

糗 **K'ióu.** Grains grillés, biscuit, aliment sec.

糧 **Leâng.** Grain grillé, provision de grain.

糱 **Iě.** Grain germé, drèche.

RACINE 120. 糸

糾 **Kióu.** Régler, corriger, réformer, réprimer.

紀 **Kĭ.** Régler, règle, statut; écrire; révolution complète de Jupiter, période de douze ans. V. page 364.

納 **Nă.** Faire entrer, porter dans, présenter, recevoir, rapporter, raconter. | 言 † iên. V. p. 30.

純 **Chouěnn.** Simple, sans mélange, pur, être tout entier à. || **Tchouěnn.** Bordure.

紊 **Wěnn.** Confus, mêlé.

索 **Souŏ.** Corde, épuiser, ruiner.

紛 **Fēnn.** Embrouillé, pêle-mêle, grand nombre.

累 **Lěi.** Lier, lien, impliquer.

細 **Sí.** Mince, menu.

紹 **Chaó.** Continuer, succéder; joindre ensemble, communiquer. V. page 222.

紵 **Tchóu.** Abutilon, sorte de gros chanvre.

終 **Tchōung.** Fin, jusqu'à la fin, pour toujours, tout, entier. | 南 † nân. Nom de montagne. V. p. 79.

組 **Tsòu.** Ruban ou cordon de soie.

絶 **Tsiuě.** Rompre, mettre fin, séparer.

絲 **Sēu.** Soie.

結 **Kiě.** Lier, serrer, contracter.

統 **T'òung.** Réunir; réunir sous son autorité, commander en chef, gouverner tout l'empire.

經 **Kīng.** Chaîne d'un tissu; faire un tracé, tracer un plan, chercher ou combiner les moyens pour atteindre une fin, combiner, disposer, régler, diriger; règle constante; passer par. 書 | **Chōu** †. Recueil de documents qui doivent servir à régler la conduite des princes et des officiers.

絺 **Tch'ēu.** Toile fine.

綏 **Souēi.** Paisible, heureux, procurer la tranquillité; nom de circonscription. V. pag. 56, 88, 233.

綽 **Tch'ŏ.** Large, vaste, libéral, bienfaisant, accommodant.

綴 **Tchouéi.** Être attaché à, dépendre de, appendice, dépendance.

綦 **K'î.** Gris noir. | 弁 † piēn. Bonnet de peau de daim.

網 **Wàng.** Filet.

綱 **Kāng.** Corde de filet, principe ou règle, régler.

緒 **Siú.** Extrémité extérieure du fil d'un cocon; commencement, entreprise, succession, héritage.

縞 **Kaò.** Soie blanche, simple, sans ornement.

縢 **T'êng.** Cordon, bande, lier.

縱 **Tsóung.** Laisser libre, laisser ou prendre toute liberté.

總 **Tsòung.** Réunir et lier ensemble plusieurs objets; réunir sous son autorité; la tige et l'épi.

績 **Tsī.** Tiller ou filer le chanvre; service rendu au public, mérite.

繁 **Fán.** Nombreux, abondant, de toute sorte.

繇 **Iaò.** Abondant, luxuriant.

織 **Tchĕu.** Tisser, tresser.

繡 **Sióu.** Broder.

繩 **Chêng.** Corde, cordeau de charpentier, régler, corriger.

繹 **Ĭ.** Dévider, continuer.

纁 **Hiūn.** Soie rouge.

繼 **Kí.** Continuer, succéder, ensuite.

纊 **K'ouáng.** Ouate de soie.

續 **Siŭ.** Continuer.

纖 **Siēn.** Tissu de soie dont la chaîne est noire et la trame blanche.

纘 **Tsouàn.** Continuer, succéder.

RACINE 121. 缶

缺 **K'iuĕ.** Vase cassé, défectueux, faire défaut.

RACINE 122. 网

罔 **Wàng.** Filet; ne pas, sans.

罪 **Tsouéi.** Faute, offense, crime, châtiment, inculper.

置 **Tchéu.** Placer, disposer, dresser, établir, constituer.

罰 **Fă.** Châtiment, punir.

罹 **Lí.** Chagrin, infortune, tomber dans un malheur.

羆 **P'ī, Pī.** Ours de grande taille.

RACINE 123. 羊

羊 **Iàng.** Brebis, chèvre.

羌 **K'iāng.** Tribus de l'ouest. V. page 185.

美 **Mèi.** Beau, excellent.

羑 **Ióu.** Diriger; lieu où Wenn wang fut incarcéré. V. page 360.

羞 **Siōu.** Offrir, présenter, proposer, promouvoir, nourrir, avoir honte.

羣 **K'iún.** Troupeau, troupe, beaucoup, tous, ensemble; semblable, d'accord.

義 **Í.** Justice, juste, équitable, honnête, convenable.

羹 **Kēng.** Bouillon, sauce, potage.

羲 **Hī.** Nom d'une famille d'astronomes.

RACINE 124. 羽

羽 **Iù.** Plume; nom de montagne. V. pages 22 et 69.

羿 **Í.** Nom d'un prince rebelle. V. page 92.

習 **Sí.** S'exercer, s'accoutumer, répéter.

翕 **Hí.** Union, accord, ensemble.

翟 **Tí.** Faisan, plumes de faisan.

翼 **Í.** Aile; aider; bâtiment latéral, jour suivant. │ 室 † **chĕu.** V. page 149.

RACINE 125. 老

老 **Laò.** Vieux, vieillard, ancien ministre d'État.

考 **K'aò.** Examiner; accomplir, vie longue, vieux; père défunt.

耄 **Maó.** Vieillard qui a soixante-dix ans ou plus.

者 **Tchè.** Suffixe du participe et quelquefois de l'adjectif; qui; particule.

耆 **K'í.** Homme de soixante ans.

耉 **Keòu.** Rides de la vieillesse, vieillard.

RACINE 126. 而

而 **Eùl.** Et, mais, néanmoins, au contraire.

RACINE 128. 耳

耳 **Èul.** Oreille.

耿 **Kèng.** Brillant, ferme; nom de lieu. V. page 132.

耽 **Tān.** Joie, amusement, adonné aux plaisirs.

聒 **Kouŏ.** Parler beaucoup, parler sans discernement.

聖 **Chéng.** Sage.

聞 **Wĕnn.** Entendre, être informé. ‖ **Wĕnn.** Réputation, renom; parvenir jusqu'à (en parlant du son ou de l'odeur).

聰 **Ts'ōung.** Entendre clairement, comprendre, esprit perspicace.

聲 **Chēng.** Son, bruit, voix, chant, réputation. 五 │ **Oŭ †.** Les cinq sons de la gamme. V. p. 29.

職 **Tchĕu.** Charge publique, emploi, profession, travail, devoir; occupation unique ou principale.

聽 **T'īng.** Écouter, entendre.

RACINE 129. 聿

聿 **Iŭ.** Ensuite; particule.

肄 **Í.** Fatigue, peine, travail.

肆 **Séu.** Étendre, étaler, répandre, propager, ensuite.

肅 **Siŭ.** Respectueux, attentif, maintien grave, sévère.

肇 **Tchaó.** Commencer, fonder, d'abord.

RACINE 130. 肉

肖 **Siaó.** Fils semblable à son père, ressembler.

肜 **Ióung.** Renouveler un sacrifice le lendemain. V. page 162.

股 **Kòu.** Cuisse.

肩 **Kiēn.** Épaule, soutenir.

肱 **Kōung.** La partie supérieure du bras.

肯 **K'èng.** Vouloir, consentir.

育 **Iŭ.** Produire, nourrir, entretenir, soigner.

胃 **Tcheóu.** Fils, descendant, héritier.

背 **Péi.** Dos, partie postérieure, par derrière, tourner le dos, quitter, enfreindre.

胡 **Hóu.** Fanon du bœuf, comment? pourquoi?

胤 **Ín.** Descendant, héritier; nom de principauté. V. page 95.

胥 **Siū.** Ensemble, mutuellement; employé.

能 **Nêng.** Pouvoir, être capable de, puissance, force, habileté.

脅 **Hiĕ.** Côte, côté, forcer, contraindre.

脛 **Hìng.** Jambe, tibia.

脟 **Tsouó.** Viande hachée. 叢| **Ts'ôung** †. Minutieux, vexatoire.

腎 **Chénn.** Rein.

腆 **T'iĕn.** Abondant, prospère, de bonne qualité.

腥 **Sīng.** Viande crue, odeur fétide.

腹 **Fŏu.** Ventre, estomac.

膂 **Liù.** Épine dorsale.

膚 **Fōu.** Peau; superficiel, inconsidéré.

膺 **Īng.** Poitrine, recevoir, résister.

RACINE 131. 臣

臣 **Tch'énn.** Sujet d'un prince, ministre d'État, grand dignitaire, officier, serviteur.

臧 **Tsāng.** Bon, honnête, prospère, approuver.

臨 **Lín.** Visiter un inférieur, veiller sur, gouverner, diriger, approcher, aider.

RACINE 132. 自

自 **Tzéu.** Préposition qui marque le lieu d'où l'on vient, le lieu par où l'on passe, l'origine, la cause, la voie, le moyen; soi-même, moi-même, vous-même; de soi-même, spontané, naturel, sans effort.

臬 **Iĕ.** Loi.

臭 **Tch'eóu.** Odeur fétide.

臯 **Kaō.** Appeler. |陶 †iaó. Nom de l'un des ministres de Chouenn.

RACINE 133. 至

至 **Tchéu.** Arriver, parvenir à, jusqu'à, quant à, le plus haut degré, au plus haut degré, atteindre le plus haut degré.

致 **Tchéu.** Faire arriver au plus haut degré; offrir, donner; employer; faire venir, attirer, exciter.

臺 **T'ái.** Lieu élevé d'où la vue s'étend au loin, tour.

臻 **Tchēnn.** Arriver, parvenir.

RACINE 134. 臼

與 **Iù.** Ensemble, avec, et, s'unir, aider; donner, accorder, permettre, à, en faveur de, au détriment de; donner son assentiment. || **Iú.** Prendre part à, assister. || **Iù.** Particule.

興 **Hīng.** Se lever, sortir du lit; prendre les armes; commencer, exciter, émouvoir; élever, élever à une charge, parvenir à un rang élevé; prospère, florissant, rendre prospère.

舉 **Kiù.** Lever, soulever, s'élever, promouvoir.

舊 **Kiòu.** Vieux, ancien, ancien ministre.

RACINE 135. 舌

舍 **Chè.** Quitter, renoncer à, mettre en liberté.

舒 **Chōu.** Étendre; relâcher, traiter avec bonté.

RACINE 136. 舛

舜 **Chouénn.** *Hibiscus;* nom d'un ancien empereur (2255-2205).

舞 **Où.** Représentation mimique accompagnée de chant; danser.

RACINE 137. 舟

舟 **Tcheōu.** Barque, navire.

RACINE 138. 艮

良 **Leâng.** Bon, habile, sincère.

艱 **Kiēn.** Difficile, difficulté, pénible, peine, souffrance.

RACINE 139. 色

色 **Chĕ.** Couleur; apparence, air du visage; manière d'être, manifestation. 五 | Où †. V. page 53.

RACINE 140. 艸

芮 **Jouéi.** Ancienne principauté. V. page 345.

芻 **Tch'ōu.** Herbe pour le chauffage, foin.

苗 **Miaô.** Moisson en herbe. 三 | **Sān †.** Ancienne principauté située dans le nord du Hou nan actuel. V. page 22.

苦 **K'òu.** Amer, amertume, souffrance, fatigue.

若 **Jŏ.** Si, s'il s'agit de, quant à; comme si, comme, de la même manière, de cette manière, semblable, même, conforme, se conformer à, obéir, conforme aux désirs, convenable. | 是 † **chéu,** | 時 † **chêu,** | 茲 † **tzêu.** Comme cela, ainsi. | 之何 † **tchēu hô?** A cela que faire?

茅 **Maô.** Plante semblable au jonc.

菱 **Kiaō.** Foin.

茨 **Ts'êu.** Couvrir de chaume.

茲 **Tzēu.** Ce, ceci, cela, ce lieu, ce temps.

草 **Ts'aò.** Nom générique des plantes herbacées.

荆 **Kīng.** Nom de plusieurs arbustes épineux; nom de montagnes. V. pag. 72 et 79. | 州 † **tcheōu.** V. page 72.

荒 **Houāng.** Terre couverte de mauvaises herbes; inutile, oisif, perdre le temps; rendre inutile, ruiner; nom de circonscription. V. pag. 56 et 233.

莠 **Iòu.** Mauvaise herbe qui ressemble au millet, nuisible, injurieux.

荼 **T'ôu.** Laiteron; amer, amertume, poison.

莫 **Mouŏ.** Ne pas, nul, rien.

莅 **Lí.** Visiter un inférieur, inspecter, gouverner.

萊 **Lâi.** | 夷 † **i.** Nom de pays. V. page 68.

菁 **Tsīng.** | 茅 † **maô.** Plante semblable au jonc.

菑 **Tchēu.** Défricher, labourer.

華 **Houá.** Fleur, aux couleurs variées. | 夏 † **hiá.** Florissant et grand: la Chine. V. p. 26. || **Houá.** Nom de montagne. V. page 10.

萬 **Wán.** Dix mille, tous.

落 **Lŏ.** Descendre, tomber, mourir.

葛 **Kŏ.** Nom d'une plante textile, dolic; nom de pays. V. page 106.

董 **Tòung.** Gouverner, diriger, corriger.

蒙 **Môung.** Couvrir, nuageux, jeune, ignorant; nom de montagnes. V. pag. 69 et 77.

蒼 **Ts'āng.** Verdoyant, azuré.

蓄 **Tch'ŏu.** Amasser, accumuler.

蓋 **Kái.** Couvrir.

蔑 **Miĕ.** Non, n'avoir pas.

蔡 **Ts'ái.** Nom de principauté (V. page 307); nom de montagne (V. page 77); nom d'une circonscription (V. p. 233); bannir.

蔽 **Pí.** Ombrager, couvrir, cacher, décider.

蕃 **Fán.** Végétation luxuriante. || 藩. Haie, défense.

蕩 **Táng, T'àng.** Grand, immense; dispersé, dissipé, dissolu.

薄 **Pouŏ.** Arriver à, s'étendre jusqu'à; proche, longer, presser, poursuivre.

藏 **Ts'àng.** Cacher, tenir caché.

藝 **Ì.** Semer, planter, cultiver, talent, art, métier.

藥 **Iŏ.** Plante médicinale, remède.

藪 **Seóu.** Grand marais.

藻 **Tsaò.** Algues et autres plantes semblables. V. page 52.

蘇 **Sōu.** Revivre, reprendre des forces.

蘉 **Máng.** Faire des efforts.

RACINE 141. 虍

虎 **Hòu.** Tigre, brave, courageux.

虐 **Iŏ.** Cruel, perturbateur, opprimer, vexer.

虔 **K'iĕn.** Respecter, diviser, couper, user de violence.

虛 **Hiū.** Vide, inutile, oisif; nom d'étoile. V. page 5.

虞 **Iû.** Prévoir, conjecturer, deviner; inspecteur des parcs impériaux; nom d'une ancienne principauté, à présent 平陸 **P'ing lòu** dans le 山西 **Chān sī**; nom de famille de 舜 **Chouénn**.

號 **Haô.** Crier. || **Haó.** Nom, signe, commandement.

虢 **Kouŏ.** Nom de trois principautés. V. page 302.

虧 **K'ouēi.** Manquer, faire défaut.

RACINE 142. 虫

虺 **Houèi.** 仲 | **Tchóung** †. Ministre de T'āng. V. page 103.

蚩 **Tch'ēu.** | 尤 † **iôu.** Nom d'un prince rebelle.

蜀 **Chŏu.** Tribu établie dans le Seu tch'ouen actuel. V. page 185.

蟲 **Tch'òung.** Reptile, insecte, animal quelconque. V. page 52.

蟻 **Ì.** Fourmi.

蠙 **P'īn, P'iĕn.** Huître, perle.

蠡 **Lí.** 彭 | **P'êng** †. Ancien nom du lac 鄱陽 **P'ouô iâng**.

蠢 **Tch'ouènn.** Mouvement des insectes, se remuer, s'agiter, stupide.

蠲 **Kiuēn.** Pur, purifier.

蠶 **Ts'ān.** Ver à soie, nourrir des vers à soie.

蠻 **Màn.** Tribus méridionales et autres.

RACINE 143. 血

血 **Hiuĕ.** Sang.

衆 **Tchóung.** Nombreux, tous, foule.

盡 **Hĭ.** Triste, affligé.

RACINE 144. 行

行 **Híng.** Marcher, voyager, partir, suivre un chemin, agir, exécuter, accomplir; chemin, voie. 五丨 **Oŭ** †. Les cinq éléments. V. page 90. ‖ **Híng.** Action, conduite. ‖ **Háng.** 太丨 **T'ái** †. Nom de montagne. V. page 80.

衍 **Iĕn.** Déduire une conclusion, conjecturer, deviner.

衛 **Wéi.** Garder, défendre; nom d'une circonscription (V. page 233); nom de rivière (V. page 64); nom de principauté (V. page 345).

衡 **Hêng.** Fléau de balance; barre transversale; peser, gouverner, juger, ministre d'État; nom de rivière (V. page 63); nom de montagne (V. page 10).

RACINE 145. 衣

衣 **Ī.** Veste, tunique, vêtement. ‖ **Ĭ.** Vêtir, habiller.

表 **Piaò.** La partie extérieure d'un vêtement doublé, extérieur, dehors; signal, marque, signaler.

衷 **Tchōung.** Bonté morale, bon naturel, loi morale. V. page 109.

衽 **Jènn.** Les deux parties d'une tunique qui croisent l'une sur l'autre par devant.

被 **Péi.** Vêtir, couvrir, s'étendre jusqu'à.

裔 **Ĭ.** Bord inférieur d'un vêtement; descendant.

裕 **Iú.** Abondant, riche, libéral.

裳 **Cháng.** Partie de l'habillement qui couvrait le corps depuis les reins jusqu'au-dessous des genoux.

褻 **Sĭĕ.** Prendre des libertés, traiter sans respect.

襄 **Siāng.** Aider, exécuter, couvrir.

襲 **Sĭ.** Double, réitérer, répéter.

RACINE 146. 西

西 **Sī.** Occident, occidental. 丨傾 † **k'īng.** Nom de montagne. Voy. page 77.

要 **Iaō.** Examiner à fond, contraindre; nom de circonscription. V. pag. 56 et 233. ‖ **Iaó.** Essentiel, important.

覃 **T'án.** 丨懷 † **houái.** Pays qui fait partie du Houai k'ing fou (Ho nan).

覆 **Fŏu.** Renverser, bouleverser.

RACINE 147. 見

見 **Kién.** Voir, faire visite. ‖ **Hién.** Paraître devant, se montrer.

規 **Kouēi.** Compas, règle, avertir.

視 **Chéu.** Regarder, voir, montrer.

親 **Ts'īn.** Soi-même; aimer, approcher.

觀 **Kín.** Faire visite, avoir une audience de l'empereur, donner audience.

覺 **Kiŏ.** S'apercevoir de, comprendre.

觀 **Kouān.** Regarder de loin, observer, considérer, examiner.

RACINE 148. 角

角 **Kiŏ.** Corne.

RACINE 149. 言

言 **Iên.** Parole, mot, expression, sentence, discours, adage, parler, dire.

討 **T'aò.** Punir, châtier, réprimander.

訓 **Hiún.** Instruire, enseigner, enseignement.

訖 **Kí.** Finir, mettre fin, continuer jusqu'à la fin. ǁ **Hí.** Parvenir à.

記 **Kí.** Mentionner, inscrire.

訛 **Houá.** Transformer.

訪 **Fàng.** Interroger, consulter.

設 **Chĕ.** Placer, disposer, établir.

許 **Hiù.** Promettre, permettre, accorder.

訟 **Sóung.** Accuser, se plaindre, quereller.

詔 **Tchaó.** Informer, avertir, annoncer à.

訾 **Lí.** Parler mal de, dénigrer.

詛 **Tchòu.** Prononcer une imprécation.

詠 **Ióung.** Chanter.

詩 **Chēu.** Vers, pièce de vers.

試 **Chéu.** Essayer, exercer, employer.

話 **Houá.** Parole, discours, adresser la parole.

詳 **Siâng.** Examiner à fond.

詢 **Siūn.** Consulter, délibérer.

誅 **Tchōu.** Mettre à mort, punir, réprimander; retrancher.

詰 **K'Í.** Faire une enquête, punir, réprimer; mettre en bon état.

誓 **Chèu.** Serment, déclaration solennelle, harangue.

誘 **Iòu.** Diriger, exhorter, séduire.

誠 **Tch'êng.** Vrai, véritable, sincère, parfait.

誣 **Où.** Tromper par la parole, alléguer faussement.

誕 **Tán.** Grand, grandement, agrandir, augmenter, licencieux.

誚 **Ts'iaó.** Blâmer, réprimander.

誤 **Où.** Se tromper.

誥 **Kaó.** Annoncer, avertir, avis.

誨 **Houéi.** Enseigner, instruire.

說 **Chouŏ.** Parler, parole, discours. ǁ **Iuĕ.** Nom d'un ministre d'État. V. page 150.

誰 **Chouéi.** Qui?

請 **Ts'ìng.** Demander, prier.

論 **Liún.** Parler, raconter, expliquer.

諛 **Iû.** Flatter.

諟 **Chéu.** Examiner, juger.

諫 **Kién.** Remontrer à quelqu'un ses fautes ou ses défauts.

諶 **Chênn.** Avoir confiance, digne de confiance.

諸 **Tchōu.** Plusieurs, nombreux, tous ; dans, à, en, par. | 侯 † **heôu.** Tous les princes feudataires, l'un d'entre tous les princes.

謀 **Meôu.** Former un projet, combiner un plan, délibérer, projet, plan.

謂 **Wéi.** Adresser la parole, parler de, informer ; se dire à soi-même, penser, juger, conjecturer.

諞 **Pién, P'ién.** Paroles artificieuses.

諧 **Hiái.** Accord, harmonie, concorde.

諴 **Hiên.** Sincère, accord, concorde.

諺 **Ién.** Propos grossier.

謙 **K'iēn.** Modeste, respectueux.

謬 **Miôu.** Erreur, se tromper.

謨 **Môu.** Former un projet, combiner un plan, délibérer, projet, plan, conseil.

謹 **Kĭn.** Attentif, soigneux, circonspect, prendre soin de, prendre garde à.

譁 **Houá.** Conversation bruyante.

識 **Chĕu.** Connaître, savoir, comprendre, connaissances, expérience. || **Tchéu.** Se graver une chose dans la mémoire.

議 **Í.** Examiner, délibérer, décider.

譽 **Iú.** Éloge, renom, louer, vanter.

譸 **Tcheōu.** Tromper.

變 **Pién.** Changer, devenir autre.

讎 **Tch'eôu.** Ennemi, inimitié.

讒 **Tch'ân.** Dénigrer, calomnier.

讓 **Jáng.** Céder, modeste, se mettre au-dessous d'un autre.

RACINE 150. 谷

谷 **Kŏu.** Vallée.

RACINE 151. 豆

豆 **Teóu.** Vase de bois dans lequel on offrait de la viande cuite aux esprits ; pois, haricot, fève.

豈 **K'ĭ.** Comment ? pourquoi ?

豐 **Fōung.** Abondant, luxuriant ; nom de la capitale des 周 **Tcheōu** dans le 陝 西 **Chén sī.** V. page 171.

RACINE 152. 豕

豕 **Chéu.** Cochon.

象 **Siáng** Éléphant ; représenter, peindre, emblème, figure ; nom du frère de Chouenn.

豬 **Tchōu.** Cochon ; amas d'eau. | 野 † **iĕ.** Nom d'un lac. V. page 79.

豫 **Iú.** Joie, plaisir, dissipation ; nom de province. V. page 74. 不 | **Pŏu** †. L'empereur est malade. V. page 213.

RACINE 153. 豸

貊 **Mĕ.** Nom d'anciennes tribus septentrionales.

貌 **Maó.** Aspect, apparence, visage ; témoignage de respect.

狸 **Lí.** Chat sauvage.

貔 **P'í.** Ours blanc ou autre animal semblable.

RACINE 154. 貝

貝 **Péi.** Beau coquillage marin.

負 **Fóu.** Porter un fardeau sur les épaules.

貞 **Tchēng.** Ferme, vertu constante, soutenir. V. page 204.

財 **Ts'āi.** Richesses, objet de quelque valeur.

貢 **Kóung.** Impôt, tribut, offrir, présenter. V. page 61.

貧 **P'ìn.** Pauvre, pauvreté.

貨 **Houó.** Marchandise, richesses, objet de quelque valeur, présent destiné à corrompre un officier.

責 **Tchĕ.** Réprimander, punir, adresser des remontrances pressantes; imposer une charge.

貫 **Kouán.** Pénétrer à travers, enfiler; série, succession, enchaînement, relation.

費 **Féi.** Dépenser, employer. || **Pí.** Nom de principauté. V. p. 393.

貳 **Eúl.** Deux, deuxième, deux fois, double, duplicité, différent.

貴 **Kouéi.** Noble, honorable, excellent, précieux, estimer beaucoup, honorer.

貽 **Î.** Donner, transmettre, don.

賁 **Pí.** Bien orné, élégant. || **Fênn.** Grand. || **Pēnn.** Ardent, brave.

賈 **Kòu.** Marchand à demeure fixe, commerce.

資 **Tzēu.** Ressource pour vivre, secours, moyen.

賊 **Tsĕ.** Nuire gravement, voleur, assassin.

賓 **Pīn.** Celui qui reçoit l'hospitalité, hôte, visiteur.

賚 **Lái.** Donner, don, récompenser.

賦 **Fóu.** Impôt, contribution. V. page 61.

賢 **Hién.** Homme d'un talent et d'une vertu remarquables, surpasser.

賤 **Tsién.** De peu de valeur, d'un rang peu élevé, vil, méprisable, attacher peu de prix à, mépriser.

賡 **Kēng.** Continuer.

賞 **Chàng.** Récompenser.

賴 **Lái.** S'appuyer sur, aide, secours.

贄 **Tchéu.** Don, présent.

贊 **Tsán.** Aider.

贖 **Chŏu.** Racheter.

RACINE 155. 赤

赤 **Tch'ĕu.** Rouge, incarnat. | 子 † **tzéu.** Jeune enfant.

赦 **Ché.** Pardonner, remettre une partie d'une peine.

RACINE 156. 走

走 **Tseòu.** Marcher vite, courir. 奔 | **Pēnn** †. Agir avec empressement, remplir les devoirs d'un emploi.

起 **K'ì.** Se lever, faire lever, produire, exciter.

越 **Iuĕ.** Aller au delà, excéder, transgresser, surmonter, terrasser, s'écouler, passer, après, ensuite, faire connaître.

趣 **Ts'iú.** Marcher vite. || **Ts'eóu.** | 馬 † **mà.** Officier chargé du soin des chevaux.

趨 Ts'iū. Marcher vite.

RACINE 157. 足

足 Tsiŭ. Pied, jambe; suffire.

距 Kiú. Résister, s'opposer, arriver à.

跣 Sièn. Marcher nus pieds.

路 Lóu. Chemin, route; grand, grande voiture, grand tambour. V. page 349.

踐 Tsién. Marcher sur, suivre, continuer.

踰 Iû. Sauter ou passer par-dessus.

蹈 Taó. Fouler dn pied, suivre un chemin, marcher.

蹌 Ts'iāng. Sauter, tressaillir.

RACINE 158. 身

身 Chēnn. Corps, soi-même, en personne, la personne.

躬 Kōung. Soi-même, en personne.

RACINE 159. 車

車 Kiū. Voiture.

輅 Lóu. Grande voiture. Voyez page 353.

載 Tsái. Charge d'une voiture ou d'une barque, transporter en voiture ou en barque, charger, mettre dans, contenir, soutenir, porter, emplir; action, travail, ouvrage, faire, exécuter, commencer, continuer. || Tsài. Année.

輔 Fòu. Pièces destinées à renforcer les roues d'une voiture, aide, aider.

輕 K'īng. Léger, qui n'est pas lourd, peu important, peu considérable, considérer ou traiter une personne ou une chose comme peu importante, mépriser, négliger.

輯 Tsĭ. Réunir, concorde, accord.

輸 Chōu. Faire un rapport à un supérieur.

RACINE 160. 辛

辛 Sīn. Saveur âcre; lettre du cycle. V. page 403.

辜 Kōu. Faute, crime, coupable.

辟 Pĭ. Roi, empereur, chef d'un État; loi, règle, régler, prendre soin de. || P'ĭ. Mauvais, dépravé, injuste, faux, dissimulé; punir, supplice. 大 | Tá †. Peine capitale.

辭 Sêu. Paroles, discours, renommée, plaidoyer, excuse.

辯 Pién. Discuter, discours artificieux; diriger, régler, modérer.

RACINE 161. 辰

辰 Chênn, Tch'ênn. Astre, constellation; heure, jour, saison. V. pag. 47 et 403.

農 Nôung. Culture des champs, laboureur.

RACINE 162. 辵

迂 Iū. S'écarter, faire dévier, pervertir.

近 Kín. Proche, s'approcher, attirer à soi.

迓 Iá. Aller chercher, aller au-devant, rencontrer.

述 Chóu. Raconter, rapporter.

LETTRES ET NOMS PROPRES.

迪 **Tí.** Avancer, suivre, imiter, diriger, suivre la voie de la vertu.

迴 **Î.** Tourner, suivre un détour.

迷 **Mí.** Errer, se tromper.

逆 **Ǐ.** Marcher contre, se révolter, résister, rencontrer, s'accorder.

迹 **Tsǐ.** Traces de pas: exemples bons ou mauvais.

追 **Tchouēi.** Aller après quelqu'un qui s'en va; revenir sur le passé.

逃 **T'aó.** Fuir, se cacher.

退 **T'ouéi.** Revenir sur ses pas, se retirer.

逝 **Chéu.** Aller à, marcher, s'en aller, passer, s'écouler.

逢 **Fóung.** Rencontrer.

速 **Sǒu.** Inviter, appeler, presser, rapide.

逐 **Tchǒu.** Poursuivre, chasser.

通 **T'ōung.** Passer à travers, pénétrer; communiquer.

逖 **T'ǐ.** Aller loin, éloigné.

造 **Tsaó.** Inventer, faire, exécuter. || **Ts'aó.** Aller à, faire des progrès. 兩 | **Leàng** ✝. L'accusateur et l'accusé.

逋 **Pōu.** S'enfuir, se cacher.

逸 **Ǐ.** Repos, loisir, vie commode, vie déréglée, excès. V. page 290.

逭 **Houán.** Fuir, échapper.

逮 **Tái.** Arriver, atteindre.

進 **Tsín.** Avancer, entrer, faire avancer, introduire.

退 **Hiá.** Éloigné.

遑 **Houáng.** Repos, loisir, avoir le loisir de.

遊 **Iôu.** Se promener, aller çà et là, rechercher les amusemnts.

遇 **Iú.** Rencontrer, survenir.

過 **Kouó.** Aller au delà, faute, erreur. || **Kouō.** Passer par.

遏 **Ngǒ.** Arrêter, réprimer.

遂 **Souéi.** Conduire à bonne fin, accomplir, continuer; ensuite; nom de circonscription. V. page 395.

達 **Tǎ.** Se faire jour, parvenir à.

逾 **Iû.** Passer, traverser, s'écouler.

運 **Iún.** Se mouvoir en rond, faire tourner, transporter.

道 **Taó.** Voie, route, moyen, la voie du devoir, parler.

遒 **Ts'iôu.** Se réunir, héraut.

違 **Wêi.** Quitter, marcher contre, résister, éviter.

遜 **Suénn.** Céder, s'accommoder, obéir, observer, s'accorder, se retirer, modeste.

遠 **Iuèn.** Éloigné, séparé par un grand intervalle de lieu ou de temps, très différent. || **Iuén.** Éloigner, se tenir loin de.

邁 **Keóu.** Rencontrer.

適 **Chéu.** Aller à, tendre vers, rechercher, arriver par hasard.

遯 **Touénn.** Fuir, se cacher.

遵 **Tsiūn.** Suivre un chemin, suivre une loi.

遷 **Ts'iēn.** Passer d'un lieu ou d'un état à un autre, faire passer d'un lieu ou d'un état à un autre.

選 **Siuèn.** Choisir.

遺 **Í.** Laisser, omettre, négliger, délaisser, oublier.

遹 **Iù.** Suivre, imiter, continuer.

邁 **Mái.** Marcher, s'écouler, suivre une voie, faire des efforts.

還 **Siuèn.** Revenir sur ses pas, se retirer.

邇 **Eùl.** Proche, approcher.

RACINE 163. 邑

邑 **Í.** Ville, territoire; terrain comprenant quatre 井 tsing. Voyez page 289.

邦 **Pāng.** État, principauté, contrée.

邪 **Siê.** Qui n'est pas droit, pervers, mauvais, erroné.

郊 **Kiaō.** Zone de terrain qui s'étendait depuis les 郭 kouŏ faubourgs de la capitale jusqu'à une distance de cent 里 li stades; sacrifice offert au Ciel ou à la Terre dans la plaine 郊 kiaō.

郭 **Kouŏ.** Faubourg. 丨鄰 十 lin. Nom de lieu.

都 **Tōu.** Ville capitale; beau, bien; domaine d'un prince ou d'un ministre d'État. V. page 326.

鄙 **Pì.** Pays situé à une extrémité de l'empire, réduire à la condition de pays qui forme la limite de l'empire.

鄰 **Lìn.** Voisin, limitrophe, proche.

鄭 **Tchéng.** Nom de principauté. V. page 390.

RACINE 164. 酉

酉 **Iòu.** La dixième heure. Voyez page 403.

配 **P'éi.** Conforme, semblable, égal, convenable, associé, compagnon.

酒 **Tsiòu.** Liqueur fermentée.

酗 **Hiú.** Fureur causée par l'ivresse.

酢 **Tsŏ.** Se dit d'un invité qui, après avoir bu le vin offert par le maître de la maison, verse lui-même à boire à celui-ci; rendre la pareille, récompenser.

酣 **Hàn.** Ivre.

酸 **Suān.** Acide.

醇 **Chouènn.** Vin pur, vin généreux.

醉 **Tsouéi.** Boire à satiété, s'enivrer.

醴 **Lì.** Vin doux, moût.

RACINE 165. 釆

釆 **Ts'ài.** Couleurs variées, affaires; diriger les affaires; domaines concédés aux ministres de l'empereur; nom de circonscription. V. pag. 87 et 233.

釋 **Chĕ.** Laisser aller, lâcher, mettre en liberté, laisser de côté.

RACINE 166. 里

里 **Lì.** Réunion de vingt-cinq ou de cinquante familles, village, hameau; habitation, demeure; stade de 300 步 póu. (Sous les Tcheou, le *pou* valait six 尺 tch'ĕu, le *tch'eu* environ vingt centimètres. Le stade était de 360 mètres).

重 **Tchóung.** Pesant, lourd, difficile à supporter, important, considérable, noble, grave, sérieux, attentif, soigneux, beaucoup, appesantir, aggraver, rendre plus considérable, considérer comme important, estimer beaucoup, soigner, préférer. ǁ **Tch'óung.** Double, deux fois.

野 **Iè.** Campagne, champêtre; qui n'est pas cultivé, sauvage, sans art.

量 **Leâng.** Mesurer; délibérer. ǁ **Leáng.** Mesure de capacité, capacité, quantité, limite; talent.

釐 **Lì.** Diriger, donner.

RACINE 167. 金

金 **Kīn.** Métal, or, doré.

釗 **Tchāo.** Arrondir; nom de K'ang wang.

鈞 **Kiūn.** Poids de trente livres. ǁ 均. Égal,...

鉞 **Iuĕ.** Hache de guerre.

鉛 **Iuên (K'iên).** Plomb.

鉅 **Kiú.** Acier, grand. | 橋 † k'iaô. Nom de lieu. V. page 190.

銀 **În.** Argent.

銈 **Tchĕu.** L'épi avec la moitié de la tige.

銳 **Jouéi.** Pointu, arme terminée en pointe.

鋒 **Fôung.** Pointe d'une arme.

錫 **Sĭ.** Étain; donner, don.

錯 **Ts'ouŏ.** Pierre meulière; mêlé. V. page 64.

鍛 **Touán.** Fer, forger.

鍰 **Houân.** Poids de six 兩 leâng onces.

鎬 **Haò.** Ville capitale de l'empire sous Ou wang et ses successeurs. V. page 311.

鏞 **Iòung.** Grosse cloche.

鏤 **Leóu.** Acier; ciseler.

鐵 **T'iĕ.** Fer.

鐸 **Tŏ.** Clochette. 木 | **Mŏu** †. Clochette à battant de bois.

鑑 **Kién.** Miroir; fait qui peut servir d'avertissement.

RACINE 168. 長

長 **Tch'âng.** Long, de grande taille, de longue durée. ǁ **Tchàng.** Le premier par ordre de temps, le premier par l'âge ou la dignité, ancien, avancé en âge; chef, commander, gouverner.

RACINE 169. 門

門 **Mênn.** Porte, maison, famille. Sur les différentes portes du palais impérial, voyez page 347.

閉 **Pí.** Fermer; arrêter.

開 **K'āi.** Ouvrir, commencer, délier.

閑 **Hiên.** Barrière; restreindre, réprimer.

閔 **Mìn.** Avoir compassion, malheureux.

閏 **Juénn (Iún).** Mois intercalaire. V. pag. 7 et 8.

閎 **Hòung.** Porte; nom de famille.

間 **Kiēn.** Intervalle, entre, parmi. ǁ **Kién.** Se mettre dans l'intervalle, Intervenir, séparer.

閟 Pí. Fermer, arrêter.

閭 Liŭ. Porte de village.

閱 Iuĕ. Examiner, choisir.

關 Kouān. Commun, d'un usage général.

闢 P'ĭ. Ouvrir.

RACINE 170. 阜

阜 Feóu. Monticule, haut, grand.

阪 Fàn. Versant d'une colline, escarpé, dangereux.

阼 Tsóu. Degrés qui étaient au côté oriental de la salle principale et par lesquels montait le maître de la maison. V. page 349.

附 Fóu. Adhérent, adjoint, ajouté.

阿 Ngō. Colline, anfractuosité; grand et beau. | 衡 † hêng. Premier ministre, titre donné à 伊尹 Ĭ in. V. page 118.

陂 Pēi. Versant d'une colline, bord escarpé, digue, talus. || P'ouō. Incliné.

阻 Tchòu. Obstacle, passage difficile, arrêter, empêcher.

降 Kiáng. Descendre, faire descendre, donner une chose à un inférieur, diminuer.

陋 Leóu. Humble, de basse condition.

陟 Tchĕu. Monter, élever, promouvoir.

除 Tch'òu. Enlever, écarter, rejeter.

陰 In. Obscur, nuageux, caché; côté septentrional d'une montagne. | 陽 † iâng. V. p. 333. || Ngān. 亮 | Leâng †. Cabane funèbre.

陵 Lìng. Colline, monticule; opprimer, faire violence.

陸 Liŭ. Terre ferme, lieu élevé. 大 | Tá †. Nom de pays. V. p. 64.

陪 P'êi. Compagnon, assistant. | 尾 † wĕi. Montagne. V. p. 81.

陶 T'aó. Ouvrage d'argile; nom de principauté. V. page 94. || Iaó. 皋 | Kaō †. Nom d'un ministre de Chouenn.

陳 Tch'énn. Étaler, déployer, disposer, ranger en ordre; vieux.

陽 Iâng. Soleil, brillant; le côté méridional d'une montagne.

隅 Iŭ. Angle.

階 Kiâi. Marche, degré, échelle, escalier. V. page 349.

陻 In. Digue, opposer une digue.

陘 Iĕ. Instable, mal assuré.

隕 Iùn. Tomber.

險 Hiĕn. Escarpé, danger.

隩 Iŭ. Terrain compris dans le tournant d'une rivière, appartement retiré, terre habitable sur le bord de l'eau.

隮 Tsī. Monter; tomber; tomber en ruine.

隰 Sĭ. Terrain bas et humide.

隱 In. Avoir compassion.

RACINE 172. 隹

雀 Tsiŏ. Moineau.

集 Tsĭ. Oiseaux réunis sur les arbres, réunir, se réunir.

雊 Keóu. Cri du faisan.

雉 **Tchéu.** Faisan.

雍 **Iōung.** Concorde; nom de province. V. page 78.

雕 **Tiaŏ.** Graver.

雖 **Souēi.** Bien que, quand même.

膗 **Wŏ.** Couleur rouge, peindre en rouge.

雞 **Kī.** Coq, poule.

離 **Lí.** Quitter, s'éloigner, se disperser.

難 **Nân.** Difficile, pénible. ‖ **Nán.** Peine, souffrance.

RACINE 173. 雨

雨 **Iŭ.** Pluie. ‖ **Iú.** Pleuvoir, tomber du ciel.

雲 **Iûn.** Nuage. | 夢 † **móung.** Nom de deux lacs. V. page 73.

雷 **Lêi.** Tonnerre. | 夏 † **hià.** Nom d'un lac. V. page 65. | 首 † **cheôu.** Nom de montagne. V. page 80.

電 **Tién.** Éclair.

震 **Tchénn.** Ébranler, trembler, agiter, exciter; nom d'un lac. V. p. 71.

霍 **Houŏ.** Nom de principauté. V. page 308.

霖 **Lîn.** Pluie qui dure trois jours.

霽 **Tsí.** Cessation de la pluie.

靈 **Lîng.** Intelligent, bon, âme d'un défunt. Sur l'existence de l'âme après la mort, voyez pag. 22, 138, 144, 145, 164, 262, 351.

RACINE 174. 青

青 **Ts'īng.** Vert, bleu, verdoyant; nom de province. V. page 66.

靖 **Tsíng.** Paisible, tranquille, procurer la paix.

靜 **Tsíng.** Paisible, silencieux; pur.

RACINE 175. 非

非 **Fēi.** Non, à moins que, ce n'est pas que; faux, mal, mauvais.

靡 **Mì.** Non, ne pas.

RACINE 176. 面

面 **Mién.** Face, face à face.

RACINE 177. 革

革 **Kŏ.** Peau dépouillée de son poil, cuir; changer, muer.

鞠 **Kiŭ.** Nourrir, entretenir; employer entièrement, épuiser.

鞭 **Piēn.** Fouet.

RACINE 180. 音

音 **Īn.** Son, musique. 八 | **Pă** †. V. page 22.

韶 **Chaô.** 簫 | **Siaō** †. Musique de Chouenn.

響 **Hiàng.** Écho.

RACINE 181. 頁

順 **Chouénn.** Suivre, condescendre, obéir, consentir.

須 **Siū.** Attendre; nécessaire, requis.

頑 **Wân.** Stupide, opiniâtre, obstinément mauvais.

頒 **P'ān.** Propager, publier.

頗 **P'ouŏ.** Partial, pervers.

額 **Ngŏ.** Front. | | † †. Sans cesse.

頮 **Houéi.** Se laver le visage.

顏 **Iên.** Front, visage, air du visage.

願 **Iuén.** Désirer.

類 **Léi.** Espèce, discerner, semblable; bien; sacrifice offert au Chang ti. V. page 16.

顛 **Tiēn.** Front; renverser, bouleverser, troubler, veiller sur.

顧 **Kóu.** Tourner la tête pour regarder, considérer avec affection.

顯 **Hièn.** Évident, manifeste, brillant, glorieux.

RACINE 182. 風

風 **Fōung.** Vent, influence, réputation, manière. V. page 340.

颺 **Iàng.** Parler rapidement et à haute voix, publier.

RACINE 184. 食

食 **Chĕu.** Manger, repas, mets, aliment; produits du tribut. 玉丨 **Iŭ** †. Mets exquis, tribut offert à l'empereur ou aux princes. 丨言† **iēn.** Manquer à sa parole. V. p. 103.

飢 **Kī.** Avoir faim.

飲 **Ìn.** Boire.

飽 **Paò.** Manger son soûl, rassasié.

餉 **Hiáng.** Porter la nourriture aux laboureurs dans les champs.

養 **Iàng.** Nourrir, élever. ‖ **Iáng.** Fournir le nécessaire.

餘 **Iù.** Restant, superflu.

餞 **Tsién.** Offrir des présents à un voyageur qui s'en va.

饋 **Kouéi.** Offrir des mets.

饗 **Hiàng.** Offrir des mets; agréer une offrande.

RACINE 185. 首

首 **Cheòu.** Tête, premier, principal.

RACINE 186. 香

香 **Hiāng.** Odeur agréable, parfum.

馨 **Hīng.** Odoriférant.

RACINE 187. 馬

馬 **Mà.** Cheval. 司丨 **Sēu** †. Ministre de la guerre. V. page 334.

馭 **Iú.** Conduire une voiture.

馳 **Tch'êu.** Courir vite, presser la course de ses chevaux.

駿 **Tsiún.** Courir vite, rapide.

騂 **Sīng.** Roux, victime rousse.

驂 **Tchĕu.** Monter, fixer, établir.

驕 **Kiaō.** Orgueilleux.

驚 **Kīng.** Effrayer, alarmer.

驛 **ǐ.** Interruption, manque de continuité.

驩 **Houān.** 丨兜† **teōu.** Ministre de Chouenn. V. pag. 9 et 21.

RACINES 188-192.

體 **T'ì.** Corps, membres du corps; un tout complet; substantiel.

高 **Kaō.** Haut, élevé, éminent.

髮 **Fă.** Cheveu.

髳 **Meóu.** Nom d'une tribu étrangère. V. page 185.

鬯 **Tch'áng.** Herbe qui servait à aromatiser les liqueurs, liqueur aromatisée, fourreau d'arc.

鬱 **Iŭ.** Massif d'arbres; triste, soucieux.

RACINE 194. 鬼

鬼 **Kouèi.** Esprit inférieur, génie, mânes, démon.

魁 K'ouēi. Chef, principal.

魄 P'ĕ. Les premiers et les derniers jours du mois lunaire.

RACINE 195. 魚

魚 Iù. Poisson.

魯 Lòu. Ancienne principauté qui a formé le 兗州府. V. p. 393.

鮮 Siēn. Poisson frais, récent. ‖ Sièn. Peu, rare, excellent.

鯀 Kouèn. Père du grand Iu.

鰥 Kouān. Veuf, homme qui n'est pas marié.

RACINE 196. 鳥

鳥 Gniaò. Oiseau; nom de constellation. V. page 4. ‖ 鼠 † chòu. Nom de montagne. V. page 85.

鳩 Kiōu. Pigeon ramier, réunir.

鳳 Fóung. Phénix mâle. Voyez page 58.

鳴 Mìng. Chant d'oiseau, cri, son, bruit. ‖ 條 † t'iaô. V. page 32.

鴞 Hiaō. Hibou.

鴟 Tch'ëu. ‖ 鴞 † hiaô. Hibou; titre d'un chant. V. page 218.

RACINE 197. 鹵

鹹 Hién. Salé.

鹽 Ién. Sel.

RACINE 198. 鹿

鹿 Lŏu. Cerf.

麗 Lí. Appui, secours, mettre son appui en; circonstances; s'exposer à; beau, brillant.

麓 Lŏu. Pied d'une montagne, forêt sur une montagne.

RACINES 199-201.

麴 K'iŭ. Levain, ferment.

麻 Mà. Chanvre.

麾 Houēi. Faire signe.

黃 Houàng. Jaune; chevelure jaunissante d'un vieillard.

RACINE 202. 黍

黍 Chòu. Millet à panicules.

黎 Lí. Noir; nom de rivière (V. page 270); nom de principauté (V. page 163). ‖ 民 † min. Les hommes à la chevelure noire: tous ceux dont la chevelure ne blanchit pas encore, le peuple chinois.

RACINE 203. 黑

黑 Hĕ. Noir. ‖ 水 † chouéi. Nom de deux rivières. V. pag. 76 et 78.

默 Mĕ. Silencieux.

黜 Tch'ŏu. Destituer, dégrader, exclure.

黨 Tàng. Société, parti, partialité.

黥 K'ìng. Imprimer une marque noire au front d'un criminel.

黷 Tŏu. Noircir, salir, tache, défaut.

RACINE 204. 黹

黻 Fŏu. La lettre 亞 brodée en noir et en bleu sur un tissu, vêtement brodé. V. page 52.

黼 Fòu. Hache brodée en blanc et en noir sur le 裳 vêtement inférieur ou sur le paravent de l'empereur. V. page 52.

RACINES 205-213.

鱉 Piĕ. Tortue molle.

鼓 Kòu. Tambour, battre le tambour.

鼗 T'aò. Petit tambour à manche. V. page 57.

鼖 Fênn. Grand tambour.

鼠 Chòu. Rat, souris.

齊 Ts'ì. Égal, uniforme, bien arrangé, juste, équitable, régler, ajuster, respectueux; nom de principauté. V. page 347.

齒 Tch'èu. Dent, âge, par rang d'âge, inscrire.

龍 Lōung. 門 ╋ mênn. Nom de montagne. V. page 80.

龜 Kouēi. Tortue munie de carapace. V. pag. 74 et 222.

ADDITIONS ET RECTIFICATIONS.

Page 1. 書 **Chōu** signifie *écriture, pièce écrite;* 經 **kīng**, *règle, livre qui sert de règle.* Le sens du titre 書經 peut être exposé de la manière suivante: Documents historiques qui doivent servir à régler la conduite des princes et des officiers.

Page 80, avant-dernière ligne. Le mont 衡, *lisez* Le mont 恆 **Hêng**.

Page 143. Voici le texte complet de Tchou Hi:

問盤庚言其先王與其鼇臣之祖父、若有眞物在其上、降災降罰、與之周旋從事於日用之閒者、銖竊謂此亦大概言理之所在、質諸鬼神而無疑耳、而殷俗尙鬼、故以其深信者曉之、夫豈亦眞有一物耶、乞賜垂誨、曰、鬼神之理、聖人蓋難言之、謂眞有一物固不可、謂非眞有一物亦不可、若未能曉然見得、且闕之可也、(朱子全書卷三十四). L'interlocuteur dit que cette question lui paraît avoir rapport aux esprits, et demande si les âmes des morts existent réellement, comme on le croyait à l'époque des In. Le maître répond qu'il l'ignore.

Page 203. 福威者、上之所以御下、玉食者、下之所以奉上也、(蔡沈). Les récompenses et les châtiments sont les moyens employés par le souverain pour maintenir les sujets dans le devoir. Les vivres précieux sont les choses offertes au souverain par les sujets. 陸氏德明曰、玉食、珍食也、(欽定書經) Lou Te ming dit: *Iù chĕu*, vivres précieux.

Page 333. Les mots 陰陽 **īn iâng** ont-ils dans le Chou king la signification que leur ont attribuée les philosophes du douzième siècle de notre ère? Désignent-ils les deux éléments constitutifs des choses? Il est permis d'en douter. 陰 signifie 闇 (說文) **ngán**, obscur; 地道 (易坤卦) **ti taó**, action de la terre. 陽 signifie 高明 (說文) **kaō mîng**, élevé et lumineux. Cf. 康熙字典. L'expression 陰陽 signifie l'action combinée du ciel et de la terre dans la production et la transformation des êtres 天地之化育.

www.ingramcontent.com/pod-product-compliance
Lightning Source LLC
Chambersburg PA
CBHW051617230426
43669CB00013B/2084